VINGT-SEPT ANS D'HISTOIRE

DES

ÉTUDES ORIENTALES

RAPPORTS

FAITS A LA SOCIÉTÉ ASIATIQUE DE PARIS DE 1840 A 1867

PAR

JULES MOHL

Membre de l'Institut, Secrétaire de la Société asiatique

OUVRAGE PUBLIÉ PAR SA VEUVE

TOME PREMIER

PARIS

REINWALD ET Cie, LIBRAIRES ÉDITEURS

15, RUE DES SAINTS-PÈRES, 15

1879

Vingt-sept Ans d'Histoire des Études Orientales

Rapports faits à la Société Asiatique de Paris
de 1840 à 1867

Jules Mohl

Volume 1
1840–1854

GANESHA PUBLISHING
EDITION SYNAPSE

This edition co-published in 2003 by

Ganesha Publishing Ltd
PO Box 27760
London E5 8UU, United Kingdom

www.ganesha-publishing.com

Edition Synapse
2–7–6 Uchikanda
Chiyoda-ku, Tokyo 101, Japan

www.aplink.co.jp/synapse

Vingt-sept ans d'histoire des études orientales
2 volumes

Ganesha Publishing : ISBN 1-86210-060-8
Edition Synapse : ISBN 4-901481-45-2

Reference Library of Asian Studies,
volumes 5 & 6

British Library Cataloguing-in-Publication Data
A CIP record of this title is available from the British Library

The Publishers have endeavoured to ensure the quality of this reprint although some imperfections in the original book may still be apparent.

This book is printed on acid-free paper, sewn, and cased in a durable buckram cloth.

Vingt-sept Ans d'Histoire des Études Orientales

Volume 1

Reference Library of Asian Studies
Also available in this series:

Volume 1
A. Guérinot
Essai de bibliographie jaina (1906)

Volumes 2 & 3
Emile V. Bretschneider
History of European Botanical Discoveries in China (1898)

Volume 4
Nicholas B. Dennys
A Descriptive Dictionary of British Malaya (1894)

Volumes 7 & 8
Gustave Dugat
Histoire des orientalistes de l'Europe du XIIe au XIXe siècle (1868–70)

Printed in England by T.J.I. Digital, Padstow

AVANT-PROPOS

L'excellence des rapports annuels que M. Mohl consacrait à l'exposition des progrès des études orientales a été reconnue par toute l'Europe savante. Les meilleurs juges en Allemagne l'ont proclamé le maître dans l'art du rapport [1]. A l'immense étendue des informations, à une vaste correspondance, Mohl joignait la clarté d'esprit et la promptitude et la rectitude du jugement. En relations journalières avec Eugène Burnouf et toujours d'accord avec cette rare intelligence, il était comme le centre d'une vaste enquête où rien n'était négligé de ce qui pouvait contribuer à augmenter nos connaissances sur quelques-uns des chapitres les plus importants de l'histoire de l'humanité.

C'est en 1840 que la Société Asiatique lui fournit, en le nommant son secrétaire adjoint, l'occasion de rendre utiles à tous ces trésors d'érudition et de critique. Jusque-là les rapports annuels s'étaient bornés à l'exposition sommaire des actes du conseil de la So-

1. « *Der Meister im Referiren* ». Gosche.

ciété. Mohl, chargé de ces rapports, en élargit singulièrement le cadre. Il y comprit le champ entier des études orientales, et se chargea de rendre compte à ses confrères de tous les travaux accomplis dans l'année. Pendant vingt-sept ans, il remplit cette tâche difficile avec une supériorité qui a été reconnue de tous. Embrassant le monde entier, Mohl groupait dans un exposé simple, facile, lumineux, tous les progrès que faisaient ces belles recherches. Et combien les circonstances furent favorables à ce grand et large rapporteur ! L'Assyrie, qui semblait perdue à jamais, sortant de dessous terre, l'égyptologie atteignant un degré de certitude qu'on avait à peine osé espérer, le chinois compris dans ses plus délicates profondeurs, les Védas et les origines aryennes éclairés de lumières inattendues, les monuments du bouddhisme découverts et compris, l'histoire de la littérature hindoue se dégageant des chimères dont on l'avait entourée d'abord : ce fut l'âge d'or des études orientales ; Mohl en fut le digne, savant et éloquent historien.

On a cru faire une œuvre utile en réimprimant dans leur ensemble ces précieux morceaux épars dans la vaste collection du Journal Asiatique. Ils forment la plus parfaite histoire des études orientales vers le milieu de notre siècle ; ils constituent également l'ouvrage principal de M. Mohl. Les recherches de l'illustre académicien sur l'ancienne Perse, la traduction qu'il a donnée de cette belle épopée qui jette un jour si vif sur le vieil Iran et sur l'ensemble des traditions aryennes, sont des ouvrages d'un rare mérite. Le grand titre de M. Mohl à la reconnaissance des savants est cependant, avant tout, l'influence qu'il a exercée. Il sut présider aux études relatives à l'Asie avec une solidité de jugement et un esprit philosophique qui seuls peuvent donner de la valeur à des travaux épars et sans lien apparent. Ce lien, il le créait par sa judicieuse et savante critique ; son autorité aidait les esprits amis de la vérité à distinguer le mérite sérieux des succès faciles qu'on trouve souvent auprès du public en flattant ses goûts superficiels. Par là M. Mohl a occupé dans nos études une place de premier ordre ; le vide qu'il a laissé ne sera pas de sitôt rempli. Ami du vrai et du solide en toutes choses, il ne faisait aucune part à la vanité, à l'envie de briller. Sa direction a été aussi efficace qu'éclairée. Avec lui, une des meilleures parties de notre société lettrée est descendue au tombeau.

ERNEST RENAN.

NOTICE SUR JULES MOHL

Par M. F. Max Müller

Dans les premiers jours de 1876, quand les journaux français annoncèrent la mort de Jules Mohl, membre de l'Institut et professeur de persan au Collège de France, les orientalistes de France, d'Angleterre, d'Allemagne et d'Italie sentirent que ce qu'ils venaient de perdre, ce n'était pas seulement un homme dont la sympathie, les conseils et le secours leur étaient toujours assurés; ils sentirent que les études orientales, au sens le plus large du mot, venaient de voir s'éteindre un foyer de vie, un cœur dont les battements leur avaient envoyé une activité et une chaleur toujours nouvelles.

Les Français savent mieux que tout autre peuple honorer leurs morts illustres, et quand des hommes comme Laboulaye, Maury, Renan, Regnier, Bréal se sont chargés d'écrire le nécrologe de Mohl ou de lui adresser le dernier adieu, on doit être certain que tout ce que l'on peut dire de sa vie et de son œuvre a été dit à l'heure voulue et bien dit.

L'histoire même de sa vie est bientôt faite : c'est ce qu'on appelle la vie sans incidents du savant. Nous n'avons rien à ajouter à cette simple histoire, telle qu'elle a été retracée au moment de sa mort par ses amis et ses biographes. Les érudits en France et en Angleterre ont suffisamment appuyé sur ses mérites comme éditeur et traducteur de la grande épopée nationale de la Perse, le *Shah Nameh* de Firdousi, et je ne vois pas ce qu'on pourrait ajouter pour faire plus vivement ressortir la valeur de son œuvre. Depuis sa mort, sa veuve a rendu un grand service à sa mémoire en publiant sa traduction du *Shah Nameh* ou *Livre des Rois* dans un format plus accessible [1]. Mais il reste un autre devoir à accomplir, c'est la réimpression des rapports sur les études orientales qu'il lisait chaque année devant la Société Asiatique de Paris et qui sont à présent dispersés à travers la collection du Journal Asiatique. C'est là que nous pouvons lire la vie réelle de Mohl, et si l'on veut étudier l'histoire de l'orientalisme en Europe de 1840 à 1867, « l'âge héroïque des études orientales », comme dit M. Renan, l'on ne pourra consulter de meilleures archives que celles qu'on trouvera réunies dans les *Rapports annuels faits à la Société Asiatique, par M. J. Mohl*.

Avant de m'arrêter sur ces rapports, pour en faire comprendre l'importance, il sera bon de tracer aussi rapidement que possible les traits généraux de sa vie ; je le fe-

---

1. *Le Livre des Rois*, par Aboulkasim Firdousi, traduit et commenté par Jules Mohl, publié par Madame Mohl. Paris : Imprimerie Nationale, 1878, 7 vol. in 8º.

rai, en partie d'après les notices biographiques publiées après sa mort, en partie d'après les communications particulières de sa veuve et d'autres membres de sa famille.

Julius Mohl naquit à Stuttgart, le 23 Octobre 1800. Son père était un haut fonctionnaire civil du royaume de Wurtemberg, et ses trois frères se distinguèrent chacun dans sa carrière : Robert, l'aîné, dans le droit et la politique; Moritz, dans l'économie politique; Hugo, dans la botanique. L'éducation des quatre frères se fit, comme c'est assez l'habitude dans les familles allemandes, à la maison autant qu'à l'école : le système du gymnase, avec son externat, laisse aux parents une grande part de la responsabilité et de la peine. Comme c'est généralement le cas pour les hommes distingués, la mère de Mohl était, nous dit-on, une personne d'un esprit très cultivé, qui unissait un grand charme de manières à la force et à l'originalité du caractère et qui se dévouait à l'instruction de ses enfants autant qu'aux soins plus humbles du ménage. Jules montra de bonne heure l'amour de l'étude ; l'on raconte qu'encore enfant, il se levait tous les jours pour lire à quatre heures du matin ; j'aime à croire qu'il n'y a là qu'une de ces légères exagérations qui se glissent souvent dans les *Évangiles de l'Enfance* des hommes qui se sont plus tard distingués dans la vie.

Quoi qu'il en soit, Jules Mohl terminait à dix-huit ans sa carrière d'écolier et se rendait à Tubingue pour étudier la théologie. Il se rencontra là avec Christian Baur, le futur fondateur de la nouvelle école de théologie, l'école dite de Tubingue : il semble qu'il y fit aussi la connaissance de David Strauss. Mécontent de l'esprit étroit et purement théologique qui présidait aux études sur le christianisme, l'hébreu fut pour lui, comme il l'a été pour tant d'autres, le chemin de passage de la théologie à l'orientalisme. Quoique nommé en 1822 à une petite cure, il se sentit de plus en plus attiré par les études orientales, et résolut en 1823 de se rendre à Paris, où le Collège de France leur ouvrait alors leur seul centre d'enseignement en Europe. Il suivit d'abord les cours d'arabe et de persan de Sylvestre de Sacy et les cours de chinois de Rémusat. Il ne se confina pas dès le début, comme c'est tant l'usage à présent, dans l'étude d'une langue spéciale, et il essaya de devenir un orientaliste dans toute l'étendue du mot. Il voulait apprendre à connaître, comme il l'écrivait alors, « les idées qui ont gouverné l'humanité, » en particulier dans les périodes primitives de l'histoire orientale. Il ne fut pas longtemps à gagner l'affection de plusieurs des grands orientalistes de Paris, et la société où ils vivaient, le charme de leurs manières et de leur conversation, la largeur de leurs vues, produisirent, semble-t-il, une impression profonde sur l'esprit du jeune savant, frais échappé des chambres étroites du séminaire de Tubingue et de l'enseignement traditionnel de ses doctes professeurs. Après tout, il n'est rien de si délicieux que la bonne société française, et il ne faut pas oublier que l'aisance, la grâce, l'éclat de cette société ne tiennent pas seulement à la perfection des manières, mais à des causes plus profondes, une bonté générale avec moins d'égoïsme et de pharisaïsme que partout ailleurs. Alexandre de Humboldt était alors à Paris, et tant qu'il vécut les relations amicales qui s'établirent entre lui et Mohl continuèrent sans interruption. La maison de Cuvier était aussi ouverte au jeune orientaliste.

En 1826, le gouvernement de Wurtemberg, désireux de s'assurer les services d'un jeune savant qui promettait tant, lui donna une chaire de langues orientales à Tubingue, tout en l'autorisant à continuer ses études à Paris. En 1830 et 1831 il passa en Angleterre, où il gagna l'amitié de plusieurs orientalistes, dont quelques-uns au service de l'ancienne Compagnie des Indes Orientales. Il conçut alors le plan de passer quelques années aux Indes : son projet n'ayant pas abouti, il retourna à Paris, qui était déjà devenu pour lui une seconde patrie.

Il continua là quelque temps ses études de chinois, dont le premier fruit fut la publication d'une traduction latine de deux des livres canoniques, le *Shi-King* et le *Y-King* (1830, 1837 et 1839). Ces traductions avaient été faites par deux Jésuites, Lacharme et Régis, dans la première partie du dernier siècle; mais elles n'avaient jamais été publiées.

Cependant le persan devenait décidément sa spécialité. Dès 1826, le gouvernement français l'avait chargé de publier le texte et la traduction du *Shah Nameh*, la fameuse épopée de Firdousi. L'ouvrage devait faire partie de la *Collection Orientale*, publication entreprise par le gouvernement, et destinée à rendre accessibles les trésors de la littérature orientale, mais malheureusement conduite avec une somptuosité extravagante, qui lui a précisément fait manquer son objet. Cette entreprise fut pour Mohl l'œuvre de sa vie : elle n'était même pas terminée au moment de sa mort. Pour s'y préparer il publia en 1838, avec Olshausen, les *Fragments relatifs à la religion de Zoroastre*. L'impression du premier volume de Firdousi commença en 1833 ; la même année il envoyait sa démission à Tubingue, où il n'avait jamais paru en chaire, et se fixa définitivement à Paris. Le premier volume parut en 1838, le second en 1842, le troisième en 1848, le quatrième en 1855, le cinquième en 1866, le sixième en 1868. Le dernier volume était resté inachevé à sa mort; des parties en avaient été détruites pendant la Commune. Son ancien élève, et son digne successeur au Collège de France, M. Barbier de Meynard, se chargea de terminer l'œuvre de son ami et maître, et nous e possédons à présent sous deux formes, dans l'édition de luxe que la libéralité du gouvernement distribue aux gens qui sont le moins capables d'en faire usage, et dans une édition plus modeste, qui ne contient que la traduction, édition faite aux frais de Mme Mohl et qui entrera dans toute bibliothèque qui veut contenir les chefs-d'œuvre de la poésie.

Il faudrait tout un article pour expliquer l'importance du *Shah Nameh*, l'une des cinq ou six grandes épopées nationales du monde, et mieux encore pour montrer quelle lumière jette le poème de Firdousi sur le passage de la mythologie à la poésie héroïque et à l'histoire. Nulle part on ne peut mieux saisir sur le fait ce problème complexe. Le Persan qui lit les exploits de Féridoun ne doute pas un instant qu'il lit l'histoire d'un des anciens rois de son pays, et il serait aussi aisé de le convaincre que le grand Féridoun n'était qu'un être mythique que de convaincre un Grec d'autrefois, ou un professeur de grec de nos jours,qu'Hélène a été longtemps une déesse avant de devenir la femme de Ménélas, et que le siège de Troie n'est que le reflet d'un siège bien plus ancien. En Perse, heureusement, nous pouvons remonter au delà de l'épopée, nous pouvons suivre les noms de quelques-uns des principaux héros du *Shah Nameh* jusqu'aux noms des vieilles divinités de l'Avesta, dont ils dérivent par l'intermédiaire des formes pehlvies et parsies. Féridoun, comme Burnouf le premier l'a établi, est le pehlvi *Fredun*, et *Fredun* lui-même est une corruption du zend *Thraêtaona*, qui répond au sanscrit *Traitana*, patronymique du Dieu védique *Trita*. Le tyran du poème épique, Zohak, est, comme l'a encore montré Burnouf, le Ajis Dahâka de l'Avesta : Firdousi le connaît encore sous le nom de Aj Dahâ, et sa nature et son origine réelle ne trouvent leur explication que dans Ahi, le serpent de la mythologie védique. Nous pouvons ainsi suivre en Perse, pas à pas, la succession de la mythologie, de la légende et de l'histoire, tandis qu'ailleurs nous n'avons devant nous que la seconde ou la troisième période et qu'en présence de ces personnages demi-historiques, demi-légendaires, un Ulysse ou un Guillaume Tell, nous en sommes réduits à la seule étymologie de leur nom ou au caractère de leurs exploits pour montrer qu'ils sont nés de l'imagination de leurs compatriotes, et que ni Ulysse ni Guillaume Tell n'ont jamais été vus en chair et en os ni à Ithaque, ni en Suisse. Quelques-unes de ces questions, en particulier celle des matériaux réunis et utilisés par Firdousi dans la composition de son poème, sont traitées dans les préfaces des différents volumes de l'édition de Mohl et méritent l'attention sérieuse de tous ceux qui étudient la mythologie comparée.

En se chargeant de la publication et de la traduction du *Shah Nameh* pour le compte du gouvernement français, Mohl voyait sans doute qu'il s'engageait à passer en France les plus belles années de sa vie. On s'est étonné quelquefois qu'il ait refusé de retourner à l'université de Tubingue, où l'on était si désireux de le revoir, et ait préféré vivre et travailler à Paris. Lui-même, à la fin de sa vie, quand on l'interrogeait sur ce sujet, trouvait quelque peine à l'expliquer. Mais il faut se rappeler tout d'abord qu'en 1830 on était beaucoup plus cosmopolite qu'on ne le fut depuis 1848, et que Paris était alors la cité cosmopolite par excellence. Je citerai là-dessus l'opinion de M. Renan dans son Rapport sur les travaux du Conseil de la Société Asiatique en 1876 :

« Le meilleur fruit du grand et libéral esprit qui régna en Europe depuis la fin des orages de la Révolution et de l'Empire jusqu'à la funeste année qui a déchaîné de nouveau le typhon de la haine et du mal, fut la facilité avec laquelle l'homme voué à une œuvre sociale consentait à transporter ses aptitudes et le libre exercice de son activité dans un pays différent du sien. Il résultait de là des échanges excellents de dons opposés, des mélanges féconds pour le progrès de la civilisation. Et comme une pensée vraiment haute présidait à ces changements de patrie, le pays le plus hospitalier était celui qui en bénéficiait le plus. »

Puis il y avait des amitiés, et plus encore, qui étaient pour beaucoup dans la répugnance de Mohl à quitter Paris. Ce n'était pas à Tubingue qu'il eût retrouvé un de Sacy et un Rémusat, un Fauriel et un Fresnel, un Saint-Martin, un Ampère, un Eugène Burnouf. Dans l'état politique de l'Allemagne d'alors, nulle part un jeune professeur ne pouvait avoir et la même indépendance et les mêmes moyens d'être utile à la science. Il pouvait vivre là dans les termes les plus agréables, non seulement avec les premiers savants du temps, mais avec des hommes tels que Guizot, Villemain, Cousin, Thiers et d'autres dont il fut plus tard le collègue à l'Institut et qui en même temps, à la tête des affaires, se montraient prêts à écouter ses conseils et à exécuter les plans que lui-même ou ses amis pouvaient leur suggérer pour le progrès des études orientales. Il ne faut pas oublier qu'en ce temps sa qualité d'étranger, loin d'entraver le succès de sa carrière à Paris, était plutôt une recommandation. Non-seulement on lui offrait de grand cœur la tâche ou la place pour laquelle ne se présentait pas de concurrent français, mais on lui conférait sans jalousie les situations les plus hautes et les plus honorables.

En 1844, il était nommé à l'Institut; en 1847, il devenaît professeur de persan au Collège de France; en 1852, inspecteur du département oriental à l'Imprimerie nationale. Ces places lui donnaient une position indépendante et honorée parmi ses collègues français et lui permettaient de consacrer une grande partie de ses loisirs à la Société asiatique dont il fut d'abord secrétaire-adjoint, puis secrétaire et enfin président. Cette Société fut en fait son enfant favori dans les bons et dans les mauvais jours, et c'est par elle qu'il a rendu les plus grands et les plus durables services à l'érudition orientale.

C'est dans les rapports qu'il fit régulièrement chaque année, de 1840 à 1867, que l'on trouve le meilleur état de ses services. Il est rare qu'il nous dise la part qu'il avait lui-même dans le travail des autres savants, par ses encouragements, ses conseils, son assistance. Nous pouvons néanmoins reconnaître sa main dans quelques-unes des plus brillantes découvertes du temps. Il commence généralement son rapport par le compte-rendu des travaux accomplis dans le courant de l'année par les membres de la Société. Il retrace là carrière des membres éminents que la Société a perdus dans l'année, et quelques-unes de ces notices biographiques sont des chefs-d'œuvre. Je citerai ses articles sur James Prinsep, Gesenius, Csoma Körösi, Schlegel, Burnouf, Lee Fresnel, Hammer-Purgstall, Wilson et Woepke. Après avoir énuméré les principaux travaux publiés dans le Journal de la Société et s'être étendu sur les œuvres scientifiques dont la Société a entrepris l'exécution à ses frais, ou dont elle a recommandé l'exécution au gouvernement, il passe en revue toutes les publications écrites en français, en anglais, en allemand, en italien etc., qui lui semblent de nature à enrichir le capital de l'érudition. L'honneur d'être cité dans ces pages était un peu pour le savant ce qu'était pour les cités grecques l'honneur d'avoir leur nom dans le catalogue d'Homère. L'éloge tient peut-être dans les jugements de Mohl plus de place que le blâme ; mais ceux qui savent lire entre les lignes pourront aisément distinguer les publications qu'il regarde comme une vraie et durable conquête scientifique et celles qui ne sont pour lui que des tentatives sans consistance et sans résultat. Il serait naturellement impossible de donner une idée complète de l'œuvre accomplie par Mohl dans l'exercice annuel de cette magistrature de censeur étendue à toutes les branches de l'érudition orientale. Mais je dois à sa mémoire, je crois, de montrer dans un cas au moins, comment il suggéra et dirigea en silence des découvertes dont il fut le premier à attribuer à d'autres la gloire tout entière.

La découverte des palais enfouis sous terre de Babylone et de Ninive, et le déchiffrement des inscriptions cunéiformes dont leurs murs sont couverts, constituent sans doute l'une des plus brillantes découvertes de notre siècle et l'une des plus riches en révélations.

Demandez à un Anglais instruit, à supposer qu'il se soucie d'antiquités orientales, quel est le premier qui a découvert les ruines de Ninive, il répondra sans hésitation que c'est Sir Henry Layard. Demandez-lui quel est le premier qui a déchiffré les inscriptions cunéiformes, il répondra

Sir Henry Rawlinson. Eh bien! les deux réponses sont entièrement et absolument fausses, et j'hésite d'autant moins à le dire que le mérite qu'ils ont eu, l'un à découvrir les taureaux de Ninive et tant d'autres antiquités, l'autre à copier et à traduire quelques-unes des inscriptions cunéiformes les plus importantes, est assez grand pour qu'ils soient les derniers à accepter une gloire qui serait celle d'autrui. Bien avant que Sir Henry Layard songeât à Ninive, bien avant que Sir Henry Rawlinson eût rien publié des inscriptions de Behistun, nous voyons M. Mohl signaler à ses amis français l'importance des découvertes à faire sur le sol historique de la Mésopotamie. Il était alors en correspondance active avec Schultz, l'infortuné voyageur qui avait été envoyé en mission en Arménie pour copier les inscriptions cunéiformes signalées dans le vieux château de Van. Dès le premier de ses rapports, en 1840, Mohl avait à annoncer la mort de Schultz, assassiné pendant qu'il copiait ces inscriptions. C'est Mohl qui sauva ses papiers de l'oubli et pressa le gouvernement de publier les matériaux les plus importants réunis par son malheureux ami. Il nous apprend dans le même rapport les résultats auxquels on était arrivé jusque-là dans le déchiffrement de l'alphabet cunéiforme. Depuis que Grotefend avait prouvé que ces groupes de clous qui couvraient les murs des anciens palais de Persépolis formaient réellement des inscriptions, qu'ils désignaient des voyelles et des consonnes, et que le début de certaines inscriptions contenait certainement les noms et les titres de Darius et de Xerxès, rois des rois, l'on n'avait guère fait de progrès jusqu'en 1836, année où Burnouf et Lassen publiaient presque simultanément deux mémoires sur les inscriptions dont l'on possédait alors le texte, grâce aux copies faites par Niebuhr durant son voyage en Perse et grâce aux copies de Schultz. Les résultats auxquels ils arrivèrent étaient presque identiques : il semble pourtant que de Burnouf vint l'idée de chercher dans ces inscriptions, non seulement des noms propres de rois comme Darius et Xerxès, mais aussi des noms géographiques, en particulier ceux des provinces de l'empire de Darius, idée féconde qui devait donner la clef de toutes les autres difficultés. Les travaux des deux pionniers avaient restitué l'alphabet des inscriptions perses : il ne restait que quelques lettres douteuses, qui furent bientôt déterminées par Beer à Leipzig et par Jacquet à Paris. Il ne restait qu'une lettre à déterminer, ce qui fut fait par Rawlinson : la découverte de l'inhérence des voyelles ne fut faite que plus tard, par Hincks et Oppert.

Le grand besoin alors, c'était une copie fidèle de textes nouveaux. Les papiers de Schultz fournirent les inscriptions de Hamadan. Rich compléta celles de Persépolis. Mais le principal désidératum, c'était une copie exacte des inscriptions trilingues de Behistun. Schultz, qui devait les copier, était mort. On savait que le colonel Rawlinson possédait la copie de trois au moins des quatre colonnes, et dès 1840, Mohl exprimait l'espoir que cette copie serait immédiatement publiée pour satisfaire l'impatience des Orientalistes.

Cet espoir ne se réalisait pas, et nous voyons Mohl infatigable à pénétrer ses amis de Paris et d'ailleurs de la nécessité de rassembler de nouveaux matériaux. Dans son rapport de 1843, il appelle l'attention sur la publication des cylindres orientaux de A. Cullimore, la première en ce genre, et annonce une édition analogue qui se fait sous les auspices d'un savant français, Lajard, connu surtout par ses vastes recherches sur le culte de Mithra et qu'il ne faut pas confondre avec Sir Henry Layard, qui ne paraît en scène que plus tard. Il annonce la même année un autre événement bien plus important. Botta, consul de France à Mossoul, avait, sur les conseils de Mohl, exécuté des fouilles à Ninive. « C'est surtout d'après ses indications, dit M. Maury, parlant au nom de l'Académie des Inscriptions, que Botta retrouvait les restes des palais des rois de Ninive. » Les premiers efforts de Botta furent admirablement récompensés par la découverte de bas-reliefs et d'inscriptions assyriennes. Le gouvernement français, justement fier des découvertes de son consul, ne perdit pas de temps à s'assurer la possession des trésors qu'il avait trouvés. Mohl fit tout ce qu'il put pour persuader au gouvernement de donner à Botta tous les secours qu'il demandait pour continuer ses explorations, et il pressait la Société Asiatique de publier tout ce que ses ressources lui permettaient des inscriptions nouvellement découvertes. Il se sentait alors plein de confiance et ne doutait pas qu'après les progrès qu'avaient fait faire Burnouf et Lassen au déchiffrement des inscriptions du premier système (les inscriptions perses), celles du second système, dites médiques, et les inscriptions babyloniennes ne pouvaient tarder à livrer également leurs secrets. Elles étaient toutes écrites dans le même système de signes, et bien que l'on pût reconnaître à première vue que le nombre des signes indépendants, le nombre des groupes de clous, était bien plus considérable dans le système médique que dans le système persan, et dans le système babylonien que dans le médique, néanmoins comme on possédait des inscriptions trilingues, comme on savait en particulier que la grande inscription de Behistun était répétée dans les trois alphabets, en trois langues, on trouvait tout naturel d'espérer qu'après le déchiffrement de l'inscription perse, le médique et le babylonien n'offriraient pas grande résistance. Mohl et ses amis devaient être, comme nous le verrons, cruellement désappointés dans leur attente. En attendant, chaque année apportait de nouvelles lumières, et les rapports lus à la Société Asiatique montrent un enthousiasme croissant.

« Il était réservé à un membre de votre société, M. Botta, dit-il dans son rapport de 1844, de soulever un coin du voile dont le temps avait couvert l'histoire de ce pays (la Mésopotamie). Vous vous rappelez que, dans votre dernière séance annuelle, il vous a été fait lecture de la première lettre par laquelle M. Botta vous annonçait qu'il avait trouvé sur la colline de Khorsabad, à cinq lieues de Ninive, les ruines d'un édifice dont tous les murs sont entièrement couverts de sculptures et d'inscriptions. Les fouilles qu'il a faites depuis ce temps n'ont pas cessé d'ajouter à l'importance de sa découverte… Tout jusqu'à présent indique que ces ruines sont assyriennes, et les conséquences historiques que l'on peut tirer, tant des bas-reliefs que du mode de construction de l'édifice sont extrêmement importantes... Il y a tout lieu de croire que rien n'interrompra plus le cours de cette belle découverte, et que Paris possédera bientôt un musée de sculptures assyriennes qui donneront de la vie à ce que l'histoire nous enseigne sur l'empire de Sémiramis ».

En annonçant les nouvelles merveilles dévoilées chaque année dans ces Herculanum et ces Pompeii du pays d'Assur, Mohl ne cesse pas de rappeler aux orientalistes le devoir qui leur incombe de déchiffrer les trois alphabets cunéiformes, et de lire les trois vieilles langues dans lesquelles les anciens rois de Babylone, de Ninive, de Médie et de Perse ont voulu transmettre aux générations futures le souvenir de leurs exploits. Il revient sans cesse sur les travaux de M. Rawlinson, l'heureux consul général de Bagdad, qui possédait la copie de la grande inscription trilingue de Behistun, et qui par suite passait pour avoir dans ses mains, non seulement le dernier mot des inscriptions perses, mais la clef des inscriptions assyriennes et médiques dont l'on ne pouvait encore que deviner le contenu. Mais M. Rawlinson la gardait toujours par devers lui, et telle était l'impatience du public savant dans toute l'Europe d'avoir de nouveaux matériaux et de nouvelles lumières, que le petit royaume de Danemark envoya Westergaard en Perse pour copier des inscriptions cunéiformes et étudier la vieille langue du Zend-Avesta, qui, Burnouf l'avait montré, constituait la tranchée la plus avancée d'où l'on pût attaquer les documents tracés sur le roc par Cyrus, Darius et Xerxès. Un grand nombre d'inscriptions assyriennes, copiées par Flandin et Coste, étaient publiées en 1844, aux frais du gouvernement français. Nombre d'ouvriers étaient à l'œuvre, sinon pour déchiffrer les inscriptions, du moins pour dresser la liste des caractères, qui, dans l'alphabet assyrien et babylonien, montait à plusieurs centaines au lieu des trente-trois consonnes et voyelles des Perses; à trouver dans les lignes répétées les lettres qui pouvaient se remplacer les unes par les autres, à déterminer les caractères qui étaient idéographiques, syllabiques ou phonétiques, bref à opérer un triage préliminaire et à introduire un certain ordre dans ce chaos de clous et de coins. On sentait que tout assaut serait prématuré tant que l'inscription de Behistun ne serait pas devenue *publici juris*. On savait que le colonel Rawlinson avait copié quatre cent cinquante lignes de texte perse, contenant probablement dix fois autant de mots que toutes les autres inscriptions perses réunies. Coste et Flandin avaient été sur les lieux, avaient pris avec soin des dessins des sculptures de Behistun, représentant Darius avec les rois captifs devant lui, protégé par Auramazda, le Ahuramazda de l'Avesta, l'Ormazd des Perses. Mais ils avaient laissé, sans en prendre copie, la partie la plus importante du monument, les inscriptions.

L'année suivante, 1845, on apprend que le premier palais complet vient d'être déterré. Botta avait alors sous ses ordres deux cents ouvriers, appartenant principalement à ces malheureux Nestoriens échappés aux massacres des Kurdes. Il avait dégagé deux mille mètres de mur, couverts d'inscriptions et de bas-reliefs; Flandin dessinait cent trente bas-reliefs, Botta copiait deux cents inscriptions. Les plus frappants spécimens de la sculpture assyrienne descendaient le Tigre, et étaient déjà arrivés à Bagdad, en route pour Paris. Il ne restait qu'à empaqueter avec soin les deux grands taureaux gigantesques et deux statues d'hommes étranglant un lion dans leurs bras. On attendait Botta à Paris, et tout son musée allait bientôt suivre, aussitôt que le cours du Tigre, alors trop bas, le permettrait.

Le meilleur historique de ce qui avait été fait jusqu'en 1845 pour la découverte des antiquités de la Mésopotamie, se trouve dans les « Lettres de M. Botta sur ses découvertes à Khorsabad près de Ninive, publiées par M. Mohl, Paris, 1845. » Nous ajouterons qu'en ce moment Westergaard publiait son premier essai sur les inscriptions médiques, et que les papiers du colonel Rawlinson, contenant le texte perse de Behistun au complet, un tiers environ du texte médique et le dixième du texte babylonien, étaient dans les mains de M. Norris, l'infatigable secrétaire de la Société royale asiatique de Londres.

En 1846 M. Layard entre en scène. Attiré par la renommée des découvertes de Botta, il se met à l'œuvre à Ninive, dirigeant les fouilles avec cette énergie, cette décision et ce discernement dont il a donné depuis d'autres preuves. Il y avait assez à découvrir pour la France et pour l'Angleterre, plus même qu'il ne fallait pour l'une et pour l'autre : mais l'on ne peut nier que l'Angleterre, en laissant à ses représentants beaucoup plus de liberté d'action que la France, finit par obtenir des résultats bien plus considérables, grâce surtout à l'énergie et à la persévérance indomptable des Layard, des Rawlinson, des Loftus. Des cargaisons d'antiquités arrivaient bientôt à Londres, l'une malheureusement fit naufrage en venant de Bombay. En France le gouvernement était satisfait de la collection rapportée par Botta et se contentait de faire connaître ses découvertes dans des publications d'une somptuosité folle qui allait contre le but même qu'on se proposait. Tout en rendant pleine justice aux Chambres et à la générosité qu'elles montraient lorsqu'il s'agissait d'envoyer des expéditions scientifiques et d'en publier les résultats, Mohl déclare que le luxe de ces publications et le prix énorme auquel elles sont vendues les empêche d'avoir toute l'utilité qu'on en pourrait attendre. Il montre combien est plus sensé et plus pratique le système anglais qui laisse la publication de ces œuvres à l'initiative privée, et il apprend au gouvernement que tandis que les ouvrages de M. Layard sur Ninive sont lus à des milliers d'exemplaires et rapportent en même temps à l'auteur et à l'éditeur, les monuments de Ninive de M. Botta, publiés à des frais énormes par le gouvernement, sont vendus si cher que les deux hommes qui en auraient pu faire le meilleur usage, M. Rawlinson et M. Layard, ne purent les acheter. L'argument était péremptoire, mais il ne changea rien aux errements du gouvernement.

Enfin, en 1848, Mohl peut annoncer que le travail de

M. Rawlinson sur l'inscription de Behistun a paru dans le Journal de la Société Royale Asiatique de 1847. Bien qu'il n'y eût plus alors de découverte à faire dans le déchiffrement de l'alphabet perse, néanmoins la publication et l'explication d'un document d'une telle étendue marquait une époque nouvelle dans l'histoire des antiquités perses. Un fait montrera combien la connaissance de l'alphabet perse était déjà complète à cette époque. M. Norris, alors secrétaire de la Société de Londres, put relever des fautes d'écriture dans les copies de l'inscription de Behistun que Rawlinson envoyait à Londres, avec la même certitude qu'un latiniste corrige les fautes d'écriture d'une inscription latine. Mohl, tout en reconnaissant le principe que c'est la priorité de publication qui constitue la priorité de découverte, rend pleine justice à la persévérance de Rawlinson et au génie réel dont il a fait preuve dans l'accomplissement de sa tâche spéciale.

Avec le mémoire de Rawlinson, la question des cunéiformes perses était vidée : on pouvait lire ces vieux textes avec la même certitude qu'un texte grec ou latin. Restait à voir ce qu'on pourrait faire des inscriptions médiques et assyriennes. Westergaard avait prouvé que la langue de celles de la seconde espèce, des inscriptions dites médiques, était scythique ou touranienne. Quant à celles de la troisième espèce, celles de Babylone et de Ninive, tous les savants qui s'en occupaient, Grotefend, Löwenstern, Longpérier, de Saulcy, Hincks, étaient d'accord que la langue était sémitique. Seules, les inscriptions de Van prêtaient au doute, et Hincks soupçonnait qu'elles cachaient une langue aryenne.

Néanmoins, même après la publication des textes de Behistun, il se trouvait que la lecture des inscriptions médiques et assyriennes présentait beaucoup plus de difficulté qu'on ne s'y était attendu. Tout d'abord les copies de Behistun étaient incomplètes. Puis, non seulement l'écriture était idéographique et syllabique à la fois comme celle des hiéroglyphes, mais, ce qui était pis, il y avait des signes qui avaient plusieurs valeurs, et il y avait des valeurs qui étaient représentées par plusieurs signes. On entrait dans cette interminable question des polyphones et des homophones, qui fit abandonner le sujet à plusieurs savants comme désespéré, qui éveilla un sentiment général de scepticisme parmi les orientalistes et parmi le public, et qui, aujourd'hui même, après vingt ans de recherches continues, est encore la pierre d'achoppement des études assyriennes.

Mohl connaissait parfaitement toutes ces difficultés; mais il a chaque année de nouveaux triomphes à annoncer, et de nouvelles conquêtes à demander. En 1849 le gouvernement français avait retiré son patronage à l'œuvre de Botta, qui était envoyé de Mossoul à Jérusalem, et la riche mine qu'il avait ouverte était abandonnée à l'exploitation de M. Layard. En Europe, c'était surtout le déchiffrement du médique qui avançait : le colonel Rawlinson avait réussi à copier presque tout le texte médique de Behistun et annonçait l'envoi de ses copies : M. de Saulcy publiait dans le Journal Asiatique les résultats de ses études particulières sur les parties alors accessibles des inscriptions médiques.

En 1851 nous recevons la première nouvelle des magnifiques découvertes de M. Layard à Koyunjik, et plus tard à Babylone. C'est Koyunjik qui devait être le champ des plus riches trouvailles de l'assyriologie. Dans le cercle de Ninive il y a deux buttes artificielles, l'une nommée Koyunjik, l'autre Nabbi Yunes. C'est la première qui céda ses trésors aux explorateurs européens; l'autre, qui passait pour contenir les restes du prophète Jonas, était protégée par une mosquée et était trop sacrée pour qu'on la livrât aux infidèles. Néanmoins, le pacha de Mossoul, tout en défendant aux infidèles de troubler le repos du prophète, n'eut aucun scrupule à faire des fouilles pour son propre compte, et ses peines furent bientôt récompensées par la découverte de deux taureaux, hauts de dix-neuf pieds, mais qui n'étaient pas précisément le genre de trésor qu'il attendait (Rapport de 1856). A la même époque M. Loftus était envoyé sur le bas Euphrate, pour explorer les ruines de Warkah et de Senkerah et le gouvernement anglais projetait une autre expédition du côté de Suse.

En Europe, les fouilles linguistiques étaient conduites paisiblement par Botta, de Saulcy, Rawlinson, Norris, et principalement par le Rev. E. Hincks qui était alors le pionnier le plus avancé, et le premier à jeter les fondements d'une étude grammaticale de l'assyrien. Ses travaux, dispersés dans différents recueils, sont à présent en danger d'être presque oubliés, et ce ne serait qu'un juste tribut payé à sa mémoire si l'Académie d'Irlande ou quelqu'un de ses amis et admirateurs publiait une collection de ses nombreux articles sur les études cunéiformes.

En 1853, Mohl annonce avec joie que M. Place, le successeur de Botta au consulat de France à Mossoul, a reçu l'ordre de reprendre les fouilles. Ses recherches à Khorsabad furent bientôt richement récompensées. Il trouvait de nouvelles salles, des voûtes souterraines, de longs passages en briques émaillées, des statues assyriennes, les caves du château, avec des vases encore pleins de liqueurs desséchées, des bas-reliefs, des inscriptions, des objets d'ivoire et de métal, et plus tard un dépôt d'instruments de fer et d'acier, une porte de la ville ou du palais admirablement conservée, surmontée d'une voûte soutenue par deux taureaux et construite en briques émaillées et ornementées. Malgré ces splendides découvertes qui, disait Mohl, allaient enfin mettre le Louvre au niveau du British Museum, on craignait que le gouvernement n'arrêtât encore M. Place, comme il avait arrêté M. Botta, au milieu de sa campagne. Mohl fit tout ce qu'il put pour plaider la cause assyrienne devant la Société Asiatique, devant l'Institut, devant les ministres, et c'est surtout grâce à son intercession infatigable que son ami Fresnel, qui avait passé des années à recueillir des inscriptions himyarites dans le sud de l'Arabie, fut envoyé avec MM. Oppert et Thomas, à la tête d'une expédition scientifique fortement organisée, pour explorer les ruines du bassin du bas Euphrate. Les troubles qui régnaient dans le pays empêchant Fresnel d'exécuter le plan primitif, il concentra son œuvre à Babylone. Vers la même époque M. Loftus travaillait énergiquement à Suse et y découvrait un palais dans le style de celui de Persépolis, avec des inscriptions en perse cunéiforme du temps d'Artaxerxès Mnémon. M. Layard avait publié le tableau de ses merveilleuses découvertes de Koyunjik, et exploré une grande partie de la basse Mésopotamie, les ruines d'Arban, de Wan, de Babylone, de Niffar et de Kala Sherghat. En Angleterre, le mémoire de Rawlinson sur le texte babylonien de Behistun paraissait dans le quatorzième volume du *Journal de la Société asiatique* (1851), et dans le premier numéro du quinzième volume (1853) M. Norris, publiant pour la première fois le texte médique de ce document, confirmait l'opinion de Westergaard sur le caractère touranien de cette langue, sans déterminer toutefois à quelle branche de cette vaste famille, ou, pour mieux dire, de cette vaste classe d'idiomes, elle se rattachait de plus près, à la branche turque ou à la branche finnoise.

L'année suivante, 1854, tandis que M. Loftus continue ses fouilles à Warkah et à Senkerah dans la basse Mésopotamie, que M. Rassan travaille activement pour l'Angleterre à Koyunjik, M. Mohl annonce que le gouvernement français a arrêté les fouilles poursuivies avec tant de succès par M. Place à Khorsabad. L'année qui suivit apportait des nouvelles plus tristes encore. La précieuse cargaison qui contenait la double moisson de Place à Khorsabad et de Fresnel à Babylone sombrait à Bassorah. Fresnel, qui avait, des années durant, tenu bon contre le gouvernement, refusé son rappel et rêvé d'établir à Bagdad une école d'archéologie sur le modèle de l'école française d'Athènes, Fresnel mourait en 1855, et sa mort arrêtait définitivement les fouilles faites aux frais du gouvernement français. Tandis que Loftus rassemblait toujours de nouveaux matériaux dans les ruines de Moghur, d'Aba Shahrein, de Tel Sifr, de Senkerah, de Warkah et de Niffar; tandis que Rawlinson attendait de nouveaux trésors à Babylone, il ne restait plus à l'expédition française, désormais confiée à M. Jules Oppert, qu'à sauver tout ce que l'on pouvait et à revenir en France. La mort de Fresnel semble avoir refroidi l'intérêt que Mohl prenait aux antiquités de la Mésopotamie. Malgré ses efforts constants, l'entreprise qu'il avait encouragée et dirigée n'avait pas donné tous les résultats qu'il avait attendus. Même le déchiffrement des inscriptions n'avait pas été sans lui apporter un désappointement. En parlant du sujet presque pour la dernière fois à propos du rapport adressé par M. Oppert au ministre de l'instruction publique (Paris 1856, Archives des Missions), il exprime l'espoir que l'on pourra venir à bout des difficultés créées par la polyphonie et l'homophonie; quant à la théorie proposée alors pour la première fois par M. Oppert, que l'alphabet cunéiforme était l'œuvre d'un peuple parlant un idiome scythique, et qu'il avait été plus tard adapté tant bien que mal par les Assyriens et les Babyloniens à leur langue sémitique, il s'exprime en ces termes :

« Il faut réserver son jugement, attendre le développement des preuves, et, si elles sont concluantes, réformer nos idées préconçues. Il est impossible qu'une découverte immense, comme celle de Ninive, et cette restauration subite de langues et presque de littératures perdues depuis des milliers d'années, ne révèlent des faits qui s'accordent mal avec des opinions formées sur l'ancienne histoire de l'Asie d'après des données imparfaites. Il est probable, au reste, que l'histoire ancienne, telle qu'on l'a construite d'après la Bible et les auteurs grecs, sera plutôt enrichie que changée par les résultats des études assyriennes, car nous voyons que tout ce que nous avons appris sur l'Égypte, l'Inde et la Perse, n'a fait que grandir l'autorité d'Hérodote. C'est un cadre qui se remplit, mais qui ne change pas dans ses parties essentielles. On n'est qu'au commencement de ces études, et la route est longue et ardue ; mais les progrès sont très réels et deviendront plus rapides à mesure que les matériaux seront plus accessibles. »

Cet exemple suffira pour montrer avec quelle conscience Mohl remplissait son office d'historiographe en titre de l'érudition orientale, et que de choses risquent de s'oublier dans le tumulte de la vie de notre temps, dont ces pages nous conservent le souvenir. Sans doute la Perse était toujours son objet de prédilection, et de là vient le vif intérêt qu'il prenait à ces recherches sur les cunéiformes, qui ayant pour centre et pour point de départ le déchiffrement des édits des anciens rois de la Perse, Cyrus, Darius, Xerxès, jetaient une lumière nouvelle sur l'histoire de la Perse avant eux et après eux. De là son admiration sincère pour E. Burnouf et son œuvre de restitution de l'Avesta ; c'est par là qu'il avait appris à apprécier toute la valeur de la méthode philologique de Burnouf et à reconnaître que c'était la seule qui pût conduire à des résultats dignes de confiance dans l'interprétation de l'Avesta comme dans celle des Védas. Mais malgré ses prédilections personnelles, nous le voyons, dans ses rapports annuels, traiter presque tous les sujets avec la même exactitude et la même solidité de jugement. Toutes les publications réellement importantes, qu'il s'agisse d'arabe, d'hébreu, de syriaque, d'arménien, de sanscrit ou de chinois, sont enregistrées avec soin, et nous rencontrons souvent tel paragraphe qui forme un traité succinct, mais complet, sur l'histoire et la portée de toute une branche de l'orientalisme.

Si l'on veut voir, par exemple, ce que nous possédons en fait d'inscriptions himyarites et quelle est la valeur de ce chapitre de l'épigraphie dans l'histoire des langues sémitiques, l'on n'a qu'à lire les rapports sur les explorations de Fresnel et d'Arnaud sur la côte du Yemen, explorations suggérées et encouragées par Mohl lui-même.

La question de la possibilité de substituer l'alphabet latin aux nombreux alphabets des langues orientales est discutée tout au long dans le rapport de 1841, puis de nouveau dans celui de 1865. On raillait le gouvernement anglais d'avoir tant de peine à décider les indigènes à écrire l'indoustani en caractère romains, tandis que les Arabes mahométans avaient réussi en si peu de temps à faire adopter l'alphabet arabe aux Persans : Mohl répond sèchement que les Arabes punissaient de mort ceux qui continuaient à employer le pehlvi au lieu de l'arabe. Bien qu'il n'indique pas son autorité, je ne doute pas qu'il ne fût en état de citer à l'appui le chapitre et la page.

La découverte des manuscrits syriaques et coptes de Tattam en 1852, et plus tard celle de Pacho ; les premiers spécimens de ces nouveaux trésors, tels que les trois épîtres certainement authentiques de saint Ignace ; enfin l'excellent catalogue de la collection par Wright : tout cela est décrit de main de maître.

Les arabisants trouveront un compte rendu exact de toutes les publications importantes qui touchent leurs études, et en particulier des pages bien instructives sur la vie de Mahomet, où il rend pleine et égale justice aux deux études si différentes d'esprit que Sprenger et sir W. Muir ont consacrées au prophète. Bien des lecteurs apprendront avec intérêt ce qu'il dit de la formation graduelle et du classement des traditions relatives à Mahomet : ils trouveront là plus d'un aperçu significatif et utile sur des phases analogues traversées par d'autres religions. Mohl rend pleine justice aux mérites du dictionnaire arabe de Lane, mais non sans exprimer le regret que Lane se soit enfermé dans la langue dite classique.

Les rapports sur la littérature chinoise sont complets : le chinois avait été longtemps une des occupations favorites de Mohl. Quand Stanislas Julien publia ses *Voyages des pèlerins bouddhistes*, il ne trouva nulle part un critique qui sût mieux apprécier la valeur de son œuvre.

Dans tous les sujets dont nous avons parlé jusqu'ici Mohl se sentait chez lui. Là les langues lui étaient familières, les littératures étaient pour lui un objet constant d'intérêt. Mais même pour les autres branches de l'érudition orientale, pour le sanscrit par exemple et pour la littérature indoue en général, il n'est guère de critique qui ait su, mieux que lui, distinguer ce qui est important de ce qui ne l'est pas, et signaler avec plus de précision aux indianisants leurs vrais devoirs envers la science. Dès son premier rapport de 1840, il appelle leur attention sur le Véda. *Hic Rhodos, hic salta!* semble-t-il dire, chaque fois que son inspection générale l'amène près des frontières de l'Inde. Il salue avec une joie véritable toutes les tentatives faites pour combler les vides que les W. Jones, les Colebrooke, les Mill, les Wilson avaient signalés plutôt que remplis. Il montre comment la connaissance de la littérature de l'Inde est condamnée à rester un édifice sans base tant qu'on ne l'aura pas appuyée sur ses fondations réelles, le Véda. Dès 1840 il nous apprend que l'ancienne Compagnie des Indes orientales a ordonné la publication des quatre Védas par les savants Brahmanes du collège de Calcutta, d'après les meilleurs manuscrits de Bénarès : « Grande et magnifique entreprise qui livrera aux études des savants de tous les pays un monument littéraire dont il est difficile d'évaluer l'importance pour l'histoire de la civilisation ». On sait malheureusement qu'il ne s'offrit dans l'Inde ni Brahmanes en état de publier le Véda et les commentaires, ni manuscrits fidèles : les Brahmanes qui auraient pu ne voulaient pas, ceux qui auraient voulu ne pouvaient pas, et il fallut enfin que l'érudition européenne entreprît l'œuvre et donnât aux Brahmanes la première édition complète de leurs livres sacrés.

Mohl nous apprend en même temps que depuis plusieurs années le gouvernement français achetait dans l'Inde des manuscrits du Véda et de ses commentaires et qu'il en était déjà arrivé à Paris plusieurs caisses. Ces mesures étaient dues surtout à Burnouf, qui, avec Rosen, était alors probablement le seul indianiste qui fût allé plus loin que Colebrooke et eût pénétré au cœur même de la littérature védique. Elles étaient dues aussi au patronage éclairé de M. Guizot. Encore en 1869, M. Guizot, annonçant à l'auteur de ces lignes sa nomination de membre étranger de l'Institut de France, ajoutait : « Je ne suis pas un juge compétent de vos travaux sur les Védas, mais je me félicite d'avoir un peu contribué à vous fournir les matériaux, et je vous remercie d'en avoir gardé le souvenir. »

Il ne se passe guère d'année que Mohl ne nous donne quelque nouvelle des progrès faits dans la publication des Védas ; et la façon naturelle et simple dont il fait ressortir l'importance de la tradition tout en maintenant l'indépendance de la science européenne, fait singulièrement ressortir la maturité de son jugement en présence des querelles des écoles exclusives.

Mais si pénétré qu'il soit de l'importance des études védiques, Mohl ne passe pas sous silence les autres branches de la littérature indienne. La publication de la Râdjataranginî ou histoire des rois de Kachemire, par Troyer, la découverte de l'alphabet pali par Prinsep, la magnifique édition du Râmâyana de Gorresio, la traduction de la version tibétaine de la vie du Buddha par Foucaux, les Antiquités indiennes de Lassen, le Dictionnaire sanscrit de Boehtlingk et Roth et celui de Goldstücker, les recherches originales de Wœpke sur les chiffres indiens et sur les mathématiques dans l'Inde, les travaux de Nève et de Weber, toutes ces œuvres reçoivent l'hommage qui leur est dû, et il marque toutes ces étapes faites dans la marche, lente mais sûre, de la petite et vaillante armée de l'orientalisme.

Il n'est pas aisé de se faire une idée de tout le travail que s'impose le savant consciencieux qui entreprend un rapport annuel de ce genre. Ceux-là seulement qui ont essayé de le faire savent tout ce qu'il faut de temps rien que pour réunir les matériaux, et tout ce qu'il faut de soin pour déterminer la part d'éloge ou de blâme qui revient à chaque œuvre. Bien que chacun de ces rapports annuels ne remplisse guère que cinquante à cent pages, la seule préparation a dû prendre à l'auteur une partie considérable de ses loisirs.

D'autres sociétés ont publié des rapports de ce genre, mais il n'en est guère qui l'aient fait avec la même régularité que la Société Asiatique tant qu'elle eut Mohl pour secrétaire, et jamais on n'y a mis la parfaite proportion qu'il savait observer dans le plan général de ses revues. Trop complets, ces rapports dégénèrent en simples catalogues; trop minutieux et trop critiques, ils tournent en articles spéciaux sur quelques publications importantes. Il y a eu des rapports publiés par les successeurs de Mohl au poste de secrétaire de la Société Asiatique. Ils sont écrits sans doute en français plus classique et contiennent d'excellents matériaux : mais ils sont devenus, d'année en année, moins compréhensifs et sont à présent restreints à l'examen du travail accompli chaque année par les seuls orientalistes de France.

Une difficulté plus grande encore, c'était de maintenir jusqu'au bout ce rôle de juge impartial que Mohl a pris et gardé dans ses rapports, du premier au dernier. De lui-même, peu de chose, presque rien. Ce n'est que par hasard que nous apprenons toute la part personnelle qu'il a eue dans plusieurs des plus grandes entreprises patronnées par le gouvernement. Dans certains cas il semble pousser vraiment trop loin cette modestie. Les Français, on le sait, sont très susceptibles sur ce point : « Le *moi* est haïssable. » Pourtant il y a un moment où le bon goût risque de toucher à l'affectation. En parlant de son édition du *Shah Nameh*, il aurait été plus naturel et plus simple, même en français, de dire : « Il vient de paraître un nouveau volume de mon édition du *Shah Nameh*, » que de dire, parlant à des amis : « Un membre de votre Société vient d'achever un nouveau volume du *Shah Nameh*. » Toutefois, en sa qualité d'étranger écrivant en français, il se sentait probablement tenu d'observer l'étiquette avec plus de soin qu'un Français même, et s'il se trompait, c'était en tout cas du bon côté.

Mais ce qui lui fait encore plus d'honneur, c'est la réserve avec laquelle il parle de ses amis intimes. Mohl n'aurait pas été le savant qu'il était, s'il n'avait eu de vives sympathies pour les savants et de vives antipathies pour les prétendus savants, de France ou d'ailleurs. Mais il fallait une oreille bien délicate pour rien saisir de ces sentiments personnels dans ses rapports officiels. Quand il prend la parole au nom de la Société, il parle avec la pleine conscience de sa responsabilité : il sent que l'honneur de la Société est confié à sa garde. Il n'abuse jamais de la charge qui lui est confiée; jamais il ne prend avantage de sa position.

En relisant ses rapports de 1840 à 1867, nous ne rencontrons guère une seule ligne qu'il voulût effacer s'il revenait, quoique le temps ait dissipé bien des espérances et désenchanté de bien des rêves. Sans doute il en est beaucoup que Mohl désappointait par son silence ou par la mesure dans l'éloge. Il s'est fait, croyons-nous, plus d'ennemis que d'amis par cet incorruptible exercice de ses fonctions : mais il garda, toute sa vie durant, en dépit de maints désappointements, une foi inébranlable dans la vérité.

Il est beau de voir le témoignage unanime rendu à l'intégrité de Mohl par ses collègues de l'Institut. Sa position à Paris n'était pas facile : il avait sans doute de vieux et fidèles amis; mais il avait aussi, et pouvait-il en être autrement, des envieux. Il avait l'affection de quelques-uns, la sympathie de beaucoup, le respect de tous, même de ceux qui n'avaient pour lui ni affection, ni sympathie. Des esprits élevés, tels que Maury, Renan, Regnier et d'autres encore, pouvaient dire en toute vérité, qu'ils avaient oublié que Mohl n'était pas Français. Dans son dernier adieu, Alfred Maury s'écriait: « Adieu, Jules Mohl; nous te saluons à ta demeure dernière, non seulement comme un confrère, mais comme un compatriote. La science, du reste, n'a pas de nationalité, ou, pour mieux dire, elle est de toutes les nationalités ; elle travaille à les rapprocher, à les unir, et cette conciliation nous aimions à la rencontrer en toi. »

Mais l'on ne peut guère attendre la même hauteur de pensée et de sentiment chez des esprits moins élevés, et encore moins chez ceux dont Mohl avait à contrecarrer les prétentions. Quoique Mohl ait été, à ce qu'il semble, un hôte bienvenu à plusieurs cours, il n'avait jamais appris à être un courtisan. La vie, à ses yeux, n'avait plus de valeur, si elle demandait un sacrifice à la vérité. Tous ses amis reconnaissent en lui une certaine brusquerie, dont il ne put jamais se défaire et que plus d'un attribuait charitablement à son sang allemand. M. Barbier de Meynard dit en parlant de lui: « L'amour du vrai, l'horreur du charlatanisme et de l'intrigue donnaient à son abord ce je ne sais quoi de réservé et de brusque qui ne permettait pas d'apprécier du premier coup d'œil tout ce qu'il y avait en lui de bonté naturelle et de chaleureuse sympathie. »

Mais cette brusquerie n'était pas un simple trait de caractère national : elle avait une source plus profonde, le sentiment du caractère sacré de la science. Le *profanum vulgus* ne le lui pardonna jamais.

M. Laboulaye dit de lui avec une vérité parfaite : « Mohl avait au plus haut degré le sentiment de la responsabilité qui pesait sur nous; pour lui, la science était une religion, et il voulait écarter du temple tous les profanes. »

M. Renan parle dans les termes les plus forts de l'influence que Mohl exerçait dans toutes les élections, à l'Institut, au Collège de France et ailleurs, pour cette seule raison qu'on savait que pour lui la science était sacrée et que jamais ses sentiments personnels ne domineraient son vote : « Le grand titre de M. Mohl à la reconnaissance des savants est avant tout, ajoute-t-il, l'influence qu'il a exercée. Il sut présider à nos études avec une solidité de jugement et un esprit philosophique qui, seuls, peuvent donner de la valeur à des travaux épars et sans lien apparent. Sa direction a été aussi efficace qu'éclairée. M. Mohl était pour nous tous une des raisons que nous avions de vivre et de bien faire. »

Comme cela est juste! N'est-ce pas de ces hommes qu'il est vrai de dire qu'ils nous font vivre et bien faire! Ils nous gardent du penchant à faire des concessions, à prendre, comme on dit, la vie facilement, à nous acheter des amis au prix de louanges imméritées. C'est une chose qui fait vraiment honneur au caractère français que les amis de Mohl lui aient permis d'occuper cette position indépendante toute sa vie, qu'ils aient cédé à son influence silencieuse et qu'ils ne se soient jamais offensés de ses critiques. Il y en avait sans doute parfois qui, contrariés par Mohl, à défaut d'autre argument, murmuraient : « Ah, cet Allemand ! » mais cela est dans la nature humaine. Les Français ne seraient pas Français, les Anglais ne seraient pas Anglais, les Allemands ne seraient pas Allemands s'ils ne pensaient que, sur tel ou tel point, ils sont meilleurs juges que tout autre. Il y avait sans doute à Paris aussi des *dii minorum gentium* qui haussaient les épaules quand paraissait le rapport annuel et trouvaient dur que la censure des études orientales en France fût tombée aux mains de cet étranger. Mais en relisant à présent ces rapports, après tant d'années, et en les comparant aux rapports ou aux adresses présidentielles d'autres sociétés savantes, nous serons mieux en état de comprendre l'influence qu'ils exerçaient grâce à leur hauteur morale et critique. Nulle part on ne trouve, comme dans certains comptes rendus, la trace de notes fournies par les personnes intéressées et discrètement couvertes du nom honoré d'un président ou d'un secrétaire. Nulle part on ne voit Mohl céder à la tentation de dire en passant un mot aimable d'un ami ou un mot désagréable d'un adversaire. C'est parce que chacun sentait que le secrétaire de la Société Asiatique était un homme d'honneur, jaloux du bon renom de la Société et encore plus de l'honneur de la science, que le monde savant tout entier écoutait ses rapports et acceptait ses jugements. Quand nous parcourons la longue liste des rapports de Mohl sans rencontrer une seule ligne qui soit dictée par les sympathies ou les antipathies personnelles de l'écrivain, un seul mot d'éloge ou de blâme qui ait jamais pu faire regretter aux membres de la Société Asiatique d'avoir remis le dépôt de leur honneur aux mains d'un Français d'adoption, nous comprenons mieux ce que M. Renan entendait en disant de Mohl : « Il était une des raisons que nous avions de vivre et de bien faire ».

Mais ce serait emporter de Mohl une fausse idée que de ne voir en lui que le censeur rigoureux. Avec les amis dans l'intimité il était charmant de bonté et d'humour, bien que dans les dernières années de sa vie un voile de tristesse ait souvent couvert le regard de ses yeux vifs et perçants. Mohl parlait trois langues, l'allemand, le français et l'anglais, et l'on aurait pu dire de lui, comme d'Ennius, qu'il avait trois cœurs, ou plutôt qu'il avait un large cœur, assez large pour aimer tout ce qu'il y avait de bon et de noble dans le caractère allemand, dans le caractère français et dans le caractère anglais, et assez fort pour dédaigner tout ce qu'il y a de mauvais et de petit dans ces trois caractères. Il était Allemand par nature, Français par goût, Anglais par sa plus chère affection, et il avait de vrais amis dans chacun des trois pays. Il avait appris en particulier par sa propre expérience combien le caractère français et le caractère allemand peuvent se compléter l'un l'autre dans leur fort et leur faible, et toute sa vie durant il rêva un avenir où les deux peuples sauraient se mieux comprendre et apprécier réciproquement, et où ils oublieraient leur rivalité militaire pour travailler ensemble aux grandes conquêtes de la littérature et de l'art. Il y eut un temps où le rêve semblait plus qu'à moitié réalisé, et l'on ne peut douter que l'influence silencieuse et incessante d'hommes tels que Mohl n'ait été pour beaucoup dans cette œuvre. Le nom de Humboldt suffit pour rappeler à quel degré d'intimité était arrivée l'union de l'esprit allemand et de l'esprit français. Ce temps heureux finit avec les premiers jours du régime napoléonien. S'il est un lieu où Louis-Napoléon fut, au début de son règne, haï résolument, c'est bien l'Institut de France. Parmi ses membres, aucun ne voyait mieux et ne redoutait plus que Mohl la fatale influence du nouveau régime. Ni les succès politiques, ni la splendeur extérieure, ni le patronage offert à la littérature et aux sciences, ne pouvaient éblouir ses yeux. Il demeura fermement convaincu, du premier jour au dernier, que le système de gouvernement introduit par Louis-Napoléon et sa cour devait amener la ruine de la France, et par la ruine de la France, celle du développement pacifique de toute l'Europe. Il vécut assez pour voir ses prévisions réalisées. Les dernières années de sa vie se passèrent dans le deuil de ses plus chères espérances; il ne pouvait se consoler de voir s'évanouir le plus beau rêve de sa jeunesse : l'union et l'amitié de la France et de l'Allemagne, comme champions de la liberté intellectuelle de l'avenir. Ses amis, ses confrères de Paris, dont la mort avait éclairci les rangs, lui demeurèrent fidèles jusqu'au bout. Il faudrait ne pas connaître l'Institut de France pour supposer que, même aux jours de la plus grande exaltation patriotique, jamais un seul membre ait pu oublier un instant ce qu'il devait à

Mohl et aux nobles traditions de l'illustre Compagnie; c'était lui qui de plus en plus prenait goût à la retraite, y poursuivant patiemment, avec une mélancolique sérénité, ses utiles travaux. Sa maison pourtant continua d'être ce qu'elle avait été pendant tant d'années, une sorte de port franc ouvert à tous ceux qui venaient à Paris pour y voir ce qui méritait le plus d'être vu. Durant les jours de l'Empire il arrivait parfois que d'augustes visiteurs, logeant au Tuileries, venaient rue du Bac faire la connaissance d'hommes éminents sur qui n'avaient rien pu les séductions du souverain. Après les orages de la Commune, le vieux port hospitalier se rouvrit et plus d'un de ses amis d'Angleterre gardera longtemps le souvenir des heures passées avec lui à cette époque, passées surtout à parler des vieux jours et à regretter les vieux amis. Ce qu'était le charme de sa société, tous ses amis le savent. Nul n'a plus le droit d'en parler que celui dont nous empruntons encore ici les paroles, pour couronner ce tribut de respect et de reconnaissance : « Sa maison, dit M. Renan, grâce au tact et à la profonde connaissance de la société française que possède Madame Mohl, continuait les meilleures traditions d'un monde plein d'esprit et de charme, qui n'est plus qu'un souvenir. Tous les étrangers de distinction s'y rencontraient; toutes les opinions s'y donnaient la main. »

VINGT-SEPT ANS D'HISTOIRE

DES

ÉTUDES ORIENTALES

I

ANNÉE 1840-1841

(RAPPORT LU LE 31 MAI 1841)

Messieurs,

L'année qui vient de s'écouler n'a été marquée, pour la Société asiatique, par aucun événement particulier, mais elle n'en a pas été moins heureuse, parce qu'elle a amené un accroissement lent, mais constant de vos ressources, de vos relations et de vos travaux ; ce qui est le signe le plus vrai de la vie et le présage le plus certain de la durée d'une société. Votre Journal a continué à paraître régulièrement et a été le dépôt de nombreux travaux. L'affluence des mémoires que votre Commission du Journal a reçus a été plus grande qu'à l'ordinaire, et telle qu'il sera bientôt nécessaire d'augmenter le cadre de vos publications périodiques, pour qu'elles suffisent à l'activité des Membres de la Société. Il nous faudrait pour cela publier, par an, trois volumes du Journal et un volume de la collection des Mémoires, et quoique les ressources de la Société ne le permettent pas encore, nous pouvons espérer d'y parvenir dans quelque temps.

Le Conseil aurait désiré mettre sous vos yeux les premières feuilles du Voyage de Schulz; mais le temps nous a manqué. Vous verrez, au reste, par le compte qui va vous être rendu de l'état de vos finances, que l'impression trop longtemps différée de cet ouvrage ne souffrira plus de délai. Les frais considérables qu'avait occasionnés l'impression de la Chronique de Kachmir et de la Géographie d'Aboulféda sont couverts à l'aide du secours que M. Villemain, ministre de l'instruction publique, a bien voulu nous accorder, et les ressources de l'année courante nous permettront de mettre sous presse le Voyage de Schulz.

La Société a fait pendant l'année quelques pertes sensibles, surtout parmi les membres étrangers. M. Jean Borthwick Gilchrist est mort à Paris, le 8 janvier. Il naquit en Écosse dans l'année 1759, passa une partie de sa jeunesse dans les Indes occidentales, étudia plus tard la médecine, s'embarqua en qualité de chirurgien de vaisseau pour Bombay, y passa au service de la Compagnie des Indes, et fut transféré à Calcutta. Il s'appliqua à l'étude de l'hindoustani, qu'il apprit avec une rare perfection, en vivant pendant quelques années dans une famille musulmane. Son esprit systématique lui fit concevoir l'idée de faire une langue de ce dialecte, qui avait acquis à Dehli et à Lucknow une grande élégance, comme langue de conversation et de poésie, mais qui, dans le reste de l'Inde, flottait dans un état de *lingua franca*, entre le persan et les dialectes provinciaux des Hindous. Il fixa la grammaire hindoustanie, publia un fort bon dictionnaire et traduisit un certain nombre de livres anglais dans cette langue, pour fournir aux étudiants des ouvrages en prose, dont la littérature hindoustanie manquait presque entièrement. Il rendit de cette manière à la Compagnie des Indes un service signalé, en donnant une langue commune à son armée, et à ses officiers les moyens de l'étudier. Lord Wellesley le nomma professeur au collège Fort William, où il forma un grand nombre d'élèves; il se retira ensuite à Édimbourg, où il établit une banque ; plus tard, il se rendit à Londres pour y reprendre l'enseignement de l'hindoustani, et, enfin, il vint en France où il s'occupa, jusqu'à sa mort, de sa théorie favorite d'une langue universelle. Il avait un esprit remarquable plutôt par son activité que par sa justesse, et un caractère ardent qui, malgré un grand fonds de bienveillance, l'a jeté toute sa vie dans des querelles littéraires et politiques sans fin.

Un autre membre très-remarquable que la Société a perdu, est monseigneur Jean-Louis Taberd, évêque d'Isauropolis, vicaire apostolique de la Cochinchine. Né à Saint-Étienne en 1795, il prit les ordres en 1818, et partit, deux ans après, en qualité de missionnaire, pour la Cochinchine, où il arriva en 1821, au moment où la position des missions françaises dans ce pays commençait à devenir difficile. Le grand évêque d'Adran, qui avait exercé en Cochinchine un pouvoir presque royal, venait de mourir, et la réaction que le parti anti-français et anti-chrétien méditait depuis longtemps ne tarda pas à éclater ; elle a duré depuis ce moment jusqu'aujourd'hui, avec une fureur toujours croissante. Au milieu de ces circonstances difficiles, M. Taberd fut nommé supérieur de la mission en 1823, et, en 1827, évêque d'Isauropolis et vicaire apostolique de la Cochinchine. Il fut obligé de se rendre à Siam pour se faire consacrer, parce que la persécution avait dispersé les évêques de la Cochinchine ; mais le roi Minh-Menh, ayant mis pendant son absence sa tête à prix, l'empêcha ainsi de rentrer dans son diocèse. Il se retira à Poulo-Pinang, où il fonda le collége catholique destiné aux missions de l'Inde trans-gangétique, et passa de là à Calcutta, pour faire imprimer le Dictionnaire cochinchinois, fruit des travaux accumulés d'une longue suite de missionnaires et complété par lui-même. La générosité du gouverneur général de l'Inde et celle des missionnaires protestants de Serampour lui donnèrent les moyens d'achever cette grande entreprise. Il fut nommé, peu de temps après, vicaire apostolique du Bengale ; mais il ne put exercer ses nouvelles fonctions, étant mort, le 31 juillet

1840, presque subitement et avant d'avoir reçu sa nomination définitive.

L'année dont les travaux nous occupent n'a pas été très-favorable aux études orientales, surtout en Asie, où la guerre a paralysé bien des entreprises. Cet état de choses tournera plus tard au profit des lettres orientales en Europe, parce que l'importance politique toujours croissante de l'Asie doit naturellement appeler sur elle l'attention sérieuse des peuples européens ; mais, pour le moment, le mouvement littéraire s'est arrêté dans le petit nombre de points, en Orient, où il s'était développé ; les presses de Constantinople, de Teheran, du Caire et de Canton paraissent n'avoir produit rien de remarquable ; et celles de l'Inde, quoiqu'elles ne se soient pas arrêtées, ont été moins actives qu'à l'ordinaire.

Les sociétés asiatiques ont partout continué leurs efforts pour répandre les nouvelles découvertes faites dans les langues et dans l'histoire de l'Orient. M. Torrens s'est chargé de la publication du Journal de la Société de Calcutta, et continue avec un grand dévouement l'œuvre de M. Prinsep ; la Société de Madras publie son journal avec régularité ; le Journal oriental allemand commence une nouvelle série, et l'excellent Journal de la Société de géographie de Londres devient de plus en plus un puissant auxiliaire des recueils spécialement destinés à l'Orient. Le nombre de ces recueils s'est accru des *Orientalia*, publiés par MM. Juynboll, Roorda et Weijers. Le premier volume de cette collection a paru à Amsterdam ; elle est destinée à être l'organe de la belle école de Leyde, qui porte dans ses études asiatiques le même esprit d'érudition et de recherche consciencieuse qui a distingué pendant si longtemps la philologie classique des Hollandais. Les *Orientalia* n'excluent aucune partie des études sur l'Asie ; mais ils sont destinés plus spécialement à ce qui touche les langues et les littératures sémitiques. Le premier volume renferme un mémoire posthume de Hamaker sur les noms collectifs chez les Arabes, un poëme inédit de Motenabbi, publié et traduit par M. Juynboll, et une continuation du catalogue des manuscrits orientaux de la bibliothèque de Leyde, par M. Weijers. Je devrais peut-être encore citer comme un nouveau journal asiatique celui que la Compagnie de Jésus publie à Lyon sous le titre de *Lettres du Maduré*, et dont jusqu'à présent six cahiers ont paru [1]. Il se compose des lettres des missionnaires de cet ordre dans le midi de l'Inde ; son principal but est de rendre compte de l'état de cette mission, mais il contient une foule de détails sur les mœurs des Hindous, et trouverait certainement sa place dans les bibliothèques des savants, si la Compagnie voulait permettre qu'il fût mis en vente.

Il s est formé, pendant l'année, deux nouvelles Sociétés asiatiques : l'une, à Paris, *la Société orientale*, dont le but est principalement de publier les monuments d'art des peuples de l'Asie ; l'autre, à Londres, c'est *la Société pour la publication des textes orientaux*, dont le plan vous a été communiqué l'année dernière. Elle est maintenant définitivement constituée et a commencé ses travaux ; elle forme le complément nécessaire du Comité des traductions, et il faut espérer qu'elle obtiendra la faveur dont elle a besoin pour l'exécution de sa grande et difficile tâche. Elle n'a aucune chance de devenir populaire, mais elle mérite d'autant plus l'appui et l'aide des savants et des établissements publics. On ne peut assez répéter que la publication des manuscrits orientaux les plus importants est le plus grand et le plus pressant besoin de nos études. Ce n'est que quand le travail critique des savants aura passé sur les chefs-d'œuvre de chaque littérature, quand l'impression aura rendu facile l'usage matériel des livres et aura prévenu l'immense perte de temps que la lecture des manuscrits occasionne, quand elle aura répandu dans tous les coins de l'Europe les matériaux qu'il faut chercher aujourd'hui dans quelques dépôts de manuscrits ; ce n'est qu'a-

---

[1] *Lettres des nouvelles missions du Maduré.* Lyon, 1840, in-4°. Vol. I et II, 1. (Lithographié.)

lors que l'intelligence européenne pourra pénétrer réellement dans l'Orient, dégager la vérité historique de l'épaisse couche de fables et de contradictions qui la couvrent et reconstruire l'histoire du genre humain. Ce but est encore loin de nous, mais le chemin est clairement tracé, et nous y faisons chaque année un progrès, minime, si nous le comparons à ce qui reste à faire, mais considérable si on le compare avec ce qui se faisait autrefois.

Le nombre des catalogues de manuscrits orientaux qui se publient ou se préparent dans les bibliothèques de l'Europe, peut être regardé comme un indice très-heureux de cette tendance. La bibliothèque Bodléïenne, à Oxford, a terminé, il y a peu de temps, la publication de son catalogue, commencé, il y a cinquante ans, par Uri, achevé par Nicoll et publié par M. Pusey [1]. C'est un grand et beau travail, parfaitement digne de la célèbre bibliothèque qu'il est destiné à faire connaître. M. Prinsep, peu de temps avant sa mort, a fait imprimer, en deux volumes, le catalogue des manuscrits de la bibliothèque de la Société asiatique de Calcutta. M. Fleischer, à qui nous devions déjà le catalogue des manuscrits orientaux de Dresde, vient de publier celui de la bibliothèque de Leipzig [2]. M. Brosset a publié, à Saint-Pétersbourg, le catalogue de la bibliothèque arménienne d'Edchmiadzin [3]. Il y a longtemps que ceux qui s'intéressent à cette littérature regrettaient que les trésors que devait renfermer la bibliothèque du chef-lieu de la hiérarchie arménienne fussent inaccessibles aux Européens ; à la fin, l'influence de M. de Hahn, commissaire impérial pour les provinces trans-caucasiennes, obtint du Catholicos le catalogue de sa bibliothèque, et l'académie de Saint-Pétersbourg s'empressa de le communiquer

1. *Bibliothecæ Bodleianæ codicum manuscriptorum catalogi.* Confecit Nicoll ; edidit Pusey. in-fol. Oxford, 1835.
2. *Catalogus librorum manuscriptorum bibliothecæ senatoriæ Lipsiensis;* edidit Neumann. *Codices orientalium linguarum* descripserunt Fleischer et Delitsch ; 1838. In-4°.
3. *Catalogue de la bibliothèque d'Edschmiadzin*, publié par M. A. Brosset. Saint-Pétersbourg, 1840; 121 pages.

au public. On y voit que les malheurs qui ont accablé, depuis tant de siècles, la nation arménienne, n'ont pas épargné sa littérature, car la bibliothèque d'Edchmiadzin ne renferme que quatre cent quatre-vingt-un manuscrits, parmi lesquels il y en a une centaine qui traitent de l'histoire ou de la géographie, les autres sont des ouvrages de théologie et de scolastique. M. Schott a fait imprimer le catalogue des livres chinois de la bibliothèque de Berlin, faisant suite au catalogue donné par Klaproth [1]. M. de Hammer [2] a publié le catalogue de sa magnifique collection de manuscrits arabes, persans et turcs et celui des manuscrits de la bibliothèque Ambrosienne [3] ; M. Flugel a inséré aussi dans les Annales de Vienne une liste des nouvelles acquisitions de manuscrits arabes que la Bibliothèque royale de Paris a faites pendant ces dernières années. M. Ewald a publié le catalogue des manuscrits orientaux de Tubingen [4], et M. Dulaurier a fait paraître dans votre Journal la liste des manuscrits malais de la Société asiatique de Londres. Lady Chambers a fait imprimer le catalogue [5] de la belle collection de manuscrits sanscrits que son mari avait formée dans l'Inde. Ce catalogue est un des derniers travaux de Rosen, que la mort a enlevé si malheureusement aux études indiennes. L'académie de Lisbonne s'occupe depuis quelque temps du catalogue complet de tous les manuscrits orientaux qui se trouvent dans les bibliothèques du Portugal. C'est une véritable bonne fortune pour les lettres, car la longue domination des Portugais dans différentes parties de l'Asie a dû amener en Portugal une grande quantité de manuscrits. L'académie de Lisbonne veut faire à votre Société

---

1. *Verzeichniss der chinesischen und mandschu-tungusischen Bücher der bibliothek in Berlin*, von Ed. Schott; 1840. In-8°.
2. Dans les *Wiener Jahrbücher*, et tiré à part à un petit nombre d'exemplaires.
3. *Catalogi dei Codici arabi, persiani e turchi della bibliotheca Ambrosiana*; 1839. In-8°. (Extr. de la *Bibl. Italiana.*)
4. *Verzeichniss der orientalischen Handschriften der Bibliothek zu Tübingen*, von Ewald; 1839. In-4°.
5. *Catalogue of the sanscrit manuscripts of the late sir R. Chambers, with a Memoir by lady Chambers*. London, 1838, in-fol.

l'honneur de lui confier la publication de ce catalogue. Le Musée britannique, qui, depuis quelque temps, est devenu un des dépôts les plus riches en manuscrits orientaux, va publier le catalogue de ses manuscrits syriaques, préparé par feu Rosen, et il faut espérer que cette belle institution fera connaître le reste de ses trésors, que le manque d'un répertoire général et des règlements de service fort gênants rendaient naguère encore d'un accès fort difficile. Enfin, votre Société est sur le point de publier, parmi les papiers de Schulz, les catalogues des manuscrits arabes relatifs à l'histoire, qui se trouvent dans trente-deux bibliothèques publiques de Constantinople.

Il est extrêmement à désirer que, non-seulement les grandes bibliothèques, mais aussi celles qui ne possèdent qu'un petit nombre de manuscrits, et, à l'exemple de sir William Ouseley et de M. de Hammer, les savants qui ont des collections de manuscrits, fassent imprimer leurs catalogues, pour que chacun puisse savoir ce qui existe en Europe et se régler là-dessus dans ses publications, et surtout pour que les Européens établis en Orient puissent acheter des manuscrits en connaissance de cause, et avec la certitude de compléter les collections européennes et de préserver de la destruction des ouvrages importants. Il existe, sans aucun doute, aujourd'hui, en Orient, une foule d'ouvrages qui passent pour perdus et qui ne sont que cachés dans quelques bibliothèques obscures; mais il faut se hâter de les sauver, car tout concourt dans notre époque à les faire disparaître. Partout, en Orient, excepté en Chine, le savoir s'en va; on ne copie plus de manuscrits, et les bibliothèques sont dispersées par les accidents de la guerre et par la pauvreté des familles; il n'y a personne qui n'ait remarqué, en feuilletant des manuscrits musulmans, les sceaux effacés de quelque membre d'une famille devenue trop pauvre pour garder les livres dont elle avait hérité, et trop fière pour laisser savoir qu'elle les avait vendus. L'introduction de l'imprimerie conduit également à la destruction des manuscrits, en en faisant tomber le prix et en diminuant le respect qu'on avait pour eux. Il est encore temps de sauver bien des trésors, et la publication des catalogues des bibliothèques en Europe doit puissamment y contribuer en dirigeant le choix des acheteurs.

Nous arrivons maintenant aux progrès que chaque littérature orientale a faits pendant l'année qui vient de s'écouler, et nous trouvons, comme l'année précédente, que la littérature arabe a été cultivée le plus activement. Le Comité des traductions orientales de Londres a publié le premier volume de l'Histoire des Arabes d'Espagne, par Makkari, traduite et annotée par un savant espagnol, M. Pascual de Gayangos[1]. Ahmed al-Makkari al-Telemsani est un auteur mogrebin, né vers la fin du XVIe siècle et mort à Damas l'an 1631. Après avoir composé une vie très-détaillée du célèbre et savant vizir de Grenade, Mohammed Ibn al-Khatib, il y ajouta, en forme d'introduction, une Histoire générale des Arabes d'Espagne, depuis la conquête jusqu'à leur expulsion finale. L'importance de cet ouvrage n'a pas échappé aux auteurs qui se sont occupés de cette partie de l'histoire des Arabes, et Cardonne, Conde, ainsi que MM. Shakespear, Reinaud, Lembke et Fauriel, en ont fait grand usage dans leurs travaux. Il était donc naturellement désigné aux études des orientalistes espagnols, d'autant plus que Makkari est du petit nombre des auteurs qui embrassent toute la durée de la domination des Arabes en Espagne. Le premier volume de la traduction de M. de Gayangos est maintenant entre vos mains; c'est un ouvrage très-considérable, et qui sera reçu avec reconnaissance par toutes les personnes qui s'occupent de l'histoire des Arabes. Les notes, d'une valeur au reste fort inégale, sont très-copieuses pour ce qui regarde l'Espagne, et contiennent des extraits d'un grand nombre d'historiens arabes. M. de Gayangos ne publie pas exactement une traduction de l'ouvrage origi-

---

1. *History of the Mohammedan dynasties in Spain, from the text of Al-Makkari*, translated by Pasc. de Gayangos. London, 1840, in-4°. Vol. I.

nal : il déplace quelques chapitres pour introduire dans le récit un ordre plus logique, il écarte la vie du vizir, dont il réserve des extraits pour les éclaircissements, il exclut le chapitre v, qui contient les biographies des musulmans d'Espagne qui ont voyagé en Orient, et le chapitre vii, qui renferme des extraits des poésies des Arabes d'Espagne. Il est difficile de se prononcer en général et en théorie sur ce système de traduction d'auteurs orientaux, car il est certain qu'ils contiennent souvent des parties qui intéressent peu le lecteur européen, et que l'ordre dans lequel ils racontent les faits n'est pas toujours naturel ; il y a particulièrement chez les écrivains arabes de la décadence une manie de citer des vers qui est souvent très-embarrassante pour le traducteur et peu profitable au lecteur, et l'on comprend bien que l'on puisse douter de la convenance de tout reproduire. Mais, en y réfléchissant sérieusement, on se convaincra peut-être que le système des traductions intégrales offre néanmoins des inconvénients moindres que celui des traductions incomplètes. On produit par cette dernière méthode un ouvrage plus agréable à lire ; mais ceux qui veulent faire des recherches ne s'en serviront jamais qu'avec défiance, parce qu'ils ne peuvent pas savoir si le traducteur n'a pas omis précisément les faits qui, dans leurs recherches particulières, leur importent le plus. N'y aura-t-il pas des lecteurs qui regretteront que M. de Gayangos ait rejeté le chapitre v ? car les musulmans espagnols qui ont voyagé en Orient étaient sans doute les plus distingués de leur nation, et leurs vies doivent naturellement exciter la curiosité.

La première livraison du Kitab el-Aghani [1], que M. Kosegarten avait annoncée, a paru, et la seconde est presque achevée. M. Kosegarten a accompagné la première livraison du commencement d'une dissertation très-curieuse sur la musique des Arabes, dans laquelle il entreprend de prouver que

---

1. *Alii Isfahanensis liber Cantilenarum magnus,* edidit Kosegarten ; Gripesvaldiæ, 1840. In-4°.

leur musique était empruntée des Grecs. Cette thèse aura surpris beaucoup de lecteurs; mais la fin de la dissertation, qui paraîtra avec la prochaine livraison du texte, les mettra en état de juger la question avec connaissance de cause. Le texte de l'Aghani est publié avec beaucoup de soin, et il n'y a peut-être aucun ouvrage arabe qui le mérite mieux et qui en demande autant que cette collection de vies de poëtes, qui est un des documents les plus curieux pour l'histoire politique et littéraire des Arabes; car tout le monde sait combien chez eux la poésie était entrée dans la vie, et que presque tout ce que nous connaissons de leur état social et moral avant l'Islamisme est tiré de leurs poésies et des commentaires dont elles sont accompagnées.

M. Lane a achevé sa traduction des Mille et une Nuits [1], en l'accompagnant, jusqu'à la fin, d'éclaircissements puisés dans une connaissance intime de l'Égypte moderne, telle peut-être que jamais aucun Européen ne l'a possédée. L'importance de ces charmants contes, pour les lettres orientales, est incalculable, car ils sont encore aujourd'hui le seul ouvrage venu de l'Asie qui soit parfaitement populaire en Europe, et ce sont eux qui ont donné à l'Orient, dans les idées du public, cette auréole poétique qui inspire à beaucoup d'esprits la curiosité d'en apprendre davantage. C'est surtout sous ce rapport que tout ce qui peut contribuer à rendre ce livre encore plus attrayant est important pour les études orientales, et l'on doit savoir gré à M. Lane d'avoir si bien atteint ce but.

M. Veth a publié, à Leyde, la première moitié du texte du Lobb al-Lobab de Soyouti [2]. C'est un dictionnaire des noms patronymiques et autres, sous lesquels les auteurs arabes sont

1. *The Thousand and one Nights, a new translation from the arabic, with copious notes*, by Edw. Wil. Lane. London. 1839-1841; 3 vol. in-8°.
2. Cet ouvrage a paru sous la forme de thèse académique et sous ce titre : *Specimen e litteris orientalibus exhibens majorem partem libri As-Soyoutii de nominibus relativis inscripti* لبّ اللباب *proponit* Johan. Veth. Lugduni Batavorum, 1840, in-4°.

cités plus fréquemment que sous leurs noms propres. L'embarras dans lequel les Arabes eux-mêmes se trouvent pour identifier des hommes connus sous plusieurs noms, les a déterminés à composer des dictionnaires destinés à obvier à cette difficulté. Samani en composa un, au VIe siècle de l'hégire, dans lequel il expliqua non-seulement le sens et l'origine de ces noms, mais où il indiqua à chaque mot les noms véritables des auteurs qui l'ont porté ; cet ouvrage fut abrégé dans le siècle suivant par Ibn al-Athir, et cet extrait fut de nouveau abrégé par Soyouti. L'ouvrage de Samani est aujourd'hui inconnu, sinon perdu, et l'extrait d'Ibn al-Athir n'est connu que par le spécimen que M. Wustenfeld en a donné d'après un manuscrit imparfait de Gotha. Dans cet état de choses, M. Veth s'est décidé à publier le texte de Soyouti, lequel a conservé les définitions des noms, mais en omettant l'énumération des auteurs qui les ont portés, et les détails littéraires que ses prédécesseurs y avaient ajoutés. L'ouvrage de Soyouti est donc loin de contenir tout ce qu'on désirerait y trouver ; mais l'excellente édition que M. Veth en donne n'en mérite pas moins de reconnaissance, non-seulement parce que le Lobb al-Lobab nous explique l'orthographe et l'origine souvent bizarre des surnoms des auteurs, mais surtout parce qu'il contient une foule de noms de lieux que l'on cherche en vain dans les traités géographiques les plus complets. Il n'est peut-être pas hors de propos d'appeler l'attention des voyageurs en Orient sur l'importance du traité de Samani, intitulé *Fi'l-Ansab*, dont la découverte ajouterait beaucoup aux progrès que la bibliographie arabe fait aujourd'hui.

Ceci me ramène aux deux éditions d'Ibn Khallikan qui s'impriment dans ce moment à Gœttingen et à Paris. M. Wustenfeld a fait paraître la septième livraison de la sienne, et M. de Slane a achevé la quatrième de l'excellent texte qu'il édite [1]. M. Cureton a publié récemment une brochure sur un

---

1. *Kitab wefayat al-aiyan*, Vies des hommes illustres de l'islamisme en

manuscrit autographe d'Ibn Khallikan qu'il a découvert, et a bien voulu confier à M. de Slane ce manuscrit, qui paraît renfermer la seconde rédaction de l'ouvrage.

M. Freitag, à Bonn, annonce le troisième volume de ses Proverbes des Arabes ; les deux premiers contiennent l'ouvrage classique de Meidani, et le troisième le complétera en y ajoutant les proverbes dont Meidani ne parle pas et que M. Freitag a tirés en grande partie d'un ouvrage inédit de Scheref-eddin, et des Proverbes des Bédouins de Burkhardt. L'ouvrage sera terminé par des tables de matières fort amples, qui permettront de trouver les proverbes que les auteurs arabes ne font souvent qu'indiquer d'un seul mot.

M. Sprenger vient de publier[1], sous les auspices du Comité des traductions, le premier volume de sa traduction anglaise du célèbre ouvrage de Masoudi, intitulé les *Prairies d'or*. Masoudi écrivait dans les temps les plus favorables à un historien ; le khalifat avait pris, au commencement du IVe siècle de l'hégire, presque toute son extension ; l'intelligence de la nation arabe n'avait pas encore succombé sous la grammaire, la rhétorique et les controverses des sectes ; son génie était encore stimulé par les restes de la civilisation antique et de la littérature des peuples vaincus, et la position du khalifat rendait faciles les voyages les plus lointains. Masoudi se servit de tous ces avantages ; ses lectures étaient immenses, ses voyages incessants et fort étendus, sa curiosité continuellement exercée. Il a écrit, selon l'habitude des savants de son temps, sur presque tous les sujets qui pouvaient alors intéresser les lecteurs musulmans ; mais il n'y a que ses ouvrages historiques qui aient beaucoup d'importance pour nous. La première de ses compositions est l'Akhbar al-Zeman, énorme

---

arabe, par Ibn-Khallikan, publiées par M. le baron Mac Guckin de Slane. Paris, Firmin Didot, 1838-1840, in-4°, cahiers I-IV.

1. *El-Masudi's historical Encyclopedia, entitled Meadows of gold and mines of gems*, translated by Aloys Sprenger. Vol. I. London. in-8°.

ouvrage qui a au moins vingt volumes ; la seconde est le Kitab al-Aouseth,qui est le complément de l'Akhbər, et la troisième les Prairies d'or, qui forment en même temps l'extrait et le supplément des deux autres. Ce dernier ouvrage est le seul qui soit connu en Europe; il est écrit avec un singulier manque d'ordre et de méthode, mais il contient les renseignements les plus sérieux sur un grand nombre de points ; car Masoudi n'était pas un compilateur comme le sont la plupart des historiens orientaux ; il a fait par lui-même beaucoup d'observations personnelles et de recherches sur des points que ses prédécesseurs avaient négligés. M. Sprenger a consulté, pour sa traduction, les manuscrits de Leyde, de Paris et de Londres; il ajoute partout l'orthographe arabe des noms, ce qui est d'un grand secours dans un ouvrage qui abonde en noms d'hommes et de lieux, et il y joint un certain nombre de notes critiques et explicatives. Cet ouvrage exigera un jour des commentaires bien plus étendus si l'on veut éclaircir la multiplicité des points auxquels touche Masoudi ; mais la première chose à faire est une traduction complète, et il est extrêmement à désirer que M. Sprenger continue sa belle et utile entreprise.

L'histoire de l'Afrique septentrionale est devenue, depuis la conquête d'Alger par la France, un sujet de grand intérêt; elle s'est enrichie, dans l'année qui vient de s'écouler, de plusieurs ouvrages, et d'autres nous sont promis, de sorte que cette partie de l'histoire des Arabes, sur laquelle on ne possédait guère que les travaux fort imparfaits de Cardonne, sera bientôt une des mieux connues. M. de Slane a publié, dans le Journal asiatique, l'histoire des premières dynasties musulmanes en Afrique, traduite de Nowaïri ; il l'a conduite jusqu'aux Aglabites, où M. Noël Desvergers la reprend dans un ouvrage qu'il vient de publier sous le titre de : *Histoire de l'Afrique sous la dynastie des Aglabites, et de la Sicile sous la domination musulmane*[1]. Il donne le texte et la tra-

---

1. Paris, chez Didot. 1840. In-8°.

duction du récit d'Ibn Khaldoun, et l'accompagne de notes tirées surtout de Nowaïri et d'Ibn al-Athir. Les Aglabites, après avoir gouverné la partie orientale de la côte de Barbarie pendant tout le IIIe siècle, furent dépossédés par la dynastie des Fatimites, qui occupa à son tour, pendant près de trois siècles, la plus grande partie du Maghreb. M. Nicholson a publié, à Tübingen[1], la traduction anglaise de l'histoire de l'établissement de cette dynastie, tirée d'un manuscrit de la bibliothèque de Gotha, faussement attribué à Masoudi. L'ouvrage de l'auteur inconnu paraît avoir servi de base au récit tant de Nowaïri que d'Ibn Khaldoun, et il entre dans plus de détails que ces deux auteurs n'en ont donné sur ce grand événement de l'histoire du Khalifat; événement qui a menacé l'existence de l'empire arabe, et auquel l'Europe est peut-être redevable d'avoir échappé à une conquête musulmane.

Le gouvernement français a bien senti l'importance de l'histoire du nord de l'Afrique, et a fait, depuis plusieurs années, des efforts pour se procurer tous les moyens de l'éclaircir. Il a attaché, avec raison, beaucoup de prix à la partie du grand ouvrage d'Ibn Khaldoun qui traite, sous le titre de l'Histoire des Berbers, de tout ce qui regarde le Maghreb dans le moyen âge. Il a chargé M. de Slane de la publication de ce travail important, qui sera imprimé à Alger et formera deux gros volumes contenant le texte d'Ibn Khaldoun, une traduction française et un commentaire historique. L'éditeur a réussi à rassembler un nombre suffisant de manuscrits, et la complaisance inépuisable de M. Weijers a mis à sa disposition les manuscrits de la bibliothèque de Leyde. L'impression de l'ouvrage est commencée, et tout fait espérer que cette belle entreprise sera menée à fin aussi rapidement que possible.

M. Cureton, conservateur des manuscrits du Musée britan-

---

[1]. *An Account of the establishment of the Fatimite dynastie in Afric* by John Nicholson. Tubingen and Bristol, 1840. In-8º.

nique, a commencé l'impression de l'Histoire des religions, par Scharistani, écrite au commencement du vi⁰ siècle de l'hégire. Les travaux de Pococke et de Hyde avaient depuis longtemps rendu célèbre cet ouvrage, qui traite successivement des sectes musulmanes orthodoxes et hérétiques, des écoles philosophiques, des sectes persanes et des Sabéens, des superstitions des anciens Arabes, et qui contient surtout, sur ces derniers sujets, une foule de faits que l'on chercherait en vain autre part. C'est un des ouvrages arabes qui dans notre temps, où l'histoire des religions est devenue l'objet de tant de travaux, excitera le plus vivement l'intérêt du public, et l'on ne peut que féliciter la Société pour l'impression des textes orientaux, aux frais de laquelle cette édition se fait, d'avoir si bien choisi le commencement de ses publications. L'intention de M. Cureton n'est pas de donner une traduction, mais il se trouve heureusement que M. Schmœlder de Bonn s'est occupé, depuis quelques années, de préparer, d'après les manuscrits de Paris, une édition et une traduction du même ouvrage. Il est possible que l'entreprise de M. Cureton le détermine à renoncer à l'impression du texte, mais elle lui fournira, en revanche, de nouvelles facilités pour la traduction. M. Schmœlder est particulièrement préparé à un travail de cette espèce par les études qu'il a faites sur la philosophie arabe, dont il a donné une première preuve dans ses *Documenta philosophiæ Arabum*, Bonn, 1836. Il nous promet un nouvel ouvrage du même genre, qui doit contenir quelques mémoires sur la philosophie des Arabes, précédés par un traité de Ghazali. Ce travail a reçu l'approbation de l'Académie des inscriptions, qui l'a recommandé à M. le ministre de l'instruction publique, pour être compris parmi les ouvrages encouragés par le Gouvernement français.

M. Dernburg prépare une édition du *Tarifat* de Djordjani, qu'il accompagnera d'une traduction française et d'un commentaire. Le Tarifat est un dictionnaire de termes techniques de grammaire, de philosophie et de théologie, et vous savez tous combien M. de Sacy faisait cas de cet ouvrage. M. Dernburg prend pour base de la rédaction du texte l'édition de Constantinople collationnée avec les manuscrits de Paris. Je devrais encore vous parler de l'ouvrage d'Ibn al-Beithar sur la médecine arabe, que M. de Sontheimer traduit en allemand, et dont le premier volume a paru à Stuttgart; mais ce livre important n'est pas encore arrivé à Paris.

Les dialectes sémitiques ont fourni, cette année, un sujet de nouvelles et curieuses études. Tout le monde sait que, quand on monte du golfe de Suez au mont Sinaï, on peut suivre plusieurs vallées collatérales qui coupent le pied de la montagne et qui toutes portent, sur les parois des rochers qu'elles traversent, des inscriptions qui n'avaient pas encore été déchiffrées. Une de ces vallées en est tellement remplie, qu'elle a reçu le nom de *wadi mokatteb*, « la vallée couverte d'écritures ». Un grand nombre de ces inscriptions ont été publiées dans différents ouvrages, et M. Beer, à Leipzig, qui s'était déjà distingué dans d'autres branches de paléographie orientale, a entrepris de les déchiffer. Il vient de faire imprimer la première partie de ce travail, qui forme le troisième cahier de ses *Studia asiatica* [1], et les résultats auxquels il est arrivé sont que ces inscriptions datent du ive siècle, qu'elles sont écrites dans un alphabet et dans un dialecte sémitiques, et qu'elles sont l'œuvre des Nabatéens.

Quant à la littérature persane, il n'est venu à ma connaissance qu'un seul ouvrage qui lui appartienne. C'est une traduction allemande du *Gulistan* de Sadi, que M. Wolff [2] vient de publier à Stuttgart et dans laquelle il a rendu ce gracieux livre d'une manière élégante et fidèle. D'autres ouvrages sont

---

1. *Studia asiatica*. edid. Beer. fasc. III. Leipzig, 1840, In-4°. (Les deux premiers cahiers de l'ouvrage n'ont pas paru, et l'auteur est malheureusement mort depuis la publication de ce travail, qui n'est pas achevé.)
2. *Sadi's Rosengarten*, übersetzt durch Dr. Ph. Wolff, Stuttgart, 1841, In-12.

commencés ou annoncés. Votre confrère M. Troyer a mis sous presse une traduction anglaise d'un ouvrage qui excite depuis longtemps la curiosité des savants, *le Dabistan*. C'est une histoire des religions, écrite du temps d'Akbar par un guèbre converti à l'islamisme et nommé Mobed Schah. L'intention de l'auteur paraît avoir été de fournir à Akbar une base prétendue historique pour la religion que cet empereur avait inventée et qu'il voulait introduire. C'est pourquoi l'auteur commence par un chapitre très-long, qui traite de la religion des Mahabadiens et qui n'est qu'un tissu de fables incohérentes. Ensuite il entre sérieusement dans son sujet et traite des religions persane, indienne, juive, chrétienne et musulmane; des illuminés, des sofis et de quelques autres sectes. On ne peut se servir de cet ouvrage qu'avec une certaine méfiance, mais il contient, sur des sectes obscures, une infinité de détails qui serviront un jour à compléter l'histoire des religions. Sir William Jones a été, je crois, le premier qui en ait parlé; Gladwin a publié dans le *New Asiatic Miscellany*, le premier chapitre de l'ouvrage avec une traduction; Leyden a traduit, dans le neuvième volume des Recherches asiatiques, le chapitre qui traite des illuminés, et le texte de l'ouvrage entier a été publié à Calcutta en 1809. Le comité des traductions avait chargé M. Shea de le traduire; mais, le traducteur étant mort avant d'avoir fait beaucoup de progrès dans ce travail, M. Troyer a entrepris de l'achever et de le publier.

La Société anglaise pour la publication des textes orientaux annonce trois ouvrages persans dont elle fait préparer des éditions. Le premier est le *Khamsehi-Nizami*, c'est-à-dire la collection des cinq poëmes, moitié épiques, moitié romanesques de Nizami dont, jusqu'à présent, un seul, le *Sekander-Nameh*, a été imprimé. Le second est le *Youssouf et Zouleikha* de Firdousi, que M. Morley va publier. C'est le dernier ouvrage de Firdousi, composé par lui pendant sa fuite. Ce livre passait pour perdu et n'a été retrouvé qu'il y a peu d'années par M. Macan. Le troisième est l'Histoire de l'Inde, qui fait partie du grand ouvrage de Raschid-eddin. Vous savez que Raschid-eddin avait fait déposer dans un certain nombre de bibliothèques des exemplaires de son ouvrage; M. Morley a eu le bonheur de découvrir un de ces exemplaires authentiques. Il se propose d'en publier la partie qui traite de l'histoire de l'Inde, et qui est une de celles qui manquent dans les manuscrits de Raschid-eddin qui se trouvent dans les bibliothèques du continent.

C'est peut-être ici l'occasion la plus naturelle de faire mention d'un ouvrage remarquable qui doit ce qu'il contient de plus neuf et de plus important aux historiens persans que l'auteur a mis à contribution : c'est l'Histoire de la Horde d'or[1] par M. Hammer de Purgstall. On sait que la Horde d'or a dominé en Russie pendant plus de deux siècles et qu'elle a exercé l'influence la plus grande sur la formation et le sort de l'empire russe; mais on manquait jusqu'à présent d'une histoire détaillée et particulière de cette branche importante de l'empire mongol. M. de Hammer a rempli cette lacune par un ouvrage où il a déployé toute l'étendue de son savoir et dans lequel, non content de suivre l'histoire de la Horde d'or depuis son origine jusqu'à la destruction de l'empire qu'elle avait fondé, il a trouvé moyen d'ajouter, sur l'histoire générale des Mongols et sur l'administration de leur empire, de nouvelles et importantes données, parmi lesquelles le lecteur distinguera certainement le tableau de l'organisation de la cour mongole, qui remplit le livre v, et la collection des lettres-patentes adressées à un nombre considérable d'officiers civils et militaires mongols. L'auteur se propose de poursuivre ce sujet et de publier prochainement une histoire des Mongols de Perse, pour laquelle il a depuis longtemps amassé des matériaux.

Je ne puis quitter la littérature musulmane sans dire un mot

---

[1]. *Geschichte der goldenen Horde in Kiptschak das ist der Mongolen in Russland*, von Hammer Purgstall. Pesth, 1840, in-8°.

du Dictionnaire français-turc que le prince Handjeri publie à Saint-Pétersbourg, et dont le premier volume a paru. (L'ouvrage entier se composera de trois volumes grand in-4°.) Les personnes les plus versées dans la langue turque s'accordent à reconnaître le grand mérite de ce beau travail, qui forme la traduction complète du Dictionnaire de l'Académie française. Cet ouvrage est destiné plus particulièrement aux Turcs qui étudient le français, tandis que le Dictionnaire français-turc que M. Bianchi publie à Paris, et dont l'impression sera achevée avant peu, paraît composé surtout pour les besoins des Européens qui apprennent à parler et à écrire le turc.

En nous tournant vers l'Inde, nous trouvons le quatrième volume du *Mahabharat*, qui était annoncé l'année dernière, et qui est, depuis ce temps, arrivé en France. Il contient la fin du texte du Mahabharat même et la continuation de cette grande épopée qui est connue sous le titre de *Harivansa*. Cette édition restera comme un des plus beaux souvenirs de la libéralité de M. Prinsep, sans lequel elle n'aurait pas pu paraître. Il faut espérer que la Société asiatique de Calcutta n'a pas renoncé au projet de compléter son œuvre par un index onomastique, qui rendrait facile l'usage de cet immense dépôt de traditions indiennes.

Les Védas, que l'on ne connaît aujourd'hui que bien imparfaitement par le mémoire de Colebrooke et par le premier volume du *Rig Véda* de Rosen, sont dans ce moment, de tous les côtés, l'objet des travaux des indianistes. Le comité des traductions a accepté l'offre, que lui a faite M. Stevenson de Bombay, de publier une traduction du *Sama Véda* qui, dans les cérémonies brahmaniques, paraît occuper à peu près la place que le missel occupe dans le culte catholique. M. Wilson prépare pour la Société des textes, une édition des hymnes du *Rig Véda*, et M. Mill publie, pour la même Société, le texte des prières et des hymnes du *Yadjur Véda*. Ces hymnes forment le véritable corps des Védas ; ils sont, pour ainsi dire, de formation primitive et offrent les premiers germes des idées par lesquelles la race indienne a exercé, depuis ce temps, une si grande influence sur le développement de l'esprit humain. Plus tard on a rattaché à chacun des Védas un certain nombre *d'Upanischads*, qui sont des appendices contenant, tantôt des commentaires aux hymnes, tantôt une exposition dogmatique des doctrines des Védas ; c'est le premier résultat du besoin que l'esprit éprouve de réduire en système la tradition religieuse. Vous savez que M. Poley a commencé, à Paris, il y a quelques années, une édition lithographiée des Upanischads, que son départ pour Londres l'empêcha d'achever ; il s'est déterminé à refondre son travail et annonce maintenant une édition du *Vrihadaranyaka*, qui est un des Upanischads du Yadjur Véda. L'impression de cet ouvrage est commencée et se fait aussi aux frais de la Société des textes.

Les drames indiens, sur lesquels les travaux de Jones et de Chézy, et surtout ceux de M. Wilson, ont appelé si vivement l'attention, ont donné lieu à diverses publications. Il a paru à Calcutta une nouvelle édition de *Sacuntala* par les soins de Préma Tchandra, professeur de rhétorique au collége sanscrit de Calcutta ; elle ne contient d'autres additions au texte que la traduction sanscrite des passages écrits en prakrit, et paraît être destinée aux indigènes du Bengale, à en juger par l'emploi du caractère bengali. M. Bœhtlingk, à Bonn, promet, de son côté, une nouvelle édition du même drame d'après les manuscrits de Londres, qui diffèrent considérablement, et dans des passages importants, du texte de Chézy. Cette édition doit être accompagnée d'une traduction latine et de notes. Un autre drame, qu'on attribue, probablement à tort, comme tant d'autres poëmes, à Kalidasa, auteur de Sacuntala, vient d'être publié à Bonn par M. Tullberg ; c'est le *Malavica et Agnimitra*[1]. M. Tullberg n'a fait paraître, jusqu'à présent, que le

---

1. *Malavica et Agnimitra* edidit Fr. O. Tullberg. Fasciculus prior textum sanscritum tenens. Bonn, 1840, in-4º.

texte et les variantes; il promet une traduction latine et des notes. Un troisième ouvrage, attribué à Kalidasa, le *Meghaduta*, dont M. Wilson avait déjà publié une édition et une traduction anglaise fort élégante, a été réimprimé à Bonn par M. Gildemeister, qui a ajouté, dans le même volume, un petit poëme érotique intitulé *Sringari-Tilaka*. Ces deux textes sont suivis d'un lexique complet. Raja Kalikrishna annonce à Calcutta une édition et une traduction anglaise du *Maha-Nataka*, c'est-à-dire, du *grand drame*. C'est un récit semi-dramatique des événements racontés dans le Ramayana, qui n'est, jusqu'à présent, connu en Europe que par une courte analyse de M. Wilson. Ce poëme jouit dans l'Inde d'une grande popularité et passe pour être l'œuvre du singe Hanouman. M. Hœfer a publié à Leipzig un petit volume renfermant une première série de traductions de poëmes indiens, dont il imite le mètre en allemand. Au reste toutes les pièces de ce recueil étaient déjà connues par des traductions en prose.

La grammaire indienne a été l'occasion de plusieurs travaux, dont le plus considérable est le second volume de l'édition de Panini [1], par M. Bœhtlingk, que des tables rédigées par l'éditeur rendront d'un usage commode. M. Hœfer a publié une Dissertation sur l'infinitif en sanscrit [2], considéré à la fois sous le point de vue de la grammaire comparative et sous celui de la syntaxe. M. Westergaard a fait paraître la seconde partie de ses Racines sanscrites [3] : les progrès que la littérature indienne a faits depuis l'impression des *Radices* de Rosen ont permis à M. Westergaard d'étendre le plan et de remplir plus complétement le cadre tracé par Rosen. Enfin M. Johnson a publié à Londres le premier livre de *l'Hitopadesa*, suivi d'un index

---

1. Panini, *acht Bücher grammatischer Regeln*, herausgegeben von Dr. Bœhtlingk. 2 vol. In-8º, Bonn, 1840.
2. *Vom infinitiv besonders im Sanskrit*, von Dr. A. Hœfer. Berlin, 1840, in-8º.
3. *Radices linguæ sanscritæ definivit* Nic. L. Westergaard. Bonn, 1841, in-4º.

grammatical de tous les mots. Ce livre est destiné aux commençants.

Les controverses religieuses qui, de tout temps, ont été agitées dans l'Inde, et qui, par le contact avec les Européens, ont recommencé, surtout à Bombay, avec une nouvelle ardeur, ont donné lieu à des publications curieuses; mais il n'y en a que deux sur lesquelles je puis offrir quelques indications. La première est un ancien traité sanscrit intitulé *Wajra Soutchi*[1], composé par un bouddhiste nommé Aswa Goscha, qui y attaque l'institution des castes brahmaniques. M. Wilkinson, agent politique dans le Bhopal, le découvrit et voulut le faire imprimer pour battre en brèche les castes ; mais le pandit Soubaji Bapou, qu'il employa pour cela, le supplia tant, qu'il lui permit d'y ajouter une réfutation intitulée *Tanka*, écrite aussi en sanscrit ; et c'est ainsi que ce petit volume a paru à Bombay. La seconde publication théologique est le *Ta'limi Zerdouscht*, par un mobed parsi nommé Dosabhaï. Cet ouvrage est composé en guzzarati et imprimé à Bombay; il contient une défense des doctrines de Zoroastre contre les attaques des missionnaires américains, et une réfutation du christianisme, dans laquelle le mobed s'appuie sur les arguments de Voltaire contre les doctrines catholiques.

Il est assez rare, lorsque les progrès d'une science sont très-rapides, qu'il se trouve un savant qui veuille publier un ouvrage général représentant l'état de cette science au moment où il s'en occupe. Cette répugnance est assez naturelle, parce qu'on sait que le travail qu'on entreprend sera bientôt dépassé ; mais les ouvrages de ce genre n'en sont pas moins utiles, non-seulement au public en général, mais aux savants eux-mêmes, auxquels ils présentent le compte du passé et

---

1. *The Wujra Soochi or Refutation of the arguments upon which the Brahmanical institution of caste is founded, by the learned Boodhist Ashwa Ghoshu. Also the Tunku by Soobajee Bapoo, being a reply to the Wujra Soochi.* 1839, in-8°. (Imprimé à Bombay, mais sans nom de lieu.)

l'indication des lacunes qui existent et qu'ils sont appelés à remplir. C'est ce service que M. Benfey, à Berlin[1], a rendu aux études indiennes, en relevant et en combinant les renseignements les plus positifs que l'on possède jusqu'à présent sur la géographie, l'histoire et la littérature de l'Inde ancienne. On remarque dans son travail consciencieux des recherches intéressantes sur l'étude de l'ancienne navigation des Hindous, sur l'importance de l'étude du bouddhisme pour l'histoire de l'Inde, etc., et personne ne consultera sans fruit cet ouvrage.

La littérature chinoise n'a pas donné lieu à un grand nombre de publications. M. Pauthier a réuni et publié dans un volume compacte, et sous le titre de *Livres sacrés de l'Orient*[2], une collection d'ouvrages sur lesquels sont basées la religion et la législation de quelques grandes nations de l'Orient. Ce volume contient le *Chou-king* dans la traduction de Gaubil, revue par l'éditeur d'après le manuscrit de Gaubil même ; les quatre Livres moraux de l'école de Confucius, traduits par M. Pauthier ; les Lois de Manou d'après la traduction de Loiseleur, et enfin le Koran, traduit par votre confrère M. Kasimirski de Biberstein. Ce volume est destiné à rendre plus accessibles au public quelques-uns des ouvrages les plus fondamentaux de l'Orient, et il fournit lui-même la preuve que l'intérêt se porte de ce côté, car la traduction du Koran de M. Kasimirski, qu'il contient, en est déjà à sa seconde édition depuis un an, et l'impression d'une troisième est commencée. M. Pauthier s'est aussi occupé d'une nouvelle édition de la traduction des Livres moraux des Chinois, qui se trouve dans le volume dont je parle ; et il vient, en outre, de publier des Documents statistiques sur l'empire de la Chine, traduits du chinois[3]. Ils sont tirés de la statis-

---

1. *Indien*, von Th. Benfey. Leipzig, 1841, in-4°. (Tiré à part de l'Encyclopédie d'Ersch et Gruber.)
2. *Les Livres sacrés de l'Orient*, traduits ou revus et publiés par M. Pauthier. Paris, 1840, in-8°.
3. Paris, 1841, in-8°.

tique officielle intitulée *Taï-tsing-hoeï-tien*, et donnent en détail les états de la population et des impôts de chaque province.

M. Bazin annonce la publication prochaine d'un ouvrage fait pour piquer vivement la curiosité du public ; c'est la traduction complète du *Pi-pa-ki*, drame en vingt-quatre tableaux, écrit sous la dynastie des Youen, dans le xive siècle, par Kao-tong-Kia. Tsaï-yong, le héros du drame, est un personnage historique qui fut président du tribunal des historiens au commencement du iiie siècle de notre ère. C'est un de ces lettrés tels que l'histoire de la Chine nous en montre souvent, et qui ont porté l'héroïsme civil au plus haut degré, car il mourut de chagrin, dans sa prison, parce que l'empereur ne lui permettait pas d'achever l'histoire de la dynastie des Han. Le *Pi-pa-ki*, au reste, ne s'occupe pas de cette catastrophe, mais il nous représente Tsaï-yong dans sa jeunesse. Les critiques chinois ne trouvent pas assez de paroles pour vanter l'élégance et les mérites variés de ce drame, qui, à leurs yeux, n'a d'autre rival que le *Si-siang-ki;* et ils le placent encore au-dessus de ce dernier ouvrage, parce qu'ils trouvent, dans le *Pi-pa-ki*, à côté de beautés poétiques égales, un but moral plus pur. Quelle que soit la valeur qu'on assignera en Europe au *Pi-pa-ki* considéré comme ouvrage d'imagination, il est incontestable qu'elle doit être très-grande si on le prend comme un tableau des mœurs des Chinois au xive siècle.

Autour des quatre grandes littératures arabe, persane, indienne et chinoise, se groupent les littératures des autres peuples orientaux qui n'ont pas formé eux-mêmes des foyers de civilisation, et ont emprunté leurs idées à une ou à plusieurs de ces grandes nations. On ne peut donc pas s'attendre à trouver, dans ces littératures secondaires, aucun de ces ouvrages fortement empreints d'un esprit original qui font époque dans l'histoire de l'humanité, et on ne peut pas espérer de les voir cultiver par un grand nombre de savants. Mais il est à désirer qu'elles ne soient pas tout à fait délaissées, et que les besoins de l'administration, les rapports commerciaux, l'enthousiasme d'un missionnaire ou le zèle d'un homme de lettres, les tirent peu à peu de leur obscurité et rendent accessibles à l'historien les faits qu'elles peuvent fournir : car presque chacun de ces peuples possède des chroniques plus ou moins importantes, selon le degré d'influence dont il a joui ; la plupart ont une poésie populaire, et leurs ouvrages de théologie et de belles-lettres montrent, au moins, jusqu'où s'est étendue l'influence des nations auxquelles ils ont emprunté leurs idées et leurs formes d'art ; les grammaires et les dictionnaires de leurs langues sont indispensables pour l'ethnographie et fournissent des faits historiques sur lesquels les chroniques se taisent ; enfin, chacune de ces littératures a son importance et remplit un coin dans le tableau général de l'Orient.

Plusieurs de ces langues ont donné lieu à des publications pendant l'année dernière. L'étude de la langue géorgienne, que la Société asiatique a été la première à provoquer, a pris maintenant racine en Russie, où est son terrain naturel, et où elle pourra prospérer sous l'influence des besoins de l'administration. M. Brosset a publié, sous le titre de *Matériaux pour servir à l'histoire de la Géorgie*[1], une nouvelle rédaction de la traduction de la Chronique géorgienne, dont la première édition a paru, il y a quelques années, aux frais de la Société asiatique.

M. Tchoubinof, employé aux affaires étrangères, à Saint-Pétersbourg, et Géorgien de naissance, a fait paraître un Dictionnaire géorgien-russe-français[1], qui est infiniment plus riche que les vocabulaires qu'on possédait jusqu'à présent. La base de ce dictionnaire est celui de Soulkhan Saba, qui passait en Géorgie pour le meilleur, et il contient, avec les

---

1. Tiré des Mémoires de l'Académie de Saint-Péterscourg, 1840, in-4°.
2. Saint-Pétersbourg, 1840, in-4°.

additions faites par M. Tchoubinof, environ trente-cinq mille mots.

M. Dorn a publié, à Saint-Pétersbourg, une Grammaire afghane[1], plus exacte que celle de Klaproth et plus détaillée que celle de M. Ewald, les deux seules qui existaient jusqu'à présent. L'intérêt que la science peut trouver dans la langue afghane est essentiellement ethnographique, car sa littérature est peu étendue et consiste, autant qu'on peut en juger aujourd'hui, surtout en poésies imitées du persan. Mais le problème de l'origine de ce peuple n'est pas encore résolu, et les éléments de sa solution se trouvent dans la grammaire et dans le dictionnaire de la langue afghane.

Les dialectes malais, qui avaient été presque entièrement négligés sur le continent de l'Europe, ont attiré, dans ces derniers temps, quelque attention, et M. Dulaurier vient d'ouvrir un cours de langue malaie à l'École des langues vivantes. Cette langue possède, en dehors de ce que contient sa littérature, une importance très-grande pour l'ethnographie, car la race inquiète et commerçante des Malais s'est répandue sur une immense étendue de côtes et d'îles, et l'histoire de cet idiome est en grande partie aussi celle des populations maritimes des mers de l'Orient et du Sud. Un grand savant, feu M. de Humboldt, s'était emparé du problème qu'offre l'origine de ces populations et l'a approfondi dans son bel ouvrage sur la langue kawi[2], dont les deux derniers volumes ont paru l'année dernière sous les auspices de l'Académie de Berlin et par les soins de M. Buschmann. Il prend pour base de son travail le kawi, l'ancienne langue de Java, et en refait la grammaire par l'analyse du texte du *Brata Yuddha*. Il procède ensuite à une analyse semblable des autres dialectes ma-

1. Tiré des Mémoires de l'Académie de Saint-Pétersbourg. 1840, in-4°.
2. *Ueber die Kawisprache auf der Insel Java*, von Wil. von Humboldt. Berlin, 1836-1839, 3 vol. in-4°. (Les deux derniers volumes portent les millésimes de 1838 et 1839, mais ils n'ont paru qu'en 1840.)

lais, depuis les Philippines jusqu'à Madagascar, suppléant partout à l'insuffisance des secours par la rigueur de sa méthode et par la pénétration étonnante de son esprit. Le travail grammatical est relevé dans toutes les parties de l'ouvrage par des mémoires sur l'influence indienne en Malaisie, sur les antiquités de Java, sur les migrations des Malais, sur plusieurs points de grammaire générale, sûr l'influence de l'écriture sur le langage, etc.; mémoires qui font de cet ouvrage une mine d'idées neuves et importantes, et où la finesse et la force de l'esprit de l'auteur se développent également.

M. Buschmann annonce qu'il va publier le texte et la traduction du *Brata Yuddha,* qui formeront le complément de l'ouvrage de M. de Humboldt. C'est un poëme épique, imité du Mahabhârat, et dont Raffles avait déjà reproduit une partie en caractères latins. Il est écrit en kawi et date, comme le sujet l'indique, de l'époque où l'influence des idées indiennes n'avait pas encore fait place, à Java, aux idées musulmanes.

Après vous avoir présenté cette esquisse, nécessairement fort incomplète, des progrès que la littérature orientale a faits depuis notre dernière séance, il me reste, Messieurs, à dire quelques mots sur un sujet qui a occupé et qui occupe dans ce moment un grand nombre de savants, et qui est digne de toute l'attention d'une société vouée aux intérêts de la littérature orientale; ce sujet est la variété des systèmes adoptés aujourd'hui pour transcrire les caractères orientaux en lettres latines. Au premier contact de l'Europe du moyen âge avec l'Orient, on reproduisait les mots orientaux très-grossièrement, et il en est résulté la création d'un certain nombre de noms monstrueux, dont quelques-uns ont conservé leur place dans toutes les langues de l'Europe, comme *Mahomet, mosquée, Tamerlan, Gengiscan, etc.* Depuis la moitié du XVIIe siècle, les traductions latines de plusieurs ouvrages arabes par Pococke, Golius et autres, et un peu plus tard les ouvrages populaires de Galland et de d'Herbelot, ont introduit une orthographe plus exacte, en reproduisant les mots arabes avec l'alphabet latin aussi fidèlement que la pauvreté comparative de cet alphabet le permettait. On se contenta pendant longtemps de cette manière de transcrire; mais à la fin, et surtout lorsque la découverte de la langue sanscrite eut étendu le cercle des études orientales, on sentit le besoin d'une méthode plus rigoureuse, et on voulut atteindre un degré d'exactitude tel qu'on pût remettre dans les caractères originaux ce qu'on aurait d'abord transcrit en caractères latins; mais les modes de transcription usités jusqu'alors ne le permettaient pas, et quiconque a jamais essayé de récrire en arabe des vers cités par d'Herbelot, s'en sera aisément convaincu.

Depuis ce moment les systèmes se sont succédé avec une grande rapidité; ils étaient basés sur des principes fort différents, calculés à tourner des difficultés de plusieurs espèces, et ont produit les résultats les plus divergents. Déjà Sir William Jones se plaignait en 1788 de ce que presque chaque auteur avait son orthographe particulière : que dirait-il s'il voyait le nombre de systèmes et le plus grand nombre d'orthographes sans système que l'on suit aujourd'hui ? Les historiens, les géographes et les voyageurs qui n'ont pas étudié les langues des peuples dont ils s'occupent sont obligés de prendre de toute main des orthographes qu'ils entremêlent, de sorte qu'il est impossible de remonter à la source et qu'il en est résulté une confusion inextricable. Je vais en donner quelques exemples en prenant les noms les plus faciles et les plus connus qui s'offrent en ce moment à mon esprit ; par exemple, le nom d'*Ali*, qu'on trouve écrit, dans des ouvrages imprimés de notre temps, *Ali, Aly, 'Ali, Al'ee, Ulee, Ullee, Alli, Allie, Aliyy, Ahli, Alee;* je trouve huit manières d'écrire le mot Koran : *Kur-an, Ckoor-an, Alcoran, Alcorawn, Qoran, Coran, Koran, Ckoran*; six pour écrire le nom d'Aboulfeda, *Aboulfeda, Aboulfada, Abulfeda, Abowlfida, Abowlfeda* et *Aboulfidâi*, et sept pour le nom du législateur des Arabes,

Mahomet, Mehemet, Muhammed, Mohammed, Muhammad, Mohhammad et *Muhummud.*

Dans des noms aussi connus que ceux que j'ai cités, il n'est pas à craindre qu'il puisse naître des erreurs de ces divergences d'orthographe, mais on peut s'imaginer facilement quel embarras elles peuvent amener quand il s'agit de noms d'hommes ou de lieux peu connus. Permettez-moi de vous en donner un exemple. M. Prinsep cite une carte officielle et récente du Doab, dans laquelle la route d'Akbarpour à Khanpour, route fort fréquentée, est établie en double, parce que le bureau topographique de Calcutta avait trouvé deux itinéraires avec des noms écrits d'une manière si différente que, n'ayant pas reconnu leur identité, il en avait conclu qu'ils se rapportaient à deux routes parallèles [1].

Il aurait peut-être mieux valu ne s'écarter jamais de l'ancien système, quelque imparfait qu'il fût, car le point réellement important est l'uniformité dans l'usage. Mais il est trop tard pour revenir sur nos pas ; le besoin d'une plus grande exactitude s'étant une fois réveillé, il ne reste plus qu'à aller jusqu'au bout, et à espérer que l'introduction d'un système évidemment meilleur que les autres rétablira cette unité d'avis dont nous sommes si éloignés aujourd'hui.

Il n'est peut-être pas inutile de classer, en attendant, les difficultés que présente ce problème et les essais qui ont été faits pour le résoudre. Ces difficultés me paraissent être les suivantes :

1° Les alphabets orientaux ont un plus grand nombre de lettres que les nôtres ;

2° Les Orientaux ne prononcent pas toujours selon l'orthographe ;

3° Ils varient de pays à pays dans la prononciation de la même lettre ;

4° Les Européens varient dans la prononciation de la même lettre.

---

1. Voyez cette carte : *The Application of the Roman Alphabet to all the Oriental Languages.* Sérampour, 1834, in-8°.

Permettez-moi de dire quelques mots sur chacun de ces points.

1° Les alphabets orientaux ont un plus grand nombre de lettres que les nôtres; ceci s'applique principalement aux alphabets arabe et indien. On a cherché une multitude de remèdes à cette difficulté, mais ils peuvent tous être compris dans trois classes.

A. On a essayé d'enrichir l'alphabet latin de quelques nouveaux caractères. Ainsi Meninski a introduit le *aïn* arabe au milieu de transcriptions en caractères latins; Volney a modifié la forme d'un certain nombre de lettres latines, pour en créer de nouvelles; M. Gilchrist a inventé un *u* bref; d'autres savants ont introduit plus récemment encore des caractères persans et grecs dans leurs transcriptions.

Aucun de ces systèmes n'a pu se maintenir, et il serait sans aucun doute inutile de faire de nouvelles tentatives dans cette voie, parce que le public européen ne tolérera certainement pas l'introduction de nouveaux caractères dans son alphabet.

B. On a voulu représenter les sons arabes et indiens par des groupes de lettres européennes, comme *dh, th, kh, tt, ss, etc*. Ce système a produit un grand nombre d'essais, mais il a des inconvénients très-réels, car si on ne l'applique que partiellement, comme font la plupart des savants, il n'atteint pas le but qu'on s'est proposé, et si on le pousse à sa limite extrême, il rend étrange la forme des mots orientaux et blesse l'œil des Européens par des combinaisons de lettres qui doivent paraître barbares au lecteur, comme, *Ckasr*, ou *Qasr, Hhadrat, Hhadjdjadj, etc*. Ce système d'employer des lettres doubles pour rendre des lettres simples qui nous manquent, a de plus le grand défaut de laisser le lecteur incertain sur l'orthographe de l'original, parce qu'il ne peut savoir si la lettre double qu'il trouve employée représente deux lettres ou n'est que le représentant conventionnel d'une seule.

C. Enfin on a cherché à modifier l'alphabet latin au moyen de signes peu apparents et qui, sans créer de nouvelles lettres, produisent des formes nuancées qui peuvent servir à exprimer les lettres des alphabets orientaux. Ce système a été, je crois, proposé d'abord par Sir William Jones et adopté par la Société asiatique de Calcutta, qui, au reste, n'y a pas toujours persisté. Les voyelles s'y trouvent multipliées par le moyen d'accents qui marquent si elles sont longues ou brèves, et les consonnes par des points en dessous et en dessus. Ce système a trouvé beaucoup d'imitateurs, et presque tous les indianistes s'en sont fait de semblables pour leurs transcriptions ; Gilchrist l'a conservé en partie ; la Société de géographie de Londres l'a adopté en le modifiant un peu; M. Eichhoff l'a employé en France dans son parallèle des langues de l'Europe ; M. Brockhaus en a proposé dernièrement un en Allemagne ; M. Weijers en a publié récemment un autre qui repose sur la même base, et M. Arri, de Turin, a fait frapper des lettres où il marque les différents *t, d, s, etc.*, des Arabes, par les mêmes points qui les distinguent dans l'écriture arabe. Cette méthode a l'inconvénient de donner facilement lieu à des fautes d'impression et d'exiger une casse d'imprimerie beaucoup plus grande, mais elle compense ces difficultés toutes matérielles par des avantages évidents. Le lecteur européen n'est pas embarrassé pour la lecture, car, quand il ignore la signification des points ajoutés, il en fait abstraction sans difficulté, et, sans qu'ils puissent l'induire en erreur ; la transcription des mots n'est pas surchargée d'une quantité d'*h* supplémentaires et autres lettres parasites ; enfin cette orthographe se rapproche beaucoup de celle qui ne s'attache qu'à reproduire le son simple sans vouloir en imiter toutes les nuances, de sorte qu'il est facile d'identifier les mots écrits par un savant avec ceux qui sont écrits par un voyageur seulement d'après l'oreille. Le grand mal, jusqu'à présent, est la diversité des systèmes basés sur cette méthode, car on ne peut espérer que le public s'accoutume à cette modification de l'alphabet, que quand les signes auront une signification généralement adoptée.

2° Les Orientaux ne prononcent pas toujours selon l'orthographe ; c'est surtout en conséquence des lois euphoniques que se produit cette différence entre la manière d'écrire et de prononcer. On écrit, par exemple, *al-Raschid*, et l'on prononce *ar-Raschid*. M. Weijers a proposé de distinguer, dans ces cas, la lettre soumise à un changement en l'imprimant en italique, mais cet expédient blesse l'œil et n'indique pas au lecteur comment il doit prononcer. Le problème est évidemment insoluble, et il faut choisir entre le son et l'orthographe. L'usage des nations européennes a établi à cet égard un principe qui paraît sage, c'est de se conformer à l'orthographe ; on écrit dans toutes les langues de l'Europe, *Shakespeare*, *Bordeaux*, etc., quoique le son à tirer de la réunion de ces lettres soit fort différent de la prononciation réelle. Suivre l'orthographe est le seul moyen de ne pas effacer l'étymologie d'un mot et de conserver une chance d'unité dans les transcriptions ; mais il restera néanmoins toujours un grand embarras dans la transcription des voyelles brèves, qui se prononcent dans plusieurs mots de la même langue orientale si différemment, qu'il sera difficile de les rendre chacune et dans tous les cas par une seule voyelle de notre alphabet.

3° Les Orientaux varient de pays à pays dans la prononciation des mêmes lettres. Les Turcs, par exemple, substituent à l'*a* bref des Arabes et des Persans communément un *e* bref ; les musulmans de l'Inde prononcent dans un grand nombre de cas un *e* long où les Persans prononcent *i* long ; dans une partie de la Perse on substitue à l'*a* long un *ou* long. On prononce le ج arabe différemment dans différents pays ; par exemple, l'ère de Mahomet s'appelle *Hidjret* en Syrie, *Higret* en Égypte, *Hijret* en Arabie, etc. L'embarras que donnent ces changements est souvent fort grand ; par exemple, le nom du roi actuel de Lahore se prononce dans l'Inde *Schêrsingh*; mais la première partie du nom est persane et se prononce en Perse *Schir*. Comment transcrire? Le plus logique serait peut-être de suivre, même dans un cas pareil, la prononciation du pays d'où le mot est originaire ; mais heureusement il n'y a pas beaucoup de cas aussi compliqués, et, dans la plupart, la transcription peut se conformer sans inconvénient à l'habitude du pays auquel le mot est emprunté.

4° La dernière difficulté consiste dans la différence de prononciation des mêmes caractères latins chez les divers peuples de l'Europe, et elle est telle qu'elle paraît, au premier aspect, un obstacle absolu à tout système uniforme de transcription. Sir William Jones a bien senti l'embarras inhérent à cette question, particulièrement pour les Anglais, dont le système orthographique est si compliqué, si irrégulier et si éloigné de toutes les habitudes du reste de l'Europe. Il a eu l'heureuse hardiesse de proposer l'adoption de la prononciation italienne, et y a fait consentir la Société de Calcutta, qui n'a pas cessé de suivre ce système, le seul qui puisse rapprocher les orientalistes anglais de ceux du continent. Malheureusement M. Gilchrist est venu après lui défaire autant qu'il a pu l'œuvre de Sir William Jones, en substituant aux voyelles simples des Italiens les diphtongues compliquées des Anglais. Presque tous ses élèves ont suivi son système, et la géographie et l'histoire orientale ne se sont que trop ressenties de ce malencontreux changement ; les *oo, ee, u,* ont remplacé les *u, i, a* dans la plupart des livres modernes des Anglo-Indiens, et l'influence de toutes les sociétés savantes de l'Angleterre et de l'Inde a lutté jusqu'à présent sans beaucoup de succès contre ce procédé ; mais il paraît néanmoins perdre du terrain, et il faut espérer que les principes de Sir William Jones prendront de nouveau le dessus. Il reste d'autres difficultés ; les lettres *g, j, c* et *ch* ont dans chaque langue européenne une prononciation différente, de sorte qu'un alphabet harmonique ne pourra jamais être employé avec une entière uniformité dans toutes les langues européennes ; mais ces différences seront peu nombreuses et donneront lieu à bien peu d'embarras, si chaque nation veut se prêter, autant que le permettent ses habitudes, à se rapprocher des autres, et ne pas choisir de préférence les extrêmes de sa prononciation particulière, comme l'avait fait l'école de Gilchrist.

Je ne pense pas qu'avec toutes les concessions mutuelles et

toutes les précautions possibles on arrive à former un alphabet harmonique qui permette de remplacer les caractères orientaux dans l'impression des textes. On sait combien Volney attachait d'importance à cette idée, et le Comité de l'instruction publique de Calcutta a cru, pendant quelques années, avoir si bien résolu le problème, qu'il a encouragé la publication d'un grand nombre d'ouvrages dans ce qu'on appelle dans l'Inde l'alphabet roman, et qu'il s'est proposé pendant quelque temps le plan, véritablement monstrueux, de substituer cet alphabet, chez les indigènes même, à leurs alphabets originaux. Cet essai n'a pas réussi et ne pouvait pas réussir; on peut appliquer à quelques langues, comme par exemple au sanscrit, un système de transcription qui rend intelligibles les passages transcrits et qui peut être utile, soit pour des citations, soit dans le cas où l'on manque de caractères originaux : mais il y a d'autres langues qui se refusent à ces expédients, comme par exemple l'arabe, où l'écriture exprime non-seulement les sons, mais souvent les particularités grammaticales et étymologiques qui ne frappent pas l'oreille et seraient perdues dans la transcription ; ainsi je ne pense pas qu'une combinaison quelconque de lettres latines puisse rendre l'orthographe du mot *Koran*. Heureusement nous n'avons pas besoin de remplacer les caractères orientaux ; on y trouverait un certain avantage d'économie dans l'impression des textes, mais ce gain serait infiniment moindre que les inconvénients de toute espèce que ce changement amènerait avec lui. Ce qu'il nous faut, c'est un système de transcription assez exact pour reproduire fidèlement les noms d'hommes et de lieux, assez rapproché de l'emploi ordinaire de l'alphabet latin pour ne pas répugner à la masse des lecteurs et des écrivains, et calculé de manière à n'exiger que d'insignifiantes modifications dans son emploi chez les différentes nations de l'Europe. L'adoption d'un système qui remplirait ces conditions serait un véritable bienfait pour la littérature, et personne n'est mieux placé qu'une société comme la vôtre pour provoquer et pour diriger la discussion sur tous les points qui y touchent, et pour arriver à un résultat qui pourrait obtenir l'assentiment, sinon général (ce qu'on ne peut guère espérer en pareille matière), mais au moins celui de la majorité des auteurs.

II

ANNÉE 1841-1842

RAPPORT LU LE 30 MAI 1842

Messieurs,

L'anniversaire qui nous rassemble aujourd'hui forme une époque dans l'histoire de la Société asiatique, car il marque la fin de la vingtième année de son existence; et, dans le temps où nous vivons, où tout change et passe si vite, ce n'est pas sans un juste orgueil qu'une société comme la nôtre, qui n'existe que par le libre concours de ses membres, et à laquelle aucun intérêt, autre que celui de la science, ne se rattache, peut voir s'accomplir cette première période de sa vie. Il est naturel que, dans une pareille circonstance, nous cherchions à nous rendre compte à nous-mêmes du chemin que nous avons parcouru, des résultats auxquels il nous a conduits et des efforts qui nous restent à faire pour atteindre le but que se sont proposé les fondateurs de la Société. Vous me permettrez donc de vous entretenir en quelques mots de ce sujet.

La création de la Société a été provoquée par l'accroissement extraordinaire qu'ont pris, de notre temps, les études orientales. Autrefois, elles se bornaient à peu près aux langues et aux littératures qui pouvaient servir à l'interprétatation de la Bible; et si quelques hommes placés dans des conditions particulières, comme les missionnaires français en Chine, ou devançant les idées et les besoins de leur siècle, comme Hyde, Deguignes, Anquetil, s'occupaient de quelques autres parties des lettres asiatiques, ils se trouvaient isolés et comme en dehors du courant de l'érudition. Sir W. Jones fut le premier à considérer la littérature orientale comme un tout immense destiné à servir de base à l'histoire de l'humanité, et dont chaque partie devait concourir à éclairer tout le reste. Peu à peu ce beau rêve fut on ne peut pas dire réalisé, car il est loin de l'être encore, mais compris; l'œuvre fut commencée de toute part, et la curiosité impatiente de la partie la plus éclairée du public européen soutint les savants dans leur nouvelle et immense carrière, en même temps que les gouvernements comprirent l'importance qu'il pouvait y avoir à seconder les efforts de ceux qui s'apprêtaient à la parcourir; des chaires pour l'enseignement des langues principales furent créées, et quelques administrations, à la tête desquelles se sont toujours trouvés le gouvernement français et la Compagnie des Indes, accordèrent leurs secours à la publication d'un grand nombre de grammaires, de dictionnaires, de textes et de traductions d'ouvrages orientaux.

A mesure que le cercle de ces études s'étendait, il devenait de plus en plus difficile à un individu de suivre ce mouvement; et ce qu'on appelait autrefois un orientaliste ne pouvait plus se rencontrer, parce que la vie ne suffisait plus pour embrasser tant et de si diverses langues et littératures. Il se peut que, par le progrès des méthodes, l'accroissement des secours, la publication et la traduction des textes, un seul homme parvienne un jour à réunir la connaissance des principales langues de l'Orient, mais ce ne sera, dans aucun cas, que lorsque l'impression des ouvrages classiques aura obvié à l'énorme perte de temps que l'usage des manuscrits entraîne nécessairement. Cependant, malgré cette subdivision du travail, à laquelle nous sommes réduits par l'état actuel de nos connaissances relatives aux différents peuples de l'Asie, il existe entre elles un lien si naturel, elles ont tellement besoin l'une de l'autre pour s'éclairer, qu'on a été conduit, presque forcément, à chercher dans une association cette universalité d'études qu'aucun homme isolé ne pouvait plus atteindre.

M. le comte de Lasteyrie, qui, le premier en France, fut frappé de l'urgence de ce besoin, proposa, en 1821, à MM. Rémusat, Saint-Martin et à quelques-uns de leurs amis, la fondation d'une Société asiatique. Ces hommes éminents comprirent sur-le-champ la portée de ce plan et s'appliquèrent à le mettre à exécution. Ils s'adressèrent à M. de Sacy, à qui toute l'Europe assignait depuis longtemps la première place parmi les orientalistes, et sollicitèrent sa coopération. M. de Sacy ne croyait pas beaucoup à la durée des sociétés libres, mais il ne refusa ni son temps ni l'influence de son nom à une institution qui pouvait être utile aux études qui avaient fait sa gloire ; il accepta la présidence de la Société, et vous savez tous avec quelle suite il s'appliqua à la soutenir et avec quel dévouement il reprit ses fonctions, lorsque la mort presque simultanée de MM. Rémusat et Saint-Martin eut mis pour un instant l'existence de notre institution en péril. La Société rechercha de plus, dès sa naissance, l'appui d'un prince qui s'était toujours distingué par son amour pour les sciences, et S. A. R. le duc d'Orléans voulut bien accepter le titre de président honoraire ; il se rappela que son grand-père avait eu l'idée de fonder lui-même une société pour l'avancement des lettres orientales, et, non content de venir en aide à la Société par ses dons et le poids de son nom, il voulut prendre une part personnelle à ses travaux, et beaucoup d'entre vous se rappelleront l'avoir vu présider à vos séances, dans la salle même où nous sommes rassemblés aujourd'hui.

C'est dans ces circonstances qu'eut lieu la formation de la Société, le premier avril 1822. Tout ce qu'il y avait de plus marquant dans les lettres, en France et à l'étranger, voulut participer à ses travaux; le nombre de ses membres s'éleva, dès la première année, à un chiffre tel, que son avenir devait paraître assuré, et elle a traversé, depuis ce temps, les plus grands dangers, sans en être ébranlée. La révolution la priva tout à coup de la moitié de ses membres, mais elle s'est recrutée dans une génération plus jeune. La mort lui a enlevé les plus illustres de ses fondateurs; elle a perdu en peu d'années MM. de Sacy, Rémusat, Saint-Martin, Champollion, Chézy, Klaproth; mais elle a eu assez de force pour supporter ces pertes irréparables. Enfin, elle a échappé au plus grand péril qui puisse menacer une institution comme la nôtre, aux dissensions intérieures; elle ne s'est pas laissé détourner un seul instant du but qu'elle s'était proposé, et n'a pas cessé de poursuivre le plan qu'elle s'était tracé dès le principe.

Son premier soin a été de créer un journal uniquement destiné aux lettres orientales. Le seul recueil de ce genre qui eût existé en Europe, *les Mines de l'Orient*, avait cessé de paraître. Mais une science qui a de la vie ne peut se passer d'un pareil organe : on a besoin de publier les découvertes que chaque jour amène; on veut livrer à la discussion les idées dont on est occupé; on veut, ou traiter un point particulier qui n'intéresse que les hommes spéciaux, ou enregistrer un fait important qui ne fournirait pas matière à un livre; on veut, avant tout, savoir ce qui se fait dans toutes les branches d'une étude dont on ne peut embrasser qu'une partie. Or, à cet égard, les journaux ont remplacé, au grand avantage de la science, d'un côté, l'immense correspondance que les savants étaient autrefois obligés d'entretenir entre eux, et, de l'autre, les opuscules isolés qu'il est si difficile de réunir. C'est pour rendre ces services qu'a été créé en 1823 le *Journal asiatique*, qui est arrivé aujourd'hui à son quarantième volume, et si ce recueil n'a pas atteint le but de ses fondateurs aussi complétement qu'il serait possible, il en a du moins approché aussi près que les circonstances l'ont permis, et je crois que personne ne niera qu'il ne soit en progrès à beaucoup d'égards. Pendant les six premières années de son existence, la Société n'était pas assez sûre de ses ressources pour se charger elle-même de la publication du Journal. Mais lorsque l'affluence des matières exigea que le cadre en fût agrandi, elle le prit à sa propre charge et se décida à le confier aux presses de l'Imprimerie royale. Cet établissement, le plus beau et le plus riche du monde, pouvait répondre seul, par l'abondance des caractères de tous genres qu'il possède et par l'habileté de ses employés, aux exigences d'un recueil s'occupant de littératures si diverses, et son administration trouva ces exigences mêmes avantageuses, en ce qu'elles exerçaient ses compositeurs aux travaux les plus difficiles. Elle a, dans tous les temps et surtout dans le nôtre, encouragé les publications orientales ; et, en consentant à ouvrir à la Société asiatique un crédit annuel, elle nous a mis en état de donner au Journal une étendue presque double de celle qu'il avait eue au commencement, et de satisfaire ainsi au zèle croissant de nos collaborateurs.

Le second but que la Société se proposa fut d'encourager l'impression de textes, de traductions, de dictionnaires et de grammaires. Il y a malheureusement aujourd'hui peu d'ouvrages orientaux qui puissent paraître sans exiger un sacrifice considérable; aussi la Société a-t-elle cru devoir faciliter, par des souscriptions plus ou moins importantes, des travaux qui n'auraient pu voir le jour sans son aide. Elle y trouva l'avantage d'assurer la publication de travaux importants, tout en ne se chargeant que d'une partie des frais. C'est ainsi qu'elle a encouragé la publication du *Hamasa* de M. Freytag, du *Vendidad* de M. Burnouf, du *Manou* de M. Loiseleur, de l'*Y-king* du P. Régis, et autres. Plus tard la Société s'est vue obligée de restreindre ce genre d'encouragements, quand elle-même entreprit des ouvrages volumineux ; car elle ne s'est engagée que graduellement, et à mesure qu'elle sentait mieux ses forces, dans des publications dispendieuses. Elle n'a entrepris la publication de *Meng-tseu* qu'en en partageant les frais avec M. de Lasteyrie ; ensuite elle a pris courage, et a publié successivement les Fables de Vartan de M. Saint-Martin, le *Yadjnadatta* de M. Chézy, la Grammaire japonaise du P. Rodriguez, l'élégie arménienne sur la Prise d'Édesse par Zohrab, l'Essai sur le Pali de MM. Burnouf et Lassen, la Reconnaissance de Sacountala par M. Chézy, le Vocabulaire géorgien de Klaproth, la Chronique géorgienne de M. Brosset, la Chrestomathie chinoise, la Grammaire géorgienne de M. Brosset, et la Géographie d'Aboulféda par MM. Reinaud et de Slane. Jusqu'à ce dernier ouvrage, les livres imprimés par la Société avaient paru dans des formats fort différents, selon les circonstances et la volonté des auteurs ; votre Conseil reconnut que cette irrégularité avait des inconvénients, et il se décida à commencer une collection uniforme, dans laquelle entreraient dorénavant tous les ouvrages de la Société, à l'exception du Journal. Les deux premiers volumes de cette série, contenant la Chronique de Cachemir par M. Troyer, ont paru, et le troisième contiendra le Voyage de Schulz.

L'impression de ces ouvrages exigeait l'emploi de caractères qui manquaient alors aux imprimeries les mieux fournies, et la Société dut s'occuper sur-le-champ à pourvoir à ce besoin. Elle reçut de S. M. le roi de Prusse le don d'une fonte de caractères dévanagaris, gravés par les soins de M. de Schlegel, et fit graver à Paris un corps géorgien, tandis qu'on exécutait pour elle, à Saint-Pétersbourg, une fonte des caractères mandchous de M. Schilling, et à Paris une fonte des caractères pehlewis de M. Legrand. Maintenant qu'elle s'adresse, pour ses impressions, exclusivement à l'Imprimerie royale, elle se trouve dispensée de tous frais à cet égard ; car ce magnifique établissement, dans la noble ambition de posséder les caractères de toutes les langues et de pouvoir imprimer tout ce qui peut s'écrire, ne recule devant aucune difficulté de ce genre, ni devant les dépenses que ces difficultés peuvent exiger.

Enfin, la Société s'était imposé l'obligation de rechercher et de réunir le plus qu'elle pourrait de manuscrits orientaux, et, à cet égard encore, un heureux concours de circonstances est venu seconder ses efforts. Lord Kingsborough lui a fait don d'une partie des manuscrits arabes qui avaient autrefois appartenu à Condé, et qui contiennent de précieux matériaux pour l'histoire des Arabes d'Espagne. Quelques copies de manuscrits brahmaniques ont été exécutées pour elle dans l'Inde. Elle a reçu de la libéralité de M. Hodgson, ambassadeur à Kathmandou, vingt-six manuscrits sanscrits bouddhiques, et l'inépuisable complaisance du même savant lui a permis de faire copier, dans les monastères du Nepal, soixante-quatre autres volumes de la même collection. Enfin, elle doit à la générosité de la Société de Calcutta un exemplaire complet de la collection bouddhique-tibétaine intitulée le *Kandjour*, en cent quatre volumes in-folio. Regardant ce don comme fait plutôt à la France qu'à elle-même, elle a cru ne pouvoir mieux remplir les intentions des donateurs qu'en déposant cette belle collection à la Bibliothèque royale, qui, depuis vingt ans, a vu presque doubler son fonds déjà si riche en manuscrits orientaux, et dont l'administration a su si admirablement concilier les précautions qu'exige la conservation des manuscrits avec l'accès le plus facile qu'il soit possible d'offrir aux savants qui veulent les consulter.

Permettez-moi, maintenant, de vous dire en peu de mots comment vous êtes parvenus à faire face aux dépenses que ces différentes entreprises ont exigées et comment vous avez disposé des sommes qui vous ont été confiées. Vos recettes se composent des souscriptions du Roi et des membres de la Société, du résultat de la vente de vos ouvrages, d'une subvention du ministère de l'instruction publique, du crédit annuel accordé par l'Imprimerie royale et de quelques legs qui vous ont été faits. La somme totale de ces différentes ressources, jusqu'à la fin de l'année 1841, s'est montée à 212 871 francs. Là-dessus, vous avez dépensé, pour le Journal 92 185 francs, pour les ouvrages que vous avez publiés 64 479 francs, en souscriptions à des ouvrages orientaux 6 127 francs, pour votre bibliothèque 3 043 francs, pour achat de manuscrits orientaux 2 463 francs, pour gravure de caractères 3 918 francs, et pour les frais de votre administration 38 412 francs.

Il n'y a aucune branche d'études qui ait autant besoin de la puissance que donne le principe de l'association, et à laquelle les sociétés puissent rendre autant de services, que les lettres orientales, dont la position en Europe a quelque chose de tout à fait particulier. Lorsque, vers la fin du dernier siècle, on s'aperçut que la littérature orientale était destinée à agrandir, d'une manière inattendue, le champ de l'intelligence humaine, et que l'histoire des religions, des lois, des institutions politiques et des lettres devait en tirer des accroissements presque incalculables, elle excita une curiosité générale. Mais la science ne pouvait marcher aussi vite que l'aurait exigé l'impatience de ceux qui en attendaient de nouvelles révélations; la publication des textes et des traductions, qui seule pouvait donner une base solide à ces études, ne se faisait que lentement, et ceux qui suivaient ce mouvement et demandaient des résultats généraux, ne recevaient que des fragments dont il était difficile d'évaluer l'importance, parce qu'ils appartenaient à un ensemble immense dont on ne pouvait encore apprécier l'étendue. Aujourd'hui même, où tant de progrès réels ont été faits, où l'histoire de l'Orient a été entamée de tous les côtés et où chaque année apporte un riche tribut de nouveaux documents, aujourd'hui encore la littérature orientale, malgré l'intérêt qu'elle avait excité dans le principe, est comme isolée et reste étrangère aux études de la grande masse des lecteurs. Ce n'est que lorsque d'importantes lacunes qui existent encore dans la connaissance que nous avons de l'Orient seront comblées et que les résultats de vos études auront pris leur place dans l'histoire universelle; ce n'est qu'alors que la publication d'un auteur oriental et la discussion d'un problème se rattachant à l'histoire de l'Asie seront estimées à leur valeur réelle, parce que le lecteur n'ignorera plus à quoi se rattache l'ouvrage ou la découverte qu'on lui offre, et pourra lui-même la placer dans le cadre qui lui donne de l'importance. Pour hâter ce moment, il faut que le texte des principaux ouvrages soit publié, et c'est là que gît la difficulté. Il n'y a aujourd'hui que l'Allemagne où le puplic savant soit assez nombreux pour permettre la publication d'un certain nombre d'ouvrages orientaux; dans tous les autres pays de l'Europe, il faut que l'auteur, ou un gouvernement, ou un corps savant en fasse les frais. Le nombre toujours croissant de ces publications est une preuve éclatante du zèle des orientalistes, de l'activité des sociétés littéraires et de l'intérêt que quelques gouvernements éclairés mettent à leur venir en aide ; mais il n'en est pas moins vrai que ces résultats ne s'obtiennent que par les sacrifices les plus pénibles de la part des auteurs, que les encouragements des gouvernements sont insuffisants, et qu'il faut appeler de tous ses vœux le jour où tout ouvrage oriental digne d'être publié pourra paraître avec le concours et le patronage seul du public.

Il appartient aux sociétés asiatiques de travailler à atteindre ce but et à vaincre le grand obstacle qui nous arrête aujourd'hui, et qui consiste, avant tout, dans l'état imparfait des communications entre les savants de l'Europe et de l'Orient. L'impression et la lithographie ont pénétré dans toutes les parties de l'Asie et ont détruit peu à peu les préjugés qui existaient en faveur des manuscrits : on publie partout des textes orientaux ; mais le défaut presque absolu d'intermédiaire nous empêche, non-seulement de les obtenir, mais souvent d'en apprendre l'existence; et pourtant les éditions du Caire et d'Ispahan trouveraient des acheteurs en Europe, comme celles de Paris, de Londres et de Leipzig en trouveraient en Orient. Les lettres orientales ressemblent maintenant à une pile galvanique dont les parties ne se touchent pas, et il n'y a que les sociétés qui puissent les mettre en communication et donner toute leur puissance à des efforts aujourd'hui pénibles, parce qu'ils sont isolés.

Il est assez difficile de créer les relations nécessaires pour cela; cependant, plusieurs essais qui ont déjà été faits montrent que ce n'est pas impossible. M. Rémusat, et après lui M. Stanislas Julien, ont trouvé moyen de tirer de la Chine tous les livres dont leurs élèves avaient besoin; cette voie peut s'élargir à mesure que les études chinoises s'étendent; de sorte qu'il est devenu à peu près inutile d'imprimer chez nous des textes chinois. Vous avez vous-mêmes commencé à entretenir avec la société de Calcutta des relations destinées à répandre en Europe les textes imprimés à ses frais et dans l'Inde les ouvrages publiés par vous. Cet exemple a été imité en Allemagne, et il serait possible de donner à ces communications une étendue beaucoup plus grande et de les rendre plus efficaces. Vous avez eu pendant quelque temps l'espoir de vous servir, par l'intermédiaire de quelques musulmans au Caire, du pèlerinage de la Mecque comme moyen de répandre dans tous les pays musulmans les ouvrages publiés en Europe; et si ce plan n'a pas été suivi d'effet, c'est uniquement parce que ce n'était pas à une association que nous avions affaire, mais à des individus. Il est donc à désirer que les sociétés asiatiques, non-seulement se maintiennent, mais qu'il s'en forme de nouvelles, surtout dans les grandes villes de l'Orient où le savoir est encore en honneur, et qu'elles servent à nous mettre en contact plus intime avec les lettrés de tous les pays de l'Asie, contact qui servirait puissamment en Orient la cause de la civilisation et en Europe celle de la science.

Le compte général des affaires de la Société, que je viens d'avoir l'honneur de vous soumettre, comprend les faits accomplis pendant le cours de l'année dernière, en sorte que je n'aurai pas à vous entretenir séparément des travaux de votre Conseil pendant cette année; mais il me reste à remplir le triste devoir de dire quelques mots des pertes que vous avez faites par la mort de deux de vos membres les plus distingués.

Georges, comte de Munster, associé étranger de la Société, était né le 29 janvier 1794, et est mort, d'une manière fatale, le 20 mars 1842. Il avait servi dans l'Inde et en avait rapporté la connaissance de plusieurs langues asiatiques, jointe à un zèle ardent pour la littérature orientale, à l'avancement de laquelle il n'a pas cessé depuis de consacrer son temps et l'influence que lui donnait sa haute position. Il devint, dès le commencement, un des plus fermes soutiens de la Société asiatique de Londres; plus tard, il fonda le comité des traductions, qui a rendu de si grands services à la science, et à la direction duquel il donna les soins les plus constants; enfin, peu de temps avant sa mort, il coopéra activement à la fondation de la Société pour la publication des textes orientaux, dont il fut le premier président. Ses propres plans littéraires étaient très-vastes; son idée favorite était celle d'une grande encyclopédie des sciences, qu'il voulait faire publier en arabe, pour la faire passer ensuite dans les autres langues de l'Asie. Il avait entrepris une Histoire de l'art militaire chez les Orientaux, dont il n'a paru qu'un chapitre sur l'Emploi des mercenaires musulmans dans les armées européennes, qui a été inséré dans votre Journal (v. X et XI). Les matériaux qu'il avait recueillis étaient immenses; et vous avez pu voir, par la brochure arabe qu'il a publiée ici, et dans laquelle il adressait des questions aux savants de l'Orient et leur demandait des manuscrits, combien il voulait encore y ajouter. Il avait fait imprimer, pour son usage particulier et pour faciliter sa rédaction définitive, les parties de l'ouvrage qui étaient déjà rédigées; mais il est douteux que, même à l'aide de ce secours, il se trouve quelqu'un qui puisse achever et publier ce travail, conçu sur un plan tellement vaste, que c'était plutôt une histoire de la civilisation des peuples de l'Asie qu'un traité sur leur art militaire. Lorsque, dans le courant de l'année dernière, il fut nommé président de la Société de Londres, il se proposa de composer une suite de discours annuels, dans lesquels il voulait faire connaître ce que les Européens ont emprunté à l'Asie, ce que l'Orient a reçu de l'Occident, et ce qu'il y avait à faire pour favoriser cette influence mutuelle. Son premier discours était presque terminé au moment de sa mort, et sera publié par M. Sprenger, le confident de tous ses travaux; mais je ne sais si les appendices très-curieux qu'il avait préparés, et qui auraient formé un volume considérable, sont en état d'être publiés. Sa mort est une très-grande perte pour les lettres, et les orientalistes du continent lui doivent le souvenir le plus affectueux, car personne n'a autant contribué à établir des rapports d'amitié entre eux et les savants de l'Angleterre que le comte de Munster.

Un autre membre que notre Société et les lettres orientales ont à regretter, est l'abbé Arri, membre de l'Académie des sciences de Turin. Il était né l'an 1804 à Asti, et avait fait ses études de théologie à l'université de Turin, où il fut reçu docteur à l'âge de vingt et un ans. Durant son cours de théologie, il commença, sous M. Peyron, ses études d'hébreu et d'arabe, dont il fit plus tard l'objet spécial de ses travaux; il fut nommé membre de l'Académie de Turin en 1836, vint à Paris pour continuer ses recherches, et fut chargé, en 1839, par le gouvernement piémontais, de la publication de la partie du grand ouvrage d'Ibn-Khaldoun qui traite de l'histoire avant l'islamisme. La première partie du texte et de la traduction était imprimée, lorsque des affaires de famille le rappelèrent chez lui; mais l'excès du travail avait miné sa santé naturellement délicate, et il succomba à une maladie de poitrine le 6 septembre 1841. Ses connaissances variées, la finesse de son esprit et la solidité de son commerce faisaient rechercher son amitié, et les lettres orientales en Italie ont perdu en lui un de leurs amis les plus savants et les plus zélés.

Il me reste, messieurs, à vous présenter le tableau succinct des progrès que la littérature orientale a faits depuis notre dernière assemblée. Il sera malheureusement très-incomplet;

car, par diverses circonstances, les nouvelles littéraires de presque tous les points de l'Orient nous manquent.

La littérature arabe, qui, par des raisons différentes, mais également puissantes, restera encore longtemps la branche la plus cultivée des lettres orientales, au moins en France et en Allemagne, a reçu plusieurs accroissements notables. Mais, avant d'en parler, j'ai à remplir une lacune que j'ai été obligé de laisser dans le rapport de l'année dernière, parce que l'ouvrage que j'aurais dû annoncer n'était pas arrivé à Paris. C'est la traduction du dictionnaire des plantes médicinales d'Ibn al-Beithar, par M. de Sontheimer [1]. Tout le monde sait quel grand rôle la médecine arabe a joué au moyen âge, et que c'est par elle que la science a pénétré dans les écoles juives et chrétiennes, où les noms d'Avicenne, de Rhazes, d'Averroës, d'Ibn al-Beithar et d'autres, ont longtemps fait autorité. Peu à peu, on les a oubliés, trop peut-être sous le rapport de la pratique, dans tous les cas trop sous le rapport de l'histoire des sciences. Aujourd'hui, on commence à réparer cette faute, et l'un des premiers fruits de cette nouvelle tendance des études est l'ouvrage de M. de Sontheimer. Abou Mohammed Ibn al-Beithar était né à Malaga vers la fin du XIIe siècle. Après avoir consacré une grande partie de sa vie à l'étude de la médecine et à des voyages scientifiques en Orient, il composa son dictionnaire. Sa méthode est très-simple ; il arrange la matière médicale alphabétiquement, commence chaque article par les noms que la substance dont il traite porte dans d'autres langues, en donne ensuite la description et en énumère les propriétés médicales d'après Galien, Dioscoride, les médecins arabes, persans et syriens, et d'après ses propres observations. Il n'y a qu'un médecin qui pouvait traduire cet ouvrage, et M. de Sontheimer a rendu un véritable service aux sciences en le faisant connaître. Les

---

1. *Zusammenstellung einfacher Heil und Nahrungsmittel von Ebn Beithar*, aus dem arabischen uebersetzt von Dr. F. von Sontheimer. Stuttgart, 1840; vol. I, gr. in-8°.

difficultés de ce travail sont fort grandes et quelquefois insurmontables en Europe, parce que les descriptions botaniques sont souvent trop imparfaites pour permettre de reconnaître les plantes avec certitude. M. de Sontheimer a pris le meilleur moyen pour remédier à cet inconvénient : il annonce qu'il ajoutera au second et dernier volume de son ouvrage la liste des plantes qui lui ont laissé des doutes, et en appellera aux Européens en Orient qui pourront les retrouver à l'aide de leurs noms originaux, et ensuite les déterminer.

Le premier volume de la traduction du Dictionnaire biographique d'Ibn-Khallikan [1], par votre confrère M. de Slane, a paru, et les deux éditions du texte qui se publient simultanément à Paris et à Goettingen, ont fait des progrès, M. de Slane ayan publié la cinquième, et M. Wustenfeld la dixième livraison de leurs éditions. On ne peut s'étonner de voir cet auteur l'objet de travaux si multipliés, quand on réfléchit au rang qu'il occupe dans la littérature arabe. Ibn-Khallikan était un jurisconsulte du XIIIe siècle, qui passa sa vie dans la magistrature et dans l'enseignement. Il avait recueilli, pour son propre usage, pendant de longues années, sur un grand nombre de personnages et sur leurs œuvres, des notes dont il finit par faire un dictionnaire biographique. Les Arabes possédaient déjà, avant lui, de nombreux ouvrages de ce genre, mais qui étaient tous consacrés à des classes particulières, à des sectes, ou aux hommes marquants d'une ville. Ibn-Khallikan, le premier, entreprit une biographie générale ; il s'était proposé d'en faire deux rédactions, d'abord une plus courte, ensuite une autre plus détaillée ; mais, pendant la composition de son livre, il abandonna cette idée et fit entrer dans la partie qui l'occupait alors les matériaux qu'il avait destinés au second ouvrage. Ce changement de plan introduisit nécessairement un peu d'inégalité dans l'exécution ; mais ce défaut n'empêcha pas son livre de remplir une lacune qui devait

---

1. *Ibn-Khallikan's Biographical Dictionary*, translated from the arabic by the baron Mac Guckin de Slane. Paris, 1842, in-4º.

être fort sentie. Il eut le plus grand succès, et servit de modèle et de base à un grand nombre de suppléments et de continuations. Ibn-Khallikan s'attache moins à suivre pas à pas la vie des hommes dont il parle qu'à montrer leur esprit par des extraits de leur poésie, et leur caractère par des anecdotes. Les nombreuses citations de vers dont il a parsemé son livre n'ont que peu d'intérêt pour nous, car les poèmes arabes, à partir du second ou du troisième siècle de l'hégire, ne sont que des pastiches de l'ancienne et belle poésie du désert; mais ses anecdotes ont une grande valeur, en ce qu'elles nous fournissent une infinité de traits du caractère arabe et de détails de mœurs. Cet ouvrage sera toujours un de ceux qu'on consultera le plus dans toutes les recherches sur l'histoire politique et littéraire des Arabes, et avec d'autant plus de fruit que M. de Slane l'a complété par un commentaire qui est un modèle dans son genre, parce qu'il donne au lecteur tous les éclaircissements dont il a besoin, sans étouffer l'ouvrage original par la répétition de ce qui est connu ou par des additions étrangères au sujet. La traduction, qui paraît aux frais du comité de Londres, formera quatre volumes.

M. Cureton [1] a publié à Londres le texte du premier volume de l'histoire des sectes religieuses et philosophiques, par Sharistani. Ce volume contient les nombreux prolégomènes de l'auteur et les chapitres relatifs aux sectes musulmanes, juives, chrétiennes et persanes. Le second volume, qui doit terminer l'ouvrage, est sous presse, et contiendra les chapitres sur les Sabéens, les écoles philosophiques et les superstitions des anciens Arabes; c'est une édition, correcte et bien exécutée, d'un livre important et rempli de difficultés. La Société des textes de Londres, aux frais de laquelle elle paraît, ne pouvait pas choisir mieux pour commencer sa collection.

1. *Books of religious and philosophical sects;* by Muhammed al-Sharastani. Now first edited by the Rev. Cureton. London, 1842, in-8°, vol. I.

M. Veth [1] a publié à Leyde la seconde partie de l'ouvrage de Soyouti sur les noms usuels des Arabes. Cette livraison comprend la fin du texte de Soyouti ; elle sera suivie d'une troisième, qui contiendra les prolègomènes de l'éditeur.

M. de Hammer [2] a fait paraître, dans plusieurs volumes des Annales de Vienne, un travail très-étendu sur la géographie de l'Arabie, dans lequel il donne, par district et par route, une liste infiniment plus complète que tout ce que l'on possédait, des noms de lieux, de montagnes, de fleuves, etc. de la presqu'île arabique ; il ajoute des renseignements nouveaux sur les lieux les plus remarquables, corrige les orthographes erronées de ses devanciers, et le soin qu'il a d'accompagner chaque nom de son orthographe en arabe augmente de beaucoup l'utilité de ces recherches, pour lesquelles il s'est servi des meilleures sources orientales tant imprimées qu'inédites.

M. Tornberg [3] a fait imprimer à Upsala des extraits d'Ibn-Khaldoun relatifs aux croisades, en les accompagnant d'une traduction latine. Cette partie de l'ouvrage d'Inb-Khaldoun n'est qu'un extrait du grand ouvrage d'Ibn-al-Athir, et chaque publication de ce genre ne fait qu'augmenter le regret de ce que les matériaux nécessaires pour une édition complète d'Ibn-al-Athir n'existent pas encore en Europe. Les bibliothèques de Paris et de Leyde en possèdent quelques volumes et le gouvernement français en a fait copier à Constantinople quelques autres qui sont destinés à entrer dans la collection des auteurs arabes sur les croisades, dont M. Reinaud est chargé par l'Académie des inscriptions ; mais il serait extrêmement à désirer qu'un gouvernement ou un corps savant se procurât une copie exacte et collationnée de l'ouvrage entier, et le fît publier ; car l'histoire du khalifat. est peut-être, de toutes les

---

1. *Pars reliqua libri as-sojutii de nominibus relativis inscripti Lubb-al-Lubab*, edidit P. J. Veth. Lugduni, 1842, in-4°.
2. *Wiener Jahrbücher*, vol. 92-95.
3. *Expeditiones Francorum ex Ibn-Khalduno*. Ed. Tornberg. Upsalæ, 1841, in-4°.

parties de la littérature arabe, celle qui a fait récemment le moins de progrès et qui a le plus d'avenir. L'édition des Mille et une Nuits, que M. Habicht avait commencée, est continuée, depuis sa mort, par les soins de M. Fleischer, qui en a publié le neuvième volume. M. Fleischer a adopté la rédaction écrite dans le langage le plus populaire, et l'ouvrage a gagné entre ses mains sous tous les rapports. Les nombreuses éditions et traductions du Koran qui ont paru pendant les dernières années ont dû considérablement étendre le cercle des lecteurs de ce livre, et faire sentir le besoin de nouveaux secours pour l'étudier. M. Flügel, à qui nous devons l'excellente édition stéréotypée de Leipzig, vient de publier dans la même ville une concordance du Koran, ouvrage indispensable à tous ceux qui s'occupent de la littérature arabe, et qui remplacera avec avantage le *Noujoum al-Fourkan* publié à Calcutta, dont l'usage n'était pas très-commode et qui de plus était devenu extrêmement rare. Un autre travail, qui se rapporte au Koran, et certainement le plus considérable dont ce livre a été l'objet depuis bien longtemps, est annoncé par M. Fleischer : c'est une édition complète du célèbre commentaire de Beidhawi. L'auteur de cet ouvrage s'est appliqué à réunir tout ce que les commentateurs antérieurs à lui contenaient de mieux sous le double rapport de l'interprétation grammaticale et de l'explication des traditions qui se rattachent au Koran et qui servent à nous en donner le sens. M. Fleischer ne pouvait mieux choisir parmi l'innombrable foule des commentateurs du Koran ; mais c'est un ouvrage d'une étendue fort considérable, et dont la publication a besoin d'être encouragée par tous ceux qui prennent de l'intérêt aux progrès de la littérature arabe.

L'étude de la langue himiarite, qui se rattache si étroitement à celle de l'arabe, a fait pendant l'année dernière quelques progrès. D'un côté, les inscriptions trouvées dans le midi de l'Arabie par MM. Wellsted et Cruttenden ; de l'autre, la découverte de la langue ekhheli, faite par M. Fresnel, avaient attiré déjà l'attention sur la langue himiarite, que l'on ne connaissait que par le peu de renseignements que les Arabes nous en donnent. M. Gesenius[1] a, le premier, essayé l'interprétation de ces inscriptions et la lecture de l'alphabet himiarite. Bientôt après, M. Rœdiger[2] a publié, sur le même sujet, des recherches qu'il avait faites de son côté et en même temps que M. Gesenius. On ne peut trouver étonnant que ces deux savants diffèrent sur quelques points daus une matière si neuve et si obscure, et cette différence même doit inspirer plus de confiance quant aux points beaucoup plus nombreux sur lesquels ils sont tombés d'accord. On ne peut guère douter, aujourd'hui que la curiosité est éveillée sur ce point, qu'on ne parvienne à se procurer des copies du reste des inscriptions himiarites que l'on sait exister, à compléter les études commencées sur la langue ekhheli, et à obtenir par ces moyens la solution certaine des questions qui restent encore douteuses.

La littérature persane s'est enrichie d'une nouvelle grammaire[3] que des circonstances particulières recommandent à l'intérêt des orientalistes. L'auteur est Mirza Mohammed Ibrahim de Schiraz, qui, après avoir reçu une éducation savante en Perse, est venu en Angleterre, où il est entré au service de la compagnie des Indes, comme professeur de persan au collége de Haileybury, et a acquis une connaissance très-étendue de la langue anglaise. Son but, en composant sa grammaire, a été moins d'exposer les règles de la langue des livres que celles de la langue parlée ; mais son ouvrage n'en est pas moins digne d'être étudié par les orientalistes européens, non-seulement parce qu'il indique quelques règles

1. *Ueber die Himjaritische Sprache und Schrift*, von Dr. W. Gesenius. Halle, 1841, in-8°. (Tiré de la Gazette litt. de Halle.)
2. *Versuche ueber die himjaritischen Schrift-Monumente*, von Fr. E. Rœdiger. Halle, 1841, in-8°.
3. *A Grammar of the persian Language*, by Meerza Mohammed Ibraheem. London, 1841, in-8°.

qui ont échappé à ses prédécesseurs ou qu'il corrige quelques fautes dans lesquelles ils ont pu tomber, mais encore parce qu'on y trouve des locutions particulières à la langue parlée, dont on entrevoit déjà l'usage dans les ouvrages classiques, quoique irrégulièrement et exceptionnellement. Une grande partie du volume est remplie d'exercices de syntaxe en forme de conversations. Cette méthode est peut-être moins commode pour une étude sérieuse que ne serait un traité en règle; mais personne ne lira cette partie de l'ouvrage sans en profiter.

Les travaux dont la littérature persane est l'objet paraissent avoir été dirigés, pendant l'année qui vient de s'écouler, plus particulièrement sur le Livre des Rois de Firdousi, et l'ardeur avec laquelle on recherche aujourd'hui les traditions populaires de toutes les nations explique facilement cette préférence. Le second volume de l'édition de Firdousi [1], qui fait partie de la Collection orientale publiée par l'Imprimerie royale, est achevé. Il comprend les épisodes de la guerre du Hamaveran, de Sohrab et de Siawusch, et le commencement du règne de Keï-Khosrou. MM. de Starkenfels et de Schwarzhuber [2] ont publié à Vienne une traduction, en vers allemands fort élégants, de l'épisode de Firdousi qui se rapporte à la guerre de Keï-Kaous dans le Mazenderan, et l'ont accompagnée d'un commentaire. M. de Starkenfels [3] seul a fait imprimer, un peu plus tard, aussi en vers allemands, une traduction libre de l'épisode de Zal et de Roudabeh. M. Amthor [4] a fait paraître à Leipzig, sous le titre de *Voix de l'Orient*, un recueil de pièces arabes et persanes rendues en vers allemands, lequel comprend, outre neuf makamats

1. *Le Livre des Rois* par Firdousi, publié par J. Mohl, t. II, Paris, 1842, in-fol.
2. *Kej-Kawus in Masenderan aus dem Schahnameh des Ebul-Kasim Manssur el Firdewsi metrisch uebersetzt*, von V. W. Edlem von Starkenfels und Th. Ritter von Schwarzhuber. Vienne, 1841, in-8°.
3. *Sal und Rudabeh. Frei nach dem persischen*, vor Weiss Edlem von Starkenfels. Vienne, 1841, in-8°.
4. *Klænge aus Osten, uebersetzt*, von Ed. Amthor. Leipzig, 1841, in-8°,

de Hamadani et une collection de s‹ ntences, les épisodes du règne de Djemschid et de la naissance de Zal, tirés de Firdousi. On est étonné de l'exactitude de ces traductions de M. Amthor, quand on pense à la difficulté de rendre littéralement la poésie en vers. M. Amthor vient de publier, conjointement avec M. Fritsch[1], un recueil semblable de traductions en vers latins, dans lequel il a inséré des morceaux persans tirés de Djelalledin-Roumi et de Sadi, des poésies arabes empruntées à la Chrestomathie de M. Grangeret de Lagrange, et deux épisodes de Firdousi rendus en hexamètres latins : ce sont ceux de Kaïoumors et du combat de Rustem avec le dragon.

C'est aussi à la littérature persane que nous sommes, avant tout, redevables d'un de ces grands ouvrages dont M. de Hammer-Purgstall[2] enrichit depuis longtemps la littérature orientale : c'est l'histoire des Mongols de Perse, faisant suite à son histoire des Mongols de Russie. Le premier volume, qui vient de paraître, comprend, en cinq livres, l'époque écoulée depuis Djenguiskhan jusqu'à Baidou. Il est accompagné partout de notes, de renvois aux sources et de pièces justificatives. L'histoire des Mongols est une des parties des annales de l'Asie qui ont été, de notre temps, l'objet des travaux les plus remarquables. Les recherches de MM. Rémusat, d'Ohsson, Quatremère et de M. de Hammer lui-même ont jeté un grand jour sur ses différentes phases; mais cette mine n'est pas encore épuisée. On trouve partout, dans le volume de M. de Hammer, de nouveaux faits qu'une lecture immense lui a fournis, et l'on y suit avec un intérêt toujours soutenu le tableau de cette horrible époque où la civilisation du khalifat périt sous une des conquêtes les plus barbares dont l'histoire ait conservé le souvenir.

1. *Horti persici et arabici*, transtulerunt S. Amthorus et A. Fritschius. Melocabi, 1842, in-8º.
2. *Geschichte der Ilchane, das ist der Mongolen in Persien*, von Hammer-Purgstall. Darmstadt, 1842, in-8º. Vol. I.

Je regretterais de ne pouvoir donner la liste des ouvrages turcs qui ont paru à Constantinople pendant l'année dernière, si M. de Hammer n'avait bien voulu promettre d'en insérer une notice dans le Journal asiatique. Cette omission sera donc réparée prochainement, et d'une manière telle que vous ne pourrez qu'y gagner.

Avant de quitter les littératures des pays musulmans, il me reste à parler de quelques entreprises importantes qui se rapportent à leur ensemble. L'administration de l'École des langues orientales vivantes de Paris a eu l'heureuse idée de commencer la publication d'une collection de chrestomathies [1] qui embrassera les principales langues modernes de l'Asie et qui, par l'importance et par l'étendue des morceaux choisis, paraît destinée à rendre les plus grands services à la littérature orientale. Les premières livraisons de quatre de ces chrestomathies ont paru jusqu'à présent. La chrestomathie turque-occidentale de M. Jaubert commence par la relation de l'ambassade de Mohammed-Effendi, qui fut envoyé à la cour de France en 1720, et dont le rapport fut jugé assez intéressant pour être inséré dans les Annales officielles de l'empire ottoman. Le rapport de Seïd-Wahid-Effendi sur son ambassade en France dans l'année 1806 formera la seconde livraison. La chrestomathie turque-orientale de M. Quatremère commence par deux traités du célèbre visir Alî-Schir, dont l'un porte le titre de *Dispute des deux Langues,* l'autre, d'*Histoire des rois de Perse.* Quelques autres ouvrages d'Alî-Schir et des extraits des mémoires de Baber, du Miradj et d'autres ouvrages classiques termineront cette chrestomathie, qui sera accompagnée d'une traduction, de commentaires et d'une vie d'Alî-Schir, et formera un corps de littérature tur-

---

1. *Chrestomathies orientales,* ou Recueil de textes arabes, turcs, persans, grecs modernes, arméniens et indostanis, publiés sous les auspices de M. le ministre de l'instruction publique et par les soins de MM. les professeurs de l'École royale et spéciale des langues orientales vivantes. Paris, 1841, in-8°.

que-orientale plus considérable que tout ce qui a été publié jusqu'ici dans ce dialecte. La chrestomathie persane commence par la vie de Djenguiskhan, publiée par M. Jaubert. Cette partie de Mirkhond était restée inédite jusqu'à présent. Enfin le premier fascicule de la chrestomathie arabe moderne, par M. Caussin de Perceval, nous donne un extrait très-étendu du roman d'Antar.

L'Académie impériale de Vienne a fait publier par M. Krafft [1] le catalogue des manuscrits arabes, persans et turcs de sa bibliothèque, et le même savant travaille dans ce moment au catalogue des manuscrits orientaux de la grande bibliothèque de Vienne, l'une des plus riches de l'Europe. On ne peut qu'applaudir au zèle que montrent la plupart des établissements consacrés à la science pour faire connaître les trésors qui y sont déposés, et vous apprendrez avec plaisir que M. le ministre de l'instruction publique a chargé M. Longpérier de publier le catalogue complet et raisonné des médailles orientales du cabinet du roi à la Bibliothèque de Paris. M. Longpérier accompagnera la description de chaque médaille de notes historiques et géographiques, et complétera son travail par la notice des pièces qui manquent encore au cabinet et qui se trouvent dans d'autres collections; de sorte que l'on peut maintenant espérer de voir paraître une histoire complète de la numismatique orientale.

Le gouvernement danois, qui a donné de si fréquentes preuves de son amour pour la science, a nommé une commission chargée de faire connaître, par des notices et des extraits, les manuscrits inédits de la bibliothèque de Copenhague, qui est très-riche en ouvrages scandinaves et orientaux. Un des plus savants philologues de l'Allemagne, M. Olshausen, professeur à Kiel, est chargé de la partie orientale de ce travail.

Enfin M. le baron Rousseau [2] a publié à Alger un diction-

---

1. *Die arabischen, persischen und türkischen Handschriften der K. Akademie*, von A. Krafft. Wien, 1842.
2. *Parnasse oriental*, ou dictionnaire des meilleurs poëtes de l'Orient, par le baron A. Rousseau. Alger, 1841, in-4°.

naire biographique des meilleurs poëtes arabes, persans et turcs. Cet ouvrage, préparé par le frère de l'éditeur, il y a vingt ans, pendant son séjour à Alep, contient quelques données nouvelles, et l'époque où il a été composé explique pourquoi il est loin d'être aussi complet que l'état actuel de nos études pourrait le faire désirer.

La littérature arménienne s'est enrichie de l'histoire de l'Arménie, par Jean Catholicos, traduite par M. Saint-Martin [1], et publiée, aux frais du gouvernement français, par M. Lajard. Jean Catholicos était patriarche d'Arménie à la fin du IXe et au commencement du Xe siècle. Il commence son ouvrage par un exposé rapide de l'ancienne histoire de l'Arménie, entre dans de plus grands détails à partir de la moitié du Ve siècle, où finit l'ouvrage de Moyse de Khorène, et termine par un récit très-développé des événements accomplis pendant la durée de sa longue vie, auxquels il a pris lui-même, comme homme d'État, une part très-considérable. La traduction de M. Saint-Martin est très-littérale, et elle a été publiée avec le plus grand soin par M. Lajard, qui y a ajouté une introduction, des notes et une table de matières. Cet ouvrage forme le second volume de la collection des œuvres posthumes de M. Saint-Martin, que le gouvernement, dans sa juste appréciation de la grande perte que les lettres ont soufferte par la mort prématurée de ce savant, fait publier aux frais de l'État. Leur position géographique mettait les Arméniens dans un contact forcé, tant avec les Persans qu'avec les maîtres de l'Asie Mineure, et les malheurs continuels de leur pays obligent leurs historiens à parler d'événements bien plus importants que ceux que fournirait l'histoire de leur nation. M. Saint-Martin a montré, dans ses mémoires sur l'Arménie, quel parti on pouvait tirer des historiens de ce pays pour combler la grande lacune qu'a laissée dans l'histoire la destruction des auteurs persans antérieurs à l'islamisme, et quel jour ils pouvaient jeter sur l'his-

---

1. *Histoire d'Arménie*, par le patriarche Jean VI, dit Jean Catholicos, traduite par M. F. Saint-Martin. Paris, Imprimerie royale, 1841, in-8°.

toire de l'Asie moyenne; Jean Catholicos est une des principales sources où il a puisé.

En quittant l'Asie occidentale et en nous tournant vers l'Inde, nous trouvons sur notre route un pays qui, depuis quelques années, a fourni aux savants des matériaux pour les découvertes les plus curieuses, et dont M. Wilson [1] vient de faire l'objet d'une publication considérable sous le titre d'*Ariana*. Tout le monde sait que l'histoire de la Bactriane restait, il y a peu de temps encore, parmi les parties les plus obscures de l'histoire de l'Orient. On possédait quelques médailles de ce pays, auxquelles on était embarrassé d'assigner une date, et l'on trouvait dans les auteurs chinois quelques indications sur des dynasties barbares qui auraient succédé aux rois grecs; mais rien ne promettait de nouvelles lumières sur la fin de l'empire bactrien et sur son sort pendant les siècles suivants, lorsque tout à coup un concours de circonstances extraordinaires a fait affluer, dans l'Afghanistan, des Européens de presque toutes les nations, et leur infatigable activité a découvert en peu d'années une immense quantité de monuments. On a fouillé de nombreux *topes* dont on connaissait, il y a trente ans, à peine l'existence, et l'on a trouvé, tant dans ces constructions que dans la terre même, des inscriptions et des quantités inouïes de médailles bactriennes, romaines, persanes, indiennes et d'autres d'une origine barbare, couvertes de légendes en caractères alors inconnus. M. Prinsep, qui, dès le premier moment, avait pressenti l'importance de ces découvertes et consacré une grande partie de ses veilles à les faire connaître, a eu la gloire de lire l'alphabet qui se reproduit sur le plus grand nombre des médailles barbares et de porter la lumière dans ce chaos. Après lui, MM. Wilson, Lassen, Jacquet, Mionnet, Raoul-Rochette, Grotefend et autres savants ont classé, publié, commenté et en grande partie expliqué ces

---

1. *Ariana antiqua. A descriptive account of the antiquities and coins of Afghanistan*, by H. H. Wilson. London, 1841, in-4°.

restes de l'antiquité. Les médailles romaines et persanes ont servi à fixer l'âge des topes, les médailles bactriennes ont rétabli la liste des rois grecs de ce pays, les médailles barbares ont fait connaître les dynasties bactro-scythiques qui ont renversé la domination des successeurs d'Alexandre, et les médailles indiennes ont confirmé ce qu'on pouvait pressentir, d'après les recherches de M. Rémusat, sur l'extension que le bouddhisme avait pris à l'ouest de l'Indus. C'est peut-être la première fois que la numismatique nous tient lieu des annales d'un pays et suffit pour nous enseigner les grands traits de son histoire; elle nous montre les différentes races qui ont prédominé dans la Bactriane, les révolutions que la religion y a subies, et les changements que la langue et la civilisation y ont éprouvés. La compagnie des Indes, voulant contribuer à l'avancement de cette branche de l'archéologie orientale, a chargé M. Wilson de publier la collection de médailles et d'antiquités bactriennes dont elle est propriétaire. Cette collection a été formée par M. Masson, pendant un séjour de plusieurs années dans l'Afghanistan, au prix de mille fatigues et de dangers de toute sorte. C'est la plus belle qui existe, et elle se compose de plus de trente mille médailles. L'ouvrage de M. Wilson est divisé en quatre parties, dont la première contient l'histoire des découvertes des antiquités bactriennes; la seconde, un mémoire détaillé de M. Masson sur les topes de l'Afghanistan; la troisième, un exposé des idées de M. Wilson sur la géographie ancienne des pays qui séparent la Perse de l'Inde, et la quatrième, la description et la classification des médailles de toute espèce qu'on y a trouvées, la lecture des légendes, autant qu'elles ont été déchiffrées jusqu'à présent, et un nombre considérable de planches. Les recherches dont ces antiquités sont l'objet ne sont pas encore arrivées à leur terme : il reste des leçons incertaines, des alphabets et des langues à déterminer, des légendes sanscrites à expliquer; mais on ne peut douter qu'à l'aide des méthodes si rigoureuses qu'on applique aujourd'hui à ces études, on ne parvienne à résoudre toutes les questions qui s'y rattachent. L'ouvrage de M. Wilson y contribuera puissamment, non-seulement par les éclaircissements nouveaux qu'il fournit, mais par les matériaux inédits qu'il livre au public savant et par la précision avec laquelle il pose les problèmes à résoudre.

Le colonel Sykes [1] a publié, d'abord dans le Journal de la Société asiatique de Londres, et ensuite à part, un mémoire très-étendu dans lequel il tâche de prouver que le bouddhisme a précédé le brahmanisme. Ce n'est pas la première fois qu'on cherche à établir cette opinion; mais, jusqu'à présent, ceux qui la maintenaient s'attachaient à l'hypothèse d'un bouddhisme ancien, dont celui que nous connaissons historiquement ne serait qu'une forme moderne. M. Sykes, sans pour cela rejeter la supposition d'un bouddhisme antérieur, prend celui de Sakiamouni pour le placer en tête du brahmanisme, en se fondant surtout sur les renseignements fournis par le Fo-koue-ki et sur l'absence d'inscriptions sanscrites d'une antiquité considérable. C'est une thèse hardie, et qui, malgré l'art avec lequel elle est présentée, a peu de chance de se soutenir contre les difficultés dont chacun est frappé au premier abord; mais de pareilles discussions sont toujours heureuses pour la science, parce qu'elles provoquent l'examen plus attentif de tout ce qui peut contribuer à porter la lumière sur les points contestés; et, dans le cas dont il s'agit ici, ces points sont de la plus grande importance pour l'histoire de la civilisation, des religions et des idées métaphysiques.

On a publié peu de textes sanscrits dans l'Inde; au moins il n'en est venu en Europe qu'un seul, qui est l'édition du Mahanataka, donnée par Kali-Krishna [2]. C'est un drame dont le sujet est le même que celui du Ramayana et dont l'auteur est inconnu. On prétend que Kalidasa l'a revu; mais les

1. *Notes on the religious, moral and political state of India before the Mahomedan invasion*, by lieut.-col. Sykes (*Journal of the royal asiatic Society*, n. xii). London, 1841, in-8°.
2. *Maha-Nataka, a dramatic history of king Rama by Hanumat;* translated into english from the original sanscrit, by maharaja Kali-Krishna Bahadur. Calcutta, 1840, in-8°.

fables dont cette tradition est entourée lui ôtent toute valeur.
Ce qu'il y a de certain, c'est que l'ouvrage est très-populaire
dans les écoles brahmaniques. Le maharaja Kali-Krishna a
ajouté au texte une introduction anglaise et quelques notes.
On voit dans sa préface qu'il en a déjà été fait une édition en
caractères bengalis, qui paraît être du nombre de ces ouvrages qui, publiés dans l'Inde, sont restés entièrement inconnus aux Européens.

M. Holtzmann[1] a publié un recueil d'extraits du Mahabharat et du Harivansa relatifs à Indra. Ces morceaux ont de l'intérêt, en ce qu'ils montrent sous quelle forme l'épopée indienne a représenté cette divinité, qui joue un rôle si considérable dans les hymnes des Védas. Le même auteur a fait paraître la traduction d'un épisode du Ramayana[2] et une dissertation sur le zodiaque indien, dans laquelle il examine les preuves qu'ont fait valoir récemment les défenseurs de l'antiquité de ce zodiaque.

La grammaire sanscrite a été l'objet de plusieurs travaux importants. M. Wilson[3], dont l'activité paraît redoubler d'année en année, a publié, à Londres, une grammaire composée dans le but de donner aux élèves un manuel plus complet que la grammaire de Yates et plus facile pour l'usage que les grands ouvrages de Forster et de Colebrooke, et en même temps de simplifier la théorie du verbe sanscrit. A Paris, M. Desgranges, qui a été un des premiers élèves de M. Chézy, a mis la dernière main à une grammaire sanscrite très-détaillée, dont il s'est occupé depuis de longues années; son ouvrage paraîtra aux frais de l'Imprimerie royale et sera la première grammaire sanscrite publiée en France.

De tous les dialectes dérivés du sanscrit, il n'y en a pas de

---
1. *Indravidschaja. Eine Episode des Mahabharata*, herausgegeben von Holtzmann. Karlsruhe, 1841, in-8°.
2. *Bruchstücke aus dem Ramajana von Walmiki*, uebersetzt von Holtzmann. Karlsruhe, 1841, in-8°.
3. *An introduction to the grammar of the sanscrit language for the use of early students*; by H. H. Wilson. Londres, 1841, in-8°.

plus important que le pali, qui avait été la langue officielle des dynasties bouddhiques dans l'Inde, et qui est encore aujourd'hui la langue sacrée du bouddhisme, dans la presqu'île au delà du Gange et à Ceylan. C'est votre Société qui a, la première, appelé l'attention des savants sur le pali, en publiant l'Essai de MM. Burnouf et Lassen. Plus tard, M. Clough a fait paraître, à Colombo, une grammaire plus détaillée et un dictionnaire; M. Turnour y a commencé la publication du texte et de la traduction du Mahawansa, qui est un document de la plus haute importance pour l'histoire du bouddhisme; enfin, M. Prinsep a lu et expliqué les grandes et belles inscriptions en pali qui couvrent les temples souterrains de l'Inde, les piliers et le rocher de Guirnar. Une étude de cette importance ne pouvait rester plus longtemps négligée par les savants du continent, et M. Spiegel vient de donner, sous le nom de *Kammavakia*[1], un petit traité sur l'ordination des prêtres bouddhiques. L'ouvrage lui-même était déjà connu par la traduction de Buchanan et celle de M. Clough, et par l'analyse que MM. Burnouf et Lassen en ont faite. C'est le premier texte pali qui ait été publié en Europe. M. Spiegel promet un dictionnaire pali, rédigé d'après tous les travaux publiés jusqu'à ce jour.

On peut espérer que la publication des textes sanscrits prendra dorénavant un grand accroissement en Allemagne, par suite de l'acquisition que le gouvernement prussien vient de faire de la célèbre collection des manuscrits sanscrits de feu Sir R. Chambers. Cette bibliothèque, qui se compose de plus de mille manuscrits, est la plus belle qu'on ait formée dans l'Inde, à l'exception de celle que M. Colebrooke y avait réunie et dont il a fait don à la compagnie des Indes.

Parmi les langues qui, par leur origine ou par leur littérature, se rattachent à l'Inde, il y en a surtout deux qui ont

---

1. *Kammavakia, liber de officiis sacerdotum buddhisticorum*, palice primus edidit Fr. Spiegel. Bonn, 1841, in-8°.

été, pendant l'année dernière, l'objet d'études nouvelles; ce sont le tibétain et le malai. M. le ministre de l'instruction publique a fait ouvrir, à l'École des langues orientales vivantes, un cours de langue et de littérature tibétaines, qu'il a confié à M. Foucaux et que celui-ci a commencé par un discours [1] sur l'état actuel des études dont cette langue a été l'objet. Plus tard, M. Foucaux a lithographié, pour l'usage de ses élèves, un extrait du Kandjour, intitulé le Sage et le Fou [2], et l'a accompagné d'un glossaire. Le texte et la traduction allemande de ce petit ouvrage avaient déjà paru dans la grammaire tibétaine de M. Schmidt. Heureusement pour cette étude, les secours ne manquent pas. M. Schroeter, missionnaire allemand dans l'Inde, avait composé un dictionnaire qui contient un recueil très-riche de mots et de phrases tibétaines, et que John Marshman a publié, à Serampour, en 1828, sous le titre de Dictionnaire de la langue du Boutan. Plus tard, M. Csoma de Körös, qui, par un dévouement héroïque, est parvenu à acquérir une connaissance très-étendue de la langue et de la littérature tibétaines, a publié à Calcutta, en 1824, un dictionnaire et une grammaire qui ont fondé l'étude de cette langue. M. Schmidt, de son côté, a fait paraître à Saint-Pétersbourg, en 1839, une Grammaire tibétaine, et il vient de publier un dictionnaire [3] de cette même langue, dans lequel les matériaux dont s'était servi M. Csoma de Körös se trouvent classés dans un ordre beaucoup plus commode et augmentés d'additions tirées des sources originales.

La littérature malaie va s'enrichir de la publication des codes maritimes de Malacca, de Macassar, de Kedah et des Boughis, que M. Dulaurier a trouvés dans la bibliothèque de

1. *Discours prononcé à l'ouverture du cours de langue et de littérature tibétaines près la Bibliothèque royale.* Paris, 1842, in-8º.
2. *Le sage et le fou,* extrait du Kandjour; revu sur l'édition originale et accompagné d'un glossaire, par E. Foucaux. Paris, 1842, in-8º.
3. *Tibetisch-Deutsches Wörterbuch,* von Schmidt. Saint-Pétersbourg, 1841, in-4º.

la Société asiatique de Londres, et qu'il va insérer, accompagnés d'une traduction, dans la belle collection des Lois maritimes de M. Pardessus. Le plus ancien de ces codes est celui de Malacca, qui fut compilé, vers la fin du xiii° siècle, par ordre du sultan Mohammed Schah, premier prince musulman de Malacca; il faut, toutefois, faire remonter l'origine de ces lois à une date beaucoup plus haute, car la charte qui les accompagne atteste que les coutumes qu'elle sanctionne furent conservées, pendant des siècles, par la tradition orale, avant d'être mises par écrit. Le seul de ces codes qui ait jamais été publié est celui des Boughis, dont le texte a été imprimé à Singapour, en 1832, et dont Raffles a donné un extrait dans sa Description de Java. L'Imprimerie royale a fait graver, pour la réimpression de ce code, un corps de caractères boughis, et elle fait préparer, dans ce moment, un caractère javanais.

La langue et l'histoire des Malais ont été, dans ces dernières années, l'objet des recherches les plus sérieuses. M. de Humboldt, dans son grand ouvrage sur la langue kawi, a démontré que la race malaie s'était étendue sur toute la mer du Sud, jusqu'à Madagascar. Maintenant, M. d'Eichthal[1] essaye de prouver, dans un mémoire fort curieux, qu'elle s'est répandue de même sur le continent de l'Afrique, et que la race jaune que l'on trouve aujourd'hui, depuis la Nubie jusqu'en Sénégambie, sous le nom des Foulahs, n'est autre que la race malaie. D'un autre côté, M. Bopp[2] a entrepris de remonter à l'origine des Malais, et est arrivé à la conclusion que leur langue était dérivée du sanscrit. Autrefois, quand on voulait identifier deux langues, on s'appuyait surtout sur les mots qu'elles avaient en commun; mais, depuis que la philologie comparée a fait, grâce à une analyse plus savante, tant de progrès, on s'est adressé, avant tout, à la construction gram-

1. *Histoire et origine des Foulahs ou Fellahs*, par Gustave d'Eichthal. Paris, 1841, in-8°.
2. *Ueber die Verwandschaft der malayisch-polynesischen Sprachen mit den indisch-europaeischen*, von Franz Bopp. Berlin, 1841, in-4°.

maticale des langues, et personne n'a contribué plus que M. Bopp, par ses admirables travaux de grammaire comparée, à établir et à consacrer les nouveaux et rigoureux principes de cette analyse. Ces principes ont fourni à leur tour, pour la comparaison des mots, des règles tirées des lois de permutation, et ont permis de reconnaître avec certitude l'identité des mots, pour laquelle, auparavant, les consonnances ne fournissaient que des indices douteux et souvent trompeurs. M. Bopp, à l'aide de ces règles, a cru pouvoir démontrer l'identité du sanscrit et du malai en renonçant entièrement à la comparaison des grammaires et en s'appuyant uniquement sur les ressemblances qu'offrent quelques classes importantes de mots, principalement les noms de nombre et les pronoms. C'est une question extrêmement grave, tant à cause de l'importance historique du résultat, qu'à cause du principe qu'implique la méthode employée par M. Bopp. Tous les progrès qu'a faits la philologie comparée tendent à établir que la structure grammaticale d'une langue ne s'efface jamais entièrement, et ce serait un fait jusqu'à présent sans exemple, qu'un idiome ayant perdu entièrement sa grammaire et s'en étant formé une autre.

La littérature chinoise, tant ancienne que moderne, a été, pendant l'année dernière, l'objet de publications peu nombreuses, mais d'une grande importance. M. Stanislas Julien a publié une édition du Tao-te-king de Lao-tseu[1] accompagnée d'une traduction française et d'un commentaire. Lao-tseu a vécu au VIe siècle avant notre ère, et son ouvrage est un de ces monuments de premier ordre dont l'étude est indispensable à tous ceux qui veulent suivre l'histoire des développements de l'esprit humain. C'est en même temps le plus ancien traité de métaphysique chinoise qui se soit conservé, et la base d'une religion à laquelle, malgré les étranges supersti-

1. *Lao-tseu-tao-te-king*, le Livre de la voie et de la vertu, composé par le philosophe Lao-tseu, traduit et publié par Stan. Julien. Paris, 1842, in-8°.

tions qui s'y sont mêlées, une grande partie de la nation chinoise est encore aujourd'hui attachée, et il mériterait, sous ces deux rapports, l'attention la plus sérieuse, quand même son contenu ne serait pas aussi curieux qu'il l'est réellement. En le lisant, on est frappé d'un singulier mélange de qualités qui, en apparence, devraient s'exclure; car, d'un côté, Lao-tseu parle avec le ton dogmatique d'un législateur primitif, et avec cette obscurité qui enveloppe toujours la pensée humaine, quand elle veut se faire jour pour la première fois; il parle presque comme un prophète qui s'adresse plutôt à la foi qu'à la raison de ses auditeurs; de l'autre côté, on y trouve des plaintes sans cesse renaissantes sur les abus de la civilisation, sur les inconvénients des gouvernements qui veulent trop faire, et qui poussent trop à la production des richesses; on y sent la lassitude d'un peuple déjà vieux et blasé.

L'idée de Lao-tseu est fort simple ; c'est un panthéisme pur de tout mélange, qui aboutit dans la morale à un quiétisme qui rappelle les doctrines des Indiens, et c'est effectivement un grand problème de savoir si Lao-tseu a emprunté sa métaphysique aux Hindous, ou si elle est d'origine chinoise. Cette question est aussi difficile à résoudre qu'elle est importante pour l'histoire de la civilisation. On ne pourrait y répondre aujourd'hui que par conjecture et selon l'impression individuelle que le lecteur éprouve; mais on peut espérer trouver les éléments d'une solution plus positive dans les ouvrages des philosophes qui ont suivi Lao-tseu, et que l'on comprend sous la dénomination des *dix Tseu*. Ils nous donneront probablement aussi l'explication d'un certain nombre d'expressions dont se sert Lao-tseu, et qui ne sont apparemment que des fragments de théories plus anciennes, des termes consacrés avant lui, et par le moyen desquels il voulait donner à ses innovations la sanction de l'antiquité, à laquelle le peuple chinois a toujours été si attaché. M. Julien paraît avoir senti le besoin d'entourer le Tao-te-king des lumières que peuvent fournir les autres Tseu, car il annonce dans sa préface qu'il prépare une traduction de Tchoang-tseu, philosophe du

IVe siècle avant notre ère et l'un des plus anciens sectateurs de Lao-tseu. Le Tao-te-king jouit en Chine d'une réputation trop grande, pour n'avoir pas attiré l'attention des Européens dès qu'ils commencèrent à s'occuper de la littérature chinoise. Les missionnaires catholiques ont cru découvrir dans Lao-tseu des traces d'une révélation primitive auxquelles ils pouvaient rattacher l'enseignement du christianisme, et l'on possède à Londres une traduction latine du Tao-te-king faite dans ce système par un jésuite. Montucci et autres en ont cité quelques passages ; mais elle n'a jamais été publiée, ce qui est heureux peut-être, car on ne doit guère espérer que le traducteur d'un livre obscur, quand il part d'un point de vue préconçu, ne se trompe pas lui-même, et ne trompe pas ses lecteurs.

De notre temps, M. Rémusat a publié un mémoire sur Lao-tseu, dans lequel il a donné la traduction de quelques chapitres de ce philosophe, et M. Pauthier a commencé une édition du texte même de l'ouvrage, accompagné d'une traduction ; mais il n'a paru jusqu'à présent que le commencement de ce travail. M. Julien est donc le premier qui nous ait fait connaître Lao-tseu par une traduction complète, laquelle est suivie d'un commentaire, qui consiste entièrement en extraits tirés des commentateurs chinois les plus célèbres. Il a préféré ne nous donner que les opinions des Chinois sur son auteur, et ce système est d'une parfaite sagesse dans cette matière neuve et difficile, où il s'agissait, avant tout, de livrer aux réflexions des Européens une traduction aussi fidèle et aussi peu empreinte de leurs propres idées que possible.

M. É. Biot a publié un Catalogue des tremblements de terre, affaissements et soulèvements de montagnes observés en Chine depuis les temps anciens jusqu'à nos jours [1]. Ce travail, tiré entièrement de sources chinoises, est une preuve de l'utilité dont l'étude du chinois peut être pour toutes les sciences, car le peuple chinois est le seul de l'Asie qui ait enregistré, avec son esprit de méthode ordinaire, tous les faits, soit naturels, soit moraux, qui l'ont frappé.

1. Dans les Annales de chimie et de physique. 1841.

M. Callery, ci-devant missionnaire catholique en Chine, a publié à Macao, sous le titre de *Système phonétique de l'écriture chinoise*[1], un ouvrage en deux volumes, dont le premier contient des mémoires sur la nature de la langue et de l'écriture chinoises, et le second un dictionnaire dans lequel les mots sont classés d'après une nouvelle méthode. Tout le monde sait que les caractères chinois se composent en général de deux parties, dont l'une indique la classe d'objets à laquelle le mot appartient, l'autre, la prononciation. La première partie est appelée généralement radical ou clef; la seconde, groupe phonétique. Les Chinois ont fait des clefs la base de leurs dictionnaires usuels; ils les ont réduites, après beaucoup d'essais et de tâtonnements, à deux cent quatorze, les ont classées selon le nombre des traits qu'elles contiennent, et ont placé sous chacune de ces clefs les mots qui en dépendent. Ce système, qui permet à l'écolier de chercher chaque mot sans qu'il ait besoin d'en savoir la prononciation, a été adopté par les Européens dans la plupart des dictionnaires imprimés pour l'usage de leurs compatriotes. Mais il existe une seconde sorte de dictionnaires, dans lesquels on s'est servi des groupes phonétiques comme base de la classification. Dans ce cas, les Chinois rangent les mots selon les quatre tons et selon la rime; les Européens, selon l'alphabet latin. M. Callery, qui voulait aussi prendre les groupes phonétiques pour base de son travail, a senti avec raison qu'aucune de ces deux dernières méthodes ne pouvait servir dans un ouvrage destiné aux commençants, parce qu'elles supposaient la connaissance de la prononciation. Il a donc appliqué aux groupes phonétiques le procédé qu'on avait suivi pour les clefs. En classant

1. *Systema phoneticum scripturæ sinicæ*, auctore J. M. Callery, Macao. 1841, in-8°; 2 vol.
Pendant l'impression de ce rapport, M. Callery a publié, sous le titre de *Dictionnaire encyclopédique de la langue chinoise* (Paris, chez Didot, in-4°), le prospectus-spécimen d'une traduction du célèbre dictionnaire *Peï-weï-yun-fou*, qu'il se propose de rendre en entier en français, en l'accompagnant de notes et de gravures. L'ouvrage doit former 20 volumes in-4°.

ces groupes d'après le nombre des traits dont ils se composent, il a obtenu mille quarante divisions qui remplacent, dans son ouvrage, les deux cent quatorze clefs usuelles, et les commençants peuvent réellement chercher, dans son dictionnaire phonétique, les mots sans en connaître la prononciation. Ce n'est pas la première fois qu'on a essayé de changer la forme que les Chinois ont donnée eux-mêmes à leurs dictionnaires; déjà M. Gonçalvez avait publié à Macao un vocabulaire dans lequel il réduisit les clefs à cent vingt-sept; mais toutes les modifications de ce genre, quand même elles simplifieraient réellement les procédés, ce qui est extrêmement douteux, ont un inconvénient très-grave; car un élève qui a fait quelques progrès est toujours obligé d'avoir recours aux dictionnaires originaux et de se familiariser, par conséquent, avec leur classification. Le grand perfectionnement dont les dictionnaires chinois ont besoin ne consiste pas dans une nouvelle méthode pour l'arrangement des mots, car celle des Chinois est, sinon parfaite, au moins suffisamment simple, mais dans l'insertion d'un nombre infiniment plus grand de ces mots doubles et de ces phrases toutes faites qui forment la véritable difficulté de la langue chinoise. Il y a là une carrière longue à parcourir, et dans laquelle les lexicographes peuvent rendre les plus grands services à l'étude du chinois.

M. Bazin[1] nous a donné, dans la traduction du Pi-pa-ki, drame de la fin du xive siècle, un ouvrage qui est très-propre à faire apprécier en Europe l'intérêt qui s'attache à la littérature moderne des Chinois. Le Pi-pa-ki est une œuvre dramatique qui inspire à ce peuple la plus vive admiration, et M. Bazin, après avoir fait ressortir, dans sa préface, avec beaucoup d'habileté, les progrès que le drame avait faits en Chine à cette époque, a complété ses réflexions par la traduction très-curieuse du feuilleton d'un critique chinois qui discute les beautés comparatives de ce drame et d'autres pièces célèbres. Mais la

---

[1]. *Le Pi-pa-ki*, ou l'Histoire du luth, drame chinois de Kao-tong-kia, traduit par M. Bazin aîné. Paris, 1841, in-8°

littérature populaire des Chinois a une importance beaucoup plus grande que le plaisir que pourront nous donner ses productions considérées comme œuvres d'art. Le grand intérêt des ouvrages de ce genre, appartenant à un pays et à des temps très-éloignés de nous, consiste surtout dans le tableau vivant qu'ils nous offrent de la société au milieu de laquelle l'auteur vit, et qu'il reproduit sans le savoir. Sous ce rapport, les livres en apparence les plus frivoles contribuent souvent plus à nous faire connaître une nation que les traités d'histoire les plus graves. Ceci est vrai pour tous les peuples, et pour aucun autant que pour les Chinois, qui nous excluent de tout contact familier, mais qui nous offrent leur littérature moderne pour y étudier les effets d'une civilisation qui ressemble tant à la nôtre sous certains rapports et en diffère si étrangement sous d'autres. Il est impossible à un Européen de lire un livre chinois quelconque sans sentir qu'il a devant lui des hommes agissant par des motifs parfaitement naturels, mais autrement nuancés que les siens ; et il doit en être ainsi, car chaque civilisation choisit dans l'esprit et dans le cœur humain quelques parties qu'elle cultive de préférence, et qu'elle finit par porter à un degré de raffinement d'où naissent des sentiments conventionnels qu'un étranger ne comprend plus, mais qui n'en agissent pas moins sur la masse par la force de l'habitude et de l'exemple. C'est ainsi que l'époque chevaleresque a développé en Europe les sentiments de la galanterie et du point d'honneur à un degré incompréhensible pour les nations qui n'ont pas subi d'influence analogue ; et les motifs d'un roman ou les raisons d'un duel, que chacun de nous admet comme chose naturelle, seraient certainement une énigme pour un Chinois. Il en est de même de la Chine, où une civilisation ancienne, dont le développement n'a été interrompu par aucun mélange étranger, a exalté certaines idées et certains sentiments beaucoup au delà de ce qui nous paraît naturel. Les livres qui contiennent les lois, les doctrines, l'histoire d'un pays, ne nous montrent que bien imparfaitement ces nuances du caractère national, qui pourtant exercent une influence immense sur le sort d'un peuple, et il faut avoir recours, pour les connaître, aux drames et aux romans, qui mettent à nu, pour ainsi dire, la fibre morale d'une nation. En lisant avec attention le Pi-pa-ki, on sera frappé d'un grand nombre de traits, où se fait apercevoir toute la différence qui existe entre les idées des Européens et le modèle de la perfection suivant les mœurs chinoises. C'est une branche d'études riche et presque inépuisable; car la vie morale d'un peuple civilisé est un sujet infiniment compliqué. Aussi serait-il à désirer de voir se multiplier les traductions d'ouvrages populaires chinois, dont chacun contribuerait pour quelques traits à l'ensemble du tableau; mais il faudrait, comme l'a fait M. Bazin, choisir avant tout, dans l'infinie variété de productions dont se compose la littérature légère de ce peuple, celles qui passent à ses yeux pour offrir l'analyse la mieux tracée des sentiments qui lui sont propres et la peinture la plus fidèle de ses mœurs.

Il y a un roman célèbre en Chine, que le hasard a fait connaître en Europe, où il est resté longtemps le seul représentant de la littérature moderne des Chinois; c'est le *Hao-kieou-tchouan*. L'évêque Percy en découvrit une traduction manuscrite portugaise, dont il fit une version anglaise sur laquelle on le traduisit en français et en allemand. Il y a quelques années, M. Davis en publia une nouvelle et plus exacte traduction anglaise, sous le titre de *L'Union fortunée*, et M. Guillard d'Arcy vient de le retraduire, de nouveau, du chinois en français [1].

Enfin, la seconde et dernière partie de la Chrestomathie chinoise de M. Bridgman [2] a paru à Macao. Ce n'est pas, comme le titre pourrait le faire supposer, un choix de morceaux de littérature, mais une série de chapitres dans lesquels l'auteur,

1. *Hao-khieou-tchouan*, ou la Femme accomplie, roman chinois, traduit sur le texte original par M. Guillard d'Arcy. Paris, 1842, in-8°. 1 vol.
2. *A Chinese Chrestomathie in the Canton dialect*, by E. C. Bridgman. Macao, 1841, in-4° (698 pages).

tantôt sous forme de conversation, tantôt par des définitions ou des pièces officielles, explique tout ce qui est relatif à la vie ordinaire en Chine. Il serait difficile d'énumérer les nombreux points qu'il traite; mais, ce qui peut donner une idée de la richesse de ce recueil, c'est que la table alphabétique qui termine l'ouvrage contient plus de douze mille termes techniques chinois. On voit aisément de quelle utilité ce livre doit être pour les Européens en Chine, et pour les Chinois qui étudient l'anglais; mais il est tout aussi intéressant pour les sinologues en Europe, parce qu'on trouve une grande partie de ces termes employés dans les ouvrages chinois modernes, et qu'on les chercherait en vain dans les dictionnaires. Cet ouvrage est imprimé sur trois colonnes : la première contient le texte anglais; la seconde, la traduction en chinois, et la troisième, la transcription selon la prononciation de Canton. Cette dernière partie, qui, au premier abord, ne paraît avoir qu'un intérêt tout local, est peut-être la plus importante pour la science, parce que les dialectes provinciaux chinois qui ont gardé les finales des syllabes nous mettent en état de suivre la parenté qui existe entre le chinois et les langues de la presqu'île au delà du Gange. Le Dictionnaire cochinchinois de Taberd, le Dictionnaire du dialecte du Fo-kien, par M. Medhurst, et la Chrestomathie de M. Bridgman offrent des secours de la plus grande valeur pour cette étude.

Telle est, messieurs, la liste, aussi complète que j'ai pu la faire, des ouvrages dont la littérature orientale s'est enrichie pendant l'année dernière. Elle est loin de comprendre tous les travaux qui ont contribué à mieux faire connaître l'Asie. J'aurais désiré dire quelques mots des découvertes des voyageurs et des artistes en Orient; j'aurais voulu indiquer ce que nous devons à la belle collection de mémoires sur la Russie asiatique que publie l'Académie de Saint-Pétersbourg, aux voyages de M. Wood aux sources de l'Oxus, de M. Botta au Yemen, de M. Texier en Asie Mineure, de M. Ainsworth en Arménie, de M. Grant en Chaldée, de M. Robinson dans l'Assam, de Moorcroft à Ladakh, de M. de Hugel dans le Kachmir, de M. Masson dans l'Afghanistan, de M. Fellows dans la Lycie, de M. Vigne dans le petit Tibet; j'aurais voulu vous entretenir des magnifiques collections de dessins d'antiquités que MM. Coste et Flandin ont rapportées de Perse; mais j'ai dû me renfermer dans ce qui touche directement les langues et les littératures de l'Orient, et je crains d'avoir déjà trop abusé de vos moments.

III

ANNÉE 1842-1843

RAPPORT LU LE 30 MAI 1843

Messieurs,

Votre Conseil, en vous présentant aujourd'hui le compte-rendu annuel de ses travaux, n'a qu'à se féliciter de l'état de la Société asiatique. Le nombre des membres s'est accru, les matériaux destinés à la rédaction du Journal affluent avec une abondance à laquelle ses limites ne peuvent suffire, vos communications avec l'Orient promettent chaque jour de devenir plus fréquentes, et l'état de vos finances vous donne l'espoir de pouvoir régulariser vos publications de manière à faire paraître tous les ans, indépendamment du Journal, un volume de mémoires. Ce sera, pour la Société, un progrès réel et qui affermira sa position. Votre Conseil a décidé, dans une de ses dernières réunions, qu'il y emploierait toutes les ressources disponibles, et la commission nommée à cet effet espère pouvoir vous soumettre, à la prochaine séance générale, un plan détaillé à ce sujet.

Mais notre prospérité n'a pas été sans mélange, et nous avons eu à déplorer, dans le cours de l'année dernière, la perte de plusieurs de nos membres les plus distingués.

M. Gesenius, membre étranger de la Société, est mort à Halle, au mois d'octobre de l'année dernière. Il naquit en 1786, à Nordhausen, et fit ses études de théologie à Goettingue, où il commença, en 1806, sa carrière de professeur, qu'il poursuivit jusqu'à sa mort avec un succès toujours croissant. Il s'était voué de bonne heure et entièrement à l'étude de la philologie et des antiquités hébraïques, qu'il embrassa dans toutes ses branches, comme le prouvent ses travaux sur les langues éthiopienne, phénicienne, samaritaine et himiarite. Son grand mérite a été de faciliter les études hébraïques, en simplifiant les méthodes grammaticales et en publiant des dictionnaires plus complets que ceux que l'on possédait déjà : aussi est-ce à lui que les écoles de théologie de l'Allemagne doivent, en grande partie, la solidité de leur savoir. Le nombre et la variété des éditions qui ont été faites de ses grammaires et de ses dictionnaires attestent l'immense influence qu'il a exercée sur les études bibliques, non-seulement dans sa patrie, mais encore en Angleterre et dans les États-Unis. Son commentaire sur Isaïe, son *Thesaurus* de la langue hébraïque surtout, resteront comme des monuments durables de son érudition et de sa sagacité. Il a succombé dans un âge où il pouvait se promettre encore une longue activité, et au milieu de plans littéraires très-étendus. Dans une lettre écrite peu de jours avant sa mort, il parlait de l'achèvement prochain de son Trésor, d'une histoire de la langue hébraïque qu'il entreprenait, et de mémoires sur les inscriptions himiarites, ainsi que sur les passages puniques de Plaute, qu'il destinait au Journal asiatique.

L'Angleterre a perdu dans Sir William Ouseley un homme que ses travaux sur la littérature orientale ont rendu justement célèbre. Né en Irlande en 1771, il entra de bonne heure dans l'armée, où il employa tout le temps que le service lui laissait libre à des études sur l'Asie, auxquelles il avait pris goût pendant un séjour de quelques mois qu'il avait fait à Leyde. Il se retira du service en 1794, et, depuis cette époque, il se consacra exclusivement à la culture des lettres persanes. Il fallait pour cela un dévouement peu commun, car la littérature orientale était alors fort négligée en Angleterre. Le manque total d'encouragements de la part du gouvernement; l'indifférence des universités anglaises envers ces nouvelles sources du savoir et l'ignorance du public ne promettaient à Sir William que d'ingrats labeurs. Il persista pourtant et publia successivement les Miscellanées persanes, la Collection orientale, l'*Epitome* de l'ancienne histoire de la Perse, la Géographie du (faux) Ibn-Haukal, le *Touti-nameh*, le *Bakhtiar-nameh* et quelques autres ouvrages. En 1807, il se rendit en Perse, attaché, en qualité de secrétaire, à l'ambassade de son frère, Sir Gore Ouseley. Il resta trois ans dans ce pays et y recueillit les matériaux qui lui servirent plus tard à composer l'ouvrage qui contribuera le plus à préserver son nom de l'oubli, son Voyage en Perse. Ce livre est moins, en effet, la relation d'un voyage, qu'une suite de recherches, où se trouvent consignés tous les renseignements qu'a pu lui fournir sa magnifique collection de manuscrits persans sur l'histoire et la géographie des localités qu'il avait visitées. Il passa les dernières années de sa vie en France, dans un état de santé déplorable, et mourut à Boulogne, vers la fin de l'année dernière. Il avait employé une grande partie de sa vie et de sa fortune à former une bibliothèque de manuscrits persans qui, en nombre, en beauté et en valeur intrinsèque, ne le cède certainement à aucune collection particulière. Il serait à désirer que le gouvernement en fît l'acquisition pour la mettre à la disposition du public savant; car il faut faire attention que, chaque jour, le savoir s'éteint dans l'Orient, qu'on n'y copie plus des textes, et que les établissements qui se hâteront de former des collections de manuscrits orientaux ou de compléter celles qu'ils possèdent, deviendront, pour des siècles, le centre des études orientales.

Enfin, vous me permettrez de dire quelques mots d'un savant que la Société aurait depuis longtemps tenu à honneur de compter parmi ses membres étrangers, si l'on n'avait su qu'il se refusait à toute espèce de relation avec l'Europe : c'est M. Alexandre Csoma. Né à Körös, en Transylvanie, il se destina de bonne heure à la carrière médicale, et étudia, dans ce but, à Goettingue, où il prit le degré de docteur. On prétend qu'un mot prononcé, dans un cours, par M. Blumenbach, sur la possibilité de retrouver en Orient l'origine des Hongrois, a donné à Csoma l'idée de ses voyages. Mais cet homme remarquable parlait si peu de lui-même, qu'il est tout aussi impossible de connaître, avec quelque exactitude, les motifs qui l'ont guidé, que de le suivre dans ses mouvements. Ce qui est certain, c'est qu'il quitta la Transylvanie peu de temps après son retour de Goettingue, et qu'il se mit en route pour l'Orient, dénué de toutes ressources, voyageant à pied, vivant quelquefois de sa pratique médicale, mais le plus souvent de charités, et accomplissant, par la force de sa volonté seule, une entreprise à l'exécution de laquelle les moyens les plus considérables auraient paru indispensables. Je ne puis mieux caractériser cet homme et son entreprise qu'en citant un des rares passages de ses écrits où il soit question de lui. « Je suis, dit-il, un pauvre étudiant ayant eu envie de voir les pays de l'Orient qui ont été le théâtre de si grands événements, d'observer les coutumes des différents peuples de l'Asie et d'apprendre leurs langues, dans l'espoir que le monde tirerait quelque avantage des résultats que j'obtiendrais ; et je n'ai pu sustenter ma vie, pendant toutes mes pérégrinations, que par l'effet de la bienveillance des hommes. »

Il se rendit de cette manière, en 1816, à Constantinople ; en 1819, en Égypte ; en 1820, à Bagdad ; de là, il traversa la Perse, l'Afghanistan et la Bactriane, et arriva en 1822 à Lih, capitale du Ladakh, où Moorcroft le trouva et lui rendit de grands services. Il y passa quelques années dans le plus extrême dénûment, mais s'occupant sans relâche de l'étude du tibétain, et il vint ensuite s'établir dans le monastère bouddhique de Kanoum, dans la vallée du Haut-Setledj, où il resta quatre ans pour achever, à l'aide d'un savant lama, ses études bouddhiques. Sa renommée avait alors pénétré dans l'Inde, et le gouvernement anglais, avec une délicatesse qu'on ne peut assez louer, lui fit spontanément une petite pension. En 1831, il se rendit à Calcutta, où il fut nommé bibliothécaire de la Société asiatique, et où il publia, en 1834, sa grammaire et son dictionnaire tibétains, ainsi qu'une analyse détaillée de la grande collection des livres bouddhiques qui porte le titre de *Kahgyur*. En janvier 1842, il s'était déterminé à retourner au Tibet; mais il mourut au mois d'avril à Darjiling. C'était un homme d'une singulière austérité de mœurs, d'une volonté de fer, d'un désintéressement complet, et qui rappelle vivement le beau caractère d'Anquetil du Perron. La Société asiatique de Calcutta, qui a toujours soutenu Csoma avec la libéralité que cette compagnie savante a montrée en toute occasion, a élevé un monument à sa mémoire, mais il serait à désirer qu'un de ses amis dans l'Inde le complétât en écrivant la vie de cet homme, qui a oublié de parler de lui-même et qui offre un des plus beaux exemples de ce que peut la volonté humaine.

Les sociétés asiatiques, tant en Europe qu'en Orient, se sont toutes maintenues, et presque toutes ont donné des preuves de leur activité. La Société de Calcutta, la première de toutes et celle qui a rendu les plus grands services à la science, a continué la publication de son Journal [1], recueil rempli de faits nouveaux, et qui, dans chacun de ses cahiers, jette des lumières sur quelque race ou quelque point inconnu. Il faut en savoir d'autant plus de gré aux employés de la Compagnie des Indes, qu'il n'y en a aucun qui ne soit accablé d'occupations administratives, et que tout travail littéraire auquel ils se livrent est parfaitement désintéressé, depuis que le gouvernement indien a abandonné la protection éclairée qu'il accordait aux lettres sous lord Wellesley et ses premiers successeurs.

---

1. *Journal of the asiatic Society of Bengal*, edited by the Secretary. Calcutta. (Le dernier numéro qu'on a reçu à Paris est le CXXVII, ou 43º de la nouvelle série.) 1842, in-8º.

La Société de Madras a aussi continué à faire paraître son Journal[1], et celle de Bombay a recommencé à publier elle-même les travaux de ses membres, qui, pendant quelques années, avaient été envoyés à la Société de Londres. Malheureusement nos communications avec Bombay sont tellement imparfaites, que nous n'avons encore rien reçu de cette nouvelle série des mémoires d'une société qui est si bien placée pour observer quelques-unes des parties les plus intéressantes de l'Orient, et dont les travaux antérieurs ont été si utiles.

La Société asiatique de la Grande-Bretagne a fait paraître le 13° volume de son Journal[2], et a continué à servir de base et d'appui au Comité de traduction et à la Société des textes orientaux, qui, l'une et l'autre, ont publié, pendant l'année dernière, des ouvrages dont il sera rendu compte dans le courant de ce rapport. Le Journal oriental qui paraît à Bonn[3], et qui tient lieu aux orientalistes allemands d'une société que la division de l'Allemagne rend difficile à organiser, est arrivé, sous la savante direction de M. Lassen, à la fin du quatrième volume, et a été enrichi des travaux de MM. Lassen, Roediger, Pott, Gildemeister, Ewald, Boehtlingk et autres orientalistes distingués.

La Société orientale de Paris a commencé ses publications par un fragment du voyage de M. Roberts dans l'Inde[4]; elle y a suivi le système de reproduire en caractères orientaux les noms de lieux et les termes techniques qui se trouvent dans les récits, et l'on ne peut qu'applaudir à cette mesure, pourvu que

1. *Madras Journal of literature and science.* Madras, in-8°.
2. *The Journal of the royal asiatic Society of Great Britain and Ireland*, n° XIII. London, 1842, in-8° (202, XXXVIII et 23 p.).
3. *Zeitschrift für die Kunde des Morgenlandes*, herausgegeben von Dr Chr. Lassen, vol. IV. Bonn, 1842, in-8° (511 p. et 3 pl.).
4. *De Dehli à Bombay*, fragment d'un voyage par M. le docteur Roberts, publié par la Société orientale. Paris, 1843, in-8° (87 p.).

les éditeurs prennent soin de bien s'assurer de la véritable orthographe des mots. Cette Société a aussi fait paraître le premier numéro d'un journal intitulé *Revue orientale* [1], dont le but est de faire connaître l'état actuel des nations asiatiques, et qui s'adresse plutôt aux hommes politiques qu'aux savants. Enfin, la compagnie de Jésus a continué la publication du recueil périodique qui porte le titre de *Lettres du Maduré* [2], dans lequel elle reproduit la correspondance de ses missions dans le midi de l'Inde, et qui contient souvent des détails curieux que la science peut mettre à profit.

J'arrive maintenant aux ouvrages orientaux qui ont été publiés ou traduits depuis notre dernière séance, et je suivrai, dans mon énumération, l'ordre qui me paraît le plus naturel, en traitant spécialement des littératures principales de l'Asie, et en groupant autour d'elles les travaux qui se rapportent aux peuples qui, par leur civilisation ou leur langue, se rattachent à une des nations qui occupent le premier rang.

La littérature arabe s'est enrichie d'un nombre considérable d'ouvrages nouveaux ou de continuations d'ouvrages commencés antérieurement. Plusieurs travaux d'une grande importance, qui étaient annoncés, n'ont pu être achevés, mais ceux qui ont paru prouvent que presque toutes les parties de cette littérature sont actuellement l'objet d'études sérieuses, et telles que les besoins de la science et même de la politique les exigent.

L'histoire littéraire des Arabes a été surtout cultivée en Allemagne. M. Freytag a publié à Bonn le troisième et dernier volume de son ouvrage sur les proverbes arabes [3]. Les deux

1. *Revue de l'Orient*, bulletin de la Société orientale. Paris, 1843, in-8.
2. *Lettres des nouvelles missions du Maduré.* Lyon, 1842, in-4°, vol. II (492 p. et 10 pl.) Cet ouvrage est lithographié et n'est pas destiné à la vente.
3. *Arabum proverbia* latine vertit et edidit Freytag. Bonn, 1843, in-8°, vol. III (655 et 520 p.).

premiers volumes contenaient les proverbes de Meïdani ; le troisième en est le complément. On y trouve d'abord une collection de proverbes tirés de sources autres que l'ouvrage de Meïdani, ensuite la biographie de cet auteur, des dissertations sur les proverbes des Arabes, trois tables de mots et de matières en latin et en arabe, puis des additions et corrections. Cet ouvrage n'est pas seulement curieux en lui-même, comme fournissant une foule de traits de caractère national, mais il forme un supplément indispensable aux dictionnaires, car on rencontre, dans tous les auteurs arabes, des expressions proverbiales sans nombre qui sont inintelligibles pour ceux qui n'en connaissent pas l'origine. M. Kosegarten a fait paraître le troisième cahier de son excellente édition du *Kitab al-Aghani*[1]. L'impression de cette collection de vers des anciens poëtes arabes est, depuis la publication du *Hamasa*, le plus grand service qu'on ait pu rendre à la poésie et aux antiquités arabes ; car les pièces qu'elle contient fournissent à l'auteur l'occasion de nous donner à la fois et des détails sur les mœurs de ce peuple et des renseignements sur son ancienne histoire. M. Flügel, à Meissen, a terminé le troisième volume du Dictionnaire bibliographique de Hadji Khalfa[2] et a commencé l'impression du quatrième. Il serait inutile de s'étendre sur l'intérêt qui s'attache à l'achèvement d'un ouvrage aussi connu, et l'on doit des remercîments au Comité de traduction de Londres, qui a eu le courage de se charger d'une aussi grande entreprise. M. Rückert, à Berlin, a publié une Biographie d'Amrulkaïs[3], tirée de ses poésies. On sait que peu d'hommes ont eu une vie plus variée et ont mieux peint les impressions qu'ils ont éprouvées qu'Amrulkaïs, qui, comme guerrier et comme poëte, a pris part à toutes les luttes du

---

1. *Ali Ispahanensis liber cantilenarum magnus*, arabice editus a J. G. L. Kosegarten. Gripesvaldiæ, 1842, fasc. tertius, in-4°.
2. *Lexicon bibliographicum et encyclopœdicum a Mustafa ben Abdallah, nomine Haji Khalfa celebrato, compositum*, edidit G. Flügel. Leipzig, 1843, in-4°, vol. III.
3. *Amrulkaïs, der Dichter und Koenig ; sein Leben dargestellt in seinen Liedern*, von Fr. Rückert. Stuttgard, 1843, in-8° (130 p.).

temps le plus agité de l'histoire de l'Arabie. M. Rückert recompose la vie d'Amrulkaïs d'après les traces que celui-ci en a laissées dans ses poésies, et il traduit ces vers avec le tact dont il avait déjà donné une preuve si surprenante par la manière dont il a rendu les séances de Hariri. Enfin, M. Wenrich[1], professeur de théologie à Vienne, a fait imprimer un mémoire, couronné par l'Académie de Goettingue, dans lequel il traite des traductions que les Arabes, les Syriens, les Arméniens et les Persans ont faites d'auteurs grecs. Il s'est servi, pour ce travail, principalement des ouvrages de Djemal-eddin al-Kifti, d'Ibn-Oseïba, de Hadji Khalfa et d'Abulfaradj, qui lui ont fourni l'indication de cent cinquante-quatre traducteurs orientaux de livres grecs. Ce nombre, quoique incomplet, peut nous donner une idée du mouvement qui emportait alors toute l'Asie occidentale vers la Grèce. On sait que nous devons à ces traductions la conservation de quelques ouvrages grecs dont le texte avait péri; et M. Lee, à Cambridge, en publiant récemment, aux frais de la Société des textes orientaux, un ouvrage d'Eusèbe qui n'a été conservé qu'en syriaque, a prouvé que cette mine n'était pas encore épuisée[2]. Mais, en général, les Orientaux, tant chrétiens que musulmans, s'occupaient des mêmes livres que ceux dont on se servait dans les écoles grecques, et qui par conséquent avaient le plus de chances de survivre à la destruction de l'ancien savoir par l'invasion des barbares.

Les sciences que les musulmans empruntaient de préférence aux écoles grecques étaient la médecine, les mathématiques et la philosophie. Ils firent des progrès dans plusieurs de ces branches des connaissances humaines, et en conservèrent, en quelque sorte, le dépôt pendant les temps les plus barbares du moyen âge européen; plus tard, ils restituèrent,

1. *De auctorum græcorum versionibus et commentariis syriacis, arabicis, armeniacis, persicisque commentatio*, scripsit J. G. Wenrich. Lipsiæ, 1842, in-8° (XXXVI et 306 p.).
2. *Eusebius, bishop of Cæsarea on the Theophania*, a syriac version, edited from an ancient manuscript recently discovered by S. Lee. London, 1842, grand in-8° (208 p.).

par l'intermédiaire des juifs, aux Occidentaux, ce qu'ils en avaient reçu. Depuis l'époque où les médecins, les mathématiciens et les philosophes arabes brillaient dans les écoles naissantes de l'Europe, on avait beaucoup trop négligé l'étude de leurs ouvrages scientifiques; mais, dans notre temps, où toutes les parties de l'histoire de l'intelligence humaine sont explorées, on commence à remplir cette lacune. M. de Sontheimer a publié, à Stuttgart, le second et dernier volume de sa traduction allemande du Dictionnaire des simples médicinaux, par Ibn-Beithar[1]. C'est un ouvrage hérissé de difficultés, parce qu'il faut découvrir le sens de presque tous les mots techniques, tant de botanique que de médecine, que l'auteur emploie, et que nos dictionnaires actuels n'expliquent pas. M. de Sontheimer a ajouté à sa traduction des notes et la biographie des hommes célèbres nommés dans l'ouvrage; il a eu, en outre, le bon esprit de compléter son travail par une table qui comprend la liste de toutes les substances médicinales dont parle Ibn-Beithar, en l'accompagnant des noms latins systématiques partout où il a pu les identifier. Cette précaution a déjà porté ses fruits, et M. Pruner, médecin allemand très-honorablement connu au Kaire, a envoyé au traducteur un catalogue arabe et latin des substances employées aujourd'hui dans les pharmacies égyptiennes. M. de Sontheimer se propose de le publier, et il annonce, de plus, qu'il s'occupe de la traduction du traité d'Ibn-Sina sur les remèdes composés. Ce serait ici le lieu de parler de la traduction allemande, faite par M. Wintermitz, à Vienne, de la lettre de Maïmonide au sultan Saladin sur la diététique [2]; mais ce petit livre ne paraît pas encore être arrivé à Paris.

1. *Grosse Zusammenstellung über die Kræfte der bekannten einfachen Heil und Nahrungsmittel, von Abu Muhammed Abdallah ben Ahmed, aus Malaga bekannt unter dem Namen Ebn Beithar; aus dem arabischen übersetzt*, von Dr Joseph von Sontheimer; vol. II. Stuttgart, 1842, grand in-8º (787 et 70 p.).

2. *Das diætetische Sendschreiben des Maimonides (Rambam) an den Sultan Saladin; ein Beitrag zur Geschichte der Medicin mit Noten*, von Dr Wintermitz. Wien, 1843, in-8º.

Un autre ouvrage qui rentre dans la classe des sciences que les Arabes ont empruntées des Grecs, est le travail de M. Schmœlders, à Bonn, sur les écoles philosophiques des Arabes et notamment sur la doctrine d'Al-Ghazzâli[1]. Ce livre contient le texte et la traduction d'un traité d'Al-Ghazzâli, dans lequel cet auteur caractérise les systèmes philosophiques qu'il a successivement embrassés, et rend compte du mysticisme auquel il avait fini par s'arrêter. M. Schmœlders fait suivre ce traité d'une dissertation détaillée sur les différentes écoles philosophiques des Arabes, qu'il classe en prenant pour base les indications de Ghazzâli, et dont il expose brièvement les tendances et les raisonnements fondamentaux. C'est la première fois qu'on analyse ainsi d'une manière générale les systèmes philosophiques des Arabes, et l'on comprend aisément les difficultés de toute espèce avec lesquelles l'auteur a eu à lutter, ayant, d'une part, à s'orienter au milieu d'une grande masse d'écrits dont personne ne s'était occupé, et, de l'autre, à trouver les synonymes des termes abstraits en usage dans les différentes écoles. Le génie des Arabes ne les porte pas vers la métaphysique; et, malgré la constance avec laquelle ils se sont dévoués, pendant des siècles, à cette étude, ils n'ont réussi à y créer rien de nouveau ni qui leur soit propre. M. Schmœlders dit avec raison que « jamais on ne pourra parler d'une philosophie arabe; et que, toutes les fois que l'on se sert de cette expression, on n'entend pas dire autre chose que la philosophie grecque, telle que les Arabes la cultivaient ». Mais l'étude de ces travaux philosophiques n'en est pas moins importante pour l'histoire de la civilisation arabe, parce qu'ils ont exercé une influence immense sur la manière dont elle s'est développée. On peut hésiter à prononcer si cette influence a été heureuse ou malheureuse; on peut croire que les commentateurs de Platon et d'Aristote ont donné à ce peuple

---

1. *Essai sur les écoles philosophiques chez les Arabes, et notamment sur la doctrine d'Algazzali;* par A. Schmœlders. Paris, 1842, in-8° (254 et 64 p.).

un esprit de subtilité stérile qui lui a souvent déguisé le fond des choses ; mais on ne peut nier qu'il n'y ait là un élément de première importance pour bien comprendre la marche qu'a suivie l'esprit des Arabes, et les causes de ses progrès et de ses imperfections.

La musique est encore un des arts de ce peuple sur lequel on a attribué aux Grecs une grande influence. M. Kosegarten a, le premier, soulevé cette question dans la remarquable préface de son édition du Kitab al-Aghani, où il analyse le système musical de Farabi, qu'il prouve être entièrement basé sur les théories des Grecs. M. Kiesewetter vient de publier à Vienne, sur ce sujet, un traité fort curieux [1] dont l'origine est assez singulière. M. de Hammer, en préparant une seconde édition de son Encyclopédie des sciences chez les Arabes, ayant senti le besoin de s'éclairer sur les termes techniques employés dans les ouvrages qui traitent de la musique, prit le parti de traduire verbalement à M. Kiesewetter, auteur très-versé dans cette matière, dix-huit traités arabes, persans et turcs qui y sont relatifs. C'est ce travail qui a fourni à M. Kiesewetter la matière de son mémoire. Il y classe, pour la première fois, les différentes écoles musicales arabes et persanes, discute la question de leur origine et traite en détail de toutes les parties du système musical de l'école à laquelle il donne le nom d'école arabe-persane.

L'histoire et la géographie arabes ont été l'objet de plusieurs travaux. M. Wustenfeld, à Gœttingue, a commencé, aux frais de la Société anglaise des textes orientaux, l'impression du dictionnaire biographique d'Abou Zakaria al-Nawawi [2]. Il

---

1. *Die Musik der Araber nach Original Quellen dargestellt von R. G. Kiesewetter*, mit einem Vorwort von dem Freiherrn von Hammer-Purgstall. Leipzig, 1842, in-4° (xix, 96 et xxv p.).
2. *The biographical dictionary of illustrious men by Abu Zakariya Yahya el Nawawi*, now first edited by F. Wustenfeld. Göttingen, 1842, in-8°, p. i et ii (192 p.).

avait déjà publié en 1832, dans la même ville, un premier fascicule de cet ouvrage, accompagné d'une traduction latine ; il reprend maintenant le texte, en s'aidant de nouveaux manuscrits. Abou Zakaria commence son livre par la biographie de Mahomet, et donne ensuite, par ordre alphabétique, la vie de tous les personnages qui sont nommés dans certains recueils de traditions. Ce plan peut paraître bizarre, mais il faut se rappeler de quelle importance était, pour les Arabes des premiers siècles de l'islamisme, la transmission exacte des traditions orales, qui formaient une des bases de leurs croyances et surtout de leur législation, et avec quel soin ils y veillaient. On ne doit donc pas s'étonner qu'un historien ait trouvé utile de bien faire connaître les personnages par la bouche desquels la tradition avait passé, et même pour nous, ce choix est instructif, les *traditionnistes* étant les hommes les plus remarquables entre les compagnons du Prophète et parmi les docteurs des siècles suivants. M. Madini, à Milan, a publié une traduction italienne anonyme d'un chapitre du géographe d'Isfahan[1] dont M. Mœller, à Gotha, a donné, il y a quelques années, une édition lithographiée qui représente le calque du manuscrit. M. Madini a choisi pour son essai le chapitre sur le Seistan, province à laquelle des événements récents promettaient de donner une importance particulière. M. Sédillot[2] a publié un mémoire sur la coupole d'Arin, point qui, chez les Arabes, sert à déterminer la position du premier méridien dans l'énonciation des longitudes. Les questions extrêmement compliquées de géographie mathématique qu'examine l'auteur de ce mémoire ont déjà été l'objet de discussions savantes, et l'opinion des mathématiciens et des orientalistes ne paraît pas encore définitivement fixée sur cette matière obscure. M. Reinaud a inséré, dans la Collection des documents inédits sur l'histoire de France, le texte arabe et la traduction de deux

---

1. *Il Segistan, ovvero il corso del fiume Hindmend, secondo Abu-Ishak el Farssi el Istachri*, Milan, in-4°, 1842.
2. *Mémoire sur les systèmes géographiques des Grecs et des Arabes*, par M. L. Am. Sédillot. Paris, 1842, in-4° (29 p. et 2 pl.).

traités conclus au xive siècle, entre les rois chrétiens de Mayorque et les rois musulmans de Maroc[1], et il en a tiré de nouveaux renseignements sur l'histoire de la dynastie des Beni-Hafs. M. Schlier[2], à Leipzig, a fait paraître la première livraison d'une édition lithographiée de la géographie d'Abou'l-féda. L'écriture de M. Schlier se rapproche beaucoup de la manière d'écrire des Orientaux, ce qui est un talent fort rare en Europe. On avait espéré autrefois que l'impression lithographique serait d'un grand secours pour la publication des textes orientaux, mais les nombreuses difficultés qu'on y a trouvées ont fait renoncer assez généralement à ce mode de publication. Néanmoins il y a des cas où l'on s'en servirait avec avantage et où un talent comme celui de M. Schlier trouverait une application très-utile à l'avancement des lettres. M. Pietrazewski, à Saint-Pétersbourg, a commencé à enrichir la numismatique orientale de la description de son cabinet de médailles[3]; il n'en a paru encore qu'un premier fascicule, contenant les médailles des mamelouks et un choix de médailles de différentes dynasties arabes et persanes. Ce cahier est accompagné de quinze planches lithographiées. Enfin M. l'abbé Lanci, à Rome, a mis au jour une collection considérable d'inscriptions tumulaires arabes, en grande partie coufiques. Je regrette de ne pouvoir donner aucun détail sur cet ouvrage, mais je n'ai pu parvenir à me le procurer.

Il ne me reste plus qu'à parler d'un travail qui est relatif à une des parties les plus remarquables de la civilisation des

1. *Chartes inédites, en dialecte catalan et en arabe*, publiées par M. Champollion-Figeac et M. Reinaud (extrait des documents inédits sur l'histoire de France, Mélanges, t. II). Paris, 1842, in-4° (53 p. et 1 pl.).
2. *Ismaël Abou'lfeda*. Géographie en arabe publiée d'après les deux manuscrits du musée britannique de Londres et de la bibliothèque royale de Dresde, par Ch. Schlier. Édition autographiée, 1re livr. Dresde, 1842. Fol. lithogr. (72 p.).
3. *Numi Mohamedani. Fasciculus I continens numos Mamelukorum dynastiæ, additis notabilioribus dynastiarum Moavidarum*, etc., collegit, descripsit et tabulis illustravit Ignatius Pietraszewski. Berolini, 1843, in-4° (139 p. et 15 pl.).

Arabes, et une de celles qui ont été le plus négligées en Europe, leur législation. On sait que les quatre sectes orthodoxes des musulmans se distinguent entre elles beaucoup moins par le dogme que par la législation, et que chacune a créé un système complet de lois qui, malgré une base commune, sont séparées par des nuances extrêmement importantes et qui modifient profondément la juridiction dans toutes ses parties. Jusqu'à présent, on ne possède de travaux détaillés que sur la jurisprudence de la secte des hanéfites, que Mouradja d'Ohsson a fait connaître pour la Turquie, et qui a été, de la part des Anglais dans l'Inde, l'objet d'une suite d'ouvrages qui embrassent toutes les branches de la législation. Mais, de notre temps, les principes du droit de la secte des malékites ont acquis, pour la France, un intérêt particulier, parce que, à l'exception de l'Égypte, ils sont en vigueur dans tout le nord de l'Afrique. M. Vincent s'est proposé de les faire connaître et a publié, dans ses Études sur la législation criminelle des malékites[1], un premier essai en ce genre. Son livre se compose d'un aperçu de l'origine du rite de Malek et de sa propagation d'après Makrizi, suivi de la traduction du chapitre du Risalet d'Abou Mohammed el-Kesraouni, qui traite de la législation criminelle. L'auteur nous fait espérer un travail complet sur cette matière, et il n'y a certainement aucune partie de la littérature musulmane qui soit plus digne d'occuper les veilles des savants. La difficulté que la France éprouve à pacifier et à s'incorporer la population de l'Algérie montre suffisamment de quel intérêt il serait de connaître exactement les lois auxquelles ce peuple est accoutumé.

Avant de passer de l'Arabie en Perse, je demande la permission de dire quelques mots sur des travaux dont les monuments de la Mésopotamie sont en ce moment l'objet. Tout le monde sait qu'on a trouvé dans ce pays une grande quantité

---

1. *Études sur la loi musulmane*, (rite de Malek); législation criminelle, par M. B. Vincent. Paris, 1842, in-8° (124 p.).

de pierres gravées et de terres cuites, ordinairement en forme de cylindres, couvertes d'inscriptions cunéiformes et de sujets symboliques. On en a publié un certain nombre dans divers ouvrages; mais il nous en manquait une collection complète. M. Cullimore s'est proposé de remplir cette lacune et a fait paraître, à Londres, la première livraison d'une collection de tous les cylindres[1] qui lui sont connus. L'ouvrage entier doit se composer de huit livraisons : dans les sept premières seront reproduits les cylindres; la dernière contiendra le texte de l'auteur. Les planches sont lithographiées, et leur exécution laisse quelque chose à désirer. D'un autre côté, M. Lajard a commencé, il y a bien des années, à faire graver sur cuivre, et avec le plus grand soin, les cylindres les plus remarquables de tous les cabinets de l'Europe, pour servir de pièces justificatives à son grand travail sur le culte de Mithra. Cet ouvrage n'a pas encore pu paraître, parce que M. Lajard tient à le faire précéder de recherches préliminaires, telles que son ouvrage sur le culte de Vénus, et de quelques mémoires sur des points particuliers du culte mithriaque, comme celui qu'il a bien voulu nous lire dans trois séances de l'année dernière, et dans lequel il nous a fait connaître un monument assyrien ou babylonien, chargé d'inscriptions cunéiformes, qui permet de remonter au type asiatique du Mithra léontocéphale des Romains[2]. Enfin, M. Botta, consul de France à Mossul, vient de faire à Ninive des découvertes extrêmement intéressantes. Il vous sera donné lecture, dans cette séance même, d'une lettre dans laquelle il rend compte des fouilles qui l'ont conduit au déblai des ruines d'un monument assyrien couvert de bas-reliefs et d'inscriptions. Ce sont les seuls spécimens de sculpture assyrienne que l'on connaisse jusqu'à présent, et les fouilles de M. Botta fourniront un nouveau chapitre à l'histoire de l'art; car je suis heureux, messieurs, de pouvoir vous an-

---

1. *Oriental cylinders*, by A. Cullimore. London, 1842, grand in-8°.
2. *Mémoire sur un bas-relief mithriaque qui a été découvert à Vienne*, par M. Félix Lajard. Paris, 1843, in-8° (91 p. et 1 pl.). (Extrait des Nouvelles annales de l'Institut archéologique.).

noncer que le gouvernement s'est empressé d'assurer à la France la possession des sculptures découvertes par son consul. Outre les inscriptions trouvées dans ces ruines, M. Botta avait déjà fait parvenir au Journal asiatique un nombre considérable d'autres inscriptions sur brique et sur pierre, qui toutes appartiennent à ce qu'on est convenu d'appeler le second système d'écriture cunéiforme. Votre journal les publiera prochainement; car il est important d'augmenter, autant que possible, la masse des matériaux qui peuvent contribuer au déchiffrement de ces inscriptions, unique vestige des langues de l'ancienne Mésopotamie, et dont la lecture donnera la solution d'un grand nombre de questions sur l'histoire de cette contrée, qui a joué un si grand rôle dans le développement de la civilisation. La nature évidemment syllabique de ces écritures oppose un grand obstacle à la découverte de leur alphabet; mais, depuis que MM. Burnouf et Lassen ont lu l'écriture persépolitaine, on ne doit pas désespérer de parvenir à déchiffrer les inscriptions de la Mésopotamie.

L'ancienne littérature persane a donné lieu, dans ces derniers temps, à des travaux multipliés. M. Burnouf est sur le point de publier la dernière livraison de son édition du Vendidad de Zoroastre[1], le premier texte zend d'une étendue considérable qui ait été imprimé, et dont la publication a fondé en Europe l'étude de cette langue importante. Les Parsis de l'Inde ont suivi l'exemple donné à Paris et ont publié, à Bombay, une édition lithographiée du même ouvrage; enfin, il y a peu de mois, la Société asiatique de Bombay a fait lithographier aussi une troisième édition du Vendidad[2], qui offre le *fac-simile* d'un manuscrit en caractères guzuratis, appartenant au Rév. Wilson. Elle est accompagnée d'une paraphrase et d'un commentaire par Aspandiarji Framji, qui s'est

1. *Vendidad-Sadé*, un des livres de Zoroastre, publié d'après les manuscrits de la Bibliothèque du roi, par E. Burnouf. Paris, in-folio, 1829-1843 (en 10 livraisons).
Bombay, 1842, 2 vol. in-8º.

fait aider dans ce travail par le mollah Firouz, grand mobed de la secte Kadmi des Parsis, et célèbre par son édition du Desatir et son étrange poëme épique sur la conquête de l'Inde par les Anglais. Cette édition forme deux volumes in-8°; malheureusement elle n'a été tirée qu'à vingt-cinq exemplaires. La Société de Bombay paraît avoir l'intention de mettre au jour, de la même manière, le Yaçna et le Vispered, et de compléter ainsi la collection de la grande liturgie persane, et avec elle la publication de tout ce qui nous reste en zend, car les Parsis eux-mêmes ont déjà publié tous les ouvrages qui entrent dans le *Khorda Avesta*, ou la petite liturgie, et en ont même fait paraître plusieurs éditions, dont quelques-unes sont accompagnées de traductions en guzurati, mais dont aucune ne se trouve en Europe, à cause du manque presque entier de communications littéraires avec Bombay.

Tous ces ouvrages sont destinés à servir à l'éclaircissement d'une grande controverse religieuse qui s'est élevée, à Bombay, entre les missionnaires protestants et les Parsis, et qui, dirigée, du côté chrétien, par un homme savant et intelligent comme M. Wilson, a donné naissance à plusieurs écrits remarquables dont la science doit tirer profit. L'origine de cette discusion a été un savant mémoire sur le Vendidad, lu en public et imprimé, il y a quelques années, par M. Wilson. Les Parsis se sont vivement émus de cette critique de leurs livres sacrés ; non-seulement leurs journaux, comme le Chabuk et le Durbin, ont été remplis d'articles de controverse, mais on a fondé, sous le titre de *Rahnamehi Zerdouschti*, un écrit périodique destiné uniquement à la défense du zoroastrisme contre les chrétiens. Outre cette polémique journalière, ils ont composé un certain nombre d'ouvrages dans lesquels sont exposées les doctrines de leurs différentes sectes. Le premier livre de ce genre qui ait paru est le Ta'limi Zerdouscht[1], écrit

---

1. *Talimi-i-Zurtoosth, or the doctrine of Zoroastre in the guzrattee language for the instructions of Parsi youths, together with an answer to*

en guzurati, par Dosabhaï Sohrabji. Cet auteur est de l'école qu'on appellerait, dans une controverse chrétienne, rationaliste ; il représente Ahriman comme la personnification des mauvais instincts innés dans l'homme, et le feu comme un symbole, et non pas comme un objet d'adoration directe. Il est l'organe des hommes du monde parmi les Parsis; toutes ses allures sont plutôt celles d'un philosophe que d'un théologien ; et, ce qui est assez curieux, il se sert surtout des arguments de Voltaire et de Gibbon contre le christianisme. La partie orthodoxe de la secte n'ayant pas été satisfaite de cette exposition de sa doctrine, et ayant compris que cette manière d'argumenter était plus propre à détruire sa religion qu'à l'étayer, l'homme le plus considérable parmi les Parsis, Sir Jamsetji Jeejeebhoy, s'adressa à Édal Dara, chef de la secte des Rasami. Ce vieux prêtre, qui depuis de longues années vit retiré du monde et en odeur de grande sainteté, composa un ouvrage sous le titre de *Mu'jizati Zerdouschti*[1] (les Miracles de Zoroastre), dans lequel il se fonde surtout sur le *Zerdouscht nameh*, livre auquel il attribue une grande autorité et qu'il suppose avoir été écrit originairement, sous le titre de *Wajer Kard*, par Mediomah, frère d'Arjasp et disciple de Zoroastre lui-même. Les attaques qui avaient été dirigées contre M. Wilson, dans le journal intitulé *Durbin*, ont été réunies dans un volume, sous le titre de *Nirangha*, par Kalam Kas[2]. Enfin, Aspandiarji Framji a publié un ouvrage, en guzurati et en anglais, sous le titre de *Guide de ceux qui se sont égarés*[3];

Dr. Wilsons lecture on *Vandidad*, compiled by a Parsee priest. Bombay, 1840, in-4° (268 p.).

1. Le titre de ce livre est en guzurati; en voici la traduction : *Mu'jizati Zerdouschti*, c'est-à-dire les Miracles indubitables de Zoroastre, dès le commencement jusqu'à la fin, accompagnés d'une exposition de la foi zoroastrienne, par le destour Edalji Darabji Rustamji de Sanjana, l'an de Yezdejird 1209, du Christ 1840. Bombay, in-4° (127 p.).
2. Voici la traduction du titre, qui est en guzurati : *Nirangha par Kalam Kas*, contenant les questions proposées à M. Wilson dans le Durbin par Kalam Kas. Bombay, 1841, in-12 (347 p.).
3. The *Hadie-Gum-Rahan, or a guide to those who have lost their way*,

c'est un commentaire polémique du mémoire sur le Vendidad, et, à ce qu'il paraît, une nouvelle production du parti rationaliste des Parsis. M. Wilson vient de répondre à ces attaques par un ouvrage systématique intitulé *la Religion des Parsis*[1], dans lequel il traite des principaux dogmes d'après les livres de Zoroastre, et où il examine les autorités historiques sur lesquelles ses adversaires s'étaient appuyés ; il y ajoute, dans un appendice, des traductions du *Zerdouscht nameh*, par M. Eastwick ; du *Zerwané Akhèréné*, par l'arménien Aviet Aganur, et du *Sirouzé* par lui-même. M. Wilson a, de plus, fait lithographier, l'année dernière, une édition du Zerdouscht nameh, et nous ne pouvons guère douter que la continuation de cette controverse ne conduise à la publication de tous les ouvrages des Parsis.

Le mouvement littéraire que ces discussions ont imprimé à cette secte est très-considérable ; et à l'occasion du titre de chevalier conféré, par la reine d'Angleterre, à Jamsetji Jeejeebhoy, ses amis ont créé un fonds destiné à la publication de traductions d'ouvrages anglais et orientaux en guzurati, et Sir Jamsetji lui-même y a contribué pour la somme énorme de 750,000 francs.

Un ouvrage qui se rattache étroitement aux études zoroastriennes dont je viens de parler, la traduction anglaise du Dabistan par notre confrère M. Troyer, est sur le point d'être achevée. Le Comité de traduction de Londres, aux frais duquel elle est imprimée, vient d'en faire mettre en vente le second volume[2], qui contient la religion des Hindous, des Tibé-

---

being a refutation of the lecture delivered by the Rev. Dr. Wilson, by Aspardiarjee Framjee. Bombay, 1841.
1. *The Parsi religion as contained in the Zand-Avasta and propounded and defended by the Zoroastrians of India and Persia, unfolded, refuted and contrasted with christianity*, by John Wilson, etc. Bombay, 1842, in-8°.
2. *The Dabistan or School of manners*, translated from the original persian, with notes and illustrations by David Shea and A. Troyer. Edited

tains, des juifs, des chrétiens et des musulmans. Le premier volume, qui renferme les sectes persanes, et le dernier, qui s'occupe des sectes philosophiques et des soufis, n'attendent plus que l'impression de l'introduction et des tables, pour être livrés également au public. M. Defrémery a publié, dans la collection des Chrestomathies destinées aux cours de l'école des langues orientales de Paris, le chapitre de Mirkhond qui traite de la dynastie du Kharezm [1]. Il a accompagné le texte de notes historiques et géographiques, et a fait imprimer en même temps une notice sur la vie d'Ogoulmisch [2], personnage auparavant presque inconnu, qui a joué un rôle dans l'histoire du Kharezm. La publication de cette partie de Mirkhond est un nouvel acheminement vers une édition complète de cet auteur qu'on voudrait voir entreprise dans l'intérêt de la littérature orientale. Mirkhond, il est vrai, n'est qu'un compilateur, mais son ouvrage est bien conçu et assez bien exécuté ; il forme un manuel détaillé et très-utile, qui ne dispense pas de remonter aux sources dont l'auteur lui-même s'est servi, mais qui donne une base excellente pour des travaux spéciaux sur toutes les parties de l'histoire traitées par les musulmans de son temps. Des ouvrages pareils sont ordinairement presque un malheur pour une littérature qui est encore toute manuscrite, parce qu'ils satisfont les besoins des lecteurs ordinaires et font par là disparaître les véritables sources, et Mirkhond a probablement occasionné la perte de livres qui seraient pour nous plus précieux que le sien ; mais cela même n'est qu'une raison de plus pour mettre à profit ce qu'il a conservé.

Le colonel Miles a publié à Londres, aux frais du comité, une traduction de la vie de Heïder-Ali, composée sous le titre

with a preliminary discourse by the latter. Paris, 1843, in-8 vol. II (462 p.).
1. *Histoire des sultans du Kharezm*, par Mirkhond. Texte persan, accompagné de notes à l'usage des élèves de l'École spéciale des langues orientales. Paris, 1842, in-8° (133 p.).
2. *Recherches sur un personnage appelé Oghoulmisch et sur quelques points d'histoire orientale* par Ch. Defrémery. Paris, 1842, in-8° (10 p.).

de *Nischani-Heïder*, par Mir Hossein Ali Khan de Kirman [1]. Les Français qui ont servi sous Heïder et les Anglais qui l'ont combattu ont beaucoup écrit sur sa vie ; mais il n'est pas sans intérêt de posséder sa biographie rédigée par un musulman qui l'a connu, et dont le récit a obtenu la sanction des fils de Tipou Sahib. Les faits y sont présentés avec ordre et, en général, avec exactitude ; mais le style est rempli de ces boursouflures que les Persans actuels prennent pour des grâces du langage et qui font le désespoir d'un traducteur : car, s'il reproduit son texte exactement, il devient illisible ; s'il le réduit à la phraséologie européenne, il risque d'effacer les nuances qui se cachent sous ces fleurs de rhétorique. M. Miles a cherché un parti moyen entre ces deux extrêmes ; il a voulu, d'une part, laisser assez d'indications de la manière de l'auteur pour donner une idée de son style ; de l'autre, omettre ce qui serait intolérable au lecteur, et il paraît avoir assez bien réussi.

Enfin, M. Alexandre Chodzko [2] a publié un livre fort remarquable sous le titre de *Poésies populaires de la Perse*. M. Chodzko, qui a rempli, pendant douze ans, la charge de consul de Russie dans le Mazenderan, frappé du nombre et du caractère des chants populaires qu'il entendait réciter, les fit écrire sous la dictée des chanteurs. C'est ainsi qu'il a formé la collection dont il nous offre aujourd'hui une traduction en anglais, imprimée aux frais du comité de Londres. La pièce principale du recueil est intitulée : *les Aventures de Karoglou*, et formerait à elle seule un volume assez considérable. Karoglou était un Turcoman du Khorasan, qui devint chef d'une bande de brigands et établit, dans la seconde moitié du XVIIe siècle, son quartier général entre Khoï et Erzeroum, dans une position qui lui permettait de piller les caravanes

1. *History of Hydur Naik, written by Meer Hussein Ali Khan Kirmani*, translated by colonel W. Miles. London, 1842, in-8° (513 p.).
2. *Specimens of the popular poetry of Persia*, orally collected and translated with notes by Alex. Chodzko. London, 1842, in-8° (592 p.).

qui passaient de Turquie en Perse. Sa mémoire est restée célèbre parmi les Iliates, population nomade de la Perse qui en a fait son héros et qui ne se lasse pas d'entendre le récit de ses aventures et de répéter ses chansons. Les vers qu'il improvisait dans son dialecte turc, ou, au moins, dont on lui attribue l'improvisation, ont peu à peu composé le noyau d'un récit en prose qui fait les délices des tribus errantes. Quand celles-ci se battent contre les troupes persanes, on peut les entendre chanter une des improvisations de Karoglou, à laquelle les Persans répondent par une tirade de Firdousi; et il s'est formé une classe de jongleurs dont le métier unique est de réciter les aventures de Karoglou. C'est de leur bouche que M. Chodzko a recueilli ces traditions, qu'il a fait écrire par des secrétaires persans, en ayant le bon esprit de résister aux tentatives continuelles de ces derniers pour corriger le langage provincial du récit. Nous possédons ainsi de véritables poésies populaires, telles qu'on les chante, chose plus rare qu'on ne devrait le croire à voir la quantité de recueils qui paraissent dans toutes les langues sous ce titre. M. Chodzko a joint à Karoglou un nombre considérable de chansons persanes, tartares et turques, en différents dialectes, et a, en outre, ajouté, dans un appendice, quelques curieux spécimens des idiomes du Ghilan et du Mazenderan, et des airs sur lesquels le peuple chante ces poésies.

Je ne puis donner, comme je le devrais, la liste des ouvrages turcs imprimés à Constantinople, mais j'ai l'espoir que M. le baron de Hammer voudra bien remplir, dans le Journal asiatique, cette lacune, comme il l'a fait l'année dernière, avec une complaisance qui mérite toute notre reconnaissance.

Je ne dois pas quitter les littératures musulmanes avant d'avoir annoncé que le prince Handjeri a terminé, à Moscou, son grand dictionnaire français, turc, persan et arabe [1], et que

---

1. *Dictionnaire français, arabe, persan et turc*, par le prince A. Handjeri. Moscou, 1840-1842, 3 vol. in-4°.

M. Bianchi a publié, à Paris, le premier volume de la seconde édition de son excellent Dictionnaire français-turc [1]. Ces deux ouvrages, analogues quant au fond et destinés l'un et l'autre à faciliter les relations entre les Turcs et les Européens, se distinguent pourtant par le point de vue de leurs auteurs. M. Handjeri, qui paraît avoir surtout pour but d'aider les Turcs dans la lecture du français, a pris pour base le Dictionnaire de l'Académie, et a, de cette manière, donné aux Turcs le sens de toutes les locutions idiomatiques de la langue française. L'ouvrage de M. Bianchi, destiné, avant tout, aux Européens qui désirent apprendre à parler et à écrire le turc, s'adresse principalement aux agents diplomatiques, aux négociants et aux voyageurs européens dans le Levant. La faveur marquée avec laquelle ces deux ouvrages ont été accueillis prouve que leurs auteurs ont réussi à faciliter des communications dont la fréquence et l'importance augmente tous les jours.

C'est peut-être ici le lieu de parler de ce qui a été fait pendant l'année dernière pour la littérature arménienne. Les savants moines de Saint-Lazare, près de Venise, paraissent redoubler de zèle pour fournir au peuple arménien des livres de religion, et aux savants les moyens d'étudier l'histoire de leur pays. Il n'entre pas dans le cadre de ce rapport d'énumérer les livres de prières, les éditions d'ouvrages de dévotion, les traductions des psaumes et autres publications destinées au service de l'église, qui sont sorties des presses de Saint-Lazare; mais vous me permettrez de mentionner, parmi des productions d'un autre ordre, une traduction du Discours sur l'histoire universelle de Bossuet. Le docteur Aucher a fait paraître une traduction arménienne de l'Histoire des Tartares par Haython [2], de sorte que, par une étrange destinée, ce livre d'un prince arménien, dicté par lui en français il y a plus de

---

1. *Dictionnaire français-turc*, par T. X. Bianchi. Tome I, seconde édition ; Paris, 1843, in-8° (784 p.).
2. Venise, 1842, in-8° (92 p.).

cinq siècles, et connu il y a très-longtemps en Europe par des traductions latines, est devenu aujourd'hui accessible aux compatriotes de l'auteur. Le père Gabriel Ajvazovak a publié à Saint-Lazare une Histoire de la dynastie ottomane [1], composée par lui-même en arménien. Les mékhitaristes ont fait imprimer, pour faire partie d'une collection d'historiens, le texte de l'Histoire de Vartan, par Élisée [2]. C'est un auteur du Ve siècle, qui, après avoir joué un rôle considérable dans les affaires politiques et religieuses qui se traitaient alors entre son pays et la Perse, a fini par en écrire l'histoire. On en possédait déjà une édition imprimée à Constantinople et une traduction anglaise faite par M. Neumann et publiée par le Comité de traduction. Mais l'écrivain qui a le plus occupé les savants qui se sont consacrés à l'étude de la littérature arménienne est Moïse de Khorène, dont il a paru presque simultanément trois éditions. M. Levaillant de Florival en a fait paraître une à Venise; le texte de son édition est accompagné d'une traduction française [3]. M. Capelletti, qui s'était déjà fait connaître par d'autres travaux sur l'Arménie, a publié, dans la même ville, une traduction italienne de l'historien arménien [4]; enfin les mékhitaristes en ont imprimé, à Saint-Lazare, une troisième, aussi en italien. Cette dernière forme le commencement d'une collection de traductions italiennes des historiens les plus remarquables de l'Arménie, depuis le Ve siècle de notre ère jusqu'à notre temps. La collection doit avoir vingt-quatre volumes et la révision du style italien est confiée à M. Tomaseo. Il paraît que les volumes qui doivent contenir l'Histoire de la conversion de l'Arménie au chris-

---

1. Voici la traduction du titre : *Histoire de la dynastie ottomane*, par le P. Gabriel Ajvazovak. Venise, 1841, 2 vol. in-12 (622 et 680 p.).
2. *Histoire de Vartan et de la guerre des Arméniens*, par le docteur Élisée (en arménien.) Venise, 1842, in-24 (394 p.).
3. Moïse de Khorène, *Histoire d'Arménie*, texte arménien ; et traduction française, par P. E. Levaillant de Florival. Venise, 1841, 2 vol. in-8° (404 et 234, 20, 88 p.).
4. *Mose Corenese, storico armeno del quinto secolo*, versione del prete G. Cappelletti. Venezia, 1843, in-8°.

tianisme, par Agathangelos, et la Chronique du district de Taronia, par Jacobius Clagh, sont sous presse. Il serait inutile de s'étendre sur l'importance de ce plan et sur la confiance que doivent inspirer les savants moines de Saint-Lazare, qui ont à leur disposition la plus belle bibliothèque arménienne du monde. Il est vivement à désirer qu'ils trouvent tous les encouragements dont ils auront besoin pour mener à fin une entreprise qui jettera nécessairement un grand jour sur l'histoire de l'Arménie et des pays environnants.

Les études indiennes n'ont pas fourni un grand nombre d'ouvrages, à moins qu'il n'en ait paru, à notre insu, dans l'Inde même, ce qui n'est que trop vraisemblable; mais on se trouve dédommagé de leur petit nombre en voyant que ceux qui ont été publiés traitent tous des parties les plus importantes de la littérature indienne : les Védas et les poésies épiques. M. Nève [1], professeur à l'université de Louvain, a fait paraître, sur les hymnes du *Rig-Véda*, un travail dont le but est d'appeler l'attention du public étranger à ces matières sur l'importance philosophique et religieuse de ce recueil. Il n'y a certainement rien de plus digne de l'intérêt de tout homme qui s'occupe de l'étude du développement du genre humain, que ces restes primitifs d'un temps antérieur à toute histoire écrite, et qui datent du commencement de la formation d'une société civilisée. Tout ce que l'on sait jusqu'à présent de l'âge des Védas tend à confirmer l'opinion de Colebrooke, que la collection en a été définitivement formée dans le quatorzième siècle avant notre ère. Mais cette date ne s'applique qu'à la fixation du canon sacré et ne détermine aucunement l'âge des parties qui le composent et qui portent les marques les plus évidentes d'époques très-différentes. Quelques-unes, dans lesquelles on voit la caste brahmanique déjà formée, et ses

1. *Etudes sur les hymnes du Rigvéda*, par M. F Nève. Paris, 1842, in-8° (120 p.).

prérogatives reconnues, ne paraissent avoir été composées qu'après le commencement de la colonisation de l'Inde par la race qu'on est convenu d'appeler indo-germanique ; mais d'autres supposent un état entièrement patriarcal, où le père de famille est le chef temporel et spirituel, dit les prières, fait les sacrifices et ne reconnaît aucun pouvoir au-dessus du sien. Ces derniers hymnes paraissent être les seuls souvenirs authentiques qui nous restent d'un âge aussi reculé et les premières lueurs du travail de l'intelligence chez une nation destinée à la civilisation. Nous avons, dans l'intérêt que les Védas excitent aujourd'hui, une preuve frappante du progrès des lettres orientales. Il y a trente ans, Colebrooke désespérait de voir jamais paraître des traductions de ces livres : « Ils sont, dit-il, trop volumineux pour être traduits en entier, et leur contenu ne répondrait guère à la peine qu'ils donneraient au lecteur, et encore moins à celle que prendrait le traducteur; mais ils méritent bien d'être consultés de temps en temps par un orientaliste. » C'est ainsi que parlait le véritable créateur des études critiques de l'antiquité indienne, l'homme le plus avancé dans ces travaux, celui dont le jugement est encore le guide le plus sûr dans tout ce qu'il a touché de sa main de maître ; et pourtant les progrès actuels ont déjà dépassé de beaucoup ses prévisions. C'est que la science a besoin des sources mêmes de l'histoire ; elle ne peut se contenter d'extraits qui ne conduisent qu'à des systèmes nécessairement faux et passagers. On ne peut sans doute pas traduire et publier tout ce que les Orientaux ont écrit, et il y a une infinité de livres qui peuvent et doivent rester dans un oubli mérité ; mais ceux qui, comme les Védas, ont exercé une influence immense sur l'esprit humain, doivent être publiés, traduits et commentés, quel que soit leur volume et quelque grandes que puissent être les difficultés. Aussi voyons-nous que la Société asiatique de Calcutta, aidée par le gouvernement de l'Inde, nous fait espérer aujourd'hui une édition complète de tous les ouvrages védiques. Rosen avait commencé, avant la mort de Colebrooke, la traduction du *Rig-Véda*, et M. Wilson promet d'achever cette belle publication. Enfin, M. Stevenson vient de nous donner le texte [1] et la traduction [2] des hymnes du *Sama-Véda*, le second du recueil des Védas, formant une véritable liturgie, qui comprend toutes les prières que l'on doit prononcer en faisant les divers sacrifices dans lesquels l'asclépiade est employée. Ces hymnes sont toujours accompagnés de la notation du chant, ce qui achève de leur donner un caractère liturgique. M. Stevenson a suivi, dans l'interprétation de ces textes obscurs, le commentaire de Vidyaranya; de même que Rosen s'était conformé dans le *Rig-Véda*, aux interprétations de Sayana Atcharya. Ces deux célèbres commentateurs étaient frères et vivaient dans le xive siècle de notre ère. Les explications qu'ils ont données des textes sacrés étant généralement reconnues dans l'Inde comme les meilleures, les premiers interprètes européens ne pouvaient mieux faire que de les suivre. Il est possible qu'un jour l'étude plus étendue de l'antiquité indienne fournisse des moyens de pénétrer plus avant dans le sens original de ces hymnes et permette de reconnaître comme modernes quelques nuances de l'interprétation admise aujourd'hui ; mais il est nécessaire avant tout de connaître le sens que les plus savants des brahmanes attachent eux-mêmes à ces livres, et qui est évidemment la base la plus sûre dont on puisse partir. M. Stevenson ne dit pas si son intention est de faire suivre ce travail de la traduction des *Upanischads* annexés au *Sama-Véda*. Ce serait dignement compléter le service éminent qu'il rend aujourd'hui à la science ; car les *Upanischads*, qui contiennent la partie dogmatique des *Védas*, nous mettront un jour en état de voir comment, de ces hymnes si peu philosophiques, est sortie, ou comment on y a rattaché la belle et profonde métaphysique des Hindous. On connaîtra alors par quel laborieux enfantement l'esprit humain est par-

---

1. *Sanhita of the Sama Veda*, from mss. prepared for the press by the Rev. Stevenson and printed under the supervision of H. H. Wilson. London, 1843, grand in-8° (186 p.).
2. *Translation of the Sanhita of the Samaveda*, by the Rev. Stevenson, London, 1842, in-8° (283 p.).

venu à s'élever de la sensation à l'idée, de la matière à l'abstraction et au spiritualisme le plus raffiné.

M. Gorresio a publié, aux frais du gouvernement piémontais, le premier volume du texte du *Ramayana*[1]. C'est la troisième fois que l'on commence une édition de ce livre; mais le texte de M. Gorresio diffère notablement de celui qu'avait adopté Marshman dans son édition de Serampour et de celui qu'a choisi M. de Schlegel. Ce dernier s'était aperçu que les manuscrits du *Ramayana* différaient considérablement les uns des autres, et il les avait classés, dans un travail critique très-remarquable, en deux branches, qui formaient deux rédactions distinctes; lui-même se décida pour celle qu'il appela la rédaction des commentateurs, et la suivit en général dans son édition, ayant trouvé des raisons pour lui attribuer une antiquité plus haute qu'à celle qu'il intitula la rédaction du Bengale. M. Gorresio conteste cette préférence; il a découvert que cette seconde rédaction avait elle-même trouvé des commentateurs, et il s'est décidé à la reproduire. Le problème que présente l'existence de ces deux textes n'est pas aisé à résoudre. Faut-il admettre que l'un des deux soit l'original, et l'autre la rédaction d'un bel esprit qui aura cru pouvoir embellir l'ouvrage? M. Gorresio ne le pense pas; il croit qu'ils sont également anciens, qu'ils sortent d'une souche commune et qu'ils ont été modifiés l'un et l'autre par la tradition orale. Cette théorie, à l'appui de laquelle M. Gorresio cite des faits neufs et intéressants, présente peut-être quelques difficultés; mais, quoi qu'il en soit, on ne peut qu'approuver la détermination qu'il a prise de publier celle des deux rédactions qui n'avait pas trouvé d'éditeur, et surtout de la reproduire sans aucun mélange de l'autre texte. Quand on possédera les deux rédactions dans leur forme la plus pure, on y trouvera probablement les moyens de décider la question de leur antiquité respective. En atten-

---

[1]. *Ramayana*, poema indiano di Valmici, pubblicato per Gaspare Gorresio. Vol. I; Parigi, Stamperia reale, 1843, grand in-8º (CXLIII et 361 p.).

dant, les études indiennes ont acquis un texte d'une correction remarquable ; tout fait espérer que M. Gorresio mènera à bout la grande entreprise qu'il a conçue, de donner une édition complète et une traduction italienne de ce livre fondamental pour la connaissance de l'Inde ancienne, et le monde savant doit des remercîments au gouvernement piémontais, le premier qui, en Italie, ait encouragé les lettres sanscrites.

M. Schütz, professeur à Bielefeld, qui s'était déjà fait connaître par la traduction d'une partie du *Bhattikavia*, a publié la première moitié d'une version en prose allemande de la *Mort de Sisupala* [1], poëme épique qui porte le nom de *Magha* et dont le texte a été publié en 1815, à Calcutta, par deux pandits de Colebrooke, et sur la demande de ce savant. Dans l'Inde, comme partout ailleurs, les beaux esprits se sont emparés des traditions renfermées dans les poëmes épiques nationaux, et les ont développées et embellies selon le goût d'un temps plus moderne. La mort de Sisupala appartient à cette classe de poëmes épiques de seconde main. Le sujet, qui est emprunté au *Mahabharata*, a été traité par un poëte inconnu avec toute l'exubérance de style qui appartient au commencement de la décadence d'une littérature ; la grandeur de l'ancien style épique a disparu, et l'élégance des classiques du temps de Vikramaditya est remplacée par la recherche des images, l'abondance des jeux de mots et l'abus des épithètes ; on y voit même poindre cet emploi des images tirées de la grammaire, qui est, dans plusieurs littératures orientales, le signe le plus certain de l'entière décadence du goût ; mais elles ne dominent pas encore dans la *Mort de Sisupala* et n'y paraissent que rarement. Le travail de M. Schütz est une publication très-curieuse pour l'histoire de la littérature, et d'autant plus louable que le texte du *Sisupala* offre des difficultés très-grandes et que le traducteur est parvenu à être intelligible, tout en s'attachant à être littéral.

1. *Magha's Tod des Çiçupala ein sanskritisches Kunstepos übersezt*, von Dr C. Schütz. Bielefeld, 1843, gr. in-8º (1re part. 144 p.).

M. Foucaux avait publié, il y a deux ans, sous le titre *le Sage et le fou*, un extrait de la traduction tibétaine du *Lalita vistara*, c'est-à-dire de la légende de Bouddha. Il prépare maintenant une édition complète de cet ouvrage, en sanscrit et en tibétain, en se servant, pour le texte tibétain, de l'édition du Kahgyur, que nous devons à la libéralité de la Société de Calcutta, et pour le texte sanscrit, des manuscrits népalais que M. Hodgson a eu la bonté de nous envoyer. Cette légende est commune à toutes les littératures bouddhiques, avec des variantes ou des amplifications de peu d'importance, et elle forme la base de ce que l'on sait sur la vie de ce grand législateur.

La littérature malaie se rattache à l'Inde, sinon par la communauté des langues, au moins par l'influence de la civilisation; elle est aujourd'hui d'une certaine valeur pour la France depuis la prise de possession de quelques îles dans la Polynésie, où l'on parle malai. M. Dulaurier[1] vient de réunir dans un petit volume les rapports qu'il a adressés au ministre de l'instruction publique relativement à ses travaux sur cette langue, et qui sont très-propres à mettre en lumière le degré d'intérêt qu'elle mérite, sous le rapport politique, commercial et littéraire. On annonce aussi un dictionnaire du dialecte malai, tel qu'il est parlé dans les Marquises, et que le P. Mathias, missionnaire, qui a résidé dans ces îles, doit publier prochainement.

La littérature chinoise a acquis tout à coup, par les événements politiques de l'année dernière, une importance qu'elle n'avait jamais eue pour l'Europe, ou plutôt ces événements ont éveillé la curiosité du public et l'ont fait sortir au moins momentanément de l'indifférence avec laquelle il l'avait regardée jusqu'à présent, et qu'elle avait pourtant si peu méritée; car quelle étude serait plus faite pour intéresser un

---

[1]. *Mémoire, lettres et rapports relatifs au cours de langue malaye et javanaise*, par E. Dulaurier. Paris, 1843, in-8° (138 pages).

esprit cultivé, que celle d'une littérature qui s'est formée en dehors de toutes les influences par lesquelles les autres peuples ont successivement modifié leurs idées ; une littérature immense, qui embrasse toutes les branches du savoir humain, qui constate des faits de toute espèce, qui contient le résultat de l'expérience d'un peuple ancien, innombrable et infatigable ; d'une littérature enfin qui est pour la moitié du genre humain ce que les autres réunies sont pour l'autre moitié. On ne comprend pas qu'on ait négligé pendant si longtemps l'étude de la civilisation chinoise, qui est, pour ainsi dire, la seconde face de l'humanité, et qui, par ses ressemblances autant que par ses contrastes, peut nous aider à bien comprendre ce qu'il y a de fortuit et d'accidentel, ce qu'il y a de nécessaire dans les phénomènes sociaux et moraux qui nous entourent. Les jésuites réussirent, pendant quelque temps, à fixer sur la Chine les yeux des hommes qui réfléchissent ; mais lorsque l'espoir de convertir l'empire leur eut échappé, on retomba dans l'ancienne indifférence, et, pour connaître combien celle-ci était profonde, on n'a qu'à lire les Mélanges de M. Rémusat, que le gouvernement français vient de faire publier par une commission présidée par M. Lajard [1]. On y verra de quels détours avait besoin cet esprit si fin et si élégant pour combattre des préjugés absurdes. Il se croit presque obligé de prouver que ceux qui ont fondé et fait prospérer le plus grand empire que le monde ait jamais connu étaient des hommes et non pas des singes ; il est préoccupé avant tout de montrer les côtés par lesquels les Chinois nous ressemblent, et il ose à peine prononcer le nom de littérature chinoise, de peur d'exciter la risée du vulgaire. Nous n'en sommes plus tout à fait là, et personne n'a contribué plus que M. Rémusat lui-même à ce progrès de l'opinion publique ; mais nous sommes encore loin d'attacher à ce sujet l'importance qu'il aura un jour, et probablement un jour prochain ;

---

1. *Mélanges posthumes d'histoire et de littérature orientales*, par M. Abel-Rémusat ; publiés sous les auspices du ministère de l'instruction publique. Paris, Imprimerie royale, 1843, in-8° (469 pages).

car la multiplication des comptoirs européens en Chine, l'ouverture d'un plus grand nombre de ports accessibles au commerce étranger et des événements faciles à prévoir forceront bientôt, même les esprits les plus paresseux, à s'intéresser à une nation devenue l'objet de tant d'entreprises religieuses, commerciales et politiques.

La nature de l'écriture chinoise a été l'objet d'une publication de M. Pauthier, qui l'examine en la comparant à l'écriture hiéroglyphique des Égyptiens [1]. On doit s'attendre à ce que deux écritures, parties toutes les deux du principe de l'imitation des objets extérieurs, et arrivées toutes les deux à un système mixte de symboles et de sons, auront suivi une marche analogue et se seront servies, jusqu'à un certain degré, de procédés similaires. Deguignes avait été tellement frappé de cette ressemblance, qu'il n'a pas cru pouvoir l'expliquer autrement qu'en faisant dériver l'écriture chinoise des hiéroglyphes égyptiens. Cette thèse est abandonnée depuis longtemps, et l'on ne peut la regarder aujourd'hui que comme une de ces erreurs auxquelles les hommes les plus savants n'échappent pas toujours au commencement d'une étude. Aujourd'hui, les découvertes de Champollion nous mettent en état de mieux apprécier les ressemblances et surtout les différences très-considérables qui existent entre les deux systèmes. Le travail de M. Pauthier n'est pas encore achevé ; toutefois, on peut pressentir que, malgré un peu d'hésitation dans la marche du raisonnement, l'auteur doit conclure à une origine différente, mais à un développement analogue des deux écritures.

La lexicographie chinoise a fait un véritable progrès par la publication du Dictionnaire des noms anciens et modernes des villes et arrondissements de la Chine, de M. Éd. Biot [2].

1. *Sinico-œgyptiaca*, Essai sur l'origine de la formation similaire des écritures figuratives chinoise et égyptienne, I, Histoire et synthèse ; par G. Pauthier. Paris, 1842, in-8° (149 pages).
2. *Dictionnaire des noms anciens et nouveaux des villes et arrondisse-*

Quiconque s'est occupé de l'histoire et de la géographie de ce pays a dû éprouver de grandes difficultés pour identifier les noms que les localités ont portés dans différents siècles. Afin d'y obvier, M. Biot a extrait du Kouang-yu-ki, géographie chinoise très-estimée, les dénominations sous lesquelles les villes et arrondissements du premier, second et troisième ordre ont été successivement connus ; il a complété son travail à l'aide de quelques ouvrages plus récemment publiés en Chine, et en marquant, partout où cela a été possible, les longitudes et les latitudes des villes du premier ordre. En outre, une excellente carte de la Chine, que M. Klaproth avait fait graver, mais qui était restée inédite, accompagne ce volume, qui est un supplément indispensable à tous les dictionnaires chinois. Ce ne sera que lorsque les parties les plus importantes de la langue et de la littérature des Chinois auront été l'objet de pareilles monographies, qu'on pourra espérer de voir paraître, pour l'intelligence de leur langue, un *trésor* semblable à ceux que nous possédons pour les langues classiques de l'antiquité.

Les Européens établis sur la côte de la Chine, parmi lesquels le besoin de livres élémentaires se fait naturellement sentir le plus vivement, ont publié, pendant l'année dernière, plusieurs ouvrages de ce genre. M. Gutzlaff, consul de Prusse à Fou-tcheou-fou, a composé, sous le pseudonyme de *Philo-Sinensis*[1], une grammaire chinoise dont la 1re partie vient de paraître. Le titre trop modeste de ce livre ne répond pas tout à fait à son contenu, car il embrasse, à l'exclusion de la syntaxe, toutes les parties de la grammaire. C'est un travail exécuté sans prétention, et rédigé de manière à contenir, dans le moindre volume possible, les règles et les locutions les plus indispensables. Il ne renferme que des matériaux originaux,

---

ments du premier, deuxième et troisième ordre, compris dans l'empire chinois; par Éd. Biot. Paris, Imprimerie royale, 1842, grand in-8° (314 pages et une carte).

1. *Notices on Chinese Grammar; part. I, orthography and etymology*, by Philo-Sinensis. Batavia, 1842, in-8° (148 pages).

tous tirés de la langue usuelle et familière ; les exemples sont nouveaux et complètent utilement ceux qu'on trouve dans les traités existants sur la grammaire chinoise. M. Gutzlaff se propose de faire suivre ce volume d'un second, qui traitera de la syntaxe. L'ouvrage a été imprimé à Batavia, par les soins de M. Medhurst, qui a employé un moyen difficile et compliqué pour suppléer au défaut de types chinois gravés. Le texte anglais a été composé d'abord, puis, sur l'épreuve, on a transcrit les caractères chinois, et l'on a ensuite transporté le tout sur la pierre, pour obtenir un tirage lithographique. Cette méthode, a été, je crois, déjà mise en usage par M. Didot, pour l'impression de la Grammaire égyptienne de Champollion ; elle offre de très-grandes difficultés, même à Paris ; et l'on ne s'étonnera pas si, à Batavia, le résultat n'a pas toute la netteté qu'on pourrait désirer.

M. Medhurst s'est servi du même procédé pour la publication d'un Dictionnaire chinois-anglais [1] dont le premier volume vient de paraître à Batavia. Son but était de donner aux Anglais un dictionnaire par radicaux, plus compacte et surtout plus également exécuté que celui de Morrison. Ce dernier avait commencé son ouvrage sur un plan immense, qui convenait plutôt à une encyclopédie qu'à un dictionnaire ; aussi s'est-il bientôt fatigué de le suivre, et a-t-il fini par ne donner, dans les dernières parties de son livre, qu'une maigre liste des mots. M. Medhurst a pris, pour cadre de son dictionnaire, les 42 000 caractères du lexique de Khang-hi ; il se contente, dans les deux premiers radicaux, de resserrer la masse des explications données par Morrison, et il en ajoute de nouvelles à mesure que l'ouvrage de celui-ci se rétrécit. On peut espérer que nous aurons ainsi bientôt un manuel, non pas complet, mais commode, et suffisant pour l'usage ordinaire.

1. *Chinese and English dictionary*, containing all the words in the imperial dictionary, arranged according to the radicals, by W. Medhurst. Vol. I; Batavia, 1842, in-8°.

M. Medhurst promet de publier, immédiatement après, un Dictionnaire anglais-chinois, aussi en deux volumes et imprimé de la même manière.

Les dialectes chinois ont été l'objet de quelques publications curieuses. M. Wells Williams a fait paraître, à Macao, des exercices gradués pour faciliter l'étude du chinois et particulièrement du dialecte de Canton [1]. M. Dean a imprimé, à Bankok, des leçons en dialecte Ti-tcheou, disposés dans un ordre méthodique et traduites en anglais [2] ; enfin, le collége anglo-chinois de Malacca a publié, sous le titre de *Lexilogus*, un livre élémentaire dans les dialectes de Canton et du Fo-kien [3], et en anglais ; il est destiné aux élèves du collége. Ces écoles, que les Anglais ont fondées tout autour de la Chine, sur les points où le nombre de la population chinoise le permet, comme à Pinang, à Malacca, à Batavia, à Macao et à Hongkong, sont dignes du plus grand intérêt. On y enseigne aux jeunes Chinois, en même temps, les lettres chinoises selon la méthode de leur pays, et les lettres anglaises selon les méthodes européennes ; l'on forme de cette manière une classe d'hommes qui sont naturellement destinés à servir d'intermédiaires entre les deux civilisations. Un élève du collége de Malacca, nommé Tkin-shen, vient de donner une preuve assez piquante du degré d'instruction qu'il y a reçu, en traduisant en anglais un roman chinois qui porte le titre de *Pérégrinations de l'empereur Ching-te* [4]. Ce livre appartient à un genre littéraire qu'on ne sait trop comment qualifier ; ce n'est pas

1. *Easy lessons in Chinese, especially adapted to the Canton dialect*, by S. Wells Williams. Macao, 1842, in-8° (287 pages).
2. *First lessons in the Tiechew dialect*, by W. Dean. Bankok, 1841, in-8° (43 pages).
3. *A lexilogus of the English, Malay and Chinese languages, comprehending the vernacular idioms of the last in the Hok-keen and Canton dialects*, Malacca, 1841, in-8° (110 pages).
4. *The Rambles of the emperor Ching-tih in Keang-nan*, translated by Tkin-shen, student of the anglo-chinese college, Malacca, with a preface by J. Legge d. d. president of the college. 2 vol. London, 1843, in-8° (320 et 322 pages).

de l'histoire, car les incidents racontés sont en grande partie d'invention; ce n'est pas du roman, car le fond et le cadre du récit sont historiques; c'est de l'histoire romanesque. L'auteur des Pérégrinations de Ching-te a pris pour sujet les troubles que les intrigues des eunuques provoquèrent pendant la jeunesse de cet empereur; et son but réel paraît avoir été de célébrer la puissance et les vertus des magiciens de la secte des Tao-sse, auxquels les basses classes croient encore aujourd'hui en Chine. L'ouvrage contient, comme tous ceux de ce genre, quelques traits de mœurs que l'on est heureux de rencontrer quand on veut se rendre compte de l'état moral de l'empire chinois, et qui échappent à l'auteur presque à son insu; mais je crois qu'on aurait pu mieux choisir parmi le grand nombre de livres analogues. Il n'y a pas beaucoup de finesse dans la peinture des caractères; le tissu de la fable est assez grossier, et les miracles que font les magiciens, tant bons que mauvais, ne paraissent racontés que pour des enfants, de sorte qu'il ne serait pas juste de juger les romans historiques des Chinois d'après ce spécimen. Nous aurons bientôt les moyens de nous en faire une meilleure idée, par la traduction du plus ancien et du plus célèbre ouvrage de ce genre, l'Histoire des trois royaumes, qui a pour sujet les déchirements de l'empire chinois, depuis la révolte des bonnets jaunes, l'an 170 de notre ère, jusqu'à l'avénement de la dynastie des Tsin en 264. Cette histoire avait été écrite par Tchin-tcheou, sous les Tsin mêmes, dans le style sévère des annales impériales. Mais lorsque, au XIIIe siècle, la littérature populaire commença à se former, un grand écrivain, Lokouang-tchong, s'empara de ce sujet, le développa, y ajouta des épisodes et en fit un tableau si varié et si vivant qu'aujourd'hui encore toute la Chine le lit avec des transports d'admiration. On le regarde comme un modèle de style; on en apprend des parties par cœur, et c'est un des ouvrages que les conteurs récitent au peuple sur les places publiques, comme les *rawis* arabes récitent, au Caire, et sous la tente des Bédouins, les aventures d'Antar. On ne possédait jusqu'à présent que des fragments de ce livre ; M. Davis en a publié, à Macao, quelques chapitres traduits en anglais, et M. Julien en a inséré uu long épisode très-dramatique dans l'appendice de l'Orphelin de la Chine. Aujourd'hui M. Pavie, à qui nous devons déjà une collection de contes chinois très-gracieux, a entrepris la traduction complète de l'Histoire des trois royaumes, et l'on pourra juger enfin de cette partie considérable de la littérature chinoise, par ce qui est regardé dans le pays même comme le chef-d'œuvre du roman historique.

A ces détails se bornent, messieurs, les renseignements que j'ai pu recueillir sur les progrès des lettres orientales depuis votre dernière séance ; et ce tableau est malheureusement bien incomplet. L'organisation de cette littérature est encore si imparfaite, qu'un grand nombre d'ouvrages publiés en Orient ne nous arrivent que tard, s'ils nous arrivent jamais ; de même que ceux qu'on imprime en Europe ne sont connus en Orient que par accident. Il paraît, par exemple, qu'on a publié récemment à Calcutta un dictionnaire anglais-birman, par M. Lane ; qu'on a imprimé à Hougli une édition arabe du Motenabbi et une seconde édition du Nafhet al Jemen, par le scheikh Ahmed de Schiraz ; que le père Gonçalvez a publié à Macao, peu de temps avant sa mort, un grand dictionnaire latin-chinois [1] ; qu'il a paru dans l'Inde, je ne sais où, un Mesnewi, en hindi. Mais nous ne connaissons rien de ces productions, et probablement d'un bien plus grand nombre d'autres dont les titres même ne seront pas parvenus en Europe. Cet état des choses est à déplorer ; car ce qui a été fait jusqu'à présent en littérature orientale n'est qu'un commencement et une faible partie de ce qui reste à accomplir.

Cette littérature n'intéressait autrefois l'Europe que par le

---

1. J'ai reçu pendant l'impression du rapport le titre de cet ouvrage ; le voici : *Lexicon magnum latino-sinicum*, auctore Gonçalvez ; Macao, 1841, in-fol. C'est une édition plus ample du *Lexicon manuale latino-sinicum*, auct. Gonçalvez ; Macao, 1839, t. I. J'ignore si la suite de ce livre a paru.

côté seul qui servait à l'interprétation de la Bible ; plus tard le champ s'est agrandi ; l'on a senti que toutes les sciences historiques y avaient un intérêt égal ; et, de nos jours, où la politique a mis les nations de l'Europe dans un contact si intime avec l'Asie entière, l'importance de ces études s'est accrue encore; car il faut, avant tout, connaître la langue, les lois, l'histoire, l'organisation et les croyances des peuples, pour exercer sur eux une influence salutaire aux deux parties, tandis que l'ignorance de tout cela ne peut produire qu'une répulsion et un état d'hostilité perpétuels. L'Europe a mis deux siècles à publier les ouvrages des Grecs et des Latins, et pourtant elle avait à sa disposition des corporations savantes, et était secondée, en outre, par l'intérêt que chaque individu prenait à des littératures sur lesquelles reposait alors toute l'éducation. Nous, au contraire, nous avons à faire connaître les productions littéraires de quatre grandes nations et d'un nombre considérable de peuples qui se groupent autour d'elles, et cela avec des secours infiniment moindres et en face d'un public dispersé, séparé par des distances qui rendent impossible toute relation entre les individus. Ce public néanmoins suffirait à l'exécution d'entreprises infiniment plus considérables que celles qui sont praticables aujourd'hui, si les communications étaient plus faciles, et il est au pouvoir des sociétés asiatiques de les rendre telles. Votre Conseil a fait quelques pas dans cette direction, sans se laisser décourager par les difficultés qu'il a rencontrées, et il fera de nouveaux efforts pour les aplanir ; car il est convaincu que, dans l'état actuel des choses, le plus grand service qu'il puisse rendre est de se faire l'intermédiare entre les savants du continent et les hommes de lettres de toutes les parties de l'Asie.

IV

ANNÉE 1843-1844

RAPPORT LU LE 10 JUILLET 1844.

Messieurs,

L'année qui vient de s'écouler a été heureuse pour la Société asiatique, car elle a été marquée par ce progrès lent, mais constant, auquel peut s'attendre et que doit désirer une institution dont l'objet est de favoriser des études sérieuses. Comme tout y est volontaire et qu'aucun intérêt étranger à la science ne s'y rattache, l'adhésion de nouveaux membres, l'importance croissante de leurs travaux et l'extension de nos relations sont autant de preuves que la Société atteint son but et que son existence se fortifie.

Vous avez commencé l'année dernière une nouvelle série du Journal, dans laquelle tous ceux qui s'occupent des langues et de l'histoire de l'Orient auront trouvé des matériaux importants et des recherches neuves sur presque toutes les parties de l'Asie ; tels sont les mémoires de M. Biot sur les mœurs des anciens Chinois et sur le cours du fleuve Jaune, l'autobiographie d'Ibn-Khaldoun, traduite par M. de Slane ; les études de M. de Saulcy sur les inscriptions puniques ; l'histoire des Ghourides tirée de Mirkhond par M. Defrémery ; la biographie de Sadi et le nouveau chapitre du Koran publiés par M. Garcin de Tassy; les recherches de M. Worms sur la propriété territoriale chez les peuples musulmans; celles de M. Caussin de Perceval sur le calendrier des Arabes; les détails donnés par MM. A. Perron, Dantan et Bianchi sur les ouvrages imprimés au Caire, et d'autres travaux que je ne puis énumérer complétement. Mais ce qui prouve mieux encore l'utilité réelle de ce centre d'études orientales, c'est l'influence qu'exerce sur le zèle des Français établis en Orient la certitude que leurs découvertes obtiendront par vous une publicité prompte et bienveillante. Je ne parlerai pas ici des magnifiques résultats que M. Botta a obtenus, et sur lesquels je dois revenir plus tard; mais je saisis cette occasion pour vous donner quelques détails sur un autre exemple du zèle que provoque l'existence de votre Société.

Au commencement de l'année dernière arriva chez M. Fresnel, agent consulaire à Djiddah, M. Arnaud, pharmacien français, qui avait longtemps résidé dans le Yémen. Il apportait des notes sur la géographie de ce pays; mais M. Fresnel lui dit que ce que vous désiriez avant tout c'était un corps d'inscriptions himyarites. L'enthousiame de M. Fresnel gagna M. Arnaud, qui déclara que nul autre que lui ne pouvait pénétrer dans l'intérieur du Yémen et que nous aurions les inscriptions qui s'y trouvent. Il repartit, arriva à Sanna, et put, grâce à l'amitié qu'avaient pour lui les chefs du pays, se rendre à Mareb, l'ancienne capitale du midi de l'Arabie, célèbre par la rupture de sa digue. Il y retrouva le reste de cette digue et les ruines de quelques grands monuments auxquels les Arabes donnent les noms du Harem et des Colonnes de Balkis, reine de Saba, et il y copia soixante inscriptions himyarites, c'est-à-dire six fois autant qu'on en possédait jusqu'à présent. Mais un affreux malheur le frappa au milieu de ses travaux; il était obligé de coucher parmi les ruines et sans abri, et un matin il se réveilla aveugle. Il se fit conduire à Aden et de là à Djiddah chez M. Fresnel. J'ai le bonheur de pouvoir annoncer que, d'après des lettres reçues il y a seulement deux jours, sa vue commençait à se rétablir, et qu'il était prêt à continuer son voyage si le gouvernement français voulait l'y aider. Les inscriptions qu'il a copiées sont arrivées à Paris, et votre conseil s'occupe de la gravure d'un caractère himyarite, qui nous mettra en état de les publier dans un des prochains numéros de votre Journal.

Je pourrais citer d'autres preuves de l'ardeur provoquée par le désir de partager vos travaux, si je ne craignais pas d'abuser de vos moments; mais vous pouvez être assurés que votre exemple exerce une influence légitime et que, dans toutes les parties de l'Orient, des hommes dont vous ne connaissez pas encore les noms travaillent à mériter votre suffrage.

L'année dont je retrace les événements ne laisserait aucun regret à la Société, si elle n'avait amené de grandes pertes par la mort de MM. Wejers et Élout, membres étrangers, et de MM. Feuillet et Burnouf, membres du Conseil. M. Wejers, conservateur de la bibliothèque de Leyde, appartenait à cette belle école hollandaise qui a, de tout temps, appliqué les méthodes de l'érudition classique à la littérature orientale. Il a été enlevé au milieu de travaux nombreux, dont la plupart sont restés incomplets, et sa mort laissera des regrets universels, à cause de la complaisance inépuisable avec laquelle il mettait à la disposition des savants les trésors de la bibliothèque qu'il dirigeait. M. Élout avait passé sa vie dans l'administration de l'Inde hollandaise, où il parvint aux plus hautes charges. Sa grammaire et son dictionnaire malais resteront comme des témoignages honorables de son zèle et de l'intelligence avec laquelle il savait allier les travaux du gouvernement avec ceux de la science. M. Feuillet, conservateur de la bibliothèque de l'Institut, était un de ces esprits cultivés qui suivent avec curiosité toutes les routes que s'ouvre la science, et, lorsque M. Rémusat fit revivre en France l'étude du chinois, M. Feuillet fut un de ses premiers auditeurs. Il n'a jamais rien publié sur la littérature chinoise, car, avec cette modestie que l'on admirait en lui, il aimait mieux encourager les autres et jouir de leurs travaux, que de se mettre lui-même en évidence. Il a appartenu à la Société et à son Conseil depuis la fondation, et est resté jusqu'à sa mort membre de votre commission des fonds, qui a les plus grandes obligations à l'esprit d'ordre et à l'exactitude qu'il mettait dans l'accomplissement de tous les devoirs dont il se chargeait. M. Burnouf était aussi un des fondateurs de la Société, aux progrès de laquelle il n'a pas cessé de prendre le plus vif intérêt. La connaissance profonde qu'il avait acquise des langues classiques l'avait conduit à remonter au sanscrit, afin de pouvoir suivre tout le cours du développement de cette famille de langues, et il nous a donné une preuve des progrès qu'il avait faits dans cette étude par la traduction latine du Yadjna-datta, insérée dans l'édition de ce poëme que M. Chézy a publiée aux frais de la Société asiatique. Après le décès de M. Feuillet, il consentit à lui succéder comme membre de la commission des fonds; mais une mort presque subite nous priva de son secours peu de temps après.

La Société a encore fait une perte très-sensible par la mort de M. Cassin, son agent et le fondateur de l'établissement où nous sommes réunis en ce moment. Vous avez tous connu et apprécié ses manières douces et conciliantes, et vous permettrez à celui de vos membres qui, par la nature de ses fonctions, avait avec lui les rapports les plus constants, de rendre ici témoignage de sa loyauté et de son zèle pour les intérêts de la Société.

Vos rapports avec les autres Sociétés asiatiques ont été suivis et parfaitement amicaux. Vous avez prié l'année dernière M. Piddington, secrétaire adjoint de la société de Calcutta, et M. Ram-Comal Sen, de se charger de vos intérêts littéraires dans l'Inde. Ces deux savants ont bien voulu se prêter à votre demande et s'occuper de tout ce qui pouvait vous être utile, avec une promptitude et un soin pour lesquels la Société les prie d'agréer toute sa reconnaissance. La Société de Calcutta continue à publier son journal [1] et à y insérer les travaux scientifiques des employés civils et militaires de la Compagnie. On peut y remarquer depuis quelques années une tendance générale vers les sciences exactes; cependant, de nombreux rapports sur l'histoire et la statistique de pays et de districts à peu près inconnus ne l'en rendent pas moins un recueil précieux pour toutes les personnes qui s'occupent de l'Orient, et il ne devrait manquer dans aucune bibliothèque publique de l'Europe. Il paraît que la Société de Madras a suspendu la publication de son journal; mais la Société de Bombay continue le sien [2], dont nous avons reçu le IIIe cahier. Nous savons aussi que la Société de géographie de Bombay a réimprimé en volumes les curieux mémoires qu'elle avait publiés séparément, et qu'elle continue avec le plus grand succès à exploiter l'excellente position dans laquelle elle est placée pour faire connaître toutes les parties sud-ouest de l'Asie. La Société asiatique de Londres a fait paraître le numéro XIV de son journal [3], et le Comité des traductions, ainsi que la Société pour la publication des textes orientaux, qui se rattachent à elle, a livré au public des travaux importants dont il sera question plus tard. Il ne paraît pas que la Société des sciences de Batavia, ni la Société égyptienne du Caire aient rien publié pendant l'année dernière; mais le Journal asiatique allemand [4] a continué de paraître sous l'excellente direction de M. Lassen et de servir de point de ralliement aux orientalistes allemands, qui de plus ont formé une association dont la première réunion annuelle doit avoir lieu à Dresde au mois d'octobre prochain.

---

1. *Journal of the Asiatic Society of Bengal*. Calcutta. In-8°. (Le dernier cahier que la Société ait reçu est le numéro 141 de la collection ou 57 de la nouvelle série.)
2. *Journal of the Asiatic Society of Bombay*. Bombay, in-8°.
3. *Journal of the royal Asiatic Society of Great Britain and Ireland*, n° 14. London, 1843. In-8°.
4. *Zeitschrift für die Kunde des Morgenlandes*; t. V, n° 1. Bonn, 1843 In-8°.

Enfin, l'Amérique du nord commence à entrer dans le mouvement des lettres asiatiques, et il s'est formé à Boston une Société orientale, qui publie un journal [1] dont nous avons reçu le premier numéro. L'étude des langues de l'Orient a en Amérique deux mobiles distincts : la théologie et le commerce. C'est, après l'Allemagne, le pays où l'étude de l'ancien Testament et de tout ce qui s'y rattache est le plus populaire, et l'influence de l'éducation savante qu'y reçoivent les élèves des écoles théologiques se montre dans les missions américaines, qui ne le cèdent à aucune autre pour la connaissance des langues, de l'histoire et des croyances des peuples qu'elles travaillent à convertir, et qui ont fourni des hommes comme M. Bridgman à Canton, M. Stevenson à Bombay, M. Perkins à Ouroumia, et M. Grant à Mossoul.

Je dois maintenant, Messieurs, essayer de vous donner la liste des ouvrages qui ont paru depuis notre dernière séance annuelle, et j'invoque d'avance votre indulgence pour la manière incomplète dont je remplirai ce cadre; mais vous savez combien il est difficile de se procurer tout ce qui s'imprime dans des pays aussi différents et sur des littératures aussi diverses.

C'est la littérature arabe qui a fourni, comme à l'ordinaire, le contingent le plus considérable, et il en sera probablement de même encore pendant longtemps; non pas que sa valeur intrinsèque soit réellement plus grande que celle de quelques autres branches de la littérature orientale, mais parce que les nations sémitiques nous touchent par plus de points et par tous les éléments de notre civilisation; elles nous intéressent par les lumières que leurs langues et leurs mœurs jettent sur la Bible, par le contact qu'elles ont eu avec les Grecs et l'Europe du moyen âge; et aujourd'hui, parce que la décomposition des empires musulmans livre journellement aux in-

---

1. *Journal of the American oriental Society;* n° 1. Boston, 1843. In-8°.

fluences, et bientôt à la domination de l'Europe, les pays habités par la race arabe ou assujettis à la religion mahométane. Les études arabes, dans les écoles européennes, se sont tour à tour ressenties de ces intérêts divers. Au moyen âge, on recherchait avant tout les ouvrages des Arabes sur les sciences, pour y retrouver l'héritage des Grecs; plus tard, on s'occupa de leur langue et de leur poésie, pour s'en aider dans l'interprétation de l'Écriture sainte; à présent, on veut avant tout connaître leur histoire et leurs institutions, parce que les progrès des études historiques et l'état de la politique exigent également ces connaissances. Aussi voyons-nous que c'est principalement sur des ouvrages historiques que s'exerce chaque année le zèle des savants.

L'histoire des Arabes avant Mahomet a donné lieu à la publication d'un petit traité de M. Erdmann, à Kasan, sur la mort d'Abrahah [1]. On sait que ce général éthiopien périt, l'année même de la naissance de Mahomet, devant la Mecque, avec toute son armée. Cet événement a fait époque dans l'histoire des Arabes, et a eu réellement une grande importance, parce que, si les Éthiopiens s'étaient rendus maîtres de la Mecque, l'islamisme aurait probablement été étouffé dès sa naissance. M. Erdmann appuie, par de nouvelles raisons, l'opinion très-vraisemblable que cette catastrophe, qui est incompréhensible dans la tradition arabe, fut causée par une épidémie.

Une nouvelle histoire de Mahomet lui-même était depuis longtemps un véritable besoin. On ne possédait sur lui qu'une seule biographie détaillée et puisée directement aux sources, celle de Gagnier, ouvrage excellent pour son temps, mais qui ne suffisait plus aux exigences de la critique moderne. MM. de Sacy, Fresnel, Reinaud, Perron, Caussin de Perceval, Noël

---

1. *Muhammed's Geburt und Abrahah's Untergang*, von Dr Franz von Erdmann. Kasan, 1843. In-8°. (48 p.)

Desvergers, Hammer, Ewald et autres ont touché, dans leurs travaux, à des points nombreux, soit de la vie de Mahomet, soit de l'histoire de l'Arabie immédiatement avant son temps, et ont fait sentir qu'il restait assez de matériaux pour présenter un tableau vivant et presque complet du prophète et de son époque. M. Weil, bibliothécaire à Heidelberg, qu'un long séjour au Caire avait préparé à cette tâche, a entrepris de remplir cette lacune, et vient de publier sous ce titre : *Le prophète Mahomet, sa vie et sa doctrine*[1], un ouvrage entièrement puisé aux sources. Il a suivi surtout la célèbre biographie de Mahomet par Ibn-Hischam, et deux compilations volumineuses tirées littéralement d'une foule d'auteurs anciens, et publiées, dans le xvie siècle, par Ali Halibi et Hosein Diarbekri. Son ouvrage est bien ordonné, écrit avec clarté et concision : c'est le fruit d'études considérables, et il jette de nouvelles lumières sur la vie d'un homme qui a changé les destinées d'une grande partie de l'humanité. Il est à espérer qu'un succès bien mérité fournira à l'auteur l'occasion de compléter son travail dans une nouvelle édition, en donnant plus de détails sur l'état moral et politique de l'Arabie au temps de Mahomet, en incorporant dans le texte de l'ouvrage les additions qu'il a été obligé de rejeter à la fin du volume, et peut-être en supprimant la partie polémique de ses notes. M. Weil annonce la publication prochaine d'un ouvrage très-détaillé sur la critique du Koran, et nous promet une histoire générale du Khalifat, entreprise immense et telle qu'on pouvait à peine espérer de la voir tenter de nos jours.

M. de Gayangos a publié le second et dernier volume de son Histoire des Arabes en Espagne, d'après Al-Makkari[2]. On sait que M. de Gayangos ne donne pas une traduction complète de

---

1. *Mohammed der Prophet, sein Leben und seine Lehre*, von Dr. Gustav Weil. Stuttgart, 1843. In-8°. (450 p.)
2. *The History of the Mohammedan dynasties in Spain by Ahmed Ibn-Mohammed al-Makkari*, translated by Pascual de Gayangos; t. II. London, 1843. In-4°. (544 et CLXXII p.)

son auteur. Il a rejeté certains chapitres qu'on peut considérer comme des hors-d'œuvre, ainsi que la vie du visir Mohammed ibn-al-Khatib, au sujet duquel Makkari entre dans des détails qui sont hors de toute proportion avec l'importance qu'elle a pour le lecteur européen. Le traducteur s'est servi de la place que ces suppressions ont laissée à sa disposition, pour ajouter à l'ouvrage original des extraits considérables tirés d'autres auteurs arabes-espagnols, et pour remplir, de cette manière, les lacunes que laissait le récit de Makkari. On aurait pu désirer que M. de Gayangos indiquât exactement les changements, omissions et transpositions qu'il a trouvé utile de faire, afin que le lecteur pût recourir, au besoin, au texte original, pour des vérifications qui peut-être ne sont pas toujours inutiles. Mais on ne peut méconnaître qu'il n'ait considérablement ajouté à nos matériaux sur l'histoire des Arabes d'Espagne ; et la libéralité du Comité des traductions de Londres, à laquelle on doit la publication de cet ouvrage, mérite la reconnaissance de tous ceux qui s'intéressent à l'histoire de l'Espagne et à celle des Arabes.

M. Quatremère a publié aux frais du Comité des traductions de Londres la première partie du second volume de sa traduction de l'Histoire des Mamlouks de Makrizi[1], auteur du XIVe siècle de notre ère, célèbre par d'immenses compilations sur toutes les parties de l'histoire de l'Égypte sous la domination musulmane. Plusieurs petits traités du même auteur avaient été publiés par MM. de Sacy, Rink et Tychsen, mais c'est la première fois qu'un des grands ouvrages de Makrizi devient accessible aux lecteurs européens ; car on n'en connaissait jusqu'à présent que des fragments cités par M. Reinaud et quelques autres savants. Makrizi est un auteur excellent, dont les écrits sont remplis de faits racontés simplement et puisés aux meilleurs sources, et la publication de son His-

1. *Histoire des Sultans mamlouks de l'Égypte, écrite en arabe par Takieddin Ahmed Makrizi*, traduite en français par M. Quatremère ; t. I. Paris, 1837. In-4º (xix. 253 et 278 p.) — T II, partie Ire. 1843, (288 p.).

toire de la dynastie des Mamlouks ne peut qu'augmenter le désir des savants de voir paraître toute la série de ses ouvrages historiques. M. Quatremère lui-même promet d'y concourir, en annonçant que, dorénavant, il publiera alternativement un volume de l'Histoire des Mamlouks et un de la Description de l'Égypte par le même auteur. Rien ne peut contribuer davantage à nous faire connaître à fond et en détail l'état de l'Égypte pendant un temps où cette grande province a joué un rôle si important et qui fait si essentiellement partie d'un tableau complet de l'histoire politique, religieuse et morale des Arabes. M. Quatremère a accompagné ce nouveau volume de notes savantes et de pièces diplomatiques commentées avec le plus grand soin.

M. de Slane a fait paraître, aussi aux frais du Comité des traductions de Londres, le second volume de sa traduction du Dictionnaire biographique d'Ibn-Khallikan [1]. Il y suit le même système de traduction rigoureuse que dans le premier volume, et ajoute à chaque vie une série de notes qui forment un excellent commentaire. L'ouvrage d'Ibn-Khallikan est trop connu pour avoir besoin d'être apprécié de nouveau. C'est un livre qui doit être entre les mains de tous ceux qui s'intéressent à l'histoire et à la littérature des Arabes. Le second volume atteint presque la moitié de l'ouvrage, et le troisième est sous presse; de sorte qu'on peut espérer de voir achever dans deux ou trois ans cette entreprise, une des plus considérables qui aient été faites pour l'avancement des lettres arabes.

M. Schier, à Leipsick, continue la publication de son édition lithographiée de la Géographie d'Aboulféda [2], dont il a fait paraître la seconde livrsison. Me serait-il permis d'exprimer le

---

1. *Ibn-Khallikan's biographical Dictionary*, translated rom the arabic by baron Mac Guckin of Slane; t. II. Paris et Londres, 1843. In-4º. (XVI et 697 p.)
2. *La Géographie d'Ismaël Aboulfeda*, publiée en arabe par Ch. Schier; livr. II. Leipzig, 1843. In-fol.

regret que M. Schier, pour nous faire profiter de son savoir et de son talent calligraphique, n'ait pas choisi un ouvrage inédit, comme, par exemple, l'Akhlaki Nasiri, dont il avait annoncé une édition et publié un spécimen très-satisfaisant [1]? La lithographie offre, malgré des inconvénients évidents, un avantage certain dans les nombreux cas où un livre, très-précieux pour un petit nombre de personnes, n'est pas de nature à exiger un tirage considérable. M. Wetzstein, à Leipsick, nous en donne un exemple très-bien choisi, dans son éditiou lithographiée du Dictionnaire arabe-persan de Zamakschari [2], dont il a bien voulu envoyer à la Société la première livraison. Ce lexique est arrangé d'après l'ordre des matières ; ce qui est peu commode pour l'usage ordinaire, mais d'un grand prix pour les recherches synonymiques, qui sont la partie la plus délicate et la plus difficile de la lexicographie.

M. Tornberg, à Upsal, a fait paraître la seconde et dernière partie du texte de l'Histoire de Fez, composée par Ibn-Abi Zeré de Maroc et connue sous le nom de *Kartas* [3]. L'auteur traite de l'histoire de Fez depuis la conquête du Maghreb par les Arabes, et la conduit jusqu'à son temps, c'est-à-dire jusqu'au commencement du XVIe siècle. C'est un ouvrage original, composé d'après les traditions du pays, et qui restera toujours une des sources principales de cette partie de l'histoire des Arabes, mais dont on ne peut se servir qu'avec beaucoup de précautions et en contrôlant les récits de l'auteur par tous les moyens que peut indiquer la critique. Il a attiré de bonne heure l'attention des savants. Pétis de la Croix en a laissé une traduction française encore inédite, Cardonne en a fait grand usage, Dombay l'a traduit en allemand et le père Moura en

---

1. *Specimen editionis libri Nasireddini Tusensis qui inscribitur de Moribus ad Nasirum*, descriptum a Carolo Schier. Dresden, 1841. In-4° (8 p.).
2. *Samachscharii Lexicon arabicum persicum*; edidit atque indices arabicum et persicum adjecit J. G. Wetzstein; part. I. Lipsiæ, 1844. In-4°. (85 p.)
3. *Annales regum Mauritaniæ*, ad libr. manuscr. fidem edidit Carolus J. Tornberg; t. I. Upsalæ, 1843. In-4°. (281 p.)

portugais; mais le texte était resté inédit jusqu'à présent. M. Tornberg promet de compléter son édition par une traduction latine et un commentaire.

La théologie des Arabes a été l'objet de quelques travaux. M. Lane a publié un Coran abrégé et classé d'après les sujets [1]. Tout le monde sait combien ce livre est mal ordonné, et M. Lane, pour en faciliter la lecture, en a rangé les passages principaux dans un ordre systématique. Il a pris pour base la traduction de Sale, mais sans s'y astreindre, et en faisant un assez grand nombre de changements dans lesquels il a suivi les commentaires des deux Djelal. Le but de ce travail est de rendre la connaissance du Coran plus accessible à la grande masse des lecteurs; il ne sera pas pourtant sans utilité pour les savants, auxquels l'opinion de M. Lane sur les traditions des Arabes ne peut jamais être indifférente. M. Cureton, désirant publier un spécimen des nouveaux caractères arabes que le Comité des textes orientaux a fait graver, s'est servi de cette occasion pour faire imprimer deux petits traités sur la foi musulmane [2] qui paraissent jouir d'une réputation considérable parmi les sunnites. Une raison semblable l'a amené à publier le commentaire arabe du Rabbi Tanchum sur les Lamentations [3]. L'ouvrage de Tanchum embrasse toute la Bible, et avait attiré, dès le temps de Pococke, l'attention des théologiens. Schnurrer en a publié quelques fragments; Gesenius s'en est servi dans ses travaux; M. Munk [4] a fait imprimer le commentaire sur Habakuk, avec une traduction, et récemment

---

1. *Selections from the Kuran*, with an interwoven commentary, translated and methodically arranged by E. W. Lane. London, 1843. In-8°. (317 p.)
2. *Pillar of the Creed of the Sunnites by Hafidh-uldin Abulbarakat Ahmad Alnasafi, to which is subjoined a shorter treatise by Nadjmuldin Abu Hafs Umar Alnasafi;* edited by the Rev. W. Cureton. London, 1843. In-8°. (xiv, 29 et 8 p.)
3. *Tanchumi Hierosolymitani Commentarius arabicus in Lamentationes*, edidit G. Cureton. Londini, 1843. In-8°. (43 p.)
4. Dans le tome XII de la traduction de la Bible par M. Cahen. Paris, 1843. In-8°.

M. Haarbrücker [1] a donné un spécimen du commentaire sur les Prophètes. M. Cureton lui-même annonce l'intention de faire paraître prochainement le Commentaire sur les petits Prophètes.

L'Académie des inscriptions, qui avait proposé, en 1832, pour sujet de prix, la comparaison de la poésie des Arabes avec celle des Hébreux, a couronné un mémoire de M. Wenrich, de Vienne. L'auteur vient de faire paraître ce travail [2], dans lequel il traite de l'origine de ces deux poésies, des genres qu'elles ont embrassés, de leur style et de leur forme. M. Wüstenfeld, à Gœttingue, a fait paraître, aux frais de la Société des textes orientaux de Londres, la continuation de son édition du Dictionnaire biographique de Nawawi [3]. M. Charles Rieu, à Genève, a publié un mémoire sur la vie et les œuvres d'Aboul Ala [4], poëte du IVe siècle de l'hégire. Aboul Ala mérite une place dans l'histoire des lettres arabes, moins par son mérite individuel que comme exemple de la classe des lettrés de son temps. Il était aveugle, avait du talent plutôt que du génie, et était homme de lettres avant tout. Il cherchait fortune à la cour par des poésies élégantes, mais trop prétentieuses pour être passionnées, et tentait, comme cela a lieu au commencement de la décadence d'une littérature, d'introduire quelques changements dans les formes accoutumées de la poésie ancienne des Arabes, dans le vain espoir de la rajeunir. M. Rieu discute habilement la nature de son talent, et, par des spécimens bien choisis, donne au lecteur les moyens de juger par lui-même.

1. *R. Tanchumi Hierosolymitani in Prophetas Commentarii arabici specimen primum* edidit Dr. Th. Haarbrücker. Halis, 1843. In-8°.
2. Johan. G. Wenrich *de poëseos hebraicæ atque arabicæ origine, indole, consensu atque discrimine dissertatio.* Lipsiæ, 1843. In-8°. (276 p.)
3. *The biographical Dictionary by Abu Zakariya Iahya el-Nawawi;* now first edited by prof. Wüstenfeld; part. III-V. Göttingen, 1843. In-8°. (Formé jusqu'à présent 480 p.)
4. *Caroli Rieu de Abul Alœ, poetae arabici vita et carminibus commentatio.* Bonæ, 1843. In-8°. (128 p.)

M. Beresford, à Londres, a tiré du *Hidayet al-Nahwi* [1], ouvrage sur la syntaxe arabe, les règles qui manquaient dans les traités publiés antérieurement sur le même sujet par MM. Baillie et Lockett. M. Caspari, à Leipsick, a commencé la publication d'une Grammaire arabe [2] à l'usage des écoles, qui sera accompagnée d'un choix de morceaux destinés à dispenser les élèves des chrestomathies arabes déjà anciennes, qui sont encore en usage dans les écoles en Allemagne et auxquelles il est nécessaire de substituer un ouvrage plus correct. M. Nesselmann, à Kœnigsberg, a publié le texte et la traduction allemande d'un Abrégé d'Arithmétique, par Beha-eddin Mohammed ben al-Hoseïn d'Amol [3]. Cet auteur a vécu vers la fin du xvi° siècle de notre ère, et est par conséquent très-propre à indiquer le point extrême des progrès que l'algèbre a faits chez les Arabes. Son ouvrage avait déjà paru à Calcutta, accompagné d'une paraphrase persane ; mais cette édition, rare et incorrecte, ne pouvait dispenser d'une édition nouvelle, et surtout d'une traduction et d'un commentaire propres à rendre ce traité accessible aux savants qui s'occupent de l'histoire des mathématiques.

M. Roeper a fait imprimer le commencement d'une série de Mémoires [4] dans lesquels il se propose de mettre en lumière les points de l'histoire littéraire des Grecs que les ouvrages d'Aboulfaradj peuvent servir à éclaircir. On pouvait espérer qu'un homme comme Aboulfaradj, élevé dans les écoles chrétiennes et vivant dans un temps où beaucoup d'ouvrages grecs aujourd'hui perdus existaient encore, fournirait une grande

---

1. *Arabic Syntax, chiefly selected from the Hidayut oon Nuhvi*, a treatise on syntax in the original arabic, by H. B. Beresford. London, 1843. Gr. in-8°. (73 p.)
2. *Grammatica arabica in usum scholarum academicarum*, scripsit C. P. Caspari ; pars prior. Lipsiæ, 1844. In-8°. (140 et xxiv p.)
3. *Beha-eddin's Essenz der Rechenkunst arabisch und deutsch*, von D. Nesselmann. Berlin, 1843. In-8°. (58 et 76 p.)
4. *Lectiones Abulpharagianæ ad Græcorum litterarum historiæ locos nonnullos illustrandos*, conscripsit Theophilus Roeper. Gedani, 1844. In-4°. (52 p.)

masse de renseignements sur la littérature classique ; mais la moisson en est beaucoup moins ample qu'on n'avait droit de le croire. Enfin, M. Valeton, à Leyde, a publié le Recueil de Thalibi [1], contenant les apophthegmes des hommes remarquables des anciens temps chez les Arabes. Abou Mansour al Thalibi de Nischapour appartient au IVe siècle de l'hégire, et son ouvrage est rempli de traits de cet esprit vif et frappant qui distingue la race arabe. Je ne puis rien dire de l'édition publiée par M. Valeton, dont je ne connais que le titre.

Autour de la langue arabe se groupent les autres dialectes sémitiques. Je ne parlerai pas de l'hébreu ni des travaux dont l'Ancien Testament est l'objet dans tous les pays chrétiens, parce que ce sujet rentre dans le domaine de la théologie, et que tout autre point de vue disparaît devant son importance religieuse. Je ne dois pourtant pas passer sous silence une entreprise immense que M. Pinner, à Berlin, vient de commencer : c'est l'édition complète du *Talmud* [2], accompagnée d'un commentaire hébreu, d'une traduction allemande, de variantes et de notes critiques. Abstraction faite de la valeur que cette grande collection de traditions et de décisions des docteurs juifs doit toujours avoir pour leurs coreligionnaires, elle en a une fort considérable, sous le simple rapport de l'histoire, par les faits de toute espèce qu'elle contient, par la poésie des fables dont elle est remplie, par les idées profondes qu'elle mêle aux spéculations les plus puériles, par le frappant exemple qu'elle nous présente du sort d'une religion dans laquelle la subtilité des savants se substitue à la vie spirituelle ; enfin, par le tableau qu'elle nous donne de l'état intellectuel d'un peuple des mieux doués, se débattant, pendant des siècles, contre l'oppression et contre la fausse route dans laquelle

---

1. *Specimen e litteris orientalibus exhibens Taalibii syntagma dictorum brevium et acutorum ex cod. man. bibl. Leidensis*, arabice editum, latine redditum cura Valeton. Leyde, 1844. In-4°.
2. *Talmud Bibli, Babylonischer Talmud mit deutscher Uebersetzung* von Dr. E. M. Pinner; t. I. Berlin, 1842. (314 p.)

étaient entrées ses écoles, qui abusaient de sa rare sagacité naturelle. On possède un grand nombre d'éditions des différents traités qui forment le Talmud, et quelques versions partielles; mais on manquait d'une édition complète accompagnée d'une traduction. M. Pinner s'est préparé à son entreprise par six ans de recherches dans les grandes bibliothèques de l'Europe et de l'Orient, et est parvenu, après des fatigues et des sacrifices sans nombre, à nous donner le premier volume du Talmud, qui sera suivi annuellement d'un nouveau. C'est pour M. Pinner une œuvre, non-seulement de savoir, mais de patriotisme; car il espère qu'en rendant accessible à tous le Talmud, il facilitera les réformes que réclame l'enseignement religieux des juifs, et surtout qu'il détruira les malheureux préjugés qui servent encore aujourd'hui de prétexte à des persécutions qui sont une des hontes de notre siècle. Puisse-t-il suffire à la tâche qu'il s'est proposée!

Les inscriptions himyarites, dont la découverte coïncide si heureusement avec celle du dialecte actuel du Hadramaut, que l'on doit à M. Fresnel, attirent de plus en plus l'attention des savants. M. Forster [1] vient de publier une nouvelle interprétation de celles que MM. Wellsted et Cruttenden avaient rapportées, interprétation basée sur la traduction que Noweiri donne d'une inscription du Hadramaut, et que M. Forster croit pouvoir identifier avec celle que M. Cruttenden a copiée à Hisn Gourab. Il fait des changements notables dans l'alphabet que MM. Gesenius et Rœdiger avaient proposé, et il est porté à croire que l'inscription de Hisn Gourab est non-seulement le plus ancien monument écrit qui existe, mais que l'alphabet himyarite a été en usage avant le déluge. L'étrangeté de cette opinion ne doit pourtant pas empêcher un sérieux examen de l'interprétation que M. Forster donne de ces inscriptions, et les découvertes de M. Arnaud vont fournir une base plus sûre

---

1. *The historical Geography of Arabia*, by the Rev. Ch. Forster. Londres, 1844. 2 vol, in-8° (LXXXIII, 357 et 509 p.).

et plus large aux recherches des savants sur ces derniers restes de la civilisation du midi de l'Arabie.

La littérature syriaque s'est enrichie d'un ouvrage d'Eusèbe [1], évêque de Césarée, dont l'original grec est perdu et dont la traduction syriaque a été retrouvée par M. Tattam dans le monastère copte de la Vierge, dans le désert de Nitria. M. Tattam avait visité ce monastère pour y chercher des manuscrits coptes, et il y trouva des manuscrits syriaques qui avaient déjà été vus par Assemanni. Il en rapporta quelques-uns, parmi lesquels M. Lee, à Cambridge, reconnut la traduction de la Théophanie d'Eusèbe. Il en publia le texte, il y a deux ans, aux frais du Comité des textes orientaux, et il nous en donne aujourd'hui la traduction, précédée d'une longue et savante introduction. L'intérêt de cet ouvrage est uniquement théologique, de même que celui de deux petites publications que M. Tullberg a données à Upsal, et dans lesquelles il fait connaître les passages les plus importants des commentaires syriaques d'Aboulfaradj sur les Psaumes [2] et sur Isaïe [3].

M. Bertheau, à Gœttingue, a publié la grammaire syriaque d'Aboulfaradj [4], accompagnée d'une traduction latine. Ce petit ouvrage a été écrit par l'auteur en vers mnémoniques, et l'on dit qu'il a été composé en quinze jours. Le but principal de M. Bertheau, en le publiant, paraît avoir été de donner une clef pour l'intelligence d'ouvrages plus anciens sur la grammaire syriaque, qui se trouvent encore inédits dans les bibliothèques. L'éditeur a accompagné son travail d'une traduc-

1. *Eusebius bishop of Cesarea on the Theophania*, translated from the syriac by Dr. Sam. Lee. Cambridge, 1843. In-8° (CLIX et 344 p.).
2. *Gregorii Bar Hebræi in Psalmos scholiorum specimen*, edidit O. F. Tullberg. Upsalæ, 1842. In-4° (27 p.).
3. *Gregorii Bar Hebræi in Iesaiam scholia*, edidit O. F. Tulberg. Upsalæ, 1842. In-4° (58 p.).
4. *Gregorii Bar Hebræi qui et Abulfarag Grammatica linguæ syriacæ in metro ephraemo*, edidit E. Bertheau. Gottingæ, 1843. In-8° (XVI et 135 p.).

tion latine et d'un commentaire. Enfin, M. Etheridge a publié à Londres, sous le titre de *Horæ Aramaicæ*[1], un recueil destiné à faciliter l'étude de la langue syriaque, et composé d'une dissertation sur les différents dialectes araméens et les traductions de la Bible dans ces dialectes, d'une bibliographie et de la traduction littérale de l'évangile de saint Mathieu et de la lettre aux Hébreux d'après la Peschito.

Pendant que l'on explore ainsi les dialectes sémitiques, d'autres savants tâchent d'en agrandir le cercle et d'y rattacher des langues qui jusqu'à présent passaient pour étrangères à cette souche. M. Benfey[2], professeur à Gœttingue, a publié un ouvrage remarquable sur les rapports du copte avec les langues sémitiques. On avait quelquefois soupçonné cette parenté, mais les comparaisons qu'on avait faites ne reposaient pas sur une analyse assez rigoureuse pour porter la conviction dans les esprits. M. Benfey, qui s'est déjà distingué dans d'autres parties de l'histoire comparée des langues, a appliqué à ce sujet toutes les ressources des méthodes de la philologie comparée, qui sont une des gloires littéraires de notre temps. M. Benfey ne traite dans ce premier volume que des formes grammaticales. Par une analyse très-subtile des procédés généraux de la formation des langues, et en s'aidant des traces que contient toute langue d'un état plus ancien que celui où elle a été fixée par l'écriture, il arrive à ce résultat, que le copte et les dialectes sémitiques devaient avoir eu une origine commune, mais s'être séparés avant que les flexions eussent été parfaitement fixées. Il se propose de continuer ces recherches et de les étendre aux racines, de sorte qu'il sera sage de s'abstenir de juger définitivement cette thèse jusqu'à ce que tous les éléments en soient connus.

La solution de cette question deviendra plus facile par une

---

1. *Horæ aramaicæ*, by J. W. Etheridge. London, 1843. In-8° (246 p.).
2. *Ueber das Verhæltniss der ægyptischen Sprache zum semitischen Sprachstamm*, von Theod. Benfey. Leipzig, 1844. In-8° (367 p.)

très-belle découverte qu'a faite récemment un de vos confrères, M. de Saulcy, qui est parvenu à lire les caractères démotiques égyptiens [1]. C'est le plus grand pas qu'on ait fait depuis la mort de Champollion dans les études égyptiennes, et cette découverte donnera les moyens de remonter à des formes de grammaire copte plus anciennes que celles que nous trouvons dans les livres des Coptes chrétiens, ce qui contribuera à nous éclairer sur la thèse ethnographique de M. Benfey. Ce n'est du reste qu'un seul des résultats des travaux de M. de Saulcy, travaux qui doivent jeter un jour nouveau sur l'interprétation des hiéroglyphes. M. de Saulcy est sur le point de publier l'analyse de la partie démotique de l'inscription de Rosette.

M. Benfey énonce dans sa préface l'espoir de pouvoir rattacher à la souche sémitique les langues que l'on parle à l'ouest de l'Égypte, dans le nord de l'Afrique ; mais il veut attendre, avant de se prononcer, la publication des grands travaux qui se préparent à Paris sur ces mêmes langues. Vous savez que le gouvernement français a nommé, sous la présidence de M. Jaubert, pair de France, une commission pour la préparation d'un grand dictionnaire berbère. En attendant que ce travail soit prêt, M. Jaubert s'est déterminé à faire paraître la grammaire et le vocabulaire berbères composés par Venture de Paradis[2] pendant son séjour à Alger dans les années 1788-1790. On avait parlé plusieurs fois de l'impression de cet ouvrage, mais les circonstances n'étaient pas favorables, et c'est seulement depuis que la possession de l'Algérie a donné au gouvernement un intérêt direct à favoriser l'étude du berbère, qu'il a pu être publié. La grammaire de Venture est une esquisse très-rapide, qui ne contient que les règles les plus élémentaires, mais le vocabulaire est d'une étendue assez

---

1. *Lettre de M. de Saulcy à M. Guigniaut sur le texte démotique du décret de Rosette.* Paris, 1843, In-4° (35 p.).
2. *Grammaire et Dictionnaire de la langue berbère*, par feu Venture de Paradis, revus par A. Jaubert et publiés par la Société de géographie. Paris, 1844. In-4° (XXIII et 236 p.).

considérable; il est double, français-berbère et berbère-français. Ces langues africaines ne rentrent pas strictement dans le cadre de vos travaux, toutefois les peuples qui les parlent ont été si longtemps et si intimement mêlés aux Arabes, que nous ne pouvons pas nous dispenser de prendre intérêt aux études dont elles sont le sujet. Mais il est temps que je revienne aux langues asiatiques proprement dites.

En quittant les peuples sémitiques et en nous tournant vers les pays qui ont été occupés par la race indienne, nous trouvons sur notre route la Mésopotamie où, dès la plus haute antiquité, ces deux races se sont mêlées et ont fondé des centres de civilisation qui ont rempli toute l'antiquité de leur gloire, mais dont les langues, les littératures et les arts ne paraissaient pas avoir laissé d'autres traces que quelques inscriptions et des tertres artificiels composés de briques estampillées. Il était réservé à un membre de votre Société, M. Botta, consul de France à Mossoul, de soulever un coin du voile dont le temps avait couvert l'histoire de ce pays. Vous vous rappelez que, dans votre dernière séance annuelle, il vous a été fait lecture de la première lettre par laquelle M. Botta vous annonçait qu'il avait trouvé sur la colline de Khorsabad, à cinq lieues de Ninive, les ruines d'un édifice dont tous les murs sont entièrement couverts de sculptures et d'inscriptions. Les fouilles qu'il a faites depuis ce temps n'ont pas cessé d'ajouter à l'importance de sa découverte, et les quatre lettres qui ont successivement paru dans votre Journal, et qui seront prochainement suivies par d'autres, ont excité dans toute l'Europe l'intérêt le plus vif.

Tout jusqu'à présent indique que ces ruines sont assyriennes, et les conséquences historiques que l'on peut tirer, tant des bas-reliefs, que du mode de construction de l'édifice, sont extrêmement importantes; mais il y a tout lieu de croire que d'ici à votre prochaine réunion M. Botta vous aura livré des matériaux encore beaucoup plus abondants; car jusqu'ici il n'a déblayé qu'un quart de la surface du monument, et le gouvernement français, qui a mis le plus louable empressement à le seconder, a alloué des fonds pour la continuation de ces fouilles et y a envoyé M. Flandin comme dessinateur. M. Botta a acheté le village entier qui est assis sur les ruines, et le pacha de Mossoul, qui s'opposait aux travaux avec toute l'âpreté que l'ignorance et la cupidité réunies peuvent inspirer, étant mort, il y a tout lieu de croire que rien n'interrompra plus le cours de cette belle découverte, et que Paris possédera bientôt un musée de sculptures assyriennes qui donneront de la vie à ce que l'histoire nous enseigne sur l'empire de Sémiramis. Cette découverte ne produira au reste tous ses fruits que lorsqu'on sera parvenu à déchiffrer les longues et nombreuses inscriptions que vous avez publiées. Jusqu'ici, de quatre ou cinq systèmes d'écriture cunéiforme, il n'y a que le système persépolitain qui nous soit accessible, grâce à la sagacité de MM. Burnouf et Lassen; mais heureusement les rois de Perse avaient l'habitude de placer sur leurs monuments des inscriptions bilingues ou trilingues, et il est difficile de croire qu'à l'aide du caractère persépolitain on ne finisse pas par lire les autres. M. Rawlinson, consul général d'Angleterre à Bagdad, qui a employé les facilités que lui donnait autrefois le commandement d'un régiment persan pour relever toutes les inscriptions qui se trouvaient à sa portée, annonce la publication prochaine d'un grand travail sur les inscriptions cunéiformes, travail dont il s'occupe depuis plusieurs années et qui est attendu avec une vive curiosité. M. Rawlinson possède, entre autres, la seule copie connue de la grande inscription que Darius fit graver en trois langues sur le roc de Bisitoun, et je ne puis m'empêcher d'espérer qu'elle lui donnera la clef des inscriptions assyriennes. Un grand nombre d'autres inscriptions cunéiformes et pehlewies, en partie déjà connues, mais imparfaitement copiées, en partie entièrement nouvelles, vont paraître dans le Voyage de MM. Coste et Flandin[1], que

1. *Voyage en Perse*, par MM. Flandin et Coste. Paris, 1844. Gr. in-fol. (On dit que sept livraisons ont paru, mais je n'ai pas réussi à voir l'ouvrage.)

publie actuellement le gouvernement français, malheureusement avec un tel luxe qu'il ne sera accessible qu'à peu de personnes. Un savant danois, M. Westergaard, a parcouru de son côté une grande partie de la Perse et rapporte en ce moment une riche collection d'inscriptions cunéiformes.

On pouvait espérer que l'ancienne littérature persane continuerait à profiter de la controverse qui s'était établie entre les Parsis dans l'Inde et la mission protestante de Bombay, et que tout ce qui reste des livres sacrés des Persans serait publié et commenté par un parti ou par l'autre. Mais les choses se sont passées autrement, car les Parsis, qui, par suite de ces discussions, se voyaient menacés d'un profond schisme dans leur propre sein, se sont décidés, non-seulement à interrompre le cours de leurs publications, mais à détruire tout ce qu'ils avaient imprimé pendant ces dernières années.

Tout le monde connaît les travaux de M. de Sacy et de M. de Longpérier sur les médailles des Sassanides, mais il restait à expliquer les légendes pehlewies de quelques médailles frappées par les derniers Sassanides et par les premiers khalifes et leurs lieutenants en Perse, légendes écrites dans un caractère plus moderne. M. Olshausen a résolu ce problème avec beaucoup de bonheur, et il déduit de ces légendes quelques faits nouveaux relatifs à l'état de la Perse sous les premiers khalifes, état de lutte entre les principes de l'ancienne monarchie persane et les exigences de la conquête arabe [1]. On n'a pas encore tiré des médailles de ce temps tous les renseignements qu'elles renferment sur cette époque de transition, et M. Olshausen lui-même soulève quelques questions qu'il n'a pas encore pu résoudre faute de matériaux ; mais les appendices qu'il a ajoutés à son mémoire font es-

---

1. *Die Pehlewi Legenden auf den Münzen der lezten Sasaniden, auf den ältesten Münzen der arabischen Chalifen u. s. w. zum erstenmale gelesen und erklært*, von Dr. Justus Olshausen. Copenhague, 1843. In-8° (82 p.).

pérer qu'il continuera à creuser cette mine et qu'il étendra ses recherches aux médailles de toutes les provinces persanes, surtout aux provinces orientales, où nous voyons des monuments de toute espèce dans lesquels le pehlewi et le dévanagari dégénéré des bouddhistes se confondent d'une manière étrange et jusqu'aujourd'hui inexplicable. Je pourrai probablement bientôt soumettre à la Société quelques-uns de ces monuments, dont M. Masson m'a fait espérer la communication. Un autre travail sur les médailles des Sassanides a paru tout récemment à Saint-Pétersbourg. C'est un mémoire de M. Dorn [1], dans lequel il propose de nouvelles interprétations de plusieurs médailles déjà connues et publie quelques nouvelles médailles tirées des collections de Saint-Pétersbourg, qui s'enrichissent avec une rapidité qu'expliquent la proximité de l'Orient et la faveur que la numismatique a trouvée depuis longtemps en Russie.

La littérature persane moderne a été l'objet de quelques travaux considérables. M. Troyer a publié le premier et le troisième volume de sa traduction du Dabistan [2], dont le second avait paru l'année dernière, de sorte que l'ouvrage est maintenant complet. Le traducteur a fait précéder son travail d'une introduction dans laquelle il discute différentes questions que soulève naturellement la lecture de ce curieux livre, telles que le nom de l'auteur, l'authenticité des sources dont il s'est servi, l'existence historique de la prétendue religion des Mahabadiens, le caractère et le contenu de l'ouvrage, etc. Il établit, avec un soin particulier, la position dans laquelle se trouve la question de l'authenticité du Désatir, qui a été controversée et qui donnera, sans doute, lieu à de nouvelles recherches. Le Dabistan lui-même est une histoire des reli-

1. *Bemerkungen über Sasaniden-Münzen*, von Dr. B. Dorn. Saint-Pétersbourg, 1844. In-8º (33 et 7 p.). (Tiré du Bulletin de l'Académie de Saint-Pétersbourg.)
2. *The Dabistan or school of manners*, translated by Dr. Shea and Anthony Troyer; edited with a preliminary discourse by the latter. Londres et Paris, 1843. 3 vol. in-8º.

gions, la plus complète qu'on ait écrite en Orient, et comprenant une quantité de sectes sur lesquelles nous ne possédons que peu ou point d'autres renseignements. Les grandes religions, comme le brahmanisme, le bouddhisme et l'islam, ont laissé des monuments authentiques dans lesquels on doit les étudier; mais l'exactitude avec laquelle l'auteur du Dabistan en parle, donne la confiance pour les renseignements qu'il nous fournit sur des sectes peu connues, à l'exception toutefois du chapitre sur les Mahabadiens, qui paraît être une fable complète. Le travail de M. Troyer est d'autant plus méritoire, que le Dabistan est un livre difficile, rempli de vers abruptement cités et de termes techniques empruntés à toutes les religions et sur lesquels tout lecteur sera bien aise de trouver l'opinion du traducteur, quand même elle serait quelquefois en désaccord avec la sienne.

M. le baron de Hammer a fait paraître le second et dernier volume de son Histoire des Mongols de la Perse [1], qui forme, avec son ouvrage sur la Horde-d'Or publié auparavant, une histoire complète des Mongols occidentaux. Ce livre est entièrement tiré des sources originales et ajoute beaucoup à nos connaissances sur cette partie de l'histoire orientale, qui pourtant est une de celles sur lesquelles on possédait déjà les meilleurs travaux. M. de Hammer s'est attaché à relever tout ce qui se rapporte à l'histoire littéraire, à l'organisation de l'empire mongol, à l'état des mœurs de cette époque; il expose, avec un soin particulier, la généalogie compliquée des Djenguiskhanides, et parvient à placer devant le lecteur un tableau vivant de cette dynastie, dans laquelle le caractère personnel de quelques grands princes contraste étrangement avec la barbarie invincible d'une race qui s'est trouvée incapable de garder un empire qu'elle avait fondé en inondant de sang la moitié du monde.

1. *Geschichte der Ilchane*, von Hammer-Purgstall; t. II. Darmstadt, 1843 (563 p.).

M. Quatremère a fait paraître, dans la Collection des Notices et Extraits, une biographie détaillée de Schahrokh, fils et successeur de Timour, tirée ou plutôt traduite du grand ouvrage de Kemal-eddin Abderrezak [1]. Ce livre commence par la vie d'Abou Saïd, l'un des dernier Djenguiskhanides, et comprend l'histoire de la dissolution de l'empire des Mongols de la Perse, et les règnes de Timour et de Schahrokh. M. Quatremère s'est attaché, avec grande raison, à la dernière partie de l'ouvrage, non-seulement parce que l'auteur y parle d'événements dans lesquels il a été acteur et spectateur, mais surtout parce que nous possédons, dans les instituts et l'autobiographie de Timour, dans Arabschah et dans Scherefeddin, d'amples renseignements sur le règne de Timour, tandis que celui de son successeur Schahrokh a été singulièrement négligé par les orientalistes européens; on ne connaissait jusqu'à présent que les extraits de Khondemir donnés par Price, et quelques épisodes curieux, mais tout à fait insuffisants pour faire apprécier ce long et heureux règne, pendant lequel la Perse commença à sortir de la désolation où l'avaient plongée les longs déchirements qui précédèrent et suivirent la destruction de la dynastie de Djenguiskhan et les guerres de Timour. Schahrokh était un prince brave, modéré, ami des lettres, et qui paraissait propre à consolider l'empire fondé par son père. L'inhabileté de ses successeurs détruisit cet espoir, mais son règne n'en forme pas moins une des époques les plus brillantes de l'histoire du moyen âge de l'Orient. Abderrezak est un auteur remarquable, dont on n'avait publié jusqu'à présent que deux morceaux célèbres, le Voyage des ambassadeurs de Perse en Chine, et celui d'Abderrezak lui-même dans l'Inde, morceaux dont M. Quatremère donne, dans sa Notice, le texte et une traduction plus exacte que celles qu'on possédait déjà. On ne peut que regretter que M. Quatremère se soit arrêté au milieu de

---

1. *Notice de l'ouvrage persan qui a pour titre* : Matla-assaadeïn ou Madjma-albahreïn, *et qui contient l'histoire des deux sultans Schahrokh et Abou-Saïd*, par M. Quatremère. Paris, 1843. In-4° (514 p.). (Cette notice forme la première partie du t. XIV des Notices et Extraits.)

la biographie de Schahrokh, et il faut espérer qu'il voudra bien la terminer dans un volume prochain des Notices et Extraits.

M. Dorn a publié, à Saint-Pétersbourg, deux mémoires dont les matériaux sont tirés de sources persanes. Le premier traite de l'histoire de la Géorgie dans les xvi° et xvii° siècles [1], et forme la contre-partie et le contrôle des Matériaux pour servir à l'histoire de la Géorgie d'après les sources géorgiennes, par M. Brosset. M. Dorn donne en détail le récit des auteurs persans sur les rapports existants entre la Perse et la Géorgie, et ce récit confirme en général et complète souvent les données fournies par les Géorgiens eux-mêmes. Le second mémoire contient des matériaux pour l'histoire des Khazars [2], sujet qui a déjà été traité par MM. de Fræhn et d'Ohsson. M. Dorn imprime, pour compléter les renseignements transmis par ses devanciers, tous les passages qu'il a trouvés relatifs à l'histoire des Khazars, dans les ouvrages de Thabari, de Hafiz Abrou, d'Ibn-Aasem de Koufa; il y ajoute la traduction allemande de ses extraits de Thabari et la traduction en turc oriental de ces mêmes passages. Ces deux écrits, ainsi que d'autres qui les ont précédés, font partie d'une série de mémoires destinés à renfermer les matériaux d'une histoire générale des peuples du Caucase, que M. Dorn se propose de publier, et pour laquelle sa position en Russie lui donne des facilités qu'on ne possède dans aucun autre pays. Le soin avec lequel il s'avance graduellement, et la manière consciencieuse dont il fait connaître la base de son travail futur, portent à espérer que son succès sera proportionné à la difficulté de la tâche qu'il a entreprise.

La littérature proprement dite de la Perse n'a reçu que

---

1. *Erster Beitrag zur Geschichte der Georgier*, von Dr. B. Dorn. Saint-Pétersbourg, 1843. In-4º (119 p.). (Tiré des Mémoires de l'Académie.)
2. *Nachrichten über die Chasaren*, von Dr. B. Dorn. Saint-Pétersbourg, 1844. In-4º (157 p.). (Tiré des Mémoires de l'Académie.)

peu d'accroissements. Le rajah d'Alwar, dans l'Inde, a publié une édition du Gulistan de Sadi. On en possède déjà un grand nombre, et il faut espérer que ce prince se servira plus tard de la presse qu'il a établie dans son palais pour reproduire des ouvrages moins répandus. Au reste, c'est toujours d'un bon exemple quand un prince indien consacre ses loisirs à des travaux littéraires, au lieu de les employer à des amusements frivoles ou criminels, comme ce n'est que trop souvent le cas. La Compagnie des Indes devrait encourager une pareille tendance partout où elle la rencontre, et la faire naître où elle n'existe pas. M. Rosen, à Berlin, a fait imprimer une collection de contes persans, précédée d'un abrégé de grammaire et suivie d'un vocabulaire [1]. Les contes eux-mêmes avaient déjà paru en grande partie dans le *Persian Moonshee* de Gladwin ; M. Rosen ne s'en est aperçu que lorsque l'impression était achevée ; mais cette circonstance n'ôte rien à l'utilité de ce petit livre pour les commençants, qui y trouvent tout ce qui leur est nécessaire pour acquérir les premiers éléments de la langue. Enfin un Parsi de Bombay, Dosabhaï Sohrabji, a fait paraître un recueil d'expressions idiomatiques persanes, hindoustanies et guzzaraties, traduites en anglais [2] Cet ouvrage, que je n'ai pas encore pu voir, paraît être composé par ordre de matières.

Je ne connais aucun ouvrage relatif à la littérature turque qui ait paru en Europe pendant l'année dernière. J'avais espéré pouvoir vous annoncer la publication du second volume du Dictionnaire français-turc de M. Bianchi. L'impression n'en est pas encore achevée ; mais vous trouverez, dans les feuilles déposées sur la table du Conseil, la preuve qu'elle est très-avancée. Quant aux ouvrages qui ont été imprimés à Cons-

---

1. *Elementa persica*, edidit G. Rosen. Berolini, 1843. In-8° (196 p.). Ce livre porte encore un second titre : *Hikayatl parsi, i. e. Narrationes persicæ*.
2. *Idiomatical sentences in the english, hindoslanee, goozratee and persian languages*, by Dossabhae Sohrabjee. Bombay, 1843. In-fol.

tantinople, je ne puis mieux faire que de renvoyer à la notice que M. de Hammer nous fait l'honneur de publier tous les ans dans le Journal asiatique, et dans laquelle il traite ce sujet avec un savoir et des détails qui doivent satisfaire le lecteur le plus difficile. Mais je ne dois pas quitter l'Asie occidentale sans dire un mot du seul ouvrage traduit de l'arménien dont la publication pendant l'année dernière soit venue à ma connaissance : c'est l'Histoire du prince Vartan par le vartabied Élisée, traduite en français par M. l'abbé Grégoire Karabagy Garabed [1]. Élisée est un auteur du ve siècle, élève de Mesrob, l'inventeur de l'alphabet arménien, et secrétaire de Vartan le Mamigonien, qui se mit à la tête du soulèvement des Arméniens contre Iezdejird, roi de Perse. L'ouvrage d'Élisée a toujours joui d'une popularité fort méritée chez les Arméniens, qui voient dans cette histoire de leur délivrance temporaire du joug persan le type de leur renaissance nationale à venir. Aucun auteur arménien, à l'exception de Moïse de Khorène, n'a été l'objet d'autant de travaux qu'Élisée ; et l'importance de l'époque dont il traite, l'exactitude de ses renseignements, l'intérêt des détails dans lesquels il entre, et la méthode presque classique de son récit, justifient cette préférence. Son ouvrage a été imprimé à Constantinople en 1764. M. Saint-Martin s'en est beaucoup servi dans ses savants Mémoires sur l'Arménie ; M. Neuman l'a traduit en grande partie en anglais, et M. Capeletti, en italien. M. Garabed le reproduit maintenant dans son entier en français. C'est pour lui un acte de patriotisme, et l'on sent, dans les remarques dont il accompagne sa traduction, toutes les espérances qui soutiennent une race dispersée, divisée et opprimée, et qui font qu'elle n'a pas perdu sa nationalité au milieu de tous les maux qui l'accablent.

M. Krafft, à Vienne, a traité, dans un mémoire, de la nu-

[1]. *Soulèvement national de l'Arménie chrétienne contre la loi de Zoroastre*, ouvrage écrit par Elisée Vartabed, traduit en français par M. l'abbé Grégoire Karabagy Garabed. Paris, 1844. In-8° (358 p.).

mismatique arménienne [1]. Il donne la série des médailles de la dynastie arménienne des Rupéniens de Cilicie, et l'accompagne de deux planches qui représentent les plus curieuses de ces médailles.

En arrivant dans l'Inde, nous trouvons un petit nombre d'ouvrages, mais de très-considérables. M. Lassen, à Bonn, a publié le premier volume de son Archéologie indienne [2], dans lequel il traite de la géographie et de la première époque de l'histoire indienne. Il y expose, dans un ordre systématique, les faits que les études des indianistes ont établis jusqu'ici, discute les points encore sujets à controverse et y ajoute les résultats de ses propres études. Il serait inutile d'insister sur l'importance d'un pareil travail, entrepris par un homme aussi savant et par un aussi bon esprit que M. Lassen.

M. Gorresio a achevé l'impression du second volume de l'édition du *Ramayana*, qu'il publie à Paris aux frais du gouvernement sarde. Ce volume n'a pas encore été livré au public, et je ne puis qu'en annoncer la publication prochaine.

M. Burnouf a fait paraître le second volume du *Bhâgavata Purâna* [3], qui fait partie de la magnifique Collection orientale publiée aux frais de l'Imprimerie royale. Ce poëme est de tous les livres brahmaniques le plus populaire ; il a été traduit dans les principaux dialectes provinciaux ; il forme la base de l'instruction dans toutes les écoles de la secte des vischnouites, secte qui embrasse la majeure partie de la population indienne ; enfin, il sert à la grande masse des Hindous

1. *Armenische Münzen der rupenischen Dynastie in Cilicien*, von A. Krafft. Vienne, 1843. In-8° (29 p. et 2 pl.). (Tiré des Annales de Vienne.)
2. *Indische Alterthumskunde*, von Christian Lassen. Bonn, 1843. In-8°.
3. *Le Bhâgavata Purâna, ou Hist. poét. de Krichna*, trad. et publié par M. E. Burnouf ; t. II. Paris, 1844. In-fol. (xvi et 709 p.). (L'Imprimerie royale fait paraître en même temps une édition in-4° de ce même ouvrage, édition qui se recommande par la commodité de son format et la modicité de son prix.)

d'encyclopédie religieuse, historique et philosophique. On trouve dans ce poëme des restes de toutes les phases qu'ont parcourues les doctrines brahmaniques ; et s'il est indispensable, pour bien comprendre celles-ci, de remonter jusqu'à leur source et de les étudier dans leur forme la plus primitive, il ne l'est pas moins de les suivre jusque dans leur dernière expression, telle que nous les donnent les Purânas ; car les dogmes qui, dans les Védas, apparaissent à peine, n'ont acquis leur véritable valeur historique que par le développement qu'ils ont reçu et par l'influence qu'ils ont exercée ; et c'est en cela que consiste la véritable importance de l'étude des Purânas.

M. Pavie nous a donné un recueil d'épisodes traduits du Mahabharat[1]. Il a voulu livrer aux lecteurs quelques-uns des morceaux les plus marquants de cette immense collection de traditions, qui renferme de si grandes beautés poétiques et des données historiques si importantes. Je prends ici le mot historique dans son sens le plus large, en y comprenant tout ce qui nous indique l'état d'une civilisation, la tournure des idées d'un peuple, les indices de son organisation civile ; et, dans ce sens, aucun livre n'est historiquement plus important que le Mahabharat. Le travail de M. Pavie est un des premiers fruits qu'a portés en Europe la publication du texte de ce poëme, que l'on doit à la Société de Calcutta et au généreux dévouement de M. Prinsep ; et il faut espérer que les savants voudront bien persévérer dans cette voie, et nous donner, non-seulement des épisodes, mais la traduction complète de ce monument de l'esprit hindou.

Les ouvrages dont je viens de parler appartiennent à la forme brahmanique de la civilisation hindoue, celle qui est pour nous la plus importante, parce qu'elle a exercé la plus grande influence sur tous les pays situés à l'ouest de l'Indus et

---

1. *Fragments du Mahabharata*, traduits en français par Th. Pavie. Paris, 1844. In-8° (339 p.).

a contribué, plus que tout autre élément, au développement de l'esprit philosophique de l'humanité. Le second rameau de la civilisation hindoue, le bouddhisme, a joué un rôle semblable, et à peine moins important dans l'histoire du monde, en établissant sa domination chez toutes les nations au nord et à l'est de la presqu'île indienne, et en les initiant à des idées métaphysiques, autant que le comportait leur génie, naturellement inférieur à celui de la race hindoue. On avait observé, jusqu'à présent, ce grand fait historique plutôt dans la circonférence que dans le centre du cercle qu'il a décrit autour de l'Asie orientale. M. Rémusat a étudié le bouddhisme en Chine, MM. Schmidt et Csoma de Körös chez les Mongols et les Tibétains, Turnour chez les Cingalais; d'autres l'ont observé plus imparfaitement chez les Birmans, les Siamois et les Kalmouks. Ces recherches amenèrent à constater des divergences très-considérables entre les doctrines des pays bouddhiques, et l'on se convainquit facilement qu'on avait devant soi des documents de temps et d'origines très-divers, et des dogmes interprétés de la manière la plus variée. On possédait une collection de livres, écrits en pâli, qui portent toutes les marques d'une haute antiquité et d'une authenticité parfaite, et qui sont communs à toutes les nations bouddhiques du midi; mais on trouvait chez les bouddhistes du nord une littérature différente et qui provenait de traductions de livres autres que les livres pâlis du midi, et les questions qui naissaient de cette différence et de l'incertitude de l'âge des livres des deux grandes divisions des nations bouddhiques ne trouvaient aucune solution. A la fin, M. Hodgson découvrit dans le Népal une collection immense d'ouvrages bouddhiques écrits en sanscrit. Sa générosité mit votre Société en possession de la plus grande partie de cette collection, et M. Burnouf, que ses travaux antérieurs sur les livres pâlis portaient naturellement à s'occuper de ceux-ci, est sur le point de publier un ouvrage, en deux volumes in-4°, sous le titre d'*Introduction à l'histoire du buddhisme indien*, dans lequel il examine en détail et compare les livres bouddhiques du nord, écrits en sanscrit, et ceux du midi, écrits en pâli. Cet examen lui donne le moyen de classer les livres bouddhiques de toutes les nations, de fixer les différents conciles auxquels ils doivent leur rédaction, de déterminer auquel des conciles se rattachent les livres de chaque nation, et de distinguer les époques et le caractère particulier des différentes sectes et doctrines. Il n'a paru de ce grand travail qu'un fragment sur l'origine du bouddhisme[1], mais le premier volume est en grande partie imprimé et sera publié bientôt.

Parmi les ouvrages relatifs aux littératures qui se rattachent au sanscrit, soit par la parenté des langues, soit par l'influence de la civilisation hindoue, s'en trouve un dont le sujet se rapproche de celui dont je viens de parler. C'est une collection de légendes intitulée : *Le sage et le fou*[2], publiée en tibétain et en allemand par M. Schmidt. L'origine de ce livre est inconnue ; il fait partie du Kandjour, et, jusqu'à présent, on ignore s'il est traduit du sanscrit, comme la plus grande partie des livres tibétains, ou s'il est du nombre des ouvrages composés au Tibet. On en connaît des traductions mongoles et kalmoukes, et il paraît être très-répandu parmi les bouddhistes de l'Asie centrale. C'est un livre de morale religieuse, contenant cinquante et une légendes dont le but est de prouver que toute action, bonne ou mauvaise, trouve sa récompense ou sa punition dans une renaissance future. L'ouvrage porte les marques d'une époque comparativement moderne. Il est dépourvu de la profondeur métaphysique que l'on admire si souvent dans les livres classiques des bouddhistes, mais il est empreint du sentiment humain qui distingue cette religion. Le but principal que s'est proposé M. Schmidt était de fournir aux savants, en Europe, un texte tibétain qui pût

---

[1]. *Considérations sur l'origine du Buddhisme*, par M. E. Burnouf. Paris, 1843. In-4°. (Publiées dans le compte rendu de la séance publique des cinq Académies.)

[2]. (*Dzanglou*) oder der Weise und der Thor, aus dem tibetischen uebersetzt und mit dem Originaltexte herausgegeben, von Schmidt. Saint-Pétersbourg, 1843. 2 vol. In-4° (xxxviii, 329 et 404 p.).

les aider à connaitre cette langue qu'on n'avait jusqu'ici presque aucun moyen d'étudier.

M. Taylor Jones a publié, à Bangkok, une petite grammaire siamoise[1], et l'on annonce qu'il se propose de la faire suivre d'un dictionnaire. Les différentes missions protestantes de Bangkok y ont publié un assez grand nombre de petits livres destinés aux besoins de leurs missions : des catéchismes en siamois, des traductions partielles de la Bible et des ouvrages élémentaires; mais il est presque inutile de dire que rien de tout cela n'arrive en Europe. On assure aussi que les missionnaires allemands, sur la côte de Cochin, ont publié un dictionnaire malayalim, pour lequel ils ont été obligés de graver eux-mêmes un corps de caractères. Des ouvrages de cette nature ne sont certainement pas entrepris en vue du public européen, mais on ne comprend pourtant pas que les auteurs ou les comités des missions n'aient pas l'idée d'en envoyer un petit nombre d'exemplaires en Europe, où les bibliothèques s'empresseraient de les accueillir et de les tenir à la disposition des savants qui peuvent en avoir besoin pour des études de linguistique et d'ethnographie. La science y gagnerait, et les missions retireraient de leurs travaux un honneur mérité, qui ne devrait pas leur être indifférent.

M. Roorda a fait paraître à Amsterdam la seconde édition de la Grammaire javanaise de Groot[2], augmentée d'un livre de lecture élémentaire par Gericke, et suivie d'un vocabulaire par l'éditeur lui-même.

Enfin, M. l'abbé Mosblech[3] a publié un vocabulaire assez

1. *Brief grammatical Notices of the Siamese language*, with an appendix, by J. Taylor Jones. Bangkok, 1842. In-8°.
2. *Javaansche Spraakkunst*, door C. de Groot, uitgegeven door C. Gericke, gevolgd door een Leesboek door Gericke en een nieuw Woordenboek door T. Roorda. Amsterdam, 1843. 2 vol. in-8° (xii, x, xv, viii, 236, 45 et 255 p.).
3. *Vocabulaire océanien-français et français-océanien*, par l'abbé Boniface Mosblech. Paris, 1843. In-8° (319 p.).

étendu de la langue des îles Marquises et Sandwich, qui, faisant partie des dialectes malais, rentre ainsi dans le cercle de vos études. C'est la collection de mots la plus considérable que l'on possède encore de ces dialectes, et l'éditeur a eu le bon esprit d'adopter pour la transcription un système aussi simple que satisfaisant.

Il me reste à parler de ce qui a été fait pour la littérature chinoise, que les circonstances actuelles sont bien propres à mettre en évidence. Mais le hasard a voulu que l'année dernière n'ait fourni qu'un petit nombre d'ouvrages. M. Medhurst a publié à Batavia le second et dernier volume de son dictionnaire chinois-anglais[1], qui contient tous les mots compris dans le dictionnaire de Khang-hi. Au commencement de son travail, M. Medhurst avait pris pour base le dictionnaire phonétique de Morrison, et ne se proposait que de le mettre par ordre de radicaux; mais, à mesure qu'il avançait, il ajoutait de nouveaux mots et de nouvelles significations; de sorte qu'à partir du quarante-sixième radical, son dictionnaire est devenu un ouvrage presque entièrement nouveau. La publication de ce livre est un véritable service rendu à la littérature chinoise, d'autant plus que les dictionnaires du père Basile et de Morrison ne se trouvent plus qu'avec difficulté. M. Medhurst prépare dans ce moment un dictionnaire anglais et chinois, dont le besoin se fait vivement sentir depuis que la Chine est devenue accessible sur des points où le jargon anglo-chinois de Canton ne peut pas servir d'intermédiaire entre les Européens et les indigènes. Personne ne peut encore prévoir toutes les conséquences que produiront les événements de ces dernières années, mais il est certain qu'ils doivent ouvrir la Chine, non-seulement au commerce, mais à l'influence intellectuelle de l'Europe; et les Chinois comprennent cela si bien, que l'étude de la langue anglaise commence à se répandre chez

---

1. *Chinese and english Dictionary*, containing all the words in the chinese imperial dictionary arranged according to the radicals, by W. H. Medhurst. Batavia, 1843. 2 vol. in-8°.

eux. C'est pour la faciliter que M. Thom, consul d'Angleterre à Ning-po, a publié, à Canton, la première partie d'un livre élémentaire anglo-chinois[1]. Les difficultés d'une pareille entreprise sont très-considérables ; la première et la plus grande de toutes consiste dans l'incompatibilité des sons anglais et chinois, et dans le peu de facilité qu'offre l'écriture chinoise pour la transcription des sons étrangers. M. Thom explique dans une préface chinoise le but de son livre ; ensuite, il donne l'alphabet anglais avec la transcription en chinois et en mandchou, des exemples de prononciation aussi en chinois, en mandchou et en anglais, et, à la fin, une collection considérable de mots et de phrases anglaises traduits et transcrits en chinois. Le livre est gravé sur bois et imprimé à la manière chinoise ; la gravure en est exécutée par des Chinois, ce qui fait que les caractères anglais n'ont pas toujours réussi. Mais on obtiendra mieux une autre fois, et la difficulté n'est pas là, mais dans la création du meilleur système de transcription possible des sons anglais. On n'arrivera probablement pas sur-le-champ à une solution définitive et complète, mais la route est ouverte, et l'expérience ne tardera pas à montrer les perfectionnements qu'il faut adopter.

Le département des affaires asiatiques à Saint-Pétersbourg a fait publier, l'année dernière, le catalogue des livres chinois, mongols, tibétains et sanscrits[2] qu'il possède, et, très-récemment, il y a ajouté un supplément[3] qui contient les titres originaux, que le catalogue n'avait donnés qu'en transcription russe. Il a fait imprimer de même une description des procédés agricoles des Chinois, traduite par l'archimandrite Hyacinthe[4],

---

1. *Chinese and english Vocabulary;* first part. Canton, 1843. In-8° (114 p.).
2. *Catalogue des livres et manuscrits chinois, mandchous, mongols, tibétains et sanscrits de la bibliothèque du département asiatique à Saint-Pétersbourg.* (En russe.) Saint-Pétersbourg, 1843. In-8° (102 p.).
3. Supplément à ce catalogue, contenant les titres originaux des ouvrages. Saint-Pétersbourg, 1844. (81 p.).
4. *L'Agriculture en Chine,* accompagnée de 72 figures d'instruments d'agriculture. (En russe.) Saint-Pétersbourg, 1844. In-8° (100 p.).

et accompagnée de planches qui représentent les instruments d'agriculture dont on se sert en Chine. M. le baron de Chaudoir[1] a fait graver à Saint-Pétersbourg un recueil de monnaies chinoises, japonaises, coréennes et javanaises, accompagné d'une introduction historique. Je regrette de ne pouvoir que citer le titre de cet ouvrage dont je n'ai pu parvenir à voir un exemplaire.

Enfin, M. Endlicher a fait paraître à Vienne la première livraison d'un atlas de la Chine[2]. C'est la reproduction exacte des cartes chinoises qui ont servi à d'Anville, et qui étaient le résultat des opérations trigonométriques faites par les jésuites, d'après l'ordre de Kang-hi, pendant les années 1707-1717. M. Endlicher publie ces cartes dans la forme et la grandeur de l'original, sans rien changer aux points qui ont été depuis ce temps fixés plus exactement, surtout par les relevés des côtes qu'ont faits les Anglais ; il veut leur conserver leur caractère primitif pour qu'elles puissent servir de matériaux pour nos cartes futures de la Chine. Le texte de son livre contient un index des cartes distribué par provinces et donnant les noms des districts, des villes et des montagnes en chinois avec la transcription, et indiquant les longitudes et les latitudes. L'ouvrage entier formera six livraisons, et sa publication est due aux encouragements du comte Dietrichstein, conservateur de la bibliothèque impériale de Vienne.

Telle est, messieurs, la liste des ouvrages qui sont parvenus à ma connaissance pendant l'année dernière ; et quoique cette liste soit nécessairement incomplète, elle suffira pour prouver les progrès rapides que font les études orientales. Ce

---

1. *Recueil de monnaies de la Chine, du Japon, de la Corée, d'Annam et de Java*, précédé d'une introduction historique par le baron de Chaudoir Saint-Pétersbourg, 1842. In-fol. (Avec 61 pl.).
2. *Atlas von China nach der Aufnahme der Jesuiten Missionare*, herausgegeben von St. Endlicher; liv. I. Vienne, 1843. In-4° (28, 56 et 24 p.). Ce cahier est accompagné d'une livraison de cartes grand in-fol.

mouvement est surprenant, si on le compare à ce qu'il était au commencement de ce siècle ; mais il ne répond pourtant ni aux exigences des études théologiques, historiques et archéologiques de notre temps, ni aux besoins, tous les jours plus pressants, de la politique et de la civilisation. Car il faudrait être aveugle pour ne pas voir que l'Europe, dont le pouvoir et l'activité débordent de tous côtés les limites de son territoire, tend tous les jours davantage à se rendre maîtresse de l'Asie et à y implanter sa domination, sa religion et sa science. Mais, pour bien dominer, il faut bien connaître : sans cela, on n'impose qu'un joug brutal et momentané. Pour introduire de nouvelles idées, il faut être au fait des idées anciennes auxquelles on veut les rattacher ; pour faire refleurir les sciences, il faut savoir le point où elles s'étaient arrêtées. Ce sont là des conditions évidemment nécessaires pour la réussite ; et une nation qui s'en affranchirait ne ferait, en voulant agir sur une autre, qu'une œuvre de barbarie, comme celle qu'ont faite, de notre temps, tant de princes orientaux qui ont voulu enseigner à leurs peuples la civilisation européenne qu'ils ne connaissaient point, et n'ont contribué qu'à précipiter la ruine de tout ce qui restait de respectable dans leur pays. Si l'essor qu'a pris la littérature orientale n'est pas plus rapide encore que nous ne le voyons aujourd'hui, ce n'est pas la faute des orientalistes. Il n'y a peut-être aucun de nous qui n'ait eu l'ambition d'entreprendre plus qu'il n'a entrepris et qui n'eût pu la satisfaire si les moyens de publication ne lui eussent manqué ; il n'y en a aucun qui n'ait fait mille sacrifices pour mener à fin ce qu'il a exécuté ; et c'est la connaissance de cet état de choses qui me conduit à examiner en peu de mots les encouragements que les gouvernements et le public européen accordent à nos études et ceux qu'elles pourront en espérer.

De tous les gouvernements, celui qui, depuis un grand nombre d'années, fait le plus pour les lettres orientales, c'est le gouvernement français. Il a créé des chaires pour presque toutes les langues de l'Orient, tant mortes que vivantes; il fait entreprendre de nombreux voyages; il offre à nos études, dans la Bibliothèque du roi, la collection de manuscrits la plus riche et la plus libéralement administrée qu'il y ait; il rend possible, par ses souscriptions ou par l'impression gratuite, la publication d'un grand nombre d'ouvrages qui s'adressent exclusivement au public savant; il possède dans l'Imprimerie royale un établissement qui est plus riche en types orientaux qu'aucun autre au monde, et qui emploie ses fonds disponibles de préférence à l'encouragement des lettres asiatiques; il donne, par ses corps savants, un centre et un objet d'ambition honorable à tous les efforts; enfin, il a ce respect de la science qui, plus que tout secours matériel, vivifie les travaux de l'esprit. On pourrait cependant désirer qu'il fût fait davantage pour les lettres orientales en France; que tous les encouragements qu'elles reçoivent ne fussent pas concentrés à Paris; qu'elles pénétrassent un peu dans l'instruction publique ; mais ce n'est pas le gouvernement qui nous fait défaut en France, c'est le public, qui, en général, ne prend qu'un médiocre intérêt à tout ce qui regarde l'Orient.

En Angleterre, nous trouvons exactement tout le contraire de ce qui existe en France. Le gouvernement n'y fait rien pour la littérature orientale, comme, en général, il ne fait rien pour la science. Son principe est de laisser ce soin aux corporations savantes. Il est vrai qu'en se déchargeant sur celles-ci de ce devoir, il les a dotées abondamment; et les universités d'Oxford et de Cambridge sont, sans aucune exception, les établissements littéraires les plus riches du monde. Mais leur organisation est telle, qu'elle ne se plie que lentement et difficilement au progrès des sciences; et ces moyens surabondants, qui frappent d'étonnement les étrangers, sont en grande partie paralysés par des routines séculaires. On a établi anciennement quelques chaires d'hébreu et d'arabe ; mais, depuis lors, rien n'a plus été fait; et les universités d'un pays qui compte cent millions de sujets hindous ne posséderaient pas encore aujourd'hui une chaire de sanscrit, si un colonel au service de la Compagnie n'en avait fondé une à Oxford. Il y a à Oxford et à Cambridge au moins mille prébendes littéraires, entourées de tout ce qui peut favoriser le travail: du loisir, des bibliothèques magnifiques, des imprimeries jouissant de priviléges extrêmement lucratifs; et l'on pourrait croire qu'une partie de ces nombreux lettrés aimerait à se dévouer aux études orientales, soit pour les appliquer à l'interprétation de la Bible, aux sciences historiques et à l'éclaircissement des antiquités classiques, soit pour faire connaître l'état actuel de l'Orient. Quand on ajoute à cela que ces universités sont peuplées d'étudiants qui ne suivent aucun cours de faculté, qui n'ont d'autre but que de faire leurs humanités et dont un grand nombre a l'intention de visiter l'Orient comme voyageurs, comme diplomates ou comme administrateurs, on devrait s'attendre à voir fleurir dans ces établissements toutes les branches des lettres orientales plus que partout ailleurs. Mais en Angleterre les universités ont suivi l'exemple du gouvernement et ont laissé au public le soin d'encourager les études asiatiques. Celui-ci n'y est pas resté indifférent; car il faut, en ce point, rendre justice aux Anglais. Tout homme qui possède quelque fortune croit de son devoir de faire partie d'une société savante et de contribuer ainsi, pour sa part, à l'avancement de la science. C'est de cette manière que la Société asiatique de Londres, le Comité des traductions et la Société pour la publication des textes orientaux ont été fondés et se maintiennent en rendant de nombreux services, et c'est uniquement aux encouragements du public que l'on doit une quantité d'ouvrages historiques et cette foule de voyages en Orient qui ont tant contribué à nous faire connaître presque toutes les parties de l'Asie. Néanmoins, l'intérêt que témoigne le public anglais pour les lettres orientales n'est pas encore en proportion de leur importance, et il n'y a que la partie de ces études qui se rattache aux missions qui ait trouvé tout l'appui dont elle avait besoin. Les

Sociétés des missions anglaises ont pu, non-seulement faire traduire la Bible dans toutes les langues de l'Orient, mais publier, en même temps, un nombre considérable de grammaires et de dictionnaires de dialectes auparavant inconnus.

Mais il y a en Angleterre un autre pouvoir qui était appelé, par sa position, à faire ce que négligeaient l'État et les universités, et qui, pendant longtemps, a glorieusement rempli le rôle que lui imposait la nature des choses, c'est la Compagnie des Indes. Elle a exigé de ses employés la connaissance des langues savantes et vulgaires de l'Orient; elle a fondé les collèges de Haileybury et de Fort-William, où ces langues étaient enseignées par les meilleurs maîtres européens et indigènes; elle a stimulé l'ambition des élèves par l'avenir le plus brillant, et encouragé, par des souscriptions extrêmement considérables, tous les ouvrages relatifs aux langues et à l'histoire de l'Orient qui paraissaient dans l'Inde. Ces efforts ont produit les résultats qu'on pouvait en attendre. On a vu, pendant trente ans, paraître une suite de dictionnaires, de grammaires et d'ouvrages classiques dans presque toutes les langues de l'Asie, et les Mémoires des Sociétés de Calcutta, de Bombay et de Madras témoignent de l'ardeur qu'on avait su inspirer aux officiers civils et militaires pour toutes les recherches qui pouvaient jeter du jour sur l'état ancien et moderne de l'Inde. Mais, depuis le gouvernement de lord William Bentink, ce système a été abandonné; on a interrompu brusquement l'impression des livres destinés à l'instruction publique; on a renoncé aux souscriptions; on a négligé les études orientales et découragé les recherches, et, s'il s'en fait encore aujourd'hui, c'est que le zèle généreux de quelques hommes d'élite ne s'est pas laissé refroidir par des dédains officiels. Au reste, c'est un état de choses qui ne peut pas durer; on reconnaîtra que, pour faire faire des progrès à un peuple, il faut se servir de sa langue et des idées qui lui sont familières; que, pour le gouverner, il faut l'avoir étudié; et l'on reviendra, sous une forme ou sous une autre, au système dont on s'était écarté.

En Allemagne, la littérature orientale n'a pas été favorisée par des intérêts politiques comme en Angleterre, ni par une grande centralisation comme en France; mais le pays entier s'est montré disposé à l'accueillir avec faveur, parce que les études théologiques, philologiques et philosophiques y sont plus avancées que partout ailleurs. Les lettres orientales ont trouvé dans les universités un appui bienveillant, et sont entrées plus avant dans l'instruction publique que dans aucun autre pays. Les différents gouvernements allemands, à l'exception de l'Autriche, ont fait pour cela à peu près tout ce que permettait leur position. Ils ont créé un nombre considérable de chaires, ils ont encouragé les voyages de leurs savants en Orient, et quelques-uns ont réuni des collections considérables de manuscrits. Au reste, c'est à cet égard qu'ils ont le plus à faire. La plupart des universités allemandes sont encore mal pourvues de manuscrits orientaux, et il n'y a pourtant aucun gouvernement qui ne soit assez riche pour former une collection qui donnerait à ses savants des instruments indispensables pour leurs travaux. On ne réfléchit pas assez que le dépérissement des lettres en Orient est tel, que les manuscrits se détruisent et ne se remplacent plus, et que les établissements qui ont soin de les réunir maintenant resteront les foyers du savoir, aussi certainement que ceux qui, à l'époque de la restauration des lettres, ont réuni des manuscrits grecs et latins, sont restés, pendant des siècles, les centres des études classiques. Le devoir des gouvernements allemands, sous ce rapport, est d'autant plus évident, que nulle autre part la littérature orientale n'est, si j'ose m'exprimer ainsi, aussi populaire qu'en Allemagne, et ne coïncide sur plus de points avec la direction naturelle des esprits. Ceci est tellement vrai, que, quelque part qu'on publie un livre oriental, l'auteur se tourne instinctivement vers l'Allemagne, comme le pays où il peut espérer principalement un public.

Parmi les États qui suivent en général l'impulsion donnée en Allemagne, tels que la Suède et le Danemark, ce dernier s'est toujours distingué par la protection qu'il accorde aux études orientales, par les soins qu'il a mis à créer une bibliothèque de manuscrits, et par les voyages scientifiques qu'il a fait entreprendre. Le temps n'est plus où M. de Sacy pouvait proclamer que le Danemark avait fait plus pour les lettres asiatiques que tous les autres pays de l'Europe; mais ce n'est pas que le Danemark fasse moins, c'est que les autres font plus qu'ils ne faisaient alors. La Hollande, qui a de si grands intérêts en Orient, a beaucoup fait pour l'étude des dialectes malais, et l'université de Leyde a été depuis deux siècles un des centres les plus considérables pour les études arabes, que la richesse de la bibliothèque et une suite presque ininterrompue de grands savants y favorisaient également; mais on peut à bon droit s'étonner que les Hollandais ne se soient pas empressés de nous rendre accessibles la littérature de l'empire du Japon, où eux seuls ont accès. Les employés du gouvernement à Nagasaki ont publié quelques ouvrages curieux sur l'état du Japon; mais comment se fait-il que nous soyons encore réduits aux grammaires et aux dictionnaires japonais publiés par les jésuites il y a deux siècles, et qu'un pays illustre par son savoir ait négligé une gloire que les circonstances lui avaient réservée?

L'Espagne et le Portugal n'ont produit depuis longtemps que quelques traductions d'ouvrages arabes; mais on peut espérer que, si le repos se rétablit en Espagne, ce pays complétera, sur l'histoire des Maures, ces travaux pour lesquels il possède de nombreux matériaux.

L'Italie, où plusieurs membres des ordres religieux et la Propagande ont autrefois rendu de si grands services à l'étude des langues et de l'histoire de l'Orient, commence à donner des signes d'une nouvelle activité. Quelques travaux entrepris en Lombardie, l'expédition toscane en Égypte et les encouragements efficaces que le gouvernement piémontais commence à accorder aux lettres orientales, donnent l'espoir que cette nation, peut-être la mieux douée de toutes par la nature, reviendra aux travaux de haute érudition qui ont fait autrefois une de ses gloires.

Il ne nous reste à parler que de la Russie, pays nouveau, où les travaux de l'esprit ont encore de la peine à trouver place à côté des tendances militaires de la nation et du gouvernement, mais qui a des intérêts extrêmement graves en Orient et qui doit forcément protéger les études qui s'y rapportent : aussi voyons-nous que le gouvernement russe a fait une grande part à l'enseignement des langues de l'Asie dans toutes ses universités ; qu'il a fondé des écoles spéciales pour tous les dialectes qui sont parlés dans l'empire, qu'il a créé à Saint-Pétersbourg un institut oriental attaché aux affaires étrangères ; qu'il a fait imprimer un nombre assez considérable d'ouvrages orientaux ; qu'il a réuni des collections de manuscrits et de médailles de la plus grande valeur ; qu'il fait entreprendre de nombreux voyages, et qu'il a donné, dans l'Académie de Saint-Pétersbourg, un puissant appui aux études orientales. Les travaux exécutés en Russie ont porté généralement sur la numismatique, sur le bouddhisme, sur les littératures mongole, tibétaine et géorgienne, et sur l'histoire et la description des pays qui sont soumis au sceptre de la Russie. Si le nombre et l'importance de ces travaux n'égalent pas encore ce qu'on peut attendre d'un grand empire, cela tient à la nouveauté des études et à l'absence d'un public savant ; mais il n'y a aucun pays dont le gouvernement soit plus en mesure et qui doive être plus empressé de faire beaucoup pour la littérature orientale que la Russie. Les besoins de l'administration et de la diplomatie, le contact perpétuel avec les peuples asiatiques, les intérêts du commerce et l'ambition naturelle à un puissant empire de remplir sa place dans le monde civilisé, produiront certainement chez les Russes de grands efforts pour s'emparer d'une branche de connaissances pour laquelle leur position leur offre tant d'avantages, et qui, pour eux, a une importance si manifeste.

La conclusion à tirer de toutes ces observations est évidemment que ni les gouvernements, ni le public européen, n'encouragent encore les études orientales autant que l'exigeraient les besoins de la science ; mais il est tout aussi certain qu'il y a un progrès réel et qui ne peut qu'aller en augmentant. Ce qui se fait aujourd'hui paraissait impossible il y a vingt ans, et des entreprises qui maintenant sembleraient chimériques seront devenues faciles dans vingt ans d'ici. Les résultats des recherches historiques et philologiques sur l'Orient entrent peu à peu dans la masse des connaissances que l'on exige de tout homme instruit, et le temps n'est pas loin où l'histoire de l'Orient, entièrement reconstruite d'après les découvertes de la génération actuelle, occupera sa place naturelle dans l'histoire universelle. Alors vos travaux seront appréciés par un cercle de plus en plus étendu, et vous aurez conquis le plus grand de tous les encouragements, le seul qui puisse récompenser les veilles des savants : l'attention et le respect du public.

V

ANNÉE 1844-1845

(RAPPORT LU LE 17 JUIN.)

Messieurs,

Depuis votre dernière séance générale, il n'est survenu aucun événement qui ait exercé une influence notable sur la situation de la Société asiatique. On aurait pu craindre que les changements successifs qu'a amenés dans votre agence le décès de M. Cassin n'eussent occasionné quelque dérangement dans vos affaires; mais votre Commission des fonds, en faisant un sacrifice de temps assez considérable, a pu obvier aux inconvénients qui résultaient de l'incertitude de cette situation, et aujourd'hui l'agence est constituée de manière à nous donner l'espoir que la surveillance ordinaire de vos commissions suffira pour maintenir l'ordre dans votre administration.

Mais au-dessous du courant régulier de vos affaires, qui ne diffère pas notablement d'une année à l'autre, il se manifeste un mouvement qui provient des progrès généraux des études orientales et dont l'influence se fait naturellement sentir avant tout dans votre Société. Ce mouvement se montre principalement dans l'accroissement incessant des travaux qui sont remis à la Commission du Journal, et qui augmentent d'année en année, non-seulement en nombre, mais en étendue et en importance. Si l'on jette les yeux sur les mémoires qui remplissent les dernières années de votre Journal, on y remarquera plusieurs séries d'articles dont chacune aurait pu former une publication à part. Autrefois, et il n'y a pas longtemps encore, quand on entreprenait un travail sur un point quelconque de la littérature orientale, on était à peu près sûr de ne s'y rencontrer avec personne, et on pouvait s'en occuper à loisir, comme de sa chose propre. Aujourd'hui, grâce à l'impulsion donnée à ces études, on est plus pressé de publier, car on doit s'attendre à ce que les mêmes raisons scientifiques qui ont déterminé un auteur à traiter un sujet, auront engagé d'autres savants à s'en occuper également.

Cette concurrence, signe de la vie d'une science, est toute à son profit; mais elle impose à une Société comme la vôtre de nouveaux devoirs. Le cadre du Journal, quoiqu'il ait été presque doublé depuis notre fondation, ne suffit plus à l'activité de votre travail, et le Conseil de la Société aura sans doute de nouvelles mesures à prendre pour mettre le Journal asiatique en état de satisfaire à ce mouvement qui le déborde aujourd'hui. C'est une tâche qui offre de grandes difficultés, mais on peut espérer de les vaincre graduellement.

Le Conseil a fait, dans l'année qui vient de s'écouler, une grande perte dans la personne de M. Fauriel, un des fondateurs de la Société. Ce n'est pas ici le lieu de dire tout ce que la science a perdu par la mort de ce grand savant. La curiosité insatiable de son esprit l'avait porté à faire une étude très-sérieuse des littératures sanscrite et arabe. Il s'en occupait, comme de celles de l'Europe ancienne et moderne, pour y chercher l'histoire de la civilisation et les traces obscures de l'origine des idées qui ont gouverné le monde. Il a laissé sur ces deux littératures des travaux très-considérables, mais qui n'étaient point destinés à être publiés; c'étaient des matériaux dont le résultat entrait dans ses ouvrages, sans ostentation, et là seulement où le sujet l'exigeait. On sait quel usage il a fait, dans son histoire de la Gaule méridionale, de la littérature arabe, pour éclaircir une partie de l'histoire de la France et de l'Espagne, et l'on verra, dans les cours qu'il a faits à la Sorbonne et qui vont être imprimés, avec quelle sagacité il emprunte à l'histoire littéraire de l'Orient des faits destinés à porter la lumière dans les parties les plus obscures de l'histoire des lettres en Europe. M. Fauriel, dans son testament, a donné à la Société asiatique une preuve de l'intérêt qu'il prenait à ses travaux, en lui léguant tous les livres orientaux de sa bibliothèque, qui était surtout riche en ouvrages imprimés dans l'Inde. Ce legs pourra être remis à la Société très-prochainement.

La Société vient de perdre encore plus récemment un de ses plus illustres membres étrangers, M. Guillaume Schlegel. Je n'ai pas à rappeler les travaux de critique, d'érudition et de littérature qui ont rendu son nom européen ; je ne puis dire que quelques mots sur ses études orientales. M. Schlegel a eu, dans un âge où il était déjà célèbre, le courage de recommencer, pour ainsi dire, sa vie littéraire, et de se jeter avec l'ardeur d'un jeune homme dans les travaux difficiles de la littérature sanscrite, alors si peu accessible. Il se rendit bientôt maître de cette langue, fonda l'enseignement de la littérature indienne à Bonn, commença une édition du Râmâyana, dont deux volumes, précédés d'une introduction très-remarquable, ont paru ; fit graver les premiers caractères sanscrits qui aient été exécutés en Europe, et dévoua les vingt dernières années de sa vie entièrement à ses études orientales, dans lesquelles il se distingua par la même sagacité, la même finesse d'esprit et le même tact littéraire qui avaient fait sa gloire dans les grands travaux critiques de la première moitié de sa vie. Les infirmités croissantes d'un âge avancé l'ont empêché de terminer son édition du Râmâyana ; mais on peut espérer que M. Lassen, qu'il s'était associé dès le commencement de cet ouvrage, trouvera au milieu de ses nombreux et importants travaux le temps de l'achever.

Votre Société a maintenu les rapports les plus amicaux avec les autres Sociétés asiatiques, et le nombre toujours croissant de ces associations est un nouvel indice de l'intérêt qu'excitent de plus en plus les études orientales.

La Société de Calcutta[1] continue ses travaux, et son Journal paraît régulièrement. Elle a été pendant longtemps seule dans l'Inde à défendre les intérêts de la science contre l'indifférence des gouverneurs généraux, préoccupés de soins plus pressants et aveuglés par le désir de substituer l'anglais, comme langue savante, aux anciennes langues du pays. On a tout lieu d'espérer que le gouverneur général actuel, Sir H. Hardinge, qui s'occupe avec le zèle le plus généreux de l'éducation de toutes les classes du peuple indien, aidera la Société asiatique dans ses efforts pour ne pas laisser tomber dans l'oubli les restes du savoir antique de l'Inde.

La Société de Madras paraît avoir renoncé pour le moment à faire paraître son Journal. Quelles que soient les causes qui ont amené cet abandon, il est à désirer que cette compagnie reprenne la publication de ses travaux, car les provinces qui forment le ressort naturel de ses observations offrent des matériaux pour la solution de beaucoup de questions importantes sur l'ancienne histoire de l'Inde. Les brahmanes ne sont jamais parvenus à effacer dans le Deccan les langues et une partie des institutions des aborigènes, et on ne peut retrouver que là les traces de l'état de la péninsule avant l'arrivée de la race sanscrite. Ce problème a occupé la Société de Bombay, et de savants missionnaires lui ont fourni quelques mémoires très-curieux sur ce sujet, qu'elle a insérés dans son

1. Journal of the Asiatic Society of Bengal, Calcutta. In-8°. Le dernier numéro qu'on ait reçu à Paris est le 149, ancienne série, ou 65, nouvelle série.

Journal[1], publication qui acquiert de plus en plus d'importance. La Société de Bombay n'aura certainement qu'à s'applaudir de la résolution qu'elle a prise de recommencer à faire paraître elle-même les travaux de ses membres. Les corps savants ne peuvent vivre qu'en mettant sans cesse sous les yeux du public le résultat de leurs recherches.

La Société de géographie de Bombay, qui, elle aussi, avait pendant quelques années envoyé ses mémoires en Angleterre, pour y être insérés dans le Journal de la Société géographique de Londres, a trouvé nécessaire, depuis 1836, de les publier directement[2], et les lettres orientales lui doivent, à partir de cette époque, une suite de travaux très-importants sur l'histoire et la géographie de la côte de Malabar, de la vallée de l'Indus, de l'Afghanistan, de la Perse et de l'Arabie. Depuis longtemps vous désiriez posséder ces Transactions; la Société de Bombay a bien voulu vous en envoyer un exemplaire complet, de sorte que nous n'avons plus, en la remerciant, qu'à lui exprimer le vœu d'en voir établir un dépôt en Europe, où les bibliothèques et les savants puissent se procurer cette importante collection. Je sais que l'avantage pécuniaire que les Sociétés retirent de ces dépôts lointains est presque nul, mais il importe à la science et à la gloire des corps savants que leurs travaux soient accessibles à quiconque s'occupe d'une branche du savoir qu'ils peuvent servir à éclaircir.

La Société des arts et des sciences de Batavia[3] nous a fait parvenir deux nouveaux volumes de ses mémoires, dont l'un

---

1. *Journal of the Bombay branch of the Royal Asiatic Society.* Bombay, in-8°. On a reçu à Paris six numéros de ce journal.
2. *Transactions of the Bombay Geographical Society.* Bombay, in-8°, 1837-1843. Il est difficile d'indiquer ce qu'il faut pour former un exemplaire complet de cette collection, car les cahiers se suivent sans aucun numéro d'ordre, et les premiers ont été réimprimés en 1844 en un volume. Tout ce qui a paru jusqu'ici forme quatre forts volumes.
3. *Verhandelingen van het Bataviaasch Genootschap.* Batavia, in-8°, 1842, t. XVIII (pages 47 et 487), et 1843, t. XIX (p. xcviii, 128; xlii, 177 et 421 avec 20 pl.).

contient un vocabulaire d'un dialecte de Formose, l'autre le texte et la traduction d'un poëme malai, par M. Van Hoevell, et un mémoire sur les ruines très-curieuses d'un ancien temple sivaïte trouvé à Soko, dans l'île de Java. La description de ce temple, que l'on doit à M. Van der Vlies, est accompagnée de planches représentant les restes de l'édifice, les sculptures dont il était orné, et une copie des inscriptions que l'on y a trouvées, avec un alphabet pour les lire, et leur traduction.

La Société asiatique de Londres a publié le XVe volume de son Journal [1], et le Comité des traductions et celui des textes orientaux ont fait paraître plusieurs ouvrages sur lesquels j'aurai à revenir plus tard.

L'Association littéraire d'Égypte a publié à Alexandrie la première partie de ses mémoires [2], qui se composent surtout de travaux géographiques sur l'Égypte, la Nubie et l'Abyssinie. Cette Société a établi une atelier de lithographie et a préparé une collection intitulée *Miscellanea hieroglyphica ;* mais les difficultés matérielles qu'elle a rencontrées et le défaut de ressources dans le pays ne lui ont pas encore permis de la faire paraître, malgré tous les efforts qu'elle a faits.

Nous n'avons reçu aucune nouvelle production de la Société orientale américaine. La Société asiatique allemande, qui a tenu à Leipzig, au mois d'octobre dernier, sa première assemblée, est occupée à s'organiser et à se centraliser. Elle se réunira cette année à Darmstadt, où elle se constituera sans doute définitivement. Il est probable que ses séances annuelles auront lieu tour à tour dans les différents centres du savoir en Allemagne, tandis que le siége de son administra-

---

1. *The Journal of the Royal Asiatic Society of Great-Britain and Ireland* n° xv (en deux parties). Londres, in-8°, 1844.
2. *Miscellanea ægyptiaca*, anno 1842. Ægyptiaca consociatio litteraturæ. Alexandrie, grand in-8° (124 p.). Il y en a un dépôt à Paris, chez M. Leleux, libraire.

tion sera fixé à Berlin, où paraîtra son Journal, le gouvernement prussien lui ayant offert pour cela les secours dont elle aurait besoin. La division de l'Allemagne et la position excentrique de Berlin rendent cet arrangement presque indispensable. D'un autre côté, le gouvernement autrichien paraît s'être décidé à son tour à encourager les études orientales, pour lesquelles il n'avait jusqu'à présent fait que très-peu de chose. L'Imprimerie impériale de Vienne fait des préparatifs qui semblent annoncer des plans littéraires de beaucoup d'importance; les employés de cet établissement suivent des cours des langues diverses de l'Asie, depuis l'arabe jusqu'au japonais, et l'on exécute la gravure des caractères de toutes les écritures orientales; mais on ne sait pas encore comment seront appliquées les ressources que l'on se crée dans ce moment en Autriche.

Enfin, il a été fondé à Londres une nouvelle Société, sous le titre de *Société Syro-Égyptienne*, dont le but est de servir de point de réunion à tous ceux qui ont voyagé dans les pays de race sémitique, et de publier leurs recherches sur cette grande et importante branche de l'archéologie orientale. Cette Société paraît n'avoir encore rien publié.

J'arrive maintenant à l'énumération des ouvrages orientaux qui ont paru depuis votre dernière séance, et je commence, comme à l'ordinaire, par la littérature arabe.

M. Gottwaldt, à Saint-Pétersbourg, a publié le texte de la Chronique de Hamzah d'Isfahan [1]. Cet auteur du xe siècle est un des premiers parmi les Arabes qui ait essayé d'écrire une histoire universelle, telle que la comportaient les connaissances de son temps, et de la baser sur un système de chronologie comparée. Son ouvrage devint bientôt célèbre et acquit

---

1. *Hamzæ Ispahanensis Annalium libri X*, edid. I. M. E. Gottwaldt, t. I, textus arabicus. Saint-Pétersbourg, in-8°, 1844 (xxviii et 243 p.)

une grande autorité chez les Arabes. Il est vrai que, lorsqu'on commença à s'en servir en Europe, on lui reprocha un grand manque de critique; mais il est juste de faire observer que l'état des sciences historiques, à l'époque où il vivait, n'offrait à l'auteur que fort peu de moyens pour contrôler les sources dont il se servait, et que des erreurs, même fort graves, dans un sujet aussi vaste et aussi difficile, n'ont pas le droit de nous étonner. De plus, M. Gottwaldt cherche à établir qu'une partie des fautes qu'on a reprochées à son auteur proviennent du copiste du seul manuscrit dont on s'était servi avant lui. Dans tous les cas, les sources où avait puisé Hamzah étant en grande partie perdues, on est trop heureux de retrouver dans son ouvrage les données historiques et chronologiques de ses devanciers, et c'est à la science européenne de les juger et de les mieux coordonner. Hamzah avait attiré de bonne heure l'attention des orientalistes; Reiske, Schultens, Rasmussen et M. Gottwaldt lui-même avaient publié divers chapitres de son ouvrage; mais une édition complète et correcte était un véritable besoin que M. Gottwaldt est venu satisfaire. Il se propose de faire suivre le texte d'une traduction latine et d'un commentaire.

M. Reinaud a réuni en un volume les extraits d'auteurs arabes et persans relatifs à l'histoire de l'Inde [1] qu'il avait insérés d'abord dans votre Journal. Tout le monde sait que le grand défaut de la littérature indienne consiste dans l'absence presque entière de données chronologiques pour les temps un peu reculés. On peut établir par les ouvrages brahmaniques une chronologie relative, déterminer que tel fait est antérieur à tel autre; mais on ne peut leur assigner une date absolue. Il est vrai que la littérature des bouddhistes remédie à un certain degré à ce défaut, et qu'elle donne un nombre considérable de synchronismes; mais dans une matière si vaste tout

---

1. *Fragments arabes et persans inédits relatifs à l'Inde*, recueillis par M. Reinaud. Paris, 1845, in-8º (xxxv et 228 p.).

nouveau secours est précieux. En général, les peuples étrangers ont mal compris l'Inde, et ce qu'ils en disent est ordinairement à côté de ce qui nous intéresse le plus dans l'histoire de ce pays; mais un fait positif, rapporté par un étranger, sert toujours à établir un synchronisme et à donner une date fixe à un nom ou à un incident autour desquels une foule de faits relatifs à l'histoire indigène peuvent se grouper. Quel parti la critique historique n'a-t-elle pas tiré de ce que les Grecs, et plus encore de ce que les voyageurs chinois nous ont dit de l'Inde! Il était donc naturel qu'on s'adressât aussi aux Arabes, quoique venus les derniers. C'est dans cet esprit que M. Gildemeister a publié, il y a quelques années, une collection des passages les plus importants des auteurs arabes sur l'Inde; et aujourd'hui M. Reinaud nous donne le résultat de ses recherches historiques et géographiques sur le même sujet, en les appuyant sur les textes qu'il a découverts. M. Reinaud annonce dans sa préface un mémoire étendu sur l'état de l'Inde avant le xie siècle de notre ère, mémoire dont il a déjà lu une grande partie dans les séances de l'Académie des inscriptions.

Les ouvrages historiques arabes, dont les commencements avaient paru dans ces dernières années, ont presque tous fait des progrès; ainsi, M. Wüstenfeld a publié le septième cahier des biographies d'Abou Zakariah al-Nawawi [1], M. Kosegarten la cinquième livraison du *Kitab al-aghani* [2], et le Comité des traductions de Londres est sur le point de faire paraître la première moitié du troisième volume du Dictionnaire biographique d'Ibn-Khallikan [3], traduit par M. de Slane. Ce savant lui-même a été envoyé par le gouvernement français à Constantinople, pour acheter, ou faire copier dans les bibliothè-

---

1. *The biographical Dictionary*, by Abu-Zakariya-Yahya el-Nawawi, edited by Wüstenfeld. Part. vii. Göttingen, 1844, in-8º (p. 577 à 672).
2. *Alii Isfahanensis Liber cantilenarum*, edidit Kosegarten. Fasc. v. Greifswalde, 1844, in-4º.
3. *Ibn-Khallikan's biographical Dictionary*, translated by baron Mac Guckin de Slane. Paris, 1845, in-4º, vol. III.. part. i (384 p.).

ques des mosquées les manuscrits arabes qui manquent à la Bibliothèque royale, et l'on ne peut qu'applaudir au but de ce voyage, ainsi qu'au choix du voyageur.

Avant de quitter la littérature historique des Arabes, je crois devoir annoncer la publication prochaine d'un ouvrage qui est vivement désiré par tous les hommes qui s'intéressent au progrès des lettres; c'est l'édition des Prolégomènes d'Ibn-Khaldoun que prépare M. Quatremère. Ibn-Khaldoun est, de tous les auteurs arabes, celui qui a l'esprit le plus large; son génie est très-supérieur à celui de son temps et de sa nation, et l'on est tout étonné de trouver, parmi les chroniqueurs et les beaux esprits qui forment les deux classes principales des historiens arabes, un homme recherchant les lois qui gouvernent le développement et décident du sort des races humaines. On a publié depuis vingt ans de nombreux extraits du grand ouvrage d'Ibn-Khaldoun : le gouvernement piémontais a fait commencer par feu M. Arri une édition de la partie qui traite de l'histoire ancienne; le gouvernement français a chargé M. de Slane de publier ce qui concerne l'histoire des Berbers; M. Schulz avait préparé une édition des Prolégomènes, que son voyage en Perse l'empêcha de mettre sous presse; et aujourd'hui M. Quatremère va publier le texte et la traduction de ces Prolégomènes dans la collection des Notices et Extraits. C'est dans cette partie de son travail qu'Ibn-Khaldoun a consigné ses principes de critique et ses vues générales, et il n'y a peut-être aucun ouvrage oriental qui soit aussi propre à être goûté par des lecteurs européens que celui-ci, qui est l'œuvre d'un esprit, si je puis m'exprimer ainsi, tout européen.

L'étude du Koran a fait un progrès important par la publication du commentaire de Beidhawi que M. Fleischer vient de commencer à Leipzig [1]. Beidhawi, auteur du XIIIe siècle de

---

1. *Beidhawii commentarius in Coranum, ex codicibus Parisiensibus, Dres-*

notre ère, était un des plus grands grammairiens arabes, et *les Lumières du Koran et les mystères de son interprétation*, tel est le titre de son commentaire, sont une mine inépuisable de recherches grammaticales et de traditions musulmanes. On ne pouvait trouver, pour ce livre important et difficile, un éditeur plus consciencieux et plus maître de son sujet que M. Fleischer, qui s'est dévoué à ce grand travail pendant un nombre considérable d'années. M. Weil, à Heidelberg, a publié deux petits ouvrages qui se rattachent à l'étude du Koran. Le premier est une introduction historique et critique [1], qui se compose en partie d'un extrait de la vie de Mahomet du même auteur, en partie d'un supplément à cet ouvrage, surtout pour le chapitre qui traite de la critique du Koran, de la formation de ce livre et de la succession chronologique des chapitres et des versets déplacés. Le second ouvrage de M. Weil est intitulé *Légendes bibliques des musulmans*, compilées d'après des sources arabes et comparées aux traditions juives [2]. Quiconque a lu une seule page du Koran, sait que ce livre est rempli d'allusions à des légendes juives sur des personnages du vieux Testament. Ces légendes n'ont aucune valeur historique, mais leur connaissance est indispensable à l'intelligence du Koran, et M. Weil a rendu service aux lecteurs de ce livre qui ne peuvent recourir aux commentaires originaux, en les tirant de divers recueils de traditions arabes et en les réunissant dans une espèce de manuel.

Les sciences des Arabes ont été l'objet des études de plusieurs savants; ainsi, l'histoire des mathématiques chez les Arabes a fourni à M. Sédillot la matière d'un ouvrage dont il vient de faire paraître le premier volume [3]. L'objet de l'auteur

---

densibus et Lipsiensibus, ed. indicibusque instruxit H. Fleischer. Fascic. I et II. Leipzig, 1844-1845, in-4º (320 p.).

1. *Historisch-kritische Einleitung in den Koran*, von Dr G. Weil. Bielefeld, 1844, in-12 (XXI et 121 p.).

2. *Biblische Legenden der Musulmänner*, von Dr G. Weil. Frankfurt, 1845 in-8º (298 p.).

3. *Matériaux pour servir à l'histoire comparée des sciences mathématiques*

est de prouver, par l'examen comparé des monuments, que l'école de Baghdad a su perfectionner les connaissances en astronomie, en mathématiques et en géographie, dont elle avait reçu le dépôt des Grecs. Il recherche de plus quelle a été la part des Indiens et des Chinois dans les progrès des sciences exactes. Une partie des mémoires qui composent cet ouvrage avait déjà paru séparément dans divers recueils scientifiques, et quelques-unes des opinions émises par M. Sédillot ont donné lieu à une polémique qui ne paraît pas encore épuisée.

M. de Sontheimer, à Stuttgart, a publié la traduction allemande du cinquième livre du Canon d'Avicenne[1], qui traite des remèdes composés des Arabes. Il a complété par cet ouvrage sa traduction du grand Traité d'Ibn-Beithar sur les *simples*. On peut dire que c'est la première fois que cette partie des œuvres d'Avicenne paraît dans une langue européenne, car la traduction qu'en a publiée au XVIe siècle Gérard de Crémone est trop inexacte pour pouvoir être comptée. Les deux ouvrages de M. de Sontheimer embrassent toute la matière médicale des Arabes, et fournissent de riches matériaux pour l'appréciation des progrès que ce peuple avait faits dans une science dans laquelle il fut pendant des siècles le maître de l'Europe.

M. Favé, capitaine d'artillerie, qui s'occupait depuis longtemps d'un ouvrage sur l'histoire de l'artillerie, ayant consulté M. Reinaud sur les machines de guerre des Arabes, M. Reinaud lui communiqua les matériaux qu'il possédait sur cette question et traduisit un ouvrage du XIIIe siècle, par Hassan el-Rammah, sur l'art de la guerre. Le résultat du travail des deux collaborateurs fut un traité sur l'origine de la poudre à

---

chez les Grecs et les Orientaux, par M. L. A. Sédillot. Paris, 1845, in-8°
(466 pages. Le volume n'est pas achevé).
1. *Zusammengesetzte Heilmittel der Araber nach dem fünften Buch des Canon von Ebn-Sina*, übersetzt von Dr Sontheimer. Fribourg, 1845, in-8°
(288 p.).

canon [1], traité qui vient de paraître, et qui forme la première partie de l'Histoire de l'artillerie de M. Favé. Il ressort de ce travail que, selon toute probabilité, la poudre à base de salpêtre fut inventée par les Chinois et employée par eux aux feux de guerre; que les Arabes et les Grecs la leur ont empruntée et en ont perfectionné tous les deux les applications; mais que l'artillerie, c'est-à-dire l'emploi de la qualité explosive de cette poudre, ne fut découverte qu'en Europe, vers la fin du XIIIe siècle. C'est un livre curieux, dans lequel on trouvera plusieurs données nouvelles sur l'histoire de la chimie chez les Arabes, et où l'on observera avec intérêt la sagacité avec laquelle M. Favé a su appliquer les connaissances pratiques et scientifiques qu'exige son arme à l'explication des textes orientaux et grecs qui traitent des feux de guerre.

M. le baron de Hammer a publié un petit volume en arabe et en allemand, portant le titre de *Rendez-vous de la prière* [2] et contenant sept prières en prose rimée, pour différentes heures de la journée. M. de Hammer ne s'explique pas sur l'origine de ce volume, qui me paraît entièrement composé par lui-même et publié en commémoration d'un deuil de famille. Je passe avec un silence respectueux devant ce monument d'une pieuse tendresse.

Les ouvrages destinés à faciliter la connaissance de la langue arabe sont assez nombreux et témoignent de l'extension croissante que prend cette étude. M. Caussin de Perceval a publié la troisième édition de son excellente Grammaire arabe vulgaire [3]. M. Bled de Braine a fait paraître un Cours d'arabe [4],

1. *Du feu grégeois, des feux de guerre et des origines de la poudre à canon*, par M. Reinaud et M. le capitaine d'artillerie Favé. Paris. 1845, in-8º (287 p. et 17 pl.).
2. *Zeitwarte des Gebets, in sieben Tageszeiten. Ein Gebetbuch arabisch und deutsch herausgegeben*, von Hammer-Purgstall. Vienne,1844, in-8º (56 et 76 p),
3. *Grammaire arabe vulgaire pour les dialectes d'Orient et de Barbarie*, par M. Caussin de Perceval. Paris, 1854, in-8º (175 p.).
4. *Cours synthétique, analytique et pratique de la langue arabe*, où les

composé d'une grammaire et d'exercices, et destiné aux Européens établis en Algérie et dans le reste du nord de l'Afrique. Votre bibliothécaire, M. Kazimirski de Biberstein, a commencé la publication d'un Dictionnaire arabe-français [1] qui contiendra, dans un fort volume in-8°, tout ce qui est indispensable pour l'intelligence des textes arabes anciens et modernes. M. Berggren a fait paraître, à Upsal, comme supplément à ses voyages en Orient, un Guide français-arabe [2], en forme de dictionnaire, dans lequel il explique les mots et les phrases les plus usités en Syrie et en Égypte. M. Berggren n'est peut-être pas assez philologue pour faire un dictionnaire parfait, mais son ouvrage donne, néanmoins, plus que n'en promet le titre. Il contient beaucoup de termes techniques et une quantité de renseignements sur les mœurs et la géographie, qu'on chercherait en vain autre part. Ainsi, on trouve sous le mot *cuisine* la description de tous les mets arabes ; à propos des mots *itinéraires, Syrie, désert* et autres, il entre dans de long détails géographiques ; il ajoute, de plus, à la fin, un droguier assez étendu et que l'on consultera avec fruit en le comparant à celui que M. de Sontheimer a inséré à la fin de sa traduction d'Avicenne dont je viens de parler. Enfin, il se prépare au Caire deux grands ouvrages lexicographiques. L'un est une réimpression du *Kamous;* l'édition de ce dictionnaire, publiée à Calcutta, est devenue extrêmement rare ; celle qu'on dit avoir été lithographiée à Bombay est à peu près inconnue hors de l'Inde, de sorte que la nouvelle édition qu'annonce M. Walmass, au Caire [3], sera un grand service rendu aux savants

---

dialectes vulgaires africains d'*Alger*, de *Maroc*, de *Tunis* et d'*Égypte* sont enseignés sans maître, par J. F. Bled de Braine. Paris, 1844, in-8°. Dondey-Dupré. (Non achevé ; l'ouvrage aura 28 feuilles.)

1. *Dictionnaire arabe-français,* par Kazimirski de Biberstein. Paris, 1845, in-8°. (Il en a paru 2 livraisons.)

2. *Guide français-arabe vulgaire des voyageurs et des Francs en Syrie et en Égypte,* par J. Berggren. Upsal, 1844, in-4°. (924 p.).

3. Cette édition du *Kamous* sera imprimée à Boulak et formera un volume in-folio. On peut souscrire chez M. Duprat, libraire à Paris. Le prix de souscription est de 75 francs.

d'Europe. M. Perron, directeur de l'école de médecine au Caire, et dont vous connaissez les travaux sur les anciens Arabes, s'est chargé de la rédaction du texte, et un des plus savants scheikhs du Caire, Mohammed-el-Tounsy, s'occupera de la révision des épreuves. Le second ouvrage lexicographique entrepris au Caire est un grand trésor de la langue arabe auquel M. Lane travaille depuis quelques années et pour lequel il s'est associé le scheikh Ibrahim-al-Deisouki. La parfaite intelligence de la langue, soit ancienne, soit moderne, dont M. Lane a donné tant de preuves, fait concevoir les plus grandes espérances de ce travail.

Il me reste à dire quels sont les travaux qui, pour les autres dialectes sémitiques, ont contribué à enrichir les lettres orientales. M. Dietrich, à Marburg, a publié, sous le titre de : *Mémoires sur l'étymologie des mots sémitiques* [1], un volume contenant trois dissertations qui traitent des noms des herbes et des roseaux, des noms des parties du corps, et de ceux des racines anormales. Les principes de l'auteur, en matière d'étymologie, sont très-sages, et il les applique avec savoir et sagacité.

M. Kaempf, à Halle, a fait imprimer le texte et la traduction allemande des premières Séances du Taschkemouni de Charisi [2]. C'est un livre curieux sous plusieurs rapports. Jehuda-ben-Salomo-el-Charisi était un juif espagnol du XIII° siècle, élevé dans les écoles arabes, comme tous les savants de son temps et de sa nation; profondément imbu du goût et du savoir des Arabes, et, en même temps, jaloux de leur prééminence littéraire, il se proposa de prouver que l'hébreu était une langue aussi riche et aussi capable de se prêter à tous les besoins de la littérature que l'arabe, et il composa, sous le titre de *Ta-*

---

1. *Abhandlungen für semitische Sprachforschung*, von F.-E.-C. Dietrich. Leipzig, 1844, in-8° (350 p.).
2. *Die ersten Makamen aus dem Tachkemoni des Charisi*, von Dr Kaempf. Berlin, 1845, in-8° (180 p.).

chkemouni, un ouvrage par lequel il espérait réveiller le patriotisme littéraire des juifs. Mais il était lui-même tellement sous le joug de l'esprit arabe, qu'il n'a su faire de sa protestation qu'un pastiche des Séances de Hariri ; il les imita avec beaucoup de bonheur, employa tous les raffinements de la langue pour égaler son modèle en jeux de mots et en traits d'esprit, et produisit un ouvrage réellement remarquable, mais bien peu propre à émanciper les juifs de la domination savante des Arabes. Le texte hébreu de cet ouvrage a été publié plusieurs fois, mais sans critique et sans commentaire. M. Kaempf donne, d'après d'anciens manuscrits, le texte de l'introduction et des premières séances, accompagné de notes et d'une traduction allemande rimée, et précédé d'une préface dans laquelle il traite de la vie de l'auteur, du genre de poésie qu'il cultivait et de la métrique hébraïque.

C'est peut-être ici que je puis le mieux placer la mention du Dictionnaire berbère [1] que le ministère de la guerre fait publier et dont le premier volume a paru. On se rappelle que le gouvernement a nommé, il y a quelques années, une commission à laquelle il adjoignit Sidi-Ahmed, imam de Bougie. Cette commission trouva que les différences entre les dialectes berbères étaient assez grandes pour qu'il fût à désirer de publier un dictionnaire particulier pour chacune des grandes divisions de cette population. Le volume qui a paru contient le dialecte des Berbères de Bougie, d'Alger et de la chaîne de l'Atlas, jusqu'à Médéah. Le volume suivant paraît être destiné au dialecte des Berbères de Constantine. On ne pourra juger si ce système est réellement le meilleur que lorsque plusieurs de ces vocabulaires auront vu le jour.

Avant de quitter la littérature des peuples sémitiques, j'ai à

---

1. *Dictionnaire français-berbère, dialecte écrit et parlé par les Kabaïtes de la division d'Alger*, ouvrage composé par ordre du ministre de la guerre. Paris, 1844, grand in-8° (656 p.).

dire quelques mots sur ce qui a été fait pour la publication des inscriptions himyarites de M. Arnaud. Votre conseil a trouvé nécessaire de faire graver un caractère himyarite, et M. Lebrun, directeur de l'Imprimerie royale, toujours empressé de favoriser vos études, a fait exécuter des types qui servent en ce moment à l'impression des inscriptions. Le voyage de M. Arnaud à Mareb, qui a paru dans votre Journal [1], montre combien le Yémen est encore riche en inscriptions qui pourraient mettre la critique européenne en état de rétablir l'histoire ancienne de ce pays. Les difficultés pour les obtenir sont extrêmement grandes, mais si quelqu'un peut les vaincre, c'est M. Arnaud, à qui ses habitudes permettent de voyager comme un Arabe, et qui, par ses anciennes relations à Sanna, est assuré d'autant de protection qu'on peut en obtenir dans ce pays presque sauvage, et nous ne pouvons que faire des vœux pour qu'il plaise au gouvernement français de le mettre en état de recommencer son exploration du Yémen. Il s'agit d'un chapitre entier, et d'un chapitre très-important, à ajouter à l'histoire ancienne.

En nous tournant vers l'Orient, nous trouvons toutes les questions qui se rattachent aux grands empires de la Mésopotamie et de la Perse soulevées de nouveau à l'aide de matériaux plus abondants. J'ai à peine besoin de vous rendre compte des progrès et de l'achèvement des fouilles de M. Botta [2], qui ont mis au jour tout un palais assyrien. Depuis votre dernière séance générale, les travaux ont marché avec la plus grande rapidité; des secours plus efficaces, et la présence de M. Flandin, ont permis d'employer jusqu'à deux cents ouvriers, et vous apprendrez avec satisfaction que ces travaux ont nourri pendant une année tout ce qui restait de la tribu nestorienne indépendante que les Kurdes avaient massacrée. Deux mille

---

1. Voyez le Voyage de M. Arnaud, dans le *Journal asiatique*, année 1845, mois de mars et d'avril.
2. *Lettres de M. Botta sur ses découvertes à Khorsabad, près de Ninive*, publiées par M. Mohl. Paris, 1845. in-8°. (XI, 72 p. et 55 pl.)

mètres de murs couverts d'inscriptions et de sculptures ont été déblayés, cent trente bas-reliefs dessinés par M. Flandin, deux cents inscriptions copiées par M. Botta, et les sculptures les mieux conservées ont été embarquées par lui sur des radeaux pour descendre le Tigre jusqu'à Bassora, où elles seront prises par une gabare de la marine royale et amenées à Paris. D'après les dernières lettres de M. Botta, tous les radeaux étaient arrivés heureusement à Baghdad, et il ne restait plus à expédier que deux taureaux et deux statues d'hommes étouffant des lions dans leurs bras. Il est à craindre que l'étiage du Tigre soit trop bas en été pour qu'on puisse embarquer avant le printemps prochain ces monolithes énormes. M. Botta va arriver à Paris, où il rédigera la description de sa découverte; les dessins des sculptures et les copies des inscriptions seront gravés et fourniront à l'étude des savants des matériaux aussi riches qu'inespérés. On ne lit pas encore les inscriptions assyriennes, mais il est permis d'espérer qu'on y parviendra à l'aide des inscriptions bilingues et trilingues de Persépolis.

Il paraît probable aujourd'hui que l'écriture cunéiforme a été inventée à Babylone, transportée de là à Ninive et appliquée à la langue assyrienne, puis portée, plus tard, à Ecbatane et appliquée à la langue médique, et enfin adaptée au persan, à Persépolis. Dans chacune de ces applications, cette écriture, originairement syllabique et très-compliquée, paraît s'être simplifiée petit à petit jusqu'à ce qu'elle soit devenue alphabétique à Persépolis. La nature des choses indique que, pour arriver à la déchiffrer, nous devons remonter en sens inverse, et aller du caractère le plus simple au plus compliqué. C'est cette marche qui a déjà été suivie. Depuis que M. Burnouf a rendu accessible l'ancienne langue persane, lui et M. Lassen l'ont appliquée à la lecture du caractère persépolitain, et cette branche d'études vient de recevoir de grands développements, et est sur le point d'en recevoir de plus grands encore. M. Lassen a publié les inscriptions persépolitaines [1] que M. Westergaard

1. *Die altpersischen Keilinschriften*, von Lassen. Bonn, 1844, in-8°(188 p.).

a rapportées de son voyage, et il les a commentées avec son savoir et sa sagacité ordinaires. Sa publication a été soumise à une critique rigoureuse de la part de M. Holtzmann [1], à Carlsruhe; malheureusement, ce travail, qui n'est pas sans mérite, est écrit avec une acrimonie qu'on ne peut voir sans regret.

On ne possède jusqu'à présent qu'une vingtaine d'inscriptions en caractères cunéiformes persépolitains, et elles sont, en partie, frustes ou très-courtes. C'est trop peu pour pouvoir résoudre avec sécurité toutes les difficultés que présente leur déchiffrement; mais nous allons avoir prochainement l'immense inscription de Bisitoun, qui à elle seule contient, dans quatre cent cinquante lignes, autant de matière que toutes les autres réunies. M. Rawlinson, grâce à des circonstances favorables, a pu copier, il y quelques années, cette inscription, qui est d'un accès extrêmement difficile. Il en a envoyé une copie, accompagnée d'une traduction, à Londres, où la Société asiatique se propose de la publier. Elle est l'œuvre de Darius Hystaspes, qui l'a fait graver avant son expédition contre les Scythes, et qui y a consigné la généalogie des Achæménides, l'énumération des provinces et des mers de son empire, la liste et les noms des rois qu'il avait vaincus et dont on voit les figures sur le bas-relief qui surmonte l'inscription. Quelque grande que soit l'importance de ce monument pour l'histoire et la langue de la Perse antique, on pouvait espérer qu'il nous rendrait un immense service de plus en offrant une large base pour le déchiffremeut des autres systèmes d'écritures cunéiformes; car il se compose de trois colonnes qui contiennent le même texte en persan, en médique et en babylonien. Malheureusement, ces deux dernières ont beaucoup souffert, et M. Rawlinson n'a pu copier que le tiers de la colonne médique

---

Ce mémoire forme le premier cahier du volume du Journal intitulé : *Zeitschrift für die Kunde des Morgenlands.*
1. *Beitræge zur Erklärung der persischen Keilinschriften*, von A. Holtzmann. Cah. I. Carlsruhe, 1845, in-8° (152 p.).

et le dixième de la colonne babylonienne. Néanmoins, les cent cinquante lignes qui restent de la seconde colonne offrent encore des matériaux considérables pour le déchiffrement du caractère médique, et M. Rawlinson en a tiré un alphabet qu'il ne publie pas encore, parce qu'il n'en est pas entièrement satisfait, mais qui fournira certainement des éléments considérables pour la lecture de ce système cunéiforme. M. Westergaard imprime dans ce moment, à Bonn, un traité sur le même sujet, basé sur les inscriptions médiques qu'il a rapportées de ses voyages. Chaque pas qu'on fera dans cette direction rapprochera le moment où l'on pourra aborder la lecture du caractère assyrien; c'est un problème des plus difficiles à résoudre, et qui défiera peut-être encore longtemps la sagacité des savants, mais qui est d'un intérêt extrême à cause de l'antiquité et de la quantité des inscriptions assyriennes que nous devons à Schulz et à M. Botta.

L'étude du zend a fait quelques progrès. La Société asiatique de Bombay a continué son édition du Zend-Avesta en caractères guzarati, et nous en a envoyé trois nouveaux volumes contenant l'Izeschné [1] et le Vispered [2]. M. Windischmann, à Munich, a publié un travail sur le *Homa* [3], et M. Burnouf, avec des matériaux plus amples, a traité le même sujet dans une série d'articles qui paraissent dans le *Journal asiatique* [4], et dont l'ensemble formera la continuation de son commentaire sur le Yaçna. Le *Homa* est effectivement une des parties les plus curieuses de la doctrine de Zoroastre, par ce que c'est une de

---

1. *The Yaçna of the Parsis in the zand language but gujarati character with a gujarati translation, paraphrase and comment; according to the traditional interpretation of the Zoroastrians*, by the late Framji Aspandiarji and other Dasturs: lithographed for the Bombay branch of the Royal Asiatic Society, by Appa Rama. 2 vol. in-8°, 1843 (t. I, 500 p.; t. II. 485 p.)
2. *The Vispard of the Parsis in the zand language but gujarati character* etc. Bombay, 1843, in-8° (137 p.).
3. *Ueber den Soma-Cultus der Arier*, von Dr F. Windischmann. Munich, 1844, in-4° (18 p.). Tiré des Mémoires de l'Académie de Munich.
4. *Le dieu Homa* (articles de M. Burnouf, dans le *Journal asiatique* de 1844 et 45).

celles qui nous permettent de saisir le plus clairement les rapports entre les Védas et le Zend-Avesta, de fixer le point où la doctrine persane s'est séparée de celle des Védas, et de suivre les phases de la transformation que les prédécesseurs de Zoroastre lui-même lui ont fait subir.

Le pehlewi n'a été l'objet que d'une seule dissertation de M. Müller[1], à Munich ; mais elle est d'un grand intérêt. L'auteur y examine, d'après les livres pehlewis, le point principal de la théologie zoroastrienne, c'est-à-dire, le rapport entre Ormuzd et le *temps infini*. Anquetil avait cru que le *temps* était regardé, par les Persans, comme l'Unité absolue dont procédaient, d'un côté, Ormuzd, de l'autre Ahriman ; mais M. Müller prouve que, dans la doctrine officielle de l'époque des Sassanides, Ormuzd était regardé comme le maître suprême, et le *temps* comme un élément de la création des êtres. Il est à regretter que le manque de caractères pehlewis ait empêché jusqu'à présent M. Müller de publier l'édition du Bundehesch qu'il a préparée, que personne aujourd'hui ne pourrait exécuter aussi bien que lui, et qui relèverait l'étude du pehlewi. Il est assez probable qu'on aura besoin de cette langue pour l'étude des inscriptions cunéiformes ; car il est difficile de croire qu'aucun des trois ou quatre idiomes encore cachés sous le voile des différents systèmes de cette écriture, n'appartienne pas à cet antique mélange des langues sémitiques et ariennes.

La littérature persane proprement dite s'est enrichie de quelques travaux. M. Defrémery a fait paraître le texte et la traduction de l'histoire de la dynastie des Samanides par Mirkhond[2]. M. Wilken avait déjà publié, en 1808, ce même texte ;

1. *Untersuchungen über den Anfang des Bundehesch*, von Dr Joseph Müller. Part. I. Munich, 1844, in-4º (30 p.). Tiré des Mémoires de l'Académie de Munich.
2. *Histoire des Samanides*, par Mirkhond ; texte persan, traduit et accompagné de notes critiques, historiques et géographiques, par M. Defrémery. Paris, 1845, in-8º (296 p.).

mais il n'avait qu'un seul et médiocre manuscrit, de sorte que la nouvelle édition, beaucoup plus correcte et accompagnée d'une traduction plus exacte, sera bien reçue par tous ceux qui s'occupent de cette époque curieuse du khalifat, d'autant plus que M. Defrémery a pris soin de compléter le récit très-inégal de Mirkhond par de nombreux extraits tirés d'historiens arabes et persans inédits. Un autre chapitre de Mirkhond, l'histoire des Sassanides[1], a été publié pour faire partie des chrestomathies à l'usage de l'école des langues orientales vivantes de Paris. J'aurais dû déjà l'annoncer dans le Rapport de l'année dernière ; mais je n'en avais pas eu connaissance. Il y a longtemps que ce chapitre de Mirkhond est connu par la traduction de S. de Sacy ; mais le texte n'en avait jamais été imprimé. Toutes ces publications partielles sont autant d'acheminements vers une édition complète du grand ouvrage de cet historien médiocre, mais presque indispensable.

M. Bland a publié à Londres le premier cahier de l'histoire des poëtes persans[2], composée sous le titre de *Temple du feu*, par Lutf Ali Khan, poëte persan du xviie siècle. M. Bland avait déjà rendu un compte détaillé de cet ouvrage dans le Journal de la Société asiatique de Londres ; il a depuis ce temps réuni tous les manuscrits connus du *Temple du feu* et en a commencé une édition. Lutf Ali Khan traite d'abord des poëtes antérieurs par ordre géographique, ensuite de ses contemporains, et finalement de ses propres œuvres poétiques. Il a accumulé ainsi les biographies de plus de huit cents poëtes et il donne quelques extraits des ouvrages de chacun. La publication de ce livre est une entreprise utile, moins à cause des extraits d'une quantité de poëtes oubliés qu'il contient, que parce qu'une collection aussi considérable de biographies renferme nécessairement une foule de dates et de renseignements qui

---

1. *Chrestomathies orientales. Histoire des Sassanides*, par Mirkhond, texte persan. Paris, 1844, in-8º (110 p.).
2. *The Atesch Kedah, or fire-temple*, by Hajji Lutf Ali Beg, of Isfahan, now first edited by N. Bland. London, 1844, in-8º (40 p.).

peuvent servir à éclaircir des points douteux dans l'histoire.

Le colonel Miles a publié, aux frais du Comité des traductions, la vie de Tipou Sahib par Mir Hussein Ali Khan de Kirman [1], qui forme la suite de la vie de Hyder Ali par le même auteur, dont M. Miles avait déjà donné la traduction. Ces deux ouvrages paraissent avoir été composés sur les instances des fils de Tipou et sont écrits dans le style enflé des panégyristes orientaux. Il n'est pas sans intérêt de voir comment des événements qui nous sont si bien connus par les rapports des Anglais sont représentés par un partisan du côté ennemi, et l'histoire de cette époque pourra certainement y découvrir quelques faits nouveaux, ainsi que l'explication de quelques événements dont on ne possédait pas la clef. Néanmoins il aurait fallu un homme plus intelligent que Mir Ali pour nous donner un tableau fidèle des plans politiques et de l'administration de Tipou, et des causes réelles de sa chute.

M. Wetzstein, à Leipzig, a fait paraître la seconde partie de son édition lithographiée du Dictionnaire arabe-persan de Zamakhschari [2]; la troisième est promise prochainement, et l'ouvrage sera terminé par un glossaire alphabétique, appendice indispensable pour un dictionnaire arrangé selon l'ordre des matières. M. Duncan Forbes, à Londres, a publié une seconde édition de sa Grammaire persane [3], suivie d'une collection de fables et d'un vocabulaire. Ce livre a le mérite de contenir dans un petit nombre de pages tout ce qui est indispensable à un commençant.

Enfin, M. Chodzko, qui pendant son long séjour en Perse

1. *The History of the reign of Tipu Sultan*, by Mir Hussein Ali-Khan Kirmani, translated by colonel Miles. London, 1844, in-8° (291 p.).
2. *Samachscharii Lexicon arabicum persicum*, edidit Wetzstein. Leipzig, 1844, in-4° (p. 86–179).
3. *A Grammar of the Persian language*, by Duncan Forbes. Second edition. Londres, 1844, in-8° (p. 90, 40 et 24).

s'est occupé avec beaucoup de suite de la littérature populaire de ce pays, et à qui nous devons la curieuse collection des chants de Kuroglou, a commencé à publier ses Études sur le théâtre persan [1]. Tout le monde savait que les Persans, seuls de tous les musulmans, avaient une espèce de théâtre, ou plutôt qu'ils jouaient, en commémoration du meurtre des enfants d'Ali, des mystères appelés *taziés*. Mais M. Chodzko est le premier qui se soit donné la peine de recueillir ces pièces et de nous faire connaître l'organisation du théâtre persan, ainsi que les différents genres dont se compose son répertoire. Il a rapporté de Perse, outre des farces populaires, une ample collection de *taziés* qui faisait partie de la bibliothèque de Feth Ali Schah, et que le directeur du théâtre de la cour lui céda, et il a publié la traduction de quelques-unes de ces pièces, en promettant de nous donner par la suite de plus amples moyens d'apprécier cette branche singulière de la littérature persane.

En quittant la Perse, nous touchons à l'Afghanistan, qui a été pendant quelques années le théâtre de si grandes découvertes. L'innombrable quantité de médailles et d'inscriptions qu'on y a trouvées tout à coup a, grâce au savoir et à la merveilleuse sagacité de M. James Prinsep, versé des flots de lumière sur une des parties les plus inconnues de l'histoire, sur la fin de l'empire bactrien et sur les dynasties tant barbares qu'indiennes qui lui ont succédé. La mort n'a pas permis à M. James Prinsep d'épuiser un si riche sujet; mais son frère, M. Thoby Prinsep, a trouvé dans ses papiers des matériaux inédits dont il a publié la première partie [2], qui forme à la fois un résumé et un supplément de ses mémoires sur les antiquités bactriennes, et qui est accompagné de planches qu'il avait encore gravées lui-même. M. Prinsep nous fait espérer un autre

---

1. *Le théâtre en Perse*, par Alex. Chodzko. Paris, 1844 in-8º (48 p.). Tiré de la *Revue indépendante*.
2. *Note on the historical results deducible from recent discoveries in Afghanistan*, by H. T. Prinsep. Londres, 1844, in-8º (124 p. et 17 pl.).

volume qui contiendra des suppléments posthumes aux mémoires de son frère sur les antiquités indiennes. Aujourd'hui les circonstances politiques ont interrompu pour quelque temps le cours des recherches archéologiques dans les pays Afghans ; mais la première récolte a été si abondante qu'elle est loin d'être épuisée, et les collections de M. Masson surtout contiennent encore beaucoup d'inscriptions inédites dont la Société asiatique de Londres est sur le point de publier quelques-unes.

Dans la littérature indienne proprement dite règne une activité qui s'accroît d'année en année et qui promet d'éclaircir, dans un temps comparativement court, même les parties les plus obscures de ces études. Le grand intérêt qui s'attache à la littérature sanscrite consiste dans les moyens qu'elle nous donne de remonter à l'origine des langues et des idées qui distinguent la race indienne et les peuples qui en descendent de toutes les autres races. Grâce aux travaux de M. Bopp et des savants qui ont marché sur ses traces, on peut suivre aujourd'hui l'histoire des langues indo-germaniques et presque l'histoire de chaque mot; mais l'histoire des idées est encore peu avancée. La race indienne est la seule des races humaines qui ait montré une véritable aptitude philosophique, et c'est ce qui explique sa supériorité sur toutes les autres ; mais, quelque bien douée qu'elle fût, elle n'a réussi à créer les idées sur lesquelles repose notre civilisation que par un travail lent et laborieux, et la forme qu'elle a fini par leur donner se ressent des efforts qu'elle a faits pour y parvenir. Rien n'est plus difficile, mais aussi rien ne peut être plus intéressant que de remonter à leur origine, et heureusement la littérature indienne nous en fournit les moyens. Nous trouvons dans les Védas les couches presque primitives, si je puis m'exprimer ainsi, de la pensée de cette branche de l'espèce humaine, et de là nous pouvons la suivre grandissant, s'éclaircissant et se formulant dans des systèmes philosophiques et religieux, dans la législation, dans la poésie et dans les sciences ; formant dans l'Inde même une société civilisée, et exerçant sur le reste du monde une influence immense par les peuples qui se sont détachés, en différents temps, de la race mère, et qui ont développé de leur côté et à leur manière les tendances qu'ils en avaient héritées.

On ne peut donc que se réjouir en voyant les efforts qu'on fait aujourd'hui de tous les côtés pour rendre accessibles les Védas et les ouvrages qui s'y rattachent. M. Wilson promet la continuation du *Rigvéda*, commencé par Rosen et interrompu par sa mort prématurée ; M. Langlois s'occupe d'une traduction entière du même Véda, le plus ancien et de beaucoup le plus important de tous. M. Benfey annonce une nouvelle édition du *Samavéda*, d'après des manuscrits que M. Stevenson n'a pas eus à sa disposition, et il espère qu'elle pourra servir à la critique du *Rigvéda*; car il a fait la remarque que les nombreux hymnes de ce dernier, que contient le *Samavéda*, présentent une rédaction autre et, à ce qu'il paraît, plus ancienne que le *Rigvéda* dans sa forme actuelle.

M. Poley a publié à Bonn le texte de cinq Upanischads [1], dont quatre avaient déjà paru dans l'édition lithographiée qu'il avait autrefois commencée à Paris. Le cinquième, qui était inédit, est le *Vrihadaranyaka*, un des plus considérables et des plus importants de tous les Upanischads. M. Poley n'a accompagné son édition que d'un petit nombre de notes; mais il promet une traduction, ce qui est tout à fait nécessaire. M. Windischmann annonce un travail sur le *Tchandogya*, un des Upanischads qui se rattachent au *Samavéda*. Colebrooke en a fait connaître quelques fragments qui permettent d'apprécier toute l'importance philosophique de ce morceau, composé, comme tous les Upanischads, dans le but de tirer des hymnes des Védas un dogme plus ou moins complet et systématique.

---

1. *Vrihadaranyakam, Kathakam, Iça, Kena, Mundakam, oder fünf Upanishads aus dem Jagur, Sama, und Atharva-Veda*, herausgegeben von Poley. Bonn, 1844, in-8° (142 p.).

Un autre travail védique d'un grand intérêt est la publication du Nirukta, annoncée par M. Roth, de Tubingen. Dans l'antiquité même, on a senti dans l'Inde l'utilité de commenter les Védas, ce qui a produit une suite de travaux d'interprétation, dont les plus anciens sont, sans aucun doute, basés sur le sens attribué par la tradition aux passages qui étaient devenus obscurs, quoique les grammairiens affectent toujours d'en donner des raisons étymologiques. Un des plus anciens de ces ouvrages est le Nirukta de Yaska. La forme de ce livre est bizarre ; ce n'est pas un commentaire sur les Védas, c'est un commentaire sur un lexique de mots védiques rédigé par ordre de matières. Le Nirukta cite et commente les passages des Védas dans lesquels se trouvent les mots qui composent le lexique, et forme ainsi indirectement un commentaire sur les Védas mêmes, et un exposé presque dogmatique de leur contenu, entremêlé de discussions grammaticales. Il paraît être antérieur aux commentaires des Védas actuellement en usage, et il est presque indispensable pour l'intelligence des hymnes. M. Roth rend un service incontestable à l'étude des antiquités indiennes en se chargeant de publier et d'expliquer ce livre. Il a pu heureusement mettre à profit un excellent commentaire sur le Nirukta, par Durga Sinha, que la Bibliothèque royale doit aux soins de la Société asiatique de Calcutta.

M. Goldstücker annonce un ouvrage qui se rattache à l'étude des Védas, quoiqu'il ne soit pas strictement consacré à la littérature védique; c'est une exposition de la philosophie Mimansa. Chez les Indiens, comme chez tous les peuples dont la civilisation repose sur une base unique, la philosophie et la théologie se tiennent de beaucoup plus près que chez les peuples à civilisation mixte; mais aucun des systèmes philosophiques des Bràhmanes ne se lie aussi étroitement aux Védas que le Mimansa. C'est une espèce de scolastique appuyée sur les termes mêmes des hymnes, et dans laquelle la théorie philosophique commence à se formuler et à rompre, par l'abstraction, le cercle trop rigide de la lettre sacrée. M. Goldstücker publiera d'abord les axiomes de Djaimini, fondateur du Mimansa, et le commentaire de Madhawa ; ce qui nous donnera la première et la dernière des phases qu'a parcourues cette philosophie.

Parmi les travaux qui se rapportent à la poésie indienne, j'ai à annoncer avant tout que le troisième volume du texte du Râmâyana, publié par M. Gorresio, est achevé et paraîtra sous peu de jours. M. Gorresio entre avec ce volume dans la partie inédite de son auteur. L'édition entière du texte formera cinq volumes ; mais M. Gorresio se propose de commencer maintenant la publication de la traduction italienne, et de faire paraître alternativement les volumes du texte et de la traduction. Le Mahabharat aussi paraît à la fin avoir trouvé son traducteur. M. Goldstücker annonce le premier volume d'une traduction allemande complète de cet immense poëme, accompagnée de notes, de tables des matières et d'une introduction générale. C'est une entreprise colossale, mais il y a peu d'ouvrages orientaux qu'il soit aussi important de faire connaître que ce grand dépôt de traditions de tout genre. Si M. Wilkins avait publié, il y a quarante ans, la traduction du Mahabharat qu'il avait à peu près achevée, nous serions plus avancés dans la connaissance de l'Inde antique que nous ne le sommes aujourd'hui. Mais, puisque l'indifférence de l'auteur et celle de ses compatriotes ont oublié ce travail dans la poussière d'une bibliothèque, il est temps qu'un autre, plus ardent, rende ce service à l'Europe savante.

M. Stenzler fait imprimer à Bonn une édition critique et un commentaire du Mritchakata. Tout le monde connaît, par la traduction de M. Wilson, ce drame du Chariot d'argile, qui est non-seulement l'un des plus beaux du théâtre hindou, mais une des œuvres les plus gracieuses que la littérature d'aucun pays ait produites. M. Brockhaus, qui avait déjà publié le texte du Tchandrodaya [1], drame métaphysique et allégorique, et un

1. *Prabodha Chandrodaya Krishna Misri Comœdia*, edidit scholiisque instruxit H. Brockhaus. Leipzig, 1845, in-8° (120 et 136 p.).

des poëmes les plus étranges qu'ait pu concevoir un peuple doué d'imagination et nourri de métaphysique, vient de faire paraître un double commentaire sanscrit de ce curieux ouvrage. On ne connaissait jusqu'à présent ce drame que par la traduction de M. Taylor. M. Brockhaus a imprimé le texte du drame en caractère dévanagari et les scolies en transcription latine. C'est un système très-recommandable, car, quoique la reproduction en caractères latins des textes sanscrits ait de graves inconvénients, il n'en est pas ainsi des scolies, qui ne sont destinées naturellement qu'aux personnes déjà exercées.

M. Yates a publié, à Calcutta, une nouvelle édition du Nalodaya [1]; c'est un poëme moderne dont le sujet est le même que celui de l'épisode du Mahabharat, le Nala, que M. Bopp a fait connaître. M. Benary, à Berlin, en avait déjà publié le texte avec un commentaire. M. Yates a fait précéder son édition d'une dissertation sur la métrique, ce qui est d'autant plus à propos que les artifices de la versification jouent un grand rôle dans ce poëme, rempli d'allitérations, de jeux de mots, de traits d'esprit, et de tous les raffinements de forme et de langage par lesquels les littératures, dans leurs époques de décadence, cherchent à échapper à la mort qui les menace.

Enfin, M. Kosegarten, à Greifswalde, est sur le point de publier le texte sanscrit du Pantchatantra. Cet antique recueil de fables est le seul ouvrage proprement populaire de la littérature sanscrite. Il a été traduit dans tous les dialectes de l'Inde, en pehlewi, en arabe, en persan et en turc, et est certainement un des livres dont l'influence s'est étendue le plus loin. On connaissait en Europe presque toutes ces traductions, ou plutôt ces rédactions dans d'autres langues, mais on ne savait de l'original que ce qu'en a dit M. Wilson dans un très-

[1] *The Nalodaya, or history of king Nala, a sanscrit poem of Kali-dasa, accompanied with a metrical translation, an Essay on alliteration, etc.* by W. Yates. Calcutta, 1844, in-8° (xi et 40 p.).

intéressent mémoire inséré dans les Transactions de la Société asiatique de Londres, et qui fait pressentir tout l'intérêt que doit offrir la publication du texte même de cette célèbre production.

Les sciences des Hindous ont été l'objet de plusieurs publications, que j'ai le regret de ne pas pouvoir annoncer, parce que je n'ai pas réussi à me les procurer; ainsi, il a paru à Calcutta plusieurs travaux, que l'on dit importants, sur l'astronomie indienne, mais je ne pourrais pas même en indiquer les titres avec une exactitude suffisante; le seul ouvrage qui traite d'une science indienne, et qui soit venu à ma connaissance, est la traduction latine du *Susruta* [1], dont M. Hessler a publié la première partie à Erlangen. La Société asiatique de Calcutta avait publié le texte de ce curieux système de médecine, qui date d'une antiquité fort haute, quoiqu'on ne puisse pas lui assigner une date exacte. Ce livre a joué dans l'Inde le rôle que les ouvrages d'Hippocrate ont joué en Europe; c'est le produit d'observations traditionnelles sur les maladies et les remèdes, réduites en système par un esprit philosophique; il remplit non-seulement une lacune considérable dans l'histoire des sciences, mais encore il est digne de l'étude attentive de l'historien, parce qu'il contient nécessairement une quantité d'indications extrêmement importantes pour l'histoire de la civilisation indienne.

Cette activité dans les études relatives à la littérature sanscrite suppose naturellement et provoque une activité analogue dans l'étude de la langue même. Aussi voyons-nous paraître ou annoncer de nombreux ouvrages de lexicographie et de grammaire. M. Langlois vient de publier le second volume de l'édition de l'Amarakôcha [2] commencée par feu M. Loiseleur-

---

1. *Susrutas Ayurvedas, id est medicinæ systema a venerabili Dhanvantare demonstratum, a Susruta discipulo compositum, nunc primum a sanscrito in latinum vertit*, Fr. Hessler. Erlangæ, 1844, in-8° (206 p.).
2. *Amarakôcha, ou Vocabulaire d'Amarasinha*, publié par Loiseleur-Deslongchamps. Paris, T. II, 1845, in-8° (XVI et 350 p.).

Deslongchamps. M. Langlois donne, dans ce volume, les index alphabétiques, d'abord en sanscrit, ensuite en français, sans lesquels on ne pourrait se servir de l'ouvrage original qu'avec beaucoup de difficulté. C'est le seul dictionnaire sanscrit-français qui existe jusqu'à présent. M. Rieu annonce la publication d'un autre dictionnaire sanscrit original, c'est le *Hematchandra koscha*, dont le texte a paru, il y a une trentaine d'années, à Calcutta, mais sans commentaire et sans traduction ; ce texte est d'ailleurs devenu si rare, que cette circonstance seule aurait suffi pour rendre désirable une nouvelle édition d'un livre qui a de l'importance, non-seulement parce qu'il complète et rectifie l'Amarakôcha, mais surtout parce que son auteur est bouddhiste et nous indique le sens particulier que prennent certains mots quand ils sont employés par des écrivains de cette secte.

M. Bopp vient de nous donner un nouveau fascicule de la seconde édition de son Glossaire sanscrit [1]. Le but de M. Bopp, en publiant cet ouvrage, avait été, avant tout, de faciliter aux commençants la lecture des textes sanscrits imprimés jusqu'alors en Europe. Mais M. Bopp a su donner à cette seconde édition une importance très-supérieure à ce que promet son titre, en y incorporant les résultats principaux de ses travaux sur la comparaison des langues. C'est la grande gloire de M. Bopp d'avoir créé la science des étymologies, de l'avoir tirée de l'arbitraire, réduite à des règles certaines et appliquée à la comparaison de toutes les langues qui composent la famille indogermanique. On ne peut assez admirer les progrès qu'on lui doit dans cette science, quand on compare la certitude et, en même temps, la délicatesse des procédés étymologiques d'aujourd'hui à ces comparaisons fantastiques de sons qui passaient, il y a trente ans encore, pour des étymologies.

M. Desgranges vient de terminer, à Paris, l'impression du

1. *Glossarium sanscritum*, a Fr. Bopp. Berlin, 1844, in-4° (174 p.).

premier volume d'une grammaire sanscrite[1], la première qui paraisse en français. L'auteur, un des plus anciens disciples de M. Chézy, a consacré de longues années à la rédaction de cet ouvrage, dans lequel il a réuni tout ce que renferment les grammaires de Carey et de Wilkins. L'étendue fort considérable de ce travail fait espérer qu'il contiendra un système grammatical très-complet.

M. Bœhtlingk a publié, dans les Transactions de l'Académie de Saint-Pétersbourg, trois mémoires très-développés sur autant de points importants de la grammaire sanscrite ; le premier sur l'accent[2], le second sur la déclinaison[3] et le troisième sur la formation des mots à l'aide de certains suffixes peu communs[4]. Le système de ce savant consiste à puiser les règles exclusivement dans les œuvres des grammairiens indiens, mais sans s'astreindre à leur méthode ; son but est d'arriver ainsi à la composition d'une grammaire sanscrite parfaitement authentique, et, dans l'état actuel de nos connaissances, une pareille tentative est d'une utilité incontestable. Ces mémoires se distinguent d'ailleurs par un savoir sûr et une exactitude rigoureuse ; seulement, il est peut-être à regretter que M. Bœhtlingk ne songe pas assez à faciliter aux commençants, par de plus amples explications, l'accès des documents qu'il réunit et dont l'étude est indispensable pour acquérir une connaissance approfondie de la langue sanscrite.

La partie bouddhique de la littérature indienne ne s'est enrichie, dans le courant de l'année, que d'un seul ouvrage, mais

1. *Grammaire sanscrite-française*, par M. Desgranges. Paris, I, 1845 ; in-4° (XLII. et 588 p.).
2. *Ein erster Versuch über den Accent im Sanscrit*, von Boehtlingk. Saint-Pétersbourg, 1843 ; in-4° (114 pages). Tiré des Mémoires de l'Académie de Saint-Pétersbourg, t. VII.
3. *Die Declination im Sanscrit*. Saint-Pétersbourg, 1844, in-8° (98 p). Tiré des Mémoires de l'Académie de Saint-Pétersbourg.
4. *Die Unadi affixe*. Saint-Pétersbourg, 1844. in-4° (156 p.). Tiré des Mémoires de l'Académie de Saint-Pétersbourg.

d'un ouvrage capital ; c'est le premier volume de l'Introduction à l'histoire du Buddhisme indien par M. Burnouf[1]. Je ne puis analyser, même sommairement, un livre aussi important, aussi rempli de faits nouveaux, et je suis obligé de me borner à dire quelques mots sur le but que l'auteur s'est proposé et les résultats qu'il a obtenus. Lorsque, il y a vingt ans environ, le bouddhisme commença à attirer l'attention des savants, ils rencontrèrent partout, depuis le Japon jusqu'au lac Aral, depuis la Sibérie jusqu'à Ceylan, des nations bouddhiques, dont ils se mirent à étudier les croyances, chacun dans les livres de la nation qui faisait l'objet spécial de ses études : M. Rémusat chez les Chinois, M. Schmidt chez les Mongols, M. Turnour à Ceylan, M. Csoma de Körös au Thibet, M. Hodgson dans le Népal. Le résultat fut que le bouddhisme, qu'on avait considéré, pour ainsi dire, comme homogène, ne parut plus avoir aucune unité, et sembla parcourir toute l'échelle des doctrines qui séparent le spiritualisme le plus raffiné du matérialisme le plus grossier. Il était évident qu'on se trouvait en face d'un problème plus compliqué qu'on ne l'avait supposé ; mais où en chercher la solution ? car la richesse même et la multiplicité des matériaux paraissaient rendre impossible qu'un seul homme pût étudier une littérature si variée, écrite en tant de langues, s'étendant sur la moitié de l'Asie, et embrassant une période de vingt-cinq siècles. On pouvait bien conjecturer que les véritables sources des doctrines bouddhiques ne devaient se trouver que dans les livres sanscrits du Népal, ou dans les livres pâlis de Ceylan ; il était évident que les livres sacrés d'une religion née dans l'Inde ne pouvaient être écrits que dans une langue indienne ; et, même en réduisant le problème à ces termes, on avait deux corps d'ouvrages rédigés dans les deux dialectes sacrés de l'Inde, mais différant considérablement et ne provenant apparemment pas l'un de l'autre. M. Burnouf sentit que la vérité ne pouvait sortir que de la comparaison critique de ces

---

1. *Introduction à l'histoire du Buddhisme indien*, par E. Burnouf. Vol. I. Paris, 1844, in-4° (647 p.).

deux sources, et personne n'était plus heureusement placé que lui pour la faire ; il avait commencé sa carrière littéraire par une grammaire pâlie, et, n'ayant jamais abandonné cette étude, il s'était peu à peu procuré un grand nombre d'ouvrages bouddhiques composés en cette langue ; d'un autre côté, M. Hodgson avait eu la générosité de donner à votre Société une partie des livres bouddhiques sanscrits qu'il avait découverts dans le Népal, et de faire copier le reste sur votre demande, de sorte que M. Burnouf se trouvait ainsi en possession de tous les éléments de la question. Il se mit alors à classer les ouvrages qui composent les deux collections, à séparer les livres sacrés de ceux qui portent des noms d'auteurs ; à les analyser un à un, et à déterminer le point de vue théologique particulier à chaque classe et à chaque ouvrage. Il parvint ainsi à débrouiller ce chaos, à découvrir les phases par lesquelles avait passé la doctrine bouddhique, à fixer les rapports entre les livres sanscrits et pâlis, les uns et les autres également authentiques, mais résultant de rédactions adoptées dans des conciles différents. Il acquit la certitude que les littératures bouddhiques de la Chine, du Thibet et de la Tartarie se rattachaient aux livres sanscrits, et celles des pays méridionaux aux livres pâlis, et il est parvenu ainsi à donner le moyen de classer les ouvrages bouddhiques dans quelque langue qu'ils soient composés. Le volume qui vient de paraître contient l'analyse et la critique des livres du Népal ; le second traitera des livres écrits en pâli, de la comparaison des deux collections et de l'histoire des origines du bouddhisme.

Je n'ai que peu de choses à dire des littératures qui se rattachent au sanscrit. M. Duncan Forbes vient de publier à Londres une nouvelle édition du *Bagh-o-Bahar*, qui est la plus élégante des traductions faites en hindoustani, de la collection des contes intitulés les *Quatre Derwischs*, et composés originairement en persan, par Khosrou de Dehli.

M. Shakespear a fait paraître, aussi à Londres, une nouvelle édition de son Manuel de la langue hindoustanie [1], contenant une grammaire et un vocabulaire, des dialogues et des anecdotes en caractères persans et hindous, des instructions pour traduire de l'anglais en hindoustani, et une liste de termes techniques militaires; enfin, tout ce qu'il faut pour l'emploi usuel de ce dialecte, autant qu'un livre peut l'enseigner.

M. Pavie annonce une traduction française de la chronique d'Assam, écrite originairement en persan et traduite en hindoustani, mais qui n'est pas, à proprement parler, une chronique; c'est l'histoire de l'expédition qu'Aurengzib fit faire, en 1661, dans l'Assam, par Mir Djoumla. Cet ouvrage, à en juger par une notice insérée dans les Recherches asiatiques, paraît avoir de l'intérêt pour l'histoire d'une province aussi peu connue que l'Assam.

Enfin, M. Pott a publié à Leipzig un travail sur la langue des Bohémiens [2], langue que l'on sait, depuis Grellman, être dérivée du sanscrit, mais que l'on n'avait jamais étudiée avec le soin que M. Pott y a mis. Il y a employé toutes les ressources de la grammaire comparée et les richesses des dictionnaires de toutes les langues indo-germaniques, et il faut convenir qu'il a prouvé sa thèse de manière à ce que personne ne soit tenté de la mettre en doute; toutefois, on ne peut s'empêcher de penser que les moyens dépassent le but qu'on a voulu atteindre et qu'il y a un peu abus de savoir à consacrer deux gros volumes au dialecte des Bohémiens.

La littérature malaie n'a été, autant que j'ai pu l'apprendre, l'objet que de deux publications. La première est un poëme intitulé *Bidasari*, dont M. Van Hoevell a publié le texte et une traduction accompagnée de notes [3]. C'est un conte roma-

1. *An Introduction to the hindustani language*, by John Shakespear, Londres, 1845, in-8° (564 p.).
2. *Die Zigeuner in Europa und Asien*, von Dr A. F. Pott. Vol. I. Halle 1834, in-8° (476 p.).
3. *Sjaïr Bidasari, een oorspronkelijk maleisch Gedicht uitgegeven door*

nesque, dont la rédaction actuelle est certainement d'une date postérieure à la conversion des Javanais à l'islam, mais dont le fond est peut-être indien, ou date au moins du temps où l'influence et les croyances indiennes étaient encore prédominantes à Java. Ce poëme contient près de sept mille vers, et paraît avoir un mérite de style qui doit donner de la valeur à cette publication pour tous ceux qui s'occupent de la langue malaie. La seconde publication est la collection des lois maritimes des peuples malais, par M. Dulaurier. On pouvait s'attendre à ce qu'une population de marins comme celle des différentes tribus malaies, ait adopté de bonne heure des règles propres à prévenir ou terminer les discussions qui devaient naître à tout instant. Aussi a-t-on trouvé un assez grand nombre de codes maritimes dans les différents états de l'archipel malai. M. Raffles en avait publié une compilation plutôt qu'une traduction, et les Anglais de Singapour avaient imprimé le texte du code des Bouguis. M. Dulaurier[1] a réuni les codes de Malacca, de Macassar et celui des Bouguis et les a publiés, accompagnés d'une traduction et d'un commentaire. Ces lois, dont la rédaction actuelle remonte en partie au XIIe siècle, mais dont le fond paraît beaucoup plus ancien, contiennent accessoirement de nombreuses données dont l'histoire aura à tenir compte. Le code des Bouguis est imprimé avec un caractère bougui, que l'Imprimerie royale a fait graver pour cet ouvrage et qui est le seul que l'on possède en Europe.

J'arrive à la littérature chinoise. M. É. Biot travaille depuis longtemps à une traduction du Tchéou-li ou livre des rites de la dynastie des Tchéou, qui passe pour avoir été composé au XIIe siècle avant notre ère, par Tchéou-kong ou par son ordre. C'est un ouvrage d'une grande valeur historique, car on sait

---

van Hoevell. Batavia, 1843, in-8º (XLII 162 et 421 p.). Tiré des Mémoires de l'Académie de Batavia. Vol. XIX.
1. *Droit maritime de la mer des Indes*, publié et traduit par M. Dulaurier. Paris, 1845, in-4º (95 p.). Tiré du 6º volume de la Collection des lois maritimes, par M. Pardessus.

que chez les Chinois les rites jouent dans l'État un rôle bien plus important que nulle autre part, et un livre des rites embrasse chez eux nécessairement toute l'organisation du gouvernement. M. Biot ne publie pas encore sa traduction, mais il a commencé à faire paraître une série de travaux historiques basés sur les données que lui a fournies le Tchéou-li. Ainsi il a fait insérer dans les Mémoires des savants étrangers, publiés par l'Académie des inscriptions, un exposé de la constitution politique de la Chine au XIIe siècle avant notre ère [1], telle qu'elle fut fondée par les Tchéou. Cette dynastie elle-même ne prétendait que remettre en pratique les anciens usages de l'empire, comme c'est l'habitude en Chine, où chaque révolution veut n'être qu'une restauration; mais sans aucun doute il se cachait un grand nombre d'innovations sous ce respect pour l'antiquité, et de restauration en restauration l'empire chinois a suivi le sort de tous les États et a entièrement changé de face dans le courant des siècles. Quoi qu'il en soit, l'arrivée au pouvoir des premiers empereurs de la dynastie des Tchéou forme un excellent point de départ pour faire l'histoire des institutions des Chinois; car, à dater de cette époque, on possède des matériaux positifs pour suivre le développement de l'organisation civile et politique de l'empire. M. Biot annonce la publication prochaine d'une nouvelle partie de ces recherches, qui doit traiter de l'histoire de l'instruction publique en Chine, à partir du XIIe siècle avant notre ère.

M. Pauthier a fait paraître une esquisse de l'histoire de la philosophie chinoise [2]. Il divise son sujet en trois époques : les origines de la philosophie, qu'il fait remonter jusqu'à Fo-hi; l'époque de Lao-tseu et de Confucius; enfin, l'époque moderne de Tchou-hi et de ses successeurs. C'est un vaste sujet, encore bien peu étudié, car, dans ce que l'on connaît jus-

1. *Mémoire sur la constitution politique de la Chine au XIIe siècle avant notre ère*, par M. É. Biot. Paris, 1844, in-4° (45 p.). Extrait du tome II des Mémoires des Savants divers.
2. *Esquisse d'une histoire de la philosophie chinoise*, par G. Pauthier. Paris, 1844, in-8° (68 p.). Extr. de la *Revue indépendante*.

qu'à présent des ouvrages des philosophes chinois, il n'y a vraiment que le *Tao-te-king* qui mérite d'être cité comme œuvre philosophique, et il n'est pas certain que les idées qui forment le fond de cet ouvrage ne soient un emprunt fait à l'Inde. La nation chinoise n'est évidemment pas douée d'un sentiment philosophique bien profond, car s'il en était autrement elle ne se serait pas contentée de la morale politique de Confucius; il est néanmoins à désirer que les œuvres des neuf philosophes classiques, qui nous sont encore inconnues, de même que celles de Tchou-hi, soient traduites, pour que l'on puisse juger exactement comment les esprits d'élite de ce pays ont tâché de résoudre les grandes questions philosophiques.

M. Endlicher, à Vienne, a fait imprimer le premier volume d'une grammaire chinoise [1], la première qui paraisse en Allemagne. L'auteur a fait un usage très-consciencieux de tous les travaux antérieurs sur cette matière; il traite surtout avec beaucoup de soin la théorie des prépositions, qui est si importante pour la syntaxe chinoise. S'il y a quelque chose à regretter dans cet ouvrage, c'est peut-être les trop grands détails dans lesquels l'auteur est entré au sujet des sons et de l'écriture, qui sont des hors-d'œuvre dans une grammaire.

M. Schott, à Berlin, a publié un vocabulaire chinois [2], ou plutôt le catalogue des caractères dont M. Gutzlaff a fait présent à l'académie de Berlin, lesquels d'ailleurs ne sont pas choisis de manière à dispenser, même un commençant, de l'emploi d'un dictionnaire plus ample. Il sera au reste facile à l'académie de Berlin d'augmenter, à mesure des besoins, ce premier fonds de caractères chinois, et de le compléter de manière à ce qu'il puisse servir à l'impression des textes.

1. *Anfangsgründe der chinesischen Grammatik*, von A. Endlicher. Vienne, 1845, in-8° (280 p.).
2. *Vocabularium sinicum*, concinnavit G. Schott. Berlin, 1844, in-4° (88 p.).

Enfin, il a paru à Paris, sans nom d'auteur, et sous le titre d'*Exercices progressifs sur les clefs et les phonétiques de la langue chinoise* [1], un petit manuel qui fait partie des chrestomathies destinées à l'École des langues orientales vivantes. Les exercices sont suivis d'un choix de phrases familières et de dialogues. Ce petit livre, convenablement calculé pour servir aux commençants, est lithographié avec beaucoup d'élégance.

L'étude de la littérature moderne des Chinois a fourni cette année des travaux plus considérables que ceux qui ont paru sur la littérature ancienne. M. Julien a traduit un roman regardé comme classique et intitulé *Ping-chao-ling-yen*, ou les Deux Chinoises lettrées [2]. C'est un livre d'un raffinement littéraire extraordinaire, dans lequel il n'y a presque pas d'action, l'auteur dédaignant les moyens vulgaires de frapper le lecteur et faisant rouler tout l'intérêt du roman sur le mérite de quelques sonnets, qui deviennent une affaire d'État. On n'y trouve que défis littéraires, dans lesquels deux enfants, les héroïnes du roman, confondent par leur savoir tous les grands personnages de l'empire. L'empereur et sa cour y sont tout occupés à composer et à juger des poésies légères, et on y voit les hommes les plus puissants commettre toute espèce de bassesses et de crimes par dépit littéraire. La grâce et la délicatesse du style de ce livre font depuis deux siècles en Chine l'admiration de tout homme qui prétend à quelque culture; mais ces qualités sont nécessairement perdues pour nous, car, quelque parfaite que soit la traduction, il est impossible que nous puissions sentir les allusions délicates qui font le charme de cet ouvrage. Ce n'en est pas moins un livre extrêmement curieux à cause de l'étrange tableau de mœurs qu'il nous présente et qui nous fait comprendre comment la culture excessive et exclusive des lettres a pu amener l'empire chinois au degré de faiblesse où

---

1. *Exercices progressifs sur les clefs et les phonétiques de la langue chinoise.* Paris, 1845, in-8° (44 p.).
2. Ce roman se publie actuellement dans la Bibliothèque choisie du *Constitutionnel*

nous le voyons aujourd'hui. Si un Européen était auteur de ce roman, on croirait qu'il a voulu faire la satire des Chinois, et montrer la puérilité du savoir auquel toutes les forces vitales de la nation sont sacrifiées systématiquement; mais il n'y a pas moyen de s'y tromper, c'est bien sérieusement et comme l'idéal de la civilisation que l'auteur chinois présente cet étrange tableau, et que tout l'empire l'a accepté.

Enfin, M. Pavie a commencé à publier la traduction d'un autre roman chinois non moins célèbre, mais d'un genre tout différent ; c'est le *San-koué-tchi*, ou l'Histoire des trois royaumes [1]. Ce n'est pas un roman épique comme Antar ou les romans du moyen âge, car il ne repose pas sur la tradition ; c'est un roman historique ou une histoire pittoresque, exactement comme on en fait aujourd'hui en Europe. L'auteur a choisi dans les annales de son pays une époque pleine d'agitation, et l'a entourée d'incidents romanesques, de détails d'invention, tout en conservant le cadre entier de l'histoire et le caractère des personnages qui y ont joué un rôle. Ce roman date du XIVe siècle ; il a eu un succès immense, qui dure encore, et, selon le proverbe chinois, tout homme doit l'avoir lu au moins une fois. Pour les Chinois, c'est un tableau animé et souvent tout à fait dramatique d'une partie importante de leur histoire, rempli d'enseignements politiques, et un peu exagéré dans la peinture des vices et des vertus, comme il convient à un livre destiné à une grande popularité ; pour nous, c'est un commentaire plein de vie des annales, un peu sèches, de l'empire, un moyen d'étudier les sentiments nationaux et la morale publique des Chinois. Le *San-koué-tchi* est un ouvrage d'une grande étendue, et il est vivement à désirer que M. Pavie se trouve assez encouragé par un succès mérité, pour qu'il puisse aller jusqu'au bout de sa tâche.

Quant aux littératures qui se rattachent, par un lien quel-

---

[1]. *San-koué-tchi, Histoire des trois royaumes*, trad. par Th. Pavie. Vol. I. Paris, 1845, in-8° (LXII et 350 p.).

conque à celle des Chinois, il n'y a que la littérature mongole qui ait fourni un ouvrage à citer : c'est le premier volume du dictionnaire mongol-russe-français[1], de M. Kowalewski, professeur à Kasan. L'intérêt qu'offre l'étude de la langue mongole est, en général, plutôt ethnographique que littéraire ; car la plus grande partie des ouvrages mongols sont des traductions de livres tibétains, traduits, en général, eux-mêmes du sanscrit. Néanmoins les Mongols ont joué un trop grand rôle dans le monde, pour que tout ce qui peut contribuer à les faire mieux connaître ne soit pas d'une grande valeur, et les encouragements du gouvernement russe, qui désire, par des raisons politiques, rendre la langue mongole accessible, font faire des progrès rapides à cette étude. M. Kowalewski a demeuré longtemps parmi différentes tribus mongoles, et il s'est déjà distingué par plusieurs publications importantes relatives à la littérature de ce pays. Une première édition de son Dictionnaire avait été brûlée lors de l'incendie de Kasan, il y a quelques années ; mais le gouvernement russe a mis l'auteur en mesure de réparer cette perte. M. Kowalewski donne, au commencement, la liste, très-nombreuse, des sources où il a puisé, et il indique dans le corps de l'ouvrage, en général, les passages d'où sont tirés les mots qu'il explique ; il en marque l'origine quand ils sont étrangers et donne la transcription de ceux qui viennent du turc ou du tibétain.

Enfin, il me reste à dire un mot d'un ouvrage que je ne saurais faire entrer dans aucune des familles de langues dont j'ai eu occasion de parler : c'est la grammaire et le vocabulaire ossète[2] de M. Sjögren. Les langues du Caucase n'ont aucune importance littéraire, mais elles sont dignes de tout intérêt sous le rapport historique. Les peuples barbares n'ont d'autres annales que leurs langues, qui, par leur structure, prouvent l'o-

---

1. *Dictionnaire mongol-russe-français*, par J. E. Kowalewski. Tome I. Kasan, 1844, in-4° (594 p.).
2. *Ossetische Sprachlehre nebst kurzem ossetisch-teutschem Wörterbuch*, von Sjögren. Saint-Pétersbourg, 1844, in-4° (XLIX et 542 p.).

rigine de la race qui les parle, et, par leur vocabulaire, témoignent des influences étrangères que ces peuples ont subies; elles fournissent sur ces points des données historiques très-incomplètes, mais d'une antiquité et d'une authenticité supérieures à tout ce que pourraient contenir des livres. D'après des indications très-vagues et réunies avec peu de critique par Klaproth, on avait généralement classé les Ossètes parmi les peuples indo-germaniques. M. Sjögren, forcé de résider dans le Caucase pendant plusieurs années, s'est proposé d'étudier à fond cette langue, et il livre aujourd'hui au public savant le résultat de ses longues et pénibles recherches. Il s'abstient de communiquer ses conclusions sur l'origine de la race ossète ; mais son ouvrage doit contenir tous les matériaux nécessaires pour décider ce point curieux d'ethnographie.

Je termine ici, messieurs, l'énumération des travaux que l'année dernière a produits ; elle est, sans aucun doute, très-incomplète ; mais j'espère que votre indulgence me tiendra compte de la difficulté de réunir en temps utile des ouvrages publiés dans toutes les parties du monde. D'ailleurs, tout imparfaite qu'elle puisse être, cette liste prouvera néanmoins que la science qui est l'objet de nos études est pleine de vie. Il ne se passe pas d'année sans que la curiosité des voyageurs ou la sagacité des savants soulève un nouveau coin de l'antiquité orientale, et nous fasse connaître des documents du plus haut intérêt. Il se prépare ainsi sous nos yeux une histoire du monde infiniment plus étendue et plus riche que celle dont nos pères pouvaient avoir une idée, et l'on parvient peu à peu à remplacer leurs conjectures par des faits positifs, et à combler les lacunes dont ils avaient désespéré. Nous ne sommes qu'à l'entrée de ce nouveau monde ; mais les méthodes sont trouvées, les matériaux abondent, et votre zèle ne fera pas défaut aux exigences de la science.

VI

ANNÉE 1845-1846

(RAPPORT LU LE 16 JUIN 1846)

Messieurs,

Les affaires de la Société asiatique, depuis la dernière séance générale, n'offrent matière qu'à peu d'observations. La cessation de la librairie de Mme Dondey-Dupré, dont la maison a été dépositaire de vos publications depuis la fondation de la Société, a obligé le Conseil de chercher un autre libraire, et il a arrêté son choix, pour la vente de vos ouvrages et de votre journal, sur M. Duprat, qui, par son zèle et l'étendue de ses relations, est, plus que personne, en mesure de faciliter vos rapports avec l'Orient. Le nombre des membres de la Société s'est augmenté depuis l'année dernière, et votre journal est de plus en plus recherché par les bibliothèques et les savants de tous les pays. Les deux derniers volumes contiennent les inscriptions himyarites de M. Arnaud, les commentaires dont M. Fresnel les a accompagnées, des lettres de M. Rouet sur ses découvertes en Assyrie, des études de M. Burnouf sur les textes zends, des travaux de MM. Biot et Bazin sur la Chine, de MM. Garcin de Tassy, de Saulcy, Defrémery, Amari, Cherbonneau, Dozon sur les littératures des peuples musulmans, de M. de Slane, sur la grammaire maltaise, et beaucoup d'autres que je ne puis énumérer.

L'année dernière, votre bureau avait annoncé qu'il espérait pouvoir vous soumettre quelques mesures destinées à donner à vos publications une étendue plus considérable et plus en rapport avec le mouvement toujours croissant des études orientales. Malheureusement, l'aide du Gouvernement, sur lequel il avait cru devoir compter, lui a manqué, et même l'allocation modeste que la Société recevait presque régulièrement n'a pas pu être accordée cette année par M. le Ministre de l'instruction publique, malgré la bonne volonté qu'il témoigne pour nos études. Cette interruption des faveurs de l'administration ne peut être que momentanée; mais il est incontestable que le Gouvernement fait trop peu pour la Société, qui peut dire, avec un légitime orgueil, qu'elle a beaucoup fait pour les lettres orientales en France, et qu'elle est en mesure de faire beaucoup plus si on veut lui venir en aide. Ce n'est ni le zèle, ni le savoir, ni les matériaux qui lui manquent; mais elle s'adresse à un public nécessairement restreint, et c'est au Gouvernement à la mettre en état de maintenir le rang qu'elle a su acquérir au milieu des Sociétés asiatiques qui existent ou naissent dans tous les pays.

La Société vient d'éprouver une perte sensible par la mort de M. Eyriès, membre du conseil, et l'un des fondateurs de la Société. Il s'était dévoué entièrement à la géographie, et je laisse à la Société qui s'occupe spécialement de cette branche des sciences le soin d'apprécier ses ouvrages. Mais il s'intéressait aussi vivement aux progrès des sciences historiques et philosophiques, et il avait pris part aux travaux de la Société asiatique depuis sa fondation. Après avoir été, pendant longtemps, membre de la commission des censeurs, il avait remplacé M. Feuillet dans la commission des fonds, et la Société lui doit une vive reconnaissance pour la manière assidue et consciencieuse dont il a rempli des fonctions qui n'ont rien d'agréable en elles-mêmes et qui exigent un sacrifice de temps pénible pour un homme aussi occupé que l'était M. Eyriès.

Nos rapports avec les autres Sociétés asiatiques ont continué à être parfaitement amicaux, et nous avons reçu, de la plupart d'entre elles, des preuves de leur activité pendant l'année passée. La Société asiatique de Calcutta a continué à publier régulièrement son journal [1], et nous a envoyé un ouvrage qu'elle vient de faire paraître et dont j'aurai à dire plus tard quelques mots. La Société de Bombay [2] a organisé son journal de manière à le faire paraître par trimestre. Elle a annoncé le projet de réimprimer en trois volumes in-8° les Transactions qu'elle avait autrefois publiées en trois volumes in-4°. C'est une excellente collection, que probablement beaucoup de bibliothèques en Europe désireront posséder. La Société des arts et des sciences de Batavia [3] a fait paraître le volume XX de ses Mémoires. J'aurai occasion de revenir, dans le cours de ce rapport, sur le contenu de ce volume. La Société asiatique de Londres [4] a publié le volume XVI de son journal, et le monde savant attend, avec une vive impatience, la publication, promise pour le volume suivant, de l'inscription bouddhique de Kapur di Giri, rapportée par M. Masson, ainsi que celle de la grande inscription de Bisitoun, copiée et expliquée par M. Rawlinson. Le comité des traductions orientales annonce la publication prochaine du quatrième volume de Hadschi Khalfa, par M. Flügel, du deuxième volume d'Ewlia Effendi, par M. de Hammer, et celle d'un ouvrage posthume de Sir Gore Ouseley sur la vie et les ouvrages de quelques poëtes

---

1. *Journal of the Asiatic Society of Bengal.* Calcutta, in-8°. Le dernier numéro qui est arrivé à Paris est le numéro 76 (nouvelle série).
2. *Journal of the Bombay branch of the royal Asiatic Society.* Bombay, in-8°. Le dernier numéro arrivé à Paris est le numéro 9.
3. *Verhandelingen van het Bataviaasch Genootschap van Kunsten en Wetenschappen,* vol. XX. Batavia; 1844, in-8° (98, XXXIII, 176, 178, et 98 p.).
4. *The Journal of the royal Asiatic Society of Great-Britain and Ireland.* Londres, 1846, n° XVI. (En deux parties.)

persans. La Société pour la publication de textes orientaux annonce qu'elle va faire paraître le Dasa Kumara Charitra, par M. Wilson, le second volume de l'Histoire des Religions de Scharistani, par M. Cureton, et elle a accepté les offres de publication d'un nombre considérable d'ouvrages arabes et persans.

La Société orientale allemande s'est organisée définitivement l'année dernière au congrès des philologues de Darmstadt, et elle a fixé son siége à Leipzig et à Halle ; elle se propose de publier un journal, ainsi que les actes de ses séances générales. Il a paru un cahier de ces derniers [1] contenant les actes du congrès de Leipzig en 1844. La Société syro-égyptienne de Londres a publié le premier fascicule de ses Mémoires [2] ; elle paraît comprendre, dans son ressort, l'Abyssinie, l'Égypte, l'Arabie, la Syrie et la Mésopotamie, qui lui fourniront certainement des matériaux abondants pour ses recherches. Enfin, il s'est formé deux nouvelles Sociétés asiatiques, l'une à Colombo, pour l'île de Ceylan, l'autre à Kuratchi, pour le Sind et les pays environnants. Puissent-elles nous faire jouir bientôt des résultats de leur zèle !

J'arrive à l'énumération des ouvrages orientaux qui ont paru pendant l'année ; et, quoique je n'espère pas pouvoir la donner complète, elle prouvera la rapidité des progrès que font nos études, malgré les difficultés de tout genre et les sacrifices de toute espèce qu'elles exigent de ceux qui s'y livrent. Je commence par la littérature arabe, qui est et sera toujours celle que l'on cultivera le plus en Europe.

L'histoire et la géographie des Arabes ont été, pendant l'année dernière, l'objet de travaux considérables ; des ou-

---

1. *Verhandlungen der ersten Versammlung deutscher und auslœndischer Orientalisten in Dresden.* 1845, Leipzig, in-4. (x, 78 p.).
2. *Original papers read before the Syro-Egyptian Society of London*, vol. I, partie I; Londres, 1845, in-8º. (139 p.)

vrages nouveaux et importants ont été entrepris, des publications commencées ont été continuées, et des livres déjà connus ont été publiés d'une manière plus complète.

M. Weil, professeur à Heidelberg, a fait paraître le premier volume d'une Histoire des Khalifes[1], qui forme la continuation de sa Vie de Mahomet. Ce sujet est l'un des plus importants que puisse choisir un historien ; la grandeur de l'empire des Arabes, la destruction des anciennes civilisations et le changement de l'état social de la moitié la plus cultivée du monde, font de la formation du khalifat un des plus grands événements de l'histoire. Le khalifat lui-même a cessé depuis six siècles, mais la puissance civilisatrice qu'il y avait en lui était telle, que les suites du mouvement qu'il a imprimé à l'Orient subsistent encore. Aussi, la tâche que s'impose l'historien du khalifat est-elle difficile en proportion même de la grandeur de son sujet, car il ne s'agit pas pour lui seulement de faire la description des conquêtes des Arabes et de raconter l'histoire de leurs princes pendant six siècles ; il faut qu'il traite encore de l'origine et du développement de toute une civilisation ; des changements que cette civilisation a produits chez des nations nombreuses, différentes de race et de caractère, lesquelles ont, à leur tour, réagi diversement sur leurs conquérants ; de l'influence que les principes et les formes de la nouvelle administration ont exercée sur la condition des provinces, sur la constitution de la propriété, sur le gouvernement municipal, sur la législation, sur tous les intérêts des peuples. Le khalifat est un fait unique dans l'histoire du monde, et qu'on ne saurait comparer, sous le rapport temporel, qu'à l'empire romain, et sous le rapport de la puissance spirituelle, qu'à la papauté.

On ne manque certainement pas de matériaux pour en faire

---

1. *Geschichte der Chalifen*, von Dr. Gustav Weil. Mannheim, 1846, vol. I, in-8°. (702 p.)

l'histoire ; les chroniques générales et celles des provinces et des villes, les biographies des hommes illustres, les œuvres des poëtes et de leurs commentateurs, les collections des lois et décisions légales, les ouvrages de théologie et de science, enfin, toutes les parties de la littérature arabe et persane abondent en faits, dont chacun contribue à compléter le tableau qu'on peut tracer du khalifat. Tous les travaux dont ces littératures ont été l'objet apportent directement ou indirectement leur tribut à cette histoire. Déjà un certain nombre des points les plus importants ont été traités en détail, et il ne se passe peut-être pas un mois sans qu'il paraisse en Europe un ouvrage qui ajoute quelque chose aux matériaux dont on peut disposer ; mais, malgré tous ces efforts, on n'a encore mis au jour qu'une petite partie des sources de l'histoire du khalifat ; le reste se trouve dispersé dans les bibliothèques de l'Europe et de l'Orient. C'est dans cet état que M. Weil a trouvé son sujet et qu'il a eu le courage de l'aborder, avec l'aide principalement des manuscrits des bibliothèques de Paris et de Gotha. Le premier volume de son ouvrage contient l'histoire du khalifat depuis la mort de Mahomet jusqu'à la fin de la dynastie des Ommeïades. Ce volume n'embrasse que l'histoire politique proprement dite de cette époque, et l'auteur réserve pour plus tard les éclaircissements de toute espèce qui se rapportent à l'état social du pays. Son récit est simple, il conserve avec soin les expressions mêmes des personnages dont il raconte les actions, et il rejette dans des notes au bas des pages les discussions critiques que font naître des points douteux. La suite montrera si, dans son état actuel, la science est assez avancée pour permettre déjà la composition d'une histoire du khalifat telle qu'on doit la désirer ; dans tous les cas, on peut voir, par ce qui en a paru, que l'ouvrage de M. Weil est un livre d'une valeur incontestable.

M. Quatremère a publié la seconde moitié du deuxième volume de sa traduction de l'Histoire des Sultans mamlouks de l'Égypte, qui s'imprime aux frais du comité des traductions orientales de Londres[1]. Cette partie comprend les années 479 à 705 de l'hégire. M. Quatremère a, selon son habitude, accompagné son travail de pièces justificatives et de notes historiques et philologiques, qui forment autant de spécimens de son grand *Thesaurus* dont le monde savant attend la publication avec une si vive et si juste impatience.

Le grand ouvrage de Makrizi a encore fourni le texte de l'histoire des Coptes sous le gouvernement musulman de l'Égypte, que M. Wüstenfeld vient de publier en arabe et en allemand[2]. M. Wetzer, à Fribourg, avait déjà fait paraître, il y a quelques années, une grande partie des chapitres de Makrizi, qui se rapportent aux Coptes. M. Wüstenfeld y a ajouté quelques nouveaux extraits qui complètent le sujet, et a publié le tout, à l'aide des manuscrits de Gotha et de Vienne. C'est une histoire fort naïve des persécutions des chrétiens en Égypte, de la destruction de leurs églises et de leurs monastères, et de la conversion violente de la grande masse des Coptes à l'islamisme.

Il a paru, outre ces ouvrages sur des parties de l'histoire de l'Égypte sous les Arabes, un abrégé général de cette histoire, par M. Marcel[3]. L'auteur a tiré son récit des historiens arabes, en partie inédits, et a ajouté au texte les monnaies et quelques sceaux des princes arabes d'Égypte, de manière à faire en même temps de son livre un manuel de numismatique égyptienne.

M. Dozy, à Leyde, s'occupe d'une Histoire de la dynastie des Abbadides de Séville[4]. Parmi les familles qui profitèrent

1. *Histoire des sultans mamlouks de l'Égypte*, par Taki-eddin-Makrizi, traduite par M. Quatremère, t. II, p. 11. Paris, 1844, in-4°. (324 p.)
2. *Macrizi's Geschichte der Copten mit Uebersetzung und Anmerkungen*, von Wüstenfeld. Goettingen, 1845, in-4°. (142 et 70 p.)
3. *Histoire de l'Égypte depuis la conquête des Arabes jusqu'à l'expédition française*, par M. Marcel. Paris, 1846, in-8°. (255 p.) Cet ouvrage fait partie de *l'Univers pittoresque*, publié par M. Didot.
4. *Historia Abbadidarum præmissis scriptorum arabum de ea dynastia*

de la chute des Ommeïades d'Espagne pour fonder des principautés indépendantes, et qui furent écrasées plus tard dans la lutte entre les Almoravides et les rois chrétiens, les Abbadides se distinguent par l'éclat de leur règne et par le talent de quelques-uns d'entre eux. M. Dozy commence par publier toutes les pièces originales qui se rapportent à l'histoire de cette famille, en les commentant et en accompagnant d'une traduction latine celles qui offrent des difficultés. Il s'excuse de comprendre parmi ces pièces des poëmes et des morceaux de rhétorique, mais certainement personne ne sera tenté de lui en faire un reproche, car la science historique est aujourd'hui assez éclairée pour rechercher avec avidité tout ce qui peut contribuer à donner une idée plus claire de l'état social d'une époque. Il n'a paru, jusqu'à présent, que le premier volume de cette belle et importante publication.

M. Wenrich, de Vienne, a entrepris d'écrire l'Histoire des conquêtes des Arabes en Sicile, en Italie et en Sardaigne [1]. Il a combiné les renseignements que fournissent les historiens arabes aujourd'hui connus, avec ceux que nous donnent les chroniqueurs occidentaux, et en a tiré une histoire assez détaillée de cette partie de la grande lutte des peuples chrétiens contre les musulmans. Son ouvrage se termine par quelques chapitres dans lesquels il apprécie brièvement les effets que la domination arabe a produits sur la langue, les lettres, l'agriculture, les mœurs et l'état général de l'Italie. Ces questions paraissent devenir, de la part des savants italiens, l'objet de recherches nouvelles; c'est ainsi que M. Amari, qui a déjà publié dans votre Journal quelques fragments curieux d'auteurs arabes concernant la Sicile, annonce une histoire de ce pays sous la domination des Arabes, et une Bibliothèque

---

locis nunc primum editis; auctore R. P. A. Dozy; vol. I. Leyde, 1846, in-4° (431 p.)
 1. *Rerum ab Arabibus in Italia insulisque adjacentibus Sicilia maxime, Sardinia atque Corsica gestarum Commentarii,* scripsit S. G. Wenrich. Lipsiæ, 1845, in-8°. (346 p.)

arabo-sicilienne. Le prince Domenico Spinelli et M. Michel Tafuri ont étudié un côté ou plutôt un incident dè cette histoire, et leur description des médailles cufiques, frappées en Sicile entre le xe et le xiie siècle, par les princes normands et ceux de la maison de Souabe [1], fournit une preuve éclatante de l'étendue et de la durée de l'influence arabe. On y voit un grand nombre de pièces d'or frappées par ces princes chrétiens, au nom du khalife Moëz-Lidin, portant, d'un côté, le symbole de la foi musulmane, et de l'autre une croix. Quelquefois, l'inscription arabe est si mal imitée qu'elle ne forme plus qu'un arabesque; quelquefois, le nom des princes chrétiens est écrit en caractères cufiques ; souvent le latin et l'arabe sont mêlés jusque dans le même mot. C'est l'effet de l'influence qu'exerce une civilisation vaincue sur des vainqueurs comparativement barbares, et les médailles des premiers khalifes, celles des rois indo-scythes et des rois Goths d'Espagne nous offrent des cas tout à fait analogues. La plupart des médailles reproduites dans cet ouvrage sont tirées des collections des deux auteurs, qui les ont rangées chronologiquement et ont expliqué les légendes arabes autant que le permet la manière barbare dont elles sont gravées.

L'Histoire des Arabes d'Afrique, à laquelle les circonstances ont donné une importance qu'elle n'avait pas eue depuis l'expulsion des Maures d'Espagne, a été de nouveau l'objet de plusieurs travaux. M. Tornberg, professeur à Upsal, vient de faire paraître la traduction latine de l'Histoire du royaume de Fez [2], connue sous le nom des *Kartas*, dont il avait publié le texte il y a deux ans. L'auteur arabe, qui commence son ré-

1. *Monete cufiche battute da' principi Longobardi, Normani e Suevi nel regno delle Due Sicilie*, interpretate ed illustrate dal Principe di S. Giorgio Domenico Spinelli, e pubblicate per cura di Michele Tafuri. Napoli, 1844, in-4°. (xxvi, 302 p. et 30 p.)
2. *Annales regum Mauritaniæ ab Abu'l-Hasan ben-Abd-Allah-ibn-Abi-Zer' Fesano, vel ut alii malunt Abu Muhammed Salih ibn Abd el-Halim Granatensi conscriptos*, edidit C. I. Tornberg. Upsalæ, 1845, in-4° t. II. (360 p.)

cit par l'histoire romanesque de la fuite d'Idris, descendant d'Ali, et son établissement en Afrique, poursuit jusqu'à l'an 726 de l'hégire l'histoire de Fez et celle des pays voisins. C'est un ouvrage original et important pour l'Histoire de l'Afrique. L'auteur paraît avoir recueilli des traditions orales qui ont besoin d'être contrôlées par la critique européenne, mais qui donnent à son livre une vie que n'ont pas la plupart des chroniques.

MM. Pellissier et Rémusat, membres de la commission scientifique d'Algérie, se sont occupés d'une autre partie de l'Afrique septentrionale, et nous donnent la traduction de l'histoire de Tunis par Mohammed-el-Kaïrowani[1]. Cet auteur procède avec beaucoup de régularité dans son ouvrage ; il donne d'abord la description de Tunis et de l'Afrique en général, ensuite l'histoire des différentes dynasties qui ont régné sur Tunis jusqu'à l'an 1681 de notre ère, et termine par une description des curiosités de la ville et des usages particuliers de ses habitants. C'est une chronique écrite d'après le modèle général des chroniques arabes, et elle participe de leurs défauts et de leurs qualités ordinaires. La description de l'Afrique avant l'invasion des musulmans est remplie de fables et d'incertitudes ; l'histoire des premiers siècles de leur domination forme une compilation bien ordonnée, mais un peu sèche ; à partir du XIIIe siècle, le récit prend un peu plus de vie ; on y trouve des renseignements originaux, et tirés de la tradition orale, surtout dans la dernière partie, qui traite de la conquête de Tunis par les Turcs.

Le grand défaut de ce livre, et de presque tous ceux de la même classe, est le point de vue étroit qui caractérise les historiens musulmans ; ils se contentent d'enregistrer les faits ma-

1. *Histoire de l'Afrique* par Mohammed-ben-Abi-el-Raïni-el-Kaïrouani, traduite de l'arabe par MM. E. Pellissier et Rémusat. Paris, 1845, in-4°. (517 p.) Cet ouvrage forme le tome VII de l'Exploration scientifique de l'Algérie, publiée par ordre du Gouvernement français.

tériels les plus frappants; hors de là, ils ne s'occupent que de ce qui touche directement les intérêts de leur religion; mais ils ne parlent qu'accidentellement des changements que le temps a produits dans la société civile, des mœurs des peuples soumis ou ennemis, de la marche du commerce et des causes de la prospérité ou de la décadence du pays dont ils traitent, enfin, de tout ce qu'on appelle aujourd'hui les faits sociaux. C'est la tâche de l'historien européen de briser l'enveloppe aride des chroniques orientales, et d'en tirer ce qui y reste d'indications relatives à la vie réelle des peuples. Cependant, quelquefois un hasard heureux met à notre disposition des ouvrages dont les auteurs ont été forcés par les circonstances de sortir de la voie ordinaire, et de nous raconter ce qu'ils ont observé. Telles sont les relations des voyageurs arabes, que l'on connaissait déjà par la traduction de Renaudot, et dont M. Reinaud vient de faire paraître le texte accompagné d'une nouvelle traduction[1]. Ce sont des récits de marchands et de voyageurs arabes du IXe siècle de notre ère, qui avaient fréquenté les côtes de l'Inde et de la Chine, et les îles de l'archipel indien, et qui nous donnent des détails pleins d'intérêt sur les mœurs et l'aspect des pays qu'ils visitent, sur le commerce qu'on y faisait et sur les produits naturels qu'ils fournissaient. On accusa, pendant quelque temps, Renaudot d'avoir inventé ces relations; plus tard quelques critiques les attribuèrent à Masoudi. Maintenant M. Reinaud prouve que le fond du livre est formé par le récit du marchand Soleiman, commenté et complété un peu plus tard par Abou-Zeid de Basra, et communiqué par ce dernier à Masoudi, qui en a inséré une grande partie dans ses Prairies d'or. Feu M. Langlès avait fait imprimer, en 1811, le texte arabe de ce livre; mais l'édition étant restée inachevée dans les magasins de l'Imprimerie royale, M. Rei-

---

1. *Relation des voyages faits par les Arabes et les Persans dans l'Inde et à la Chine, dans le* IXe *siècle de l'ère chrétienne,* texte arabe imprimé en 1811 par les soins de feu Langlès, publié avec des corrections et additions, et accompagné d'une traduction française et d'éclaircissements, par M. Reinaud. Paris, 1845, 2 vol. in-8°. (CLXXX, 154, 105 et 202 p.)

naud s'est chargé de la terminer, et il y a ajouté un appendice tiré de Masoudi, des corrections du texte, une traduction nouvelle, un commentaire détaillé, et une introduction dans laquelle il discute l'origine de l'ouvrage et les nombreuses questions géographiques qui se rattachent aux récits des auteurs. C'est un livre infiniment curieux sous plusieurs rapports, et dont la publication plus complète est un service rendu à la littérature orientale.

Un traité de géographie du xe siècle, plus méthodique et presque aussi original que les relations de ces voyageurs, est le Livre des climats, par Abou-Ishak d'Istakhr, dont M. Mordtmann, à Hambourg, vient de faire paraître une traduction [1]. Le but de l'auteur était de donner une description de tous les pays musulmans. La géographie était alors une science toute nouvelle chez les Arabes, et Abou-Ishak paraît avoir été presque entièrement réduit aux observations qu'il avait faites lui-même dans ses nombreux voyages, ce qui rend son livre très-inégal dans ses différentes parties, mais d'autant plus précieux pour nous. Plus tard les géographes arabes ont suivi l'habitude de leurs historiens, et se sont copiés les uns les autres d'une manière effrontée, et généralement sans aucune critique et sans s'apercevoir que l'état des pays dont ils parlaient avait changé dans l'intervalle. Abou-Ishak a ajouté à son livre des cartes très-imparfaites, mais extrêmement curieuses, comme étant les plus anciennes qui existent, à l'exception de la Table de Peutinger et de quelques cartes chinoises. Sir W. Ouseley a publié, au commencement de ce siècle, la traduction anglaise d'un abrégé persan de l'ouvrage d'Abou-Ishak, qu'il attribuait à Ibn-Haukal; mais il est heureux qu'on ait découvert l'original arabe, qui est beaucoup plus détaillé. Malheureusement, on n'en connaît jusqu'à présent qu'un seul manuscrit, que Seetzen a envoyé à la bibliothèque

---

1. *Das Buch der Laender von Schech Ibn Ishak el-Farsi el-Isztachri aus dem Arabischen übersetzt*, von Mordtmann. Hamburg, 1845, in-4°. (204 p., avec six cartes.)

de Gotha. M. Moeller en a fait paraître, il y a quelques années, une édition lithographiée, qui offre un calque exact de l'original; et c'est ce qui pouvait se faire de mieux, car les imperfections nombreuses du manuscrit, et surtout l'absence des points diacritiques sur les noms propres, exigeront des travaux de critique longs et répétés avant que l'on puisse en donner une édition par la voie de l'imprimerie. M. Mordtmann a lutté avec beaucoup de bonheur et de savoir contre ces difficultés, quoique, en maint endroit, il se voie obligé de renoncer à fixer la lecture des noms de lieux. Il faut espérer que l'attention que ce travail remarquable doit exciter conduira à la découverte d'autres manuscrits du même ouvrage, qui permettront de fixer avec certitude la lecture de ce livre important.

M. Kurd de Schlœzer a fait, des fragments d'un voyageur [1] arabe du xe siècle de notre ère, le thème d'une dissertation inaugurale. Abou-Dolef-Mis'ar avait entrepris, vers le milieu de ce siècle, un voyage en Tartarie, dans le Tibet et dans l'Inde, dont il paraît avoir consigné les résultats dans un traité aujourd'hui perdu. Les géographes postérieurs en ont incorporé des parties ou des extraits dans leurs ouvrages, et le fragment que M. de Schlœzer nous fait connaître est tiré du Ajaïb-el-Makhloukat de Kazwini. Il est publié avec une traduction et un commentaire.

M. Wüstenfeld, à Gœttingue, a commencé la publication du Moschtarik de Iakouti [2]. C'est un dictionnaire d'homonymes géographiques, tiré, par l'auteur lui-même, de son grand dictionnaire de géographie. Quiconque s'est occupé de l'histoire de l'Orient a dû être souvent embarrassé par la fréquence de cette homonymie, et l'on comprendra facilement l'intérêt d'un

1. *Abu Dolef Misaris ben-Mohalhal, de itinere asiatico Commentarius*, edidit Kurd de Schlœzer. Berlin, 1845, in-4°. (41 p.)
2. *Jacut's Moschtárik; das ist Lexicon geographischer Homonyme*, herausgegeben von Wüstenfeld. Cahier I. Göttingen, 1845, in-4°. (XVI, 8 et 160 p.)

livre destiné à lever les difficultés qui en résultent. M. Wüstenfeld a trouvé deux rédactions du Moschtarik, dont la seconde contient des changements et des additions très-considérables faites par Iakouti lui-même; mais, comme elle offre en même temps des omissions, l'éditeur a trouvé nécessaire de combiner les deux rédactions, de manière à réintégrer dans la seconde, qui forme la base de son texte, les parties omises. Il a obvié aux inconvénients de ce procédé par un système assez compliqué de signes typographiques qui permettent au lecteur de distinguer la nature et l'origine des additions. Iakouti est un auteur du XIIIe siècle, qui a beaucoup voyagé et beaucoup écrit, et il serait très à désirer qu'on entreprît une édition de son grand dictionnaire géographique.

La dernière addition à nos connaissances géographiques que nous devons aux Arabes, est le *Voyage au Darfour*, par le scheikh Mohammed, de Tunis, traduit par M. Perron, directeur de l'école de médecine au Caire, et publié par M. Jomard[1]. Il est rare que nous ayons à citer l'ouvrage d'un auteur oriental vivant, et il a fallu un concours de circonstances singulières pour faire composer celui dont il s'agit ici. Lorsque M. Perron arriva au Caire, il prit le scheikh Mohammed pour maître d'arabe, et, s'étant aperçu qu'il avait fait des voyages considérables dans les parties les plus inconnues du Soudan, il le pria de lui en rédiger la relation pour lui servir de thème. C'est ainsi que fut composé et traduit à mesure un ouvrage extrêmement curieux, dans lequel on sent parfaitement l'influence de l'intelligence européenne qui a forcé le scheikh à reporter ses souvenirs sur une quantité de points qu'un voyageur musulman, écrivant pour ses compatriotes, aurait certainement négligés. Le volume qui vient de paraître traite du Darfour, et donne la première description détaillée que nous ayons de ce pays ; le second traitera du Borgou et nous fera connaître une

---

1. *Voyage au Darfour*, par le Cheykh Mohammed ebn-Omar el Tounsy, traduit de l'arabe par le Dr. Perron, et publié par les soins de M. Jomard. Paris, 1845, in-8°.

partie de l'Afrique qui nous est aujourd'hui entièrement inconnue et que jamais le pied d'un Européen n'a foulée. Il est probable que la nouvelle preuve que M. Perron a donnée de ce qu'on peut tirer des voyageurs musulmans dans l'intérieur de l'Afrique, et de la facilité avec laquelle ils visitent des pays qui nous sont fermés, portera d'autres fruits; je pourrais même annoncer dès aujourd'hui des tentatives semblables, si je ne craignais de nuire à leur réussite par une publicité prématurée.

Les ouvrages qui se rapportent à l'étude philologique de l'arabe ont été nombreux et en partie importants. M. Fleischer a fait paraître la 4e livraison de son excellente édition du Commentaire sur le Koran par Beidhawi[1], et vous apprendrez sans doute avec plaisir que ce livre a déjà acquis une grande popularité parmi les mollahs des provinces musulmanes de la Russie. M. Flügel, à Meissen, a publié une édition des Définitions de Djordjani[2]. Le schérif Zeïn-eddin, de Djordjan, était un des savants que Timour amena à Samarkand pour en orner sa nouvelle cour. Djordjani y composa des ouvrages sur presque toutes les parties des sciences connues dans les écoles musulmanes, sur les mathématiques, la théologie, la philosophie, telle qu'elle était enseignée alors, et la grammaire. C'était un temps de décadence où l'érudition se contentait, en général, de compilations et de commentaires. Le seul ouvrage de Djordjani qui ait conservé de la popularité paraît être le *Tarifat*, c'est-à-dire les définitions. M. de Sacy a donné une notice et des extraits de ce livre et en a démontré l'importance pour la lexicographie et la grammaire arabes. Depuis ce temps, il a paru à Constantinople une édition de l'ouvrage; mais, comme elle est assez incorrecte et qu'elle est devenue

---

1. *Beidhawii Commentarius in Coranum ex codicibus Paris. Dresd. et Lipsiensibus*, edidit, indicibusque instruxit H. O. Fleischer. Leipzig, in-4°.
2. *Definitiones viri meritissimi Sejjid Scherif Dschordschani, accedunt definitiones theosophi Mohammed vulgo Ibn Arabi dicti*. Primum edidit et adnotatione critica instruxit G. Flügel. Lipsiæ, 1845, in-8°. (XXXVIII et 336 p.)

rare, vous avez accordé, il y a deux ans, à M. Dernburg, une souscription pour une nouvelle édition qui doit être accompagnée d'une traduction française et d'un commentaire. M. Flügel, qui, de son côté, s'occupait de cet ouvrage, vient de faire paraître, à l'aide des manuscrits de Paris et de Vienne, une édition très-supérieure à celle de Constantinople. Djordjani, malgré tout son mérite, n'était qu'un compilateur et avait emprunté la plupart de ses définitions à des ouvrages plus anciens, qu'il ne paraît pas toujours avoir copiés exactement, et que nous avons, par conséquent, intérêt à retrouver. M. Flügel en a découvert un et l'a ajouté à son édition. C'est un petit livre, dans lequel Ibn-Arabi, mystique du XIIIe siècle, a donné deux cents définitions de termes dont se servent les Soufis. C'est la première fois que ce petit livre est imprimé, malheureusement d'après un seul manuscrit qui a dû souvent laisser au savant éditeur des doutes sur le sens de l'auteur. Un autre des ouvrages dont s'est servi Djordjani, et dont on peut faire usage pour contrôler le *Tarifat*, vient d'être publié à Calcutta, aux frais de la Société du Bengale, par M. Sprenger, directeur du collége de Dehli; c'est le *Dictionnaire des termes techniques des Soufis* par Abdourrezak[1], auteur qui paraît avoir vécu au commencement du XIVe siècle. Ce livre doit avoir joui d'une certaine réputation parmi les Soufis, car il a été, un peu plus tard, remanié par d'autres auteurs.

Le Dictionnaire arabe-français de M. Kazimirski est arrivé à sa treizième livraison[2], et le même savant vient de publier un conte tiré des *Mille et une Nuits*[3], dans le but de fournir aux commençants un texte d'arabe vulgaire. Enfin, au moment où je termine la liste des ouvrages arabes, je reçois le

---

1. *Abdu-r-razzaq's Dictionary of the technical terms of the Sufies*, edited in the arabic original by Dr A. Sprenger. Calcutta, 1845, in-8°. (167 p.)
2. *Dictionnaire arabe-français*, par M. Kazimirski. Paris, in-8°.
3. *La belle Persane*, conte tiré des *Mille et une Nuits*, publié et traduit par M. Kazimirski. Paris, 1846, in-8°.

Dictionnaire détaillé des noms des vêtements chez les Arabes, par M. Dozy, à Leyde[1]. C'est un ouvrage considérable qui a été couronné par l'Institut royal des Pays-Bas, et dans lequel M. Dozy recherche le sens exact de chaque terme dont les Arabes se servent pour une partie quelconque de leurs vêtements. On sait combien les dictionnaires sont incomplets pour tout ce qui se rapporte à la vie réelle, et combien il est rare qu'on y trouve la définition exacte d'un objet d'usage habituel. M. Dozy a combiné partout les passages des auteurs arabes qui parlent d'un vêtement, avec les descriptions qu'en donnent les voyageurs européens, et il est parvenu de cette manière à indiquer, dans la plupart des cas, l'étymologie du mot, la forme exacte du vêtement, le pays et le temps où il était en usage. Je ne dois pas quitter M. Dozy, sans avoir rappelé l'intention qu'il a annoncée de publier, par voie de souscription, le Commentaire historique d'Ibn-Badroun sur le poëme d'Ibn-Abdoun, les voyages d'Ibn-Djobaïr, et une histoire de l'Afrique et de l'Espagne, d'un auteur inconnu. Vous avez trouvé dans le *Journal asiatique*[2] les détails de cette entreprise, et le concours de tous ceux qui s'intéressent à l'histoire des Arabes ne manquera pas à M. Dozy.

La plupart des autres dialectes sémitiques ont aussi occupé les savants, sans parler des nombreux travaux que provoque tous les ans l'étude de l'hébreu ancien et moderne, et qui appartiennent au moins autant à la théologie qu'à la littérature orientale. M. Ewald a publié dans le Journal de M. Lassen une dissertation sur les textes puniques de Plaute, et M. Movers en a fait l'objet d'un ouvrage particulier[3]. C'est le texte phénicien le plus considérable que nous possédions, et il mérite, sous ce rapport, certainement toute la peine qu'on s'est donnée

---

1. *Dictionnaire détaillé des noms des vêtements chez les Arabes*, par M. Dozy. Amsterdam, 1845, in-8°. (446 p.)
2. Voyez *Journal asiatique*, février 1846, p. 197 et suiv.
3. *Die punischen Texte im Poenulus des Plautus, kritisch gewürdigt und erklaert* von Dr. Movers. Breslau, in-8°, 1845. (147 p.)

pour l'expliquer. Mais c'est une base bien étroite et bien incertaine pour l'analyse d'une langue; ce qu'il faudrait avant tout, ce serait la découverte d'inscriptions plus considérables que celle que nous possédons. Il en est à peu près de même des incriptions himyarites, qui sont la dernière et une des plus précieuses conquêtes de la philologie. Je ne citerai pas l'interprétation que M. Bird a donnée à Bombay de quelques-unes de ces inscriptions, parce que l'auteur ne fournit la clef ni de sa lecture ni de sa traduction; mais on a pu lire sur ce sujet, dans le *Journal asiatique*, un travail raisonné de M. Fresnel, dans lequel il discute, avec la sagacité et l'ardeur passionnée qu'on remarque dans tous ses travaux, les bases de l'interprétation de ces inscriptions. Néanmoins, nous avons besoin d'une plus grande masse de monuments, et l'on ne peut penser, sans un mouvement d'impatience, que ces monuments existent, et que le seul homme qui peut les visiter et qui, pour le faire, est prêt à risquer sa vie, attend depuis deux ans, sur le bord de la mer Rouge, les moyens de partir de nouveau pour Saba. Depuis que M. Arnaud a copié les inscriptions que vous connaissez, des fouilles ont été faites par les Arabes, dans l'idée que ce n'est que pour enlever les trésors enfouis de la reine de Saba, qu'est venu chez eux ce mystérieux étranger. Le hasard a voulu qu'ils aient trouvé un coffre antique, couvert de sculptures et rempli de pièces d'or. Était-ce de l'or persan? était-ce de l'or de Saba? Personne ne saurait le dire, car ils ont fondu ces pièces et brisé le coffre, dont ils ont vendu les morceaux sur le marché de Sana. Il reste encore, à l'heure qu'il est, un grand coffre en métal, couvert de sculptures, que le kadi de Saba a découvert dans ces fouilles, et dont il a jusqu'ici empêché la destruction. Nous pouvons espérer que ce monument, peut-être le dernier reste de l'art sabéen, sera un jour au Louvre, car M. le Ministre de l'instruction publique a promis d'aider M. Arnaud à retourner à Saba.

La littérature syriaque vient de se voir ouvrir une source de richesses et un avenir inespérés. On savait, depuis des siècles, que les monastères coptes de l'Égypte possédaient des bibliothèques fort anciennes, composées surtout d'ouvrages syriaques et coptes. Les deux Assemani avaient trouvé moyen d'acheter des moines un certain nombre de ces manuscrits, qui furent déposés ou plutôt enterrés dans la bibliothèque du Vatican, le plus riche dépôt littéraire qui se soit jamais fermé devant la curiosité des savants. D'autres voyageurs, principalement des Anglais, ont réussi à acheter, de temps en temps, un petit nombre de manuscrits qui faisaient litière dans de vieux caveaux, tout en étant regardés, par les maîtres illettrés de ces trésors, avec un respect superstitieux qui les empêchait de les mettre dans de meilleures mains. Dans ces derniers temps, M. Tattam, connu par ses travaux sur la littérature copte, se rendit deux fois en Égypte, dans l'espoir de se procurer des manuscrits; la reconnaissance du patriarche jacobite pour le don d'une édition copte et arabe du Nouveau Testament, que la Société biblique venait de faire imprimer pour lui, le disposa en faveur de M. Tattam, et celui-ci finit par acquérir des moines, avec beaucoup de difficultés, trois cent soixante-six manuscrits syriaques d'une haute antiquité, qui sont aujourd'hui la propriété du Musée britannique. C'est un grand trésor pour la littérature patristique, et d'autres parties des sciences historiques en retireront certainement des résultats considérables. M. Cureton vient de faire paraître un de ces ouvrages, contenant trois lettres de saint Ignace [1], dans une traduction syriaque plus ancienne que les manuscrits grecs existants, et exempte des interpolations qui ont été l'objet de tant de discussions parmi les savants.

M. Tattam s'est procuré, en même temps que ces manuscrits syriaques, un certain nombre de manuscrits coptes qui le mettront en état de publier les parties de la Bible que l'on ne possédait pas jusqu'à présent dans cette langue, et il annonce

---

1. *The ancient Syriac version of the epistles of saint Ignatius*, edited with an english translation and notes by W. Cureton. London, 1845, in-8°. (XL et 108 p.)

l'impression prochaine d'un volume qui doit contenir le livre de Job. Les débris de la littérature copte qui nous sont jusqu'à présent parvenus n'ont en eux-mêmes qu'une mince importance littéraire, mais ils nous enseignent la langue qui forme la clef de l'interprétation des hiéroglyphes égyptiens, et chaque nouveau livre copte qu'on publiera servira à perfectionner le dictionnaire de la langue, et contribuera ainsi à une solution plus complete d'un grand problème que les temps anciens nous avaient légué, et que le nôtre a eu l'honneur de résoudre.

C'est peut-être ici que je puis le mieux placer la mention d'un livre élémentaire berbère [1] que M. Delaporte a fait lithographier. Il contient des conversations en berbère, écrites en caractères mogrebins, transcrites en caractères latins, et accompagnées d'une traduction interlinéaire française. Ce recueil est terminé par une légende en vers intitulée *Saby;* cette legende est l'histoire d'un fils qui, par sa piété, délivre ses parents de l'enfer, et elle se distingue par une certaine beauté sauvage qui explique la popularité de ce récit chez les Kabyles du Maroc.

En nous tournant vers la Mésopotamie, qui est depuis quelques années le théâtre de si grandes découvertes archéologiques, nous ne trouvons qu'un seul essai de déchiffrement des incriptions assyriennes, par M. Isidore Loewenstern [2]. Il est probable qu'on n'arrivera à un résultat certain que lorsqu'on possédera des inscriptions trilingues d'une étendue considérable, et dans lesquelles il se trouvera assez de noms propres pour que la comparaison de la colonne persépolitaine avec la colonne assyrienne nous donne un alphabet assyrien à peu près complet. Il existe une pareille inscription sur le tombeau de

---

1. *Spécimen de la langue berbère*, par J. D. D. Paris, in-fol. (57 p. de lithographie.)
2. *Essai de déchiffrement de l'écriture assyrienne pour servir à l'explication du monument de Khorsabad*, par S. Loewenstern. Paris, 1845, in-8°, (35 p. et 3 p.)

Darius; malheureusement, MM. Flandin et Coste, qui, pourtant, ont été sur les lieux et ont dessiné le monument, ne l'ont pas copiée. Mais M. Westergaard en a pris copie; et il serait à désirer qu'il se décidât à la livrer au monde savant, pour donner une base solide aux études sur l'écriture assyrienne, études qui sont devenues d'une importance extrême pour l'histoire depuis que nous possédons une si grande masse d'inscriptions. Schulz en avait rapporté quarante-deux de Wan; M. Botta en a copié plus de deux cents à Khorsabad; M. Rouet en a trouvé depuis à Arbèle, et M. Layard est, dans ce moment, occupé à déblayer, à Nimroud, un grand monument qui est couvert d'inscriptions comme celui de Khorsabad. Pendant que ces feuilles étaient sous presse, les deux Chambres ont rendu une loi pour la publication des découvertes de M. Botta, et le public savant aura bientôt sous les yeux le texte de M. Botta, la collection entière des inscriptions qu'il a copiées et les dessins des bas-reliefs par M. Flandin. Puisse M. le ministre de l'intérieur trouver un moyen de faire publier ce grand ouvrage à un prix qui ne le rende pas inaccessible aux personnes auxquelles il est réellement destiné, et qui, seules, peuvent en faire usage. Cela devrait être possible puisque le Gouvernement fait les frais entiers de la publication.

Il n'est venu à ma connaissance aucun nouveau travail sur les inscriptions persépolitaines, si ce n'est un traité anonyme imprimé à Oedenbourg, en Hongrie, sous le titre de *Vestiges de l'Orient conservés dans la langue magyare*[1]. Je ne puis qu'indiquer le titre de cet opuscule, car il est écrit en hongrois, et c'est pour moi lettre close. Au reste, la Société asiatique de Londres va publier enfin les travaux de M. Rawlinson sur la grande inscription de Darius à Bisitoun, la plus considérable de toutes et celle dont l'intérêt historique est le plus grand, à en juger par les fragments que M. Rawlinson a, de temps en temps, communiqués à ses amis. M. Rawlinson accompagne

---

1. *A Magyar nyely keleti emlékei.* Sopron (Oedenburg), in-8°, 1844. (71 p.)

sa traduction d'un travail sur la grammaire et le dictionnaire de la langue persane au temps de Darius.

La littérature persane proprement dite s'est enrichie de quelques nouvelles publications. Un membre de votre Conseil a fait paraître le troisième volume de l'édition de Firdousi [1], qui fait partie de la Collection orientale. Ce volume contient la continuation de l'histoire de Keï-Khosrou, mais sans mener à sa fin ce règne, qui remplit presque le quart du Livre des Rois. M. Bland, à Londres, annonce une édition des œuvres de Nizami et a débuté par la publication du *Mahzen-al-Asrar* [2] (le dépôt des secrets) ; c'est une série d'anecdotes qui servent de texte à des applications morales et philosophiques. Cet ouvrage paraît aux frais de la Société anglaise pour la publication des textes orientaux. On ne possédait, jusqu'à présent, des œuvres de Nizami, que quelques extraits et des éditions du *Sekander-nameh*. Ce grand poëte mérite pourtant d'être mieux connu. On a beaucoup parlé de la poésie persane, mais c'est seulement lorsque nous aurons des éditions et des traductions de Djelal-eddin Roumi, de Nizami, de Djami, d'Anweri, que nous pourrons suivre, dans ses phases principales et dans les œuvres des grands maîtres, ce magnifique développement poëtique, qui marque, avant tout, la place de la Perse moderne dans l'histoire littéraire.

M. Brockhaus, à Leipzig, a fait imprimer, à l'occasion d'une fête de famille, quelques exemplaires d'une rédaction du Livre du perroquet [3], plus ancienne que celle qui a été souvent reproduite sous le titre de *Touti-nameh*. C'est un de ces livres de fables indiennes qui ont fait le tour du monde sous des

1. *Le livre des Rois*, par Abou'lkasim Firdousi, publié, traduit et commenté par M. J. Mohl. Paris, 1846, in-fol. (VII et 629 p.)
2. *Mahzan ul Asrâr of Nizami*, published by Bland. London, 1845, in-4°. (5 et 118 p.)
3. *Die sieben weisen Meister von Nachschebi*. In-4°. (12 et 15 p.) Ce petit livre ne porte aucune date ; il a été imprimé à Leipzig en 1845 et n'a été tiré qu'à douze exemplaires.

noms très-variés et avec des additions et des changements très-considérables. Celui dont il s'agit dans ce moment a été traduit du sanscrit en pehlewi, sous les Sasanides, ensuite en arabe sous le nom de *Livre des sept vizirs*, et reproduit dans toutes les langues de l'Europe, sous les titres de *Dolopatos*, de *Syntipas*, de *Roman des sept sages*, et autres. La rédaction que M. Brockhaus a fait imprimer est celle de Nakschebi ; elle est d'un style très-simple et paraît avoir été faite elle-même sur la rédaction que l'auteur du *Fihrist* appelle *le petit Livre de Sindibad*.

M. Spiegel a publié à Leipzig une Chrestomathie persane [1], composée de morceaux en prose et en vers, tirés du *Beharistan*, de l'*Anweri-Sohcïli*, de Firdousi, de Sadi, du *Secander-Nameh* de Nizami, de Khakani et de Feïzi. Ces derniers morceaux sont inédits ; les autres ont été tirés, en général, d'éditions publiées en Orient, et corrigés à l'aide de manuscrits. M. Spiegel y a ajouté un vocabulaire et le tout forme un manuel bien calculé pour les commencements de l'étude du persan.

La grammaire persane a été l'objet de deux publications. M. Splieth, à Leipzig, a autographié sur pierre la grammaire qui sert d'introduction au dictionnaire connu sous le nom de Ferhengui-Raschidi [2]. Ce petit livre est un fac-simile du manuscrit dont il a conservé toute la disposition, jusqu'à la forme et la position des gloses marginales. C'est une manière très-convenable de publier des textes orientaux, qui, par la nature du sujet, ne s'adressent qu'à un petit nombre de lecteurs. Enfin, M. Garcin de Tassy a donné une nouvelle édition de la grammaire persane que Sir William Jones avait fait impri-

---

1. *Chrestomathia persica*, edidit et glossario explanavit Fr. Spiegel. Lipsiæ, 1846, in-8°. (341 p.)
2. *Grammaticœ persicœ prœcepta et regulœ, quas lexico persico Ferhengi Reschidi prœfixas*, scripsit et edidit Dr. Splieth. Halle, 1846, in-8°. (51 p.)

mer en français en 1772[1]. Le nouvel éditeury a fait quelques corrections de style et de fond, ainsi que quelques additions nécessaires pour rendre ce traité élémentaire propre à servir à ceux qui commencent l'étude du persan. M. Garcin de Tassy parle, dans sa préface, de l'intention qu'il avait eue de rédiger un traité entièrement neuf sur la grammaire persane, et il serait à désirer qu'il donnât suite à cette idée, car il n'existe pas d'ouvrage sur ce sujet qui soit au niveau de l'état actuel de la science.

Il n'est venu à ma connaissance qu'un seul ouvrage relatif à la langue turque, c'est la grammaire de M. Redhouse[2], employé au bureau des interprètes du divan de Constantinople. Le travail de M. Redhouse paraît fait avec autant de soin que de connaissance de son sujet, et se distingue des grammaires antérieures surtout dans la théorie du verbe. L'auteur termine son livre par l'analyse grammaticale détaillée d'un morceau turc, destiné à ceux qui voudront apprendre la langue sans maître. M. Redhouse annonce un dictionnaire turc qui est sous presse dans ce moment à l'imprimerie impériale ottomane. Je ne puis regretter l'impossibilité où je me trouve d'annoncer les autres ouvrages turcs qui ont paru ou vont paraître à Constantinople; car nous pouvons espérer que M. de Hammer voudra bien continuer la bibliographie raisonnée qu'il nous a fait l'honneur d'adresser au *Journal asiatique* depuis une série d'années.

Je ne dois pas quitter l'Asie occidentale sans faire mention de deux ouvrages numismatiques qui s'y rapportent, et dont le premier est un manuel général de numismatique orientale [3]

1. *Grammaire persane* de Sir W. Jones, seconde édition française, revue, corrigée et augmentée par M. Garcin de Tassy. Paris, 1845, in-12. (IV et 129 p.)
2. *Grammaire raisonnée de la langue ottomane*, par J. W. Redhouse. Paris, 1846, in-8°. (343 p.)
3. *Handbuch zur morgenländischen Münzkunde* von Dr. Stickel; cah. I. Leipzig, 1845, in-4°. (108 p.)

Le grand duc de Saxe-Weimar a fondé récemment, à l'université de Jéna, un musée de médailles, dans lequel il a fait entrer la belle collection de médailles orientales qu'avait formée M. Zwick, à Saint-Pétersbourg. M. Stickel, directeur du musée, publie la description de cette collection et vient d'en faire paraître le premier cahier, qui traite des monnaies des Omméïades et des Abbasides. L'auteur ne s'en tient pas à la description des pièces nouvelles que contient le cabinet de Jéna, il donne des spécimens des monnaies principales, même quand elles sont déjà connues, pour fournir un manuel général de numismatique arabe. Il a accompagné ce cahier d'une planche lithographiée, dans laquelle on s'est appliqué à imiter l'éclat métallique des pièces, mais où la gravure des légendes laisse beaucoup à désirer.

Le second ouvrage porte le titre de documents numismatiques de Géorgie[1], et contient la description que donne le prince Barutayeff de sa riche collection de médailles géorgiennes. Il les divise en sept classes : géorgiennes sasanides, géorgiennes byzantines, géorgiennes arabes, géorgiennes pures, géorgiennes de princes étrangers, géorgiennes persanes et géorgiennes russes. L'auteur discute en détail, et avec autant de modestie que de connaissance du sujet, les légendes de chacune de ces médailles et les points historiques qui s'y rattachent, et son ouvrage se termine par un supplément d'un raffinement très-ingénieux ; c'est une tablette de médailler dans laquelle sont incrustées les empreintes métalliques d'une vingtaine de médailles en argent et en cuivre, obtenues par un procédé galvanique de l'invention de l'auteur. L'ouvrage est écrit en russe ; mais les chapitres principaux sont accompagnés d'une traduction française.

Si maintenant nous passons à l'Inde, nous trouvons d'abord

1. *Documents numismatiques du royaume de Géorgie,* par le prince Michel Barutayeff, conseiller d'État. Saint-Pétersbourg, 1844, in-4°. (571 p. et de nombreuses planches.)

un travail sur les Védas, par M. Roth[1], à Tubingen, travail qui comprend trois dissertations : l'une sur l'histoire littéraire des Védas, l'autre sur la plus ancienne grammaire védique, la troisième sur la nature des données historiques que l'on peut tirer de ces livres. L'auteur suit, dans ce petit ouvrage, les traces de Colebrooke ; il précise les observations de ce grand indianiste sur l'origine et le caractère des collections des hymnes védiques, et indique une série de travaux qu'il sera indispensable d'entreprendre pour nous rendre intelligibles ces monuments de la plus haute antiquité ; il pose plutôt les questions qu'il ne les résout, mais, dans une matière si neuve et si difficile, c'est beaucoup de bien poser les questions. Heureusement, l'attention des indianistes se porte partout sur la littérature védique, et l'on peut espérer que l'on possédera bientôt des matériaux abondants pour l'étude de cette partie capitale des lettres indiennes. Les autres branches de la littérature sanscrite, les épopées, les poëmes lyriques et dramatiques, les Pourânas, les ouvrages de science et de législation suffiraient pour assigner aux Hindous une place éminente dans l'histoire des littératures anciennes ; mais ce qui leur donne, dans l'histoire de la civilisation, un rôle tout à fait à part, ce sont les Védas et les systèmes philosophiques qui s'y rattachent ; c'est par eux que l'Inde a agi sur le genre humain et a si puissamment contribué à la formation des idées qui ont fait la gloire des peuples les plus civilisés.

M. Gorresio, en publiant le troisième volume de son édition du Ramayana,[2] est entré dans la partie inédite du poëme. L'impression du premier volume de la traduction italienne est très-avancée, de sorte qu'on verra achever cette grande entreprise dans un temps beaucoup plus court qu'on n'était en droit de l'espérer. On sait que M. Gorresio suit rigoureuse-

1. *Zur Litteratur und Geschichte des Weda, drei Abhandlungen* von Roth, Stuttgart; 1846, in-8°. (146 p.)
2. *Ramayana, poema indiano di Valmici*, per Gaspare Gorresio, vol. III. Paris, 1845, in-8°. (xxxvi et 478 p.)

ment la rédaction dite bengali du poëme épique, pendant que M. Schlegel avait préféré la rédaction des commentateurs. On assure que M. Gildemeister, à Bonn, se propose d'achever l'édition commencée par M. Schlegel, et qu'il a l'intention de s'en tenir, encore plus exactement que n'avait fait son prédécesseur, à la rédaction des commentateurs. On ne peut qu'applaudir à ce plan, qui mettrait entre nos mains des éditions des deux rédactions et permettrait ainsi de décider beaucoup de questions critiques, dont la solution peut nous éclairer sur l'histoire de ce grand monument poétique.

La simplicité du Ramayana et du Mahabharat finit par déplaire aux lettrés indiens, lorsque l'âge d'or de leur littérature fut passé, et ils tombèrent dans l'admiration des raffinements grammaticaux, dans le mépris du naturel et le culte du langage savant. Ils s'appliquèrent à refaire en détail et par fragments leurs anciennes poésies et donnèrent aux productions de cette nouvelle manière le nom de *grands poëmes*, qui nous paraît presque une dérision. M. Schütz vient de publier la traduction allemande des deux premiers chants du Kiratârjunyam[1], poëme de cette classe qui est l'amplification d'un épisode du Mahabharat. Ce livre passe dans l'Inde pour une merveille de style, et, sous ce rapport, on est toujours obligé d'accepter les jugements de la nation à qui appartient l'ouvrage ; mais, sous le rapport du goût, il est permis de décliner l'autorité de l'opinion locale, et de trouver que l'art de la diction et la perfection mécanique des vers ne couvrent pas la pauvreté du fond.

La Grèce a fourni à la littérature sanscrite, dans le premier volume des Œuvres posthumes de M. Galanos, un contingent inattendu[2]. M. Galanos était un négociant grec établi

---

1. *Bharavi's Kiratârjunyam*, Gesang I und II, aus dem Sanscrit übersetzt von Dr. Schütz. Bielefeld, 1845, in- 4°. (17 p.)
2. Δημητρίου Γαλάνου Ἀθηναίου Ἰνδικῶν μεταφράσεων πρόδρομος. Athènes, 1845, in-8°. (48 et 155 p.).

à Calcutta, qui abandonna, vers la fin du dernier siècle, son commerce pour se retirer à Bénarès, où il adopta le costume et la manière de vivre des brahmanes, et passa quarante ans dans leur société et dans leurs écoles. Il mourut en 1833 et laissa des traductions d'un grand nombre d'ouvrages sanscrits. M. Jean Douma, à Athènes, vient de faire imprimer sa vie et la traduction de quelques livres des moralistes indiens, déjà connus pour la plupart en Europe. Galanos paraît avoir cherché à Bénarès, plutôt la sagesse comme la cherchaient les anciens, que le savoir comme l'entendent les modernes, et ses manuscrits sont probablement plutôt une curiosité littéraire qu'un secours pour l'érudition.

Le Rajah Radhakant Deb, de Calcutta, a fait paraître le cinquième volume de son Dictionnaire encyclopédique sanscrit[1]. Dans cet ouvrage, chaque mot est suivi de l'interprétation du sens, des synonymes avec l'indication du dictionnaire dont ils sont tirés, de la description de l'objet auquel il s'applique, et de citations empruntées aux livres classiques qui en ont fait usage. L'utilité de cet ouvrage pour les études en Europe est malheureusement restreinte par son excessive rareté, car l'auteur l'imprime à ses frais et ne le met pas en vente. Le système de distribuer les ouvrages au lieu de les vendre fait honneur à la magnificence des auteurs ou des gouvernements, mais, quelque soin qu'on mette à les faire parvenir dans les mains de ceux qui en feraient usage, on n'y réussit jamais complétement, et il vaudrait mieux, je dirais même, il serait plus généreux de les mettre en vente à un prix assez bas pour que tous ceux qui en ont besoin pussent se les procurer.

L'entreprise de Radhakant Deb est, au reste, d'autant plus méritoire que l'étude du sanscrit, comme, en général, celle des langues savantes de l'Orient, n'a jamais été aussi peu

---

1. *Sabda Kalpa Druma*, par Radhakant Deb, vol. V. Calcutta, 1766 de l'ère de Saka, in-4°. (p. 3813-5014.)

encouragée dans l'Inde qu'elle l'est actuellement. Cela tient à des raisons particulières, très-graves et très-louables en elles-mêmes, si on n'en poussait pas trop loin les conséquences. Il s'est opéré, dans l'administration anglaise de l'Inde, un grand mouvement de rapprochement vers le peuple; d'un côté le gouvernement se sert officiellement des dialectes locaux et exige de plus en plus, de ses employés européens, une connaissance parfaite des langues usuelles ; de l'autre côté, il a élargi le cercle des emplois accessibles aux Indiens, et, pour les y rendre aptes, il multiplie ses écoles et y introduit un système d'examens qui tourne les études de la jeunesse indienne vers les connaissances pratiques qu'ils ne peuvent acquérir que dans des ouvrages européens ou dans des traductions que le gouvernement fait imprimer dans les dialectes provinciaux de l'Inde. Ces mesures sont pleines de sagesse et d'humanité, mais on n'aurait pas dû abandonner l'encouragement que méritent les études savantes. Le résultat de cette direction donnée à l'éducation a produit une quantité très-considérable de livres en hindi, hindoustani, mahratti et autres dialectes, que l'administration ou les sociétés d'encouragement pour les écoles ont fait imprimer ou lithographier à Calcutta, à Dehli, à Agra, à Bombay, à Pounah, etc. Ce n'est que par accident, et d'une manière incomplète, que nous parviennent les titres de ces ouvrages, et pourtant je pourrais en remplir des pages entières; mais ces livres, quoique écrits dans des langues orientales, n'ont pas d'intérêt pour nous.

Il a néanmoins paru à Agra un ouvrage que je ne puis me dispenser de mentionner. La Compagnie des Indes a fait publier, il y a quelques années, un Glossaire de tous les termes techniques qui s'emploient dans l'administration des différentes provinces de l'Inde; elle a envoyé ce livre à tous ses employés européens, avec l'invitation de fournir des détails sur l'origine et l'emploi de chacun de ces termes, et toutes les réponses sont destinées à être placées entre les mains de M. Wilson, pour fournir à ce grand indianiste les matériaux d'un ouvrage complet sur ce sujet. Un des employés les plus distingués de la compagnie, M. Elliot, secrétaire de la cour centrale des provinces supérieures de l'Inde, a fourni, en réponse à cette invitation, un travail si considérable que le gouverneur d'Agra s'est décidé à le faire imprimer pour servir de modèle, et votre Société vient d'en recevoir le premier volume [1]. C'est un glossaire arrangé selon l'alphabet européen; chaque mot est écrit en caractères latins, arabes et dévanagaris, et suivi de sa définition, de son étymologie, de remarques sur la nuance du sens dans lequel il est employé dans les provinces supérieures, et de notices souvent très-étendues sur l'objet qu'il exprime. Il serait difficile de donner une idée exacte de la multitude de faits que contiennent ces notices sur l'histoire des diverses tribus mentionnées, sur la culture des plantes énumérées dans le glossaire, sur la géographie, la généalogie des familles, sur les punitions, sur les impôts, les mœurs, les dialectes locaux et mille autres sujets. Il y a bien peu d'ouvrages sur l'Inde qui contiennent autant de faits neufs; et si tous les suppléments au Glossaire qui se préparent ressemblaient à celui de M. Elliot, l'Inde serait bientôt un des pays les mieux connus du monde.

Notre confrère M. Pavie a publié la traduction de la relation de l'expédition faite par ordre d'Aurengzib contre le pays d'Assam [2]. Mir Djoumlah, vice-roi du Bengale, chargé de cette entreprise en 1661, s'empara de la plus grande partie du pays; mais les fièvres le firent périr, lui et presque toute son armée, et Aurengzib fut obligé de renoncer à cette conquête. Ahmed Schehab-eddin Talisch, un des secrétaires de Mir Djoumlah, qui avait fait la campagne avec lui, composa en langue persane, après la mort de son patron, le récit de l'expédition. Son ouvrage fut traduit, en 1805, en hindoustani,

1. *Supplement to the Glossary of Indian terms* by H. M. Elliot. Agra, 1845, in-8°. (447 p.)
2. *Tarikh-i-Asham*. récit de l'expédition de *Mir-Djumlah au pays d'Asham*, par Théodore Pavie, Paris, 1845, in-8°. (xxxi et 316 p.)

par Mir Hoséin, et M. Pavie s'est servi de cette version pour sa traduction française. On remarque, dans le récit de Talisch et dans sa manière d'observer les faits, les défauts ordinaires des auteurs musulmans, mais à un moindre degré qu'à l'ordinaire. C'était évidemment un homme intelligent; il parle d'un pays peu connu et raconte des événements dramatiques dont il a été témoin oculaire ; en un mot, son ouvrage méritait, à beaucoup d'égards, d'être traduit dans une langue européenne.

M. l'abbé Bertrand nous a donné, sous le titre de *Séances de Haïdari* [1], une traduction française d'un ouvrage hindoustani intitulé *la Rose du Pardon*. Chacun sait avec quelle pompe et quel fanatisme les Schiites de Perse et de l'Inde célèbrent l'anniversaire de la mort des fils d'Ali. On représente ce meurtre tous les ans, sous forme dramatique, et on lit en public, pendant les jours qui précèdent la représentation, les récits légendaires des événements qui se rattachent à la destruction de la famille d'Ali. C'est un recueil de ces récits, divisés en journées, composé en 1811 par Mohammed-Haider Baksch, professeur de persan à Madras, que M. Bertrand vient de traduire. Il paraît que l'ouvrage hindoustani lui-même est une traduction d'un livre persan intitulé *le Jardin des Martyrs;* mais M. Bertrand remarque avec raison que le traducteur hindoustani y a probablement fait des changements considérables, car son ouvrage porte toutes les marques du goût des musulmans d'aujourd'hui, et le ton ampoulé de l'auteur devient presque choquant quand il fait parler des personnages historiques dont on possède, dans les auteurs arabes, tant de discours empreints d'une simplicité admirable. M. Bertrand a effacé une partie de ces défauts dans le but de rendre populaire en Europe la littérature orientale, mais c'est une entreprise bien difficile et pour laquelle les auteurs orientaux

---

1. *Les séances de Haïdari*, ouvrage traduit de l'hindoustani par M. l'abbé Bertrand, suivi de l'élégie de Miskin, traduite par M. Garcin de Tassy. Paris, 1845, in-8°. (342 p.)

modernes n'offrent que de faibles ressources. M. Garcin de Tassy a joint aux Séances de Haïdari la traduction de l'élégie de *Miskin*, qui a pour sujet un des nombreux épisodes de la destruction de la famille d'Ali, et dont le ton a quelque chose de l'énergie et de la simplicité des chants populaires.

Enfin, il a paru un ouvrage qui se rapporte à l'Inde, sinon par la langue, au moins par le sujet. C'est le poëme javanais *Wiwoho*, dont M. Gericke, à Batavia, a publié le texte accompagné d'une traduction hollandaise [1]. Le Wiwoho est un poëme, anciennement composé en kawi, qui a été traduit en vers javanais l'an 1704 de l'ère javanaise, c'est-à-dire en 1779 de notre ère. Si je ne me trompe dans le calcul de cette date, c'est un fait singulier de voir, dans un temps aussi récent, traduire par un musulman un livre de mythologie indienne; car le Wiwoho est imité d'un épisode du Mahabharat, et son auteur, Hempo Kanno, n'a fait subir au conte indien que les changements qu'exigeait la transplantation de la scène sur le sol malais. C'est, je crois, le texte javanais le plus considérable qu'on ait publié jusqu'ici, et il sera probablement suivi bientôt par d'autres. La Société de Batavia paraît, depuis quelques années, animée d'une nouvelle vie, et décidée à nous initier à tout ce qu'il peut y avoir d'important dans les littératures kawi, javanaise et malaie.

La littérature chinoise s'est enrichie d'un ouvrage qui sera lu avec la plus vive curiosité par tous ceux qui s'intéressent à l'histoire de cette grande nation; c'est le premier volume de l'*Essai sur l'histoire de l'instruction publique et de la corporation des lettrés en Chine*, par notre confrère M. Biot [2]. De tous les phénomènes que présente l'histoire de la

---

1. *Wiwoho of Mintorogo, een javaansch Gedicht uitgegeven* door J. F. C. Gericke (dans le vol. XX des mémoires de la Société de Batavia, 1844, in-8°. xxxiii, 176 et 179 p.)
2. *Essai sur l'histoire de l'instruction publique en Chine et de la corporation des lettrés*, par Édouard Biot, 1re partie. Paris, 1845, in-8°. (203 p.)

Chine, de toutes les preuves d'une aptitude singulière à la civilisation qu'a données ce pays, il n'y en a pas de plus remarquable que l'importance qu'il a toujours accordée au savoir. Chez presque tous les peuples, les armes ont été l'origine du pouvoir ; chez quelques-uns, l'intelligence s'est servie de l'élément mystique qui existe dans l'esprit humain pour fonder sa puissance sous la forme théocratique ; les Chinois seuls ont posé, dès l'origine de leur monarchie, le principe que le pouvoir était dû au mérite civil et au savoir.

Une pareille théorie n'a pu s'introduire dans la vie réelle sans avoir à lutter contre la puissance du pouvoir militaire et les institutions aristocratiques qu'il tend partout à fonder, contre le principe de la faveur que la cour désirait faire prédominer, et souvent contre l'influence des richesses. Mais, le principe une fois posé, la partie la plus intelligente de la nation s'y est toujours rattachée, elle a travaillé sans relâche, et malgré des persécutions sanglantes et des obstacles de toute espèce, à la consolider, à lui donner par les écoles, par les examens et par la constitution d'une classe de lettrés, une organisation assez forte pour résister à toute influence, et pour conserver l'administration même sous des conquérants étrangers et barbares. Le système a réussi, il a établi en principe que le pouvoir n'appartient qu'à l'intelligence et au savoir, il a combattu avec succès toute influence héréditaire, l'aristocratie, les castes, la prépondérance de l'épée et celle des richesses. Nous marchons en Europe dans la même voie, et le mérite civil a certainement fait de grandes conquêtes sur les armes et la naissance; mais il n'y a néanmoins encore que la Chine où un pauvre étudiant puisse se présenter au concours impérial et en sortir grand personnage. C'est le côté brillant de l'organisation sociale des Chinois, et leur théorie est incontestablement la meilleure de toutes; malheureusement, l'application est loin d'être parfaite. Je ne parle pas ici des erreurs de jugement et de la corruption des examinateurs, ni même de la vente des titres littéraires, expédient auquel le gouvernement a quelquefois recours en temps de détresse financière, mais de l'imperfection des institutions que les lettrés ont fondées, et sur lesquelles repose l'application du principe abstrait. Ils ont basé l'instruction presque exclusivement sur l'étude des lettres, et la conséquence a été qu'ils ont stéréotypé, pour ainsi dire, la civilisation. La littérature d'un peuple isolé s'épuise bientôt, et l'on est alors réduit à répéter et à retourner en tout sens les mêmes idées. On a ajouté, il est vrai, à l'étude des livres classiques celle des annales, et la grandeur, ainsi que la longue durée de l'empire, en rendent l'histoire très-propre à former l'esprit de ceux qui sont destinés aux affaires. Mais, là encore, l'inconvénient d'une position isolée s'est fait sentir. Les Chinois n'ont pas pu comparer l'histoire de leur pays avec celle des autres nations, de sorte que, malgré leurs grands travaux historiques, et le soin avec lequel il ont enregistré des faits innombrables, ils n'ont jamais pu s'élever à un point de vue philosophique qui ne peut naître que de l'histoire comparée. Peut-être, s'ils avaient compris les sciences physiques dans le nombre des études prescrites, auraient-ils échappé à l'étreinte de ce cercle qui s'oppose à leur développement intellectuel. Quoi qu'il en soit, il est certain que les lettrés ont fait la Chine telle qu'elle est, qu'ils ont rendu la culture de l'esprit, telle qu'ils l'entendent, le grand objet de l'ambition, et qu'ils dominent et dirigent entièrement l'intelligence du tiers de l'espèce humaine. L'étude attentive de de ce fait est indispensable pour comprendre l'histoire et l'état de la Chine, et M. Biot a entrepris de nous en fournir les moyens. Les Chinois eux-mêmes se sont occupés de cette branche de leur histoire avec leur esprit méthodique ordinaire, et ont soigneusement consigné dans leurs grandes encyclopédies tous les documents relatifs à ce sujet. M. Biot les y a recherchés, les a traduits, coordonnés et encadrés dans une exposition historique, dans laquelle il a fait entrer la traduction littérale des pièces les plus importantes. Le premier volume s'étend depuis le commencement de la monarchie jusqu'au IIIe siècle de notre ère ; le second conduira l'histoire des lettrés jusqu'à nos jours. La méthode de M. Biot est très-sévère ; il se renferme entièrement dans son sujet, qui est la recherche, la critique et l'exposition des faits qui se rapportent à l'organisation de l'instruction publique, aux méthodes qu'elle emploie et aux changements qu'elle a subis. Mais toute histoire de la Chine, et surtout toute biographie d'un homme célèbre en Chine, formera un éloquent commentaire à ces documents, et montrera à quel degré ces règlements pénètrent dans la vie de la nation et dans celle de chaque individu.

M. Piper, à Berlin, a publié un mémoire sous le titre de *Symboles des commencements du monde et de la vie, conservés dans l'écriture figurative des Chinois* [1]. C'est une espèce de métaphysique tirée de la forme et de la composition des caractères chinois. L'auteur croit que l'analyse de l'écriture de ce peuple donne le moyen de remonter à ses notions primitives, et il a appliqué son système à certaines classes de caractères pour retrouver les idées métaphysiques des anciens Chinois. Mais il y a mille chances d'erreur dans un pareil procédé, car l'écriture chinoise n'est symbolique que très-partiellement, et l'élément phonétique prédomine de beaucoup. Où donc s'arrêter, et par quelle méthode distinguer ce qui est symbolique de ce qui n'est que le signe d'un son ? On a fait plusieurs fois des essais semblables et dépensé beaucoup d'esprit sans produire un résultat que la science puisse avouer. Il n'y a qu'un bon moyen de connaître les idées des Chinois, c'est d'étudier leurs livres.

M. Schott a fait paraître à Berlin un Mémoire sur le Bouddhisme de la haute Asie et de la Chine [2]. L'auteur commence par une exposition abrégée de la doctrine bouddhique et de son introduction en Chine et dans le Thibet; ensuite il discute

1. *Bezeichnungen des Welt und Lebensanfanges in der chinesischen Bilderschrift*, von Dr. G. O. Piper. Berlin, 1846, in-8°. (167 p.)
2. *Ueber den Buddhaismus in Hochasien und in China* von W. Schott. Berlin, 1846, in-4°. (126 p.)

en détail et d'une manière ingénieuse les modifications que les Chinois ont fait éprouver à plusieurs des dogmes les plus importants, et il termine son mémoire par de nombreux extraits tirés du *Tsing-tou-wen*, ouvrage populaire, qui jouit d'un grand crédit en Chine.

Ce traité n'épuise point le grand sujet du bouddhisme chinois, mais c'est un travail fait dans la direction que l'état actuel de la science indique. Depuis que l'ouvrage de M. Burnouf a commencé à porter la lumière dans le chaos des sectes et écoles bouddhiques, et à donner les moyens de les classer et de les rattacher à des branches principales, on doit s'attacher à des recherches spéciales sur la forme que la doctrine générale a prise chez chaque peuple, et déterminer les nuances qu'y a introduites le génie particulier des différentes races.

M. Neumann, à Munich, a publié, sous le titre de *Mexique au Ve siècle, d'après les sources chinoises* [1], un mémoire dans lequel il identifie ce pays avec le *Fou-sang*, dont parlent les voyageurs bouddhistes chinois, comme situé à deux mille lieues à l'est de la Chine. Ce n'est pas la première fois que cette conjecture a été émise, et depuis la publication du mémoire de M. Neumann, notre confrère, M. d'Eichthal, a lu, dans une de vos séances mensuelles, une partie d'un travail considérable, dans lequel il développe une théorie semblable, mais pas identiquement la même, en attribuant aux bouddhistes l'introduction de la civilisation en Amérique. Il s'appuie surtout sur les ressemblances des monuments américains récemment découverts avec les monuments de l'Asie orientale.

Dans la grammaire et la lexicographie chinoises, nous avons à signaler plusieurs ouvrages nouveaux. M. Endlicher, à Vienne, a terminé sa grammaire [2], dont la fin est peut-être un peu trop

---

1. *Mexico im fünften Jahrhundert, nach chinesischen Quellen* von C. F. Neumann. Munich, 1845, in-8°. (30 p., tiré du *Ausland*.)
2. *Anfangsgründe der chinesischen Grammatik*, von Stephan Endlicher, IIe partie. Vienne, 1845, in-8°. (p. 281-376.)

brève, si on la compare aux développements qu'avaient reçus les premiers chapitres ; néanmoins, l'auteur a su y incorporer les résultats des travaux grammaticaux les plus récents sur la langue chinoise.

M. Callery a publié, à Macao, le premier volume de son grand Dictionnaire chinois [1], qui est la traduction du célèbre dictionnaire *Peï-wen-yun-fou;* seulement, M. Callery a transposé l'ordre des mots pour les arranger d'après un système qui lui est propre. C'est un inconvénient dans un dictionnaire dont l'usage commode dépend de la facilité presque mécanique avec laquelle on trouve la place que doit occuper le mot qu'on cherche ; mais c'est un obstacle qui, après tout, n'empêchera personne de se servir d'un dictionnaire réellement bon. Celui-ci paraît, en effet, au premier aspect, remplir le grand *desideratum* des dictionnaires chinois, en présentant un nombre considérable d'expressions composées ; mais, en l'examinant de près, on s'aperçoit bientôt que cette richesse est un peu trompeuse, ce qui s'explique par la nature du guide que M. Callery a choisi. Le *Peï-wen-yun-fou* est un dictionnaire dont le but n'est pas d'expliquer les expressions difficiles, mais de donner des exemples de phrases élégantes et admises dans le beau style ; il est d'un grand secours pour un Chinois qui veut s'assurer si telle ou telle locution est bonne, mais il ne répond pas aussi complétement au besoin d'un Européen qui cherche le sens d'une phrase embarrassante. Néanmoins, il s'y trouve une quantité considérable d'expressions figurées, de phrases composées, dont le sens ne pourrait pas se deviner à l'aide de leurs éléments composants. En un mot, ce livre a une valeur réelle, et il est à désirer qu'il soit achevé. Mais ce qui est incompréhensible, c'est l'annonce faite par M. Callery, dans sa préface, qu'il se bornera, dans les volumes suivants, à un tirage de cinquante exemplaires, ce qui détruirait toute l'utilité

---

[1]. *Dictionnaire encyclopédique de la langue chinoise*, par M. Callery, t. I, Ire partie. Macao, 1845, in-4°. (212 p.)

de l'ouvrage. Chez un auteur qui publie un livre à ses frais, on ne pourrait que regretter cette manière de procéder; mais il me semble que, lorsqu'un gouvernement encourage la publication d'un ouvrage, on n'a pas le droit de frapper d'avance cet ouvrage de stérilité, en le rendant introuvable avant que la dixième partie en ait paru.

Enfin M. Louis Rochet a fait paraître un Manuel de la langue chinoise vulgaire[1], qui contient une petite grammaire fort élémentaire, un texte composé de dialogues, de fables d'Ésope, d'anecdotes et de proverbes tirés principalement des ouvrages de Morrison, Gonçalvez et Thom, et un vocabulaire qui donne tous les mots qui se trouvent dans ces textes. Ce manuel est destiné à faciliter les premières notions de la langue et à préparer les commençants à l'usage de grammaires et de dictionnaires plus complets.

Cet ouvrage et celui de M. Callery sont imprimés avec les types que M. Marcellin Legrand a gravés d'après le système et sous la direction de M. Pauthier. Le problème d'analyser les caractères chinois et de réduire par là le nombre des poinçons nécessaires pour former une collection complète de caractères, a été résolu par M. Pauthier d'une manière très-satisfaisante, et la preuve en est que les Européens en Chine, qui ont le droit d'être difficiles sur le choix des caractères, se servent de ceux-ci. La mission américaine de Canton a acheté, chez M. Marcellin Legrand, une frappe complète de ses types et elle a su en faire un usage excellent; car plusieurs des ouvrages qu'elle a imprimés, surtout une traduction de saint Luc, sont d'une exécution parfaite et donnent de ces caractères une bien meilleure idée que le livre de M. Rochet, quoique l'impression en ait été dirigée par le graveur lui-même. Mais ce qui est singulier, c'est que les missionnaires se soient attribué, dans

---

1. *Manuel pratique de la langue chinoise vulgaire*, par Louis Rochet. Paris, 1846, in-8°. (XIV et 216 p.)

leurs prospectus[1], la direction de la gravure, dont l'honneur revient entièrement à M. Pauthier, comme celui de l'exécution à M. Marcellin.

Il ne me reste plus que quelques mots à dire sur une classe d'ouvrages qui, par leur nombre croissant, témoignent de l'existence d'un besoin vivement senti et que l'on s'applique de tous côtés à satisfaire : je veux parler de la publication des catalogues de manuscrits et de livres imprimés relatifs à l'Orient. M. Zenker a fait paraître à Leipzig la première partie d'un Manuel de bibliographie orientale[2]. Il commence par l'exposition et l'énumération des sciences des musulmans selon Hadji Khalfa, et donne ensuite les titres des ouvrages arabes, persans et turcs qui ont paru en Europe et en Orient depuis la découverte de l'imprimerie jusqu'à nos jours, classés d'après les divisions de Hadji Khalfa, autant au moins que cela se pouvait. La liste comprend 1855 ouvrages, mais elle est loin d'être complète, et quiconque connaît un peu le sujet a dû s'attendre à trouver de nombreuses lacunes dans un premier essai de bibliographie orientale ; personne n'a moins le droit de s'en étonner que votre rapporteur, qui n'a jamais réussi à vous soumettre un tableau complet des ouvrages qui ont paru dans une seule année. M. Zenker a dressé un cadre que les contributions de tous ceux qui s'intéressent à la littérature orientale devraient aider à compléter peu à peu.

La Compagnie des Indes a fait publier le catalogue des livres imprimés de sa belle bibliothèque de Londres, qui est surtout très-riche en ouvrages indiens[3]: aussi ce catalogue nous fait-il

1. *Specimen of the chinese type belonging to the chinese mission of the board of foreign missions of the presbyterian church in the U. S.* Macao, 1844, in-8°. (41 p.)
2. *Bibliotheca orientalis*, Manuel de bibliographie orientale, I, contenant les livres arabes, persans et turcs imprimés depuis l'invention de l'imprimerie jusqu'à nos jours, une table des auteurs, des titres orientaux et des éditeurs, et un aperçu de la littérature orientale; par J. Th. Zenker. Leipzig, 1846, in-8°. (XLVI et 264 p.)
3. *A catalogue of the library of the Hon. East-India Company*, London, 1845, in-8°. (324 p.)

connaître un nombre considérable d'ouvrages imprimés dans les dialectes provinciaux de l'Inde, en deçà et au delà du Gange, et dont l'existence était à peu près inconnue en Europe. Il faut espérer que la Compagnie ne s'arrêtera pas en si beau chemin et qu'elle nous donnera encore le catalogue des manuscrits de sa bibliothèque.

Le Musée britannique vient de faire paraître le premier volume du catalogue de ses manuscrits arabes [1]; ce travail a été fait par M. Cureton avec beaucoup de soin. Le présent volume contient la description de 411 manuscrits relatifs à la Bible, au Koran, à la théologie, la jurisprudence, l'histoire et la biographie. M. Cureton indique le titre, le contenu, le commencement et la fin de chaque manuscrit, et ajoute quelquefois des passages remarquables tirés de l'ouvrage. Il donne de cette manière au lecteur tous les moyens de juger si un manuscrit peut contenir les renseignements qu'il cherche. Me serait-il permis d'exprimer le regret qu'un livre aussi utile soit imprimé dans ce format colossal que les gouvernements et les corps officiels croient de leur dignité d'adopter et qui fait le désespoir des lecteurs?

M. de Siebold a publié le catalogue des livres et manuscrits japonais de la bibliothèque de Leyde [2], en commençant par l'énumération des livres japonais qu'on avait apportés avant lui en Europe ; il donne ensuite, par ordre de matières, la transcription et la traduction des titres de cinq cent quatre-vingt-quatorze ouvrages que possède la bibliothèque de Leyde, et qu'elle lui doit en grande partie. Il ajoute à la fin du livre les titres de ces ouvrages en caractères japonais. En voyant ces ri-

1. *Catalogus codicum manuscriptorum orientalium qui in Museo britannico asservantur;* pars II, codices arabicos continens. Londres, 1846, fol. (179 p.) Le premier volume de ce catalogue, qui doit contenir les manuscrits syriaques, n'a pas encore paru.
2. *Catalogus librorum et manuscriptorum japonicorum a Ph. de Siebold collectorum, annexa enumeratione illorum qui in museo regio Hagano servantur,* auctore Siebold, libros descripsit J. Hoffmann. Lugdini, 1845, in-fol. (35 p. et 16 pl. lithogr. de titres.)

chesses qui font partie d'une littérature encore à peu près inconnue en Europe, on ne peut s'empêcher de se plaindre du manque d'activité des membres du bureau hollandais à Nangasaki, qui auraient dû, depuis longtemps, employer leurs nombreux loisirs à nous faire connaître, par des traductions exactes, les productions les plus importantes d'un peuple aussi intéressant et chez lequel eux seuls ont accès.

M. Reinaud, enfin, vient de terminer le catalogue du supplément des manuscrits arabes de la Bibliothèque royale de Paris, et il serait extrêmement à désirer que ce grand travail fût livré au public le plus tôt possible et dans une forme qui le rendît accessible à tous ceux qui s'occupent de la littérature arabe. Les catalogues des manuscrits orientaux des grandes bibliothèques de l'Europe devraient être publiés dans un format qui permît de les mettre entre les mains, non-seulement des savants, mais des consuls et des voyageurs instruits, pour qu'ils pussent rechercher, en connaissance de cause, les manuscrits qui nous manquent, et les soustraire ainsi aux mille chances de destruction que l'ignorance et l'incurie toujours croissante des Orientaux leur préparent. Quelques gouvernements européens commencent à s'occuper du soin de sauver ces débris du savoir oriental ; le gouvernement français a envoyé M. de Slane en Algérie et à Constantinople pour y visiter les bibliothèques et acheter des ouvrages qui manquent à Paris. Son rapport sur les bibliothèques de l'Algérie a paru, et l'on sait qu'il a fait à Constantinople des acquisitions extrêmement précieuses de manuscrits d'historiens arabes. La Russie a adopté le même plan et l'exécute d'une manière encore plus systématique. M. de Fræhn a rédigé depuis longtemps un catalogue de *desiderata*, et le gouvernement fait rechercher, dans toutes les parties de l'Orient où il a des agents, les ouvrages que réclame le savant académicien. Il est encore temps de prévenir des pertes irréparables, et, dans quelques siècles, les Orientaux viendront peut-être en Europe pour y étudier leurs anciennes littératures.

VII

ANNÉE 1846-1847

(RAPPORT LU LE 14 JUIN 1847)

MESSIEURS,

Quand une société comme la nôtre a traversé un quart de siècle, quand elle a pris dans le monde savant à peu près la place que lui assigne la nature de ses travaux, quand le temps a fait disparaître, d'une part les difficultés, de l'autre les espérances exagérées qui s'attachent à toute entreprise nouvelle, il est rare qu'il lui arrive, dans le cours d'une année, des changements et des événements majeurs. Il n'y a, d'un côté, que le progrès lent et mesuré de la science qui marque presque insensiblement le temps qu'on a parcouru, et de l'autre, la mort qui renouvelle forcément toute chose humaine, et qui nous oblige de serrer nos rangs et de chercher à cacher nos pertes par un redoublement d'activité.

C'est la troisième fois que nous avons perdu notre président. M. Amédée Jaubert avait été l'un des fondateurs de la Société, et a fait partie du conseil depuis le commencement. Le zèle qu'il avait toujours montré pour l'intérêt des lettres, sa position dans le monde et dans la littérature, et la facilité de son caractère le désignèrent naturellement au choix de ses confrères pour succéder à M. Silvestre de Sacy. Je n'ai pas à retracer ici sa vie politique et littéraire, c'est un devoir que les différents corps auxquels il a appartenu ont déjà rempli; mais il est impossible de ne pas rappeler dans ce rapport, avec un sentiment de juste reconnaissance, le dévouement et l'esprit de conciliation avec lesquels il a présidé à nos affaires, jusqu'à ce que les infirmités d'une vieillesse prématurée, suite des fatigues et des dangers auxquels l'avait exposé sa carrière, nous aient privé de son concours.

Le *Journal asiatique* a continué à servir d'organe aux travaux de la Société, et il y a peu de parties de l'Orient qui n'aient été, dans votre recueil, l'objet d'études neuves et intéressantes. Ainsi, pour n'en citer que quelques-unes, M. Stanislas Julien a commencé à publier une série d'articles tirés des géographes et des historiens chinois, et traitant des pays et des peuples étrangers. Il nous fait espérer qu'il suivra toute la frontière occidentale de la Chine, et nous donnera tous les renseignements que fournissent les historiens et les voyageurs chinois sur la Tartarie, la Bactriane, la Perse et l'Inde, et qui serviront à compléter et à éclaircir les données que nous devons aux auteurs indigènes. M. Garcin de Tassy a achevé son travail sur la rhétorique des nations musulmanes; MM. Dulaurier et Dozon ont inséré dans le Journal leurs études sur les Malais; MM. Defrémery et Cherbonneau ont donné une suite de mémoires sur différentes dynasties arabes et persanes; MM. Fresnel, Judas et Bargès ont publié et discuté de nouvelles inscriptions phéniciennes; enfin, vous recevrez sous peu de jours la première partie d'un travail considérable de M. Botta sur les inscriptions assyriennes, qui a pour objet la classification des caractères et la détermination de ceux qui peuvent se permuter, travail préliminaire qui sera d'un grand secours pour toute tentative de résoudre le grand problème de la lecture de ces inscriptions. C'est la plus belle de toutes les questions qui occupent dans ce moment les savants. Il s'agit de lire des inscriptions dans un alphabet inconnu et compliqué, et dans un idiome dont on ne peut encore que conjecturer à quelle famille de langues il appartient; mais l'importance du résultat soutiendra le zèle des savants qui s'occupent de cette question ; car la lecture de ces inscriptions, presque innombrables, fera époque dans l'étude de l'histoire ancienne, et le siècle qui a vu déchiffrer les hiéroglyphes et les inscriptions persépolitaines a le droit de ne désespérer d'aucun problème de ce genre.

Je regrette de ne pouvoir encore vous annoncer le renouvellement des encouragements que le ministère de l'instruction publique accordait autrefois à la Société asiatique ; mais nous devons espérer que M. le ministre, dont les bonnes intentions ne sont pas douteuses, trouvera le moyen de rétablir une allocation modeste, que la Société asiatique a la conscience d'avoir méritée, et dont elle a besoin pour rendre aux études orientales tous les services qu'on a droit d'attendre d'elle, pour encourager nos voyageurs en Orient par la publication prompte de leurs découvertes, et soutenir le zèle des orientalistes en France par l'impression de leurs ouvrages ; en un mot, pour pouvoir maintenir son rang au milieu des sociétés asiatiques qui se sont formées et qui se forment tous les ans dans toutes les parties du monde [1].

Nous avons reçu de presque toutes ces sociétés les publications qu'elles ont faites pendant l'année dernière. La Société de Calcutta, qui maintient son ancienne activité, nous a fait parvenir régulièrement son journal [2]. La Société de Madras a recommencé la publication du sien, qui avait été interrompue pendant quelque temps. La société asiatique de Bombay con-

---

1. Pendant que ces feuilles étaient sous presse, la Société a reçu une lettre de M. le ministre de l'instruction publique, dans laquelle il lui annonce qu'il a rétabli une partie de la subvention dont la Société jouissait autrefois, et lui donne l'espoir qu'il la lui rendra plus tard en entier, et même qu'il l'augmentera.
2. *Journal of the asiatic Society of Bengal.* Le dernier cahier qui est arrivé à Paris est le numéro CLXX.

tinue à faire paraître son journal trimestriel, mais elle en a remis la publication entre des mains privées. La Société géographique de Bombay nous a envoyé la première partie du cinquième volume de ses Transactions [1], dont elle n'a malheureusement fait aucun dépôt en Europe, de sorte que cet excellent recueil est à peu près introuvable. La Société ne paraît pas sentir tout l'intérêt que des travaux comme les siens excitent en Europe; mais c'est un excès de modestie qui prive nos bibliothèques des moyens de se procurer un des recueils les plus riches en matières neuves et importantes. La Société asiatique de Londres a publié trois nouveaux cahiers de son journal [2], dont deux contiennent le commencement du beau travail de M. Rawlinson sur la grande inscription de Darius à Bisitoun, travail que le monde savant attend depuis quelques années avec une juste impatience. M. Rawlinson nous y donne le texte et la traduction de l'inscription, et la première partie de son commentaire sur ce magnifique monument de l'antiquité persane. La Société asiatique de Londres a de plus formé, dans le courant de l'année, à Hong-Kong, une nouvelle succursale, qui doit s'occuper exclusivement de la Chine, et publier un journal indépendant de celui de la société mère.

La Société asiatique allemande nous a envoyé son compte rendu de l'année 1846 et le premier cahier de son journal [3]. L'état de cette société paraît être très-prospère, le nombre de ses membres augmente rapidement, et tout lui promet un rang honorable parmi les associations analogues.

Enfin, il s'est formé trois nouvelles sociétés, l'une à Londres,

---

1. *Transactions of the Bombay geographical Society*. From may 1844 to febr. 1846. Bombay, 1846. in-8°. (199 p.)
2. *The Journal of the royal asiatic Society of Great Britain and Ireland*. Num. XVII et vol. X, 1 et 2.
3. *Jahresbericht der deutschen morgenländischen Gesellschaft*. Für 1845-6. Leipzig, 1846, in-8°. (160 p.)
Zeitschrift der deutschen morgenländischen Gesellschaft. Leipzig, 1846, in-8°, cahier 1. (90 p.)

sous le titre de Société de Sydenham, dont le but est de publier les ouvrages des médecins arabes; la seconde à Dehli, sous le titre de Société archéologique de Dehli; elle a tenu sa première séance le 3 avril 1847, et elle annonce l'intention d'envoyer ses mémoires à la Société de Calcutta ; mais il faut espérer qu'elle trouvera bientôt moyen de publier elle-même ses travaux; car l'expérience de toutes les sociétés libres prouve que, pour soutenir le zèle de leurs membres, elles ont besoin de faire paraître elles-mêmes leurs travaux. La Société de Dehli est d'ailleurs si favorablement située, et contient dans son sein des hommes si distingués, qu'elle ne peut pas craindre de manquer de matériaux pour composer un excellent recueil. Enfin, la troisième de ces sociétés nouvelles a été fondée à Beyrouth par des jeunes gens du pays, qui se proposent d'entreprendre des travaux sur la littérature arabe. Ce symptôme de vie littéraire, dans une population orientale, sera reçu en Europe avec une curiosité bienveillante; mais jusqu'à présent cette association n'a encore donné aucune preuve publique de son existence.

Depuis plusieurs années vous avez bien voulu me permettre de vous présenter un tableau périodique des progrès de la littérature orientale; vous avez accueilli avec indulgence les renseignements incomplets que je pouvais donner sur les travaux entrepris dans des pays si divers, et cette indulgence m'a encouragé à persévérer dans l'accomplissement d'une tâche dont je m'étais chargé un peu témérairement. Mais vous me pardonnerez facilement si j'interromps cette année la série des catalogues raisonnés que je vous ai successivement présentée pour vous parler d'un autre sujet, d'un sujet dont l'importance est extrême pour les progrès des études qui nous occupent, mais que la surabondance des matières ne m'a pas permis d'aborder jusqu'à présent : je veux parler des voyages en Orient.

Si la littérature orientale reste nécessairement le premier et le principal moyen d'étudier les langues, l'histoire, les religions, la poésie et les antiquités des peuples de l'Asie, les travaux des voyageurs en fournissent un commentaire qui nous est indispensable. Il serait superflu de développer une thèse dont la vérité est évidente par elle-même, et dont nous faisons journellement l'application ; car qui de nous n'a besoin, pour l'intelligence d'un auteur oriental, des récits des voyageurs, soit pour se rendre compte de la position géographique d'un pays, soit pour y trouver la description des monuments anciens ou des copies d'inscriptions, soit pour découvrir le sens d'une allusion tirée de l'histoire naturelle du pays, soit pour y recueillir des traits de mœurs qui peuvent éclairer l'histoire du passé et l'éclairent d'autant mieux que les mœurs sont plus constantes en Orient; en un mot, qui de nous n'a besoin dans tous ses travaux du tableau vivant des pays dont il s'occupe, tableau que les voyageurs seuls peuvent lui fournir?

On a fait de notre temps de grands progrès dans l'exploration de l'Orient; les Européens l'ont traversé dans presque tous les sens. Des missionnaires, des officiers, des médecins, des diplomates, des négociants et des voyageurs chargés de missions scientifiques ont pénétré dans les pays réputés les plus inaccessibles. Bokhara, le Kurdistan, les sources de l'Oxus, le midi de l'Arabie, l'Afghanistan, le Japon, le Tibet ont été visités et décrits; les monuments assyriens, persans, sabéens, les stupas de l'Afghanistan ont été exhumés ou fouillés; un nombre immense d'inscriptions indiennes, himyarites, babyloniennes, assyriennes, médiques, persanes, phéniciennes et lyciennes ont été copiées et sont aujourd'hui soumises aux investigations des savants.

Mais tout en proclamant ce qui a été accompli par le savoir et le courage des voyageurs en Orient, on ne peut se dissimuler que ce qui a été fait jusqu'à ce jour n'est que le commencement d'une carrière presque illimitée; qu'aucun pays n'a été suffisamment exploré; qu'il reste une infinité de monuments antiques à découvrir; que nous sommes loin de connaître parfaitement l'organisation sociale des peuples qui couvrent l'Asie ; que la géographie présente encore beaucoup de points obscurs qu'on pourrait éclaircir; enfin, qu'il n'est pas douteux que les bibliothèques de l'Orient ne contiennent encore un grand nombre d'ouvrages qu'il serait important d'en tirer, pour les sauver d'une destruction imminente et les livrer à la critique européenne. La surface de la plupart des pays orientaux nous est connue sous le double rapport physique et moral; mais quand on lit le récit d'un Européen intelligent qui a résidé longtemps dans une contrée, même dans celles qui ont été visitées par un grand nombre de voyageurs et qu'on supposerait à peu près connues, on sent à l'instant qu'il nous ouvre un monde nouveau, et l'on reste surpris tant de ce qu'il nous apprend que de ce qu'il nous laisse entrevoir et qui reste réservé à ses successeurs. Qu'on lise, par exemple, la description du Radjpoutana, par Tod, et l'on sera frappé de la masse de renseignements curieux qu'il nous donne et du tableau de mœurs qu'il déroule devant nous; mais, cette lecture terminée, on éprouvera le besoin d'en apprendre bien davantage, de voir étudier plus profondément cette organisation féodale, ces poëmes épiques, ces monuments d'art dont il parle. Qu'on lise les fragments qu'a donnés M. Rawlinson de ses voyages en Perse, ou les notes de M. Elliot sur les provinces supérieures de l'Inde, et l'on sera étonné de tout ce qu'ils ont observé et de ce qu'ils indiquent comme sujet d'études futures et de découvertes à faire. L'histoire des peuples est comme l'histoire naturelle, plus on l'étudie, plus on trouve combien on ignore et combien le phénomène le plus petit, le plus insignifiant en apparence révèle de mystères. Certainement personne n'a parcouru l'ouvrage de M. Briggs sur l'impôt territorial dans l'Inde sans être émerveillé des grands enseignements historiques que peut fournir l'étude attentive d'un pauvre village indien ; or, s'il plaisait à un missionnaire, en Chine, de nous faire connaître d'une manière aussi complète l'organisation municipale de l'endroit qu'il habite, de nous en donner le budget communal dans ses moindres détails, et de nous expliquer tout ce qui s'y rapporte, il nous rendrait un service non moins éminent, et nous ferait connaître un grand et important côté de la civilisation chinoise, sur lequel nous chercherions en vain des renseignements dans les annalistes impériaux. Je me rappelle avoir entendu faire à M. Fresnel la description de son séjour dans un village derrière Thaïf, près de la Mecque, et je n'ai jamais vu de commentaire plus instructif sur l'état des Arabes avant l'islamisme; pourtant, il n'y avait là ni événements à raconter, ni souvenirs historiques à évoquer, ni monuments à découvrir; c'était une observation intelligente des mœurs et du caractère d'une race qui ne change guère, faite par un homme qui sait voir et surtout qui sait s'intéresser à ce qu'il voit. Ce n'est donc pas la matière qui manque aux recherches du voyageur ; quel que soit le sujet de prédilection de ses études, l'antiquité ou l'état moderne d'un pays, la littérature ou la géographie, l'homme ou la nature, il trouvera une ample moisson de découvertes à faire, pourvu qu'il ait des yeux pour voir et les connaissances nécessaires pour comprendre ce qu'il voit.

Il n'y a jamais eu de temps plus favorable aux voyages en Orient que le nôtre. Tout s'ouvre devant la puissance de l'Europe, et les pays que la jalousie, la rapacité ou le fanatisme rendaient inaccessibles, deviennent de jour en jour plus faciles à visiter, non pas sans danger, mais, au moins dans beaucoup de cas, avec des dangers moindres qu'auparavant. Cette influence croissante de l'Europe n'est pas un avantage sans mélange pour le voyageur, car elle détruit beaucoup de choses chez les peuples sur lesquels elle s'étend ; elle efface bien des souvenirs antiques; elle fait disparaître beaucoup de monuments que l'incurie et la barbarie des habitants avaient conservés jusqu'à présent. Mais ce n'est qu'une raison de plus pour se hâter d'explorer les pays qui s'ouvrent devant nous et qui bientôt, en devenant d'un accès plus facile encore, seront en même temps plus stériles pour l'observateur. Le moment le plus favorable à l'exploration d'un pays est celui où il devient accessible pour la première fois, et il en est ainsi aujourd'hui d'une grande partie de l'Orient, qui est frappée d'une terreur presque superstitieuse par suite de son contact avec l'Europe.

Schulz et M. de Slane ont pu examiner à loisir les bibliothèques des mosquées de Constantinople, non sans difficultés, mais sans trouver d'obstacles absolus ; un homme savant et courageux comme eux trouverait probablement moyen d'en faire autant à Damas avant que les bibliothèques qui s'y trouvent encore intactes ne soient dispersées et détruites comme il est arrivé à celles du Caire. M. Hodgson a vu s'ouvrir devant lui les collections des monastères bouddhiques du Népal, et si les bibliothèques des Djains à Abou existent réellement, leurs portes ne résisteront pas longtemps à la curiosité et à l'influence d'un employé anglais dans l'Inde. M. Layard a pu entrer seul et sans aucun appui dans le pays de Bakhtiaris, et ce qu'il a fait si bien et si courageusement eût été sans doute impossible vingt ans plus tôt ; MM. Gabet et Huc sont revenus du Tibet, où ils auraient probablement laissé leur tête il y a cinq ou six ans, et plusieurs voyageurs sont parvenus à visiter, sans grand risque pour leur vie, les lieux où Schulz a été assassiné, uniquement parce qu'il était Européen. Au reste, si je dis que le danger d'avoir à subir des violences extrêmes de la part de certaines populations a diminué dans une partie de l'Orient, ce n'est point pour déprécier le mérite de ceux qui s'aventurent dans des pays barbares ; car, outre les périls inévitables et incessants qui résultent du climat, des fatigues et des privations, il reste assez à craindre de la part des hommes pour mettre à l'épreuve le courage le plus déterminé ; et personne ne refusera son admiration à des voyageurs tels que Masson, Wolf, Wood, Arnaud, Layard, Wrede, Bode et tant d'autres qui ont risqué leur vie pour ajouter à la masse de nos connaissances. Tout ce que je voudrais dire, c'est que les circonstances actuelles sont plus favorables aux voyages et qu'elles permettent des entreprises qui eussent été impossibles autrefois et qui aujourd'hui ne sont plus que périlleuses.

Une suite naturelle de cet état de choses est l'accroissement considérable du nombre des voyageurs en Orient. C'est surtout à l'Angleterre que nous devons les descriptions les plus nombreuses et les meilleures de cette partie du monde, ce qui s'explique par la possession de l'Inde, par un commerce qui pénètre partout, par une diplomatie qui a des agents sur tous les points importants, et surtout par la richesse des particuliers, qui permet à un nombre infini de personnes de suivre l'impulsion de leur goût pour des entreprises lointaines et aventureuses. Je n'essayerai pas de citer même les plus considérables de ces voyages, la liste serait trop longue et néanmoins incomplète, et le choix serait difficile parmi tant de rapports adressés au gouvernement ou à la Compagnie des Indes, tant de descriptions de pays et de villes faites par des employés diplomatiques ou administratifs, tant de récits publiés par des hommes que leur vocation de missionnaires ou leur goût pour l'antiquité ont poussés à visiter toutes les parties de l'Orient. Ce grand mouvement se fait sans que le gouvernement anglais y intervienne de quelque manière que ce soit, et les ouvrages qui en résultent sont suffisamment encouragés par la curiosité intelligente du public pour que leur publication n'ait pas besoin d'un secours officiel.

Sur le continent, il en est tout autrement. La France ne possède que des territoires insignifiants en Orient, et ses employés y sont infiniment moins nombreux que ceux de l'Angleterre. Le goût des voyages s'est certainement développé dans ces derniers temps, et l'on voit de riches voyageurs français visiter l'Orient, et surtout un nombre très-considérable de missionnaires pénétrer dans des pays dont l'accès est le plus difficile; mais les uns et les autres n'écrivent de livres que rarement, et, à l'exception d'un petit nombre de lettres qui paraissent dans les Annales de la propagation de la foi, la science ne tire ordinairement que peu de profit des fatigues et des dangers de ces émissaires volontaires de la France. Il en est de même dans le reste de l'Europe ; les voyageurs y sont rares, et si de temps en temps un prince ou un grand seigneur se laisse aller à la fantaisie de visiter un pays de l'Orient, c'est plutôt dans un but d'amusement et d'instruction personnelle que dans l'intérêt de la science.

Dans cet état de choses, les gouvernements ont compris qu'il y avait là de la gloire à acquérir et un devoir à remplir envers la science. Ils ont envoyé de loin en loin des voyageurs et des commissions scientifiques pour explorer les pays qu'on leur signalait, et il est résulté de ces missions quelques ouvrages excellents qui feront un honneur immortel à leurs auteurs et à leurs promoteurs. Pendant longtemps ces entreprises furent isolées et seulement exécutées quand un prince ou un ministre s'intéressait accidentellement à un savant ou à une branche particulière d'étude. Même en France, le gouvernement ne s'engageait que rarement et difficilement dans cette voie, et plusieurs d'entre vous se rappelleront certainement combien il a fallu de temps et d'influences puissantes pour déterminer le gouvernement de la restauration à envoyer Champollion en Égypte, et Schulz en Perse. Depuis cette époque, on a élargi la voie, et les voyages scientifiques sont devenus une partie régulière et considérable des efforts que fait le gouvernement français pour l'avancement de la science. C'est un fait infiniment honorable ; il marque la sollicitude éclairée du pays pour tous les progrès des connaissances humaines ; il peut et doit avoir pour le progrès des études orientales en particulier les conséquences les plus heureuses.

Mais le système est encore nouveau, et à travers les tâtonnements inséparables de tout commencement, on n'a pas encore trouvé les règles ni les précautions qui peuvent garantir l'emploi le plus avantageux des fonds destinés aux voyages. Quelques-unes de ces entreprises ont été bien exécutées, d'autres ont été complétement infructueuses. Mon intention n'est point de faire la critique du passé, quoique le moyen le plus sûr de signaler les fautes à éviter soit d'indiquer celles qui ont été commises ; mais je ne pourrais me livrer à cette analyse sans faire de la peine à des personnes que je ne voudrais pas blesser ; je me bornerai donc à vous demander la permission de vous soumettre quelques idées générales sur le but qu'on doit se proposer dans les voyages en Orient faits par ordre du gouvernement, et quelques vœux sur les moyens qu'on pourrait employer pour l'atteindre autant que possible.

La première chose à faire et la première règle à poser serait de restreindre l'étendue des voyages qu'on veut faire exécuter. Je ne parle ici que des voyages faits dans un but historique et littéraire, et non pas de ceux qu'on entreprendrait pour l'étude de la géologie, de la botanique ou d'autres sciences, voyages qui exigent nécessairement le parcours de grandes distances. Presque tous les plans que les voyageurs en Orient soumettent au gouvernement pèchent par leur étendue ; et ce défaut est si naturel, qu'on ne saurait être assez sur ses gardes pour résister à l'entraînement de l'imagination, qui fait briller devant nos yeux une série de noms de villes et de pays les plus curieux à examiner, les plus célèbres dans l'histoire, les plus riches en monuments et en souvenirs. L'administration elle-même est facilement éblouie par un panorama aussi magnifique ; mais la grandeur de ces plans est précisément ce qui en rend l'exécution infructueuse.

Autrefois, quand on en était au commencement des découvertes géographiques ; quand les choses les plus connues aujourd'hui étaient ou entièrement ignorées, ou seulement l'objet d'un souvenir vague et mystérieux, échappé aux temps de barbarie, il était utile et nécessaire de suivre les grandes routes de l'Orient aussi loin qu'elles pouvaient conduire, et de raconter tout ce qu'on y avait vu et entrevu. Marc Paul et Plan Carpin ne pouvaient pénétrer trop avant dans les pays qu'ils ont visités, et même du temps de Tavernier et de Mandelslo on ne pouvait faire trop de chemin, car tout ce qu'on voyait était neuf, et il s'agissait, avant tout, de faire la carte des contrées parcourues, de savoir quels en étaient les royaumes, quels peuples les habitaient, et où l'on pouvait espérer de trouver des monuments à étudier, des bibliothèques à explorer, des traditions à recueillir, d'anciennes coutumes à observer. Mais aujourd'hui, en se tenant sur les chemins battus, on peut traverser presque toute l'Asie sans découvrir rien de nouveau, et, après de grandes fatigues, ne rapporter que des impressions de voyage sans utilité pour la science. Cela peut convenir à un touriste, que la curiosité pousse à travers le monde, et qui n'a de comptes à rendre à personne; mais il s'agit d'autre chose pour un voyageur envoyé par un gouvernement. Dans l'état actuel de nos connaissances sur l'Orient, nous avons besoin d'approfondir davantage les secrets de son histoire et de son organisation, de fouiller son sol pour découvrir les restes de ses antiquités, et d'étudier, en détail, les lieux qui ont été autrefois des foyers de civilisation, ou qui sont aujourd'hui les centres de ce qui y reste de pouvoir; nous avons besoin d'éclairer une foule de questions spéciales sur l'origine, les traditions et les langues des tribus qui habitent aujourd'hui des pays jadis célèbres; nous voulons connaître leurs institutions civiles et religieuses, leur droit territorial, leur organisation municipale; nous voulons obtenir les livres qui manquent à nos bibliothèques, et qui se trouvent encore dans un coin quelconque de l'Asie.

Mais tout cela ne s'apprend pas quand on se contente de parcourir un pays, ni même pendant un séjour plus long que ne le font ordinairement les voyageurs; il faut être, pour ainsi dire, domicilié dans une province, pour vaincre les difficultés que nous opposent l'ignorance, la méfiance ou la barbarie des habitants; il faut avoir le temps de se lier avec les gens du pays, afin de pouvoir observer leurs institutions, et apprendre d'eux où il y a quelque chose à trouver; il faut pouvoir attendre le moment et les occasions de pénétrer dans un canton difficile; il faut connaître d'avance l'histoire, la langue et la littérature d'un peuple pour s'intéresser à ce qu'on y voit, et pour que la partie respectable et savante de la population vous honore et vous aide à découvrir ce qui échappe à un examen superficiel. Je vais donner un exemple ou deux qui mettront mieux en lumière la différence qu'il y a entre les deux classes de voyageurs dont je parle.

M. Rich visita Mossoul quatre fois, il y fit tout ce que peut faire un voyageur savant et consciencieux pendant un court séjour; il examina les ruines de Ninive, acheta les antiquités qu'on lui offrait, remarqua des murs couverts d'inscriptions cunéiformes, et formant les caves de quelques maisons du village de Nebbi Younès; il raconta qu'on avait trouvé un bas-relief de la hauteur de deux hommes, couvert de sculptures d'hommes et d'animaux, mais qu'il avait été détruit. C'est tout ce que pouvait faire et observer le voyageur le plus zélé qui ne séjournait pas dans le pays; et c'est plus que n'ont fait tous ceux qui ont passé par Mossoul, avant et après Rich, jusqu'au moment où M. Botta vint se fixer dans cette ville. Alors seulement nous avons vu commencer et se succéder rapidement ces découvertes merveilleuses d'antiquités assyriennes qui feront époque dans l'étude de l'histoire, des langues et des arts de l'Orient.

Pendant que Niebuhr, et j'aime à le citer avec le respect qui est dû à ce grand nom, pendant que Niebuhr voyageait dans le Yémen, il entendit parler plusieurs fois d'inscriptions qui ne pouvaient être qu'en caractères himyarites, mais qu'il ne put pas visiter, malgré son vif désir de les copier, parce que tantôt la mauvaise volonté d'un chamelier, tantôt des maladies, tantôt le manque de sécurité sur les routes l'en empêchaient, et que l'étendue de son itinéraire ne lui permettait pas d'attendre de meilleures occasions. Mais M. Arnaud est parvenu à atteindre Saba, parce qu'un long séjour lui a fourni les moyens de vaincre toutes les difficultés. Il nous a rapporté cinquante inscriptions himyarites, et en aurait obtenu un bien plus grand nombre si ses moyens pécuniaires n'avaient pas été épuisés. Je profite de cette occasion pour remercier MM. les ministres de l'instruction publique et des affaires étrangères d'avoir bien voulu mettre M. Arnaud en état de retourner à Saba pendant trois ans, et de lui avoir donné ainsi le temps de copier les nombreuses inscriptions sabéennes qui couvrent les ruines de Khariba et d'autres villes antiques qu'il n'avait pu visiter dans sa première expédition.

Enfin, que l'on prenne les ouvrages de Heber, ou d'autres voyageurs que je pourrais nommer, qui ont parcouru l'Inde dans toute sa largeur, et l'on verra que ce sont des récits amusants pour le public, mais à peu près inutiles pour les savants; qu'on les compare aux notes de M. Elliot sur les provinces supérieures, aux lettres de M. Shore, aux travaux de Stirling sur l'Orissa, aux ouvrages de Sleeman, et l'on sentira que, sous la plume de ces derniers, le pays, ses intérêts, son histoire, son organisation revivent devant le lecteur. Et pourtant les premiers étaient des hommes aussi savants et aussi intelligents que les derniers; mais ils n'avaient pas eu le temps d'étudier les pays qu'ils ne faisaient que parcourir.

Il faudrait donc envoyer successivement des voyageurs sur les points les plus intéressants de l'Asie, assigner à chacun d'eux, pour centre de ses opérations, une des grandes villes qui ont formé ou forment encore les foyers de la civilisation, lui indiquer un rayon suffisant, borné par la langue et les circonstances historiques et politiques du pays, et lui demander la description complète de ce territoire, de ses antiquités, de ses bibliothèques, de son organisation et de ses institutions actuelles; il faudrait lui accorder six ou sept ans, enfin un temps suffisant pour remplir la tâche qu'on lui imposerait; il lui serait possible alors de faire des fouilles, et de se familiariser avec les savants et les chefs du pays, pour obtenir d'eux le moyen de pénétrer partout; et l'on devrait même lui demander la traduction d'une histoire locale, s'il en existe une, ou d'un ouvrage quelconque pour lequel il trouverait dans la contrée même des ressources particulières. Pour donner une idée plus précise de ce plan d'exploration, il suffira d'indiquer quelques-unes des stations qu'on pourrait établir successivement, à mesure qu'il y aurait des fonds, et qu'il se présenterait des hommes auxquels on pourrait les confier. Ainsi on enverrait un voyageur à Bagdad, en lui assignant pour limites la Babylonie ancienne ou le paschalik moderne de Bagdad; un autre occuperait Damas, dont les bibliothèques nous sont inconnues, et doivent renfermer bien des ouvrages qui passent pour perdus; ses recherches comprendraient la Syrie méridionale, une partie du Liban, et les tribus arabes qui dépendent de Damas. Le centre d'une autre expédition serait Hamadan, afin d'explorer l'ancienne Médie, les ruines d'Ecbatane et celles d'autres villes antiques, et pour étudier les dialectes populaires de cette province. Il serait important qu'un savant s'établît à Yezd ou à Kirman, où il aurait à s'occuper des zoroastriens; il rechercherait les livres zends et pehlewis qui nous manquent, et trouverait dans les antiquités du Seistan et dans l'état moderne du pays des sujets d'étude abondants et entièrement neufs. Un autre irait à Bénarès pour y fréquenter les écoles brahminiques et compléter nos collections de livres sanscrits. Un indianiste qui séjournerait dans le Radjpoutana pourrait nous rapporter une traduction des poëmes épiques de Tchand faite sur les lieux mêmes et au milieu de la tradition vivante; il étudierait l'organisation des Radjpoutes, et compléterait ou corrigerait les vues de Tod sur ce sujet. Une autre station du même genre devrait être établie parmi les Djains du Guzarate, dont les monuments et les livres ne nous sont connus que bien vaguement. Enfin, il faudrait, aussitôt que les circonstances le permettront, envoyer un voyageur à Balkh, et lui confier l'exploration de la Bactriane, l'étude des monuments de Bamian, et celle des traces de l'empire grec et des États barbares qui lui ont succédé. Mais je m'arrête, car mon intention n'est pas de donner une liste complète des points à occuper; je n'ai voulu qu'indiquer un système à suivre. Je craindrais, d'ailleurs, en continuant cette énumération, qu'on ne m'accusât de demander l'impossible. Et pourtant rien ne serait plus facile que d'explorer ainsi successivement toute l'Asie, en y apportant les précautions et la sage lenteur que permet un système suivi par un gouvernement. Le plus difficile est fait; les moyens sont inscrits au budget, et la part qui doit en revenir naturellement à l'Orient suffira à tous les besoins; car ce serait assez d'envoyer chaque année un voyageur, de telle sorte qu'il y en aurait à la fin, et quand le système serait en parfaite voie d'exécution, six à la fois, ce qui ne serait certainement pas disproportionné avec les droits que l'Orient peut revendiquer dans la répartition du budget des missions scientifiques.

L'adoption d'un plan semblable aiderait en même temps à la solution de la question, aujourd'hui si difficile, du choix des personnes. Il est évident que tous ceux qui ne désirent que faire un voyage agréable aux frais du gouvernement seraient exclus par les exigences mêmes du plan qu'ils auraient à suivre. La connaissance des langues savantes du pays qu'on voudrait explorer deviendrait une condition *sine qua non* du choix, comme elle aurait dû l'être dès le principe, et il n'y aurait que des hommes préparés par une étude sérieuse des langues et de l'histoire qui voudraient se présenter. Les élèves des écoles orientales de Paris y trouveraient un objet de légitime ambition qui soutiendrait leur zèle et leur offrirait une occasion précieuse de continuer et de perfectionner leurs travaux dans le pays même qui en est le but. Qui peut douter qu'on ne trouvât, tous les ans, un jeune homme instruit, courageux et désireux de se distinguer par des découvertes presque certaines, et d'entrer dans la vie littéraire par une porte aussi belle et aussi sûre? Qui peut douter qu'en suivant avec persévérance un plan semblable, on n'obtienne les résultats les plus honorables pour la France et les plus utiles pour la science? Sans aucun doute, tous les points de l'Orient qu'il importe de connaître seraient visités successivement par des hommes compétents, des trésors inconnus d'antiquités viendraient enrichir nos musées, maint ouvrage précieux que nous croyons perdu viendrait combler les lacunes de nos bibliothèques, et les langues, l'histoire et les institutions de tous les peuples de l'Asie seraient mieux étudiées.

Il me reste à dire un mot de la publication des résultats de ces voyages ; car, dans l'état actuel des choses, il est indispensable que le gouvernement y pourvoie, si l'on ne veut pas que le fruit de tant de travaux reste stérile entre les mains de leurs auteurs ; mais ici encore le plus difficile est déjà fait, et les moyens d'exécuter tout ce que peut exiger l'avancement des sciences existent. Le gouvernement français a publié un nombre assez considérable de voyages avec une libéralité qui fait le plus grand honneur à ses intentions et à son respect pour la science, et quand les fonds dont pouvaient disposer les différents ministères ne suffisaient pas, il s'est adressé à plusieurs reprises aux Chambres, qui se sont toujours montrées également empressées à accorder tout ce que l'on croyait nécessaire pour faire profiter le monde savant des découvertes des voyageurs français. Aucun pays n'a jamais fait autant dans ce genre ; on ne saurait donc trop louer la libéralité du gouvernement français, ni trop en désirer la continuation ; mais cela ne doit pas nous empêcher d'exprimer des vœux pour que l'emploi des ressources mises au service de la science soit réglé de manière à ce qu'elle en tire tout le profit possible.

Il y a une chose qui frappe au premier abord quand on regarde la série des voyages publiés aux frais du gouvernement, c'est leur dimension énorme, et leur prix, qui les exclut de l'usage commun des savants. Autrefois on se plaignait du prix des livres anglais, mais aujourd'hui ce sont les voyages français qui sont les plus chers et les plus inaccessibles de tous les livres qui se publient dans le monde. C'est un grand mal, car un ouvrage que seulement quelques bibliothèques centrales peuvent acquérir, manque son but et retombe presque dans la classe des manuscrits. Je dois dire quelques mots sur les raisons qui ont amené cet état de choses; mais je n'entrerai dans ce sujet qu'autant qu'il est indispensable de le faire. Voici comment on procède aujourd'hui. Un voyageur revient; il désire publier les résultats de ses travaux; le ministère qui a fait les frais de l'expédition demande communément à l'Institut un rapport sur les manuscrits, collections et dessins rapportés; une commission est formée, examine les matériaux qu'on lui soumet et fait son rapport. Si le rapport est favorable, le voyageur s'adresse à un libraire, parce que le gouvernement a pour principe de ne donner ses encouragements que sous forme de souscriptions. Le libraire est intéressé à ce que l'ouvrage dont il doit avoir la vente, mais dont il ne fait pas les frais, soit aussi volumineux et aussi riche de gravures, c'est-à-dire en définitive aussi cher que possible, et comme l'auteur désire naturellement de son côté que rien de ses matériaux ne soit omis, et que son livre soit aussi beau et aussi considérable qu'il se peut, tout concourt pour faire soumettre au ministre la proposition d'un ouvrage immense, dont on répartit les frais sur un grand nombre d'années pour faire rentrer les dépenses dans les limites du budget, à moins qu'on ne demande à la Chambre un crédit extraordinaire. C'est ainsi qu'on a ajouté à un ouvrage, qui devait être entièrement scientifique, jusqu'à cent planches pittoresques, dont la commission de l'Institut n'a eu aucune connaissance; que, dans d'autres cas, on a publié simultanément dans deux ouvrages les descriptions et les représentations des mêmes monuments, et que, dans d'autres enfin, on a surchargé d'immenses compilations faites après le retour les matériaux rapportés du voyage même. Je me contenterai de parler avec quelque détail d'un seul cas que je choisis, parce que personne n'aura l'idée qu'il puisse y avoir de ma part l'ombre même d'un mauvais vouloir. L'ouvrage qui nous fait connaître les découvertes de M. Botta contiendra quatre cent cinq gravures in-folio; là tout est nouveau, tout est important, tout est scientifique, et néanmoins l'ouvrage coûtera le double de ce qu'il aurait dû coûter, et voici comment. Il y aura cent quatre-vingts gravures représentant des dessins de bas-reliefs et des plans d'architecture, et deux cent vingt-cinq planches d'inscriptions assyriennes. Or, sans parler du nombre des planches de dessins, qu'on a augmenté sans nécessité, la gravure de ces deux cent vingt-cinq planches d'inscriptions est inutile, parce que l'Imprimerie royale, où le texte de l'ouvrage s'imprime, a fait graver et fondre un caractère assyrien. Il aurait parfaitement suffi d'imprimer les inscriptions dans le texte, au lieu de les faire graver sur cuivre; l'ouvrage aurait contenu exactement ce qu'il contient aujourd'hui, le Gouvernement aurait épargné une somme qui aurait suffi pour faire exhumer un autre palais assyrien, le livre eût été mis en vente à un tiers de son prix actuel; il eût donc été infiniment plus accessible et partant plus utile. Il est probable que le libraire aurait moins gagné, mais cela n'aurait pas été un grand mal, puisque l'État fait les frais entiers de la publication.

Pour prouver la vérité de ce que j'ai avancé sur les inconvénients de ce système, il me suffira de citer le prix de quelques-uns des voyages qui sont en cours de publication. Le voyage de Durville au pôle Sud coûtera 1450 francs; l'ouvrage de la commission de Morée coûte 1080 francs; les deux voyages de M. Texier coûtent 1600 francs; le voyage de MM. Flandin et Coste coûte 1400 francs; l'ouvrage sur Ninive coûtera 1800 francs, le voyage en Islande coûte 1825 francs. Comment peut-on s'étonner que ces livres ne se répandent pas et n'arrivent pas aux mains de ceux auxquels ils sont destinés? Combien y a-t-il de savants et même de bibliothèques publiques qui puissent acheter beaucoup de livres à ce prix? Je pourrais citer une foule de faits à l'appui de ce que je dis; je me contenterai d'un seul. Me trouvant à Bonn, l'automne dernier, je désirais, pendant une conversation avec M. Lassen, consulter une planche d'inscriptions dans le Voyage de

MM. Flandin et Coste; mais M. Lassen me dit que la bibliothèque de l'Université ne le possédait pas, parce qu'il était trop cher. Or, personne de vous n'ignore que M. Lassen est, avec M. Burnouf, celui qui a fait le plus pour l'interprétation des inscriptions persépolitaines. Et pour qui donc publierait-on des ouvrages sur les antiquités de la Perse, si ce n'est pour lui et des hommes comme lui?

On dira peut-être que le gouvernement distribue les exemplaires qu'il reçoit pour prix de ses souscriptions. C'est vrai, et on ne peut que rendre justice à la libéralité des ministres sous ce rapport; mais il est dans la nature des choses qu'une distribution gratuite n'atteigne jamais le but qu'on se propose. Il est impossible à un ministre de découvrir, même en France, les personnes qui ont le plus besoin d'un ouvrage. Comment pourrait-il savoir quelle bibliothèque en Allemagne ou en Italie est trop pauvre pour acheter le livre, quel savant est arrêté dans ses travaux, parce qu'il ne peut en obtenir la vue? Et comment pourrait-on demander au gouvernement de répandre sur le monde entier des largesses aussi coûteuses? Le système des distributions est nécessairement illusoire ; on donne surtout aux riches, mais ce sont les pauvres qui ont besoin et qui travaillent le plus, et il n'y a qu'un moyen de répandre utilement un livre, c'est de le mettre à un prix que puissent payer ceux qui voudraient s'en servir.

En exposant quelques-uns des inconvénients de l'état actuel des choses, je suis loin de vouloir faire un reproche à qui que ce soit; ni aux commissions, qui ne jugent que la valeur des pièces qu'on leur soumet, et ne sont jamais consultées sur le plan de la publication du voyage; ni aux ministres, qui mettent la meilleure volonté du monde à encourager la science, mais n'ont aucun moyen de distinguer ce qui est nécessaire de ce qui est de trop dans un plan de publication qu'on leur soumet; ni aux auteurs, qui ont le désir naturel de faire une publication somptueuse, et qui la font trop souvent sans aucune autre récompense; ni même aux libraires, qui veulent avoir une affaire la meilleure possible. La faute en est au système et à la nouveauté de l'institution, qui n'a pas encore trouvé son assiette ni son organisation ; mais je crois que l'expérience du passé suffit maintenant pour indiquer le remède aux différents inconvénients qui se sont montrés dans les voyages entrepris par ordre du gouvernement.

Si vous voulez me permettre de dire mon avis sur le moyen à employer pour atteindre le plus simplement et le plus sûrement le but qu'on se propose, je crois que ce serait la nomination d'une commission unique, permanente et peu nombreuse, qui serait chargée de toutes les propositions concernant des voyages à entreprendre aux frais ou avec l'encouragement du gouvernement, et qui aurait à donner son avis sur les plans de ces missions, sur le choix des voyageurs et sur la publication de leurs travaux. Il faudrait qu'elle fût unique, pour qu'elle pût juger par comparaison de l'importance de tout ce qui est proposé : l'inconvénient des commissions isolées est qu'elles ne savent pas ce que d'autres commissions ou ce que les bureaux d'un ministère ont fait ou font dans le moment même. Il faudrait qu'elle fût permanente pour qu'elle pût former, faire adopter et maintenir un système, et qu'il lui fût possible de suivre les travaux des voyageurs, de les encourager et de les diriger de ses avis, et de régler la publication des voyages en écartant, d'un côté, les doubles emplois, le luxe du pittoresque, les formats monstrueux, les compilations faites après coup, et, de l'autre, en prêtant l'appui de son autorité à tout ce qu'exige l'avancement de la science, à tout ce qui est nouveau et important. Enfin, il faudrait qu'elle fût peu nombreuse, pour que la responsabilité d'un avis restât quelque part, pour qu'elle eût la force de résister aux sollicitations et aux exigences qui entourent toute affaire de ce genre.

Je n'ai pu traiter ici que bien imparfaitement un sujet aussi vaste que l'exploration scientifique de l'Asie; et si j'ai pris la liberté d'émettre un vœu sur la manière d'exécuter un plan qui exige tant de temps et de précautions, je n'ai pu vouloir qu'appeler l'attention de la Société asiatique sur quelques points dignes de tout son intérêt. Il est probable que de meilleures idées sur tous ces points seront proposées, que des moyens d'exécution plus faciles seront trouvés; mais il y a une chose au moins sur laquelle nous serons tous unanimes, c'est l'étroite liaison qui existe entre les études orientales et les voyages en Asie, c'est la nécessité de soutenir les unes par les autres. D'un côté, les missions en Orient ne porteront tous leurs fruits que quand elles seront confiées à ceux qui ont fait des langues et des littératures de l'Asie l'objet de leurs études, et, de l'autre, les études savantes sur l'Orient n'acquerront tout leur intérêt que quand on aura donné aux orientalistes les moyens de visiter eux-mêmes les pays dont ils s'occupent. Ainsi ces deux buts seront atteints par une même mesure, l'Orient sera mieux exploré et les études orientales en France acquerront une vie nouvelle.

VIII

ANNÉE 1847-1848

(RAPPORT LU LE 17 AOUT 1848)

Messieurs,

L'année qui s'est écoulée depuis la dernière séance générale de la Société asiatique a été remplie de si grands événements politiques, que toute association, si paisible, si éloignée du bruit populaire, si exclusivement dévouée aux intérêts de la science qu'elle soit, a dû se ressentir des suites de l'ébranlement général de l'Europe. La tourmente politique a surpris la Société dans un moment où elle devait croire sa prospérité assurée pour longtemps; le nombre des membres augmentait, toutes nos ressources s'accroissaient; le gouvernement nous avait rendu les encouragements qu'il avait fait cesser depuis deux ans, et votre Conseil croyait que le moment était venu de donner à vos publications une impulsion nouvelle. Le voyage de Schulz, trop longtemps ajourné, devait être mis sous presse, et l'impression des deux derniers volumes de l'Histoire du Kachmîr de M. Troyer venait d'être décidée, lorsque la révolution de février éclata. En face d'un événement aussi considérable, votre Conseil a cru que son devoir était d'attendre, de suspendre provisoirement toute dépense qui n'était pas nécessaire à l'existence même de la Société, et de veiller avant tout au maintien du Journal asiatique dans son étendue actuelle. Le Conseil a fait tout ce que les circonstances exigeaient ; il a obtenu du premier ministre de l'instruction publique de la République la conservation de la souscription accordée à votre Journal. La réserve qu'il a accumulée, et dont la commission des censeurs va vous rendre compte, met la Société au-dessus des besoins à prévoir, et avant tout il espère dans votre zèle. La révolution de 1830 avait produit un ébranlement semblable ; toutes vos ressources s'étaient amoindries instantanément, mais vous avez lutté contre les difficultés, et la Société s'est relevée en moins de temps qu'on ne l'aurait cru possible au premier moment.

Votre Société a entretenu, pendant l'année dernière, les rapports les plus amicaux avec toutes les autres sociétés asiatiques, qui forment à présent un réseau embrassant le monde entier, provoquent partout des recherches, offrent partout des moyens de publication à des travaux isolés, et fournissent des matériaux abondants pour la connaissance de l'Orient dans toutes ses parties. Il y a trente ans, il n'existait que deux sociétés asiatiques ; aujourd'hui, il y en a seize, et les deux premières, au lieu de souffrir de cette concurrence, en ont acquis une énergie plus grande. La Société de Calcutta a continué la publication de son Journal[1], toujours si riche en matières neuves et importantes, et elle a recommencé à publier des textes orientaux, dont elle avait interrompu l'impression pendant quelques années, pour consacrer toutes ses ressources à d'autres besoins extrêmement urgents ; car la mission de la Société de Calcutta est beaucoup plus grande et plus complexe que celle d'aucune autre Société asiatique : elle est pour l'Inde le foyer de toutes les sciences de l'Europe ; elle entretient un musée d'histoire naturelle et de géologie, et forme un comité consultatif pour toutes les matières scientifiques dont le gouvernement la saisit.

1. *Journal of the asiatic Society of Bengal*. Calcutta, in-8º. (Le dernier

La Société de Madras a repris depuis quelque temps la publication de son Journal [1], qui s'est même visiblement amélioré, et qui contient des articles très-curieux sur les antiquités du midi de l'Inde. La Société asiatique de Bombay [2] continue à nous fournir des mémoires sur les inscriptions des rois bouddhistes de l'Inde, sur les Djains, sur les antiquités des côtes de Malabar, de l'Arabie et de l'Afrique orientale ; et la Société de géographie de Bombay [3] nous donne d'excellents travaux sur la géographie de ces mêmes pays. Qu'il me soit permis d'exprimer ici, de nouveau, le désir qu'elle veuille bien établir un dépôt de ses Transactions en Angleterre, afin que les établissements auxquels elle ne les distribue pas, comme elle a la bonté de le faire pour notre Société, puissent les acquérir.

La Société de Dehli paraît avoir commencé ses publications, mais il n'en est encore rien arrivé en Europe. La Société de Batavia, sous l'impulsion vigoureuse que lui a donnée M. Van Hoëvell, a fait paraître deux nouveaux volumes de ses Transactions [4], dont j'aurai à vous entretenir dans la suite de ce rapport. La Société asiatique de Londres [5] a terminé le premier volume des Mémoires de M. Rawlinson sur les inscriptions de Bisoutoun ; c'est le plus grand service qu'elle pouvait rendre à la science. Le Comité des traductions et celui des textes orientaux ont publié quelques volumes sur lesquels j'aurai à reve-

numéro qui soit arrivé à Paris est le numéro CLXXXVII, ancienne série, février 1848.)
La Société publiera dorénavant, tous les six mois, un cahier de six feuilles de textes orientaux ; on peut y souscrire pour 30 francs par an.
1. *Madras Journal of literature and science.* Madras, in-8°. (Le dernier numéro que nous ayons reçu est le numéro 32, juin 1847.)
2. *Journal of the Bombay branch of the royal asiatic Society.* Bombay. In-8°. (Le dernier numéro connu à Paris est le numéro XI, 1847.)
3. *Transactions of the Bombay geographical Society,* from february to december 1846. Bombay, 1846, in-8°.
4. *Verhandelingen van het Bataviaasch Genootschap van Kunsten en Wetenschappen,* t. XXI, vol. I et II. Batavia, 1847, in-8°.
5. *Journal of the royal asiatic Society of Great Britain and Ireland,* vol. IX et X. Londres, 1847, in-8°.

nir plus tard. La Société orientale allemande a donné à son journal [1] une étendue plus grande, et a commencé à appliquer son système d'encouragements pour la publication des textes orientaux par le moyen de souscriptions.

Il ne s'est formé, pendant la dernière année, aucune nouvelle Société asiatique ; mais la fondation de l'Académie impériale de Vienne [2] promet à la littérature orientale un nouveau et puissant auxiliaire, et la nomination de M. Hammer-Purgstall à la présidence de l'Académie prouve que la patrie de Meninski ne veut pas rester indifférente aux études sur l'Asie. Le gouvernement autrichien a donné encore une autre preuve d'intérêt pour la littérature orientale, en autorisant, il y a quelques années, M. Auer, directeur de l'Imprimerie impériale de Vienne, à compléter la collection des poinçons orientaux de cet établissement. M. Auer s'est mis à l'œuvre avec un zèle et une intelligence remarquables ; il a fait graver, en peu de temps, des caractères de toutes les langues orientales, et a publié, à la fin de l'année dernière, un spécimen [3] de ces nouveaux types, à la richesse duquel ne peut se comparer que celui de l'Imprimerie nationale, publié aussi l'année dernière. On aperçoit peut-être, dans le spécimen de Vienne, quelques traces d'un désir trop ambitieux de se compléter rapidement, mais c'est un ensemble magnifique, qui fait le plus grand honneur au gouvernement autrichien et à M. Auer. C'est, de tous les encouragements que le gouvernement pouvait donner, le plus efficace, surtout combiné avec les intentions annoncées par M. Auer, de se charger des impressions orientales à des prix extrêmement modérés, et le résultat a été tel, qu'en moins de deux ans il a paru à Vienne seize ouvrages dans

1. *Zeitschrift der deutschen morgenländischen Gesellschaft*, vol. II, cahiers 1 et 2. Leipzig, 1848, in-8°. *Jahresbericht der deutschen morgenländischen Gesellschaft, für das Jahr* 1846. Leipzig, 1847, in-8°. (243 p.)
2. *Sitzungsberichte der kaiserlichen Akademie der Wissenschaften.* Cahier 1. Vienne, 1848, in-8°. (168 p.)
3. *Sprachenhalle.* Vienne, Imprimerie impériale, 1847, in-fol.

différentes langues de l'Asie, et il en est un, dans le nombre, qui n'aurait pu paraître dans aucune autre imprimerie du monde.

Je devrais peut-être compter parmi les Sociétés asiatiques la réunion des savants hollandais qui publient le recueil intitulé *Orientalia*[1], dont le second volume contient des mémoires de Hamaker, Weijers, de MM. Roorda, Dernburg, Juynboll, Wustenfeld et Dozy, qui, pour la plupart, sont relatifs à l'histoire littéraire des Arabes.

J'ai maintenant à mettre sous vos yeux le tableau des progrès qu'a faits la littérature orientale depuis deux ans, parce que, dans le rapport de l'année dernière, des matières plus urgentes avaient occupé la place ordinairement réservée à l'énumération des ouvrages imprimés pendant l'année. Cette liste, nécessairement plus longue qu'à l'ordinaire, sera néanmoins, je le crains, encore plus incomplète, et je sollicite d'avance votre indulgence pour les omissions que vous pourrez remarquer et que j'aurai commises très-involontairement.

La littérature arabe s'est enrichie d'ouvrages nombreux, considérables, et embrassant presque toutes les parties de l'histoire et des lettres des Arabes. L'illustre Reiske avait composé, il y a maintenant un siècle, un ouvrage sur l'histoire ancienne des Arabes, qu'il n'a pas eu le temps de publier, et qui, après sa mort, passait pour perdu. Il avait lui-même communiqué les matériaux, qu'il avait réunis, à Eichhorn, qui s'en est servi dans ses *Monumenta antiquissimæ historiæ Arabum*, et les mêmes cahiers ont été plus tard mis à profit par Rasmussen. Mais, il y a peu d'années, M. Wustenfeld découvrit dans la bibliothèque de Goettingue, une copie de l'ouvrage

---

1. *Orientalia*, edentibus Juynboll, Roorda, Weijers. Vol. II. Amsterdam 1846. (600 p.)

même de Reiske, et se décida à le publier, par piété pour la mémoire de l'auteur, en le complétant par de nombreuses additions [1]. On ne doit pas s'étonner qu'un travail d'érudition qui ne paraît qu'un siècle après avoir été composé, et surtout un travail dont les matériaux manuscrits avaient déjà été exploités par deux auteurs différents, ait perdu une partie de son importance; c'est au contraire une preuve éclatante de la solidité du savoir et de l'excellence de la méthode de Reiske, de pouvoir dire qu'un livre publié dans ces circonstances n'est pas devenu inutile après tant de travaux qui ont jeté des lumières sur les différentes parties de l'histoire ancienne de l'Arabie.

Il manquait, malgré tous ces travaux, un ouvrage sur l'ensemble de cette partie obscure de l'histoire. Les difficultés inhérentes au sujet sont extrêmement grandes; il fallait suivre le sort d'une multitude de tribus qui ne formaient pas un corps de nation, et dont les chroniques consistaient en tables généalogiques, en traditions populaires, en fragments de poésies improvisées et conservées seulement dans la mémoire des familles; il fallait coordonner ces faits incomplets, en juger l'authenticité, en tirer tout ce qu'ils contiennent de vérités sans en exagérer la portée; les contrôler l'un par l'autre, les compléter par les témoignages épars que nous fournissent les annales des peuples qui ont été en contact avec les Arabes avant Mahomet; enfin, réunir tous ces traits isolés dans un tableau général qui pût donner une idée de l'état de la race arabe au moment où elle devient une nation unie, conquérante, et prenant sa place dans l'histoire universelle. Cette grande entreprise a été tentée par M. Caussin de Perceval et conduite à sa fin par un travail de plus de dix ans, dont il vient de publier le résultat sous le titre trop modeste d'*Essai sur l'his-*

---

1. *J. J. Reiskii primæ lineæ historiæ regnorum arabicorum, et rerum ab Arabibus medio inter Christum et Muhammedem tempore gestarum*, cum tabulis genealogicis e libro manuscripto edidit F. Wüstenfeld. Goettingen, 1847, in-8°. (xvi et 274 p.).

toire des Arabes avant l'Islamisme[1]. On y trouve toutes les données que fournissent sur ce sujet les poëtes, les commentateurs, les généalogistes et les chroniqueurs des Arabes, et toutes celles que les auteurs grecs et latins y ajoutent, éclairées par une critique sage, ordonnées avec le plus grand soin, et présentant un ensemble qui restera la base de tous les travaux futurs sur ce sujet; car la découverte de nouveaux manuscrits arabes et l'étude des inscriptions himyarites pourront servir à préciser des points indécis, lever des difficultés aujourd'hui insolubles, aider à remplir le cadre dans lequel l'absence de matériaux laisse nécessairement beaucoup de vides; mais rien ne pourra changer l'ensemble de ce tableau si savamment ordonné.

A cette introduction à l'histoire des Arabes se rattachent naturellement les travaux nombreux qui ont été faits sur les époques postérieures de l'histoire de ce peuple et de sa religion. La première mention est due à la continuation de l'Histoire des khalifes[2], par M. Weil, à Heidelberg, dont le second volume vient de paraître. M. Weil a tiré les matériaux de son ouvrage, en grande partie, de manuscrits des bibliothèques publiques de Paris, de Leyde et de Gotha, qui lui ont été confiés de la manière la plus libérale; et la communication qu'il en a obtenue, impossible il y a vingt ans, témoigne hautement des progrès que la république des lettres a faits de notre temps. On connaît la jalousie étrange avec laquelle on gardait autrefois les manuscrits dans les bibliothèques publiques; on les attachait avec des chaînes, comme à Florence; on en cachait le catalogue ou on en reniait l'existence, comme à Rome et à

---

1. *Essai sur l'histoire des Arabes avant l'Islamisme*, pendant l'époque de Mahomet et jusqu'à la réduction de toutes les tribus sous la loi musulmane, par A P. Caussin de Perceval. Paris, 1847, in-8°; vol. I, p. xii, 424, et 11 tableaux; vol. II, p. 702. (Le troisième et dernier volume est sous presse.)
2. *Geschichte der Chalifen*, aus handschriftlichen groesstentheils noch unbenützten Quellen bearbeitet von Dr G. Weil. Mannheim, 1848, in-8°; vol. II. (702 p.)

l'Escurial; on en refusait presque partout le prêt au dehors; on avait l'air de les regarder plutôt comme des reliques que comme des instruments de travail. Aujourd'hui, la plupart de ces barrières sont tombées, et même dans les bibliothèques où l'on ne prête pas encore au dehors, comme dans presque toutes les bibliothèques publiques de l'Angleterre, ce n'est plus cette superstition farouche qui l'empêche, mais des lois anciennes, qui s'effaceront devant l'esprit du temps, et déjà la communication dans les établissements mêmes est partout devenue aussi facile et aussi prévenante que possible. Dans d'autres bibliothèques, comme celles de Saint-Pétersbourg, de Berlin, de Gotha, de la compagnie des Indes, de la Société asiatique de Londres et autres, on a acquis assez de respect pour la science, et assez de confiance dans les savants, pour prêter des manuscrits, même en pays étranger, aux personnes dont le nom et le caractère inspirent de la confiance, et c'est ainsi qu'aujourd'hui M. Weil a pu écrire, dans une ville dépourvue de manuscrits orientaux, une Histoire du Khalifat, tirée des sources, riche en faits auparavant inconnus ou mal jugés.

Le second volume de l'ouvrage de M. Weil contient l'histoire politique du Khalifat d'Orient depuis la chute des Ommiades jusqu'à la mort du vingt-deuxième khalife de la dynastie des Abassides. C'était l'époque de la plus grande splendeur extérieure de l'empire des Arabes, où leur pouvoir, et en même temps leur culture intellectuelle et littéraire, atteignirent leur point culminant, mais où déjà des causes secrètes de dépérissement se dévoloppaient rapidement et conduisaient à la défection des provinces éloignées de Bagdad. M. Weil suit en détail l'histoire de chacune de ces révoltes; mais ensuite, pour conserver l'unité de son plan, il abandonne ces nouveaux états aussitôt qu'ils ont conquis leur liberté, et ne s'en occupe plus que dans leurs rapports avec le Khalifat. Il a parfaitement jugé en cela, car la plupart de ces états n'avaient de commun avec l'empire de Bagdad que leur origine et une ressemblance fondamentale dans les institutions; mais leur sort et leur durée dépendaient de circonstances entièrement étrangères au Khalifat.

L'histoire de tous ces états mérite d'être traitée à part, et ne sera bien comprise que quand on en aura fait le sujet d'ouvrages spéciaux; aussi voyons-nous paraître presque tous les ans des travaux considérables destinés à fournir des matériaux pour l'histoire de l'une ou de l'autre de ces dynasties musulmanes. M. Defrémery a donné dans le Journal asiatique une histoire des Sajides et une des Seldjoukides, et il vient de publier un savant mémoire sur les Émirs al-oméra [1], les maires du palais des khalifes Abassides, mémoire destiné à servir d'introduction à une histoire détaillée de la dynastie des Bouides, qu'il nous promet. M. Dozy, de Leyde, a fait imprimer, aux frais du Comité des textes orientaux, le texte de l'histoire des Almohades d'Espagne, par Abdoul-Wahid al-Marrekoschi [2], composée l'an 1224, et contenant la vie des six premiers rois de cette dynastie. L'auteur était contemporain d'une grande partie des événements dont il parle, et son ouvrage est d'une impartialité rare. En outre, M. Dozy, dont le zèle est infatigable, nous a donné le premier volume d'une collection d'ouvrages arabes dont il a entrepris la publication [3]. Ce volume contient le poëme d'Ibn-Abdoun, composé au commencement du XIIIe siècle, à l'occasion de la chute des princes Aphtasides de Badajoz, et renfermant une espèce d'abrégé de l'histoire des chutes des princes et des monarchies. Ce poëme, froid et artificiel, obtint une grande renommée, grâce à la recherche du style de l'auteur et au mauvais goût d'une époque

---

1. *Mémoires sur les Émirs al-oméra*, par M. Defrémery. Paris, 1848, in-4°. (92 p.) (Extrait du t. II des *Mémoires présentés par divers Savants à l'Académie des inscriptions*.)
2. *The History of the Almohades*, preceded by a sketch of the history of Spain, from the times of the conquest till the reign of Yusof-Ibn-Tashifia, and of the history of the Almoravides, by Abdol-Wahid al-Marrekoshi, edited by Dozy. Leyde, 1847, in-8°. (XXII et 290 p.)
3. *Ouvrages arabes*, publiés par M. Dozy. Leyde, 1846-7, in-8°. Liv. I, II. (522 et 128 p.)

de décadence, et il devint une sorte de manuel d'histoire universelle, à l'aide d'un commentaire savant qu'un autre auteur arabe-espagnol, Ibn-Badroun, y ajouta vers la fin du même siècle. C'est dans ce commentaire que réside le véritable intérêt du livre; on y trouve une foule de faits et d'anecdotes historiques qui l'ont fait rechercher par les lecteurs en Orient et par les savants en Europe. M. Dozy publie, pour la première fois, le poëme et le commentaire, et y ajoute des notes critiques et historiques.

Niebuhr, l'historien de Rome, avait traduit dans sa jeunesse l'histoire de la conquête de la Mésopotamie par Wakedi; ce travail était resté manuscrit, et M. Ewald a publié, il y a quelques années, une traduction d'une partie du même ouvrage. Maintenant M. Mordtmann, drogman des villes hanséatiques à Constantinople, et avantageusement connu par sa traduction d'Istakhri, a fait paraître le travail de Niebuhr, en le complétant et en l'accompagnant d'une introduction et de notes [1]. Wakedi a joui en Europe d'une grande réputation, depuis que Ockley s'est servi de son histoire de la conquête de la Syrie, comme source principale, pour la composition de son Histoire des Sarrazins. Mais des extraits ne peuvent donner qu'une fausse idée d'un auteur aussi singulier. Wakedi était kadi de Bagdad dans la la dernière moitié du IIe siècle de l'hégire. Il prit plaisir à réunir les traditions populaires sur la conquête des provinces principales qui formaient alors le Khalifat. C'est ainsi qu'il composa des ouvrages sur la conquête de la Syrie, de l'Égypte, de la Mésopotamie et de la Perse. Il suivit le système général des Arabes des premiers siècles de l'hégire, qui composaient leurs livres d'histoire d'une série d'anecdotes, dont chacune portait en tête la liste de tous ceux qui l'avaient transmise, en remontant jusqu'à un témoin oculaire. Wakedi se conforme

---

1. *Geschichte der Eroberung von Mesopotamien und Armenien*, von Mohammed-ben-Omar-el-Wakedi, aus dem arabischen übersetzt, von B. G. Niebuhr, herausgegeben und mit Erläuterungen versehen, von Dr Mordtmann. Hambourg, 1847, in-4°.

en général à cette méthode, et cite dans beaucoup de cas les garants des anecdotes qu'il fait entrer dans son récit; mais il ne se contente pas de ces matériaux ; il cherche à leur donner de la vie et à les compléter en y joignant une foule de récits évidemment apocryphes, ou au moins embellis par la tradition orale. Aussi ses ouvrages devinrent-ils bientôt populaires et servirent de texte aux conteurs publics, qui, à leur tour, paraissent les avoir enrichis de leurs interpolations. Il n'est pas facile de distinguer aujourd'hui ces additions, mais elles ne paraissent pas avoir changé le fond même de l'original, et au moins l'histoire de la conquête de la Mésopotamie me paraît n'avoir été, dès le commencement, qu'un roman historique, dans lequel l'auteur a sans doute fait entrer des parties vraies, mais qu'il serait difficile de séparer des fables qui les entourent, parce que nous manquons presque entièrement de renseignements pour cette partie obscure de l'histoire des conquêtes des Arabes.

La géographie des Arabes a eu sa large part dans les progrès qu'a faits l'étude de toutes les branches de la littérature arabe. M. Reinaud vient de faire paraître la première moitié de sa traduction de la Géographie d'Aboulféda [1], ouvrage dont il s'est occupé depuis le moment où il commença à travailler à l'excellente édition du texte d'Aboulféda qu'il a publiée avec M. de Slane, et qui a paru aux frais de notre Société. La traduction, accompagnée de notes et d'éclaircissements, achève de rendre accessible à tous ceux qui s'occupent des sciences historiques, l'ouvrage du prince de Hama; mais M. Reinaud ne s'est pas contenté de traduire seulement son auteur, il fait précéder sa traduction d'un travail très-considérable sur l'histoire de la géographie chez les Arabes. C'est la première fois que ce sujet important est traité d'une manière aussi complète. M. Reinaud y expose les origines de la géographie

---

1. *Géographie d'Aboulféda*, traduite de l'arabe en français, par M. Reinaud. T. I et II, p. 1. (CDLIV et 327 p.)

des Arabes; il examine et analyse les ouvrages de leurs principaux voyageurs et géographes; il discute en détail toutes les parties de leur doctrine, leurs méthodes astronomiques et mathématiques, en tant qu'elles influent sur la géographie, le système de leurs cartes, l'étendue et les progrès de leurs connaissances géographiques, l'origine de la boussole, enfin, toutes les matières qui rentrent dans ce vaste sujet. Il a ajouté à son ouvrage des cartes qui représentent la terre selon les systèmes et les connaissances d'Istakhri, d'Édrisi, d'Albateni et de Masoudi.

Je ne dois pas quitter ce sujet sans mentionner que M. Schier, à Dresde, a publié la dernière livraison de son édition lithographiée du texte d'Aboulféda[1].

M. Wustenfeld a achevé son édition du texte du Moschtarik de Yakouti[2]. Cet auteur appartient à l'époque extrêmement importante de la littérature arabe qui a précédé immédiatement les conquêtes de Djinguiskhan, époque où le savoir des Arabes avait acquis son plus grand développement et où des bibliothèques, plus riches et plus nombreuses qu'elles n'avaient jamais été, fournissaient aux érudits des matériaux abondants. On pourrait comparer cette époque à celle des Alexandrins; il y avait une décadence politique complète dans la nation, accompagnée d'une grande ardeur pour les lettres. Les défauts inhérents à une pareille période littéraire, l'esprit de compilation et de plagiat qui dominait alors dans les écoles des Arabes, sont devenus pour nous des qualités précieuses, parce que ces auteurs nous ont conservé une quantité de passages copiés dans des écrivains plus anciens et meilleurs, dont les ouvrages ont péri dans l'épouvantable destruction qui accompagna les

---

1. Ismaël Aboulféda, *Géographie en arabe*, publiée d'après deux manuscrits, par Ch. Schier, édition autographiée. Liv. III, IV. Dresde, 1847, in-fol.
2. *Jacut's Moschtarik*, das ist Lexicon geographischer Homonyme, aus den Handschriften zu Wien und Leyden, herausgegeben von F. Wüstenfeld. Cahiers II et III. Göttingen, 1846, in-8°.

invasions et le commencement du règne des Mongols. Au reste, Yakouti lui-même est un auteur remarquable et non pas un simple compilateur. Il était grec de naissance et devint l'esclave d'un marchand musulman qui lui fit donner quelque éducation et l'employa dans ses affaires et à des voyages que nécessitait son commerce. Plus tard, devenu libre, Yakouti se livra à son goût pour le savoir, et devint copiste et libraire. Il parle avec des regrets touchants des années qu'il avait passées dans les bibliothèques publiques de Merv, d'où il avait tiré la plus grande partie des matériaux pour ses ouvrages, et dont il fut chassé par l'arrivée des Mongols. Yakouti est un auteur éclairé et honnête ; il a soin de citer ses sources, il en discute l'autorité, les rectifie quand ses nombreux voyages lui en fournissent le moyen, et classe méthodiquement les renseignements qu'il trouve sur l'histoire ancienne des localités dont il parle. Enfin, c'est un des meilleurs géographes de son temps et de sa nation. Le Moschtarik, que publie M. Wustenfeld, est un extrait du grand dictionnaire de Yakouti, et ne traite que des noms qui sont communs à plusieurs localités. L'utilité évidente d'un pareil ouvrage l'a rendu très-populaire en Orient, et elle sera certainement reconnue en Europe par les savants auxquels M. Wustenfeld le rend accessible. Il faut espérer que ce travail provoquera une édition du grand dictionnaire de Yakouti ; mais il faudrait, avant de l'entreprendre, faire rechercher en Orient des manuscrits plus complets et plus corrects que ceux qui se trouvent aujourd'hui dans les bibliothèques de l'Europe. C'est un de ces objets que le gouvernement français devra indiquer aux voyageurs qu'il envoie dans le Levant, et qu'il pourrait désigner à l'attention de ses agents diplomatiques.

M. Wustenfeld, après avoir achevé cet ouvrage, a commencé immédiatement, et avec les encouragements de la Société orientale allemande, une édition de la Cosmographie de Kazwini [1]. Il comprend sous ce titre deux ouvrages du même au-

1. *Zakarija-ben-Muhammed-ben-Mahmud-el-Cazwini's Kosmographie,*

teur : son célèbre *Traité des merveilles de la création*, et le *Livre des monuments des pays*. Il pense que, dans l'intention de l'auteur, ces deux ouvrages n'en faisaient qu'un seul ; et, dans tous les cas, nous ne pouvons que gagner à les posséder tous les deux. Kazwini est un compilateur dans le genre de Pline et des encyclopédistes du moyen âge, réunissant dans un cadre méthodique les observations et les opinions d'une quantité d'auteurs ; son *Traité des merveilles de la création* surtout est extrêmement curieux, parce qu'il nous donne une masse de renseignements sur les théories et les observations des Arabes dans toutes les parties des sciences naturelles. Les fables mêmes qu'il a adoptées ne sont pas sans intérêt pour le naturaliste, qui y cherche la trace d'un fait vrai, mais mal observé, et pour l'historien, qui y trouve la preuve de la transmission des erreurs populaires de peuple en peuple. M. Wustenfeld a commencé sa publication par le second volume, qui contient *Les monuments des pays*, c'est-à-dire la partie géographique proprement dite de l'ouvrage, et son activité extrême nous fait espérer qu'il mettra bientôt entre nos mains *Les merveilles de la création*, qui doivent former le premier volume.

Je passe des sciences historiques immédiatement à la poésie arabe ; car aujourd'hui on s'occupe de la poésie orientale, avant tout, dans un but historique. Autrefois on étudiait la poésie arabe presque exclusivement pour y trouver des comparaisons avec le Vieux Testament et l'explication des termes bibliques ; plus tard, on la cultivait dans un but d'esthétique et par admiration pour une poésie originale, exprimant fortement, dans une forme énergique et quelquefois parfaite, quelques-uns des sentiments communs à l'humanité entière ; aujourd'hui, on y cherche principalement la trace des mœurs des Arabes, les sentiments caractéristiques de cette race et

herausgegeben von F. Wüstenfeld. Deuxième vol. Göttingen, 1847, in-8. (418 p.)

les souvenirs de leur histoire. La nature de l'ancienne poésie arabe se prête parfaitement à cette manière de voir; car, pendant bien des siècles, tout le travail intellectuel des Arabes se résumait en vers; chaque événement donnait lieu à un morceau de poésie, chaque homme marquant chantait ses faits ou ceux de sa tribu, et chaque tribu avait son *diwan*, qui contenait ses titres à la gloire guerrière et littéraire. Le nombre infini de ces pièces détachées et des collections qui en ont été faites, produisit le goût des anthologies, dans lesquelles on réunissait les meilleures pièces, et qui peu à peu faisaient tomber en oubli les collections originales, dont un très-petit nombre s'est conservé, de sorte que c'est surtout dans les anthologies que nous avons à chercher l'ancienne poésie des Arabes. Un des plus célèbres de ces recueils est celui qui porte le titre de *Hamasa*. Il a été composé dans les premières années du IIIe siècle de l'hégire, par le poëte Abou-Temmam, qui, revenant du Khorasan, fut arrêté par les neiges à Hamadan, où il occupa ses loisirs forcés à faire, dans la riche bibliothèque d'Aboul-Wefa, des extraits des nombreuses collections de poésies que ce savant avait réunies. Il composa ainsi cinq anthologies, dont le *Hamasa* est la plus connue. Elle contient des pièces entières ou des fragments appartenant à cinq cent quinze poëtes, tous ou antérieurs à Mahomet, ou ses contemporains, ou appartenant à la génération qui l'a suivi immédiatement. Le *Hamasa* devint bientôt un livre classique, qui obtint l'honneur de nombreux commentaires, et attira l'intérêt des savants de l'Europe aussitôt qu'on eut commencé à s'occuper de l'ancienne littérature arabe. M. Freytag en publia, en 1828, une édition complète, avec le commentaire de Merkoui, et récemment il en a paru deux traductions et des fragments d'une troisième. M. Rückert en a publié une version complète en allemand, accompagnée de quelques notes historiques[1].

---

1. *Hamâsa*, oder die ältesten arabischen Volkslieder, gesammelt von Abu-Temmam, übersetzt und erläutert von Rückert. Stuttgart, 1846, 2 vol. in-8°.

Vous savez avec quel merveilleux talent M. Rückert a rendu en allemand les Séances de Hariri; ici il avait à lutter contre d'autres difficultés, car il s'est imposé une traduction en vers, et souvent dans le mètre de l'original. C'est une entreprise dont la réussite paraît presque impossible, à cause de la brièveté et de la concentration du style arabe de cette époque, qui place le traducteur sans cesse entre les deux écueils de la prolixité ou de l'obscurité. M. de Hammer, qui paraît avoir traduit de son côté, il y a longtemps, une grande partie de ces poésies, en a publié, à l'occasion du travail de M. Rückert, de nombreux spécimens, aussi en vers [1].

M. Freytag avait annoncé déjà, dans la préface de son édition du texte, qu'il se proposait d'en publier une traduction latine [2], et il vient d'en faire paraître la première moitié. Si M. Rückert adresse son travail aux lecteurs en général, à tous ceux dont le goût est assez cultivé pour rechercher, dans des poésies étrangères, l'expression vive de sentiments passionnés, comme on en trouve dans la poésie arabe, M. Freytag, au contraire, se propose de satisfaire aux besoins des savants qui veulent étudier dans l'original ce livre difficile. Il leur offre d'abord une traduction latine très-littérale, et, pour les aider à se servir du commentaire de Merkoui, qui fait partie de son édition du texte arabe, il traduit en entier les cent premières pages de ce commentaire; ensuite il continue sa traduction du texte, en faisant suivre chaque vers d'un ample commentaire historique et grammatical de sa propre composition, destiné à lever les nombreuses difficultés qu'offre la lecture du *Hamasa*.

Dans les temps qui suivirent la compilation du *Hamasa*, la poésie arabe continua à fleurir, et le nombre immense des

---

1. Voyez les *Annales de Vienne*, 1847.
2. *Hamasæ Carmina cum Tebrisii scholiis integris edita, versione latina commentarioque illustravit* G. G. Freytag. Vol. II, continens versionem latinam, commentarium et indices. Bonn, 1847, in-4°. (xxx, 651 p.)

pièces qu'elle produisit fit naître de nouvelles collections où l'on réunit celles qui avaient eu le plus de succès. Le goût des Arabes avait d'ailleurs changé, et la poésie des cours du iv⁰ siècle de l'hégire était moins âpre et moins énergique, mais plus savante et plus artificielle que n'avait été celle du désert. Il se forma des écoles de critique, et l'on vit naître quelque chose d'assez semblable à la guerre entre les classiques et les romantiques de notre temps. Un des hommes qui prirent le plus de part à ces discussions fut Abou-Mansour Tsa'libi de Nischapour, lequel maintint la supériorité des poëtes de son temps sur les poëtes anciens, et composa, pour la prouver, une grande anthologie tirée des œuvres des poëtes contemporains et intitulée *La perle*. Il accompagna les extraits qui forment le fond de son ouvrage de la biographie des auteurs à qui il les emprunte et d'une appréciation de leurs œuvres. C'est un livre curieux, sous bien des rapports, par les détails qu'il donne sur la vie des gens de lettres et de cour dans le iv⁰ siècle de l'hégire, par le choix des poésies qu'il nous conserve et par les théories littéraires qui y sont exposées. Ce grand recueil est inédit, mais M. Dieterici vient de nous le faire connaître par une notice générale accompagnée du texte et de la traduction du second chapitre du premier livre, qui traite de Motenabbi[1].

Cette seconde phase de la poésie arabe n'a pas cessé de se développer, et les qualités aussi bien que les défauts qui la distinguent ont continué à grandir, jusqu'à ce que ce genre artificiel ait atteint son plus haut degré de perfectionnement dans les Séances de Hariri, ouvrage étonnant par la finesse de l'esprit, la recherche de l'expression, l'emploi savant de toutes les ressources d'une langue riche et souple. C'est le chef-d'œuvre du raffinement. Ce monument remarquable de l'abus de l'esprit et de l'affaiblissement du goût chez les Arabes a été

---

1. *Mutanabbi und Seifuddaula*, aus der Edelperle des Tsaâlibi dargestellt von Dieterici. Leipzig, 1847, in-8°. (200 p.)

publié par M. de Sacy avec un commentaire, en partie extrait des commentaires originaux, en partie composé par lui-même. Cette édition a acquis une grande et juste renommée en Orient, où tout ce qu'il y a encore de savants s'est ému à cette concurrence d'un Européen dans cette partie du savoir qu'ils honorent le plus, parce que c'est la seule qui leur reste, l'intelligence des délicatesses de la grammaire arabe. Il vient de paraître une preuve de l'intérêt qu'ils ont pris à ce grand travail, sous la forme d'une lettre qu'un grammairien arabe, Nasifi de Beyrouth, adressa à M. de Sacy. Cette lettre a été publiée à Leipzig par M. Mehren [1]; elle contient des remarques critiques sur le texte de Hariri et sur le commentaire de M. de Sacy; mais elles sont peu importantes, quelquefois inexactes, et ne prouvent pas beaucoup en faveur du savoir des Arabes d'aujourd'hui. L'ouvrage de M. de Sacy a été, en Europe, l'objet d'un travail plus utile. L'édition de Hariri étant épuisée, MM. Reinaud et Derenbourg [2] en ont entrepris une seconde, dans laquelle ils ont revu, sur les manuscrits, les nombreux vers cités dans les commentaires et ont rétabli, dans un certain nombre de cas, les véritables leçons; ils ont, en outre, corrigé ces fautes légères qui échappent toujours à l'attention d'un auteur dans la première édition de son livre. Le texte et le commentaire arabe de la nouvelle édition sont achevés, et les éditeurs vont y ajouter un commentaire français de leur composition.

Avant de quitter la poésie arabe, je dois mentionner une curiosité littéraire; c'est un drame arabe en vers [3], précédé de

1. *Epistola critica Nasifi al-Iazigi, Berytensis ad De Sacyum*, versione latina et adnotationibus illustravit indicemque addidit A. F. Mehren. Leipzig, 1847, in-8º.
2. *Les Séances de Hariri, publiées en arabe, avec un commentaire choisi par M. S. de Sacy*, 2ᵉ édition, revue sur les manuscrits et augmentée d'un choix de notes historiques et explicatives en français, par M. Reinaud et M. Derenbourg. Paris, 1848, in-4º, t. I. (687 p.)
3. نزاهة المشتاق وغصة العشّاق Alger, 1848, in-4º, lithographié. (III et 62 p.)

l'exposé de la situation, de la liste des personnages, enfin un drame en règle, au moyen duquel l'auteur, M. Daninos, à Alger, paraît vouloir essayer de donner aux Arabes le goût du spectacle et de la poésie dramatique.

La théologie musulmane s'est enrichie de quelques publications qui rentrent dans la branche de cette science que les Arabes appellent *kalam* et qui est née de leur contact avec les écoles philosophiques des Grecs. Ces écoles ayant fourni aux sectes musulmanes schismatiques des armes contre la théologie orthodoxe, celle-ci a été obligée, à son tour, de se servir de la philosophie pour défendre son interprétation du Koran, et il est né de ce conflit une philosophie de la religion toute semblable à celle des scolastiques du moyen âge. On voit encore aujourd'hui, dans tous les rapports que les missionnaires chrétiens ont avec des musulmans lettrés, et par les listes des livres qui s'impriment au Caire et à Constantinople pour les écoles savantes, avec quelle ardeur on y étudie ce mélange de dialectique et de théologie, et l'on discute aujourd'hui, à Damas et à Dehli, avec la même gravité, sur l'être et le non-être, la quiddité et la causalité, qu'on le faisait à Paris il y a cinq siècles. Il a paru récemment en Allemagne deux ouvrages de ce genre. M. Wolf a publié une nouvelle édition du texte et une traduction allemande des éléments philosophiques de Senousi[1], dont il avait déjà paru une édition au Caire. Ce petit manuel est bien fait pour montrer la méthode suivie dans cette théologie scolastique. Le second de ces livres porte le titre des *Stations d'Adhad-eddin-el-Idji*[2], ouvrage du VIIIᵉ siècle de l'hégire et célèbre dans les écoles musulmanes. Il avait été déjà imprimé à Constantinople, et M. Soerensen vient de publier

---

1. *El Senusi's Begriffsentwickelung des Muhammedanischen Glaubensbekenntnisses*, arabisch und deutsch von Dr Wolff. Leipzig, 1848. (VIII, 22 et 10· p.)

2. *Statio quinta et sexta et appendix libri Mevakif*, auctore Adhad-eddin el-Igi, cum commentario Gorganii, edidit Th. Soerensen. Leipzig, 1848, in-8°. (XII et 372.)

une nouvelle édition du texte des deux derniers livres, accompagné du commentaire de Djordjani. Les trois premiers chapitres, qu'il ne reproduit pas, forment un de ces traités si communs dans la littérature scolastique sur la nature et la qualité des choses existantes, et les deux chapitres qu'il publie contiennent l'application de ces principes à la nature de Dieu et au dogme musulman. L'édition de M. Soerensen, faite d'après des manuscrits, diffère avantageusement de l'édition de Constantinople. Il nous promet une traduction allemande de l'ouvrage.

Le droit musulman est devenu, pour l'administration française en Afrique, un objet d'étude, comme il l'est depuis longtemps pour l'administration anglaise dans l'Inde, et la science profitera de ce besoin des gouvernements, car les Arabes ont toujours eu le génie législatif, peut-être plus qu'aucune autre nation, à l'exception des Romains, et la connaissance intime de leur droit est indispensable pour l'intelligence de leur histoire, de leurs mœurs et de leur vie intérieure.

Le ministère de la guerre, qui sent la nécessité de puiser aux meilleures sources du droit arabe, a chargé M. Perron de publier la traduction du Mouktasser de Sidi Khalîl, qui jouit de la plus grande autorité dans les tribunaux de la secte des Malékites. Jusqu'ici nous n'avons eu de renseignements détaillés que sur la jurisprudence de la secte des Hanéfites, qui prédomine en Turquie et dans l'Inde; et, quoique certainement la législation procède, dans toutes les branches de la grande famille musulmane, d'après les mêmes principes généraux, il y a pourtant des différences assez marquées dans le développement et dans l'application de ces principes; différences qui influent assez puissamment sur l'état civil des divers peuples pour qu'il nous importe de posséder un code complet de chacune des quatre sectes orthodoxes, ainsi que de la secte des Schiites. Votre bibliothécaire, M. Kasimirski de Bieberstein, s'occupe du Code schiite; mais je n'ai à vous parler aujourd'hui que du travail de M. Perron sur Sidi Khalil, travail qui fait partie de l'ouvrage de la commission d'exploration de l'Algérie[1], et qui est achevé dans ce moment, ou le sera incessamment. Sidi Khalîl était un jurisconsulte du VIIIe siècle de l'hégire; il a composé plusieurs traités de jurisprudence, qui tous ont acquis une grande réputation dans les pays du rite malékite ; mais le plus répandu, et celui qui a le plus d'autorité, est le Mouktasser, ou *Compendium*, traité méthodique, comprenant tout le système de la jurisprudence. Il se compose de définitions que les élèves apprennent par cœur avant de suivre les cours qui doivent leur en donner l'intelligence. C'est un des livres les plus difficiles à traduire à cause de l'extrême concision des formules. « Les mots, dit M. Perron, ne semblent pas suffire au sens, qui partout les déborde et leur reproche sans cesse leur étroite parcimonie. » Aussi cet ouvrage a-t-il trouvé un grand nombre de commentateurs, à l'aide desquels M. Perron s'est heureusement tiré de sa tâche épineuse.

Il est probable qu'il a paru à Alger, où le besoin s'en fait sentir le plus directement, des travaux spéciaux sur divers points de la législation musulmane; mais il n'est arrivé à ma connaissance qu'un traité de MM. Solvet et Bresnier sur le droit de succession[2], et un petit livre autographié par une main mogrebine peu élégante, lequel contient trois chapitres sur le mariage, tirés du *Tohfet al Arous* du scheik Mohammed el-Tidjani[3].

Un contact plus fréquent et plus intime avec les pays arabes provoque nécessairement la publication d'un grand nombre de livres élémentaires, destinés à faciliter la connaissance de la

1. *Exploration scientifique de l'Algérie*. Sciences hisroriques et géographiques, vol. X. Paris, 1848, in-4°.
2. *Notice sur les successions musulmanes*, par Solvet et Bresnier. Alger, 1846, in-8°.
3. *Touhafat al Arous*, ou le Cadeau des époux, par le scheikh Mohammed-ben-Ahmed-al-Tidjani. Paris et Alger, 1848, in-8°. (8 et 64 p.)

langue. Il en a paru pour tous les degrés d'instruction; ceux qui ne veulent pas même se donner la peine d'apprendre à lire le caractère arabe peuvent arriver à savoir, au moyen des Dialogues arabes-français de M. Martin [1], un certain nombre de phrases usuelles en dialecte mogrebin; tandis que le manuel de MM. Hofstetter et Hudaj d'Alep [2] leur fournira les connaissances les plus élémentaires du dialecte syrien. Ceux qui désirent aborder l'étude de la langue écrite trouveront, dans la Chrestomathie d'arabe vulgaire de M. Bresnier [3], dans les fables de Lokman de M. Cherbonneau [4], ou dans l'édition des mêmes fables par MM. Hélot [5], et dans les Anecdotes musulmanes de M. Cherbonneau [6], les principaux éléments de la lecture et de la grammaire. Enfin, les personnes qui se proposent d'étudier la grammaire arabe d'après le système même des Arabes pourront se servir utilement de l'édition du Djaroumia publiée avec une traduction par M. Bresnier [7].

M. Kasimirski a achevé la première moitié de son Dictionnaire arabe-français [8], qui comprend les mots de la langue savante et de la langue vulgaire, et, en outre, les proverbes et

1. *Dialogues arabes-français*, avec la prononciation arabe figurée en caractères français, par A. Martin. Paris, 1846, in-8°.
2. *Handbuch der arabischen Volkssprache* mit deutscher und italienischer Erklärung sammt beigesetzter Aussprache eines jeden arabischen Wortes, verfasst für Reisende, Pilger, Kaufleute und Seefahrer von Hofstetter und Hudaj aus Aleppo. Vienne, 1846, in-8°. (368 p.)
3. *Chrestomathie d'arabe vulgaire*, recueil d'écrits divers, lettres et actes arabes de différents styles, par M. Bresnier. Alger, 1845, in-8°.
4. *Fables de Lokman*, expliquées d'après une méthode nouvelle, par Cherbonneau. Paris, 1846, in-12.
5. *Fables de Lokman, surnommé le Sage*, en arabe et en français, avec la prononciation figurée, ainsi que la traduction en français mot pour mot, par MM. Léon et Henri Hélot. Paris, 1846, in-8°.
6. *Anecdotes musulmanes, ou cours d'arabe élémentaire*, suivi d'un dictionnaire analytique des mots, des formes et des idiotismes contenus dans le texte, par A. Cherbonneau. Paris, 1847, in-8° (149 p.).
7. *Djaroumia, grammaire arabe élémentaire* de Mohammed-ben-Davoud-el-Sanhadjy, texte arabe et traduction, par Bresnier. Alger, 1846.
8. *Dictionnaire arabe-français*, par Kasimirski de Bieberstein. Paris, 1847, in-8°, t. I (1392 p.).

les phrases idiomatiques les plus usuelles; c'est le premier dictionnaire qui donne l'interprétation des mots en français. M. Marcel en prépare un autre, arrangé [alphabétiquement, afin de faciliter la recherche des mots aux personnes qui ne sont pas assez versées dans la grammaire pour les trouver facilement sous leurs racines; il comprendra tous les dialectes vulgaires africains. L'impression du dictionnaire de M. Marcel est très-avancée, mais il n'en a encore paru aucune partie. Enfin, M. Pihan a publié un Glossaire des mots français tirés de l'arabe, du persan et du turc [1], qui forme une contribution utile à un futur dictionnaire étymologique de la langue française.

Si nous passons de la littérature arabe à celle des autres dialectes sémitiques, nous trouvons deux ouvrages sur les Samaritains, par M. Juynboll : l'un est une histoire de cette tribu, composée par lui-même, et l'autre une édition de la Chronique de Josué. Le savant auteur a rassemblé, dans le premier, tout ce que nous savons de l'histoire de cette tribu [2], qui joue un si grand rôle dans la Bible, mais qui paraît destinée à s'éteindre de nos jours, après avoir, grâce à son obscurité, résisté à la domination de tant de maîtres étrangers et hostiles. Lorsqu'on découvrit, du temps de Scaliger, qu'il se conservait, parmi les survivants de cette nation, non-seulement une version de la Bible dans l'idiome samaritain, mais aussi des ouvrages historiques, on conçut naturellement l'espoir d'y trouver des renseignements importants, et pour ainsi dire un supplément à l'Ancien Testament. Cependant, lorsqu'on connut un peu mieux ces chronique, on s'aperçut qu'elles étaient relativement modernes, qu'elles reposaient presque entièrement sur des traditions populaires qui elles-mêmes n'étaient qu'un reflet de la Bible, et qu'on ne pouvait

---

1. *Glossaire des mots français tirés de l'arabe, du persan et du turc*, par A. P. Pihan. Paris, 1847, in-8° (312 p.).
2. Th. G. J. Juynboll, *Commentarii in historiam gentis Samaritanæ*. Leyde, 1846, in-4° (XII, 168 p.).

en tirer qu'un petit nombre de faits nouveaux. Telle est aussi l'impression qui résulte de la lecture du livre de Josué[1], qui vient d'être publié pour la première fois par M. Juynboll avec toute la patience et l'exactitude que l'école hollandaise montre dans ses travaux d'érudition. Il existe encore une chronique samaritaine inédite, qui porte le titre d'Annales d'Aboulfatha, et dont on annonce une traduction anglaise par M. Jarret.

L'étude de la langue phénicienne a fait, depuis deux ans, des progrès incontestables. M. Judas[2] a publié un recueil de monuments phéniciens plus complet que celui de Gesenius; il les classe géographiquement, et les explique par tous les moyens que l'histoire, la linguistique et la comparaison des monuments eux-mêmes lui fournissent. Parmi ces monuments, il en est un surtout qui a fort occupé les savants : c'est l'inscription découverte, en 1846, à Marseille. Il était naturel qu'elle attirât une grande attention, car elle est beaucoup plus longue que toutes les autres inscriptions phéniciennes qui nous restent; et comme les difficultés dont l'étude de cette langue est entourée proviennent surtout de la brièveté des textes que nous en possédons, on était en droit d'espérer qu'une pièce relativement aussi considérable servirait à décider beaucoup de questions douteuses. M. Limpery, le général Duvivier[3], mort depuis si glorieusement, M. Judas, M. de Saulcy, en ont donné des traductions; M. Movers[4] en a fait le sujet d'un petit volume, et vous-mêmes avez imprimé, dans

---

[1] *Chronicon samaritanum, arabice conscriptum, cui titulus est liber Josuæ*, ex unico codice Scaligeri nunc primum edidit, latine vertit Juynboll. Leyde, 1848, in-4° (369 et 55 p.).
[2] *Étude démonstrative de la langue phénicienne et de la langue libyque*, par M. Judas. Paris, 1847, 1 vol. in-4° (238 p. et 32 pl.).
[3] *Les inscriptions phéniciennes, puniques, numidiques*, expliquées par une méthode incontestable, par le général Duvivier. Paris, 1846, in-8° (16 p.).
[4] *Das Opferwesen der Karthager*, Commentar zur Opfertafel von Marseille, von Dr Movers. Breslau, 1847, in-8° (137 p.).

votre Journal[1], un mémoire très-remarquable de M. Munk sur ce monument. Quelques-unes de ces traductions, comme celles de MM. Limpery et Duvivier, sont tout à fait imaginaires, et pourraient faire croire au public que l'interprétation des textes phéniciens ne s'appuie encore sur aucune donnée certaine, qu'elle est entièrement livrée à l'arbitraire et à l'imagination. Mais il n'en est pas ainsi, et les travaux des véritables savants sur cette inscription même prouvent qu'on a fait des progrès réels à cet égard; beaucoup de points sont hors de contestation, et il ne nous manque que des textes plus considérables encore pour que la plupart des difficultés disparaissent. On peut en voir la preuve dans le parti que M. le duc de Luynes a su tirer du phénicien dans son Essai sur la numismatique des Satrapies et de la Phénicie sous les Achéménides[2]. Il y a rassemblé, classé et interprété un grand nombre de médailles portant des légendes phéniciennes, et provenant tant des rois et des villes de la Phénicie, que des Satrapes persans, non-seulement en Syrie, mais sur tout le littoral oriental de la Méditerranée.

J'avais espéré pouvoir vous annoncer de nouvelles découvertes himyarites, M. Arnaud m'ayant appris, par ses lettres de la fin de l'année, qu'il traitait avec un chef arabe maître d'un district très-riche en monuments himyarites; mais, jusqu'à présent, il n'est arrivé à Paris aucune copie de nouvelles inscriptions. On doit toujours craindre que des négociations avec un barbare avide et soupçonneux comme le sont ces petits chefs arabes n'aboutissent qu'à lui donner une opinion si haute des trésors stériles qu'il garde, qu'il devienne impossible de satisfaire ses exigences.

Du côté opposé de la mer Rouge se trouve un autre voyageur

1. Voyez le *Journal asiatique* (décembre 1847).
2. *Essai sur la numismatique des Satrapies et de la Phénicie sous les rois Achæménides*, par H. de Luynes. Paris, 1846, gr. in-4º (124 p. et 17 pl.).

français, M. d'Abbadie, qui avait passé, pendant plusieurs années, pour perdu. Il était dans l'intérieur, dont il est revenu à Axum, vers la fin de l'année dernière. Il va rapporter en France deux cents ouvrages sur trois cent trente dont se compose la littérature des Abyssins; mais il ne paraît pas espérer lui-même qu'on puisse en tirer beaucoup de résultats historiques. Ces littératures secondaires de peuples dépourvus de culture indigène, et sous la dépendance intellectuelle de quelque nation plus civilisée qu'eux, n'ont réellement d'intérêt que quand elles nous conservent des idées, des faits ou des livres du peuple qui était leur maître, et que l'on ne possède plus que dans les traductions et les compilations du peuple imitateur.

C'est ce qui donne de l'importance à la littérature syriaque; car le savoir fleurissait en Syrie à une époque où il existait encore beaucoup de livres persans, et surtout [de livres grecs qui sont perdus aujourd'hui, et dont on trouve, ou la mention, ou des traductions dans les ouvrages syriaques. Aussi est-ce avec un grand plaisir que je puis vous annoncer la découverte inespérée d'un nouveau trésor de manuscrits syriaques. Vous savez qu'en 1842, M. Tattam avait acheté la bibliothèque du couvent de Sainte-Marie Déipara, dans la Thébaïde, et que les trois cent soixante-six manuscrits syriaques qu'il avait rapportés furent acquis par le Musée britannique, qui croyait ainsi posséder tout ce qui s'était conservé des bibliothèques formées, il y a mille ans, dans le désert de Nitrie. Mais, depuis ce temps, M. Pacho découvrit que les moines avaient trompé M. Tattam et gardé la moitié des livres, après s'être fait payer la totalité; il trouva moyen d'acheter le reste, et prit des précautions pour tout obtenir. Aujourd'hui, ces nouveaux manuscrits sont réunis aux premiers dans le Musée britannique, où ils serviront infiniment mieux la science et la religion que dans le cellier à huile où ils étaient relégués par leurs possesseurs ignorants. M. Cureton, à qui l'Angleterre doit principalement l'acquisition de ce trésor littéraire, dont il a déjà tiré les Lettres de saint Ignace, publie maintenant les Lettres pascales de saint Athanase[1], dont l'original grec était perdu. L'appréciation de ce volume appartient aux théologiens.

Il en est à peu près de même des hymnes syriaques que M. Splieth a tirées en partie des collections d'Assemani et de Renaudot, et en partie de manuscrits inédits, et qu'il a insérées dans un des volumes du Trésor des hymnes, que publie M. Daniel à Leipzig[2].

Mais on ne saurait douter que l'histoire orientale ne partage avec la patristique les résultats qu'on obtiendra de cette masse de livres syriaques conquis sur les moines égyptiens; et, dans tous les cas, la langue syriaque doit acquérir une nouvelle importance, par l'aide que l'on peut en attendre pour la lecture d'une partie des inscriptions cunéiformes, qui sont, depuis quelques années, l'objet d'une curiosité si impatiente et si légitime. Les découvertes, la publication et l'étude des monuments de la Mésopotamie ont fait depuis deux ans des progrès considérables, et l'ardeur que l'on a mise à s'en occuper doit paraître bien naturelle, quand on pense à l'inattendu de ces découvertes qui ont fait sortir de terre les palais des rois d'Assyrie, couverts de sculptures et d'inscriptions; quand on pense aux éclaircissements que ces monuments fournissent à la partie de l'histoire ancienne qui a le plus de prise sur notre imagination, parce que les Grecs et les Hébreux nous en entretiennent également, sans satisfaire la curiosité qu'ils éveillent.

Les fouilles que M. Layard avait entreprises à Nimroud sont

---

1. *The festal letters of Athanasius*, discovered in an ancient syriac version and edited by Cureton. Londres, 1848, in-8°.
2. *Thesaurus hymnologicus*, sive hymnorum, canticorum, sequentiarum circa annum MD usitatarum, collectio amplissima, edidit H. A. Daniel. Tome III. Leipzig, 1846, in-8° (295 p.).

achevées et ont été couronnées d'un succès aussi grand que celles de M. Botta. Une partie de ces antiquités est déjà exposée dans le Musée britannique ; une autre a malheureusement fait naufrage, au mois d'avril, pendant le trajet de Bombay à Londres. Le navire portait soixante caisses de sculptures, et l'on ne sait pas encore ce qui peut en avoir été détruit par l'eau de mer qui y est entrée. Heureusement le célèbre obélisque en marbre noir qui s'y trouvait ne peut avoir souffert de la submersion. Au reste, M. Layard a porté à Londres des dessins très-exacts de toutes ces antiquités, et il annonce la publication prochaine de deux ouvrages : l'un contiendra l'histoire des fouilles et la description des antiquités ; l'autre sera formé de cent planches gravées représentant les monuments les plus remarquables de Nimroud.

Le grand ouvrage de M. Botta avance avec une rapidité qu'on pouvait à peine espérer : toutes les planches qui contiennent des inscriptions et la plupart de celles qui représentent les sculptures sont terminées, le texte descriptif est sous presse, et l'ouvrage entier sera achevé bien avant le terme fixé par la loi[1]. La commission académique qui en surveille la publication a eu soin de faire exécuter un tirage à part et à bas prix de toutes les planches qui contiennent des inscriptions, pour rendre au moins cette partie du livre accessible aux savants qui s'occupent de ces études, et auxquels l'acquisition de l'ouvrage entier est impossible[2].

Le déchiffrement des inscriptions cunéiformes a fait des progrès sensibles, mais fort inégaux quant aux différentes branches dans lesquelles se subdivise cette étude. Toutes les inscriptions cunéiformes persanes connues sont aujourd'hui publiées et expliquées. M. Lassen a achevé l'impression des

---

1. *Monument de Ninive*, découvert et décrit par M. Botta, mesuré et dessiné par M. Flandin. Liv. 1-69. Paris, 1848, in-fol.
2. *Inscriptions découvertes à Khorsabad*, par P. E. Botta. Paris, 1848, in-fol. (220 pl.). Prix 60 francs.

nouvelles copies de toutes les inscriptions de cette classe que M. Westergaard avait rapportées, et il les a traduites et commentées avec son savoir et sa sagacité ordinaires [1]. Il ne manquait à cette collection que la grande inscription de Bisoutoun, que M. Rawlinson seul possédait, et dont il a fini par publier la partie persane, accompagnée d'une transcription, d'une traduction et de plusieurs dissertations [2]. Cette proclamation, dans laquelle Darius rappelle ses ancêtres et énumère ses provinces, ses ennemis et ses conquêtes, est certainement un des monuments les plus singuliers et les plus importants que l'antiquité nous ait transmis, et c'est une grande victoire pour l'érudition moderne que la certitude avec laquelle on lit un document qui était resté inintelligible depuis le temps d'Alexandre le Grand. Au reste, tout n'est pas encore dit sur ce sujet, qui n'a pas cessé d'être l'objet de nouveaux travaux ayant pour but de préciser les points délicats de la grammaire et de l'écriture persanes. M. Hitzig [3] a publié un travail spécial sur l'inscription funéraire de Darius; M. Benfey [4] a réuni la transcription de toutes les inscriptions des Achéménides, y compris celle de Bisoutoun, et les a accompagnées de nouvelles gloses; M. Oppert [5] a expliqué l'usage des consonnes en apparence homophones de l'alphabet cunéiforme persan, en déterminant, avec beaucoup de sagacité, leur emploi pour la formation des diphthongues. D'autres travaux achèveront de dissiper les doutes de détail qui peuvent encore rester; des inscriptions nouvelles ajouteront peut-être de nouvelles formes à la grammaire, de nouvelles lettres à l'alphabet,

---

1. *Ueber die Keilinschriften der ersten und zweiten Gattung*, von Chr. Lassen und N. L. Westergaard. Bonn, 1845, in-8° (302 et 130 p.).
2. *Journal of the royal asiatic Society of Great Britain and Ireland*. Vol. X, Londres. 1847, in-8°.
3. *Die Grabschrift des Darius zu Nakschi Rustam*, erläutert von Dr Hitzig. Zürich, 1846, in-8°.
4. *Die persischen Keilinschriften*, mit Uebersetzung und Glossar, von Th. Benfey. Leipzig, 1847, in-8° (97 p.).
5. *Das Lautsystem des Altpersischen*, von Dr Julius Oppert. Berlin, 1847, in-8° (56 p.).

de nouveaux mots au vocabulaire ; mais c'est un fait incontesté que nous sommes en possession de la lecture et de la langue de ces inscriptions, avec une certitude telle, que nous pouvons nous appuyer sur elles pour essayer l'interprétation d'inscriptions plus anciennes appartenant à un autre système d'écriture.

L'heureuse vanité des rois Achéménides, qui faisaient traduire leurs proclamations dans les langues des peuples vaincus, nous donne le moyen d'aborder les inscriptions médiques et assyriennes, qui, sans cette circonstance, n'offriraient aux efforts des savants aucune prise ; car ces inscriptions, avec leurs alphabets si compliqués et l'incertitude qui reste sur les langues dans lesquelles elles sont rédigées, nous opposent, même avec l'aide de la partie persane, des difficultés presque insurmontables. M. Westergaard, après avoir fait lui-même, sur les lieux, des copies plus exactes de ces inscriptions, s'est essayé sur la partie médique[1]. Il a analysé l'alphabet très-compliqué et probablement en partie syllabique de ces légendes, dont il reconstruit, antant que possible, les mots et les formes grammaticales. La conclusion historique à laquelle il est arrivé est la supposition que la langue médique appartenait à la famille scythique, et que les Mèdes, par conséquent, devaient être des Touraniens. C'est à peu près le seul résultat que nous puissions attendre, quant à présent, de la lecture des inscriptions médiques, parce que toutes celles que nous possédons appartiennent aux rois Achéménides, et que, par conséquent, la partie persane en fait connaître le contenu ; mais on peut prévoir que le déchiffrement de cette sorte d'inscriptions acquerra un jour une importance bien plus grande, quand on aura fait des fouilles dans les ruines d'Ekbatane,

---

1. *On the deciphering of the second achæmenian or median species of arrowheaded writing,* by N. Westergaard. (Dans les Mémoires de la Société royale des antiquaires du Nord. Copenhague, 1844, in-8°.)
Zur Entzifferung der achæmenidischen Keilschrift zweiter Gattung, von Westergaard. (Dans l'ouvrage de Lassen, cité ci-dessus.)

qui probablement nous gardent un trésor d'antiquités médiques.

En attendant, l'intérêt des savants se porte naturellement, avant tout, sur les inscriptions assyriennes, qui, par leur âge, leur nombre, leur contenu probable et les difficultés qu'en présente la lecture, réunissent tous les attraits que peut offrir un problème scientifique. La première idée de tous les savants qui s'en occupent est nécessairement de former un alphabet par la comparaison des inscriptions trilingues. M. Grotefend[1] avait déjà fait des tentatives dans cette direction, et MM. Löwenstern[2], Longpérier[3], de Saulcy[4] et Hinks[5], engagés dans la même voie, ont publié les premiers résultats de leurs travaux. Tous ces savants rattachent l'assyrien aux langues sémitiques, et M. de Saulcy a même donné, d'après ce système, la transcription et la traduction complète d'une inscription de Van. M. Hinks[6], seul, croit avoir reconnu une langue arienne dans la colonne des inscriptions trilingues qui est écrite en caractères assyriens. La grande difficulté qu'on éprouve pour la lecture de ces inscriptions

1. *Neue Beiträge zur Erläuterung der persepolitanischen Keilschrift*, von Grotefend. Hanovre, 1837, in-4° (48 p.). — *Neue Beiträge zur Erläuterung der babylonischen Keilschrift*, von Grotefend. Hanovre, 1840, in-4° (72 p.).
2. *Exposé des éléments constitutifs du système de la troisième écriture cunéiforme de Persépolis*, par I. Löwenstern. Paris, 1847, in-8° (101 p.).
3. Voyez la *Revue archéologique*. Paris, 1847, in-8°.
4. *Essai de déchiffrement d'une inscription assyrienne*, n° VIII de Schulz, par M. de Saulcy. Paris, 1847. (Feuille lithographiée isolée.)
5. *On the first and second kinds of Persepolitan writing*, by the Rev. E. Hinks. 1846.
On the three kinds of Persepolitan writing, and on the Babylonian lapidarry characters, by Hinks. 1846.
On the third Persepolitan writing, and on the mode of expressing numerals in cuneatic characters, by Hinks. 1847.
Ces trois Mémoires se trouvent dans les *Transactions of the royal Irish Academy*. Vol. XXI. Dublin, 1848, in-4°.
6. *On the inscriptions at Van*, by E. Hinks. In-3° (30 p.). Je ne connais ce Mémoire que par une épreuve; je crois qu'il est destiné au Journal de la Société asiatique de Londres.

provient du nombre excessif des signes de l'écriture, lesquels dépassent de beaucoup le nombre des sons d'une langue quelconque. Faut-il croire que ce sont des syllabes, ou faut-il admettre des lettres homophones pouvant s'échanger arbitrairement, ou selon des influences grammaticales et étymologiques? Il est probable que les parties assyriennes encore lisibles de l'inscription de Bisoutoun fourniront de nouveaux éléments pour compléter l'alphabet, parce qu'il s'y trouve des noms que l'on ne rencontre pas sur les inscriptions trilingues de Persépolis ; mais ils sont en trop petit nombre pour que l'on puisse espérer qu'ils suffiront à la solution entière du problème; dans tous les cas, il faut attendre que M. Rawlinson ait publié cette partie de l'inscription de Bisoutoun. Cependant M. Botta s'est occupé à préparer des matériaux pour faciliter les études sur ce point, en publiant un catalogue [1] méthodique des caractères substitués les uns aux autres dans les nombreuses inscriptions dont il a remarqué la répétition en plusieurs endroits du palais de Khorsabad. C'est un travail très-considérable, qui sera d'une grande utilité pour les longues et pénibles recherches qu'il faudra faire encore pour fixer l'alphabet assyrien; utilité que l'on peut dès à présent reconnaître, quel que soit le résultat auquel on arrivera, fût-ce même l'opinion de M. de Paravey, qui identifie l'assyrien avec le chinois [2].

L'écriture babylonienne, la plus compliquée et probablement la plus ancienne des écritures cunéiformes, n'a pas encore trouvé d'interprète, au moins il n'est venu à ma connaissance que des commencements de déchiffrement tentés par M. Grotefend et M. Hinks, et il est assez naturel qu'on ne s'en

---

1. *Mémoire sur l'écriture cunéiforme assyrienne*, par Botta. Paris, 1848, in-8°, 197 pages. (Tiré du Journal asiatique.)
2. *Ninive et Babylone*, expliquées dans leurs écritures et leurs monuments, par les livres emportés en Chine et qui sont d'origine assyrienne, par M. de Paravey. Paris, 1845-6, in-8° (8 et 12 p.). Cette brochure est tirée des Annales de philosophie chrétienne.

occupe sérieusement que quand les inscriptions assyriennes seront expliquées.

Je ne dois pas quitter ce sujet sans mentionner la publication des monuments relatifs au culte de Mithra, par M. Lajard[1]. L'auteur a réuni, depuis trente ans, en Europe et en Orient, tout ce qui existe de monuments du culte mithriaque, tels que bas-reliefs, cylindres gravés, sceaux et médailles. Un assez grand nombre de ces objets remontent au temps des Babyloniens et des Assyriens, comme on peut s'en assurer par les inscriptions qu'ils portent. A la vérité, on a continué à imiter, sur les cylindres, ces inscriptions jusque dans des temps où l'écriture cunéiforme était oubliée depuis des siècles, mais on distingue facilement ces imitations par la mauvaise conformation des lettres, et partout où les inscriptions sont bien taillées, toutes les fois qu'elles s'accordent avec la forme des lettres qu'on trouve sur les briques et les monuments sculptés, on peut être assuré que l'objet est de l'époque que les caractères de l'inscription indiquent. M. Lajard a fait graver avec un très-grand soin et une fidélité parfaite ces monuments, dont quelques-uns avaient été déjà publiés dans divers ouvrages, mais presque aucun avec l'exactitude qui seule peut permettre de s'en servir avec confiance; les autres étaient inédits et inconnus, et la collection entière forme un tout que l'on peut considérer à juste titre comme parfaitement nouveau. M. Lajard y a ajouté un texte dans lequel il indique la matière de chacun des monuments, l'endroit où il se trouve, et tous les autres signes qui peuvent aider à constater son identité; mais il ne fait connaître aucune des conclusions auxquelles il est arrivé par l'examen de ces monuments; ce ne sont encore que les pièces justificatives du grand ouvrage qu'il a composé sur le culte de Mithra et dont la publication doit suivre de près celle-ci.

1. *Introduction à l'étude du culte public et des mystères de Mithra* en Orient et en Occident, par M. Félix Lajard. Livraisons 1-15. Paris, 1847, in-fol.

La littérature persane moderne a reçu des accroissements assez nombreux. M. Torrens a publié, pour la Société de Calcutta, le texte persan d'une histoire de Nadir-Schah[1], probablement la même que sir W. Jones a traduite, mais je n'ai pas de certitude sur ce point, l'ouvrage ne se trouvant pas en Europe.

Sir Gore Ouseley avait commencé, dans les dernières années de sa vie, à faire imprimer des notices sur différents auteurs persans[2], et le Comité des Traductions de Londres a fait achever l'ouvrage après sa mort par M. Reynolds. Sir Gore était un homme d'esprit, d'un goût littéraire cultivé, qui pendant un long séjour dans l'Inde et en Perse avait formé une bibliothèque exquise de manuscrits persans. Il avait rédigé, sans ordre systématique, des notices et des traductions partielles d'une trentaine de ces manuscrits, et il se proposait de continuer ce travail, que sa mort a interrompu. Son ouvrage, quoique fragmentaire, est une addition agréable et utile à nos connaissances sur la littérature persane.

M. Bland a publié, dans le Journal de la Société de Londres, un travail du même genre, mais plus systématique et plus savant, sur les auteurs qui ont traité de la biographie des poëtes persans[3]. Ce sont les préliminaires d'une histoire détaillée de la poésie persane qu'il a sous presse, et qui doit paraître sous le patronage du Comité des traductions.

Plusieurs poëtes persans ont trouvé d'habiles éditeurs et traducteurs. M. Graf a publié une traduction allemande du Gulis-

---

1. *Tareekh-i Nadiree*. 1846, in-8°. (Prix : 8 roupies.)
2. *Biographical notices of persian poets*, with critical and explanatory remarks, by the late sir Gore Ouseley. Londres, 1846, in-8°. (CCXXVI et 387).
3. *On the earliest persian biography of poets, by Muhammed Aufi*, and on some other works of the class called Tazkirat ul Shuara, by N. Bland. (Dans le Journal de la Société asiatique de Londres, vol. IX.)

tan de Sadi[1]. On pourrait croire inutile une nouvelle version d'un livre aussi connu, mais on ne saurait refuser à M. Graf le mérite d'avoir su allier, dans sa traduction, une grande fidélité à une élégance remarquable. La prose rimée est imitée et les pièces de vers sont traduites en vers; dans les cas douteux, l'auteur a suivi le sens indiqué par le commentaire de Sourouri. On doit les mêmes éloges à la traduction qui accompagne le texte persan du Béharistan de Djami, publié par M. Schlechta de Wssehrd[2], à l'imprimerie impériale de Vienne. Le Béharistan n'avait jamais été publié ni traduit en entier; c'est un livre classique en Orient, qui ne le cède en popularité qu'au Gulistan, et dont une foule d'expressions sont devenues proverbiales en Perse. La traduction est faite avec un art singulier, surtout quant à l'imitation de la rime et de l'allitération, si fréquente dans la prose persane et si difficile à imiter dans une langue européenne.

M. Daumer a fait paraître une traduction allemande de Hafiz[3], suivie d'un choix d'autres poésies. Sa traduction n'est pas complète, et il n'aspire pas à être littéral; il traduit en poëte et en admirateur enthousiaste de Hafiz.

M. Latouche a commencé la publication d'un ouvrage destiné à faire partie des chrestomathies orientales de l'école des langues de Paris[4]. Le cahier qui a paru comprend les textes que le volume doit contenir et sera suivi de commentaires, le plan de la collection excluant les traductions. Ces textes se

1. *Moslicheddin Sadis Rosengarten.* Nach dem Texte und dem arabischen commentar Sururis aus dem persischen übersetzt mit Anmerkungen und Zugaben von Graf. Leipzig, 1846, in-12. (XXII et 302 p.)
2 *Der Frühlingsgarten von Mewlana Abdurrahman Dschami,* aus dem persischen übertragen von Ottocar Maria von Schlechta Wssehrd. (En persan et en allemand.) Vienne, 1847, in-8°. (152 et 117 p.)
3. *Hafis, eine Sammlung persischer Gedichte,* von G. F. Daumer. Hambourg, 1846, in-8°. (318 p.)
4. *Pend-Nameh,* ou le livre des Conseils de Moula-Firouz-Ben-Kaous, suivi de plusieurs histoires du Bostan de Sadi et de son traité sur la politique, par E. Latouche. Paris, 1847, in-8°. (136 p.)

composent du Pend-Nameh du célèbre Mobed Mollah Firouz, mort à Bombay, il y a quelques années, et d'un certain nombre de pièces de Sadi, le grand prototype de tous les moralistes persans.

Un des membres étrangers de la Société, Kali Krishna, a fait imprimer à Calcutta, sous le titre de Jardin des arts [1], un manuel de rhétorique. Les musulmans attachent à cette étude une importance qu'elle n'a pas, et lui sacrifient, dans l'éducation, un temps qu'elle ne mérite guère ; mais il est indispensable de connaître leurs termes techniques et leurs théories sur ce sujet, si l'on veut étudier leurs poëtes et surtout leurs commentateurs. C'est pour faciliter l'intelligence de ces formules que M. Garcin de Tassy a publié, dans votre Journal, la traduction d'un traité fort complet sur cette matière [2], qu'il a fait suivre d'une métrique augmentée des règles particulières à la poésie hindoustani.

M. E. Thomas, qui s'était déjà occupé des médailles des rois hindous de Kaboul, vient de publier un travail sur les médailles des Ghaznévides [3], dans lequel il montre, avec beaucoup de bonheur, l'usage que l'on peut faire des monuments de ce genre pour préciser et compléter même des parties de l'histoire aussi connues que celle des princes de Ghaznin.

M. Fleischer a traduit en allemand la grammaire de persan vulgaire de Mirza Mohammed, et y a ajouté d'utiles corrections [4]. Enfin, M. Geitlin, professeur à Helsingfors, a publié

1. *Reaz-ul-Senaïh*, or Garden of arts, an abridgment of persian rhetoric with examples, compiled by Maharaja Kali Krishna Bahadur. Calcutta, 1847, in-8°. (80 p.)
2. *Prosodie des langues de l'Orient musulman*, spécialement de l'arabe, du persan, du turc et de l'hindoustani, par M. Garcin de Tassy. Paris, 1847, in-8°. (167 p.)
3. *On the coins of the kings of Ghazni*, by E. Thomas. Londres, 1848, in-8°. (120 p., avec des planches.) Tiré du Journal de la Société asiatique de Londres, t. IX.
4. *Mirza Mohammed Ibrahim, Grammatik der lebenden persischen Spra-*

une grammaire persane en latin [1] pour obvier à la difficulté que les étudiants de l'université de la Finlande paraissent éprouver à se procurer des ouvrages imprimés à l'étranger. C'est un livre fait avec soin, d'après les anciennes méthodes, et bien approprié à l'enseignement élémentaire.

M. le baron de Hammer-Purgstall a bien voulu, depuis plusieurs années, rendre compte dans notre Journal des ouvrages turcs qui paraissent à Constantinople, et j'ose espérer qu'il consentira à continuer de le faire, malgré le surcroît d'occupations que lui imposent les hautes fonctions littéraires dont il a été revêtu. Dans tous les cas, je ne serais aucunement en état de remplir cette lacune dans la liste des ouvrages orientaux des deux dernières années, car je n'ai connaissance que de quelques publications relatives à la littérature turque qui ont paru en France et en Allemagne.

M. Peiper, pasteur à Hirschberg, en Silésie, déjà connu comme orientaliste par une traduction du Bhagavad-Ghita, a tiré d'un traité de morale de Pir Mohammed, de Brousse, trois chapitres sur la pitié, la générosité et les bonnes œuvres; il les a traduits, commentés et accompagnés d'un essai d'appréciation de la morale musulmane comparée à celle des chrétiens [2]. L'original turc, imitation libre de l'Akhlak de Hosein Kaschefi, est composé, d'après le modèle général des moralistes persans, de préceptes fortifiés par des exemples et résumés en vers; mais l'ouvrage est défiguré par le style extravagant habituel aux auteurs turcs.

M. Rosen, frère du traducteur du Rigvéda, que les lettres

---

che, aus dem englischen übersetzt, zum Theil umgearbeitet und mit Anmerkungen versehen von Fleischer. Leipzig, 1847, in-8°.

1. *Principia grammatices neo-persicœ*, cum metrorum doctrina et dialogis persicis, edidit Gabriel Geitlin. Helsingfors, 1845, in-8°. (352 p.)

2. *Das Kapitel von der Freigebigkeit von Pir Mohammed bin Pir Ahmed bin Chalil aus Brussa*, aus der türkischen Handschrift übersetzt von Dr R. Peiper. Breslau, 1848, in-8° (140 p.)

orientales ont perdu de si bonne heure, a traduit du turc la relation du voyage du scheikh Zeïn-el-Abidin dans l'intérieur de l'Afrique [1]. Le scheikh est un de ces musulmans, moitié missionnaires, moitié marchands, qui exploitent le Soudan; il n'a que cela de particulier, que son principal but, dans ses voyages, paraît avoir été la recherche de la pierre philosophale. Ces docteurs, à la faveur du respect que leur connaissance du Koran et des livres de jurisprudence inspire aux princes musulmans de l'intérieur, traversent avec une sécurité entière les pays qui sont les plus inaccessibles aux Européens, et ils pourraient nous donner des renseignements curieux sur ces contrées, s'ils voulaient se contenter de raconter simplement ce qu'ils ont vu. Je ne voudrais pas me servir de termes mal sonnants en parlant d'un aussi saint personnage que le scheikh Zeïn-el-Abidin; mais je crains qu'il n'ait plus d'imagination qu'il ne convient à un voyageur. Il prétend avoir découvert, dans le Wadaï, les ruines d'une grande ville, avec des colonnes, des sarcophages en pierre, des médailles d'or et des plaques de cuivre couvertes d'inscriptions; mais tout cela a bien l'air d'avoir été inventé pour étonner quelque voyageur européen crédule en Égypte.

Le gouvernement autrichien a fait imprimer le texte turc des traités de commerce entre l'Autriche et la Turquie, et l'imprimerie impériale [2] a profité de cette occasion pour montrer toutes les ressources qu'elle possède pour la reproduction des manuscrits orientaux les plus ornés. Elle a employé pour l'impression du texte son nouveau caractère neskhi, dont la forme un peu grêle, mais élégante, rappelle très-bien la nuance particulière qui distingue l'écriture turque de celle des calligraphes arabes ou persans.

1. *Das Buch des Sudan, oder Reisen des Scheich Zain el Abidin in Nigritien*, aus dem türkischen übersetzt von Dr G. Rosen. Leipzig, 1847, in-8°. (110 p.)
2. *Collection des traités relatifs au commerce des Autrichiens en Turquie.* Vienne, 1846, in-8°. (88 p.)

M. Bianchi a publié le second volume de la nouvelle édition de son Dictionnaire turc-français.[1] Cet ouvrage a été trop favorablement reçu déjà lors de sa première édition, pour que rien de ce que je pourrais dire ajoute à sa popularité. Le même auteur a fait paraître, d'abord dans votre Journal et ensuite à part, une traduction de l'Annuaire ottoman pour 1847[2], qui présente le tableau complet de l'administration et de la division territoriale de l'empire turc.

Mirza Kasembeg, professeur à l'Université de Kasan, est auteur d'une grammaire turque, écrite en russe, qui a déjà eu deux éditions. Il a suivi la méthode européenne et paraît avoir pris pour base, principalement la grammaire de M. Jaubert; mais il y a ajouté beaucoup d'observations sur les différents dialectes turcs, et surtout une syntaxe, partie de la grammaire turque qui, comme vous savez, a été singulièrement négligée. M. Zenker nous donne aujourd'hui une traduction allemande de cet ouvrage[3], dans laquelle il a remplacé les comparaisons tirées du russe par d'autres exemples empruntés à des langues plus connues; de plus, il y a joint sept planches lithographiées, contenant des *fac-simile* de lettres et de diplômes tirés des archives de Dresde, pour faciliter la lecture de l'écriture officielle turque. Enfin, M. Pfitzmaier, à Vienne, a publié en français une grammaire arabe-persane-turque[4]. Il déclare, dans la préface, qu'il ne s'est servi d'aucun traité antérieur, ce qui fait honneur au courage de l'auteur et ex-

---

1. *Dictionnaire turc-français*, par T. X. Bianchi, t. II, seconde édition. Paris, 1846, in-8°. (1372 p.)
2. *Le premier Annuaire impérial de l'empire ottoman*, traduit du turc et accompagné de notes explicatives, par T. X. Bianchi. Paris, 1848, in-8°. (106 p.)
3. *Allgemeine Grammatik der türkisch-tatarischen Sprache*, von Mirza A. Kasem-beg, aus dem russischen übersetzt und mit einem Anhange und Schriftproben herausgegeben von D. J. Zenker. Leipzig, 1848, in-8° (XXVI, 272 p. et 7 pl.)
4. *Grammaire turque*, ou développement séparé et méthodique des trois genres de style usités, savoir : l'arabe, le persan et le tartare, par A. Pfitzmaier. Vienne, 1847, in-8°. (XVI et 370 p.)

plique pourquoi son travail n'est pas aussi complet qu'on pourrait le désirer.

En arrivant à l'Inde, je dois mentionner, avant tout, l'achèvement du premier volume de l'Archéologie indienne de M. Lassen[1], comme étant l'expression la plus complète et la plus savante des progrès qu'ont faits les études dont l'histoire de l'Inde ancienne a été l'objet. On y trouve le tableau de ce que l'on sait aujourd'hui sur les origines et la formation de la société civilisée dans l'Inde ; on y reconnaît les points qui sont définitivement acquis à la science, et ceux sur lesquels les recherches doivent se diriger ; car il faut bien se dire que, malgré les travaux des soixante dernières années, nous ne sommes que sur le seuil de cette grande étude, et que de tous côtés les problèmes les plus importants pour l'histoire de l'esprit humain y sollicitent l'intérêt et la curiosité des savants. Leur zèle ne fait pas défaut à cette grande tâche, et à aucune époque l'Inde n'a été l'objet de travaux aussi nombreux, aussi variés, aussi solides qu'aujourd'hui.

Le premier rang appartient aux ouvrages sur les Védas. *A Jove principium*. Il n'y a aucun livre qu'il importe davantage de connaître que ces collections d'hymnes anciens qui sont le commencement, et comme le moule dans lequel a été formé l'esprit de la seule race philosophique parmi toutes les races humaines, un moule dont l'empreinte n'a jamais été effacée chez aucune des familles de cette race, ni par aucune influence étrangère, si grande qu'elle fût, ni par aucun développement intérieur, si divergent qu'il pût paraître de ces tendances primitives. Les Védas sont les premiers essais de la pensée humaine, essais obscurs, enveloppés dans une forme contre laquelle l'esprit lutte, et dont il ne peut s'affranchir que par un travail long et pénible, que la race sanscrite n'a jamais su achever dans sa patrie même.

1. *Indische Alterthumskunde*, von Chr. Lassen, vol. I. Bonn., 1848. in-8°.

Lorsque la mort de Rosen eut interrompu l'édition du Rigvéda, commencée par lui, la Compagnie des Indes demanda à la Société de Calcutta de publier une collection complète de tous les ouvrages védiques, c'est-à-dire des hymnes et des premiers travaux philosophiques et exégétiques qui s'y rattachent, et qui forment un ensemble distinct du reste de la littérature sanscrite. La Société s'en occupait; mais son travail fut retardé par des difficultés de plusieurs genres, dont la plus grande, et certainement la plus inattendue, était l'impossibilité de trouver à Calcutta, et même à Bénarès, une copie complète des ouvrages védiques. Au commencement de l'année dernière, le zèle de M. Roër avait néanmoins rassemblé assez de matériaux pour que la Société se décidât à commencer l'impression. Mais dans l'intervalle, la Compagnie des Indes, désespérant d'obtenir à Calcutta ce qu'elle avait demandé, chargea, sur la proposition de M. Wilson, M. Maximilien Müller de publier à Londres une édition des Védas, dont elle veut faire les frais, et M. Wilson eut la générosité de remettre à M. Müller toute sa collection de manuscrits védiques. L'impression du Rigvéda est commencée depuis un an, et le premier volume pourra paraître incessamment. A cette nouvelle, la Société de Calcutta suspendit l'exécution du plan qu'elle avait adopté, et se décida à ne faire paraître, pour le moment, que deux cahiers comme spécimen du travail préparé par M. Roer. Les ouvrages qui se rattachent aux Védas sont, au reste, si nombreux qu'il sera facile à la Société de Calcutta de s'entendre avec M. Müller pour décider quelles sont les parties de cette littérature qui pourraient, avec avantage pour la science, être publiées à Calcutta.

Il se prépare d'autres travaux sur les Védas; mais je ne puis mentionner ici que ceux qui ont déjà reçu un commencement d'exécution. M. Roth a publié la première partie des Nighantavas, avec la glose de Yaska [1]. Les Nighantavas sont une espèce

---

1. *Jaskas Nirukta sammt den Nighantavas*, herausgegeben von Rudolph Roth. Cah. I. Goettingen, 1848, in-8°. (LXXII et 112 p.)

de dictionnaire védique, extrêmement primitif, et qui paraît marquer les premiers essais d'un travail philologique sur une langue qui commençait à vieillir. Yaska, grammairien dont l'époque est inconnue, mais qui paraît avoir été antérieur à Panini, composa, sous le titre de Niroukta, un commentaire sur ce recueil de mots, et son ouvrage devint classique parmi les commentateurs postérieurs des Védas. M. Roth, en publiant ce livre avec beaucoup de critique, rend un véritable service, tant à l'interprétation des Védas qu'à l'histoire de la langue sanscrite.

Le même genre de mérite distingue le spécimen du Yadjourvéda, que vient de terminer M. le docteur Weber de Breslau [1]. On sait que le Yadjourvéda est, à proprement parler, le véda des sacrifices, parce qu'il en règle les cérémonies. Les prières dont il se compose ne peuvent, en général, être comprises que quand on sait à quelles parties des cérémonies religieuses elles se rapportent spécialement, et les commentateurs ont eu soin d'éclaircir le texte de ces prières par l'indication des formules du rituel rassemblées par d'anciens sages. M. Weber se propose de donner en entier le Yadjourvéda, dont il a fait une étude spéciale et pour lequel il a réuni à Londres, à Oxford et à Paris, de très-riches matériaux. Le savoir dont M. Weber a fait preuve dans son spécimen est d'un heureux augure pour la suite de cette importante entreprise.

M. Nève, professeur à Louvain, a fait paraître un essai sur le mythe des Ribhavas [2], dans lequel il développe l'histoire des premières traces de l'apothéose dans les Védas. Pour bien exposer sa pensée, l'auteur commence par traiter du culte védique, de l'homme dans les Védas et du sentiment moral dans la société indienne; il arrive ainsi à sa thèse principale, l'idée de

1. *Vajasaneya-Sanhitæ Specimen* cum commentario primus edidit Dr A. Weber. P. I, Breslau, 1846; p. II, Berlin, 1847, in-8°.
2. *Essai sur le mythe des Ribhavas*, premier vestige de l'apothéose dans les Vedas, par Nève. Paris, 1847, in-8°. (479 p.)

l'apothéose et l'interprétation des hymnes où elle apparaît pour la première fois. Cet ouvrage est un exemple des recherches que fera naître la connaissance plus complète des Védas, dans lesquels on essayera de découvrir et de suivre les premiers germes des idées qui ont exercé une influence si durable sur la manière de penser et de sentir d'une grande partie de l'humanité.

Les publications qui se présentent en première ligne après les Védas sont celles des poëmes épiques, dont le plus ancien est le Ramayana. M. Gorresio, après avoir publié trois volumes du texte de ce poëme, a donné un premier volume de sa version italienne [1], contenant les deux premiers livres. L'auteur, en s'attachant à reproduire le sens avec toute l'exactitude désirable, n'a rien négligé pour donner à sa traduction une forme qui se rapprochât le plus possible de la simplicité et de l'élévation de l'original.

Quant au Mahabharat, nous ne pouvons annoncer, des travaux promis sur ce grand ouvrage, que la seconde édition du Bhagavad Ghita de Schlegel, que M. Lassen a terminée après la mort de ce savant, en refondant les notes et en y ajoutant un index [2]. Il est vrai qu'il a paru à Athènes, sous le titre de *Balabharata* [3], un volume renfermant l'ensemble des sujets compris dans le Mahabharat, mais cet ouvrage n'est qu'un extrait fort abrégé qui ne donne que le squelette du poëme. Il a été traduit, à Bénarès, en grec moderne, par Galanos, et publié après sa mort par son neveu.

1. *Ramayana, poema sanscrito di Valmici*, traduzione italiana con note per Gaspare Gorresio. Vol. I (de la traduction). Paris, 1847, in-8°. (xvi, 469 p.)
2. *Bhagavad-gita*, id est Θεσπεσιον μελος, sive almi Crishnæ et Arjunæ colloquium de rebus divinis. Textum recensuit, adnotationes criticas et interpretationem latinam adjecit A. G. a Schlegel. Editio altera, aucta et emendata cura Chr. Lassen. Bonn, 1846, in-8°.
3. Βαλαβαρατα η συντομη της Μαχαβαρατας ποιηθεισα υπο τόυ Αμαρα η Αμαρασανδρα, μαθητου του σοφου Ζηναδατα και μεταγλωττισθεισα απο του βραχμανικου παρα Δ. Γαλανου Αθηναιου. Athènes, 1847, in-8°. (65 et 367 p.)

Après les poëmes épiques se placent les Pouranas. Le seul dont on ait donné jusqu'à présent le texte, le Bhagavata Pourana, s'est augmenté d'un troisième volume, qui comprend les livres VII-IX [1]. M. Burnouf l'a fait précéder d'une longue préface, dans laquelle, en examinant quelques-unes des traditions contenues dans ce volume, il montre de quelle utilité doit être un jour la connaissance approfondie des idées et du style védiques pour l'intelligence des développements postérieurs de la mythologie populaire, et pour l'appréciation de la valeur des généalogies historiques que nous donnent les Pouranas.

C'est à ces sources qu'ont puisé de tout temps les poëtes dramatiques de l'Inde. Cette branche si riche de la littérature sanscrite est devenue, dans ces dernières années, l'objet de l'attention de plusieurs savants, qui se sont attachés à reproduire, dans des éditions critiques accompagnées de notes et quelquefois de traductions nouvelles, les chefs-d'œuvre dramatiques indiens. De ce nombre est la savante édition de Sacountala, par M. Böhtlingk [2], dont le texte, souvent fort différent de celui que M. Chézy a publié autrefois aux frais de votre Société, est enrichi de notes philologiques très-substantielles. On a accueilli avec la même estime l'édition d'Urwasi, par M. Bollensen [3], remarquable surtout par l'attention que l'auteur a accordée au dialecte pracrit. Le plus ancien et le plus beau de tous les drames indiens, *Le Chariot d'argile*, a trouvé un nouvel éditeur dans M. Stenzler [4], qui en a donné un texte où l'on remarque la même sûreté de critique qui distingue toutes les publications de ce savant. Il nous en promet une traduc-

---

1. *Le Bhâgavata Purâna*, ou Histoire poétique de Krichna, traduit et publié par M. E. Burnouf. Vol. III. Paris, 1847, in-fol. (c et 581 p.)
2. *Kalidasa's Çakuntala* herausgegeben und mit Anmerkungen versehen von Dr O. Boehtlingk. Bonn, 1846, in-8°.
3. *Kalidasa, Vikramorvasi das ist Urwasi, der Preis der Tapferkeit*, ein Drama in fünf acten, herausgegeben, übersetzt und erläutert von Fr. Bollensen. Saint-Pétersbourg, 1846, in-8.
4. *Mritchakatika*, id est curriculum figlinum Sudrakæ regis fabula sanscrite edidit A. F. Stenzler. Bonn, 1846, in-8° (VIII, 332 p.)

tion à laquelle il joindra les notes qui sont indispensables à cet ouvrage. Comme preuve de la popularité que la littérature indienne commence à acquérir, on peut citer les traductions qu'on publie en Allemagne, dans une forme qui s'adresse à la masse des lecteurs les plus étrangers à ces études, telles que la traduction allemande du drame philosophique intitulé : *Le lever de la lune de l'Intelligence*[1], par M. Hirzel, qui a terminé son volume par la traduction d'un ouvrage tout différent, celle du petit poëme intitulé : *Le Nuage messager*, connu depuis longtemps par la traduction de M. Wilson. Ce dernier livre a même été traduit encore une autre fois par M. Max. Müller [2]. C'est à ce genre de publications qu'appartient aussi un recueil intitulé : *Les Poésies classiques des Indiens*, par M. E. Meier, dont il a paru un premier cahier, contenant une nouvelle traduction de l'épisode de Nala et Damayanti [3].

Au reste, quelle que soit la popularité réservée à ces poëmes, elle ne pourra jamais égaler celle dont les fables indiennes jouissaient déjà dans l'antiquité et qu'elles conserveront toujours. On sait quel immense succès a eu, chez presque tous les peuples, le plus ancien recueil de ce genre, le Pantchatantra; mais, jusqu'à présent, on ne le connaissait que par des traductions dans presque toutes les langues, ou par des imitations assez imparfaites, rédigées dans les dialectes vulgaires de l'Inde ; ce n'est qu'aujourd'hui qu'il paraît sous sa forme originale, par les soins de M. Kosegarten [4]. Ce savant n'en a en-

1. *Krischnamisra, Prabodhatschandrodaja*, oder der Erkenntnissmondaufgang, philosophisches Drama. — *Meghaduta*, oder der Wolkenbote. Lyrisches Gedicht von Kalidasa, beides metrisch übersetzt von Dr B. Hirzel. Zurich, 1846, in-8°.
2. *Meghaduta* oder der Wolkenbote von Kalidasa, eine altindische Elegie, nachgedichtet und mit Anmerkungen begleitet von Dr Max. Müller. Kœnigsberg, 1847, in-8°.
3. *Die classischen Dichtungen der Inder*, aus dem Sanscrit übersetzt und erläutert von E. Meier. Erster Theil, Nal und Damajanti. Stuttgart, 1847, in-16. (430 p.)
4. *Pantschatantrum, sive quinquepartitum de moribus exponens*, ex cod. man. edidit, commentariis criticis auxit J. G. L. Kosegarten. Pars prima. Bonn, 1848, in-4°. (266 p.)

core publié que le texte, qui forme un volume d'une étendue considérable. Il est à souhaiter que l'éditeur publie prochainement la traduction et les éclaircissements dont ce texte a quelquefois besoin. D'un autre côté, M. Wilson a donné, aux frais du Comité des textes orientaux de Londres, un ouvrage presque aussi célèbre dans l'Inde, le Dasa Kumara Charita [1]. Ce sont les aventures de dix jeunes gens ; la scène est dans l'Inde, au xe siècle de notre ère, et ce livre est extrêmement curieux comme tableau des mœurs indiennes immédiatement avant l'invasion musulmane.

Il a paru deux ouvrages appartenant à une branche peu cultivée de la littérature indienne ; l'un est la traduction latine de Susruta, par le docteur Hessler [2], l'autre est un Traité sur le système médical des Indiens, tiré des sources par M. Wise [3]; mais je ne puis qu'indiquer les titres de ces deux publications.

A ce mouvement de curiosité qui attire l'Europe savante vers les œuvres littéraires de l'Inde répond l'activité avec laquelle se poursuivent les études lexicographiques et grammaticales relatives au sanscrit. M. Stenzler, dans un petit traité sur la lexicographie sanscrite [4], a tracé les principales règles à suivre pour le perfectionnement des dictionnaires que nous possédons. MM. Böhtlingk et Rieu [5] ont publié de nouveau et

1. *The Dasa Kumara Charita*, or adventures of ten princes, a series of tales in the original sanscrit by Sri Dandi, edited by Wilson. London, 1846, in-8°. (31 et 202 p.)
2. *Susrutas. Ayurvedas.* Id est medicinæ systema a venerabili Dhanvantare demonstratum, a Susruta discipulo compositum. Nunc primum e sanscrita in latinum sermonem vertit, introductionem, adnotationes et indices rerum adjecit D. F. Hessler. T. II. Erlangen, 1847, in-8°.
3. *Commentary on the Hindu system of medicine*, by G. T. Wise. Calcutta, 1846, in-8°.
4. *De lexicographiæ sanscritæ principiis*, commentatio academica, auctore A. F. Stenzler. Breslau, in-8°. (30 p.)
5. *Hemacandra's Abhidhanacintamani*, ein systematisch angeordnetes synonymisches Lexicon. Herausgegeben, übersetzt und mit Anmerkungen begleitet von O. Böhtlingk und Ch. Rieu. Saint-Pétersbourg, 1847, in-8°.

traduit pour la première fois un vocabulaire synonymique très-important, celui de Hematchandra. Il en avait déjà paru, à Calcutta, une édition, mais elle était devenue très-rare, et n'était d'ailleurs accompagnée ni de traduction ni d'éclaircissements. M. Bopp a achevé l'impression de la seconde édition de son Glossaire sanscrit [1], qui se distingue de la première, non-seulement par l'insertion d'un grand nombre de mots, mais surtout par l'addition des racines qui rattachent les autres langues indo-germaniques au sanscrit comme à leur souche.

Quant à la grammaire, nous avons à mentionner à la fois des traités composés par les Hindous et par des Européens. A la première classe appartient la grammaire de Vopadeva, le Mugdhabodha [2], qui jouit au Bengale d'une célébrité presque aussi grande que celle de Panini : on en annonce une nouvelle édition, accompagnée d'un commentaire par M. Böhtlingk. Dans la seconde classe, on doit placer d'abord la Grammaire de M. Boller, à Vienne [3], qui est conçue sur un plan nouveau et comprend les principes du style védique; puis une grammaire sanscrite abrégée, écrite en danois par M. Westergaard [4], qui ne traite que des formes, et une grammaire élémentaire en anglais, par M. Monier Williams [5], suivie d'exemples et d'exercices; enfin, le second volume de la Grammaire développée de M. Desgranges [6]. Un point spécial de la grammaire sanscrite qui n'avait encore été traité en dé-

1. *Glossarium sanscritum*, in quo omnes radices et vocabula usitatissima explicantur et cum vocabulis græcis, latinis, germanicis, lithuanicis, slavicis, celticis comparantur, auctore F. Bopp. Fasc. III. Berlin, 1847, in-4°.
2. *Vopadeva's Mugdhabodha*, herausgegeben und erklärt von O. Böhtlingk. Saint-Pétersbourg, 1847, in-8°.
3. *Ausführliche Sanskrit Grammatik* für den öffentlichen und Selbstunterricht von Anton Boller. Vienne, 1847, in-8°. (382 p.)
4. Westergaard, *Kortfattet Sanskrit Formlære*. Copenhague, 1846, in-8°. (220 p.)
5. *An elementary grammar of the sanscrit language* arranged according to a new theory, by Monier Williams. Londres, 1846, in-8°. (xiv, 212 et 48 p.)
6. *Grammaire sanscrite-française*, par M. Desgranges. T. II. Paris, 1847, in-4°. (544 p.)

tail que par M. Böhtlingk, la théorie de l'accent, a donné lieu à un travail remarquable de M. Aufrecht [1], qui examine, dans un premier mémoire, la théorie de l'accent des mots composés.

C'est ici qu'il convient de parler des ouvrages consacrés aux rapprochements par lesquels on a essayé de rattacher à la famille indienne des langues jusqu'à présent non classées. C'est un sujet plein d'intérêt pour l'histoire, et peut-être aucune partie des sciences philologiques n'a produit des résultats historiques plus considérables que la grammaire comparée, depuis que M. Bopp en a établi les véritables bases dans son premier essai sur la comparaison du sanscrit avec le grec et le latin. Ce n'est qu'alors qu'on est sorti de la voie arbitraire des étymologies, dans laquelle on se perdait presque immanquablement, faute de principes, et qui conduisait aux rapprochements les plus insensés. Il est vrai qu'on a quelquefois exagéré l'emploi des nouvelles méthodes, de manière à dépasser le but et à voir, par un raffinement excessif, des vestiges de parenté de races, là où il n'y avait que des procédés de langage nés de l'instinct logique qui est commun à tous les peuples; mais cela n'empêche pas que ces méthodes ne soient un instrument extrêmement puissant dans les mains qui savent s'en servir, et qu'elles n'aient rendu les plus éminents services aux études historiques.

M. Bopp a publié un essai sur les membres caucasiens de la famille des langues indo-européennes [2]. Il y traite du groupe des langues ibériennes, c'est-à-dire du géorgien, du mingrélien, du souanien et du laze, et le résultat auquel il arrive est que surtout le géorgien et le laze ont une parenté curieuse avec le sanscrit, dans toutes les parties de l'organisation grammaticale, dans les déclinaisons, les formes des adjectifs, les

---

1. Th. Aufrecht, *De accentu sanscritico*, P. I. De accentu compositorum sanscriticorum. Bonn, 1847, in-8°.
2. *Die kaukasischen Glieder des Indo-Europæischen Sprachstamms*, von Franz Bopp. Berlin, 1847, in-4°. (83 p.)

noms des nombres et dans la conjugaison. M. Holmboë a fait paraître, à Christiania, une comparaison du verbe sanscrit avec l'ancien verbe scandinave [1]. La parenté de ces deux langues n'a jamais été douteuse, mais il est curieux de la voir établie en détail et hors de contestation. M. Meier, de Tubingen [2], a composé un mémoire sur la formation et la signification du pluriel dans les langues sémitiques et indo-germaniques : son but est moins d'établir une parenté entre ces deux groupes de langues, que d'exposer certains procédés qui leur sont communs et à l'aide desquels il s'efforce de retrouver un contact historique entre deux races. M. Boetticher discute, dans une dissertation [3], et appuie par des étymologies l'influence que les Chaldéens, nation qu'il classe parmi les Ariens, ont exercée sur la langue et les croyances des Babyloniens, auxquels il reconnaît une origine sémitique. Enfin, M. Gosche a essayé de rattacher l'arménien et le phrygien [4] à la souche des langues indo-germaniques. Cette thèse a été soutenue plusieurs fois, et M. Gosche la discute au moyen de preuves tirées à la fois de la mythologie et de l'étymologie d'un assez grand nombre de mots arméniens. Mais des preuves de ce genre ne peuvent être que secondaires; elles peuvent servir à établir le contact et même le mélange des races; mais elles ne suffisent pas pour en constater la parenté. Quelque vraisemblable que soit en elle-même une telle opinion, elle ne porte, dans l'état actuel de la science, la conviction dans l'esprit du lecteur, que quand elle se fonde sur la comparaison de la structure intérieure des langues.

J'arrive aux langues provinciales de l'Inde et à celles des

---

1. *Det Oldnorske verbum oplyst ved Sammenligning med Sanskrit*, af C. A. Holmboe. Christiania, 1848, in-4°. (34 p.)
2. *Die Bildung und Bedeutung des Plural* in den semitischen und indogermanischen Sprachen, von Ernst Meier. Tübingen, 1846, in-8°. (CXVI et 86 p.)
3. *Horæ aramaicæ*, scripsit P. Boetticher. Berlin, 1847, in-8°. (46 p.)
4. *De Ariana linguæ gentisque Armeniacæ indole*, prolegomena scripsit R. Gosche. Berlin, 1847, in-8°. (77 p.)

pays environnants qui, par leur littérature, tiennent à l'Inde. Ici, les renseignements que je puis donner sont plus incomplets encore que pour les autres branches des lettres orientales. Les indigènes des différentes provinces, les missions et les gouvernements impriment tous les ans une quantité de livres qui ne parviennent en Europe que par exception, par accident, et dont une partie profiterait pourtant à la science, s'ils étaient accessibles. Ainsi, des nombreux ouvrages hindoustanis qui paraissent dans l'Inde, il n'est venu à ma connaissance que quelques traductions de poésies et de romans persans qui font les délices de la classe lettrée parmi les musulmans de la presqu'île. Dans ce nombre figure un abrégé du Livre des Rois de Firdousi, en vers hindoustanis et dans le mètre de l'original[1]. Le traducteur est hindou de race; mais il vit à Dehli, où la fréquention de la bonne compagnie paraît l'avoir rendu fort tolérant, car il chante les louanges de Jésus-Christ, de Mahomet, de Georges IV et de M. Metcalfe, ancien gouverneur général de l'Inde. Un musulman nommé Alim-Ali a publié, à Calcutta, la traduction[2] d'un roman persan merveilleux, intitulé, dans l'original, *Bostan-i-Kheial*, par Mir-Mohammed-Taki, surnommé Kheial. Mir-Amman de Dehli, qui était un des traducteurs que M. Gilchrist employait pour former une littérature hindoustani en prose, avait traduit, au commencement de ce siècle, sur la demande de l'ardent promoteur de cette littérature, l'Akhlaki Mohseni du moraliste persan Hossein Waïz. Ce livre paraît avoir eu du succès, car il vient d'en être fait une nouvelle édition, sous le titre de *Trésor de la bonté*[3].

La littérature hindoustani a été pour M. Garcin de Tassy l'objet d'un travail beaucoup plus complet que tout ce qui a paru en Angleterre sur ce sujet. M. Garcin avait donné, dans

---

1. قصّة خسروان عجم (Histoire des rois de Perse). Calcutta, 1262, in-8°. (592 p.)
2. زبدة الخيال Calcutta, 1256, in-4°. (414p.)
3. گنج خوبی Calcutta, 1262, in-8°. (464 p.)

le premier volume de son Histoire de la littérature hindoustani, la vie et la bibliographie de près de huit cents auteurs; le second volume [1] contient des traductions, des extraits, des analyses d'ouvrages appartenant aux écrivains principaux, et la masse de matériaux qui s'est accumulée sous ses mains est si considérable, qu'il aura besoin d'un troisième volume pour achever le tableau de cette littérature, qu'il explore avec un si grand dévouement. Afin d'en faciliter l'accès, il a fait composer, sous sa direction, par MM. Pavie et Bertrand, une chrestomathie [2] contenant des morceaux choisis dans les deux dialectes hindoustani principaux, et suivis d'un vocabulaire. M. Duncan Forbes a publié à Londres un dictionnaire hindoustani [3], plus compacte que ceux que l'on possédait déjà, tout en étant suffisamment complet.

M. Wenger, à Calcutta, a achevé une introduction à l'étude du bengali [4], que feu M. Yates avait commencée. Ce volume contient une grammaire, une liste d'expressions idiomatiques, un choix de lectures et un vocabulaire.

Les missionnaires catholiques du midi de l'Inde ont entrepris la publication d'un dictionnaire latin-tamoul-français [5]. Il est calculé pour les travaux de leurs séminaristes indigènes qui sont dans la nécessité d'apprendre le latin, et ne pourra servir qu'indirectement aux Européens qui s'occupent du tamoul. Le gouvernement de Bombay avait demandé à M. Molesworth auteur du meilleur dictionnaire maratte-anglais, un diction-

1. *Histoire de la littérature hindoui et hindoustani*, par M. Garcin de Tassy. T. II. Paris, 1847, in-8°. (XXXII et 608 p.)
2. *Chrestomathie hindoustani* (*urdû et dakhni* à l'usage des élèves de l'école spéciale des langues orientales). Paris, 1847, in-8°. (104 et 128 p.)
3. *A Dictionary hindoustani and english*, by Duncan Forbes. Londres, 1847, in-8°. (585 p.)
4. *Introduction to the bengali grammar*, by the late Rev. W. Yates, edited by Wenger. Calcutta, 1847, in-8°. (428 p.)
5. *Dictionarium latino-gallico-tamulicum*, auctoribus duobus missionariis apostolicis congregationis missionum ad exteros. Pondichéry, 1846, in-8°. (XVIII et 208 p.)

naire anglais-maratte. M. Molesworth commença cet ouvrage, que M. Candy a terminé[1], et que le gouvernement vient de faire publier à ses frais, pour les besoins de son administration et de ses écoles.

Je supprime les titres d'un certain nombre d'autres ouvrages qui sont uniquement destinés à l'usage de l'administration anglaise, et n'ont de commun avec la littérature orientale que les dialectes dans lesquels ils sont composés; j'en ferai de même à l'égard de ceux qui ont été imprimés pour servir aux controverses incessantes entre les missionnaires européens et les partisans des différentes religions auxquels ils s'adressent. J'en excepterai toutefois un seul; c'est un traité en guzzerati et en anglais contre l'infanticide chez les Rajpoutes[2]. Le gouvernement anglais a fait, depuis quarante ans, les efforts les plus persévérants pour détruire cette horrible coutume, et il a obtenu un certain succès, à force de menaces d'un côté et de récompenses de l'autre. Mais ce succès n'est ni entier, ni bien consolidé, de sorte que les raisons tirées des Védas et des Schastras par un Hindou, nommé Bhawoo Dajee, ne seront pas inutiles à la réussite des intentions humaines de l'administration anglaise.

M. Dorn a publié à Saint-Pétersbourg une chrestomathie afghane[3], qui fait suite à sa grammaire de la même langue, et se termine par un glossaire. Je ne connais que le titre de cet ouvrage.

L'importance croissante de la Malaisie pour la politique et

---

1. *A Dictionary English and Marathi* compiled for the government of Bombay. Planned and commenced by J. T. Molesworth, continued and completed by T. Candy. Bombay, 1847, in-4°.
2. *An essay on female infanticide*, by Bhawoo Dajee. Bombay, 1847, in-8°.
3. *A Chrestomathy of the Pushtu or Afghan language*, to which is subjoined a Glossary in afghan and english, by Dorn. Saint-Pétersbourg, 1847, in-4°. (640 p.)

le commerce de l'Europe, attire de plus en plus l'attention sur les différents dialectes malais et leur littérature, qui est assez considérable, mais n'a jamais pu acquérir d'originalité, dominée qu'elle était d'abord par les Hindous, et ensuite par les Arabes. La Société de Batavia, qui avait déjà publié une imitation javanaise du Mahabharat, a fait imprimer récemment le Romo[1], traduction javanaise d'une ancienne version kawi du Ramayana indien. M. Dozon nous à donné, dans le Journal asiatique, une analyse d'un ouvrage malai tout semblable au Romo. M. Roorda a commencé, à Amsterdam, la publication d'un choix de pièces javanaises[2], et M. Dulaurier a ajouté à la série des chrestomathies à l'usage de l'école des langues orientales, une collection de pièces diplomatiques en malai[3].

M. Latter a publié, à Calcutta, une grammaire de la langue birmane[4], langue très-intéressante, sous le double rapport de son origine, qui la rattache aux idiomes monosyllabiques de l'Asie orientale, et de son système graphique, qui la rapproche des idiomes indiens. Jusqu'ici on ne possédait, pour l'étude de cette langue, que la grammaire de Carey et le dictionnaire de Judson. La grammaire de Carey, composée, comme presque tous les ouvrages grammaticaux de ce missionnaire, d'après le système des langues classiques de l'Europe, ne donnait pas une idée juste de la structure du birman. M. Latter a le mérite d'en avoir reconnu le caractère particulier, et d'avoir dégagé la grammaire birmane des classifications étrangères qui en déguisaient la véritable nature.

1. *Romo, een Javaansch Gedicht*, naar de Bewerking van Joso Dhipoero, uitgegeven door C. F. Winter. Batavia, 1847, in-8°. (28 et 537 p.) Cet ouvrage forme la 2ᵉ partie du t. XXI des Transactions de la Société de Batavia.
2. *Javaansche Zamenspraken over verschillende onderwerpen* door C. F. Winter, uitgegeven door T. Roorda. Amsterdam, 1845, in-8°, cah. 1. (44 p.)
3. *Lettres et pièces diplomatiques écrites en malai*. Paris, 1845, in-8°.
4. *A Grammar of the language of Burmah*, by Latter. Calcutta, 1845, in-4°. (LII et 203 p.)

M. Foucaux a fait imprimer la traduction tibétaine de la vie légendaire de Bouddha, qui est un des premiers livres canoniques du Nepal, et qui jouit au Tibet d'une grande autorité. L'éditeur s'est servi, pour la critique du texte tibétain, de l'original sanscrit, connu sous le nom de *Lalita vistara*[1]. C'est le premier texte tibétain imprimé en France, et le plus considérable de tous ceux qui ont paru en Europe. M. Foucaux va donner incessamment la traduction de cet ouvrage. La plupart des textes tibétains imprimés en Europe l'avaient été par les soins de M. Schilling de Canstadt, grand amateur de la littérature bouddhiste des peuples de la haute Asie. On a trouvé, après sa mort, deux ouvrages qu'il avait fait lithographier par des lamas bouriates, mais qui n'avaient pas encore paru, et l'Académie de Saint-Pétersbourg a chargé M. Schmidt de les publier. Le premier est un Sutra tiré du Kandjour [2]; l'autre, travail beaucoup plus important, est l'index du Kandjour même[3]. Cette grande collection bouddhiste se compose de mille quatre-vingt-trois ouvrages, dont les titres, en tibétain et en sanscrit, et les noms de leurs traducteurs, sont énumérés, dans l'index, d'abord selon l'ordre qu'ils occupent dans la collection, ensuite par ordre alphabétique.

A ne considérer que le petit nombre d'ouvrages relatifs à la Chine qui ont paru depuis deux ans, on pourrait croire que l'étude de cette grande littérature est délaissée en Europe; mais on se tromperait gravement, car, à Paris seulement, MM. Julien, Biot et Bazin préparent d'importants travaux sur la philosophie, l'histoire et la littérature chinoise, et c'est l'étendue même de ces ouvrages qui n'en a pas encore permis

---

1. *Rgya tch'er rol pa, ou Développement des jeux*, contenant l'histoire du Bouddha Çakya-Mouni, par E. Foucaux. 1re partie, texte tibétain. Paris, 1847, in-4°. (388 p.)
2. *Das ehrwürdige Mahajanasutra mit Namen : das unermessliche Lebensalter und die unermessliche Erkenntniss*. Saint-Pétersbourg, 1845, in-fol. oblong lithographié. (48 p)
3. *Der Index des Kandjur* bevorwortet von Schmidt. Saint-Pétersbourg, 1845. (215 p.)

la publication. Néanmoins, M. Biot a achevé son Essai sur l'histoire de l'instruction publique en Chine, et l'a conduite, dans son second volume[1], jusqu'à nos jours. Ce volume reprend l'histoire des lettrés au commencement du IIIe siècle, et nous les voyons, à travers une série de dynasties, lutter pour leur principe, que l'administration de l'État ne doit être confiée qu'au savoir et au mérite, et le maintenir contre la faveur des cours, les innovations des sectes, l'ignorance des conquérants barbares et l'influence de la richesse. Ils organisent les écoles et surtout le concours, qui est leur principal moyen d'action; ils finissent par vaincre leurs nombreux ennemis; leur principe est reconnu et gouverne encore, malgré les empiétements que la corruption, l'influence des grandes familles tartares, et surtout les besoins du trésor, parviennent à lui faire subir. Mais on y voit en même temps combien les lettrés ont eux-mêmes diminué les fruits qu'aurait dû porter ce principe; combien ils l'ont rendu stérile, en rétrécissant les études, en excluant du cercle de l'éducation publique les sciences positives, et en s'attachant, avec une sorte de fanatisme, aux formes littéraires. La Chine actuelle, avec ce qu'elle a de bon et de mauvais, est leur œuvre, et c'est à eux à détourner les dangers évidents dont elle est menacée de notre temps. Il est possible que leur contact avec les Européens leur fasse sentir la nécessité d'élargir le cours des études officielles, et de donner ainsi un nouvel élan à un peuple qui ne demande qu'à faire des progrès; mais il est probable qu'ils se roidiront contre toute innovation, et que la Chine périra par l'excès de la littérature.

Les Européens en Chine ont publié quelques ouvrages, dont trois sont arrivés à ma connaissance. M. Medhurst a fait imprimer, à Schang-haï, une édition du Chou-king, avec une traduction littérale entremêlée au texte[2]. On ne possédait,

1. *Essai sur l'histoire de l'instruction publique en Chine*, par E. Biot. Paris, 1847, in-8°, 2e partie. (414 p.)
2. *Ancient China. The Shoo-king or the historical classic, being the most*

jusqu'à présent, qu'une seule traduction de ce livre fondamental, par le père Gaubil ; elle n'est pas très-fidèle, et M. Medhurst a voulu nous en donner une qui fût parfaitement exacte. Il a suivi, dans son interprétation, un commentateur du XII° siècle, et a ajouté, au bas des pages, des explications, et, à la fin du volume, un appendice sur l'astronomie du Chou-king, ainsi que la série des cartes qui accompagnent ordinairement les éditions chinoises. L'intention de M. Medhurst n'a point été de s'occuper des grandes questions historiques qui se rattachent à cet ouvrage, et qui embrassent toute l'histoire ancienne de la Chine ; il n'est pas même entré dans les questions philologiques, que soulève ce livre obscur ; son but a été d'en faciliter l'intelligence, en fournissant un texte correct, accompagné de l'interprétation donnée par un des commentaires les plus estimés en Chine. Son travail, tel qu'il l'a conçu, sera d'une grande utilité pour l'historien qui veut se servir du Chou-king, et pour le savant qui veut l'étudier dans l'original.

Le même auteur a publié une dissertation sur la théologie des Chinois[1]. C'est de toutes les nations de la terre celle qui a le moins de génie pour la théologie, et Confucius, en détournant ses disciples de l'étude des choses divines, a été le parfait représentant de l'esprit de ce peuple positif. Aussi, rien de plus vague que leurs opinions et leurs expressions dogmatiques, à ce point que les missionnaires chrétiens ont été, depuis le temps de saint François-Xavier, dans le plus grand embarras, pour trouver un terme chinois exprimant l'idée de Dieu. Les catholiques, après beaucoup de tâtonnements, ont fini par s'accorder sur un mot;

---

ancient authentic record of the annals of the Chinese empire, illustrated by later commentators, translated by W. H. Medhurst. Shanghae, 1846, in-8°. (XVI et 413 p.)

1. *A dissertation on the theology of the Chinese*, with a view to the elucidation of the most appropriate term for expressing the deity in the chinese language, by W. H. Medhurst. Shanghae. 1847, in-8°. (284 p.)

mais, lorsque les protestants ont commencé, il y a une trentaine d'années, à publier des traductions de la Bible et des traités chrétiens à l'usage des Chinois, les mêmes difficultés se sont présentées de nouveau. Difffférents missionnaires ont employé des termes divers, ce qui avait de grands inconvénients, et quand, il y a deux ans, les missions protestantes en Chine se sont décidées à publier une nouvelle traduction de la Bible, il a fallu, avant tout, s'entendre sur le terme dont on devait se servir pour rendre l'idée de Dieu. Toutes ces missions tinrent une espèce de concile, dont je ne connais pas le résultat, mais ce qui me ferait croire qu'on ne s'y est pas trouvé d'accord, c'est l'ouvrage de M. Medhurst, dans lequel il discute les opinions théologiques des Chinois, le sens dans lequel leurs auteurs classiques se servent de chacun des termes qu'on a proposés comme équivalents du mot Dieu, et les idées des différentes sectes chinoises sur tous les points qui touchent à cette controverse. On voit par là que la portée de ce travail dépasse la discussion qui y a donné lieu, et qu'il offre un intérêt qui restera longtemps après que les missions auront pris un parti sur la difficulté qui les arrête.

M. Robert Thom, dont tous les sinologues déplorent la mort prématurée, avait commencé la publication d'un manuel pour l'enseignement du chinois parlé[1]. Ce petit livre contient d'abord vingt chapitres sur les sujets les plus familiers, ensuite une collection de phrases de politesse, quelques dialogues et deux extraits étendus de romans. Le texte est partout accompagné d'une transcription en lettres latines et d'une traduction interlinéaire. C'est pour nous, en Europe, une excellente introduction à l'étude des romans, des drames et de toute la littérature moderne des Chinois.

Enfin, par une bonne fortune très-rare, il me reste à dire

1. *The Chinese Speaker*, or extracts from works written in the mandarin language as spoken in Peking, compiled by R. Thom. Ningpo, 1846, in-8°, 1re partie. (204 p.)

quelques mots sur la littérature japonaise, une des plus curieuses et la plus inconnue de toutes. C'est un fait incompréhensible, qu'un peuple comme les Hollandais, qui ont toujours eu le goût du savoir, et qui seuls sont en mesure de nous faire connaître le Japon, n'aient encore rien entrepris pour l'intelligence de la langue et la connaissance de la littérature de ce pays. Ils ont écrit quelques excellents ouvrages sur le Japon; mais comment se fait-il que jamais un membre du comptoir de Desima n'ait eu l'ambition de se faire un nom par la traduction d'un livre japonais? Car c'est à peine si l'on peut admettre une exception en faveur de Titsingh. A la fin, cependant, deux Allemands, dont aucun n'a été au Japon, et qui, par conséquent, ont eu à lutter contre des obstacles infinis pour s'approprier une langue aussi difficile que celle de ce pays, viennent de nous donner deux ouvrages traduits du japonais. On savait depuis longtemps que M. Hoffmann, interprète du roi des Pays-Bas, s'était livré, avec beaucoup de succès, à l'étude du japonais ; mais il n'en avait encore traduit que quelques descriptions relatives à l'histoire naturelle : maintenant, il nous donne un ouvrage considérable, le traité d'Ouekaki Morikouni sur l'art d'élever les vers à soie [1]. C'est la contrepartie japonaise de l'ouvrage par lequel M. Julien a rendu un si grand service à l'industrie séricicole; aussi est-ce à la Société séricicole que l'appréciation du livre de M. Hoffmann appartient, et la Société asiatique n'a qu'à exprimer l'espoir que l'auteur publiera, le plus tôt possible, les grands travaux qu'il a entrepris et dont le sujet rentre davantage dans le cercle de nos études.

M. Pfitzmaier a choisi, pour son premier essai, un roman moderne, *Les six feuilles de paravent,* par Riuteï Tanefico [2], qui

---

1. *Yo-san-fi-rok*, *l'art d'élever les vers à soie au Japon*, par Ouekaki-Morikouni, annoté et publié par M. Bonafous, traduit du texte japonais par M. Hoffmann. Turin, 1848. (152 p. et 51 pl.)
2. *Sechs Wandschirme in Gestalten der vergänglichen Welt*, ein japanischer Roman im original texte herausgegeben und übersetzt von Dr A. Pfitzmaier. Vienne, 1847. (xiv, 48 et 81.)

a paru à Jédo en 1821. C'est un tableau de mœurs, dont le but est de réfuter le proverbe japonais, qu'un paravent ne peut se tenir debout que quand il est plié, proverbe qu'on prend dans le sens que la vertu finit toujours par plier. L'intérêt du livre roule sur l'analyse des sentiments ; il ne me reste pas assez d'espace pour indiquer comment l'auteur se tire de son sujet, et je suis parfaitement incompétent pour énoncer une opinion sur le mérite de la traduction ; mais je ne puis que rendre hommage à l'imprimerie impériale de Vienne et à M. Pfitzmaier sur l'exécutiou typographique du premier ouvrage imprimé, dans le monde, avec des types mobiles en japonais cursif. Toute l'édition est une imitation exacte de l'original : on en a reproduit les gravures sur bois, et jusqu'à l'impression sur feuillets doubles.

J'ai achevé la liste des ouvrages orientaux qui sont venus à ma connaissance ; elle aurait sans doute pu être plus longue, mais telle qu'elle est, elle prouve que les deux dernières années doivent être comptées parmi les plus fructueuses pour les études qui nous occupent. D'autres travaux et de plus considérables encore se préparaient, lorsque le bruit de la rue est venu couvrir, dans toute l'Europe, la voix de la science. Aujourd'hui encore, l'inquiétude des esprits, l'embarras des finances de tous les pays, et l'avenir inconnu devant lequel le monde s'arrête effrayé, pèsent sur des études paisibles comme les nôtres ; mais cette agitation aura une fin, tandis que la science est éternelle, comme la vérité dont elle est l'expression. C'est dans les temps comme celui que nous traversons que la valeur des associations scientifiques se fait le mieux sentir ; les idées y rencontrent la sympathie que leur refuse le monde préoccupé, les travaux y trouvent un refuge et des moyens de se produire, quand toutes les autres voies se ferment. Il faut donc que les amis des sciences historiques se rattachent à nous pour maintenir un foyer d'études qui a fait quelque honneur à la France.

IX

ANNÉE 1848-1849

(RAPPORT LU LE 30 JUILLET 1849)

Messieurs,

Vous savez combien l'année que nous venons de traverser a été funeste aux lettres; combien la misère, générale dans toute l'Europe, le bruit de la place publique, les préoccupations des dangers qu'a courus la société civilisée, ont ralenti la marche des sciences. La littérature orientale n'a pas échappé à des maux qui ont frappé tous les travaux de l'esprit. Le nombre des ouvrages orientaux qui ont paru dans l'année a été moindre que dans les années antérieures; beaucoup de publications commencées ont été suspendues; d'autres, qui étaient annoncées, n'ont pu être entreprises. Néanmoins, l'impulsion que ces études avaient reçue depuis plusieurs années, était assez grande; l'attrait qu'offrent les recherches destinées à dévoiler l'ancienne histoire du genre humain est assez puissant, pour que ce temps difficile n'ait pas pu en arrêter les progrès, et c'est encore avec un certain orgueil que la littérature orientale peut énumérer aujourd'hui les travaux qu'elle a produits dans une année aussi désastreuse.

La Société asiatique avait, dès l'origine des mouvements politiques, suspendu toutes les impressions qu'elle était au moment de commencer, pour assurer avant tout, et dans toutes les circonstances, l'existence du Journal asiatique ; car le Journal nous devient plus indispensable à mesure que les autres moyens de publication se rétrécissent, et la Société devrait, dans un temps pareil, plutôt en étendre le cadre que le laisser s'amoindrir. Vous savez que le Journal a paru dans la même étendue et avec la même régularité qu'auparavant, et vous verrez avec satisfaction, par le rapport des Censeurs, que ce résultat a été obtenu sans que la Société ait eu besoin d'attaquer sa réserve. Les travaux de M. de Hammer-Purgstall sur la Chevalerie chez les Arabes, de M. Ducaurroy sur la Législation hanéfite, de M. Cherbonneau et de M. Rousseau sur l'histoire des Beni-Hafs, de M. Defrémery sur celle des Seldjoukides, de M. Dulaurier sur la Chronique de Michel le Syrien, de M. Catafago sur la secte des Ansariens, de M. Ariel sur la littérature tamoule, de M. Royer sur le Humaïoun-Namèh, de M. Dugat sur le roman d'Antar, de M. Lancereau sur le Râdj-Nîti, tous ces travaux, qui ont paru dans votre Journal depuis notre dernière séance, ont porté de nouvelles lumières dans des parties obscures et importantes de la littérature orientale.

Les autres Sociétés asiatiques ont eu, autant que nous, à se plaindre des circonstances difficiles du temps ; quelques-unes paraissent avoir été forcées de suspendre leurs publications ; mais d'autres, mieux placées et plus fortement constituées, ont pu donner des preuves de leur activité habituelle. La Société de Batavia a fait paraître le volume XXII de ses Transactions, qui forme le commencement d'une nouvelle série. Je ne puis en indiquer le contenu, car ce volume n'est pas encore arrivé en Europe. La Société asiatique de Calcutta a continué la publication de son excellent Journal[1] ; elle avait fait paraître, à la fin de l'année dernière, les dix premiers cahiers de

---

1. *Journal of the asiatic Society of Bengal.* Calcutta, in-8°. (Le dernier numéro parvenu à Paris est le n° CXCVIII de l'ancienne série, décembre 1848.)

la collection de textes et de traductions qu'elle imprime sous le titre de *Bibliotheca indica*[1]. Cette collection est conçue sur un plan parfaitement entendu ; elle donne les textes avec une traduction simple et sans commentaires, et c'est ainsi qu'il faut procéder quand il s'agit de mettre entre les mains des savants une collection d'ouvrages inédits. Dans l'état actuel de la littérature orientale, nous avons besoin, avant tout, de posséder la plus grande quantité possible de textes corrects ; les commentaires viendront ensuite avec plus d'avantage, et seront à la fois plus courts et plus complets, quand ils n'auront à citer que des textes imprimés. Les Aldes et les autres pères de l'érudition nous ont donné en cela un exemple glorieux ; ils se sont empressés de sauver du danger d'une destruction imminente les restes manuscrits de la littérature antique, et sont ainsi parvenus à livrer en peu de temps à l'étude tous les matériaux de l'édifice futur du savoir moderne. J'aurai à mentionner plus tard les ouvrages qui ont paru jusqu'à présent dans la *Bibliotheca indica*; qu'il me soit seulement permis ici d'exprimer le regret que cette collection ne soit pas en vente en Europe. Ces ventes lointaines n'enrichissent certainement pas les Sociétés ; mais elles doublent leur utilité, et les aident puissamment à atteindre leur but. Nos communications littéraires avec l'Asie sont encore si imparfaites et si précaires, que tous les auteurs et toutes les Sociétés qui publient des ouvrages scientifiques en Orient, devraient en établir des dépôts en Europe ; car un livre, dans quelque partie du monde qu'il ait paru, n'est réellement acquis à la science que quand il est accessible à l'Europe savante. Autrefois la Compagnie des Indes prenait une souscription de cent exemplaires de tous les ouvrages qui paraissaient dans l'Inde, et en envoyait une partie à Londres pour être mise en vente. Ce système avait l'inconvénient de rendre très-élevé le prix des livres ; mais

---

[1]. *Bibliotheca indica*, a Collection of oriental works published under the superintendance of the as. Soc. of Bengal. Calcutta, in-8°. (Il avait paru, en décembre 1848, les 10 premiers numéros de la collection ; chaque cahier a 100 pages. On peut y souscrire pour 12 roupies par an.)

on pouvait au moins se les procurer. Depuis une vingtaine d'années, les souscriptions ont peu à peu cessé, et la librairie ne trouve pas encore un intérêt suffisant à substituer son action régulière à celle du gouvernement. Je m'aperçois que j'ai bien mauvaise grâce de faire entendre cette plainte à l'occasion de la Société de Calcutta, qui, de toutes les Sociétés savantes, a le mieux compris la nécessité de répandre ses ouvrages, qui l'a fait en général avec des sacrifices considérables, et a toujours été l'intermédiaire le plus complaisant et le plus libéral pour nos rapports littéraires avec l'Inde. Toute l'Europe lui rend justice à cet égard, et si j'exprime ici un regret, c'est uniquement pour appeler sans cesse l'attention sur un besoin urgent de la littérature orientale.

La Société littéraire de Madras a fait paraître le volume XV de son Journal [1]; elle se propose de publier, dans les volumes suivants, les rapports faits à l'administration sur des sujets scientifiques, et il est à désirer que le gouvernement de Madras lui accorde des encouragements qui lui permettent de donner à son Journal l'étendue que réclame l'importance des études qui s'attachent au midi de l'Inde. Madras est de tous les gouvernements indiens celui qui a fait le moins pour la science, et le grand nombre d'hommes distingués qui l'ont servi, ont toujours été réduits, pour leur travaux, à leurs propres moyens.

La Société asiatique chinoise a publié le premier volume de ses Transactions [2]. Il contient un mémoire très-curieux de M. Meadows sur la législation relative à la propriété foncière en Chine; un voyage de M. Bowring aux eaux minérales de Yong-mak; un traité sur l'anatomie et la physiologie des Chinois, par M. Harland; des notes sur la monnaie de cuivre, et un mémoire sur les mines de la Chine, par M. Gutzlaff. Cette

1. *Madras Journal of literature and science*, edited by the Madras literary Society, n° 34. Madras, 1848, in-8°. January-December. (218 p.)
2. *Transactions of the China branch of the r. asiatic Society*, t. I, in-8°, Hongkong, 1848.

énumération fera certainement regretter à beaucoup de personnes l'impossibilité de se procurer un recueil qui devrait se trouver dans toutes les grandes bibliothèques ; mais il faudrait pour cela que la Société en établît un dépôt à Londres.

La Société asiatique allemande a poursuivi la publication de son journal [1] et continué son système d'encouragement pour les ouvrages orientaux; j'aurai à mentionner plus tard quelques-uns des mémoires dont s'est enrichi le journal de cette Société.

La Société asiatique de Londres vient de faires paraître la première partie du tome XI de son Journal [2], qui contient le commencement du Dictionnaire persépolitain de M. Rawlinson. On annonce aussi la publication de la première partie du tome XII, qui doit contenir l'interprétation des inscriptions bouddhiques de Kapour di Giri, par M. Wilson. Enfin, les Comités de traduction et des textes orientaux de Londres ont achevé plusieurs des ouvrages qu'ils avaient annoncés, et sur lesquels je reviendrai dans le cours de ce rapport.

Je crois avoir épuisé la liste des Sociétés asiatiques dont les travaux sont parvenus à notre connaissance dans le courant de l'année; j'ignore si la Société asiatique et la Société géographique de Bombay, la Société archéologique de Dehli, la Société asiatique de Colombo, la Société littéraire de Beyrouth, la Société égyptienne du Caire et la Société orientale américaine de Boston ont continué leurs publications.

A côté des associations littéraires fondées par les Européens dans les différentes parties de l'Asie, se placent, depuis quelques années, un certain nombre de journaux qui, par

---

1. *Zeitschrift der deutschen morgenländischen Gesellschaft*, t. II, c. 3 et 4, et t. III, c. I, Leipzig, 1848 et 1849, in-8°.
2. *Journal of the royal asiatic Society of Great Britain and Ireland*, t. XI, part. I, et t. XII, I. London, 1849, in-8°.

l'excellence de leur rédaction et par l'importance des matériaux qu'ils nous fournissent, méritent bien une mention parmi les ouvrages qui contribuent le plus à nous faire connaître les pays où ils sont établis. De ce nombre sont la Revue de Calcutta [1], le *Chinese Repository* [2], publié mensuellement à Canton ; le Journal pour l'Inde hollandaise [3], publié à Batavia, et le nouveau Journal pour l'archipel Indien [4], qui paraît depuis deux ans à Singapour et embrasse tous les pays malais. Ces recueils renferment une infinité de documents sur l'état civil et moral, sur la géographie, l'histoire et l'ethnographie de l'Inde, de la Chine et de l'archipel, et sont aussi bien rédigés que les meilleurs journaux littéraires de l'Europe.

J'arrive maintenant à l'énumération des ouvrages orientaux qui ont paru depuis notre dernière réunion, et je commence, comme à l'ordinaire, par la littérature arabe.

Malgré le grand nombre et l'excellence des travaux dont cette littérature à été le sujet, surtout depuis quarante ans, nous manquons encore d'une histoire qui nous la fasse connaître. On ne peut s'en étonner quand on pense aux obstacles qui s'opposent à une pareille entreprise, à la multiplicité des recherches qu'elle exige, et de recherches à faire dans des manuscrits nombreux, difficiles à réunir, souvent incorrects, toujours longs à parcourir. M. de Hammer-Purgstall, dont l'activité infatigable nous fait honte à tous, nous promet aujourd'hui une histoire générale de la littérature arabe. Il n'a encore paru de ce travail que quelques extraits des trois premiers chapitres, qu'il a lus à l'Académie de Vienne [5]. Puissent le

---

1. *Calcutta Review*, in-8°. Calcutta. (Paraît tous les trois mois ; il en a paru jusqu'à présent 21 numéros.)
2. *Chinese Repository*. Canton, in-8°. (Paraît tous les mois).
3. *Tijdschrift voor Neerland's Indie*. Batavia, in-8°, journ. mensuel.
4. *Journal of the Indian Archipelago*, vol. II. Singapore, 1848, in-8°. (848 p.) On peut s'abonner à Londres chez Simmonds, pour 5 piastres d'Espagne par an.
5. Voyez *Sitzungsberichte der Kaiserlichen Akademie der Wissenschaften*, cahier de janvier 1849. Vienne, in-8°.

temps et la santé ne pas lui manquer pour achever un ouvrage d'une utilité aussi évidente, mais d'une composition si difficile.

Au premier rang des publications relatives à l'histoire même des Arabes, se place celle que vient de terminer M. Caussin de Perceval, qui a pour titre : *Essai sur l'histoire ancienne des Arabes*. Dans les deux premiers volumes, l'auteur, traitant isolément de chacune des grandes tribus et principautés arabes, en avait conduit l'histoire jusqu'à l'époque de la fuite de Mahomet à Médine. La vie de Mahomet lui-même, jusqu'à sa fuite, avait été racontée dans l'histoire de la Mecque, dont elle était un épisode naturel ; mais, à partir de ce moment, Mahomet devient le chef du mouvement de centralisation qui entraîne l'Arabie, et M. Caussin est amené naturellement à consacrer la plus grande partie de son dernier volume à cette seconde moitié de la vie du prophète. Il a su ajouter de nouveaux renseignements à ceux que les dernières recherches sur ce sujet nous avaient déjà fait connaître, et il donne de l'attrait à son récit en conservant le pittoresque de la narration des auteurs originaux. Il termine son ouvrage au milieu du khalifat d'Omar, l'an 640 de notre ère, lorsque la soumission des tribus de la Mésopotamie eut achevé la réunion de tous les Arabes en un corps de nation et sous le gouvernement d'un seul chef. M. Caussin s'est servi, pour l'exécution du plan qu'il s'était tracé, de tous les matériaux qui nous sont aujourd'hui accessibles. Le cadre de son histoire ne saurait être ni changé, ni étendu, mais il est possible que des recherches ultérieures fournissent encore d'autres documents pour le remplir plus complétement. La publication, par exemple, de collections d'anciennes chansons aujourd'hui inédites, comme le Divan des Houdéilites, ajoutera probablement de nouveaux traits aux traditions de certaines tribus ; il est permis de croire qu'il existe encore des ouvrages sur le midi de l'Arabie qui nous

---

1. *Essai sur l'histoire des Arabes avant l'islamisme et pendant l'époque de Mahomet*, par A. P. Caussin de Perceval, t. III. Paris, 1848, in-8° (603 p.).

sont inconnus ; l'on prétendait même, il a quelques années, qu'un savant, à Hodeida, en avait formé une collection ; mais le chiffre des volumes qu'on indiquait rendait la nouvelle invraisemblable ; il est cependant possible qu'elle soit vraie en partie et que quelque savant voyageur nous rapporte un jour du Yémen de nouveaux moyens d'étude. Il est certain, dans tous les cas, que les inscriptions himyarites nous cachent encore des renseignements importants sur l'histoire antique de l'Arabie, et ces inscriptions seront infailliblement interprétées aussitôt que l'on possédera des copies d'un plus grand nombre de monuments de ce genre. C'est cette idée qui avait déterminé le gouvernement français à renvoyer M. Arnaud dans le midi de l'Arabie, pour qu'il achevât ce qu'il avait si courageusement commencé ; malheureusement, le mauvais état de la santé du voyageur et les troubles qui règnent dans le Yémen ont rendu jusqu'à présent infructueuse sa seconde tentative ; mais il existe des centaines et probablement des milliers d'inscriptions himyarites, que le zèle de quelque voyageur heureux et résolu nous procurera certainement tôt ou tard.

M. Gottwaldt, à Saint-Pétersbourg, a publié la traduction latine des Annales de Hamza-Ispahani[1], dont il avait fait paraître le texte il y a deux ans. L'ouvrage de Hamza est daté de l'an 350 de l'hégire ; c'est, dans la littérature arabe, un des premiers essais d'une histoire universelle appuyée sur un système de chronologie. Hamza traite successivement de l'histoire des Persans, des Romains, des Égyptiens, des Juifs et des Arabes ; mais les matériaux qu'il avait à sa disposition étaient très-insuffisants pour le but qu'il s'était proposé ; il ne possédait de données un peu étendues que sur les Persans et les Arabes ; néanmoins les extraits qu'on lui doit d'ouvrages aujourd'hui perdus, sont pour nous de la plus grande valeur. Tout le monde sait de quelle utilité ils ont été pour les savants

---

1. *Hamzæ Ispahanensis annalium libri X*, edidit Gottwaldt, t. II, translatio latina. Leipzig, 1848, in-8° (200 p.).

qui se sont occupés de l'ancienne histoire des Arabes; la colère de Reiske contre ces Annales, jointe à l'usage constant qu'il en fait, indique également leur imperfection et leur grande importance. Quant à la Perse, Hamza avait réuni tout ce que la conquête arabe avait épargné de livres historiques ; malheureusement, les documents qu'ils lui fournissent montrent que la véritable histoire de la Perse avait déjà péri sous les Arsacides et les Sassanides, et avait été remplacée par une tradition systématiquement arrangée et falsifiée. M. Gottwaldt nous promet un troisième volume, qui doit contenir les notes critiques et historiques dont un ouvrage aussi rempli de noms propres et de dates a nécessairement besoin.

L'histoire des Arabes a occupé d'autres savants encore. M. Dozy a publié le troisième volume de sa collection d'ouvrages arabes inédits[1], contenant la première partie d'une histoire du Maghreb, par Arib, auteur du IV° siècle de l'hégire, inconnu jusqu'à présent, mais qui promet de prendre une place importante dans l'histoire de l'Afrique musulmane. M. Sandenbergh Matthiessen, jeune orientaliste hollandais, a fait paraître un fragment d'un auteur anonyme comprenant l'histoire du khalife Motassem[2]. Ce petit livre ne contient que le texte, sans traduction ni aucune espèce d'éclaircissements.

La géographie des Arabes s'est enrichie de plusieurs ouvrages. M. Wustenfeld nous a donné la troisième livraison de son édition des deux traités de Kazwini, qu'il a réunis sous le titre de Cosmographie[3]. Cette livraison contient le commencement des Merveilles de la Création, livre extrêmement célèbre et pour lequel les beaux esprits ont donné quelquefois à l'au-

[1]. *Ouvrages arabes* publiés par R. P. A. Dozy, 3e livraison. Leyde, 1848, in-8° (328 p.).
[2]. *Historia chalifatus Al-Motacimi*, ex cod. arabico nunc primum edita a C. Sandenbergh Matthiessen. Leyde, 1849, in-8° (75 p.).
[3]. *Zakarija ben Muhammed Ben Mahmud el-Cazwini's Kosmographie*, erster Theil. Die Wunder der Schöpfung, c. I. Gœttingue, 1848, in-8° (176 p.).

22

teur le titre de Pline de l'Orient. La comparaison ne manque pas tout à fait d'à-propos : ce sont deux compilateurs qui amassent, sans beaucoup de critique, des matériaux sur une infinité de sujets. Kazwini, dans les Merveilles de la Création, parle d'abord du ciel, des sphères célestes, des anges qui les peuplent, des astres et de leur influence; ensuite il passe à la terre, traite des éléments et des phénomènes qu'ils produisent, de la configuration du globe, de la formation des montagnes et des fleuves ; enfin de tous les êtres qui vivent sur la terre, dans l'eau et dans l'air. C'est un mélange de théories et d'observations, de fables et d'histoires et de faits historiques qui nous donne une idée suffisante de l'état des connaissances des Arabes au XIIIe siècle de notre ère, et qui fournira de curieux documents aux historiens et aux naturalistes. Il serait à désirer que M. Wustenfeld, quand son édition sera terminée, publiât une traduction de ces deux ouvrages de Kazwini.

On doit à M. Defrémery des extraits des voyages d'Ibn-Batouta dans la Perse et dans l'Asie centrale [1]. Ibn-Batouta était un jurisconsulte de Tanger qui a parcouru, pendant la première moitié du XIVe siècle, tout l'Orient et une partie de l'Afrique ; le récit de ses voyages est extrêmement curieux, non-seulement à cause des renseignements qu'il nous donne sur ce qu'il a observé dans ses longues pérégrinations, mais encore à cause de l'autobiographie qu'il contient. Quand on lit la vie des auteurs musulmans de ce temps, on est frappé des voyages qu'ils entreprennent, de la facilité avec laquelle ils traversent les contrées soumises à l'islamisme, de l'hospitalité qu'ils reçoivent partout, des honneurs que leur rendent les princes, et de la promptitude avec laquelle ils parviennent aux charges les plus considérables dans des pays étrangers. Les voyages du clergé et des pèlerins chrétiens du moyen âge ne donnent qu'une faible idée de ce mouvement perpétuel des

---

1. *Voyages d'Ibn-Batoutah dans la Perse et dans l'Asie centrale*, extraits de l'original arabe par M. Defrémery. Paris, 1848, in-8° (162 p.).

lettrés musulmans. Beaucoup de causes ont coopéré à rendre possible et durable cet état de choses : l'habitude de l'hospitalité, que les Arabes avaient portée partout, le peu de besoins des Orientaux, l'usage commun d'une langue savante, mais avant tout le respect qu'inspirait le savoir à des peuples qui étaient accoutumés à le trouver uni par tous les liens possibles à la religion. Aussi voit-on, par des ouvrages comme celui d'Ibn-Batouta jusqu'à quel degré et jusqu'à quel abus même ils se laissaient aller à la facilité de changer de place, que leur donnait ce respect universel et cette espèce de franc-maçonnerie qui les faisait bien venir partout. C'est ainsi que nous voyons Ibn-Batouta, tantôt l'hôte des princes et des gouverneurs des villes, et comblé de leurs dons, tantôt vivant avec les scheicks et les ermites. Il est tantôt kadi de Dehli, tantôt ambassadeur en Chine, tantôt juge dans les Maldives, et quand il se trouve à Mâli, dans le Soudan, il est si étonné de ce que le roi ne lui assigne pas une maison comme tous les autres princes de la terre avaient fait, qu'il le lui reproche en public et s'en fait donner une. Le plus curieux est de le voir se marier partout où il s'établit pour quelque temps, et divorcer à son départ. C'est ainsi qu'il passa trente ans de sa vie.

Les voyages d'Ibn-Batouta n'ont été connus, pendant longtemps, que par un abrégé dont M. Lee a publié une traduction anglaise. Il y a quelques années, le P. Moura a donné, en portugais, la première partie de l'ouvrage complet; M. Dulaurier en a inséré, dans le Journal asiatique, une autre partie, et maintenant M. Defrémery en reproduit deux nouveaux chapitres, dans lesquels on trouvera un tableau des mœurs et de l'état politique de la Perse et du Turkestan, que l'on chercherait vainement ailleurs.

Les renseignements que nous fournissent les Arabes sur les peuples étrangers avec lesquels ils ont été en contact, ont donné lieu à plusieurs travaux importants. M. Reinaud a publié, sous le titre de *Mémoire géographique, historique et scientifique sur l'Inde*[1], un travail considérable, qui a pour but de remplir des lacunes sensibles dans nos connaissances relativement à l'Inde.

Vous vous rappelez que M. Reinaud a inséré, il y a quelques années, dans le Journal asiatique, une série d'extraits d'auteurs arabes et persans sur l'Inde ; l'ouvrage qu'il nous donne aujourd'hui contient les résultats de ces premières recherches et de celles qu'il a faites depuis, en les combinant avec les indications qu'offrent les récits des voyageurs chinois dans l'Inde. Il avait, pour cette dernière partie de son sujet, à sa disposition, non-seulement les documents publiés dans le *Foe-koue-ki*, de M. Rémusat, mais encore la traduction inédite du voyage de Hiouen-thsang, ainsi que d'autres matériaux, que M. Stanislas Julien a bien voulu lui communiquer et qui sont le fruit de ses longs travaux sur les rapports entre l'Inde et la Chine. On sait que l'Inde n'a pas produit d'historien, ni même de chroniqueur. La littérature sanscrite ne manque pas pour cela de données historiques ; elle est plus riche peut-être que toute autre littérature en renseignements sur l'histoire morale de la nation, sur l'origine et le développement de ses idées et de ses institutions, enfin sur tout ce qui forme le cœur, comme le noyau de l'histoire, et ce que les chroniqueurs de la plupart des peuples négligent pour se contenter de l'écorce ; mais, comme dit Albirouni, « ils ont toujours négligé de rédiger les chroniques des règnes de leurs rois, » de sorte que nous ne savons jamais exactement quand leurs dynasties commencent et quand elles finissent, ni sur quels pays elles ont régné ; leurs généalogies sont en mauvais ordre et leur chronologie est nulle. Il importe donc extrêmement d'obtenir des points de repère fixes, auxquels on puisse rattacher les notions que nous

---

1. *Mémoire géographique, historique et scientifique sur l'Inde*, antérieurement au XIe siècle de l'ère chrétienne, d'après les écrivains arabes, persans et chinois, par M. Reinaud. Paris, 1849, in-4° (400 p.). Tiré à part du t. XVIII du recueil des Mémoires de l'Académie des inscriptions et belles-lettres.

fournissent les livres sanscrits, afin de réduire à des proportions moindres le vague qui règne dans l'histoire ancienne de l'Inde. Les bouddhistes, qui ont fait beaucoup plus d'attention à la chronologie que les brahmanes, nous donnent quelques dates anciennes et extrêmement importantes. Après eux, les Grecs fixent, par leur contact avec les Hindous, quelques autres points. Plus tard, les pèlerins chinois traversent l'Inde en tout sens et indiquent de nombreux synchronismes ; enfin, viennent les Arabes, qui envahissent la vallée de l'Indus, et parmi lesquels se rencontrent quelques hommes intelligents, comme Beladori, et surtout Albirouni, qui, attachant de l'importance à connaître l'histoire et les sciences des Hindous, en font l'objet d'une étude sérieuse. M. Reinaud, en recueillant et en combinant les passages des auteurs Chinois et Arabes relatifs à l'Inde, a eu pour but de déterminer de nouveaux points dans l'histoire et la géographie de ce pays, surtout des provinces qui avoisinent l'Indus. Il faut suivre, dans son ouvrage même, les résultats qu'il obtient ; mais il est certain que chaque fait indien dont on parvient à établir la date, est un gain pour l'histoire, quelque insignifiant qu'il soit en lui-même, parce qu'il devient un centre autour duquel se groupent d'autres faits qu'antérieurement on ne pouvait classer que vaguement. On en a la preuve, pour l'histoire ancienne, dans l'Archéologie indienne de M. Lassen, et, pour les données plus modernes que fournissent les Arabes, dans une dissertation récente de M. Thomas sur l'époque des rois Sah de Surastra [1], dissertation dans laquelle l'auteur est parvenu à rattacher une foule de faits à une date fournie par Albirouni et citée par M. Reinaud, reconstituant ainsi, à l'aide de monnaies et de traditions indiennes, la chronologie et la généalogie de toute une dynastie.

Enfin M. Dorn, à Saint-Pétersbourg, a publié la cinquième

1. *The Epoch of the Sah Kings of the Surashtra*, illustrated by their coins by E. Thomas. Londres, 1848, in-8° (76 p. et 7 pl.). Extrait du *Journal of the royal asiatic Society of Great Britain*.

partie de sa collection de documents sur l'histoire et la géographie du Caucase [1]. Vous-mêmes avez donné presque la première impulsion à cette branche d'études par la publication de la Chronique et de la Grammaire géorgiennes de M. Brosset. Depuis ce temps, les savants russes, qui étaient naturellement appelés à éclaircir cette partie confuse de l'histoire orientale, ont étudié plusieurs des dialectes caucasiens. M. Brosset, revenu récemment d'un voyage dans le Caucase dont le gouvernement russe l'avait chargé, en a rapporté une foule de nouveaux documents, et M. Dorn expose dans une série de mémoires les renseignements que les auteurs arabes, persans et turcs fournissent pour l'histoire et la géographie de ce pays. Après avoir successivement traité de l'histoire du Schirwan, de la Géorgie et des Khazars, le mémoire qu'il a publié dernièrement contient les passages des auteurs musulmans qui se rapportent à la géographie du Caucase.

La jurisprudence arabe s'est enrichie du second volume de la traduction des Principes de Khalil-ibn-Ishak, par M. Perron[2]. Ce travail, exécuté par ordre du ministère de la guerre, est destiné avant tout aux tribunaux d'Alger ; mais il n'en est pas moins important pour tous ceux qui s'occupent de l'histoire et des institutions des Arabes ; il suffira, pour en faire pressentir la valeur, d'indiquer les sujets qu'embrassent les deux volumes parus. Le premier traite des obligations religieuses, c'est-à-dire des purifications, de la prière, de l'impôt sur les croyants, du jeûne et de la retraite spirituelle. Le second, du pèlerinage, de l'usage de la chair des animaux, du serment, de la guerre et du mariage. L'ouvrage entier se composera de cinq volumes, qui comprendront le tableau complet des lois

---

1. *Beiträge zur Geschichte der Kaukasischen Länder und Völker.* V. *Geographica*, von Dorn, dans les Mémoires de l'Académie de Saint-Pétersbourg, t. VII, livraisons 4 et 5.
2. *Précis de jurisprudence musulmane*, ou principes de législation musulmane, civile et religieuse, selon le rite malékite, par Khalil-Ibn-Ishak, traduit de l'arabe par M. Perron, second volume. Paris, 1849, in-8° (671 p.).

d'après le rite malékite. La traduction de ce livre offre des difficultés toutes particulières; elle doit être aussi fidèle que possible, parce qu'elle est destinée à servir de règle dans l'application de la loi, et pourtant le texte ne se prête guère à une interprétation littérale. C'est un énoncé de principes, destiné à être appris par cœur par les étudiants, et composé, en conséquence, avec une concision extrême, aux inconvénients de laquelle les Arabes remédient par les explications verbales de l'enseignement et par des commentaires écrits. Pour être fidèle, M. Perron a dû traduire le texte, et, pour être compris, il a dû intercaler au milieu des phrases les fragments des commentaires qui le rendent intelligible; les explications plus détaillées sont rejetées dans un appendice à la fin de chaque volume. M. Perron a eu soin de distinguer, dans l'impression, les mots ajoutés, de sorte que le lecteur est toujours averti de ce qui constitue le texte. Je crois qu'il eût été impossible de faire mieux pour rendre intelligible un livre aussi obscur par l'excès de la concision.

M. Tornberg, professeur à l'université de Lund, vient de faire paraître le Catalogue des manuscrits arabes, persans et turcs de la bibliothèque d'Upsal[1]. Cette collection se compose de cinq cent douze manuscrits, provenant, soit de dons, soit d'achats, et parmi lesquels il y a un certain nombre d'ouvrages précieux par leur rareté et par l'époque où ils ont été exécutés. M. Tornberg a rédigé ce catalogue avec le plus grand soin ; il ne se contente pas de décrire chaque manuscrit et d'en indiquer l'auteur et le sujet; il donne toujours la première ligne du texte de l'ouvrage, et souvent, quand il s'attache un intérêt particulier à un livre, il copie les titres de tous les chapitres ; enfin, il fournit toutes les indications dont on peut avoir besoin pour identifier un manuscrit avec d'autres et pour s'assurer s'il contient ce qu'on aurait intérêt à y chercher. Il

---

1. *Codices arabici, persici et turcici, bibliothecæ regiæ universitatis Upsalensis;* disposuit et descripsit C. J. Tornberg. Lund, 1849, in-4° (xxiv et 355 p.).

serait infiniment à désirer que toutes les bibliothèques qui possèdent des manuscrits, fût-ce même en petit nombre, publiassent un catologue sur ce plan, et exécuté aussi soigneusement que celui de M. Tornberg, car aujourd'hui que presque toutes les bibliothèques consentent à prêter des manuscrits sous des garanties convenables, ce serait un avantage incontestable pour les études orientales de savoir à quel endroit en Europe se cache tel manuscrit dont le défaut peut arrêter un travail important.

Le nombre des dictionnaires arabes s'est accru de l'ouvrage que le scheikh maronite Rochaïd de Dahdah a fait imprimer à Marseille [1]. On se servait dans le Liban d'un dictionnaire compilé par Germanos Farhat, évêque maronite d'Alep. C'était un abrégé du *Kamous*, augmenté de termes bibliques et catholiques, et d'une syntaxe arabe. Rochaïd de Dahdah entreprit de le compléter et de le publier; il le revit sur le *Kamous* même, et y ajouta un grand nombre de mots tirés des différents auteurs arabes et qui ne se trouvent pas dans le *Kamous*. Il indique lui-même dans sa préface vingt et une espèces de perfectionnements qu'il a introduits dans l'ouvrage de Farhat, et comme il a soin de distinguer dans l'impression les phrases qui lui appartiennent, il sera aisé de contrôler son assertion. Quoi qu'il en soit, et quel que puisse être le mérite de ce livre, il ne fera pas perdre de vue aux orientalistes un travail lexicographique qu'ils attendent avec impatience, c'est le Dictionnaire de M. Lane. Le gouvernement anglais, ordinairement si indifférent pour les travaux des savants, a eu le bon esprit, en facilitant à M. Lane son séjour au Caire, de le mettre en état d'achever le grand ouvrage auquel il a consacré toutes ses heures depuis tant d'années. On trouvera dans le Journal oriental allemand un compte rendu de M. Lane sur les

---

1. *Dictionnaire arabe* par Germanos Farhat, maronite, évêque d'Alep, revu, corrigé et considérablement augmenté sur le manuscrit de l'auteur, par Rochaïd de Dahdah, scheikh maronite. Marseille, 1849, in-4° (v et 723 p.).

matériaux qu'il a à sa disposition, et qui, entre les mains d'un homme aussi savant, promettent un travail infiniment plus exact et plus complet que tout ce qui existe aujourd'hui, car M. Lane a retrouvé la meilleure partie des écrits dont l'auteur du *Kamous* lui-même s'est servi, et a pu ainsi corriger et compléter un livre qui, jusqu'ici, a toujours été la grande autorité en lexicographie arabe. Quand M. Lane aura publié les trésors des anciens lexicographes arabes qu'il a su découvrir en Égypte et auxquels il consacre un travail si consciencieux et si intelligent; quand M. Quatremère nous aura donné son *Thesaurus*, dont les citations, qu'il doit contenir en nombre infini, sont destinées à montrer de quelle manière et dans quelle nuance les auteurs arabes ont appliqué les significations des mots indiqués par les lexicographes, on possédera alors deux instruments incomparables pour l'étude de l'arabe.

Les autres dialectes sémitiques n'ont fourni, autant que j'ai pu l'apprendre, qu'un petit nombre d'ouvrages nouveaux. M. Cureton a publié, sous le titre de *Corpus ignatianum* [1], une nouvelle édition de la traduction syriaque qu'il a découverte des lettres de saint Ignace, et qui paraît contenir une rédaction plus authentique que les différentes rédactions grecques que l'on possédait. Dans cette nouvelle édition il a complété le texte syriaque et l'a entouré de tout ce qui peut servir à décider la question relative à la composition originale de ces lettres, question qui a autrefois agité toute l'église chrétienne et qui est encore aujourd'hui d'un intérêt considérable pour l'histoire ecclésiastique. La découverte de ces lettres est un des premiers fruits de la translation de la bibliothèque du monastère de Nitrie au Musée britannique, et cette grande acquisition donnera certainement lieu à de nouvelles découvertes patristiques; déjà M. Cureton a offert au Comité des traductions

---

1. *Corpus ignatianum*, a complete collection of the ignatian epistles in syriac, greek and latin, by W. Cureton. Londres, 1849, in-8° (LXXXVII et 365 p.).

un volume de biographies d'évêques illustres de l'église d'Orient, pendant les IVe, V[e] et VIe siècles. Le Comité a fait imprimer dans le courant de l'année un autre ouvrage qui rentre dans la même classe : ce sont les Constitutions apostoliques, publiées en copte par M. Tattam[1]. Les théologiens jugeront en quoi cette rédaction des Constitutions diffère de celles qui existent déjà en plusieurs langues.

M. l'abbé Bargès[2] a fait lithographier, en les accompagnant d'un commentaire, deux nouvelles inscriptions puniques découvertes à l'île du port Cothon, à Carthage, par M. l'abbé Bourgade. Ces inscriptions sont très-courtes, mais très-lisibles, et la rareté des textes phéniciens fait que chaque nouvelle inscription, surtout quand l'écriture en est belle, contribue pour une part plus ou moins considérable à l'intelligence de celles qui sont déjà connues, et à lever l'incertitude qui a si longtemps pesé sur ces monuments, incertitude que les études mieux dirigées des dernières années n'ont pas encore entièrement dissipée.

M. Tuch, à Leipzig, a pris pour thème d'un travail très-remarquable les inscriptions qui couvrent les rochers de quelques-unes des vallées de la presqu'île du Sinaï[3]. Déjà Cosmas Indicopleustès avait été frappé de ces « vallées écrites », et, depuis son temps, tous les voyageurs qui ont visité le Sinaï ont parlé de ces milliers d'inscriptions taillées et tracées sur les rochers, pour la plupart dans un caractère inconnu. Poocke en a publié quelques-unes, et différents voyageurs, après lui, en ont reproduit des centaines. Les localités où on les

---

1. *The apostolical Constitutions*, or the canons of the Apostles in coptic, with an english translation by H. Tattam. Londres, 1848, in-8° (XV et 214 p.).
2. *Mémoire sur deux inscriptions puniques* découvertes dans l'île du Port Cothon à Carthage, par l'abbé Bargès. Paris, 1849, in-4° (16 p. et 2 pl.).
3. *Ein und zwanzig sinaitische Inschriften*, Versuch einer Erklärung von Fr. Tuch. Leipzig, 1849, in-8° (87 p.). Tiré à part du Journal oriental allemand.

trouvait, la négligence avec laquelle elles étaient exécutées, le texte de quelques inscriptions grecques mêlées aux autres, et le signe de la Croix qui en accompagnait quelques-unes, ont porté tout le monde à conclure que c'était l'ouvrage des pèlerins chrétiens qui, allant au Sinaï, avaient tracé, en passant, leurs noms sur les rochers. Cette conjecture parut se confirmer, lorsqu'un paléographe distingué, feu M. Beer, eut déchiffré l'alphabet de ces inscriptions; mais un examen plus attentif conduisit bientôt à des résultats autres et plus curieux. M. Credner fut le premier à supposer que les auteurs des inscriptions pourraient bien avoir été des Sabéens qui se rendaient dans les temples de la presqu'île du Sinaï, dont Diodore nous a laissé une description. Les recherches de M. Tuch ont pleinement confirmé cette supposition; il prouve que la langue des inscriptions est l'arabe, que les noms des pèlerins sont païens, que toutes les vallées du Sinaï ne contiennent pas des inscriptions, mais seulement celles qui mènent aux localités connues pour avoir été le centre du culte sabéen, comme le Phoenikôn de Diodore et le mont Serbal. Toute cette discussion est conduite par M. Tuch avec une sagacité rare; il est probable que dans quelque temps il sera en état de la reprendre, et qu'il trouvera, dans des inscriptions mieux copiées, le moyen de tirer de nouveaux résultats de monuments qui, au premier aspect, paraissaient promettre si peu de chose. Il existe à Londres une collection considérable de ces inscriptions copiées par un missionnaire, et dont M. Tuch n'a pas eu connaissance; mais il aura bientôt à sa disposition des matériaux plus authentiques, car M. Lepsius a rapporté des copies et des calques fort nombreux faits avec le plus grand soin, et reproduisant en partie des inscriptions prises dans des vallées que les voyageurs n'avaient pas encore explorées.

En nous tournant vers la Mésopotamie, nous ne trouvons cette année aucune de ces grandes découvertes qui ont étonné le monde pendant les années précédentes; la France, qui avait ouvert cette voie glorieuse, paraît même renoncer à la suivre, car on a envoyé M. Botta à Jérusalem, au lieu de le renvoyer à Mossoul, où il avait presque sous ses pieds un palais immense qui n'exige qu'un déblai facile pour nous livrer de nouveaux trésors d'antiquités assyriennes. Au reste, la science ne les perdra pas, le gouvernement anglais ayant renvoyé M. Layard à Constantinople, et le Musée britannique lui assignant une somme suffisante pour recommencer ses fouilles. En attendant que ces nouvelles richesses arrivent en Europe, on a fait de grands progrès dans la publication des découvertes antérieures. L'ouvrage de M. Botta est presque terminé [1] ; il ne reste plus à paraître que le texte descriptif, qui est imprimé en grande partie, et qui contiendra l'historique de la découverte, la description du monument, ainsi que la continuation des recherches dont M. Botta a publié les premiers résultats dans le Journal asiatique, et qui sont relatives aux inscriptions. M. Layard a divisé la publication des matériaux qu'il a rapportés de Nimroud en trois parties. Il a donné d'abord l'histoire de sa découverte [2], et son récit, orné d'un grand nombre de représentations de monuments, est accompagné de dissertations sur l'histoire, les mœurs et les arts des Assyriens; il a eu un succès immense. Ensuite il a paru un second ouvrage [3] composé de cent planches, représentant, sur une plus grande échelle, les principaux bas-reliefs du palais de Nimroud; enfin, les inscriptions seront gravées et publiées aux frais du Musée britannique. Cette manière de faire jouir le public de la découverte des antiquités de Nimroud, est infiniment préférable au mode qu'on a suivi à Paris pour la publication des antiquités de Khorsabad. Il n'en est pas résulté, il est vrai, un ou-

1. *Monument de Ninive,* découvert et décrit par M. Botta, mesuré et dessiné par M. Flandin. Paris, 1849, in-fol. (Il en a paru 88 livraisons.)
2. *Nineveh and its remains,* with an account of a visit to the chaldæan Christians of Kurdistan, and the Yezidis, or devil-worshippers; and an enquiry into the manners and arts of the ancient Assyrians, by Austen H. Layard. Londres, 1849, 2 vol. in-8° (xxx, 399 et 491 p.).
3. *Monuments of Nineveh,* by Austen Henry Layard. Londres, 1849, in-fol. (100 planches sans texte, prix 260 fr.)

vrage aussi magnifique, mais les travaux de M. Layard sont aujourd'hui dans toutes les mains, tandis que ceux de M. Botta ne sont accessibles qu'à un petit nombre de personnes privilégiées, et la moitié des sommes que les anciennes Chambres françaises ont consacrées à un ouvrage de luxe, suffira à l'Angleterre pour déblayer et amener à Londres les restes du palais impérial assyrien que recouvre la colline de Koyunjuk.

La publication de deux autres ouvrages qui rentrent essentiellement dans la classe de ceux qui nous occupent en ce moment, les Recherches de M. Lajard sur le culte de Vénus [1] et sur celui de Mithra en Orient et en Occident [2], a fait de grands progrès pendant l'année dernière. M. Lajard a réuni tous les monuments babyloniens, assyriens, syriens, persans, grecs et romains se rapportant à son sujet, qui se trouvent dans les collections publiques ou particulières en Europe, et il les a fait graver avec un soin infini. La publication de ces planches est achevée; mais il n'a encore paru du texte que la majeure partie du mémoire sur le culte de Vénus, qui, dans le système de l'auteur, est intimement lié au culte de Mithra. Les deux mémoires formant ainsi un ensemble destiné à donner la clef de toute la théologie et des mystères du monde ancien, il faut attendre la publication des deux volumes dont le texte des recherches sur Mithra se composera, pour se rendre compte du vaste système mythologique que M. Lajard se propose de soumettre au jugement du monde savant.

L'interprétation des inscriptions cunéiformes des différentes classes a été l'objet de plusieurs travaux. M. Botta insère, dans le texte de son ouvrage sur Ninive, un mémoire destiné

---

1. *Recherches sur le culte, les symboles, les attributs et les monuments figurés de Vénus en Orient et en Occident,* par M. Félix Lajard. Paris, texte in-4º et planches in-fol. (Il a paru jusqu'à présent sept livraisons comprenant 35 planches et 248 pages de texte.)

2. *Recherches sur le culte public et les mystères de Mithra en Orient et en Occident,* par M. Félix Lajard. Paris, 1849, in-fol. (22 livraisons, composées de 110 planches.)

à prouver l'identité de l'écriture babylonienne et assyrienne, malgré leur différence apparente, et M. Grotefend paraît arriver au même résultat dans une dissertation qu'il a publiée sur un cylindre babylonien [1]. M. Botta continue aussi ses recherches sur l'identité d'un certain nombre de caractères assyriens qui diffèrent par la forme, mais que l'on emploie dans les inscriptions indifféremment l'un pour l'autre. La grande connaissance que M. Botta possède des inscriptions, lui permet de traiter avec une certaine sûreté ce sujet délicat, qui aura pour avantage de réduire l'alphabet assyrien à un nombre de signes considérablement plus restreint. C'est un travail préliminaire indispensable, dont les résultats deviendront de plus en plus certains à mesure qu'on découvrira des inscriptions ou des formules qui se répètent, et ne diffèrent entre elles que par les variantes de l'écriture.

M. de Saulcy a publié un mémoire [2] dans lequel il donne la transcription d'une liste généalogique et d'un certain nombre de noms propres et de noms géographiques contenus dans les inscriptions de Van, avec la traduction entière de l'inscription VIII de Schulz. Son interprétation est basée sur la supposition que la langue de ces inscriptions appartient à la famille sémitique. D'un autre côté, un jeune savant italien, M. Luzzato, à Padoue, a fait paraître un mémoire intitulé : *Sur le sanscritisme de la langue assyrienne* [3]. Il assure avoir lu, à l'aide du sanscrit, presque toutes les inscriptions assyro-persépolitaines, quelques-unes de Van, et quelques passages des inscriptions de Khorsabad ; mais il ne peut, faute de caractères assyriens, publier actuellement son travail sur l'interprétation

---

1. *Bemerkungen zur Inschrift eines Thongefässes mit babylonischer Keilschrift*, von Grotefend. Gœttingue, 1848, in-4° (18 p. et 2 pl.).
2. *Recherches sur l'écriture cunéiforme assyrienne*, inscriptions de Van. Paris, 1848, in-4°, 44 pages. (Cette brochure ne porte pas de nom d'auteur sur le titre, mais elle est signée à la fin par M. de Saulcy.)
3. *Le sanscritisme de la langue assyrienne*, études préliminaires au déchiffrement des inscriptions assyriennes, par Philoxène Luzzato. Padoue, 1849 (80 p. in-12).

de ces inscriptions. Le mémoire qu'il a fait imprimer contient une liste de noms assyriens, dont il fournit des étymologies tirées du sanscrit. Sa théorie paraît être que la Babylonie fut occupée d'abord par un peuple sémitique, et que des peuples de race sanscrite se sont superposés, à deux reprises, à la population première. Il est évident que, dans cette hypothèse, les étymologies des noms propres tirées du sanscrit ne prouvent rien pour la langue même des inscriptions; car les noms propres pouvaient appartenir à des familles de la race conquérante, et les inscriptions pouvaient néanmoins être composées dans la langue du pays. M. Luzzato ne parviendra à prouver sa thèse sur l'origine sanscrite de la langue assyrienne que par l'analyse grammaticale des inscriptions.

Les inscriptions médiques ont occupé M. Rawlinson et M. de Saulcy. M. Rawlinson a réussi à lire presque en entier le texte médique de la grande inscription de Bisutun, dont il n'avait au commencement espéré pouvoir déchiffrer qu'un tiers, et le Journal asiatique de Londres annonce l'arrivée prochaine de son mémoire sur ces inscriptions. M. de Saulcy, de son côté, va faire paraître dans les prochains numéros de votre Journal, deux longs mémoires sur les inscriptions médiques de Persépolis. Tout en rendant justice au travail de M. Westergaard, il fait des changements considérables à l'alphabet publié par ce savant. Il conclut, comme tous ceux, je crois, qui se sont occupés du médique, que la base de cette langue est le turc. Ce serait un résultat infiniment curieux, mais qui n'a rien d'invraisemblable, quoique ni les auteurs classiques, ni les monuments et les traditions des Persans ne nous aient fait pressentir que les Mèdes étaient des Touraniens. Il est extrêmement à désirer que cette supposition se trouve vérifiée; elle nous donnerait une clef sûre pour l'intelligence des inscriptions médiques, qui pourront acquérir un jour une importance historique bien plus grande qu'on ne le soupçonne aujourd'hui; car, jusqu'à présent, nous ne possédons des inscriptions médiques qu'accompagnées d'un texte persan, de sorte que leur contenu est toujours connu d'avance ; mais rien n'est plus vraisemblable que la découverte prochaine d'un palais médique, dont les inscriptions fourniraient une nouvelle et bien curieuse page de l'histoire ancienne.

Je n'ai eu entre les mains qu'un seul travail sur les inscriptions cunéiformes persanes; c'est un mémoire de M. Luzzato[1], dans lequel il propose de nouvelles et ingénieuses étymologies de quelques mots difficiles de l'inscription de Bisutun; mais il est probable que M. Rawlinson discute lui-même, dans son Vocabulaire persépolitain, les points qui ont pu laisser des doutes.

En arrivant à la littérature persane moderne, nous trouvons le texte du *Tohfet al-Ahrar*[2], par Djami, publié pour la première fois par M. Forbes Falconer. Djami est le grand poëte de la Perse du xve siècle et presque le dernier qui mérite le nom de classique. La décadence de la littérature persane avait commencé avant lui; la veine littéraire de la nation était épuisée; les poëtes tournaient surtout dans un cercle éternel de formes et d'idées toujours les mêmes, qu'ils ne savaient plus varier que par un plus grand raffinement de subtilités mystiques et par un style ampoulé qui plaisait à la barbarie pompeuse des princes turcs et mongols. Djami eut la gloire de maintenir pendant sa longue vie les traditions de grâce et d'élégance de ses prédécesseurs, et ses nombreux ouvrages ont gardé une grande et juste popularité. Il a composé un nombre considérable d'écrits en prose sur la religion et la philosophie envisagées sous le point de vue des Sufis ; mais ses ouvrages les plus célèbres sont ses poésies morales, lyri-

1. *Sulla inscrizione cuneiforme persiana di Behistan*, memoria di Filosenno Luzzato. Milan, 1848, in-4° (24 p.). Extrait du *Giornale dell' I. R. Istituto Lombardo*, t. I.
2. *Tuhfat ul Ahrar*, the Gift of the noble, being one of the seven poems, or *Haft Aurang*, of Mulla Jami, now first edited by Forbes Falconer. Londres, 1848, in-4° (16 et 96 p.).

ques et romantiques. Il en a réuni lui-même sept sous le titre des *Sept étoiles de la Grande Ourse*, et le Comité des textes orientaux s'est décidé à faire publier cette collection et a confié ce grand travail à M. Forbes Falconer. On ne connaissait jusqu'à présent que trois des ouvrages qui font partie de ce recueil, et encore était-ce d'une manière incomplète. Lumsden a fait imprimer à Calcutta le texte du *Tohfet al-Ahrar*; Chézy a publié une traduction libre de *Medjnoun et Léila*, et M. de Hammer a donné des extraits considérables de *Yussuf et Zuleikha*. Une édition complète et critique du recueil entier sera certainement accueillie avec intérêt par tous ceux qui s'occupent de littérature persane. Le premier volume de M. Falconer contient le *Tohfet al-Ahrar*, « le Cadeau des nobles » : c'est une collection de moralités dont chacune est suivie d'une anecdote qui lui sert d'exemple. Le second volume, qui est sous presse, contiendra le roman de *Salman et Absal*.

M. Elliot, auteur de l'admirable supplément au Glossaire des termes indiens, a publié à Calcutta, sous le titre d'*Index bibliographique des historiens musulmans de l'Inde*[1], le premier volume d'un ouvrage qui doit en former quatre, et qui lui-même n'est que l'introduction d'une grande collection de tous les historiens musulmans de l'Inde, dont M. Elliot a proposé la publication au gouvernement de la Compagnie. M. Thomason, gouverneur des provinces supérieures, à qui M. Elliot s'était adressé, et qui lui-même est un des hommes les plus intelligents et les plus zélés pour la littérature qu'il y ait dans l'Inde, lui répondit que le budget de l'instruction publique n'était pas assez considérable pour qu'il pût le charger actuellement d'une aussi forte dépense, mais il pria M. Elliot de rassembler en attendant une collection de manuscrits historiques qui, plus tard, pût servir à l'exécution de son

[1] *Bibliographical Index to the historians of Muhammedan India*, by H. M. Elliot; t. I, General histories. Calcutta, 1849, in-8° (xxx, 8, 394 et 94 p.).

plan, et de composer en même temps un index de ces ouvrages. M. Elliot se mit à l'œuvre; il signala d'abord vingt-sept ouvrages comme devant être imprimés, et forma une liste plus complète d'écrits sur l'histoire générale de l'Inde musulmane. Cette liste comprend deux cent trente et un ouvrages, quoique M. Elliot en ait exclu les chroniques locales et provinciales, les collections de lettres et les biographies autres que celles des empereurs. M. Elliot nous offre dans son livre le catalogue raisonné de cette grande collection; il accorde à chaque ouvrage, selon son importance, un chapitre plus ou moins long, dans lequel il donne des détails sur l'auteur, indique la nature et l'étendue du livre, l'esprit dans lequel il est composé, les travaux dont il a été jusqu'à présent l'objet de la part des Européens, en analyse le contenu et termine par des extraits de passages marquants dont il fait imprimer le texte dans un appendice. Cet index forme donc réellement une histoire de la littérature historique de l'Inde musulmane remplie de matières neuves et curieuses, et si le plan de M. Elliot devait n'avoir d'autre résultat que la composition de cet ouvrage, il aurait déjà rendu un service signalé à la science. Mais il faut espérer que le gouvernement indien trouvera moyen d'exécuter le plan dans toute son étendue. M. Elliot ne se fait pas illusion sur la valeur historique et littéraire des ouvrages dont il demande la publication. Il trouve que ce sont, en général, des chroniques sèches ou des œuvres de courtisans flatteurs, et qu'aucun de leurs auteurs ne mérite le nom d'historien; c'est la vérité, mais il en est de même pour les littératures historiques de tous les peuples barbares et demi-civilisés. Il n'y a que les Grecs, les Romains et l'Europe tout à fait moderne qui aient eu des historiens dignes de ce nom, recherchant la vérité sur l'état de la chose publique, les causes morales des événements, le développement et l'influence des idées et des institutions. Cela n'a pas empêché les nations civilisées de réunir et de publier les chroniques du moyen âge, si imparfaites qu'elles fussent : elles contiennent après tout, non-seulement les faits matériels nécessaires à l'histoire, mais encore des documents pouvant servir à cette histoire morale dont leurs auteurs eux-mêmes ne se doutaient pas. Il en est ainsi des chroniques musulmanes de l'Inde, et on peut en juger par celles qui nous sont déjà accessibles ; l'histoire de cette époque est encore à écrire, mais on ne pourra le faire qu'à l'aide de ces matériaux, et il est impossible que des annales si nombreuses et si détaillées ne donnent pas à la critique européenne le moyen d'y découvrir la vérité, même là ou les auteurs avaient un intérêt à la déguiser. Les avantages scientifiques d'un corps d'historiens de l'empire musulman de l'Inde ne seront mis en doute par personne en Europe ; mais la Compagnie fera de plus un acte de haute politique en rendant accessibles les sources de l'histoire de ses prédécesseurs, dont les bons et les mauvais côtés serviront de matière à réflexion tant à ses employés qu'à ses sujets.

Il est même probable qu'une pareille collection serait favorisée et facilitée par la population musulmane de l'Inde, car plusieurs indices récents font entrevoir que leurs études ne se bornent pas aussi exclusivement qu'autrefois à l'art de faire des sonnets. Il vient de paraître à Calcutta, en deux volumes, une histoire des conquérants de l'Inde depuis les temps les plus anciens[1]. L'auteur lui-même forme, pour ainsi dire, un épitomé vivant des conquêtes de l'Inde. Il est hindou de race, comme le prouve son nom, Apurva Krishna ; il est poëte honoraire du Grand Mogol actuel ; il écrit en persan et joint à son texte une analyse en anglais. Je n'ai pas réussi à me procurer son ouvrage, et d'après les extraits que j'en ai vus, l'Europe savante n'a rien à y apprendre ; mais cette publication témoigne toujours d'un certain intérêt pour les études historiques là où on ne se serait pas attendu à le trouver. Un autre ouvrage en four-

---

1. *The History of the Conquerors of Hind from the most early period to the present time*, containing an account of the religion, government, usages and character of the inhabitants of that kingdom, by Maha Raja Apurva Krishna Bahadur, honorary poet to his majesty the king of Dehli, t. I et II. Calcutta, 1848, in-8°.

nit un exemple plus frappant encore. C'est le premier volume d'une description historique, géographique et statistique de la Chine écrite en hindou par M. Corcoran [1]. Les sources dont l'auteur tire ses renseignements sont des ouvrages français et anglais parfaitement connus, et le lecteur européen n'y trouvera rien de nouveau; aussi je ne le cite que comme une preuve que la population musulmane paraît attacher un certain intérêt à la connaissance de l'histoire, et que l'on peut espérer qu'elle faciliterait au gouvernement la publication du corps de ses propres annales, en la rendant beaucoup moins dispendieuse qu'on ne devrait le croire au premier aspect.

Mais je reviens à la littérature persane, à laquelle plusieurs savants promettent des additions considérables. M. de Hammer a proposé à l'Académie impériale de Vienne de se charger d'une édition et d'une traduction allemande de l'histoire des Djinguiskhanides par Wassaf. Cet auteur était contemporain de Raschid-eddin, et son livre est une œuvre très-sérieuse et pleine de renseignements, malgré la broderie de prose rimée et de vers dont le fond est recouvert. M. Morley prépare une édition de l'histoire du sultan ghaznevide Mas'oud par Baihaki. M. Forbes Falconer promet une édition du *Nigharistan* de Djouweini, et M. Bland une édition des *Makamats* de Hamid-eddin, qui sont une imitation de l'ouvrage de Hariri. Ces trois volumes se publieront aux frais du Comité anglais des textes orientaux.

L'ordre naturel de cette énumération m'amène à parler des ouvrages turcs; mais j'espère que M. de Hammer voudra bien continuer à nous faire connaître, dans le Journal asiatique, les livres imprimés à Constantinople. Il n'est venu à ma connaissance, sur la littérature turque, que deux ouvrages d'une certaine importance, qui ont paru tous les deux en Allemagne.

1. *An account, geographical, historical and statistical of the chinese Empire*, in the Urdu language, by James Corcoran; t. I. Calcutta, 1848, in-8°.

M. Krehl a fait imprimer à Leipsig le texte, la traduction et le commentaire d'un ouvrage d'un Turc sufi, Omar ben-Suleiman, qui paraît avoir vécu au xvie siècle. Le titre de l'ouvrage est : *Les Délices de l'esprit*[1], et le but de l'auteur est de concilier le sufisme avec le Koran et avec la philosophie d'Aristote. Il est très-naturel que les sufis de tous les temps aient cherché à se maintenir en paix avec la loi religieuse et civile des pays où ils vivaient; mais comme leur croyance repose sur un fond entièrement opposé à la religion de Mahomet, tous leurs efforts en ce genre n'aboutissent qu'à des jeux de mots et à l'abus de l'art de l'interprétation, et ils ne produisent qu'une apparence d'accord entre deux manières de voir radicalement différentes, apparence qui, au fond, ne trompe ni les sufis ni les orthodoxes, mais qui leur permet une sorte de trêve. D'un autre côté, les sufis ont un intérêt presque aussi grand à établir la coïncidence de leurs idées avec les formules de la scolastique qui fleurit dans les écoles musulmanes. Cette seconde tâche était bien plus facile que la première, non pas qu'Aristote se prête plus facilement au mysticisme que le Koran, mais parce que les écoles ont réussi à le changer tellement, à alambiquer ses idées de telle façon qu'il n'en reste plus qu'un immense échafaudage de formules en elles-mêmes vides de sens, et auxquelles on rattache, sans trop de difficultés, une métaphysique quelconque. On avait, jusqu'à présent, accordé peu d'attention à ce côté du sufisme, qui, à la vérité, n'est qu'un accident et ne touche pas au fond propre de cette doctrine; néanmoins, il était bon de le faire connaître, et M. Krehl s'est tiré avec bonheur d'une tâche fort difficile, car l'obscurité et le vague, naturels au sufisme, deviennent encore plus obscurs et plus vagues par ce mélange avec les formules scolastiques.

M. Schott, à Berlin, qui depuis une douzaine d'années s'est occupé à plusieurs reprises de la thèse relative à l'iden-

1. *Die Erfreuung der Geister*, von Omar ben Suleiman; türkisch und deutsch von Dr Ludolf Krehl. Leipzig, in-8°, 1848 (96 et 56 p.).

tité de la race turque avec la race finnoise, est revenu sur ce sujet dans un travail philologique considérable sur la famille des langues de l'Altaï, c'est-à-dire des langues finnoises-tartares[1]. Son idée est qu'il est sorti de l'Altaï quatre branches du même peuple, qui ont formé les nations tunguses, mongoles, turques et finnoises. C'est une grande question historique, ethnographique et linguistique, dont la solution dépend de la comparaison grammaticale des langues tartares et des différents dialectes finnois.

Les matériaux nécessaires au parfait éclaircissement de ce problème sont encore singulièrement incomplets. Le côté tartare de la question était le plus connu, mais néanmoins on n'avait étudié que la grammaire des dialectes peu nombreux de cette branche qui possèdent une littérature, et les autres restaient négligés, pendant que du côté des Finnois on n'avait fait que bien peu de chose. Depuis quelques années, l'Académie de Saint-Pétersbourg, d'une part, et le zèle patriotique des Finnois d'Europe, de l'autre, ont fait faire des progrès considérables à ces études; dans ce moment même, les travaux de M. Kellgren sur les Finnois d'Europe, ceux de M. Bœhtlingk sur le dialecte turc des Yakoutes, les voyages de M. Castren et de M. Ryaly, entrepris dans le but d'analyser les langues des peuplades finnoises de l'Asie, font espérer de nombreux matériaux nouveaux et recueillis avec l'exactitude que la science moderne exige. Il est presque impossible de s'exagérer les difficultés qu'opposent à ces recherches le nombre des dialectes, l'état barbare des tribus qui les parlent, les changements singuliers que le vocabulaire et même la grammaire des peuples illettrés éprouvent; mais la critique européenne saura suivre, dans toutes leurs ramifications, ces nations qui couvrent une grande partie de l'Asie et de l'Europe, et résoudre toutes les questions qui se rattachent à leur filiation, comme, par exemple, la question de l'origine des

1. *Ueber das Altaïsche oder Finnisch-tatarische Sprachengeschlecht*, von W. Schott. Berlin, 1849, in-4° (149 p.).

Hongrois, qui a été si souvent débattue et qui serait décidée aussitôt qu'on admettrait la vérité de la thèse de M. Schott. M. Rœhrig, dans un travail encore manuscrit et intitulé : *Recherches sur la philologie philosophique et comparée, surtout par rapport aux langues de l'Asie centrale*, énonce la même opinion que M. Schott sur l'identité du finnois et du turc. On annonce la publication prochaine de ce travail, auquel le prix Volney a été décerné, et qui paraît d'une grande importance pour la grammaire turque.

Les travaux qui se font sur la littérature sanscrite sont, depuis quelque temps, presque entièrement consacrés aux Védas, et on ne peut que féliciter les études orientales de ce zèle qui promet de rendre enfin accessible un monument aussi antique et aussi important pour l'histoire de l'esprit humain. On a vu des critiques européens reprocher aux Védas, d'après les traductions partielles qu'ils en connaissaient, de ne pas contenir de faits, et il est vrai que ces livres ne parlent ni de batailles, ni de conquêtes, ni de famines, ni de tout ce catalogue de calamités qui forme le fond des chroniques ; mais on y voit le tableau des origines de la société civilisée, on y trouve les premiers essais de la pensée humaine, on y observe le germe et la première forme des idées que l'Inde et la Grèce ont élaborées plus tard, et qui sont devenues la règle de l'esprit humain. Ce sont là des faits plus considérables que tous les faits matériels ; ce sont des faits moraux qui ont exercé une influence plus grande et plus durable que tous les événements politiques. Il serait curieux, sans doute, de posséder aussi l'histoire des événements qui ont accompagné le premier développement de la race hindoue, d'avoir le récit de leur émigration dans la presqu'île et de leur établissement plus ou moins paisible parmi les aborigènes sauvages qu'ils y ont trouvés ; mais je pense que si l'on avait le choix entre la connaissance de ces faits matériels et celle des faits moraux que contiennent les Védas, je pense que personne n'hésiterait à préférer ces derniers.

L'édition du *Rigvéda*, que la Compagnie des Indes a confiée à M. Maximilien Müller, avance rapidement; plus de quatre-vingts feuilles sont déjà imprimées, et l'on peut s'attendre tous les jours à la publication du premier volume. La Société asiatique de Calcutta, qui avait, de son côté, préparé une édition du Rigvéda, y a renoncé, lorsqu'elle a eu connaissance de celle qui a été entreprise à Londres, et s'est contentée de publier une partie du texte des hymnes du Rigvéda, accompagné de la traduction de M. Roer. Ce spécimen remplit les quatre premiers cahiers dela *Bibliotheca indica*, de la Société du Bengale. Pendant ce temps, notre confrère M. Langlois a achevé sa traduction du Rigvéda [1] entier et a fait paraître le premier volume de ce travail qui l'a occupé pendant de longues années. M. Langlois suit, en général, le commentaire de Sâyana, sans pourtant renoncer à sa propre opinion dans les cas nombreux qui lui inspirent des doutes; il rejette, à la fin de chaque chapitre, les éclaircissements nécessaires à l'intelligence des termes techniques et des noms propres, mais il s'efforce de remplir, dans la traduction même, les lacunes que le style des hymnes laisse dans la liaison des idées et des expressions. C'est une licence que tout traducteur des Védas sera obligé de prendre, parce que toute traduction est nécessairement une interprétation, et que le style abrupt des hymnes provoque des intercalations destinées à rendre plus intelligible la pensée de l'original. Mais il ne peut y avoir, dans cette matière, de règle invariable, et les auteurs différeront toujours entre eux sur le degré des développements qu'exigent et la langue dont ils se servent et le public auquel ils s'adressent.

Le second des Védas, le *Yadjour*, a aussi trouvé un éditeur, M. Weber à Berlin [2]. Il existe de ce livre deux rédactions qui

---

1. *Rig-Véda*, ou Livre des Hymnes, traduit du sanscrit par M. Langlois;
t. I. Paris, 1848, in-8° (xvi et 585 p.).
2. *The white Yadjur-Veda*, edited by Dr A. Weber. Berlin et Londres, 1849, in-4° t. I¹, et II¹, (138 et 134 p.).

diffèrent considérablement entre elles, le Yadjour blanc et le Yadjour noir; ce sont, jusqu'à un certain degré, deux liturgies collatérales, destinées aux mêmes cérémonies, ayant la même base et contenant en général les mêmes hymnes et prières, mais placées dans un autre ordre et accompagnées d'autres instructions. M. Weber a choisi le Yadjour blanc, qu'il publie en entier, c'est-à-dire les hymnes, les Brahmanas ou instructions théologiques, et les Sutras ou axiomes ; chaque partie est accompagnée d'extraits des commentaires les plus célèbres. Le texte formera trois volumes, la traduction et les dissertations de M. Weber paraîtront plus tard comme un ouvrage à part. Le troisième Véda, le *Sâma*, a été publié par M. Benfey à Goettingue [1]. Il en avait déjà paru une édition et une traduction par M. Stevenson, à Bombay, mais le travail de M. Benfey est très-supérieur à celui de son prédécesseur. C'est une édition critique, accompagnée de tout ce que l'étude savante d'un pareil ouvrage exige, de la description des manuscrits et d'autres matériaux que l'éditeur avait à sa disposition, d'un glossaire, de variantes, de la liste des auteurs des hymnes, de la discussion des mètres et de certaines particularités grammaticales, enfin d'une traduction aussi sévèrement littérale et aussi concise qu'il est possible. L'ouvrage de M. Benfey ne comprend que le Sâma Véda proprement dit, c'est-à-dire les hymnes qui servent à la célébration des cérémonies dans lesquelles on se sert du Sâma. Il est à désirer qu'il fasse des Brahmanas, ou instructions en prose métrique, qui sont attachées à ce Véda, l'objet d'un nouveau travail.

On poursuit dans l'Inde, outre ces nombreuses éditions de Védas publiées par des Européens, une entreprise qui paraît à peine croyable : c'est la publication du Rigvéda avec un commentaire en sanscrit et en bengali, qui paraît dans le feuilleton d'un journal bengali de Calcutta. Qui aurait supposé que

---

1. *Die Hymnen des Sama-Veda*, herausgegeben, übersetzt und mit Glossar versehen, von Theodor Benfey. Leipzig, 1848, in-4° (LXVI, 290 et 309 p.).

la plus frivole des inventions de nos marchands de littérature pût jamais servir à un pareil but?

Mais la publication des textes des Védas n'est que le premier pas dans ces études, car ces hymnes ne sont pas seulement difficiles à comprendre ; en les étudiant par eux-mêmes et isolément, personne ne pourrait deviner ce qu'ils ont produit d'idées et de faits et ce qui s'y est rattaché dans le cours des temps et pendant tout le développement d'une civilisation dont ils sont le point de départ. En lisant ces aspirations d'une piété naïve, on ne comprend pas comment il a pu en sortir, ou même comment on a pu appuyer sur elles des systèmes de théologie et de métaphysique, et toute une organisation sociale. C'est au reste le cas de tous les codes religieux ; leurs effets dépassent toujours ce que paraissent annoncer leurs paroles. Le respect qu'on leur porte fait que, non-seulement on développe tous les germes d'idées qu'ils contiennent, et qu'on les suit jusqu'à leurs dernières conséquences, mais que l'on essaye d'en déduire et d'y ramener toutes les idées que le progrès naturel de la civilisation fait naître. Il faut donc suivre le développement des doctrines védiques en commençant par l'étude des Upanischads, ouvrages théologiques dont plusieurs sont attachés à chaque Véda et en font presque partie. Ce sont les premiers essais d'expositions dogmatiques auxquels succèdent plus tard les exposés tout à fait systématiques des écoles de philosophie d'un côté, et des livres mythologiques de l'autre. Déjà sir W. Jones avait senti l'importance des Upanischads et en avait traduit quelques-uns ; les védantistes hindous en avaient imprimé plusieurs que M. Poley a lithographiés en Europe, il y a quelques années, en y ajoutant le commentaire. Nous ne savons pas exactement quel progrès la publication de ces textes a pu faire dans l'Inde depuis ces dernières années, il paraît seulement qu'on a imprimé à Calcutta une collection de sept Upanischads [1]. Enfin, M. Roer a commencé la publication et la tra-

1. *Kat'ha, Kena, Mundaka, Mandukya Aitareya and Vajsaneya Oopanischads.* Calcutta.

duction d'une série d'Upanischads dans la *Bibliotheca indica* de la Société du Bengale [1]. Cette grande étude védique devant laquelle on avait reculé si longtemps, avance donc aujourd'hui avec une rapidité extraordinaire, mais il faudra encore bien des années et bien des efforts de savoir et d'esprit pour épuiser une source si abondante et si profonde.

M. Trthen, à Londres, a publié, pour le Comité des textes, le *Máhavira Charita* [2], par Bhavabhûti, auteur du VIIIe siècle. Deux autres drames du même auteur, *Malati* et *Mádhava*, et *Uttara Rãma Charita*, avaient déjà été traduits par M. Wilson, puis publiés en sanscrit à Calcutta. Celui que M. Trithen fait imprimer n'était connu que par une analyse de M. Wilson. Tous les drames de cet auteur ont pour but de personnifier une passion ; celle qu'il a choisie pour le *Mahavira Charita* est l'héroïsme.

Il ne me reste plus à mentionner qu'un seul ouvrage sanscrit. C'est une nouvelle édition de la *Bhagavadgîta* [3] imprimée à Bangalore. L'éditeur y a reproduit presque tout ce qui a été écrit sur ce magnifique épisode, une introduction de Warren Hastings, la préface et la traduction de Wilkins, des notes de plusieurs savants, un mémoire de G. Humboldt, la traduction latine de Schlegel, et il y a ajouté une traduction en dialecte kanara. Il est probable que beaucoup d'autres livres écrits en sanscrit et dans les dialectes provinciaux de l'Inde ont paru dans le courant de l'année, mais je ne connais que les titres de quelques-uns, et encore trop vaguement pour les citer.

Je ne me permettrai d'appeler votre attention que sur un seul

1. *Brihad Aranyaka Upanishad*, with the commentary of Acharya, the gloss of Ananda Giri, and an english translation of the text and commentary, by Dr Roer. Calcutta, 1848, in-8° (formant les cahiers 5-10 de la *Bibliotheca indica*).
2. *The Mahavira Charita*, or the history of Râma, a sanscrit play by Bhatta Bhavabhûti, edited by Francis H. Trithen, London, 1848, in-8° (IV, et 138 p.).
3. *The Bhagavat-Gita*, or dialogues of Krishna and Ardjun, in sanscrit, canara and english, by the Rev. Garrett. Bangalore, 1848.

de ces livres, que nous ne connaissons pas encore, et je le cite parce que le talent de l'auteur et l'intérêt du sujet le feront rechercher et étudier en Europe. C'est le premier volume d'un grand travail de M. Hodgson sur les aborigènes de l'Inde. On sait que l'occupation de l'Inde par la race sanscrite n'est que partielle; que partout, dans le nord, et surtout dans le centre de la Péninsule, les montagnes sont occupées par des tribus sauvages qui portent le nom de Bhîls, de Gonds, de Coles et autres, qui parlent des dialectes à eux et ont repoussé les institutions et la domination des Hindous, pendant que tout le Midi a accepté la religion et le gouvernement brahmaniques, mais en gardant ses langues et en forçant les conquérants à les adopter. Il y a longtemps qu'on a étudié les langues du midi de l'Inde et qu'on a reconnu qu'elles appartiennent à une seule famille, dont le type le plus cultivé est le tamoul; mais la connaissance des langues des tribus sauvages du Centre et du Nord offrait des difficultés infiniment plus grandes. Elles paraissaient varier à l'infini; aucune ne possédait ni écriture, ni livres; on les trouvait abâtardies par le mélange des dialectes voisins, et aucune, prise isolément, ne semblait valoir les dangers et la perte de temps que devait entraîner leur étude. Néanmoins, quelques employés de la Compagnie et quelques missionnaires allemands apprirent quelques-unes de ces langues, et les matériaux, en s'accumulant peu à peu, ont permis à la fin d'en tirer des conclusions générales. Le premier travail qui a été entrepris sur cette matière, est, je crois, une série de mémoires que le général Briggs a lus à la Société ethnologique de Londres; il conclut à l'identité de toutes les tribus non sanscrites de l'Inde, depuis l'Himalaya jusqu'au cap Comorin. M. Stevenson paraît avoir publié l'année dernière, à Bombay, un ouvrage sur ce sujet, dans lequel on dit qu'il arrive au même résultat; et maintenant, M. Hodgson qui avait, de son côté, commencé le même travail en partant des tribus voisines de l'Himalaya, a publié le premier volume de ses recherches[1] dans lequel il se prononce aussi pour l'identité de

1. *On the Aborigines of India*, by B. H. Hodgson, being essay the first,

tous les aborigènes de l'Inde. Ce premier volume comprend ses études sur la langue, l'histoire et les mœurs de trois tribus, et il se propose de continuer à faire connaître le résultat, non-seulement de ses recherches personnelles, mais celui d'une enquête générale qu'il dirige à l'aide des officiers anglais stationnés à proximité des différentes tribus aborigènes. Ce sera un grand triomphe pour la grammaire comparée, que d'avoir pu résoudre le problème de la population de l'Inde avant l'arrivée de la race sanscrite.

M. Lancereau publie, en ce moment, une Chrestomathie hindouie qui doit faire partie des chrestomathies de l'École des langues orientales vivantes. Cet ouvrage et les Rudiments hindouis de M. Garcin de Tassy fourniront des moyens d'étudier ce dialecte, moyens qui nous manquaient jusqu'à présent sur le continent.

M. Dulaurier fait paraître le commencement d'une Collection des principales chroniques malaises[1]. Le premier cahier se compose de la Chronique du pays de Pasey à Sumatra et du commencement de la Chronique intitulée *l'Arbre généalogique malai*. Chacun des innombrables petits États malais possède sa chronique, dont la partie historique commence généralement avec la conversion du pays à l'islamisme, et nous fournit, à partir de ce moment, des renseignements exacts sur des contrées peu connues. Quant aux antiquités des pays occupés par les Malais, il faut avoir recours aux livres anciens écrits en kawi, et il est presque certain que la curiosité des savants, à ce sujet, sera prochainement et amplement satisfaite, car la conquête de Bali, par les Hollandais, ouvre à leurs investigations la seule île qui ait conservé jusqu'ici le culte indien, tant brahmanique que bouddhiste. Le gouvernement hollandais a

on the Kocch, Bodo and Dhimal tribes, in three parts. Calcutta, 1848, in-8° (3 roupies).
1. *Collection des principales chroniques malaises*, par M. E. Dulaurier. Paris, 1849, in-8°, 1er fascicule (112 et 64 p.).

chargé des recherches à faire sur la littérature kawi le docteur Friederich, qui a déjà publié les premiers et fort curieux résultats de ses travaux[1].

Enfin, la littérature bouddhiste a fait une acquisition considérable dans la traduction de la légende de Bouddha par M. Foucaux[2]. Le texte tibétain, que traduit M. Foucaux, est lui-même une version littérale du *Lalita vistara*, ouvrage sanscrit bouddhiste, qui paraît avoir subi plusieurs révisions, dont la dernière daterait du second siècle avant notre ère.

Il est probable que les premiers disciples de Bouddha, lorsqu'ils se sont distribué, après sa mort, la rédaction de ses doctrines, ont consigné, par écrit, leurs souvenirs de la vie du maître, et que, peu à peu, les légendes y sont entrées, par suite de cette facilité étonnante qu'ont les bouddhistes à mêler les choses divines et humaines, et à entrelacer la vie actuelle avec les existences antérieures. Cette habitude générale de la secte explique facilement la forme étrange que la biographie de Boudha a prise de bonne heure, et il faut bien se garder de rejeter *a priori*, comme des inventions, les anecdotes qu'elle nous fournit, uniquement parce qu'elles sont mêlées de légendes mythologiques ; cet accompagnement obligé de tout récit bouddhiste, ne falsifie point, par son contact, la partie naturelle et humaine de la tradition. Dans tous les cas, le *Lalita vistara* est encore ce que les bouddhistes possèdent de plus authentique sur la vie de Sakya Mouni. Ainsi, il a paru, dans le Tibet, au commencement du dernier siècle, un ouvrage dans lequel l'auteur rassemble tout ce que l'antiquité a laissé de renseignements sur ce sujet, et qui forme une compilation dont presque toute la substance est empruntée au *Lalita vistara*. M. Schiefner, à Saint-Pétersbourg, vient de publier un

1. Voyez *Journal of the Indian Archipelago*. Singapore (année 1848).
2. *Rgya Tch'er Rol Pa*, ou Développement des Jeux, contenant l'histoire du Bouddha Çakyamouni, par E. Foucaux ; 2e partie, traduction française. Paris, 1848, in-4° (LXXII et 490 p.).

mémoire intéressant sur cet effort du savoir bouddhiste moderne[1].

Le sujet dont je viens de parler m'entraîne à mentionner ici une édition anglaise[2] de la traduction des voyages de Fa-hian par M. Rémusat. L'histoire de cette édition contient une moralité que je désire mettre en évidence.

Lorsque, après la mort de M. Rémusat, le gouvernement eut l'idée de rendre à ce grand savant un hommage digne de sa mémoire, en faisant imprimer aux frais de l'État son ouvrage sur Fa-hian, on l'exécuta avec le luxe qu'on mettait alors à toutes les publications officielles. La conséquence fut que le livre, se vendant fort cher, arrivait difficilement entre les mains des savants, surtout dans l'Inde. Il y fut pourtant recherché avidement; mais à la fin, on se décida à en donner une nouvelle édition, qui a été imprimée à Calcutta par le moyen d'une souscription, de sorte que le gouvernement, en dépensant pour cet ouvrage le double de ce qui était nécessaire, le rendit moins utile, retarda les services qu'on devait en attendre, et força les savants à faire les frais d'une nouvelle édition, pendant que la plus grande partie de la première reste à Paris sans se vendre.

J'aurais à parler maintenant des travaux relatifs à la littérature chinoise, mais il n'en a presque pas paru. Sir G. Staunton a fait imprimer une brochure sur la question insoluble de savoir par quel terme on devrait exprimer, en chinois, l'idée de Dieu; et il a été publié, en Chine, deux petits livres élémentaires qui ont leur intérêt local, mais ne sont pour nous que des curiosités littéraires. L'un est un manuel du commen-

1. *Eine tibetische Lebensbeschreibung Çakjamuni's, des Begründers des Buddhathums*, im Auszuge deutsch mitgetheilt von Anton Schiefner. Saint-Pétersbourg, 1849, in-4° (102 p.).
2. *The pilgrimage of Fa-hian*, from the french edition of the Foe-koue-ki, with additional notes and illustrations. Calcutta, 1848, in-8° (prix : 5 roupies).

çant[1], imprimé à Hongkong, sans nom d'auteur, et donnant les termes et les phrases de la vie usuelle dans le dialecte de Canton; l'autre, imprimé à Chusan pendant l'occupation anglaise de cette île, contient un manuel du dialecte de Ningpo[2], composé par un Hindou de Madras.

Mais je ne dois pas vous laisser sous l'impression du dépérissement d'une des branches les plus importantes de la littérature orientale. Je ne sais ce que préparent les sinologues dans le reste de l'Europe et en Chine, mais je vois que ceux de Paris ne se sont jamais occupés d'entreprises plus considérables que dans ce moment. Je m'abstiendrai de vous parler de l'achèvement d'une histoire de la littérature chinoise sous la dynastie des Youen, à laquelle M. Bazin a consacré plusieurs années d'un travail assidu; l'auteur lui-même va vous lire dans un instant le plan et l'introduction de son ouvrage, et vous jugerez bientôt, par une série de mémoires qu'il destine au Journal asiatique, de l'importance de son travail.

M. Stanislas Julien prépare la traduction du voyage de Hiouen-tsang dans l'Inde, au VIIe siècle de notre ère. C'est un pèlerinage bouddhique comme celui de Fa-hian, mais beaucoup plus détaillé; l'on a pu juger par les extraits que Klaproth en a tirés pour les notes du Foè-kouè-ki, et par ceux que M. Julien a communiqués à plusieurs savants, pour leurs travaux sur l'Inde, combien nos connaissances sur ce pays doivent gagner par la publication de cet ouvrage. Vous trouverez prochainement, dans le Journal asiatique, un des nombreux travaux préliminaires que cette traduction a exigés : c'est la liste des ouvrages bouddhistes, dont M. Julien a rétabli les

1. *The Beginners first book in the chinese language* (Canton vernacular) prepared for the use of the housekeeper, merchant, physician and missionary. Hongkong, 1847, in-8° (161 p.).
2. *A Manual for youth and students*, or Chinese Vocabulary and dialogues, containing an easy introduction to the Chinese language Ningpo dialect; compiled and translated into english by P. Strenenassa Pilay. Chusan, 1846.

titres sanscrits à l'aide de sa découverte du système de transcription adopté par les bouddhistes chinois.

Enfin, M. Biot imprime en ce moment sa traduction du Tcheou-li, un des documents historiques les plus curieux qu'on puisse imaginer. Voici l'origine et le sujet de ce livre. Lorsqu'au XIIe siècle avant notre ère, Wen-wang renversa la dynastie régnante en Chine et fonda celle des Tcheou, il confia à son frère Tcheou-kong l'exposition de la doctrine et l'établissement de la pratique du nouveau gouvernement. Tcheou-kong exposa la doctrine gouvernementale sous forme d'épigraphes se rattachant aux Kouas de Fohi, qui sont devenus plus tard le premier livre classique de la Chine, l'Y-king ; en même temps, il établit la pratique du gouvernement en organisant l'administration et en formant six ministères séparés, auxquels il subordonna toute la hiérarchie administrative en définissant les droits et les devoirs de chaque emploi. Il composa lui-même un livre dans lequel il donne la description détaillée de cette organisation, qui a été longtemps en vigueur, et dont quelques parties fondamentales subsistent encore aujourd'hui en Chine. Ce livre est le Tcheou-li, et il est difficile d'évaluer trop haut l'intérêt d'un pareil ouvrage, composé il y a trois mille ans par l'auteur même de cette grande organisation, et contenant le tableau réel et détaillé de toutes les branches de l'administration impériale. La traduction du Tcheou-li est une tâche extrêmement difficile, tant par rapport à l'archaïsme du langage, qu'à cause du sujet ; mais M. Biot a pu se servir des travaux approfondis que les Chinois ont faits de tout temps sur cet ouvrage, qu'ils estiment à l'égal des cinq livres sacrés.

J'ai terminé l'énumération de tous les travaux qui sont venus à ma connaissance, et vous avez sans doute été frappés de la grande part que les sociétés savantes libres ont prise à ce mouvement littéraire. Elles ont puissamment servi la cause du savoir dans un temps où les ressources et les encouragements ordinaires ont été si gravement affaiblis. Ces sociétés elles mêmes ont beaucoup souffert de l'état politique de l'Europe, mais la grande épreuve qu'elles subissent en ce moment sera pour elles un enseignement utile qui, en leur faisant sentir leur côté faible et leur côté fort, doit contribuer un jour à les raffermir. Il ne faut pas oublier qu'elles sont de formation très-récente, qu'elles étaient presque inconnues il y a trente ans, et que depuis ce temps il en a surgi un grand nombre pour toutes les branches de la science, parce qu'il y avait des besoins auxquels les anciens corps officiels ne répondaient plus suffisamment. Elles ont nécessairement manqué d'expérience ; elles se sont rattachées naturellement aux précédents que leur offraient les académies et n'ont aperçu que lentement et imparfaitement en quoi elles en différaient. Un grand nombre de sociétés libres ont succombé parce qu'elles n'ont pas su se rendre compte des conditions de leur existence ; mais les malheurs mêmes des unes et la durée des autres forment aujourd'hui une masse suffisante d'expériences pour qu'on puisse utilement établir des règles sur ce qu'elles peuvent et doivent faire, et sur ce dont elles doivent s'abstenir. Mon intention avait été de vous demander la permission de discuter ces points, parce que le moment actuel les rend plus évidents, mais je crains d'avoir abusé déjà de votre patience par la longueur de ce rapport, et je me réserve de revenir sur ce sujet dans une autre occasion. Permettez-moi seulement d'énoncer ma conviction, que vous partagez sans doute, que les sociétés libres ne périront pas ; elles pourront être obligées de ralentir leur activité, mais elles ne périront pas, parce qu'elles sont devenues une partie intégrante de l'organisation savante de tous les pays civilisés et qu'elles sont aujourd'hui nécessaires aux progrès de la science.

X

ANNÉE 1849-1850

(RAPPORT LU LE 3 JUILLET 1850)

Messieurs,

En vous rendant compte des travaux de la Société asiatique pendant la vingt-huitième année de son existence, le Conseil croit pouvoir vous féliciter de la manière dont vous avez surmonté les difficultés survenues à la suite de l'ébranlement général de l'ordre politique en Europe, qui a menacé pendant quelque temps d'engloutir tout ce qui tenait au passé et à l'étude du passé. J'aurai à revenir plus tard sur l'influence de ces événements relativement à notre Société ; mais je dois, avant tout, exprimer les regrets que nous laissent les pertes que nous avons faites, car la mort nous enlève chaque année quelques-uns de ceux qui ont fondé notre Société, ou qui contribuaient à la soutenir, soit par leurs travaux, soit par le reflet de leur gloire.

Le véritable fondateur de la Société asiatique fut le comte Charles-Philibert de Lasteyrie. Il était né en 1759, à Brives-la-Gaillarde, et appartenait à cette partie de la noblesse française dont les instincts généreux, après avoir préparé la grande résolution, l'auraient peut-être dirigée paisiblement et heureusement, si les passions des partis extrêmes leur en avaient laissé la possibilité. M. de Lasteyrie était doué d'un esprit actif, bienveillant, et porté naturellement vers les choses nouvelles qui semblaient promettre un progrès au bien-être général. Il avait consacré sa jeunesse à l'étude de la chimie et de l'agriculture, et il passa sa vie entière à poursuivre, avec un zèle infatigable, des plans relatifs à l'avancement des sciences, aux perfectionnements de l'éducation et aux développements de la richesse nationale. C'est ainsi qu'il réussit à introduire en France, pendant l'époque même du terrorisme, la race des mérinos, et plus tard, au milieu des désastres de la fin de l'empire, il courut à Munich pour y apprendre le nouvel art de la lithographie, qu'il parvint, après bien des essais, à faire prospérer en France. Il avait surtout une foi inébranlable dans la puissance de l'association, et aucun échec ne le décourageait lorsqu'il voyait la possibilité d'une nouvelle application de ce principe; il a coopéré ainsi à la fondation de nombreuses sociétés, dont quelques-unes ont produit des résultats au-dessus de ses espérances, comme par exemple la Société pour l'encouragement de l'industrie nationale, et, nous pouvons peut-être le dire sans trop de vanité, la Société asiatique. M. de Lasteyrie conçut l'idée de la fonder en 1821, dans une conversation avec MM. Abel Rémusat et Fauriel, et il appliqua à l'exécution de ce projet toute son activité et l'expérience qu'il avait de l'organisation de réunions du même genre. Il occupa la place de vice-président depuis la formation de la Société asiatique, et ne cessa de la remplir en y portant un intérêt que vous avez tous admiré, et dont il donna une preuve remarquable dès nos premières séances. Le Conseil avait adopté l'impression de la traduction de Meng-tseu, par M. Stanislas Julien ; mais il hésitait à y joindre le texte chinois. M. de Lasteyrie offrit à l'instant de faire lithographier ce texte à ses frais, et rendit ainsi possible la publication d'un ouvrage qui a été plus utile que tout autre pour faciliter l'étude du chinois en Europe. M. de Lasteyrie se démit, en 1848, en raison de son âge, des fonctions de vice-président, et votre reconnaissance lui en conserva le titre honoraire; mais il n'avait que trop bien jugé du dépérissement de ses forces, car il mourut dans l'automne de l'année dernière.

La Société a perdu encore un de ses plus anciens et de ses plus célèbres membres étrangers, sir Graves Chamney Haughton. Il naquit en Irlande en 1789, fit de bonnes études en Angleterre, et entra, en 1809, au service militaire de la Compagnie des Indes. Il fut d'abord envoyé à Rangpour sur le Burhampoutre, où il vécut dans l'intimité de Ram Mohun-Roy, qui joua bientôt après un rôle si considérable dans l'Inde. Sir Graves, qui était un homme d'une intelligence rare, ne pouvait se contenter de l'étude superficielle de l'Inde, telle que la routine militaire la lui permettait dans un poste de frontière. Il demanda et obtint la permission d'étudier au collége de Fort-William, à Calcutta, fondé pour l'éducation des employés civils de la Compagnie; et ce fut un grand sujet d'étonnement dans l'Inde de voir qu'on eût permis à un officier d'entrer dans ce sanctuaire, que le service civil gardait avec beaucoup de jalousie. Mais le jeune lieutenant justifia bientôt la faveur du Gouvernement; il dépassa en deux ans tous ses condisciples, et remporta en 1813 les grands prix du collége pour l'arabe, le persan, l'hindoustani et le sanscrit, avec une telle supériorité, que le gouverneur général de l'Inde, lord Minto, en fit le sujet d'un discours public. Ce succès inouï, obtenu à l'époque la plus brillante du collége, devait ouvrir à M. Haughton une de ces grandes carrières que nous voyons, dans l'Inde, être la récompense presque certaine d'un mérite distingué; mais l'excès du travail auquel il s'était livré avait miné sa santé, et, moins de deux ans après, il fut obligé de renoncer au service et de revenir en Europe, où il fut nommé, en 1817, professeur de sanscrit et de bengali au collége de la Compagnie des Indes, à Haileybury. Il publia, pendant son séjour dans cet établissement, indépendamment d'autres travaux d'une moindre importance, une édition des lois de Manou et une grammaire bengali, qui est un chef-d'œuvre d'analyse linguistique.

Cependant sa santé ne s'était jamais bien remise, et il se vit forcé, en 1827, de donner de nouveau sa démission ; il se retira alors à Londres, où il rendit de grands services à la Société asiatique et au Comité des traductions orientales, dont il était secrétaire, consacrant ce qui lui restait de temps et de santé à faire imprimer son dictionnaire sanscrit et bengali. Mais le climat de Londres lui devenait de plus en plus contraire ; il s'établit donc en 1839 à Paris ; l'état de ses yeux ne lui permettant pas alors de continuer ses travaux sur la littérature orientale, l'ardeur de son esprit, qui avait toujours comme dévoré d'avance sa vie, se tourna vers les études philosophiques, qu'il poursuivit jusqu'au jour de sa mort. Il a fait paraître, en 1839, le premier volume de ses recherches en ce genre, sous le titre de *Prodromus*. Ce livre n'était destiné qu'à fixer d'avance le sens précis des termes dont il voulait se servir pour l'exposition systématique de ses idées, et à prémunir contre les erreurs auxquelles l'usage vague de locutions mal définies, ou employées inexactement, a si souvent conduit les philosophes. M. Haughton est mort sans mettre la dernière main à l'ouvrage qu'il préparait ; les résultats de nombreuses expériences sur l'électricité, qu'il avait faites pendant le cours de ce travail, ont été imprimés dans un journal scientifique. Les premiers chapitres de l'ouvrage principal sont achevés, mais ne forment pas un ensemble qui permette de les publier, et il ne pourra en paraître qu'un tableau présentant l'enchaînement des qualités physiques et morales de la nature et de l'homme ; tableau qui contient le résumé des idées que l'ouvrage était destiné à exposer. M. Haughton mourut à Saint-Cloud, le 28 août 1849. C'était un homme doué des plus hautes qualités de l'esprit et du cœur, d'une sagacité rare, d'une singulière élévation dans les idées, et d'une libéralité trop grande pour sa fortune [1].

---

1. Voici la liste complète des ouvrages de M. Haughton :
Manava-Dherma Sastra, or the Institutes of Menu, 2 vol. in-4º. London, 1825.
Rudiments of Bengali Grammar. London, 1821, in-4º.

Enfin, nous avons perdu un des membres les plus actifs de notre Conseil, M. Édouard Biot. Il était né à Paris, le 2 juillet 1803. Après avoir fait, avec succès, un cours complet d'études classiques et mathématiques, dans les colléges de cette capitale, comme élève libre, il se présenta en 1822 aux examens de l'École polytechnique, et obtint son titre d'admission ; mais n'ayant voulu que prendre rang parmi les jeunes gens de son âge, il n'entra pas dans cet établissement, et continua d'étendre son éducation par des études variées, principalement scientifiques. Dans les années 1825 et 1826, il accompagna son père, comme assistant, dans un voyage que celui-ci avait été chargé de faire en Italie, en Illyrie et en Espagne, pour achever la mesure du pendule à secondes sur le 45° parallèle, et reprendre aussi cette mesure, ainsi que celle de la latitude, à Formentera, extrémité australe de l'arc méridien qui traverse la France et l'Espagne. Après s'être associé activement à ces opérations, il revint à Paris, et voulant s'ouvrir une carrière, à la fois fructueuse et libre, dans l'industrie alors naissante des chemins de fer, il alla visiter l'Angleterre pour s'y préparer. A son retour, en 1827, il s'associa en effet à l'en

Bengali selections. London, 1820, in-4°.
A Bengali Glossary to five popular works. London, 1825, in-4°.
Purusha Parikhya, or the Touch-stone of men. London, in-8°.
Tota Itihas, or the Tales of a Parrot. London in-8°.
A Dictionary bengali and sanscrit, explained in english and adapted for students of either language, to which is added an index serving as a reversed dictionary. London, 1833, in-4°.
The Vedanta system, a Reply to colonel Vans Kennedy, with an appendix. London, 1836, in-8°. Extrait de l'*Asiatic Journal.*
Prodromus, or an inquiry into the first principles of reasoning, including an analysis of the human mind. London, 1839, in-8°.
A Letter to the R. H. Charles W. Wynn, M. P. on the dangers to which the constitution of England is exposed from the encroachments of the Courts of Law. London, 1841, in-8°.
On the relative dynamic value of the degrees of the compass, and on the cause of the needle resting in the magnetic meridian. (*Philosoph. Magazine.*) London, 1846.
Experiments proving the common nature of magnetism, cohesion, adhesion and viscosity. (*Ibid.*) London, 1847.
The Chain of causes. Une feuille in-folio, imprimée chez Gardiner. London, 1849.

treprise du chemin de fer de Saint-Étienne à Lyon, comme un des ingénieurs constructeurs, et se donna entièrement à ces travaux, pendant près de sept années. L'exécution étant terminée, et les constructeurs déchargés de leurs engagements par la compagnie, en 1833, il ne voulut pas sacrifier plus longtemps sa liberté aux affaires ; et, satisfait de la modeste indépendance que son travail lui avait acquise, il ne songea plus qu'à rentrer, pour toujours, dans les études intellectuelles, qui avaient pour lui beaucoup plus d'attrait. Ce fut alors qu'il se sentit attiré vers l'étude de la langue chinoise, dont la littérature est si riche en livres remplis d'observations positives, de traditions curieuses, et il pressentit tout le parti qu'il pourrait en tirer, à l'aide de ses connaissances scientifiques. Il eut donc le courage de commencer, dans un âge déjà mûr, cette étude difficile, devint un des élèves les plus zélés de M. Stanislas Julien, et vit bientôt s'ouvrir devant lui une carrière illimitée de richesses. Dès qu'il eut acquis une habitude de la langue suffisante pour le genre de travaux qu'il avait en vue, il commença une série de Mémoires, qu'il publia dans votre Journal et dans quelques recueils académiques, sur l'astronomie et les mathématiques des Chinois, sur la géographie et l'histoire de leur empire, sur leur état social et politique. Sa constitution physique, sans être robuste, ne donnait alors aucun sujet d'inquiétude. Pour embellir l'isolement de sa studieuse retraite, il se maria en 1843 à une personne digne de toute son affection ; mais après trois années passées dans cette union, qui faisait son bonheur et celui de sa famille, il eut la douleur de la perdre en 1846. Ce fut pour lui un coup fatal ; et dès lors, les symptômes du mal intérieur qui devait le consumer se développèrent avec une rapidité menaçante. Il ne quittait pas, pour cela, le travail. Il semblait au contraire pressentir une fin prématurée, et vouloir accumuler, dans le petit nombre d'années qui lui restaient, les travaux d'une vie plus longue. Il ne quittait son lit de malade que pour se remettre à l'œuvre. C'est ainsi qu'il trouva le moyen d'achever trois ouvrages considérables : un Dictionnaire géographique de l'empire chinois, l'Histoire de l'instruction publique en Chine, et la Traduction du *Tcheou-li*, qui contient le tableau de l'organisation politique et administrative de la Chine, au XIIe siècle avant notre ère. C'est un des livres les plus curieux, mais les plus difficiles, les plus hérissés de termes techniques, et les plus obscurs que l'antiquité nous ait laissés. M. Biot a eu le courage d'en refaire deux fois la traduction. Le premier volume était imprimé à l'époque de sa mort, et le second s'est trouvé entièrement achevé ; de sorte que l'ouvrage pourra paraître d'ici à peu de temps. Mais ces travaux se faisaient nécessairement aux dépens d'une santé déjà bien affaiblie. Un séjour à Nice avait paru réparer les forces de M. Biot, grâce aux soins, pleins de tendresse, dont l'y avait entouré la sœur de sa femme, qui s'était dévouée à l'accompagner. Toutefois, la maladie ne tarda pas à reprendre sa marche, pour se terminer fatalement au mois de mars de l'année courante. La mort de M. Biot est une perte considérable pour la littérature orientale ; car il était le seul qui, depuis l'époque de Gaubil et d'Amiot, réunissant des connaissances spéciales à l'intelligence de la langue chinoise, se soit ouvert l'accès d'un trésor presque inépuisable de faits et d'observations dont il savait tirer le meilleur parti au profit des sciences plus avancées de l'Europe, grâce à un excellent jugement, qui lui permettait de choisir ce qui était réellement important et de négliger ce qui ne lui semblait pas devoir conduire à des résultats utiles. Le monde savant doit à la France presque tout ce qu'il sait de la Chine ; la gloire de M. Biot sera d'avoir occupé dans cette école brillante une position à part, résultant de la nature de ses travaux et de la combinaison de connaissances rarement réunies. Il faudrait des circonstances toutes particulières, semblables à celles que je viens de rappeler, pour que le vide qu'il laisse fût rempli parmi nous [1].

---

1. Les publications faites par M. Éd. Biot sont les suivantes :
Notice sur quelques procédés industriels connus en Chine au XVIe *siècle.* Journal asiatique, 1835.
Note sur le triangle arithmétique, décrit dans le *Souan-fa-tong-tsong*,

M. Édouard Biot avait été élu membre de l'Académie des inscriptions et belles-lettres, le 21 mai 1847; et le plaisir que lui causa cette nomination ne fut pas sans mélange d'amertume, en pensant à celle qui n'était plus là pour le partager.

Le Journal asiatique a paru pendant l'année dernière avec la plus grande régularité, et les petits retards qu'il éprouve quelquefois ne tiennent qu'à la position de l'Imprimerie na-

ouvrage de l'an 1593, époque antérieure à l'invention de Pascal. Journal des Savants, 1835.
Mémoire sur la population de la Chine et ses variations, depuis l'an 2400 avant J.-C. jusqu'au xviie *siècle de notre ère.* Journal asiatique, 1836.
Mémoire sur la condition des esclaves et des serviteurs gagés en Chine. Ibid. 1837.
Mémoire sur le système monétaire des Chinois. Ibid. 1838.
Mémoire sur les recensements des terres, consignés dans l'Histoire chinoise. Ibid. 1838.
Mémoire sur la condition de la propriété territoriale en Chine, depuis les temps anciens. Ibid. 1838.
Note sur la connaissance que les Chinois ont eue de la valeur de position des chiffres. Ibid. 1839.
Table générale d'un ouvrage chinois intitulé : *Souan-fa-tong-tsong,* ou Traité complet de l'art de compter, traduite et analysée. Ibid. 1839.
Mémoire sur divers minéraux chinois, appartenant à la collection du Jardin du roi. Journal asiatique, 1839.
Mémoire sur les montagnes et cavernes de la Chine. Ibid. 1840.
Recherches sur la hauteur de quelques points remarquables du territoire chinois, Ibid. 1840.
Recherches sur la température ancienne de la Chine. Ibid. 1840.
Causes de l'abolition de l'esclavage ancien en Occident. Mémoire couronné par l'Académie des sciences morales et politiques. Paris, 1840, in-8°.
Mémoire sur la condition de la classe servile, au Mexique, avant la conquête des Espagnols. Paris, 1840, in-8°.
Tchou-chou-ki-nien, chronique traduite du chinois. Journal asiatique. 1841.
Catalogue des tremblements de terre en Chine. Annales de chimie et physique, 1841.
Traduction et explication du Tchéou-peï, ancien ouvrage astronomique, Journal asiatique. 1841.
Dictionnaire des noms anciens et modernes des villes et arrondissements des 1er, 2e *et* 3e *ordres, compris dans l'empire chinois.* Paris, 1842, in-8°.
Mémoire sur le chapitre Yu-kong du Chi-king et sur la géographie de la Chine ancienne. Journal asiatique, 1842.

tionale, qui est souvent entièrement occupée de travaux pressants pour le Gouvernement. Les matériaux n'ont jamais manqué ; il y a eu au contraire, depuis la révolution, une affluence telle de mémoires, que votre Commission a besoin d'en appeler à la bienveillance des auteurs, pour qu'ils excusent les délais inévitables qu'ils éprouvent. Vous avez trouvé dans le Journal de l'année dernière une série de mémoires, en partie d'une grande étendue et d'une importance considérable, tels que les recherches de M. de Saulcy sur les inscriptions

Mémoire sur les déplacements du cours inférieur du fleuve Jaune. Journal asiatique, 1843.
Recherches sur les mœurs anciennes des Chinois, d'après le Chi-king. Ibid. 1843.
Observations anciennes de la planète Mercure, extraites de la Collection des vingt-quatre historiens de la Chine. Comptes rendus de l'Académie des sciences, t. XVII.
Note sur la direction de l'aiguille aimantée en Chine, et sur les aurores boréales observées dans ce pays. Ibid. t. XIX.
Mémoire sur l'extension progressive des côtes orientales de la Chine. Journal asiatique, 1844.
Mémoire sur la Constitution politique de la Chine au XII® siècle avant notre ère. Mémoires des savants étrangers, publiés par l'Académie des inscriptions et belles-lettres, t. II.
Études sur les anciens temps de l'histoire chinoise. Journal asiatique, 1845 et 1846.
Catalogue de tous les météores observés en Chine, avec la date du jour de l'apparition et l'identification des constellations traversées. Mémoires des savants étrangers de l'Académie des sciences, t. X.
Recherches faites dans la grande collection des historiens de la Chine, sur les anciennes apparitions de la comète de Halley. Connaissance des temps pour 1846.
Catalogue des comètes observées en Chine, depuis l'an 1230 jusqu'à l'an 1640 de notre ère. Ibid.
Catalogue des étoiles extraordinaires observées en Chine, depuis les temps anciens jusqu'à l'an 1200 de notre ère. Ibid.
Essai sur l'histoire de l'instruction publique en Chine, et de la corporation des lettrés. 2 parties formant un vol. in-8°. Paris, 1845 et 1847.
Notice biographique sur la vie et les ouvrages de M. Fortia d'Urban. Annuaire de la Société des antiquaires de France, 1848.
Mémoires sur les monuments analogues aux pierres druidiques qu'on rencontre dans l'Asie orientale, et en particulier dans la Chine. Mémoires de la Société des antiquaires. t. IX. 1849.
Mémoire sur les colonies militaires et agricoles des Chinois. Journal asiatique, 1850.

cunéiformes, dites médiques, dont la seconde partie va paraître sous peu de jours; de nouvelles recherches sur le feu grégeois, par MM. Reinaud et Favé, et par M. Quatremère; une concordance établie par M. Stanislas Julien entre les titres sanscrits et chinois de huit cent quatre-vingt-un ouvrages bouddhiques, qui offre le seul moyen d'identifier les originaux avec les traductions chinoises, et de se reconnaître dans cette immense littérature bouddhique des Chinois; une série de traductions de morceaux géographiques et historiques inédits tirés des auteurs arabes et persans, par M. Defrémery; la traduction des aventures d'Antar, en Perse, par M. Dugat; le commencement d'une série de mémoires de M. Bazin sur la littérature chinoise, sous la dynastie mongole des Youen; un rapport détaillé de M. Brosset sur ses découvertes en Géorgie; une notice sur les progrès de la jurisprudence parmi les sectes musulmanes, par Mirza Kasem-Beg; le commencement d'un mémoire considérable de M. Munk sur les origines de la grammaire hébraïque; une liste de mots himyarites, par M. Bargès, et d'autres travaux d'une moindre étendue.

Le Conseil pouvait se demander s'il ne fallait pas agrandir le cadre du Journal, pour qu'il répondît mieux à l'affluence des matériaux que nous amènent les malheurs d'un temps où il est si difficile de publier le résultat de ses recherches; mais il a jugé plus urgent encore de reprendre les publications qu'il avait suspendues, par une sage précaution, au commencement de l'année 1848. Il avait été décidé alors que le premier travail qu'on reprendrait serait la continuation de la traduction de la *Chronique du Kachmîr*, par M. Troyer, et le Conseil a autorisé, dans sa séance du mois de juin dernier, la mise sous presse du troisième volume de cet ouvrage, dont l'achèvement est attendu avec impatience par tous ceux qui s'intéressent à l'histoire ancienne de l'Inde. Le conseil a décidé en même temps que les nouveaux volumes de la traduction ne seraient pas accompagnés du texte; cette déviation du plan suivi dans les deux premiers volumes a été faite de concert avec le traducteur, mais elle a besoin d'être expliquée. Le gouvernement anglais, dans l'Inde, avait fait commencer, en 1832, l'impression du texte de cette chronique, parmi beaucoup d'autres ouvrages orientaux; puis, dans un accès de dédain pour la littérature orientale, il avait tout à coup abandonné ces publications, et l'on devait croire que c'était une mesure définitive. Ce fut alors que la Société asiatique de Paris se détermina à publier le texte et la traduction de la Chronique; mais, pendant que M. Troyer en imprimait ainsi les deux premiers volumes, M. Prinsep entreprit de continuer à ses frais les impressions abandonnées par le gouvernement indien, et le texte de la Chronique de Kachmîr parut à Calcutta, avant que nos deux volumes fussent achevés. La Société asiatique ne crut néanmoins pas devoir renoncer à la continuation de son édition du texte, parce qu'elle avait lieu d'espérer qu'on obtiendrait dans l'Inde des manuscrits contenant une suite de la Chronique qui ne se trouvait pas dans l'édition de Calcutta; mais cet espoir a été déçu, car M. Troyer a reçu de la Société de Calcutta, dont la libéralité ne se dément jamais, un manuscrit complet de l'ouvrage ne renfermant rien de plus que ce qui avait déjà paru dans l'édition indienne. Dès ce moment, il a semblé à votre Conseil qu'il était inutile de reproduire la suite du texte, dont, grâce à la Société de Calcutta, une édition complète se trouvait à la disposition des savants en Europe, à un prix minime, de sorte qu'il y aurait en double emploi de capital et double dépense pour les acheteurs de la traduction, sans avantage pour la science. C'est ainsi que nous avons été conduits à abandonner l'impression du texte, et l'ouvrage de M. Troyer va être achevé dans un temps beaucoup plus court qu'il n'était permis de l'espérer.

On pourrait peut-être nous reprocher de reprendre trop tôt les travaux interrompus; de ne pas tenir assez compte des pertes que la Société a éprouvées et de l'indifférence du public pour les travaux de l'esprit; on pourrait trouver qu'il eût été préférable de continuer à assurer l'existence de la Société par la publication seule du Journal, et d'attendre, pour d'autres entreprises, des temps plus rassurants. Ce sont ces considérations qui ont déterminé le Conseil, il y a deux ans, à suspendre les impressions, lorsqu'il s'est trouvé en face d'un avenir inconnu et menaçant; mais il lui a semblé que le moment était venu de reprendre le cours habituel de ses publications. La Société, il est vrai, a éprouvé des pertes, et il se passera des années avant qu'elle puisse les réparer en entier; mais ces pertes sont moindres qu'en 1830, où une secousse politique beaucoup moins grave l'a ébranlée bien plus profondément. Ce fait, en apparence singulier, s'explique par des raisons qui ont agi d'une manière plus générale sur l'état des lettres en France et qui ont exercé leur influence sur la Société, en changeant graduellement, mais sans relâche, sa composition. Permettez-moi de dire quelques mots sur ce sujet, car il est bon que toute association se rende de temps en temps compte de sa position et reconnaisse d'où dépend sa force et d'où vient sa faiblesse.

La Société asiatique fut fondée, en 1822, au milieu et par suite du grand mouvement littéraire qui agitait tous les esprits sous la restauration. On recherchait alors avec une curiosité extrême tout ce qui pouvait étendre le domaine des lettres, tout ce qui pouvait aider la nouvelle forme que la philosophie, l'histoire et la littérature tendaient à revêtir; il avait passé sur les esprits, après une longue oppression, comme un souffle de jeunesse qui les poussait vers les découvertes et dans les voies nouvelles, en leur faisant espérer des trésors dans tout ce qui était inconnu. L'antiquité, le moyen âge, les littératures étrangères étaient l'objet d'études sérieuses, presque pieuses. La littérature orientale participa naturellement à cette faveur; elle était plus inconnue que toute autre; l'antiquité de son origine, les formes variées et souvent bizarres qu'elle a revêtues, son antique renommée de profondeur et les difficultés de son abord, tout lui attirait l'intérêt. On y entrevoyait vaguement la solution de grands problèmes historiques; on était sûr d'y trouver les origines de la philosophie, des religions et les sources de l'histoire de la moitié du genre humain; on en espérait un rajeunissement de la littérature. Aussi, la Société asiatique fut-elle fondée, autant par la curiosité intelligente de ceux qui ne s'occupaient pas eux-mêmes des langues de l'Asie, que par l'intérêt naturel de ceux qui en faisaient l'objet de leurs études; et quand on relit les premières listes de ses membres, on y trouve les noms les plus illustres dans l'État et dans les lettres. Mais peu à peu cette grande et belle ferveur littéraire diminua; la fièvre politique s'empara de plus en plus de l'Europe et la rendit moins attentive aux travaux de l'esprit. Telle est la raison pour laquelle la révolution de 1830 manqua de devenir funeste à notre Société; les hommes du monde disparurent presque subitement de la liste de nos membres, et si quelques-uns nous sont restés fidèles, c'est par un sincère amour de la science, que la mode ne protégeait plus. Néanmoins, la Société résista à cette mauvaise fortune; l'étude des littératures de l'Asie faisait des progrès rapides, pas assez peut-être au gré de ceux qui ne demandaient que des résultats ou des formules historiques générales, mais incomparablement plus rapides et plus solides qu'à aucune époque antérieure; elle grandissait, si je puis m'exprimer ainsi, en dedans; les méthodes se perfectionnaient; on arrivait à une exactitude presque inconnue auparavant; la grammaire comparée naissait et créait, d'un côté, la science de l'étymologie, qui auparavant n'avait été qu'un mirage, et préparait de l'autre les découvertes historiques les plus certaines et les plus importantes; on abordait de tous côtés des problèmes qui avaient paru insolubles; on accumulait les documents les plus détaillés et les plus authentiques pour l'histoire de chaque pays; on multipliait les moyens d'études; on remplaçait par des faits les conjectures qui avaient ébloui auparavant les meilleurs esprits. Cette vie intérieure de la science anima un grand nombre d'hommes jeunes et généreux, qui se dévouèrent à travers mille obstacles à ces études, et fondèrent partout des sociétés asiatiques pour s'entr'aider dans leurs travaux. Votre Société a participé à ce mouvement ; les hommes du monde qui nous ont fait défaut, ont été remplacés graduellement par des hommes voués à l'étude ; la Société s'en est affermie et est devenue plus indépendante de la faveur ou de la défaveur du goût régnant. Néanmoins, le but des savants doit être de reconquérir l'intérêt du public, et il est impossible de douter que ce moment n'arrive quand la tranquillité sera rentrée dans les esprits, et qu'une littérature plus vraie et moins fiévreuse sera redevenue un besoin pour les hommes cultivés. Grâce aux progrès qu'elle fait tous les jours, la littérature orientale sera mieux préparée à répondre à la curiosité de ceux qui voudront l'interroger, et à offrir des solutions aux questions qu'on lui adressera ; car on est étonné en réfléchissant un instant à ce qui a été fait depuis que cette Société s'est réunie pour la première fois ; quand on pense qu'on a découvert, depuis ce temps, la langue de Zoroastre, et qu'on lit les inscriptions de Darius restées inintelligibles depuis Alexandre le Grand ; qu'on a déchiffré les inscriptions d'Asoka, et qu'on a lu les ouvrages des Bouddhistes dans les langues de tous les peuples, depuis la Tartarie jusqu'à Ceylan ; qu'on lit les inscriptions sinaïtiques et qu'on déchiffre celles de Saba ; qu'on a étudié le kawi et tous les dialectes malais ; qu'on est à la veille de retrouver la langue des Assyriens, des Babyloniens et des Mèdes, comme on a retrouvé leurs palais ; que le japonais est l'objet des études les plus sérieuses ; que les inscriptions phéniciennes commencent à n'être plus des énigmes ; qu'on analyse les dialectes finnois et ceux du Caucase ; qu'on étudie les langues des aborigènes de l'Inde, qui nous dévoilent des faits antérieurs à l'entrée de la race brahmanique dans ce pays ; qu'on a publié des grammaires et des dictionnaires tibétains, mongols, birmans, cingalais, cochinchinois, siamois, ainsi que d'une foule d'autres dialectes entièrement inconnus auparavant ; et je ne parle ici que de ce que la littérature orientale a gagné en étendue et sur des terrains nouveaux ; mais si l'on y ajoute les travaux qui ont enrichi les littératures auparavant connues ; si l'on songe à la quantité d'ouvrages arabes, persans, turcs, arméniens, sanscrits et chinois qui ont été publiés et traduits depuis trente ans ; au nombre des questions historiques, géographiques et ethnographiques qui ont été approfondies, on reste convaincu que ce qui a été fait pendant ce temps égale en masse et en importance tout ce que les siècles antérieurs avaient produit. Les résultats de ces travaux immenses commencent à entrer dans l'histoire générale, et, à mesure qu'ils seront plus connus, ils feront apprécier à leur juste valeur nos études. Mais, en attendant, il ne faut pas oublier que nous ne sommes qu'à l'entrée du sanctuaire, qu'il y a des siècles d'efforts devant nous et que c'est aux Sociétés asiatiques à soutenir, dans ces temps difficiles, le courage de ceux qui travaillent à cette grande œuvre, et au lieu d'être inquiet de la résolution que le Conseil a prise de poursuivre vos travaux, je regrette au contraire de ne pouvoir aujourd'hui vous annoncer un plan bien plus vaste, qui sera un jour soumis à votre décision, mais dont le moment n'est pas encore tout à fait venu de vous entretenir.

Je devrais maintenant, selon une habitude un peu téméraire que vous avez bien voulu encourager, vous soumettre le catalogue des ouvrages orientaux qui ont paru pendant l'année dernière ; j'aurais surtout désiré appeler votre attention sur quelques ouvrages classiques qui ont paru en Orient dans ces dernières années et dont les titres nous sont à peine connus. Il s'est passé plus d'un siècle avant que l'Europe soit parvenue à faire imprimer les manuscrits grecs et latins, et il faudrait un temps bien plus long pour arriver à publier les principales productions des littératures orientales. Ce retard et cette grande perte de temps et de moyens peuvent nous être épargnés par les Orientaux eux-mêmes, puisqu'ils ont trouvé dans la lithographie un mode de publication qui convient à leur goût ; malheureusement les produits des cent presses lithographiques de l'Inde et de la Perse ne nous parviennent qu'accidentellement, et ce sera dorénavant un des premiers devoirs des Sociétés asiatiques d'aplanir les difficultés qui s'opposent encore aux communications littéraires entre l'Europe et l'Orient. J'aurais désiré appeler votre attention sur ce sujet; mais l'état de ma santé ne m'en a pas laissé le temps et je me vois obligé de demander la permission d'y revenir l'année prochaine.

XI

ANNÉE 1850-1851

(RAPPORT LU LE 25 JUIN 1851)

Messieurs,

Nous célébrons aujourd'hui le vingt-neuvième anniversaire de la Société asiatique. Cette année a été heureuse pour nous, moins par les progrès positifs que nous avons faits depuis notre dernière séance annuelle, que par la confiance que doit nous inspirer la facilité avec laquelle nous avons surmonté les difficultés dont nous avaient menacés les commotions politiques des dernières années. La Société a le droit de se croire plus solidement assise qu'elle n'avait peut-être espéré elle-même, et elle doit être convaincue qu'à moins de nouveaux bouleversements en Europe, elle se développera et acquerra les moyens nécessaires pour répondre complétement à l'activité de ses membres et aux exigences croissantes de la science, qui est l'objet de ses travaux.

Le Journal asiatique a continué à subir la transformation que les circonstances lui imposent. Vous avez sans doute observé qu'il contient, depuis quelques années, des mémoires d'une longueur inaccoutumée, et qui forment moins des articles de journal que des ouvrages entiers. Ce changement n'a pas été provoqué par votre Commission du Journal, qui n'a fait que suivre une impulsion produite par les difficultés qu'éprouvent les savants à mettre au jour leurs travaux. Nous recevons des mémoires qui, dans d'autres circonstances, auraient formé des publications particulières, et je crois que la Société n'a qu'à s'en féliciter, malgré quelques inconvénients résultant de la lenteur inévitable avec laquelle un journal publie des travaux aussi étendus. Un recueil comme le nôtre, qui n'aspire pas à l'amusement momentané des lecteurs, mais à une place dans les bibliothèques, ne peut que gagner par des mémoires qui traitent de parties neuves et essentielles de la science, comme les séries d'articles de M. Burnouf sur les textes zends [1], de M. Stanislas Julien sur les peuples étrangers connus aux Chinois, de M. Defrémery sur les géographes arabes et persans [2], de M. Munk sur les premiers grammairiens hébreux [3], de M. Ducaurroy sur la législation musulmane [4], de M. Bazin sur la littérature chinoise du temps des Youên, de M. Oppert sur les inscriptions des Achéménides, séries dont une partie vient d'être achevée, et dont une autre se continue encore.

Vous vous êtes décidés, il y a un an, à reprendre la publication de la Chronique du Kaschmîr, par M. Troyer; le troisième et dernier volume est sous presse, et nous avons l'assurance que l'ouvrage sera terminé dans le courant de l'année. Cet engagement rempli, vous rentrez dans la libre disposition de vos fonds, et votre Conseil a cru que le temps était venu de s'occuper sérieusement d'un plan préparé depuis longtemps, mais ajourné, à cause de difficultés qui n'ont pu être vaincues

1. *Études sur la langue et sur les textes zends*, par E. Burnouf. T. I. Paris, 1840-1850, in-8° (429 p.). Extrait du *Journal asiatique*.
2. *Fragments de géographes et d'historiens arabes et persans inédits*, par M. Defrémery. Paris, 1849, in-8° (265 p.). Extrait du *Journal asiatique*.
3. *Notice sur Aboulwalid Merwan Ibn-Djanah et sur quelques autres grammairiens hébreux*, par M. Munk, Paris, 1851, in-8° (214 p.). Extrait du *Journal asiatique*.
4. *Législation musulmane sunnite, rite hanéfi*, par M. Ducaurroy. Paris, 1848. in-8° (première série, 175 p.). Extrait du *Journal asiatique*.

que peu à peu, et il a arrêté, dans sa dernière séance, la publication d'une collection de *Classiques orientaux*.

Vous savez tous combien nos études sont entravées par le défaut de textes et de traductions, combien d'ouvrages indispensables à l'histoire politique et littéraire de l'Asie sont encore inédits, combien ceux qui ont été publiés sont coûteux et difficiles à rassembler, combien l'usage des manuscrits est entouré d'obstacles et entraîne de perte de temps. La munificence de quelques gouvernements, le zèle des corps savants et des orientalistes en Europe, et le besoin de livres imprimés qui se manifeste de plus en plus en Turquie, en Perse et dans l'Inde, commencent à remédier à un état de choses aussi fâcheux pour la science. Mais ce qu'il reste à faire est immense, et les besoins des études exigent que ce mouvement soit accéléré. La Société asiatique a senti, dès sa formation, qu'il était de son devoir de venir en aide, dans la mesure de ses forces, à la publication d'ouvrages orientaux, et l'impression de *Mengtseu*, de *Sacountala*, de la *Géographie d'Aboulféda* et de la *Chronique du Kaschmir*, prouvent qu'elle n'a jamais tout à fait perdu de vue cette partie de ses statuts. Aujourd'hui, elle désire entrer dans cette voie plus avant et plus méthodiquement. Nos publications antérieures étaient isolées et ne se rattachaient entre elles par rien, pas même par un format commun, et nous avons évidemment perdu par cela une partie des forces que donnent à une association la continuité et l'uniformité de ses travaux. Le Conseil a pris maintenant la décision de publier une collection uniforme de textes inédits, complets, importants, accompagnés d'une traduction française, et publiés dans la forme la plus économique.

Permettez-moi de dire quelques mots sur chacun des points de ce programme. Nous nous bornerons à des textes inédits, parce que c'est le meilleur moyen de servir la science, et que nous ne désirons nuire à aucune publication commencée ou terminée, et ne voulons pas faire une double dépense de force pour un même objet. Si nous admettons une exception à cette règle, ce sera en faveur d'ouvrages anciennement et imparfaitement publiés, et qu'on a aujourd'hui de la difficulté à se procurer. Pour donner un exemple, il y a un grand nombre de personnes à qui les Annales d'Aboulféda seraient d'un grand secours dans leurs travaux historiques, et qui pourtant ne peuvent pas se procurer l'édition de Reiske, faite d'après un manuscrit médiocre et incomplet, pendant que nous avons à Paris tous les moyens d'en publier une édition parfaite. Nous pensons que, dans un cas pareil, la Société pourra faire une exception à sa règle de ne publier que des ouvrages inédits.

Nous choisirons des ouvrages importants, c'est-à-dire qui répondent à un besoin vivement senti, et que tous ceux qui s'occupent de l'Orient doivent désirer posséder. C'est sur ce choix que repose l'avenir de notre plan. Heureusement, la matière ne nous manquera pas, la Bibliothèque nationale nous la fournira en abondance.

Nous accompagnerons les textes de traductions françaises, parce qu'un livre oriental n'est réellement accessible que quand il est traduit, et parce que nous voulons ouvrir les trésors de la littérature orientale à l'historien et à l'ami des lettres. Mais nous avons une autre raison plus importante encore pour insister sur des traductions françaises. On commence à étudier le français chez tous les peuples musulmans qui avoisinent la Méditerranée, et nous espérons donner une nouvelle impulsion à ce mouvement civilisateur, en fournissant aux Arabes et aux Turcs le moyen d'apprendre le français dans des traductions exactes d'ouvrages qu'ils sont accoutumés à respecter, et qui ne réveillent en eux aucune répugnance religieuse ou nationale.

Nous n'ajouterons pas de commentaires aux textes, non pas que les commentaires ne soient souvent chose bonne et utile, mais parce que le premier besoin de la science est d'avoir à sa disposition les auteurs eux-mêmes, et que les commentaires peuvent venir plus tard. C'est ainsi qu'on a procédé à la renaissance des lettres, et l'Europe s'est vue infiniment plus tôt en possession des littératures classiques, que si les Alde et les Étienne s'étaient arrêtés à commenter les ouvrages qu'ils publiaient. Une traduction est en elle-même un commentaire perpétuel, et le petit nombre de remarques réellement indispensables à l'intelligence d'un texte, trouvera facilement place dans les tables de mots et de matières qui termineront chaque ouvrage.

Il reste le dernier point du programme, la publication au plus bas prix possible. Je n'oserais pas insister sur un point en apparence minime, si je parlais devant d'autres que vous; mais nous tous avons trop souffert de la rareté et des prix exorbitants des ouvrages orientaux, pour qu'il ne nous soit pas permis d'essayer un remède à un mal qui nécessairement contribue à restreindre les études orientales. Ce remède, on ne peut l'attendre que des Sociétés; car les gouvernements attachent encore trop de prix à la magnificence des ouvrages qu'ils entreprennent, pour que nous puissions espérer de leur part des ouvrages à bon marché, et nous ne pouvons pas raisonnablement demander aux libraires de faire des expériences qui peuvent entraîner des pertes considérables, pendant que les Sociétés ont, par leur position, une connaissance plus exacte des besoins des hommes d'étude, et sont en état de supporter les risques d'une amélioration qui serait aussi utile. La Société asiatique de Calcutta nous a donné en cela un exemple très-honorable et que nous devons suivre.

L'entreprise dans laquelle la Société s'engage doit paraître bien au-dessus des ressources dont elle peut disposer aujourd'hui; en effet, nous ne pourrions la continuer avec nos propres forces qu'avec une grande lenteur; mais nous commencerons, et quand nous aurons publié quelques volumes, nous nous adresserons à tous ceux qui s'intéressent aux études historiques et littéraires, pour qu'ils viennent à notre aide. Si l'idée que nous poursuivons est vraie, si elle répond à un besoin réel, et si nous l'exécutons d'une manière satisfaisante, cette aide ne nous manquera pas, c'est à nous de la mériter.

La Société a maintenu, pendant les deux dernières années, les relations les plus amicales avec les autres Sociétés asiatiques, qui, presque toutes, ont enrichi la littérature orientale de travaux importants. La Société asiatique de Calcutta, la plus ancienne et la plus active de toutes, a continué à publier son Journal[1], dépôt précieux de recherches historiques et scientifiques. Elle a poursuivi de même l'impression de la *Bibliotheca indica*[2], recueil de textes qui promet de devenir extrêmement curieux. J'aurai à revenir plus tard sur le contenu des cahiers que nous en avons reçus ; mais qu'il me soit permis, dès ce moment, de féliciter la Société de ce qu'elle paraît décidée à accompagner dorénavant, autant que possible, les textes qu'elle donne de traductions anglaises.

La Société des sciences de Batavia[3] a fait paraître le volume XXII de ses Transactions ; il contient un grand nombre de mémoires sur l'histoire naturelle des colonies hollandaises, et le commencement d'un travail très-curieux de M. Friedrich, sur la littérature et le culte des habitants de Bali, la seule des îles Malaises dans laquelle le brahmanisme s'est maintenu jusqu'aujourd'hui. L'exploration de Bali, qui n'est devenue possible que depuis l'invasion récente des Hollandais, promet des données curieuses sur les antiquités indiennes des îles, et sur

---

1. *Journal of the asiatic Society of Bengal.* Calcutta. In-8°.— Le dernier cahier qui est arrivé à Paris est le n° VI, 1850. — On peut souscrire à ce journal chez M. Duprat, libraire de la Société asiatique de Calcutta, à Paris. Prix : 54 francs par an.
2. *Bibliotheca indica,* a collection of oriental works published by the asiatic Society of Bengal, edited by de Roer. Calcutta, in-8°, 1848 et années suivantes. Il en est arrivé à Paris trente et un numéros, formant huit volumes.
3. *Verhandelingen van het Bataviaasch Genootschap van Kunsten en Wetenschappen.* T. XXII, in-4°. Batavia, 1850.

la littérature en langue kawi, qui a succédé au sanscrit comme langue sacrée dans l'archipel Malais. M. Friedrich a ajouté à son mémoire un *fac-simile* d'un traité en kawi sur les mètres usités dans cette langue.

Les Sociétés asiatiques de Madras [1] et de Bombay [2] ont continué à publier leurs journaux, et les gouverneurs de ces deux présidences confient à ces recueils nombre de rapports officiels qui contiennent des faits intéressants pour la science. On ne saurait trop savoir gré aux employés civils et militaires de la Compagnie des Indes du zèle qu'ils mettent, au milieu d'occupations graves et dans un climat énervant, à rechercher ce qui peut éclaircir l'histoire, l'archéologie, l'ethnographie et la philologie orientales. Ce zèle est d'autant plus méritoire, que les exigences officielles du service indien ont augmenté très-considérablement depuis nombre d'années, et que le gouvernement, pressé par des nécessités politiques et financières, encourage beaucoup moins qu'autrefois les efforts littéraires de ses subordonnés.

La Société de géographie de Bombay [3] a publié le vol. IX de ses Transactions. Une grande partie des travaux de cette Société se rapporte naturellement à la géographie physique; mais ce volume contient plusieurs mémoires d'un intérêt historique considérable, notamment celui du lieutenant Rigby, sur les Bhils des monts Sathpoura; un autre du même auteur, sur la langue des Somalis; et un du commandant Jones, sur le canal Nahrwan, en Mésopotamie.

La Société asiatique de Ceylan paraît avoir publié, à Colombo, au moins trois volumes de son Journal, qui malheu-

---

1. *Madras Journal of literature and science*, edited by the Madras literary Society. Madras, 1849, in-8°, n°35.
2. *Journal of the Bombay Branch of the royal asiatic Society*. Bombay, 1850, t. III, n° 13.
3. *Transactions of the Bombay geographical Society*, from may 1849 to august 1850. T. IX, Bombay, 1850, in-8° (CXXIV et 347 p.).

reusement n'est pas accessible en Europe. Feu M. Turnour a montré ce qu'on pouvait attendre de recherches faites à Ceylan, le seul pays bouddhiste soumis à un gouvernement européen. L'importance de plus en plus grande que les études bouddhistes prennent, fait vivement désirer que M. Turnour trouve dans la Société de Ceylan des successeurs qui puissent achever ses beaux travaux.

Nous n'avons pas de nouvelles de la Société asiatique de Chine, et je ne sais pas si le premier volume de ses Transactions a été suivi de nouvelles publications. Ce manque de communication est probablement dû à un accident qui a fait tomber entre les mains des pirates, dans la rivière de Canton, un envoi de nos publications qui était destiné à la Société chinoise. J'espère que nous serons plus heureux dans nos rapports futurs avec une Société qui a devant elle le champ illimité de l'histoire et de la littérature de la Chine.

La Société asiatique de Londres a fait paraître une partie du onzième et le douzième volume de son Journal [1], qui sont remplis de travaux importants dont j'aurai à parler plus tard, comme aussi des publications du Comité des traductions et de la Société des textes orientaux.

La Société orientale allemande [2] nous a fait parvenir les volumes III et IV de son Journal. Ce recueil tient une place très honorable parmi les journaux asiatiques, par la solidité du savoir et la variété du contenu. Je regrette de ne pas pouvoir indiquer les titres des articles, mais leur nombre est trop considérable.

La Société des sciences de Beyrouth fait imprimer dans ce

1. *The Journal of the asiatic Society of Great-Britain.* Londres. T. XI, 1, 1849, et t. XII, 1, 2, 1850, in-8°. — Le t. XIII est sous presse ; il contiendra la partie assyrienne de la grande inscription de Darius, avec une traduction interlinéaire et un commentaire de M. Rawlinson.
2. *Zeitschrift der deutschen morgenländischen Gesellschaft.* Leipzig. T. III, 1849, t. IV; 1850, in-8°.

moment le premier volume de ses Mémoires. Elle forme le centre d'un groupe de savants du pays, que le contact avec les Européens et les missionnaires américains a excités à réunir leurs travaux, pour entrer dans la grande communauté des sciences qui embrasse toutes les nations civilisées.

La Société orientale américaine [1] a publié le quatrième cahier de ses Transactions, contenant des recherches sur des langues africaines, un travail de M. Salisbury sur le cunéiforme persan, et un fragment considérable d'une traduction de Tabari, par M. Brown. La littérature orientale, autant qu'elle ne se rapporte pas directement à l'interprétation de la Bible, n'est jusqu'à présent cultivée en Amérique, que par un nombre très-restreint de personnes. On n'a pas encore le temps de s'y livrer à des recherches qui ne donnent pas un résultat immédiatement applicable à la vie; mais nous voyons les Américains, que les besoins de la diplomatie, du commerce, et surtout des missions amènent en Orient, déployer le même esprit de curiosité et d'activité qui les distingue entre toutes les nations, et partout où se sont établies leurs missions, nous les trouvons pleines d'activité littéraire. MM. Perkins et Grant, dans le Kurdistan ; M. Élie Smith, à Beyrouth ; M. Bridgman, à Canton ; M. Southgate, en Asie Mineure ; MM. Smith et Dwight, en Arménie ; M. Judson, à Birma, ont montré combien de secours l'étude de l'Orient pourra attendre un jour des missions américaines.

Enfin, il s'est formé une nouvelle Société orientale à Jérusalem, par l'initiative de M. Finn, consul d'Angleterre ; elle se propose l'exploration de la Palestine ancienne et moderne ; il y avait déjà trois associations poursuivant le même but : la Société syro-égyptienne de Londres [2], et les deux Sociétés litté-

---

1. *Journal of the american oriental Society.* T. I, Boston, 1849 (591 p.).
— Je vois par une annonce, que le second volume doit avoir paru ; mais il n'est pas encore arrivé à Paris.
2. *Original papers read before the syro-egyptian Society of London.* T. I, p. 2. Londres, 1850 (57 p. et une planche).

raires de Beyrouth ; mais cette terre, où de si grandes choses se sont passées, est assez riche de souvenirs et d'intérêt pour suffire à la curiosité intelligente de tous ceux qui en surveillent les fouilles.

J'arrive aux ouvrages orientaux, et je dois remonter jusqu'en 1849, parce que l'état de ma santé me m'a pas permis, l'année dernière,de vous en soumettre l'énumération habituelle. Les temps ont été et sont encore peu favorables aux travaux d'érudition, l'intérêt du public est absorbé par d'autres et de trèsgraves préoccupations, et les encouragements des gouvernements sont amoindris par la nécessité des circonstances : néanmoins, l'impulsion que les dernières trente années ont donnée à nos études est si forte, que les savants ont répondu à cette défaveur par un redoublement de zèle et de sacrifices, et que le nombre des ouvrages publiés n'a pas sensiblement diminué.

Je commence par les Arabes et par leur littérature historique qui continue à faire des progrès qui auraient paru chimériques il y a vingt ans, et qui, néanmoins, sont encore loin de répondre aux besoins actuels de la science. M. Weil[1], professeur à Heidelberg, a publié le troisième et dernier volume de son Histoire du khalifat de Bagdad, dans lequel il traite des trois derniers siècles de ce grand empire, de ses déchirements et de sa destruction. C'est la première histoire complète du khalifat, écrite selon les exigences de la critique européenne, et composée d'après les sources originales ; car le grand ouvrage de Price n'est qu'une compilation qui sera encore longtemps utile et presque indispensable ; mais ce n'est qu'une compilation, pendant que le livre de M. Weil est une histoire politique du khalifat, où les auteurs sont contrôlés l'un par l'autre, les faits discutés et les autorités citées.

1. *Geschichte der Chalifen,* nach handschriftlichen grösstentheils noch unbenützten Quellen, von Dr Gustav Weil. T. III. Mannheim. 1851, in-8º (488, vii, x, xxi, et 120 p.).

La nécessité de concentrer tant de faits dans un espace restreint, a forcé M. Weil à se borner presque uniquement au côté politique du khalifat. Ne pourrions-nous pas espérer qu'il nous donne dans un nouvel ouvrage qui formerait le complément de celui-ci, le côté social de cet empire, dont les institutions ont survécu en grande partie à sa chute, et exercent encore aujourd'hui une influence considérable sur le monde? M. Weil doit avoir d'amples matériaux sur l'administration du khalifat, sur ses finances et son commerce, sur l'état moral dans lequel il l'a trouvé et celui dans lequel il a laissé les pays soumis à son sceptre, sur les rapports du pouvoir temporel et spirituel, sur l'organisation des écoles, leur enseignement et leur influence, sur les formes observées dans la confection et la promulgation des lois, sur les sectes; enfin, sur tous les points de la vie intérieure d'une nation, et dont l'ensemble forme la civilisation particulière de chaque grand peuple. Nous possédons des monographies sur quelques-uns de ces sujets, mais jusqu'ici on n'a jamais tenté un travail d'ensemble. Il est vrai que c'est une étude immense et dont les matériaux ne sont encore accessibles que partiellement, mais cet essai, si incomplet qu'il pourrait être, serait une entreprise de la plus grande utilité, parce qu'il appellerait l'attention sur une foule de questions aujourd'hui peu étudiées, et qu'il formerait un point de départ auquel chaque observation isolée pourrait se rattacher. Les matériaux, d'ailleurs, s'accumulent et chaque année apporte son tribut par la publication d'historiens arabes inédits.

M. Wüstenfeld, à Gœttingue, à fait paraître une édition autographiée du *Manuel d'histoire générale* d'Ibn Koteïba[1]. L'auteur était kadi dans une petite ville en Perse, et est mort professeur à Bagdad, vers la fin du III siècle de l'hégire. Son ouvrage a été souvent mis a contribution pour l'histoire des

1. *Ibn-Coteibah's Handbuch der Geschichte*, herausgegeben von Ferd. Wüstenfeld. Gœttingue, 1850, in-8° (366 p.), lithogr.

Arabes avant l'Islamisme, mais il n'avait jamais été publié en entier. C'est un des premiers essais d'histoire générale que les Arabes paraissent avoir fait, et la partie de l'ouvrage qui se rapporte aux peuples étrangers est extrêmement maigre. La méthode de Koteïba, quoique très-imparfaite, est originale, et l'on voit aisément que de son temps les Arabes n'avaient pas encore adopté une forme définitive pour leurs compositions historiques ; on trouve dans son ouvrage une foule de faits curieux qu'on ne s'attend point à rencontrer dans une histoire générale, mais qui ne manquent pas d'intérêt pour nous, ordinairement pour des raisons auxquelles l'auteur n'avait point pensé. M. Wüstenfeld a suivi, en général, le manuscrit de Vienne, le meilleur et le plus complet de ceux qui se trouvent dans les bibliothèques de l'Europe ; et il a complété son édition par une table de noms historiques et géographiques.

Le même savant a publié le texte d'un petit livre composé par Muhammed Ibn Habib[1], grammairien de Bagdad, au IXe siècle de notre ère, et traitant de la ressemblance et de la différence entre les noms des tribus arabes. On connaît l'importance que la généalogie des tribus et des familles a pour l'ancienne histoire des Arabes. C'est le seul fil qui rattache les traditions qui s'étaient conservées dans le désert et qui n'ont été fixées par l'écriture que plusieurs siècles après Muhammed. L'identité ou la ressemblance des noms de tribus et de familles tendait naturellement à introduire la confusion dans la chronologie arabe, et plusieurs écrivains musulmans se sont occupés de remédier à cet inconvénient, en fixant l'orthographe de ces noms, entre autres, notre auteur, qui paraît avoir fait autorité, car Makrisi a pris a peine de copier de sa main ce traité, de le pourvoir de points diacritiques, et d'y ajouter des notes. Ce manuscrit s'est heureusement conservé et se trouve dans la bibliothèque de Leyde. M. Wüstenfeld l'a

---

1. *Muhammed ben Habib, über die Gleichheit und Verschiedenheit der arabischen Stämmenamen*, herausgegeben von Wüstenfeld. Gœttingue, 1850, in-8° (VIII et 52 p.).

publié pour servir de pièce justificative pour les tables généalogiques des Arabes qu'il prépare. Il y a ajouté une table de noms, mais sans y joindre de notes, ni de traduction, et de fait, ce petit livre est un des textes arabes qui en ont le moins besoin.

M. Wüstenfeld, après avoir terminé son édition du Dictionnaire biographique de Nawawi [1], l'a fait suivre d'une introduction [2] contenant la vie et la liste des ouvrages de cet auteur. Abou Zakariah Iahya al Nawawi était un jurisconsulte et théologien du XIIIe siècle de notre ère, qui est mort à Bagdad, où il professait les traditions. Il a composé quarante-deux ouvrages très-estimés, comme le prouve le nombre des commentateurs qu'ils ont trouvés. Sa biographie est très-curieuse; elle nous le montre presque comme l'idéal d'un savant arabe, par la sainteté et la simplicité de sa vie, son abnégation personnelle, son travail incessant et le courage avec lequel il se servait de la grande influence que lui donnait sa réputation, pour défendre les droits des sujets contre les empiétements et la rapacité des princes de son temps. Son tombeau est encore aujourd'hui vénéré comme celui d'un saint.

M. Haarbrücker, à Halle, a publié le premier volume de l'Histoire des sectes religieuses et philosophiques, par Scharistani [3], auteur du XIIIe siècle de notre ère, et originaire du Khorasan. Le sujet de son ouvrage devait attirer de bonne heure l'attention des savants en Europe. Pococke, Hyde, M. de

1. *The biographical Dictionary of illustrious men*, by Abu Zakariya Jahya el Nawawi, now first edited by F. Wüstenfeld. Göttingen, 1842-1847, in-8° (878 p.). — Le libraire a réduit, depuis quelque temps, le prix à 6 thalers.
2. *Ueber das Leben und die Schriften des Scheich Abu Zakariya Jahja el Nawawi*, nach handschriftlichen Quellen von F. Wüstenfeld. Gœttingue, 1849, in-8° (78 pages).
3. *Abul-Fath Muhammad asch Scharistani's Religions-Partheien und Philosophen-Schulen*, zum ersten Male vollständig aus dem Arabischen übersetzt von Dr Theodor Haarbrücker. T. I. Halle, 1850, in-8' (xx et 299 p.).

Sacy et d'autres, en ont fait connaître des extraits, et M. Cureton nous en a donné, il y a quelques années, une édition critique et complète, en annonçant en même temps son intention d'en publier une traduction en anglais. Les grands travaux de ce savant sur les manuscrits syriens du Musée britannique l'ayant empêché de réaliser son plan, M. Haarbrücker s'est déterminé à l'exécuter. Le premier volume contient les sectes musulmanes, juives, chrétiennes et dualistes; le second doit contenir les sabéens, les philosophes et les Indiens. Scharistani est un homme d'une tolérance remarquable pour un musulman, et il expose les opinions des différentes sectes avec une impartialité tout à fait historique. Ce qu'il y a de plus intéressant pour nous dans son livre, c'est le chapitre sur les sectes musulmanes, qu'il connaît parfaitement, et dont il expose les principes distinctifs avec beaucoup de netteté; ensuite, le chapitre sur les sectes sabéennes, sur lesquelles nous ne possédons que des renseignements très-imparfaits. Les autres religions et les systèmes philosophiques des peuples non musulmans nous sont connus, en général, par des documents meilleurs que ceux qu'un auteur arabe pouvait avoir à sa disposition; il y a, néanmoins, quelques renseignements importants à tirer du chapitre dans lequel Scharistani traite des sectes dualistes. C'est un véritable service que M. Haarbrücker a rendu aux sciences historiques et théologiques par la traduction de ce livre, car c'est un des ouvrages arabes qui serviront le plus aux savants qui ne sont pas orientalistes, et pour lesquels le texte seul aurait resté lettre close.

M. Sprenger, pendant qu'il était encore directeur du collége de Dehli, et Mamluk al Alyy, professeur à ce collége, ont publié une édition lithographiée de l'Histoire de Mahmoud le Ghaznevide, par Otby [1], que l'on connaissait en Europe par un

1. *Otby's Tarykh Yamyny*, or the history of sultan Mahmud of Ghaznah, by a contemporary, edited in the original arabic by Mowlawy Mamluk al Alyy, Head Mowlawy. and A. Sprenger, principal of the Dehli college. Dehli, 1847, in-8° (497 p.). Cet ouvrage se vend à Londres, chez Mess. Allen. Prix : 25 francs.

extrait fort détaillé que M. de Sacy en avait fait, d'après une traduction persane. Nous ne savons rien de la vie de l'auteur; il était évidemment contemporain de Mahmoud et paraît être mort avant ce prince, car son histoire ne contient pas les dernières années de la vie de Mahmoud. Le sujet que traite Otby est des plus intéressants par le grand rôle que Mahmoud a joué, d'un côté dans le khalifat, dont il a hâté la décadence, et de l'autre dans l'Inde, dont il a été le premier conquérant musulman. Otby n'est pas tout à fait à la hauteur de son sujet; il ne s'attache qu'aux intrigues des cours et aux expéditions militaires; c'est un chroniqueur exact, détaillé, et un peu trop ambitieux dans son style, ce qui lui a valu l'honneur de nombreux commentaires. Mais malgré ces défauts, on est trop heureux de posséder une histoire exacte de cette époque, et surtout des premières guerres contre l'Inde, où tout renseignement est d'un grand prix, parce que la simple mention d'un nom propre peut nous aider à fixer toute une série de dates indiennes, et Otby nous donne à peu près tout ce que nous avons le droit d'attendre d'un auteur de sa nation et de son temps. Les éditeurs se sont servis d'un exemplaire collationné et commenté entre les lignes, ils l'ont fait reproduire avec les gloses arabes et persanes qu'il portait, et ce qui mérite notre reconnaissance particulière, ils ont eu l'attention d'en envoyer à Londres un certain nombre d'exemplaires pour la vente en Europe.

M. Defrémery, qui nous avait déjà donné plusieurs chapitres des voyages d'Ibn Batouta, en a publié un nouveau, qui traite de l'Asie Mineure[1]. Ibn Batouta est meilleur voyageur que la plupart des Orientaux, plus curieux et plus éveillé, et par conséquent plus intéressant pour nous. Il a vu l'Asie Mineure à une époque de désorganisation extrême, épuisée par les guerres et envahie par des tribus turques. M. Defré-

---

1. *Voyages d'Ibn-Batouta dans l'Asie Mineure*, traduits de l'arabe et accompagnés de notes historiques et géographiques par M. Defrémery. Paris, 1851, in-8 (96 p.).

mery fait bien ressortir la valeur des renseignements que nous fournit Ibn-Batouta, et il faut espérer qu'il nous donnera prochainement une édition complète de cet auteur important, dont il s'est tant occupé.

J'arrive à l'ouvrage le plus considérable parmi tous les livres arabes imprimés depuis deux ans, l'*Histoire des Berbers* d'Ibn Khaldoun, que M. de Slane a publiée à Alger, par ordre du gouvernement français[1]. Abdurrahman Ibn Mohammed Ibn Khaldoun était d'une grande famille originaire du Hadramaut. Ses ancêtres avaient fait partie de la première invasion des Arabes en Espagne, et s'étaient établis à Séville; mais les progrès que faisaient les chrétiens les forcèrent d'abandonner leurs propriétés et de se réfugier à Tunis, où Ibn Khaldoun naquit, l'an 1332. Il reçut une éducation savante et paraît s'être destiné à l'enseignement; mais nommé très-jeune secrétaire du sultan de Tunis, il se trouva jeté dans les affaires et les intrigues compliquées des cours musulmanes. Il nous a laissé lui-même sa biographie très-détaillée, qui est un des morceaux les plus curieux qu'on puisse lire, par la peinture des révolutions de ces nombreuses cours musulmanes qui se partageaient l'Afrique du nord, et par le tableau qu'il nous donne de la facilité avec laquelle un savant passait alors, non-seulement du service d'un prince à celui d'un autre, mais des affaires d'État à l'exercice de la jurisprudence, et de celle-ci à l'enseignement public ou à la vie contemplative. Il me serait impossible de suivre ici Ibn Khaldoun dans les singulières vicissitudes de sa vie : il a été tour à tour secrétaire des sultans de Tunis et de Maroc, ambassadeur auprès de Pierre de Castille, qui voulut lui rendre les propriétés de sa famille à Séville, pour l'attacher à son service, et auprès de Timour, qui voulut l'amener à Samarcand pour en faire son professeur

1. *Histoire des Berbères et des dynasties musulmanes de l'Afrique septentrionale*, par Abou-Zeïd Abd-er-Rahman Ibn-Mohammed Ibn-Khaldoun, publiée, par ordre de M. le ministre de la guerre, par M. le baron de Slane. Texte arabe. Alger. in-4, t. I, 1847 (670 p.) ; t. II, 1851 (661 p.).

d'histoire; il a été ministre des rois de Bougie, de Tlemcen et de Grenade, professeur à Maroc, à Tunis et au Caire, et a été six fois grand kadi malékite du Caire, dignité dont il fut destitué cinq fois, et dans l'exercice de laquelle il a fini par mourir, à l'âge de soixante-quatorze ans. Il passa l'intervalle de ces nombreuses fonctions tantôt en prison, tantôt en retraite dans quelque château féodal, où il se livrait à la composition de son grand ouvrage.

C'est ainsi qu'il vécut pendant quatre ans dans le château d'Ibn Selama, au sud-est de Mascara, dans la solitude et à peu près dépourvu de ressources littéraires. Cette circonstance, en apparence funeste aux travaux d'un historien, ne servit qu'à grandir le talent d'Ibn Khaldoun, qui passa ce temps à écrire ses *Prolégomènes*, traitant de l'histoire de la civilisation et des lois qui gouvernent les sociétés politiques. C'est, je crois, le premier essai sur la philosophie de l'histoire qui ait jamais été écrit, et il nous révèle, dans Ibn Khaldoun, une puissance de réflexion dont le reste de son ouvrage ne donne qu'une idée très-incomplète. Ce livre a attiré depuis quarante ans l'attention des savants, qui en ont publié un grand nombre d'extraits, et nous pouvons en attendre prochainement une édition complète, une traduction et un commentaire, par M. Quatremère. La seconde partie de l'ouvrage d'Ibn Khaldoun traite de l'histoire avant Muhammed. M. Arri en avait entrepris une édition et une traduction italienne, mais sa mort prématurée a malheureusement interrompu l'achèvement de ce travail. La troisième partie contient l'histoire des grandes dynasties musulmanes ; personne, en Europe, ne s'en est encore occupé, non plus que de la quatrième, qui embrasse les petites dynasties orientales et les rois arabes d'Espagne. La cinquième et dernière partie contient l'histoire des Arabes de la tribu de Taï, depuis les temps anciens jusqu'à leur émigration dans l'Afrique septentrionale, et des dynasties arabes et berbères du Maghreb. On comprend tout l'intérêt que le gouvernement français doit mettre à posséder les données les plus exactes sur l'histoire et l'organisation des tribus dont les descendants occupent encore aujourd'hui le sol de l'Algérie. Il avait donc chargé M. de Slane de la publication de cette partie de l'ouvrage d'Ibn Khaldoun, et ce savant s'est acquitté de sa tâche avec tout le succès qu'on pouvait attendre de son érudition et de la position favorable dans laquelle il se trouve à Alger pour tous les renseignements locaux qui pouvaient le guider dans son travail. Les difficultés que présentait l'ouvrage d'Ibn Khaldoun étaient très-considérables : non-seulement le style est d'une grande inégalité, tantôt coloré, tantôt heurté et négligé jusqu'à l'obscurité, mais encore la matière est d'une complication extrême. Il a fallu à l'éditeur des soins infinis pour se reconnaître dans cette foule de noms propres et de lieux, dans la confusion des généalogies arabes et berbères, et dans les indications souvent insuffisantes d'un auteur qui écrit sur un sujet avec lequel il est trop familier, pour sentir toujours le besoin de la précision. M. de Slane annonce qu'il exposera le tableau complet des tribus et des dynasties arabes et berbères de l'Afrique septentrionale dans l'introduction de sa traduction, qui est sous presse en ce moment.

M. Dozy, à Leyde, continue ses beaux travaux sur les Arabes d'Espagne. Il a publié la quatrième livraison de la collection qu'il intitule *Ouvrages arabes*[1], et qui contient un recueil des meilleures sources de l'histoire des Arabes d'Espagne et d'Afrique. La dernière livraison renferme une grande partie du *Beyan ul Mogrib* d'Ibn Adhari et un certain nombre de notices bibliographiques et d'extraits d'auteurs. De plus, M. Dozy a commencé une nouvelle série de travaux, sous le titre de *Recherches sur l'histoire politique et littéraire de l'Espagne pendant le moyen âge*[2]. Il traite, dans le premier

---

1. *Ouvrages arabes*, publiés par M. Dozy, quatrième livraison. Leyde, 1849; in-8 (202 p.).
2. *Recherches sur l'histoire politique et littéraire de l'Espagne pendant le moyen âge*, par R. P. A. Dozy. T. I, Leyde, 1849. in-8 (711 p.).

volume, d'une quantité de points curieux d'histoire et de critique, rapprochant les récits des Arabes et ceux des chrétiens, et jetant du jour sur toutes les questions qu'il touche, avec une verve et un amour de la vérité qui rendent ces mémoires aussi attrayants qu'instructifs.

C'est au même cercle d'études qu'appartient un ouvrage que M. Longpérier annonce, sous le titre de *Documents numismatiques pour servir à l'histoire des Arabes d'Espagne*[1]. Il ne publie aujourd'hui qu'un programme et la liste des médailles qu'il a à sa disposition, dans l'espoir que les personnes qui posséderaient des médailles de cette classe qui lui manquent voudront bien les lui communiquer. L'ouvrage comprendra la description des monnaies, la traduction des légendes, les notes historiques sur les personnages qui figurent sur les monnaies et l'indication du poids de chaque pièce.

Il a paru un assez grand nombre de continuations d'ouvrages arabes dont j'ai annoncé les commencements et dont il ne me reste qu'à marquer les progrès. M. Wüstenfeld a achevé la publication du texte de la *Cosmographie* de Kazwini[2]; M. Juynboll a publié le troisième cahier du *Dictionnaire géographique*[3] dont il a entrepris l'édition. M. Perron nous a donné le troisième volume de sa traduction du *Précis de jurisprudence musulmane*, par Khalil Ibn Ishak[4], dans lequel il termine ce qui regarde le mariage, et commence la

---

1. *Programme d'un ouvrage intitulé : Documents numismatiques pour servir à l'histoire des Arabes d'Espagne*, par A. de Longpérier. Paris, 1850, in-8 (15 p. et une planche). Extrait de la *Revue archeologique*.
2. *Zakarija ben Muhammed ben Mahmud el-Cazwini's Kosmographie*, herausgegeben von Wüstenfeld. Deux t. in-8 (452 et 418 p.), Göttingen, 1848-1849.
3. *Lexicon geographicum*, e duobus codicibus arabicis editum, edidit Juynboll, partem descripsit Gaal. Leyde, 1841. Fasc. III, in-8 (p. 233-280).
4. *Précis de jurisprudence musulmane*, ou principes de législation musulmane civile et religieuse, selon le rite malékite, par Khalil Ibn-Ishac, traduit de l'arabe par M. Perron. Paris, 1849. In-4, t. III (596 p.).

jurisprudence touchant la propriété et les ventes. M. Baillie a publié un ouvrage sur cette dernière partie du droit musulman, mais je ne l'ai pas vu, et ne puis qu'en mentionner le titre [1]. M. Flügel a achevé le cinquième volume du *Dictionnaire bibliographique* de Hadji Khalfa [2], qu'il publie aux frais du Comité de traduction de Londres. MM. Reinaud et Derenbourg vont faire paraître la seconde partie du deuxième volume de leur nouvelle édition de Hariri, avec le Commentaire de M. de Sacy [3]. Cette livraison contiendra les notes et éclaircissements des deux éditeurs.

Ce n'est pas le seul travail auquel aient donné lieu les Séances de Hariri. M. Preston, à Cambridge, a fait paraître, sous le patronage du Comité des traductions, un choix de vingt séances rendues en anglais et accompagnées d'un commentaire [4]. Le problème d'une traduction exacte de Hariri est insoluble, et quiconque essaye de le résoudre, se trouve forcément réduit à chercher un moyen pour tourner des difficultés invincibles. M. Rückert, dans sa version allemande, s'est attaché plutôt à imiter qu'à traduire ; il rend les allusions, les allitérations et les proverbes arabes par des équivalents allemands, et souvent si bien trouvés, qu'on peut s'imaginer que Hariri, s'il avait écrit en allemand, n'aurait pas fait autrement. M. Preston, au contraire, veut avant tout traduire et rendre le sens de son auteur, et comme la phrase anglaise

---

1. *Moohummudan law of sale according to the Huneefee code*, translated from the arabic, with an introduction and explanatory notes by Neil Baillie. Londres, 1850. In-8.
2. *Lexicon bibliographicum et encyclopedicum*, a Mustafa ben Abd-Allah nomine Hadji Khalfa celebrato compositum, primum edidit G. Flügel. T. V. Leipzig, 1850. In-4.
3. *Les Séances de Hariri, avec un commentaire choisi, par Silvestre de Sacy.* Deuxième édition revue sur les manuscrits, et augmentée d'un choix de notes historiques et explicatives en français, par MM. Reinaud et Derenbourg. Paris, in-4.
4. *Makamat, or rhetorical anecdotes of Al-Hariri of Basra*, translated from the original arabic, with annotations by Th. Preston. Londres, 1850. In-8 (xvi, 505).

ne peut pas rendre tout ce que contient la phrase arabe, il rejette le surplus dans ses notes. Le résultat est un livre dont la lecture est plus laborieuse que celle de l'ouvrage de M. Rückert, mais qui approche davantage d'une traduction proprement dite.

Le texte de Hariri lui-même a été imprimé au Caire et accompagné d'un commentaire, par le scheikh Mohammed al-Tounsy [1]. Ce commentaire est fait avec bon sens; il n'est pas aussi savant que celui de M. de Sacy, mais peut très-bien servir à côté de ce dernier. Un autre ouvrage de ce même scheikh Mohammed al-Tounsy a été publié récemment à Paris par M. Perron [2]. Le scheikh avait été au Caire le maître d'arabe de M. Perron et avait écrit, pour lui servir d'exercices, le récit de ses voyages dans le Soudan; peu à peu ces exercices devinrent un ouvrage fort curieux, qui est connu en Europe par la traduction française que M. Perron en a fait paraître il y a quelques années. Aujourd'hui, il reproduit, par le procédé autographique, le texte arabe, qui, outre son intérêt géographique très-considérable, est certainement un des meilleurs livres pour l'enseignement de l'arabe vulgaire.

M. Arnold a reproduit, à Leipzig, les sept Moallakat, avec le commentaire de l'édition de Calcutta [3]; il s'est servi de cinq manuscrits pour contrôler le texte donné par Ahmed Schirazi, a corrigé quelques négligences de style de ce commentateur, et ajouté une liste de variantes.

Les sciences des Arabes acquièrent graduellement une im-

---

1. كتاب مقامات الحريري Boulak, 1850. In-4 (12 et 419 p.).
2. *Voyage au Darfour, ou l'aiguisement de l'esprit par le voyage au Soudan et parmi les Arabes du centre de l'Afrique*, par le cheikh Mohammed Ibn-Omar al-Tounsy, autographié et publié par M. Perron. Paris, 1850. In-4° (316 p.).
3. *Septem Moallakat*, carmina antiquissima Arabum, textum recensuit Dr T. A. Arnold. Leipzig, 1850. In-4 (ix, 218 et 64).

portance qu'on leur a longtemps refusée; il s'agit de savoir ce que les Arabes ont ajouté aux progrès que les Grecs avaient faits dans les sciences mathématiques, et l'influence qu'ils ont pu exercer sur les peuples de l'Asie orientale. Ces questions ont été vivement débattues dans ces dernières années, et M. Sédillot, qui est un ardent défenseur des progrès que les Arabes ont faits, et de l'influence qu'ils ont exercée, revient, dans la seconde partie de ses matériaux pour servir à l'histoire comparée des sciences mathématiques[1], sur quelques-unes des questions qu'il avait soulevées antérieurement sur l'astérisme du zodiaque solaire chez les Arabes, les Indiens et les Chinois, sur l'astronomie chinoise et sur le problème contesté de la coupole d'Arine.

La question des progrès que les Arabes auraient fait faire à l'algèbre a été l'objet d'études particulières de la part d'un jeune savant allemand, M. Wœpcke[2]. Colebrooke avait conclu de la comparaison du traité d'Ibn Mousa avec celui de Beha-Eddin, que les Arabes avaient laissé l'algèbre dans l'état où ils l'avaient reçue des Grecs. Mais M. Wœpcke publie maintenant le texte et la traduction du traité d'Alkhayyami sur les équations, et les fait suivre d'extraits nombreux tirés d'autres algébristes arabes, pour prouver que l'école mathématique de Bagdad était arrivée, dans le xie siècle de notre ère, à un degré de connaissances algébriques très-supérieur au point le plus avancé qu'avaient atteint les Grecs. Les mathématiciens trouveront dans la préface de M. Wœpcke la discussion des méthodes dont se sont servis les Arabes et des résultats auxquels ils sont arrivés, et dans le corps de l'ouvrage le texte et la traduction des pièces justificatives. M. Wœpcke a aussi annoncé à

---

1. *Matériaux pour servir à l'histoire comparée des sciences mathématiques chez les Grecs et les Orientaux*, par M. Sédillot. T. II, Paris, 1849. In-8 (p. xvi et 467-771, avec quatre tableaux et dix planches).
2. *L'algèbre d'Omar Alkhayyami*, publiée, traduite et accompagnée d'extraits de manuscrits inédits, par F. Woepcke. Paris, 1851. In-8 (19, 52 et 127 p. et cinq pl.).

l'Académie des sciences la découverte d'une traduction arabe d'un petit traité d'Euclide sur la statique, dont l'original est perdu. Il y a une grande lacune à remplir dans l'histoire des sciences, par l'étude des mathématiques arabes ; malheureusement les connaissances nécessaires pour ces études sont rarement réunies, et c'est une bonne fortune pour la science qu'un mathématicien comme M. Wœpcke vienne augmenter le petit nombre de savants qui se sont dévoués à cette tâche.

L'ouvrage de M. Wœpcke est encore imprimé avec les caractères arabes que Langlès a eu le tort de faire graver, et que les imprimeurs français ont conservés trop longtemps ; ce sont, je crois, les plus défectueux de tous les caractères arabes aujourd'hui en usage. Heureusement vous trouverez sur le bureau le spécimen d'un nouvel alphabet arabe que MM. Vibiral, Castelin et Cⁱᵉ ont fait graver à Marseille, et qui, sans être très-remarquable, est infiniment supérieur aux caractères de Langlès, et les mettra probablement bientôt hors d'usage en France.

Il a paru plusieurs ouvrages destinés à faciliter l'enseignement de l'arabe. M. Dieterici a publié, à Leipzig, une nouvelle édition de l'Alfiya d'Ibn Malik[1]. C'est une grammaire dans laquelle l'auteur s'est appliqué à concentrer toutes les règles et même les finesses de la grammaire arabe en mille distiques mnémoniques. Ce livre a eu le plus grand succès dans les écoles savantes de l'Orient, où il est resté classique jusqu'à ce jour ; on l'apprend par cœur, on le commente et on le discute. Ces vers, qui sont naturellement inintelligibles sans explication, ont trouvé de nombreux commentateurs, dont le plus célèbre est Ibn Akil. L'Alfiya a été plusieurs fois imprimé à Constantinople ; à Paris, par les soins de M. de Sacy ; enfin, à Boulak, avec le commentaire d'Ibn Akil. M. Dieterici, qui a eu

1. *Alfijjah*, carmen didacticum grammaticum auctore Ibn-Malik, et in Alfijjam commentarius quem composuit Ibn-Akil, edidit D. Fr. Dieterici. Leipzig, 1851. In-4 (x et 409 p.).

le bon esprit d'achever ses études d'arabe au Caire, a trouvé de grands avantages à l'étude de ces deux ouvrages réunis, et croyant sans doute que l'édition égyptienne n'était pas assez accessible en Europe, il l'a reproduite, en ajoutant, dans le commentaire, les voyelles, partout où c'était nécessaire pour l'intelligence du sens. Il termine son édition par plusieurs tables de noms et de mots, et promet une traduction allemande de l'ouvrage, avec un commentaire de sa propre composition.

M. Schier, à Dresde, a publié une grammaire de l'arabe classique[1]. M. Pihan en a fait paraître, à Paris, une de l'arabe d'Alger[2], et le scheikh Mohammed al-Tantawi, à Saint-Pétersbourg, une de l'arabe vulgaire d'Égypte[3]. L'ouvrage de M. Pihan est destiné aux employés et voyageurs français en Algérie; il est composé d'après le système des grammairiens arabes, autant que le permet et l'exige le but que l'auteur se propose. C'est le premier ouvrage imprimé avec les caractères maghrébins, qui ont été gravés et fondus à l'Imprimerie nationale, par les soins de M. Pihan. Ces caractères sont, je crois, aussi beaux que le permet cette écriture mal gracieuse, et ils sont remarquablement compactes; mais je ne sais si c'est une bonne politique que d'aider à la continuation de l'usage de cette écriture, dont l'emploi rend à ceux qui s'en servent plus difficile l'usage des livres écrits et imprimés en neskhi, lesquels resteront toujours le moyen principal d'instruction pour les Arabes de tous pays. Le scheikh Mohammed al-Tantawi a été autrefois au Caire le maître d'arabe de M. Fresnel; le gouvernement russe l'a depuis ce temps appelé à Saint-Pétersbourg, et sa grammaire fournit de nouvelles preuves de son grand

---

1. *Grammaire arabe*, par Ch. Schier. Dresde, 1849. In-8 (p. x et 456).
2. *Éléments de la langue algérienne*, ou principes de l'arabe vulgaire dans les diverses contrées de l'Algérie, par A. P. Pihan. Paris, 1851. In-8 (185 p.).
3. *Traité de la langue arabe vulgaire*, par le scheikh Mouhammad-Ayyad el-Tantavy. Leipzig, 1848. In-8 (xxv, 231 p.).

savoir grammatical, et abonde en matériaux excellents pour la comparaison de l'arabe classique et du dialecte qui s'est formé en Égypte. M. Cherbonneau, professeur à Constantine, a publié des éléments de phraséologie française à l'usage des indigènes[1]. Ce sont des exercices commençant par les phrases les plus simples, et procédant graduellement jusqu'à de petits récits. Le texte français est suivi d'une traduction arabe. Ce petit livre paraît bien calculé pour donner aux Arabes les premières notions de la langue française.

Enfin, M. Wetzstein a publié, à Leipzig, le dictionnaire arabe persan de Zamakhschari[2]. L'auteur était de race persane, et a toujours été admiré par les Arabes comme étant un du très-petit nombre d'étrangers qui ont acquis une connaissance assez profonde de l'arabe pour devenir une autorité pour les grammairiens eux-mêmes. Il y avait donc de l'intérêt à posséder son lexique arabe expliqué en persan, parce qu'on doit supposer qu'un homme aussi profondément versé dans les deux langues, aura mis une précision toute particulière dans sa définition des mots arabes. Le lexique est arrangé d'après l'ordre des matières, ordre utile pour les mots synonymes ou à peu près, parce qu'il force le lexicographe à mieux marquer les nuances du sens, mais peu commode pour l'usage ordinaire. M. Wetzstein a remédié à l'inconvénient de cet arrangement, par un index contenant tous les mots arabes et leur signification en latin. Le texte est autographié par M. Wetzstein, d'une main peut-être pas très-élégante, mais parfaitement lisible. Ce mode de publication s'applique avantageusement à des ouvrages qui s'adressent, d'après leur nature, à un petit nombre de savants.

J'arrive aux antiquités de la Mésopotamie, qui depuis huit

1. *Éléments de la phraséologie française à l'usage des indigènes*, par M. Cherbonneau. Constantine, 1851. In-8 (68 et 80 p.).
2. *Samakhscharii lexicon arabicum persicum*, edidit atque indicem arabicum adjecit J. G. Wetzstein. Leipzig, 1850. In-4 (300 p. autographiées et 269 p. imprimées).

ans ont tant et si justement occupé l'attention publique [1]. La France, qui a eu la gloire de commencer cette étonnante résurrection des monuments assyriens, n'a depuis six ans rien fait pour continuer ses découvertes. M. Botta a été envoyé loin du théâtre de ses fouilles, mais nous avons l'espoir que le nouveau consul de France à Mossoul, M. Place, poursuivra les recherches interrompues sur ce terrain inépuisable, et qui n'attend que la pioche d'un homme intelligent et persévérant pour nous rendre de nouveaux palais enfouis et compléter nos collections magnifiques, mais trop peu nombreuses. C'était une des idées favorites de M. Saint-Martin, de faire encourager les consuls dans le Levant à entreprendre des fouilles, et il était sur le point de faire adopter ses plans, lorsque la révolution de Juillet le priva de toute influence. Les circonstances se sont chargées, depuis sa mort, de justifier ses espérances, et nous pouvons croire qu'aujourd'hui les secours ne manqueront plus au zèle de nos consuls. Au reste, ces dernières années n'ont pas été perdues pour la science. M. Layard a continué ses fouilles dans le Koyundjuk, et plus tard à Babylone, où il est en ce moment. Il a trouvé dans le Koyundjuk, outre de nombreux bas-reliefs, deux chambres remplies de plaques de terre cuite, couvertes d'inscriptions, sur le contenu desquelles on est encore incertain, mais que l'on serait tenté, à la première réflexion, de prendre pour les archives royales d'Assyrie. Il faut espérer qu'elles arriveront intactes en Angleterre, et iront grossir la collection assyrienne du Musée britannique, où elles seront à la disposition des savants. M. Loftus, attaché à la commission mixte persane et turque, pour la délimitation des frontières entre la Perse et la Turquie, a pu pénétrer, grâce à la protection de sa position, dans les parties peu visitées des environs du bas Euphrate, et y a trouvé des ruines babyloniennes d'une grande étendue, surtout à Warka, qui

---

[1]. On peut voir l'histoire de l'état actuel des découvertes dans l'ouvrage intitulé *Niniveh and Persepolis*, by W. S. W. Vaux ; troisième édition. Londres, 1851 (494 p.).

passe pour l'ancien Ur en Chaldée, à Senkerah, etc. M. Loftus y a découvert des sarcophages en terre cuite, couverts d'inscriptions, et a envoyé à Londres des briques, des tablettes en terre cuite et de la poterie, le tout couvert d'inscriptions cunéiformes. M. Rawlinson a trouvé dans ces inscriptions la preuve de l'existence d'une dynastie chaldéenne indépendante, et il pense surtout avoir fait une découverte bien inattendue dans les inscriptions des petites tablettes en terre cuite, qu'il prend pour des reconnaissances du trésor babylonien pour un certain poids d'or ou d'argent déposé dans le trésor public, reconnaissances qui auraient eu cours avant l'invention de l'argent monnayé. Ce serait un premier essai de valeurs de convention dans un temps où certainement personne ne l'aurait soupçonné, et cette supposition a quelque chose de si surprenant, qu'on ose à peine espérer qu'elle se vérifiera.

Le gouvernement anglais, qui depuis quelque temps devient plus soucieux des intérêts de la science qu'il n'avait été autrefois, se propose de donner des fonds pour des fouilles à Suse, une des localités qui promettent le plus de résultats. M. Rawlinson espère y trouver des inscriptions dans une écriture cunéiforme qui paraît particulière à la Susiane, et dont on ne possède encore que peu de spécimens. Il est donc probable que nous aurons prochainement de nouveaux et de nombreux matériaux pour l'histoire de l'Assyrie et de la Babylonie, et il n'y en aura jamais trop ; car c'est une lacune immense à remplir, et les difficultés sont telles, qu'elles ne pourront être vaincues que par une grande accumulation de moyens et par l'aide que les inscriptions peuvent s'entre-prêter pour leur déchiffrement.

La publication des monuments déjà réunis en Europe a fait quelques progrès. L'ouvrage de M. Botta est terminé[1]. Je ne

1. *Monument de Ninive*, découvert et décrit par M. Botta, mesuré et dessiné par M. Flandin ; ouvrage publié par ordre du Gouvernement. Pa-

veux pas répéter de nouveau les plaintes déjà exprimées sur le format incommode et le prix exorbitant de ce trop magnifique ouvrage; mais comme il paraît que la première édition est presque distribuée, et que le gouvernement songe à faire réimprimer ce livre, qu'il me soit permis d'exprimer l'espoir que l'Administration voudra bien avoir soin de faire réimprimer le texte dans un format plus petit, de réduire les marges des planches autant que possible, et de faire mettre en vente la nouvelle édition à un prix qui en facilite l'acquisition aux savants; car on ne saurait assez répéter qu'un gouvernement qui a fait les frais de la publication d'un livre ne peut mieux servir l'intérêt de la science qu'en le mettant en vente à bas prix; on est sûr alors que l'ouvrage arrive dans les mains de ceux auxquels il est destiné, c'est-à-dire de ceux qui en font usage, pendant que la distribution gratuite, quelque libéralité qu'on y mette et quelque soin qu'on y emploie, n'atteindra ce but qu'imparfaitement. Les personnes qui ont assez d'influence pour se faire donner ces ouvrages ne sont qu'en petite partie celles qui en ont réellement besoin, et celles qui voudraient s'en servir sont en général inconnues d'un ministre, et n'osent pas lui adresser une demande.

Le Musée britannique a publié les inscriptions assyriennes rapportées par M. Layard[1]. Il est peut-être à regretter qu'on se soit servi pour cette publication de caractères d'impression au lieu de la gravure ou de la lithographie; car, quand il s'agit de caractères compliqués et encore imparfaitement connus, on est toujours exposé à négliger ou à exagérer de petites différences entre les caractères, et à régulariser les formes au détriment du fond.

---

ris, Cinq vol. in-fol. — Je rappelle ici aux personnes qui s'occupent des inscriptions assyriennes que les 220 planches d'inscriptions ont été tirées à part, et se vendent 60 fr. chez M. Gide, libraire, à Paris.
1. *Inscriptions in the cuneiform character from Assyrian monuments*, discovered by A. H. Layard. Londres, 1851. In-fol. (98 p. et table de variantes 11 p.).

M. Grotefend a donné la représentation d'un nouveau cylindre babylonien[1], accompagnée de remarques sur l'analyse et le sens de quelques caractères, qui, sans avoir la prétention d'offrir une interprétation du texte, portent l'empreinte de cette sagacité qui lui avait permis de faire le premier pas dans la lecture des alphabets cunéiformes. Ces observations sur les caractères assyriens, sur leur emploi phonétique, sur les combinaisons dans lesquelles ils entrent, sur les passages où ils paraissent se remplacer l'un l'autre, sur les formes qu'ils prennent dans les différents alphabets cunéiformes, sont des travaux extrêmement utiles, malgré le peu de résultats apparents qu'ils donnent; car ils fourniront des moyens pour la solution des difficultés qui entourent cet alphabet, et qui ne pourront être vaincues que par la réunion des matériaux les plus abondants, par des essais tentés de plusieurs côtés et par une sagacité merveilleuse.

M. de Saulcy a publié de nombreuses suites à ses travaux antérieurs sur ces inscriptions. Il a voulu d'abord affermir le terrain historique dont il allait s'occuper, par la critique de la chronologie des empires de Ninive, de Babylone et d'Ecbatane[2]. Il ne s'est servi dans ce travail que des documents bibliques et profanes connus avant la découverte des inscriptions cunéiformes. Ensuite il a, je ne puis pas dire publié, mais distribué deux mémoires autographiés sur les inscriptions assyriennes des Achéménides, dont le premier contient la traduction et l'analyse des deux inscriptions du mont Elwend[3], et le

---

1. *Bemerkungen zur Inschrift eines Thongefässes mit ninivitischer Keilschrift*, von G. F. Grotefend, Göttingen, 1850. In-4 (21 p. et 3 pl.).
— Ce petit écrit a été suivi par un supplément intitulé : *Nachtræge zu den Bemerkungen*, von Grotefend. Ibid. 1850. In-4 (15 p.).
2. *Recherches sur la chronologie des empires de Ninive, de Babylone et d'Ecbatane*, par M. de Saulcy. Paris, 1849. In-8 (161 p.). Tiré des *Annales de philosophie chrétienne*.
3. *Recherches sur l'écriture cunéiforme assyrienne* : inscriptions des Achéménides. Paris, 1849. In-4 (61 p.) autographié. — Ce mémoire a paru le 27 novembre.

second celle des autres inscriptions de la même catégorie [1]. Le résultat auquel il arrive est que la langue est sémitique et surtout voisine du chaldéen, et que l'alphabet, après avoir été syllabique, est devenu alphabétique, mais en gardant des traces nombreuses de son origine, surtout dans les caractères homophones. Plus tard, M. de Saulcy a fait paraître une traduction de la première partie de la grande inscription que M. Botta a trouvée à Khorsabad [2], gravée sur le seuil de chaque porte de communication entre les salles du palais. Ce mémoire est suivi d'une note sur les noms des rois assyriens.

M. Hinks a lu à l'Académie de Dublin un mémoire sur les inscriptions de Khorsabad, et l'a accompagné de la traduction d'une de ces inscriptions [3]. Le résultat linguistique auquel il s'arrête est qu'il considère les inscriptions de Van comme écrites dans une langue indo-européenne, opinion qu'il avait déjà développée antérieurement ; que les inscriptions dites médiques appartiennent aussi à une langue indo-européenne, mais que les inscriptions de Khorsabad appartiennent à une autre classe de langues, c'est-à-dire (si j'ai bien saisi l'opinion de l'auteur) aux langues sémitiques. Il admet, avec MM. Lœwenstern et Rawlinson, non-seulement des caractères homophones, mais des caractères idéographiques et pouvant exprimer plusieurs sons ; il entre dans beaucoup de détails sur les différentes classes de caractères qui seraient employés pour représenter plusieurs sons, ou tantôt un son, tantôt une idée. Il termine par l'analyse de quelques formes grammaticales et celle des noms des rois.

---

1. *Recherches sur l'écriture cunéiforme du système assyrien* : inscription des Achéménides. Troisième mémoire. Paris, 1849: In-4, autographié (44 p.). — Ce mémoire a paru le 14 septembre 1849.
2. *Sur les inscriptions assyriennes de Ninive* (Khorsabad, Nimroud, Koioundjouk), par F. de Saulcy. Paris, 1850. In-8 (23 p.). — Tiré de la *Revue archéologique*.
3. *On the Khorsabad inscriptions*, by the Rev. E. Hinks. Dublin, 1850. In-4 (72 p.). — Ce mémoire est tiré des *Transactions of the royal Irish Academy* et a été lu le 25 juin 1849.

M. Rawlinson, qui possède plus de matériaux assyriens que personne, qui a donné dans ses travaux antérieurs des preuves abondantes de zèle et d'aptitude pour ces recherches, et de qui l'Europe savante attend depuis des années la publication de la partie assyrienne de la grande inscription de Darius et la communication de ses lumières sur ce problème obscur, a commencé à nous donner un avant-goût de ses découvertes. Ce mémoire préliminaire[1] ne contient que l'indication des résultats philologiques et historiques auxquels l'auteur est arrivé, de sorte qu'on ne peut encore juger ni de la méthode qu'il a suivie, ni des bases de ses conclusions. Il me serait impossible d'indiquer ici, même sommairement, la masse de renseignements historiques que M. Rawlinson tire de ces inscriptions, et je dois me borner à dire un mot des résultats linguistiques. M. Rawlinson pense que la langue assyrienne est entièrement sémitique et extrêmement voisine de l'hébreu, et que l'alphabet est en partie idéographique et en partie phonétique; que les caractères phonétiques sont en partie syllabiques et en partie alphabétiques; qu'il y a des classes de caractères qui représentent deux ou plusieurs sons, et que le système entier de cette écriture a la plus grande analogie avec le système égyptien. M. Rawlinson achève dans ce moment l'impression de son grand travail sur la partie assyrienne de l'inscription de Bisoutoun, qui contiendra le texte de l'inscription, une traduction interlinéaire et l'analyse des mots, autant que le permet l'état actuel de nos connaissances.

M. Luzzato, à Pavie[2], a fait paraître les Études sur les inscriptions assyriennes, qu'il avait annoncées dans un ouvrage antérieur. Il analyse tous les noms propres des inscriptions

---

1. *A commentary on the cuneiform inscriptions of Babylonia and Assyria*, including readings of the inscriptions on the Nimrud obelisk and a brief notice of the ancient kings of Niniveh and Babylon, by Major Rawlinson. Londres, 1850. In-8° (83 p.). — Tiré du Journal de la Société asiatique de Londres.

2. *Études sur les inscriptions assyriennes de Persépolis, Hamadan, Van et Khorsabad*, par Philoxène Luzzato. Pavie, 1850. In-8° (213 p.).

assyriennes achéménides, et donne la traduction de quelques-unes de ces inscriptions et d'une partie de celles de Van et de Khorsabad. Il maintient le système qu'il avait énoncé dans une publication précédente et d'après lequel la langue assyrienne appartiendrait à la classe des langues indo-européennes ; il admet les caractères homophones, mais rejette absolument toute liaison ou comparaison avec l'écriture égyptienne.

Enfin, M. Stern a publié un mémoire considérable sur ces monuments[1]. Il y traite d'abord de l'alphabet, ensuite de la grammaire, et à la fin de l'interprétation des inscriptions. Malheureusement ce travail est très-difficile à lire, parce que M. Stern, faute de caractères cunéiformes, a été obligé de se servir de chiffres de renvoi à une table lithographiée. Ses conclusions linguistiques sont que la langue est entièrement sémitique, et que l'écriture est entièrement alphabétique ; il admet des caractères homophones, mais repousse les caractères idéographiques et à plusieurs sons. Il déclare que, quoique admettant la nature sémitique de la langue, comme M. de Saulcy, il lit autrement que lui chaque syllabe des inscriptions à l'exception des noms propres.

En exposant ces différences extrêmes dans l'interprétation de ces inscriptions, je n'ai d'autre intention que de donner une idée de la grandeur et de la multiplicité des difficultés qui entourent ce problème qu'il s'agit de résoudre, et qui est certainement un des plus compliqués et des plus intéressants qui aient jamais été offerts à l'investigation des savants. La grande inscription de Darius, que M. Rawlinson va nous donner, doublera et triplera les moyens d'étude, et deviendra pour les inscriptions assyriennes ce que la pierre de Rosette a été pour les hiéroglyphes. Probablement aucun des travaux publiés jusqu'aujourd'hui n'aura été inutile pour la

---

1. *Die dritte Gattung der achämenidischen Keilinschriften*, erläutert von M. A. Stern. Goettingue, 1850. In-8° (x et 236 p. et une planche).

solution de l'une ou de l'autre des difficultés qu'il s'agit de vaincre. Nous ne sommes qu'à l'entrée d'une étude immense, et il faudra sans doute une succession d'esprits hardis et critiques en même temps, avant que les énigmes, qui se présentent aujourd'hui à chaque pas, aient été devinées l'une après l'autre, et que nous puissions dérouler avec confiance le tableau de l'histoire et de la géographie de l'Asie occidentale avant Cyrus, qui est encore caché sous le voile de ces inscriptions.

Il n'est venu à ma connaissace qu'un seul travail nouveau sur les inscriptions médiques; c'est un mémoire de M. Löwenstern [1], dont le but est de prouver qu'elles sont écrites dans la langue primitive de la Perse, et que cette langue appartient à la souche sémitique. Tout ce qui se rapporte à cette classe d'inscriptions est encore fort obscur, et leur étude ne fera probablement des progrès considérables que quand on aura découvert un palais médique, avec des inscriptions dont l'intérêt historique exciterait vivement la curiosité des savants. Au moment de mettre sous presse, je reçois un travail sur ces inscriptions, par M. Holtzmann, à Carlsruhe [2], qui me paraît fait avec beaucoup de sagacité, et dont la conclusion est que ces monuments sont écrits dans un dialecte persan, et mêlés d'éléments sémitiques.

M. Rawlinson a continué la publication de son grand travail sur les inscriptions persépolitaines [3], et nous a donné la première partie de son vocabulaire de l'ancienne langue persane, contenant tous les mots qui se trouvent dans les inscriptions des Achéménides. L'étymologie de chaque mot et le rôle his-

---

1. *Remarques sur la deuxième écriture cunéiforme de Persépolis*, par M. Isidore Löwenstern. Paris, 1850. In-4° (48 p.). Extrait de la *Revue archéologique*.
2. *Ueber die zweite Art der achämenidischen Keilschrift*, von H. Holtzmann. — Dans le Journal de la Société orientale allemande, t. V, c. 2.
3. *The persian cuneiform inscriptions at Behistun*, with a memoir, by Major Rawlinson. — Dans le Journal de la Société asiatique de Londres, t. XI, p. 1.

torique de chaque personnage sont discutés brièvement et avec la profonde connaissance de son sujet qui distinguent l'auteur. M. Oppert a soumis récemment toutes ces inscriptions à une nouvelle critique [1], dont vous avez déjà trouvé la première partie dans le Journal asiatique, et dont le reste paraîtra incessamment.

Le texte du Zendavesta a été récemment [l'objet de travaux considérables. M. Brockhaus, à Leipzig, a publié une nouvelle édition du Vendidad Sadé [2]; il reproduit en lettres latines l'édition de M. Burnouf, et y ajoute les variantes de l'édition de Bombay. Il fait suivre le texte d'un Index complet de tous les mots, et d'un Glossaire dans lequel il réunit les explications que MM. Burnouf, Lassen, Bopp et autres ont données des mots zends; enfin, il reproduit la traduction du neuvième chapitre du Yaçna, que M. Burnouf a insérée dans le Journal asiatique. M. Brockhaus n'a eu d'autre intention que de nous fournir un résumé commode de ce qui a été fait jusqu'à ce jour sur la langue de Zoroastre, et de livrer le texte du Vendidad aux savants à qui les éditions de Paris et de Bombay seraient inaccessibles. On peut regretter que l'auteur ait été obligé de substituer une transcription aux caractères originaux, mais au moins elle est faite avec assez de rigueur pour permettre au lecteur de rétablir les caractères zends.

M. Lassen a fait imprimer à Bonn, pour les besoins de ses cours, une partie du texte du Vendidad [3] en caractères zends, mais j'ignore si ce livre a été terminé ou mis en vente.

---

1. *Mémoire sur les inscriptions achéménides conçues dans l'idiome des anciens Perses*, par M. Oppert. — Journal de la Société asiatique, année 1851.
2. *Vendidad Sade, die heiligen Schriften Zoroasters, Yaçna, Vispered und Vendidad.* Nach den lithographischen Ausgaben von Paris und Bombay, mit Index und Glossar, herausgegeben von Dr Hermann Brockhaus. Leipzig, 1850. in-8º (xiv, 416 p.).
3. Les feuilles que j'ai entre les mains contiennent le commencement du Vendidad, mais sans titre.

On annonce deux éditions complètes de tous les ouvrages qui nous restent en zend, l'une par M. Westergaard, à Copenhague, l'autre par M. Spiegel, à Erlangen. Chaque édition sera accompagnée d'une traduction nouvelle et de commentaires, et M. Spiegel se propose d'y ajouter la traduction en pehlevi. Le même savant a publié quelques travaux préparatoires à son édition : un mémoire sur la tradition des Guèbres[1], un autre sur les manuscrits du Vendidad et sur la traduction en pehlevi de ce livre[2], et un troisième, sur quelques passages interpolés dans le Vendidad, et sur le dix-neuvième chapitre de ce texte[3]. Le but principal de ces Mémoires est d'exposer les règles de critique qui guideront l'auteur dans la rédaction du texte, et l'usage qu'il se propose d'y faire de la traduction pehlevie. Enfin, il a publié tout récemment une Grammaire[4] du dialecte qui portait autrefois le nom barbare de pazend, et auquel il donne, peut-être un peu improprement, le nom de parsi. Cette langue est un des dialectes provinciaux dont les Zoroastriens se sont servis pour l'interprétation de leurs livres sacrés, lorsque le zend fut devenu langue morte. Nous possédons dans ce dialecte des gloses, des traductions de quelques livres du Zendavesta, et quelques ouvrages religieux, et il forme, après le pehlevi, la principale ressource que les Persans eux-mêmes nous fournissent pour la connaissance de leur tradition sacrée postérieure à Zoroastre. M. Spiegel nous donne la grammaire de ce dialecte et un choix de passages comme pièces à l'appui ; c'est la première fois que l'on traite spécialement de cette langue, et le travail de M. Spiegel fait faire un progrès réel à ces études.

1. *Ueber die Tradition der Parsen*, von Spiegel. — Dans le Journal de la Société orientale allemande, t. I.
2. *Ueber die Handschriften des Vendidad, und das Verhältniss der Huzvâresch-Uebersetzung zum Zendtexte*, von Spiegel. — Dans le Bulletin de l'Académie de Munich, 1848.
3. *Ueber einige eingeschobene Stellen im Vendidad*, von Dr Spiegel, Munich, sans date. In-4° (134 p.).
4. *Grammatik der Pârsisprache nebst Sprachproben*, von Dr F. Spiegel Leipzig, 1851. In-8° (vii) et 209 p.).

Ces travaux m'amènent naturellement à l'époque intermédiaire entre la Perse ancienne et la Perse moderne, et à l'ouvrage posthume de M. Saint-Martin sur les Arsacides [1], dont nous devons la publication aux soins pieux de M. Lajard. L'histoire des Arsacides était un sujet favori pour M. Saint-Martin, dont les études convergeaient sur ce point plus que sur tout autre. Il se proposait d'écrire un ouvrage complet sur ce sujet, mais il n'en a laissé que des fragments, parce que la répugnance qu'il avait à rédiger ce qu'il avait élaboré dans sa tête était presque invincible. La conséquence est que nous n'avons que le commencement de son ouvrage, c'est-à-dire l'origine des Arsacides de Perse et de ceux d'Arménie, et l'histoire détaillée de la branche persane jusqu'à l'an 63 de notre ère; ensuite, quelques Mémoires détachés sur l'histoire générale des Arsacides et sur la chronologie des branches persane et arménienne de cette dynastie. Cet ouvrage, si incomplet qu'il soit, et quoiqu'il n'ait pas reçu les derniers soins de la main de l'auteur, est néanmoins d'une grande importance, et il éclaire précisément le partie la plus obscure d'une époque encore peu connue de l'histoire de l'Orient.

C'est à l'histoire de la même époque qu'appartient un Mémoire de M. Thomas, à Agra, sur les légendes des médailles arsacides impériales [2], qui n'avaient été traitées jusqu'à présent que d'une manière bien imparfaite. L'auteur a fait suivre ce travail d'un autre plus considérable sur l'histoire numismatique des premiers princes et gouverneurs arabes en Perse [3]. Ces

1. *Fragments d'une histoire des Arsacides*, ouvrage posthume de M. Saint-Martin. Paris, 1850. In-8°, 2 t. (xii, 488 et 446 p.)
2. *Observations on the oriental legends, to be found on certain Imperial, Arsacidan and Partho-Persian coins*, by E. Thomas. Londres, 1849. In-8° (36 p. et 2 planches). Tiré du Journal de la Société numismatique de Londres. — Voyez aussi *Ueber sasanidische Münzen*, von Mordtmann, dans le Journal de la Société orientale allemande, t. IV, p. 83 et 505.
3. *Contributions to the numismatic history of the early Mohammedan Arabs in Persia*, by E. Thomas. Londres, 1849 (95 p. et 3 planches). Extrait du Journal de la Société asiatique de Londres.

deux mémoires se rattachent étroitement l'un à l'autre par l'emploi du pehlevi dans les légendes de ces deux classes de médailles. M. Thomas avait déjà donné des preuves de la solidité avec laquelle il traite ces matières, et de la netteté avec laquelle il dégage le fait historique qui peut ressortir de la lecture des légendes monétaires.

La littérature persane proprement dite a reçu des accroissements considérables, mais la plupart de ces livres, imprimés ou lithographiés en Perse et dans l'Inde, nous sont encore inaccessibles en Europe, point sur lequel je reviendrai plus tard. M. Graf a publié, à Iéna, une traduction en vers allemands du Bostan de Sadi [1]. C'est un ouvrage qui a toujours été négligé en Europe, on ne sait trop pourquoi, car c'est un recueil d'anecdotes avec leur application morale, tout aussi gracieusement pensé et raconté, et qui mérite tout autant de popularité que le Gulistan [2]. On ne possédait jusqu'ici qu'une ancienne traduction du Bostan par Oléarius, mais elle est si rare que c'est à peu près comme si elle n'existait pas. La traduction de M. Graf est un très-bon travail, exécuté avec une certaine élégance, et avec plus d'exactitude qu'on n'en trouve ordinairement dans une traduction en vers.

M. Rosen a traduit, à Constantinople, en vers allemands, une partie du Mesnéwi de Djelalleddin Roumi [3]. Djelalleddin était né à Balkh, dans le commencement du XIIIe siècle ; il émigra avec son père à Iconium, où il professa pendant longtemps, et avec le plus grand succès, l'exégèse du Coran ; mais, arrivé déjà à un âge assez avancé, il abandonna sa chaire pour se li-

1. *Moslicheddin Sadis Lustgarten* (Bostan), aus dem persischen übersetzt von Dr K. H. Graf. Iena, 1850. In-12, 2 volumes (236 et 182 p.).
2. Il a paru une nouvelle édition du Gulistan dont voici le titre : *The Gulistan of shekh Sadi of Sheraz*, a new edition, carefully collated with the original manuscripts, by E. B. Eastwick. Hertford, 1850. In-8°.
3. *Mesnewi oder Doppelverse des Scheich Mewlana Djelalleddin Rumi*, aus dem persischen übertragen von Georg Rosen. Leipzig, 1849. In-8° (XXVI et 216 p.).

vrer à la contemplation et au mysticisme, et composa son célèbre Mesnéwi, que les Soufis sont unanimes à reconnaître pour la plus haute expression de leurs doctrines et de leurs sentiments, et qui est à leurs yeux un livre presque sacré. Le soufisme n'est autre chose que le panthéisme indien recouvert d'une couche de formules musulmanes. Les Persans ont été convertis de force à l'islam, et leur sang indien s'est toujours révolté en secret contre le Coran; ceux qui se croyaient les plus orthodoxes se sont au moins attachés aux souvenirs mystiques qu'Ali avait laissés, je ne sais de quel droit, et ceux qui allaient plus avant dans cette voie se sont faits Soufis. Toute leur littérature est pleine de ce sentiment, dont ils sont loin de se rendre compte eux-mêmes, et tous leurs grands poëtes postérieurs à Firdousi sont plus ou moins pénétrés de l'esprit du soufisme. Djelalleddin Roumi a été peu étudié en Europe; il n'en existe que des fragments de traduction par M. de Huszar, par M. Tholuck, et maintenant par M. Rosen. Mais il a été l'objet de nombreux travaux en Orient; il en a paru à Boulak une édition accompagnée d'un commentaire turc, une édition lithographiée à Bombay, au moins une à Tauris, et on en imprime, dans ce moment, une nouvelle à Boulak sans le commentaire.

Un autre ouvrage de la même école est le poëme de Salaman et Absal, par Djami [1], dont M. Forbes Falconer vient de publier la première édition à Londres aux frais de la Société pour la publication des textes orientaux. Djami est un Soufi bien plus réfléchi que Djelalleddin Roumi; il a écrit des livres très-curieux dans lesquels il analyse et réduit à un système régulier les impulsions spontanées qui agitent Djelalleddin, et l'on s'aperçoit, jusque dans ses poésies mystiques, de la nature un peu factice et presque scolastique de son esprit. Salaman et

---

1. *Salaman and Absal*, an allegorical romance, being one of the seven poems entitled the haft Aurang of Mulla Jami, now first edited by Forbes Falconer. Londres, 1850. In-4° (18 et 68 p.).

Absal est une histoire allégorique de l'esprit que le corps entraîne vers les passions, mais qui finit par retourner à Dieu. C'est plutôt le livre d'un lettré que d'un dévot. M. Falconer en a publié un texte excellent, et l'a accompagné de variantes surabondantes.

La même Société a publié l'Histoire des Atabeks de Syrie et de Perse tirée de Mirkhond, par M. Morley, et accompagnée de sept planches des médailles de ces princes expliquées par M. Vaux[1]. Les Atabeks étaient une famille de majordomes des sultans Seldjoukites, qui finit par s'emparer des plus belles provinces de cette dynastie, et gouverna en quatre branches une grande partie de la Perse pendant plus d'un siècle. Ce fragment de Mirkhond n'avait pas encore été imprimé en Europe, et complète une série de chapitres de cet auteur qui ont été publiés en différents temps et par différents savants.

M. Dorn, à Saint-Pétersbourg, poursuit, avec la plus louable activité, son entreprise d'éclaircir l'histoire d'une partie très-négligée des pays musulmans, celle des provinces qui avoisinent la mer Caspienne et le Caucase. Il nous donne aujourd'hui le chapitre de Khondemir[2] sur le Thaberistan, chapitre que Khondemir lui-même a emprunté à l'historien spécial de cette province, Schir eddin, que M. de Hammer nous a fait connaître le premier. M. Dorn, qui se propose de publier un ouvrage détaillé sur le Thaberistan, fait imprimer d'avance, afin de pouvoir y renvoyer, ce chapitre de Khondemir, ainsi qu'un autre sur l'histoire de la petite dynastie des Serbedan, qui a gouverné une partie du Khorassan pendant le xe siècle de l'hégire.

---

1. *The history of the Atabegs of Syria and Persia*, by Muhammad ben Khawendshah ben Mahmoud commonly called Mirkhond, now first edited by W. H. Morley. Londres, 1848. In-4º (xxxv et 69 p. et 7 pl.).
2. *Die Geschichte Taberistans und der Serbedare nach Chondemir persisch und deutsch von Dorn.* Saint-Pétersbourg, 1850. In-4º (182 p.). Tiré des Mémoires de l'Académie de Saint-Pétersbourg.

M. Bland a publié, à Londres, l'analyse d'un manuscrit persan sur le jeu d'échecs[1], et a réuni à cette occasion une foule de matériaux sur l'histoire de ce jeu. Le résultat de ces recherches a été pour lui l'idée que la supposition ordinaire de l'origine indienne du jeu pourrait bien être fausse, que le jeu aurait été inventé en Perse, se serait répandu dans l'Inde, et en serait revenu sous une nouvelle forme en Perse, sous Nouschirwan ; enfin, que le grand jeu que Timour aimait à jouer pourrait bien être l'ancienne forme persane des échecs. Cette thèse est soutenue savamment et ingénieusement, et appelle de nouvelles recherches sur ce point curieux de l'histoire. Le Mémoire de M. Bland forme un appendice indispensable à l'ouvrage de Hyde sur les jeux des Orientaux, et personne ne le lira sans y trouver de l'instruction et du plaisir, quand même il lui resterait des doutes sur la thèse de l'auteur.

Enfin, M. Vullers[2] a ajouté, à la grammaire persane qu'il a fait paraître il y a dix ans, une seconde partie, traitant de la syntaxe et de la métrique. On sait combien la syntaxe persane a été négligée jusqu'aujourd'hui ; c'est un sujet difficile, où les règles ne peuvent être déduites que par une observation exacte de faits et d'usages de langue, qui n'ont pas toujours la généralité qu'ils paraissent avoir au premier aspect. M. Vullers nous fournit quelques observations neuves, et il a toujours eu soin de les appuyer sur des exemples tirés d'un petit nombre d'ouvrages très-accessibles, de sorte qu'il est facile de les contrôler.

C'est ici le lieu de mentionner les ouvrages relatifs aux littératures secondaires de l'Asie occidentale qui sont venus à

---

1. *Persian Chess, illustrated from oriental sources, especially in reference to the great chess, improperly ascribed to Timur, and in vindication of the game against the claims of the Hindus*, by R. Bland. London, 1850 (70 p. et 4 pl.).

2. J. A. Vullers, *Institutiones linguæ persicæ*, cum sanscrita et zendica lingua comparatæ. Syntaxis et ars metrica Persarum. Giessen, 1850. In-8° (196 p.).

ma connaissance, et je devrais commencer par les livres turcs qui ont paru depuis deux ans, mais je suis obligé d'avouer que je suis très-mal informé des progrès que cette littérature a faits [1].

M. Peiper, à Hirschberg, en Silésie, a publié un volume qui rentre plutôt dans cette classe que dans toute autre. C'est une anthologie de morceaux tirés d'auteurs turcs, et quelquefois d'auteurs persans et arabes [2]. Le sujet de la plupart de ces morceaux est l'amour mystique, et l'on ne se rend pas bien compte du but du traducteur en réunissant ces fragments. Il aurait peut-être mieux fait de traduire en entier un seul livre, mais d'en choisir un parmi les plus célèbres, car ce mysticisme oriental, si intéressant quand il est l'expression d'un sentiment profond, devient presque nauséabond quand il est exposé par des auteurs du troisième ou quatrième rang.

M. Berezine, professeur à Kasan, publie un ouvrage sous le titre de *Recherches sur les langues des peuples musulmans* [3]; je n'en connais que la première partie, qui traite des dialectes turcs. M. Berezine a voyagé pendant plusieurs années parmi les différentes tribus turques dans un but philologique ; il critique dans ce livre les classifications des tribus turques que divers auteurs européens ont faites, il en expose les contradictions et les erreurs, et propose la sienne, qu'il appuie sur le pa-

---

1. M. de Hammer-Purgstall continue, dans les comptes rendus de l'Académie des sciences de Vienne, le catalogue détaillé des ouvrages qui paraissent à Constantinople. On y trouvera, dans les cahiers d'octobre à décembre 1849, la liste des ouvrages qui ont paru en 1845, 1846 et 1847. Cette liste fait suite à celles que M. de Hammer a insérées successivement dans son Histoire de l'empire ottoman, vol. VII; dans son Histoire de la poésie turque, vol. IV; dans les Annales de Vienne, t. XCVI ; enfin, dans le Journal asiatique, série IV.
2. *Stimmen aus dem Morgenlande*, oder deutsch-morgenlændische Frucht und Blumenlese, eine Sammlung von unbekannten, oder noch ungedruckten Schrifstücken morgenlændischer Autoren von Dr Peiper. Hirschberg, 1850. In-8º (XVIII, 469 p.).
3. *Recherches sur les dialectes musulmans*, par E. Berezine. Première partie, système des dialectes turcs. Kasan, 1848. In-8º (XI et 95 p.).

radigme du verbe dans les différents dialectes, et sur les observations qu'il a pu faire, pendant ses voyages, sur les différences de prononciation. De plus, il a commencé à faire paraître, sous le titre de Bibliothèque d'historiens orientaux, une collection d'ouvrages historiques relatifs aux nations de race tartare. Le premier volume contient le Scheibani-Nameh, qui est une histoire des Turcs mongols en dialecte djagataï, d'après un manuscrit unique de la bibliothèque de Saint-Pétersbourg. Le second volume donne la traduction tartare d'un abrégé du Djami-al-Tewarikh de Raschid eddin. Le troisième volume, qui, je crois, n'a pas encore paru, nous donnera la partie de l'histoire de Benakiti qui traite des Mongols. Le quatrième est destiné à une édition de l'histoire des Mongols, intitulée *Altan Topschi*, en mongol, le cinquième à une nouvelle édition d'Aboulghazi. Tous ces ouvrages sont ou seront accompagnés de traductions et de commentaires en russe. Je n'ai vu aucun volume de cette collection, de sorte que je ne puis pas même en indiquer les titres exacts.

Mirza Kazem-Beg vient de publier à Saint-Pétersbourg une édition du Derbend-Nameh : c'est la traduction turque d'une compilation originairement écrite en persan, et contenant la substance de ce que disent les meilleurs historiens arabes et persans sur les événements qui se sont passés dans le Daghestan. M. Klaproth a donné autrefois une analyse de ce livre dans le Journal asiatique, et Mirza-Kazem-Beg lui-même y a inséré récemment un chapitre tiré de l'ouvrage. Mirza-Kazem-Beg a accompagné le texte turc d'une traduction et d'un commentaire en anglais [1].

M. Brosset a commencé l'impression d'une chronique géorgienne connue sous le nom de la chronique de Wakhtang V [2].

---

1. *Derbend-Namah*, translated from a select turkish version and published with the text and with notes by Mirza A. Kazem-Beg. Saint-Pétersbourg, 1851. In-4° (xxiii et 245 p.).
2. *Histoire de la Géorgie, depuis l'antiquité jusqu'au* XIXe *siècle*, traduite

Le corps de l'ouvrage est plus ancien et a été revu, corrigé et complété au commencement du dernier siècle, par ordre du roi dont elle porte le nom. On y voit que l'ancienne histoire de la Géorgie est perdue; ce qu'on donne pour telle consiste dans des noms propres, auxquels on a accolé des histoires tirées de traditions persanes du temps des Sassanides et d'auteurs arméniens. A l'époque de la conversion des Géorgiens au christianisme commencent à poindre des éléments historiques mêlés, d'un côté, de fables légendaires, de l'autre, de romans héroïques, comme, par exemple, l'histoire de Wakhtang Ier, qui est évidemment un extrait d'un poëme épique. A partir des guerres contre les musulmans, les données historiques augmentent graduellement, surtout à l'aide des annales ecclésiastiques et des martyrologes. La partie publiée de cette chronique se termine au XIIe siècle.

Il me reste à parler des Arméniens. Cette petite nation est, de tous les peuples de l'Orient, celle qui attache le plus d'importance au savoir; elle a une littérature originale et la cultive avec une sorte de fierté; elle a su se créer, partout où elle se trouve en nombre, des centres littéraires d'où partent des journaux et des ouvrages destinés à répandre l'instruction. Malheureusement, je ne connais qu'un petit nombre des ouvrages qui sont sortis depuis quelque temps des presses arméniennes. M. Emin, professeur au collége arménien de Lazareff, a publié une chrestomathie [1] et une grammaire arméniennes [2], et une collection de chants et traditions populaires de l'Arménie ancienne [3]. Il vous sera rendu compte de cet ouvrage dans cette séance même, par M. Dulaurier, qui est infiniment plus en état de vous donner une idée de l'intérêt

---

du Géorgien par M. Brosset. Première partie, première livraison. Saint-Pétersbourg, 1849. In-4° (383 et 268 p.).

1. *Chrestomathie arménienne*, par M. Emin, professeur au collége Lazareff, à Moscou. Moscou. In-8°, 1850.
2. *Grammaire arménienne*, par M. Emin. Moscou, 1849. In-8°.
3. *Chants et traditions populaires de l'Arménie ancienne*, par M. Emin. Moscou, 1850. In-8°.

de cet ouvrage que votre rapporteur. M. Dulaurier lui-même a fait paraître un récit de la première croisade d'après la chronique de Mathieu d'Édesse [1]. Les Arabes, les Grecs et les Latins ont raconté les événements qui ont marqué cette guerre en Palestine. Mais ce qui se passa à Édesse, dans la Cilicie et dans le nord de la principauté d'Antioche a peu attiré leur attention, et n'a été rapporté par eux que bien imparfaitement. C'est cette lacune de l'histoire des guerres saintes que les auteurs arméniens sont appelés à remplir, et M. Dulaurier a fait un ample recueil de leurs récits qui est prêt pour la publication.

J'arrive à l'Inde. De toutes les parties de la littérature sanscrite, aucune n'est cultivée aujourd'hui avec autant d'ardeur que la littérature védique. On l'avait laissée longtemps de côté avec une sorte de respect, et presque de crainte; mais le progrès des connaissances philologiques en a, à la fin, rendu l'étude possible et le progrès des connaissances historiques l'a rendue nécessaire. On y était ramené, non-seulement par les besoins des recherches sur l'Inde elle-même, où tout se rattache aux Védas par des liens incontestables, quoique encore fort obscurs, mais aussi par l'extension des études de l'antiquité persane et de l'antiquité bouddhiste, qui, toutes les deux, ont besoin des Védas pour être bien comprises. En voyant ces hymnes du Rigvéda, si simples, si dépourvues d'indications de faits, le produit de la piété patriarcale dans des temps où le père de la famille était encore roi et prêtre, on a quelque peine à se rendre compte de l'importance historique de ces documents. Mais, quand on réfléchit qu'il n'y a eu dans le monde que trois grandes impulsions civilisatrices, celle donnée par les Indiens, celle donnée par les Sémites, et celle donnée par les Chinois; que l'histoire de l'esprit humain n'est que le développement et la lutte de ces trois éléments, on comprend alors de quelle importance il est de connaître

---

1. *Récit de la première croisade,* traduit de la chronique de Mathieu d'Édesse, par Éd. Dulaurier. Paris. 1850. In-4º (108 p.).

les premières effusions de l'esprit indien et de les suivre dans les développements inattendus qu'elles ont pris et dans les conséquences immenses qu'elles ont amenées. Ce sera l'étude la plus grande, la plus attachante et la plus difficile que nos successeurs auront à continuer et à achever, et pour laquelle l'Europe et l'Inde commencent à leur fournir des matériaux.

Le plus important des ouvrages védiques est, sans contredit, le texte du Rigvéda, dont M. Müller a entrepris la publication et dont il a fait paraître le premier des quatre volumes qui renfermeront l'ouvrage[1]. Le texte y est accompagné de la glose de Sayana, un des derniers, mais aussi un des plus exacts commentateurs du recueil des hymnes. La reproduction du texte lui-même ne présente pas de difficultés sérieuses à un éditeur exercé, parce qu'il a été conservé avec le soin et avec toutes les précautions que la plupart des peuples ont employés pour prévenir la négligence et les falsifications des copistes de leurs livres sacrés ; mais le commentaire a offert à M. Müller des difficultés de diverses espèces, surtout par l'abondance des citations de grammairiens, de ritualistes et de commentateurs plus anciens qu'il contient, et qu'un éditeur est obligé de rechercher dans des ouvrages restés manuscrits et dont beaucoup manquent encore dans les bibliothèques, déjà si riches, de l'Angleterre. M. Müller s'est acquitté de cette tâche avec un soin très-consciencieux et avec un succès qui place son ouvrage très-haut dans l'estime des juges compétents. Le second volume du texte est sous presse, mais, dans l'intervalle, M. Müller nous fait espérer la publication d'une introduction au Rigvéda, dans laquelle il essayera de tirer quelques-unes des conséquences historiques qui découlent des hymnes et d'ouvrir ainsi la voie à des recherches qui promettent les résultats les plus curieux pour l'histoire générale de l'esprit humain. Le texte du Rigvéda

1. *Rig-veda Sanhita*, the sacred hymns of the Brahmans together with the commentary of Sayanacharya, edited by Dr Max Müller. Londres, 1849. In-4° (xxiv 990 p.).

est exécuté aux frais de la Compagnie des Indes, sans luxe inutile, mais avec une élégance convenable.

La Compagnie, en décidant l'impression du texte sanscrit, a désiré en même temps qu'une traduction anglaise mît ce grand ouvrage à la portée du public. M. Wilson, le plus illustre des indianistes, s'est chargé de cette œuvre et nous a donné le premier volume de sa traduction [1], qui répond à la totalité des hymnes contenus dans le premier volume de M. Müller. Cette traduction, faite avec une exactitude qu'il est bien difficile d'atteindre dans les textes de cette antiquité, est accompagnée de notes destinées à familiariser le lecteur avec les noms les plus importants des dieux et des personnages de ces hymnes.

De son côté, M. Langlois a ajouté deux nouveaux volumes à sa traduction française du Rigvéda [2], à laquelle il ne manque plus, pour être terminée, que le quatrième volume, dont l'impression est très-avancée.

Le second des Védas a trouvé dans M. Weber un éditeur qui apporte à l'accomplissement de sa tâche la plus louable activité ; le quatrième et le cinquième fascicule du Yadjour véda [3] viennent de nous parvenir. Cet ouvrage paraît aussi avec les encouragements de la Compagnie des Indes. Le même savant a fondé, en collaboration avec plusieurs indianistes allemands, un recueil consacré à l'étude critique des anciens monuments de la littérature sanscrite [4]. Les Védas et leurs nombreuses annexes y occupent naturellement la première place. L'auteur

---

1. *Rig-veda Sanhita*, a collection of ancient hindu hymns constituting the first Ashtaka, or book of the Rig-veda, translated from the original sanscrit by H. H. Wilson. Londres, 1850. In-8° (LI et 341 p.).
2. *Rig-véda, ou livre des hymnes*, traduit du sanscrit par M. Langlois. Paris, 1850, deuxième volume (527 p.) ; 1851, troisième volume (587 p.).
3. *The White Yadjurveda*, edited by Albrecht Weber. Part I, n. 4, 5. Berlin, 1851. In-4° (pages 433-736).
4. *Indische Studien. Zeitschrift für die Kunde des indischen Alterthums*, von Weber. Berlin, 1851. In-8°, vol. II, p. 1. (160 p.).

en a déjà publié un premier volume et le premier numéro du second. M. Weber y fait preuve d'une lecture très-étendue et très-variée, en même temps qu'il y déploie un esprit d'invention et de critique, quelquefois un peu impatient, mais certainement très-original et très-fécond. Il s'applique surtout à tirer des textes de tout genre qui se rattachent aux Védas les conséquences les plus propres à montrer l'origine et le développement des idées philosophiques et mythologiques des Indous.

Dans une voie analogue, M. Roth continue son édition du texte de Yaska[1], l'un des plus anciens recueils d'interprétation des passages les plus difficiles du Rigvéda. Je ne dois pas passer sous silence les mémoires de M. Roth[2] sur les divers points de la mythologie comparée de la race indienne, mémoires qui se distinguent par beaucoup de savoir, de sagacité et de mesure[3].

Nous savons qu'il se publie depuis quelque temps à Calcutta, par les soins de la Société Tattwabodhini pratica, des travaux nombreux et variés sur la littérature védique, mais nous n'en connaissons en Europe qu'à peine les titres et je regrette de ne pas pouvoir les annoncer d'une manière détaillée. Nous n'avons heureusement pas à exprimer le même regret à l'occasion du grand recueil lexicographique sanscrit du Radja Radhakanta Déva, dont le sixième volume est arrivé en Europe. Quoique ce livre ne soit pas destiné à être vendu, la libéralité de l'auteur l'a rendu accessible en Europe à un certain nombre de savants à qui il est indispensable. Un autre ouvrage sanscrit imprimé à Calcutta, sous le patronage de la

---

1. *Yaska's Nirukta, sammt der Nighantavas*, herausgegeben von Rudolph Roth. Goettingue, 1850. In-8, deuxième cahier.
2. Voyez *Die Sage von Dschemschid* von Roth, dans le Journal de la Société orientale allemande, vol. IV, cah. 4, et *Die Sage von Çunasçepa*, dans les *Indische Studien* de Weber, vol. I.
3. Voyez aussi, comme rentrant dans cette classe de travaux, *La Tradition indienne du déluge*, par Félix Nève. Paris, 1851. In-8 (69 p.).

Société asiatique du Bengale, ne nous est parvenu qu'après la mort de l'éditeur, qui était un savant missionnaire allemand de l'Inde; c'est l'Anthologie sanscrite de M. Häberlin [1]. Cet ouvrage contient un grand nombre de petits poëmes d'inégale longueur dont la tradition attribue plusieurs à des auteurs très-célèbres et qui sont pour les littérateurs indiens l'objet d'une prédilection marquée. Quelques-uns de ces poëmes avaient été publiés à part, mais le plus grand nombre paraît pour la première fois dans ce volume. Je dois mentionner ici, à cause de l'analogie de sa destination, une chrestomathie nouvellement publiée en Allemagne par M. Hoefer [2], qui ne paraît pas encore être arrivée à Paris.

M. Gorresio a continué avec activité sa grande entreprise d'une édition complète du Ramayana; on apprendra avec plaisir que le texte sanscrit est entièrement achevé et que le second volume de la traduction est sous presse [3]. C'est un résultat dont on ne peut que féliciter les études indiennes de voir entre les mains des savants la totalité d'un poëme dont on avait essayé deux fois de publier des éditions qui n'ont pas été menées à fin.

Un orientaliste allemand connu par des publications de textes sanscrits très-corrects, M. Stenzler, à Breslau, a fait paraître une édition du texte du législateur Yadjnavalkya [4] accompagnée de variantes et d'une traduction allemande. L'éditeur a pris le soin de relever d'une manière suivie la concordance de ce texte avec le texte plus ancien de Manou et il a

---

1. *Kavya-Sangraha*, a sanscrit anthology being a collection of the best smaller poems in the sanscrit language, by Dr J. Häberlin. Calcutta, 1847, In-8 (532 p.).
2. *Sanskrit Lesebuch mit Benutzung handschriftlicher Quellen*, herausgegeben von Hoefer. Hambourg, 1850. In-8 (99 p.).
3. *Ramayana, poema indiano di Valmici*, pubblicato per Gaspare Gorresio, vol. VI. Paris, 1850 (XLVII et 605 p.).
4. *Yajnavalkya's Gesetzbuch*, sankrit und deutsch, herausgegeben von Dr A. Stenzler. Berlin, 1849. In-8 (x, 134 et 127 p.).

ainsi fait le premier pas dans l'étude comparée des recueils de lois indiennes.

Un missionnaire français, M. Guérin, qui a passé une grande partie de sa vie dans l'Inde, a publié deux chapitres d'un ouvrage astronomique intitulé Suriya Siddhanta [1], titre que le traducteur prend pour le nom de l'auteur. M. Guérin donne le texte et la traduction de ces deux chapitres et les fait suivre de dissertations astronomiques et mythologiques. Je suis trop incompétent sur le fond pour porter un jugement sur le mérite de ce livre, mais qu'il me soit permis de protester contre l'orthographe insolite que l'auteur a suivie et qui ne pourrait avoir d'autre résultat que de jeter un nouveau désordre dans une matière déjà assez difficile par elle-même. Heureusement, il est peu probable que d'autres aient envie d'adopter ce précédent étrange.

Avant de quitter la littérature brahmanique, je ne dois pas oublier la publication du cinquième et avant-dernier cahier de la Grammaire comparée de M. Bopp [2]. La création de la grammaire comparée des langues indo-européennes, à laquelle M. Bopp a eu la gloire d'attacher son nom, est un des plus beaux résultats que la science ait obtenus de l'étude du sanscrit. Elle a donné le moyen de substituer aux conjectures incertaines d'une étymologie sans principes des lois de plus en plus rigoureuses et dont l'application s'est étendue beaucoup au delà du domaine qu'on aurait été tenté de leur assigner. Elle est devenue aujourd'hui un guide infaillible dans des recherches ethnographiques et historiques que jusqu'alors on

---

1. *Astronomie indienne*, d'après la doctrine et les livres anciens et modernes des Brammes (*sic*) sur l'astronomie, l'astrologie, la chronologie, suivie de l'examen de l'astronomie des anciens peuples de l'Orient, par M. l'abbé Guérin. Paris, 1847. In-8 (x, 250 p. et 4 pl.). — Ce livre n'a été publié qu'en 1849.
2. *Vergleichende Grammatik des sanskrit, zend, griechischen, lateinischen, litthauischen, altslawischen, gothischen und deutschen*, von Franz Bopp. Cinquième partie. Berlin, 1849. In-4 (p. 981-1156).

ne pouvait traiter qu'à l'aide de conjectures. Sans parler des progrès qu'on lui doit journellement dans le domaine des études orientales, je signalerai une application nouvelle et également heureuse qu'on en a faite dernièrement à un sujet presque désespéré, l'intelligence des anciennes langues de l'Italie et l'interprétation des textes peu nombreux qui nous en sont restés. MM. Lassen et Lepsius étaient entrés les premiers dans cette voie nouvelle, mais leurs autres occupations les en ont bientôt détournés, de sorte que le sujet était resté presque intact, lorsque MM. Kirchhoff et Aufrecht[1] y ont appliqué, avec une méthode rigoureuse, les procédés de la philologie comparative et ont ainsi rattaché avec certitude l'ancien dialecte des tables eugubines à la souche des langues indo-européennes.

Pour terminer ce que nous savons du progrès des études indiennes, je réunirai dans un seul article les travaux sur le bouddhisme dont j'ai eu connaissance. M. Wilson[2], mettant à profit le déchiffrement très-ingénieux de la grande inscription bouddhiste de Kapur di Giri par M. Norris, a inséré, dans le Journal de la Société asiatique de Londres, un mémoire où il compare ce texte avec les inscriptions analogues de Girnar et de Dhauli. On sait qu'un roi indien, probablement Asoka, dont la domination s'étendait des frontières de la Perse jusqu'au golfe du Bengale, a voulu perpétuer le souvenir de la protection qu'il accordait à la doctrine des Bouddhistes, en faisant graver des édits moraux sur un grand nombre de rochers ou de colonnes dispersées dans toutes les parties de son empire. L'inscription de Kapur di Giri, relevée par M. Masson, est le plus septentrional de ces monuments. Comme elle reproduit le texte de Girnar et de Dhauli, l'examen que vient

---

1. *Die umbrischen Sprachdenkmäler*, von Aufrecht und Kirchhoff, 2 vol. Berlin, 1849. In-4 (169 et 423 p.).
2. *On the rock inscriptions of Kapur di Giri, Dhaul and Girnar*, by H. H. Wilson. Londres, 1849. In-8 (99, 10 et 22 p.). Extrait du Journal de la Société asiatique de Londres.

d'en faire M. Wilson lui a fourni le moyen de soumettre à un nouvel examen la lecture et l'interprétation que M. Prinsep avait données de ces deux dernières.

L'épigraphie bouddhiste s'est enrichie récemment d'une collection d'inscriptions trouvées dans les cavernes de l'ouest de l'Inde. Je veux parler de l'ouvrage de M. Bird[1] qui, sous un titre trop général, contient un recueil précieux de dessins et d'inscriptions bouddhistes, pour la plus grande partie inédites ; c'est là ce qui fait la valeur de ce livre, dont le texte contient plus d'une hypothèse hasardée. On peut espérer de posséder dans quelque temps une collection encore plus complète de ces dessins extrêmement curieux, des grottes et temples souterrains des bouddhistes indiens. La Compagnie des Indes a donné depuis quelques années à des officiers de son armée la mission de copier, sur une grande échelle et en couleurs, les fresques qu'on trouve dans ces souterrains ; j'en ai vu un assez grand nombre à la bibliothèque de la Compagnie des Indes, et je sais que l'intention des directeurs est de les faire publier quand la collection sera complète. C'est déjà un véritable service rendu à la science, que de les avoir fait recueillir et mises ainsi à l'abri des nombreuses causes de destruction qui les menacent depuis qu'elles ont attiré l'attention des Européens.

La littérature siamoise étant entièrement bouddhique, tout ouvrage destiné à nous en faciliter l'accès est un secours direct offert à l'étude du bouddhisme, de sorte que je ne puis placer qu'ici la mention de la nouvelle Grammaire siamoise publiée à Bangkok par M. de Pallegoix, vicaire apostolique du Siam[2]. On

---

1. *Historical researches on the origin and principles of the Bauddha and Jaina religions,* by James Bird. Bombay, 1847. In-fol. (22 p. et 54 pl.).
2. *Grammatica linguæ Thai,* auctore Dr J. Pallegoix, episcopo Mallansi, vicario apostolico Siamensi, ex typographia collegii Assumptionis, B. V. M. in civitate Krung Theph maha nakou si Ayuthaya, vulgo Bankok, 1850. In-4 (242 p.).

ne possédait jusqu'ici qu'une seule grammaire de cette langue, compilée, il y a une vingtaine d'années, par le colonel Low, et qui n'offrait que des ressources insuffisantes aux savants. M. de Pallegoix était dans des conditions bien plus favorables pour produire une bonne grammaire; résidant depuis vingt ans à Siam, il avait à sa disposition tous les travaux des missionnaires ses prédécesseurs, était en position pour consulter les chrétiens du pays, pouvait imprimer avec des caractères excellents gravés pour la mission des Baptistes à Bangkok, et publier son livre sous ses propres yeux. La langue siamoise est extrêmement simple, mais, comme toutes les langues de cette espèce, elle se dédommage de la pauvreté de ses formes grammaticales par la complication de la syntaxe, et M. de Pallegoix a eu soin de fournir à ses lecteurs une riche moisson d'observations sur les usages du langage. Il y a ajouté une chronologie, une exposition du système vulgaire du bouddhisme siamois et une liste considérable d'ouvrages écrits en siamois, qui consistent en romans traduits du chinois, en chroniques, en collections de lois, et, avant tout, en livres religieux, dont il énumère trois mille six cent quatre-vingt-trois volumes. L'ouvrage est écrit en latin, et M. de Pallegoix est occupé, dans ce moment, à faire imprimer un dictionnaire siamois-latin.

Il me reste à parler d'un petit livre qui est l'annonce et la promesse d'un grand travail attendu depuis longtemps avec impatience; c'est un chapitre de l'histoire de la vie et des voyages de Hiouen-thsang. On sait que l'Inde a été, pour les bouddhistes chinois, le but d'un grand pèlerinage, aussi longtemps que des établissements de leur religion se sont maintenus sur le sol de la Péninsule. Pour eux, l'Inde était ce que la terre sainte et Rome réunies étaient pour l'Europe du moyen âge. Ils y allaient pour vénérer les vestiges et les reliques de Bouddha et en même temps pour s'y faire instruire dans la théorie la plus savante et la plus accréditée de leurs dogmes; ils en rapportaient des livres sanscrits, qu'ils traduisaient après en chinois, et les fatigues et les dangers d'un si grand voyage les couvraient, à leur retour, d'une auréole de sainteté. L'intérêt qui s'attachait à ces pèlerinages excitait, heureusement pour nous, quelquefois l'ambition littéraire de ces docteurs, et ils voulurent laisser un souvenir de leur voyage, de leurs périls, et des observations qu'ils avaient faites dans les pays qu'ils avaient parcourus. On comprend l'importance immense que ces livres ont pour nous; ils nous donnent la description de l'Inde et des pays intermédiaires entre elle et la Chine dans les premiers siècles de notre ère, une foule de détails sur l'histoire, la géographie et les mœurs, que nous chercherions en vain dans les auteurs sanscrits, et surtout la date précise d'une quantité de faits que les Indiens eux-mêmes ne nous donnent aucun moyen de fixer. M. Rémusat a senti le premier le parti qu'on pouvait tirer de ces voyages, et sa traduction du Foë-kouë-ki fut reçue par tous les indianistes comme un des secours les plus précieux pour leurs travaux. Mais il existe d'autres voyages bouddhiques dans l'Inde, et M. Julien entreprit de traduire et de commenter celui de Hiouen-thsang, de beaucoup le plus considérable, le plus détaillé et le plus riche de faits et de renseignements. Hiouen-thsang est un bouddhiste du VIIe siècle de notre ère; il passa dix-sept ans en pèlerinage et composa à son retour un ouvrage en sanscrit sur son voyage et la doctrine bouddhique des pays qu'il avait traversés, ouvrage qui fut traduit en chinois par une commission de lettrés, sur l'ordre de l'empereur. En même temps, un de ses disciples écrivit l'histoire de la vie et des voyages de son maître dans un style plus facile, et en omettant une grande partie des légendes bouddhiques du grand ouvrage. Ces deux livres se complètent l'un l'autre, et M. Julien se propose de les traduire tous les deux, en commençant par le dernier. Il entoure sa traduction d'un commentaire varié, dans lequel il rassemble une foule de documents sur les pays dont il est question, sur les personnages dont parle l'auteur, sur les livres sanscrits qu'il cite, et y ajoute une chronologie bouddhique accompagnée d'un ample commentaire. Ce grand travail est à peu près terminé et formera une addition des plus importantes à la littérature historique de l'Orient. Le chapitre que M. Julien publie aujourd'hui[1] peut donner une idée de la manière de l'auteur, mais laisse à peine pressentir toute la valeur de l'ensemble et la richesse des additions que le traducteur y joindra.

Cette publication forme une transition naturelle à la littérature chinoise, où la part de la France est, comme à l'ordinaire, de beaucoup la plus grande. Je ne sais comment expliquer ce fait, que les autres nations lui ont presque abandonné le soin et l'honneur de les instruire sur la Chine et que, malgré les exceptions honorables de quelques sinologues anglais, allemands, portugais et américains, on ne puisse étudier réellement ce grand pays que dans des ouvrages français.

La littérature chinoise a cela de singulier qu'étant l'expression d'un peuple si différent de nous par son origine, sa langue, son histoire et ses institutions, elle est néanmoins celle de toutes les littératures orientales qui ressemble le plus à la nôtre, et la seule où chacun, le savant autant que l'homme pratique, trouve matière à l'étude, quelle que soit la branche de science ou d'application qu'il cultive. C'est ainsi que M. d'Hervey[2], qui a le goût de l'agriculture, a eu l'heureuse idée de s'occuper de la littérature chinoise pour en tirer des lumières sur un art dans lequel les Chinois ont fait des progrès étonnants, mais qui n'ont été étudiés que très-partiellement. Vous connaissez tous le Traité des vers à soie que M. Julien a traduit et qui a eu une influence si favorable sur cette grande industrie en France, et il est évident que la Chine nous réserve des enseignements semblables sur d'autres branches de l'agriculture, et surtout de l'horticulture, et M. d'Hervey a conçu

1. *Histoire de la vie d'Hiouen-thsang et de ses voyages dans l'Inde*, traduite du chinois; fragment lu à l'Académie des inscriptions par M. Stanislas Julien. Paris, 1851. In-8 (72 p.).
2. *Recherches sur l'agriculture et l'horticulture des Chinois*, et sur les végétaux, les animaux et les procédés agricoles que l'on pourrait introduire avec avantage dans l'Europe occidentale et le nord de l'Afrique, par le baron Léon d'Hervey-Saint-Denys. Paris, 1850. In-8 (262 p.).

le plan de traduire en entier l'Encyclopédie agricole, dont le Traité des vers à soie est tiré, et qui a paru sous Kièn-long. C'est une entreprise de longue haleine et pleine de difficultés, à cause de la quantité de termes botaniques et techniques dont ces traités sont nécessairement hérissés, et sur lesquels nos dictionnaires ne donnent que de faibles lumières. En attendant cette grande et importante publication, M. d'Hervey nous expose aujourd'hui son point de vue, quelques-uns des résultats auxquels il est arrivé, les points particuliers à étudier, les fruits, légumes et arbres chinois dont l'introduction serait possible en France et en Algérie, et l'analyse sommaire de l'Encyclopédie dont il s'occupe. Tout cela est très-instructif et exposé avec une netteté et avec une indication si honnête des difficultés, que l'on ne peut trop encourager l'auteur à persévérer dans cette voie presque nouvelle.

M. Pavie a publié récemment le second volume de sa traduction du San-Koué-tchi[1]. Le premier volume n'a pas attiré l'attention du public au degré qu'il méritait et que l'ouvrage entier finira par conquérir. La raison en est dans deux obstacles que rencontre en Europe tout ouvrage historique traduit du chinois; le premier repose sur la séparation qui a toujours existé entre les Chinois et le reste du monde. Leur histoire ne nous rappelle aucun de nos souvenirs; leurs grands hommes n'ont influé en rien sur le sort des nations dont nous tirons notre origine ou nos croyances; les Chinois sont pour nous presque comme un peuple qui aurait vécu dans une autre planète : c'est là un obstacle sérieux à l'intérêt que le public peut prendre à l'antiquité chinoise. Mais il y en a un autre, presque puéril, et qui pourtant est, je crois, le plus puissant des deux, c'est le son inaccoutumé des noms chinois, que nous avons de la difficulté à distinguer et à retenir, et qui décourage les

---

1. *San-koué-tchy*, histoire des trois royaumes, roman historique, traduit sur les textes chinois et mandchou, par Théodore Pavie, t. II. Paris, 1851. In-8 (xv et 428 p.).

lecteurs, dès le premier aspect du livre. Ces difficultés ne pourront céder, ou plutôt diminuer, que très-graduellement, à mesure qu'on s'accoutumera à faire entrer la Chine dans l'histoire générale, à la regarder comme une branche parallèle de l'humanité, qui a eu un développement semblable au nôtre, et qui nous offre, en toute chose, un point de comparaison.

Les Chinois possèdent, à côté de leurs chroniques officielles, une seconde classe d'ouvrages historiques dans lesquels on s'est efforcé de revêtir de chair les ossements un peu secs de la chronique; on s'est servi de la tradition populaire pour présenter une image plus vivante d'une époque, et l'on a créé ainsi un genre de littérature qui tient chez les Chinois la place que la poésie épique occupe chez les autres peuples. M. Pavie nous donne le plus célèbre de ces ouvrages, qui contient la peinture de l'époque des guerres civiles qui ont désolé la Chine depuis la chute de la dynastie des Han jusqu'à l'avénement de la dynastie des Tsin, c'est-à-dire de l'an 168 jusqu'à l'an 265 de notre ère. C'était le temps héroïque de la Chine, et les personnages qui y ont joué un rôle sont aussi familiers à la tradition chinoise que les héros d'Homère le sont en Europe, ou plutôt ils le sont bien davantage, parce que, en Chine, l'empire n'a pas passé d'un peuple à l'autre, et que les traditions sont restées nécessairement plus familières et ont pénétré plus profondément dans les esprits que chez nous. Les Chinois trouvent dans ce livre tout le charme de souvenirs populaires, le récit dramatique d'aventures célèbres dans leur histoire, l'exposé élégant des hauts faits de leurs héros les plus illustres et la narration des traits de caractère et des aventures qui ont donné naissance à mille proverbes familiers; et l'on ne peut pas s'étonner de la popularité de cet ouvrage, popularité telle qu'aucun livre en Europe n'en a jamais acquis une pareille et ne peut jamais en acquérir. Ce livre perd naturellement pour nous le charme inexprimable qu'il paraît avoir pour les Chinois, et devient pour nous un objet d'étude; nous y trouvons un modèle de la manière dont les Chinois se sont servis de leurs anciennes ballades et des traditions populaires pour donner des couleurs plus vives à leur histoire; nous y trouvons les caractères plus ou moins historiques dans lesquels les Chinois ont individualisé leur idéal des vertus et des vices humains, et il faut savoir grand gré à M. Pavie de nous avoir fourni par sa traduction un élément essentiel pour une future histoire comparée des littératures.

Si M. d'Hervey nous présente la Chine d'aujourd'hui dans son activité industrielle, si M. Pavie nous la montre dans les guerres de son moyen âge féodal, M. Biot nous fait remonter dans son antiquité par la traduction du Tchéou-li[1]. Lorsque, dans le XIIe siècle avant notre ère, la seconde dynastie chinoise, celle des Chang, périt par ses vices, l'empire tomba entre les mains de Wou-wang, chef de la famille princière des Tchéou. Wou-wang était un grand homme de guerre et d'état, il avait à ses côtés son frère Tchéou-kong, qui était un esprit organisateur du premier rang, et à qui il confia la réforme morale et administrative de l'empire. Tchéou-kong essaya la réforme des doctrines morales en attachant à chacune des lignes mystérieuses des Koua de Fohi un apophthegme, et donna ainsi sa forme actuelle à l'Y-king. Ce livre est resté pour les Chinois un objet de respect religieux et d'études incessantes, et pour nous une énigme qui, plus que tout autre produit de l'esprit chinois, nous fait sentir que nous avons en face de nous une race entièrement distincte de la nôtre. Mais s'il nous est difficile de nous rendre compte des motifs et des effets de la partie morale des réformes de Tchéou-kong, rien n'est plus facile que de comprendre le but et les détails de l'organisation administrative, dont le Tchéou-li nous offre le tableau.

Les Tchéou ne trouvèrent pas table rase dans leur empire,

1. *Le Tcheou-li, ou rite des Tcheou,* traduit pour la première fois du chinois par feu Édouard Biot. Paris, 1851. Trois vol. in-8 (LXIV, 500, 620 et 119 p.)

et lorsqu'il s'agit de la nouvelle organisation de la Chine, ils rencontrèrent une féodalité puissante, dont ils avaient fait partie eux-mêmes, et ils furent obligés de la ménager, en laissant subsister à côté du territoire impérial soixante-trois territoires féodaux, dont les gouverneurs étaient héréditaires, mais qui d'ailleurs devaient administrer selon les lois et les formes établies pour le territoire impérial. Cette concession faite, ils abolirent toutes les autres charges héréditaires, et établirent un vaste système d'administration centrale comme le monde n'en avait jamais vu.

L'administration est divisée dans le Tchéou-li en six ministères, qui se subdivisent en sections, et l'autorité et le contrôle descendent régulièrement et systématiquement jusqu'aux derniers employés, et embrassent toutes les fonctions sociales. L'empereur et les princes feudataires sont contenus par des formes et des rites, et par la censure; les employés de tout grade par la dépendance hiérarchique et par un système d'inspection perpétuelle; le peuple, par les règlements et par l'enseignement, non-seulement moral, mais industriel, que l'état se charge de lui donner. C'est un système étonnant, reposant sur une idée unique, celle de l'état chargé de pourvoir à tout ce qui peut contribuer au bien public, et subordonnant l'action de chacun à ce but suprême. Tchéou-kong a dépassé dans son organisation tout ce que les états modernes les plus centralisés et les plus bureaucratiques ont essayé, et il s'est rapproché en beaucoup de choses de ce que tentent certaines théories socialistes de notre temps, avec la seule et immense différence qu'il a placé la source du pouvoir dans le sommet de la société, au lieu de la mettre dans la base, comme on le veut aujourd'hui.

La famille des Tchéou, après une durée de cinq siècles, finit par succomber au développement de ce reste de féodalité qu'elle avait laissé subsister. Mais l'empreinte que la main puissante de Tchéou-kong avait laissée n'a pu être effacée; il avait donné définitivement son pli à la nation, et après une série de révolutions et de guerres civiles qui ont duré des siècles, elle est revenue aux institutions des Tchéou, et elle est aujourd'hui encore gouvernée selon les principes que Tchéou-kong avait appliqués, et en partie d'après les formes mêmes qu'il avait créées.

La forme du Tchéou-li est celle d'un almanach impérial ; mais cet almanach est infiniment plus instructif que ne le promet une liste d'employés, si ample et si systématique qu'elle soit, parce que Tchéou-kong entre dans une infinité de détails sur les fonctions, pour les bien préciser et bien faire sentir aux employés leurs devoirs et le ressort de leur autorité, de sorte que son ouvrage nous présente un tableau presque complet de l'état social de la Chine de son temps. Je ne saurais comparer ce document à aucun autre que l'antiquité nous ait légué, si ce n'est, jusqu'à un certain degré, au Code de Manou, qui contient, sous une autre forme, le tableau social de l'Inde antique. Rien n'est plus curieux que la comparaison de ces deux monuments littéraires, où les tendances opposées du génie de ces deux peuples sont marquées si distinctement. En Chine, la vie spirituelle est toute politique, et la vie civile toute impériale ; dans l'Inde, la vie spirituelle est toute métaphysique, et la vie civile toute municipale. L'histoire de ces deux grandes nations est le commentaire et le développement de ces deux tendances.

L'impression du Tchéou-li a été commencée par le traducteur, et achevée après sa mort, à l'aide de M. Stanislas Julien, par les soins de M. Biot père. L'ouvrage est terminé par une table analytique, qui rendra faciles les recherches dont il sera l'objet, et que malheureusement celui qui a ouvert cette riche voie de l'antiquité ne pourra plus poursuivre.

Me voici arrivé au bout de ma tâche, autant que j'ai pu la remplir ; je crains que la liste que je vous ai présentée ne soit très-incomplète, même pour les livres orientaux qui ont été publiés en Europe, et que bien des travaux n'aient échappé à mon attention; mais ce dont je suis sûr, c'est qu'elle ne contient pas la moitié des ouvrages que j'aurais eu à annoncer, si j'avais pu apprendre ce qui a paru en Orient même. Il se publie aujourd'hui un nombre d'ouvrages orientaux infiniment plus grand que nous ne le soupçonnons ; on imprime en Égypte et en Turquie, on lithographie à Tauris et à Téhéran, on imprime et on lithographie dans toutes les parties de l'Inde, on imprime dans toutes les colonies européennes de l'Asie, et presque toutes les missions ont des presses, dont elles font usage avant tout pour les besoins de leur enseignement, mais souvent pour la publication d'ouvrages qui intéressent à un haut degré la science. De toute cette masse de livres, il ne nous en vient que quelques-uns accidentellement et tardivement. On comprend parfaitement que les livres publiés en Perse nous arrivent difficilement : les relations de l'Europe avec ce pays sont tellement restreintes, le nombre des Européens qui y demeurent est tellement faible, les communications intérieures mêmes sont si incertaines, qu'il est naturel que nous soyons, sous le rapport de cette littérature, livrés au hasard et à la chance que des marchands persans apportent quelques livres à Constantinople, quand il faut compléter la charge d'une mule pour laquelle il n'y a pas assez de soie. J'ai sous les yeux quelques volumes imprimés en Perse; mais chacun de nous n'a probablement jamais vu la moitié de ce qui s'y est publié, et surtout personne n'est sûr de pouvoir se procurer ce dont il aurait besoin. Il n'y aura de remède à cela que quand les libraires persans trouveront de leur intérêt de former des dépôts de leurs ouvrages à Constantinople, comme les libraires indiens en ont formé en Perse ; car il paraît qu'on publie dans l'Inde, surtout à Bombay, une quantité de livres persans et quelquefois arabes, qui sont destinés à la Perse ; les éditions sont envoyées à Bouchir, d'où elles se dispersent sur les marchés persans. Ainsi a paru un Kamous, dont il n'y a à Paris qu'un seul exemplaire, et un Firdousi, dont je crois qu'aucun exemplaire n'est arrivé en Europe.

La librairie indienne indigène est extrêmement active, et les ouvrages qu'elle fournit n'entrent jamais dans la librairie européenne, même de l'Inde. M. Sprenger dit dans une lettre qu'il y a dans la seule ville de Luknau treize établissements lithographiques uniquement occupés à multiplier des livres pour les écoles, et il donne une liste considérable d'ouvrages dont probablement aucun n'est parvenu en Europe; il en est de même à Dehli, Agra, Cawnpour, Allahabad et d'autres villes. Qui est-ce qui a jamais vu en Europe le Burhani kati imprimé à Morschedabad, ou le Mirkhond complet qui a paru en deux volumes in-folio, selon les uns à Bombay, selon les autres à Dehli, et peut-être dans chacune de ces villes ? C'est pourtant un livre capital, que les éditeurs auraient intérêt à envoyer en Europe, où il trouverait de nombreux acheteurs. Il paraît qu'on a publié quelque part dans l'Inde le poëme national des Rajpoutes de Tchand; mais qui de nous pourrait seulement affirmer si le fait est vrai et où a paru cet important ouvrage?

Vous avez pu voir dernièrement dans le Journal asiatique une liste de livres sanscrits publiés à Calcutta, des collections d'anciens codes hindous, des ouvrages de philosophie ancienne et autres; on pourrait en faire de semblables pour les ouvrages imprimés aux frais du Tattwabodha, tous relatifs aux Védas, et dont il n'arrive en Europe que deux exemplaires que la Compagnie des Indes reçoit pour sa bibliothèque.

Mais on comprend encore très-bien que les libraires indiens, qui ne spéculent qu'en vue des besoins locaux dont ils peuvent juger, et qui publient un grand nombre de livres entièrement sans intérêt pour les savants européens, ne s'inquiètent pas des chances de vente en Europe, dont ils ne peuvent se faire une idée nette ; tout leur manque, les intermédiaires, la connaissance des marchés, enfin tout ce qu'il faut pour qu'on se décide à courir un risque. Notre espoir d'obtenir un jour les ouvrages imprimés dans l'intérieur de la

Péninsule repose sur le perfectionnement des rapports de librairie entre l'Europe et les ports de mer dans l'Inde, où il y a des Européens qui peuvent distinguer entre un ouvrage qui intéresse la science et une production uniquement calculée pour des besoins locaux.

Mais ce qui ne se comprend pas, c'est que les Européens en Orient qui publient des ouvrages, que les missions composées d'Européens qui ont eu une éducation littéraire, que les sociétés savantes de l'Inde et des îles envoient si rarement leurs livres. Pour ne citer que quelques exemples, M. Ballantyne, qui est un homme plein de mérite et d'activité, a publié à Allahabad et à Mirzapour des livres philosophiques indiens accompagnés de traductions, mais il est impossible de les trouver en Europe, à moins que, par accident, un employé de la Compagnie n'en rapporte un. M. Hodgson a fait imprimer à Calcutta des recherches de la plus haute importance historique sur les aborigènes de l'Inde; qui de nous a jamais pu se procurer cet ouvrage? La mission allemande dans le midi de l'Inde a publié des dictionnaires et imprime aujourd'hui la collection des ouvrages qui existent en langue canara. Ce ne sont pas des livres qui s'adressent à un grand nombre de personnes en Europe, mais qui devraient se trouver dans les principaux centres du savoir européen. Où pourrait-on les rencontrer aujourd'hui? La Compagnie des Indes a publié l'excellente édition de Ferishta, rédigée par le général Briggs, mais ce livre est resté pendant dix ans enfoui dans les magasins d'artillerie de Pouna et n'aurait, je crois, jamais été connu en Europe, si l'éditeur n'avait à la fin trouvé moyen de se faire donner quelques exemplaires et de les faire venir à Londres. La Société de géographie de Bombay n'a pas de dépôt de son curieux journal et il est impossible de l'acheter en Angleterre. La Société de Hong-kong est dans le même cas, et la Société asiatique de Ceylan est si silencieuse sur ses ouvrages, que nous n'en connaissons les titres que par une mention accidentelle dans un ouvrage imprimé à Batavia. Vous pouvez voir sur la table une traduction birmane des lois de Manou, publiée par M. Richardson à Molmein, ouvrage extrêmement curieux et le seul texte birman qui puisse aider un savant à acquérir la connaissance de cette langue; mais, s'il nous est arrivé, cela est uniquement dû à l'activité de M. Vattemare, qui s'est fait donner ce volume en Amérique, et l'on n'en trouverait certainement pas un autre exemplaire en Europe. Enfin, la Société asiatique de Calcutta elle-même, qui pourtant a des rapports fréquents avec nous et a fait un dépôt de ses ouvrages chez nous, a publié depuis quelques années plusieurs volumes qu'elle n'a jamais envoyés ni à Londres, ni ici, comme, par exemple, l'Histoire de Nadir Shah. Je pourrais continuer ce catalogue de nos doléances, mais je crains d'excéder l'espace qui m'est alloué, et je crois que ces remarques suffiront pour prouver le besoin de communications littéraires meilleures et plus actives. Tout paraît y inviter, et surtout l'intérêt des auteurs; non pas leur intérêt pécuniaire, puisque la vente en Europe ne sera jamais bien considérable, mais leur intérêt littéraire, car enfin, c'est en Europe que se font les réputations scientifiques; et, pour qu'elles puissent se faire, il faut qu'on puisse voir les livres. Il n'est pas à croire que les Européens dans l'Inde soient tout à fait indifférents à la gloire littéraire ou à l'utilité que peuvent avoir leurs travaux pour la science. Pourquoi alors les auteurs ne font-ils pas un dépôt de leurs ouvrages chez un libraire en Europe, ou, s'ils n'en connaissent pas, pourquoi ne s'adressent-ils pas à une des nombreuses sociétés asiatiques, dont chacune s'empresserait de leur servir d'intermédiaire auprès du public? Dans tous les cas, je sais que notre Société serait très-heureuse de rendre ce service à la science, comme elle l'a déjà fait dans plusieurs occasions.

XII

ANNÉE 1851-1852

RAPPORT LU LE 3 JUILLET 1852

Messieurs,

Nous célébrons aujourd'hui le trentième anniversaire de la fondation de la Société asiatique. C'est une vie déjà longue pour une association qui n'a d'autre base que le dévouement de ses membres à la science, ni d'autre fortune que les sacrifices qu'ils consentent à faire. Lorsque la Société asiatique fut établie, le plus illustre de ses fondateurs, M. de Sacy, ne croyait pas à sa durée; il donna cependant à cette Société son temps, ses soins et l'appui de son nom, par ce sentiment du devoir qui a gouverné toute sa vie; mais il doutait qu'elle pût se maintenir, et néanmoins elle a surmonté des difficultés de toute espèce; elle a survécu à presque toute cette grande génération de savants qui a fait revivre les lettres orientales en France d'une manière si glorieuse; elle a traversé deux ou trois révolutions politiques; elle a échappé au danger plus grand de dissensions intérieures, et aujourd'hui, non-seulement elle vit, mais elle se trouve en état d'étendre le cercle de ses travaux.

La raison de la durée d'associations en apparence aussi frêles réside dans le besoin qui les fait naître et qui leur donne une vie presque indépendante des individus qui les composent. Quand on se reporte à l'histoire des sociétés scientifiques libres, on les voit naître surtout à deux époques et par suite de la même nécessité de créer des organes pour des sciences nouvelles, qui ne trouvaient pas leur place dans l'organisation littéraire du temps. La première époque où les sociétés libres couvrirent rapidement de leur réseau presque toute l'Europe, est le siècle qui a suivi la renaissance des lettres. Les idées nouvelles qui agitaient l'esprit humain, après qu'il eut rompu les chaînes de la philosophie et de la théologie scolastiques, idées qui ne trouvaient pas leur satisfaction dans les écoles officielles d'alors, faisaient sentir aux amis des nouvelles lumières la nécessité de s'entendre, de se protéger et de cultiver en commun les sciences naissantes.

Ces sciences acquirent peu à peu leur position légitime ; la base de l'enseignement public s'élargit, et quelques sociétés libres, se consolidant, formèrent des académies et des écoles officielles. Il se fit alors un long temps d'arrêt ; toute l'Europe travaillait à s'approprier le progrès immense qu'elle venait de faire par le rétablissement des études classiques. Il fallait publier et interpréter les auteurs grecs et latins, appliquer les faits qu'ils contenaient à toutes les sciences, théologiques, philosophiques, historiques et naturelles ; remplacer les méthodes scolastiques par des méthodes plus libres ; réformer le goût littéraire d'après les modèles de l'antiquité ; enfin, refaire l'éducation scientifique du monde. Ce grand travail a duré trois siècles, pendant lesquels l'Europe, tout occupée à remplir le programme qu'elle s'était proposé, ne pouvait guère songer à l'étendre.

Mais de nos jours ce cadre est devenu de nouveau trop étroit ; de nouvelles sciences ont été créées, les anciennes se sont subdivisées, et leurs moindres parties demandent à être cultivées à part. C'est surtout dans les études historiques et naturelles que ce mouvement s'est fait sentir et a débordé de tous côtés. Les établissements d'instruction publique, les académies, les universités, ne peuvent suivre que lentement cette extension subite et presque tumultueuse des études, et les sciences nouvelles cherchent encore une fois, dans la formation des sociétés libres, des points de réunion, des moyens d'action et de publicité, des centres où des travaux spéciaux puissent trouver la sympathie et les secours que le public n'est pas encore préparé à leur accorder. C'est là le motif de la fondation de toutes les associations scientifiques libres qui sont nées en si grand nombre depuis trente ou quarante ans, et vous savez tous que telle est l'origine de notre Société.

Le jour où les études orientales franchirent l'étroite limite des dialectes sémitiques, dans laquelle l'habitude et les besoins de la théologie les avaient enfermées; le jour où les langues et les littératures de l'Inde, de la Chine, de la Perse, et celles des nombreuses races qui se groupent moralement autour de ces pays et leur ont emprunté leur civilisation, commencèrent à être l'objet d'études sérieuses, ce jour-là, les Sociétés asiatiques devinrent une nécessité. Ces études sont immenses; leur but et leur résultat final doivent être de nous faire connaître l'histoire de la partie le plus anciennement civilisée du monde, d'enrichir les sciences morales et sociales de l'expérience des grandes nations qui peuplent l'Asie, d'approfondir l'origine et le développement des idées religieuses et philosophiques qui gouvernaient les hommes, d'étudier les formes littéraires dans lesquelles les sentiments de peuples si divers ont trouvé leur expression; d'expliquer l'organisation des grandes nations de l'Orient que l'Europe envahit de plus en plus, et dont elle est intéressée à connaître le génie et le passé; de retrouver, par la comparaison des langues, la généalogie, les migrations et le mélange des peuples, en un mot, de donner à l'histoire du genre humain, sous toutes ses formes, une base plus ancienne, plus large, plus certaine qu'auparavant.

On a commencé cette grande œuvre de tous côtés; mais elle

avance lentement. Le matériel à conquérir forme une masse incalculable ; il faut créer les grammaires et les dictionnaires, rechercher les manuscrits, publier et traduire les textes, découvrir et lire les inscriptions et les médailles, étudier les religions et les mœurs, pendant que le monde, même le monde des lettres, est encore peu en état de rendre justice à ces travaux. Il est avide de résultats ; il aimera un jour à lire une histoire de l'Inde et de son influence sur l'Europe antique, une histoire de Babylone tirée des inscriptions cunéiformes, une histoire morale et politique de la Chine, qui lui offrira un étrange parallèle des expériences sociales de l'Europe ; mais ces grandes choses se font lentement et sont le fruit d'un travail infini et minutieux, de mille observations et découvertes qui ne sont intéressantes et intelligibles que pour ceux qui vivent dans la science même. Le monde ne peut les apprécier ni juger de la vérité et de la portée des résultats partiels qu'on lui présente, et pourtant il faut que le travailleur trouve de la sympathie ; c'est la première condition de sa persévérance et de son succès. C'est pour la lui donner que vous avez fondé votre Société.

Vous avez voulu avoir un centre commun vers lequel puissent converger les travaux si divers qui vous occupent, où tout effort isolé trouve un appui, où toute découverte obtienne un jugement éclairé. Vous avez créé un organe pour vos travaux dans le Journal asiatique, et les soixante volumes qui forment aujourd'hui ce recueil sont une preuve irrécusable de la variété et en même temps de l'unité de vos études. La publicité que vous avez offerte aux recherches les plus ardues et les plus spéciales a été un puissant encouragement pour la science, et toutes les parties de l'histoire politique et littéraire, de la législation, de la géographie et de la philologie orientale y ont trouvé la solution de nombreux problèmes et des matériaux pour des recherches ultérieures. Votre Journal est devenu un livre de bibliothèque, et il est à croire qu'il est définitivement fondé, car il répond à un besoin évident ; les matériaux ne lui manqueront jamais, et les encouragements ne lui feront pas défaut, aussi longtemps qu'il les méritera.

Dans la plupart des sociétés scientifiques, le but de l'association serait atteint par la création d'un point de réunion et par la fondation d'un recueil destiné à répandre les communications et les découvertes des membres; mais il n'en est pas ainsi pour nous. Nous sommes en face de littératures immenses, imparfaitement connues, et qui ne peuvent réellement servir à notre but que quand elles auront été l'objet des travaux de la critique européenne. C'est une tâche d'une étendue telle que l'exécution en pourrait paraître impossible, même en la soumettant à toutes les restrictions qu'elle comporte.

Il est vrai qu'on a comparé les littératures orientales à ces grandes armées asiatiques, qui consistent, pour la plus grande partie, en non combattants, et dont la masse est hors de proportion avec la valeur réelle; et quand on pense à l'étendue énorme même des littératures secondaires; quand on voit que M. de Hammer a eu sous les yeux les ouvages de deux mille deux cents poëtes turcs; que Mgr Pallegoix énumère vingt-six mille volumes écrits en siamois, et que M. Latter évalue les ouvrages composés en birman à quatre-vingt mille volumes, on ne peut douter que la plus grande partie de ces livres ne se compose de traductions, d'imitations et de redites, dont la publication n'ajouterait rien à nos connaissances. Mais toute défalcation possible faite, et quelque sévérité qu'on y mette, on reste confondu du nombre, de la variété et de l'étendue des ouvrages orientaux qui ont exercé de l'influence sur la civilisation, les croyances et les idées des différentes nations, ou qui contiennent leur histoire, ou qui sont l'expression originale et artistique de leurs sentiments, ou qui sont nécessaires à l'enseignement et à l'intelligence de tant de langues, et qui, par conséquent, forment la base et les éléments indispensables de toute connaissance véritable de l'Asie.

L'Europe savante a mis plusieurs siècles à publier les ouvrages grecs et latins que l'antiquité lui a légués, et pourtant elle a été aidée dans ce travail par le concours unanime de tout ce qui aspirait à un degré quelconque de culture intellectuelle, et l'on est tenté de se demander combien de siècles il faudra pour que les documents qui doivent servir à l'histoire de l'Orient soient rendus accessibles.

Heureusement, la science n'exige ces matériaux que graduellement; elle fait sentir, à mesure de ses propres progrès, la nécessité de nouveaux documents, et elle finit par les obtenir à travers mille difficultés et mille sacrifices, mais elle les obtient. Le devoir des Sociétés asiatiques est d'aider à aplanir ces difficultés et à amoindrir ces sacrifices en employant les moyens que la coopération leur offre, et en faisant connaître au public les besoins de la science. Notre Société n'a jamais oublié ce devoir : dès les premières années de son existence, elle a encouragé et entrepris des publications dont l'achèvement quelquefois menaçait de dépasser ses forces, et qui n'étaient pas toujours heureusement choisies. C'est le sort de toutes les associations libres ; au moment où elles se fondent, on croit tout probable, tout possible, parce qu'on juge des autres d'après son propre enthousiasme pour une étude de prédilection. Le temps amène l'expérience, et enseigne aux Sociétés ce qu'elles peuvent faire et ce qu'elles doivent laisser faire à l'État ou aux individus. Votre Société a ralenti pendant longtemps ses publications ; elle a appris à les mieux choisir, et aujourd'hui elle est au moment de les recommencer sur un plan plus vaste. Vous vous êtes décidés à publier une *Collection d'auteurs orientaux* inédits, accompagnés de traductions et de tables, et calculés de manière à fournir à la science des matériaux importants et variés, et aux écoles en Europe et en Asie des livres corrects, commodes et facilement accessibles. Cette grande entreprise offre plus d'une difficulté et n'est pas sans danger pour vous; mais elle rendra d'éminents services, si elle est exécutée de manière à mériter l'approbation et l'aide de ceux qui s'intéressent aux progrès des lettres. C'est une grande et belle partie de la mission des Sociétés asiatiques de rendre accessibles les trésors de l'histoire, même à ceux qui sont étrangers aux études philologiques, de fournir à tous des matériaux pour leurs travaux, et de forcer par l'évidence le public à accepter l'accroissement de connaissances que vous lui offrez. Aussi longtemps que les études orientales n'auront pas pris dans le monde le rang auquel elles peuvent légitimement prétendre, aussi longtemps qu'elles n'auront pas rompu le cercle magique qui les enserre et qui commence seulement à céder sur quelques points, aussi longtemps le rôle des Sosiétés asiatiques est marqué et leur existence répond à un besoin incontestable.

J'ai à vous rendre compte des travaux de votre Conseil pendant l'année dernière. Vous allez entendre le rapport des censeurs, qui vous prouvera que vos ressources matérielles continuent à suivre le progrès qui a marqué les deux dernières années. Vous êtes restés en bons rapports de services réciproques avec les autres Sociétés ; il ne s'en est pas formé de nouvelle pendant cette année ; mais il a paru néanmoins un nouvel auxiliaire de vos études, le *Journal asiatique de Constantinople* [1], dirigé par M. Cayol, qui a pris pour modèle notre Journal, et se propose de le consacrer aux recherches sur la littérature, les antiquités et l'histoire des peuples qui composent l'Empire ottoman. C'est une entreprise digne de l'intérêt de l'Europe savante et particulièrement du vôtre.

M. Troyer a terminé la traduction de la *Chronique du Kachmîr* [2], dont il avait commencé la publication pour vous.

---

1. *Journal asiatique de Constantinople*, recueil mensuel de mémoires et d'extraits relatifs à la philologie, à l'histoire générale, à l'archéologie, à la science et aux arts des nations orientales en général, et principalement des nations qui ont habité ou habitent l'Empire ottoman, dirigé et publié par H. Cayol. Constantinople, 1852, in-8°. A Paris, chez Benj. Duprat. (Prix d'une année 25 fr.)

1. *Radjatarangini*, histoire des rois du Kachmîr, traduite et commentée par M. A. Troyer. T. III, Paris, 1852, gr. in-8° (727 pages, prix 6 fr.).

Les deux premiers volumes, qui ont paru il y a quelques années, contenaient le texte, la traduction et le commentaire des six premiers livres de l'ouvrage, et en comprenaient la partie primitive, composée par Kalhana; le troisième volume nous en donne la continuation par un auteur inconnu du XIIe siècle. M. Troyer a cru, avec raison, pouvoir se dispenser d'imprimer le texte de cette continuation, parce que le seul manuscrit qu'il eût à sa disposition et qu'il devait à la courtoisie de la Société asiatique de Calcutta, était entièrement conforme au texte imprimé dans l'Inde. Grâce à M. Troyer, nous possédons maintenant une traduction complète de cet unique ouvrage historique sanscrit, dont la découverte avait excité une si grande sensation parmi les savants. Ce livre est un document des plus remarquables et dont l'importance sera sentie de plus en plus à mesure qu'on parviendra à reconstruire l'histoire de l'Inde. Des noms et des événements, qui aujourd'hui n'attirent pas notre attention, acquerront toute leur valeur, quand des renseignements trouvés d'autre part, dans les inscriptions, dans les livres bouddhistes et musulmans, permettront de les placer sous leur véritable jour. La Société doit donc se féliciter d'avoir pu accomplir la publication de la Chronique du Kachmîr.

Cet ouvrage étant terminé, le Conseil de la Société a pensé qu'il était opportun de commencer la *Collection des auteurs orientaux*, dont le plan vous a été soumis il y a un an, et il a décidé l'impression des *Voyages d'Ibn Batouta*, publiés et traduits par MM. Defrémery et Sanguinetti, des *Prairies d'or* de *Masoudi*, publiées et traduites par M. Derenbourg, et de la *Vie de Mahomet*, par Ibn Hischam, publiée et traduite par M. Kazimirski de Bieberstein. Ce sont des ouvrages tellement importants, ou plutôt tellement indispensables aux études orientales, que le Conseil n'a pas cru pouvoir faire de meilleurs choix, et je ne pense pas qu'il soit nécessaire de rien ajouter au simple énoncé de leurs titres et du nom des éditeurs. Votre bureau avait désiré comprendre dans la nouvelle collection une édition du Droit public musulman par Mawerdi : c'était un ouvrage qui nous convenait sous plusieurs rapports, et un membre du Conseil avait déjà fait une grande partie du travail, lorsque nous avons appris que M. Enger, à Bonn, avait préparé une édition du même livre, d'après les manuscrits de Leyde et d'Oxford, et en avait déjà commencé l'impression. Le Conseil, pensant qu'il y aurait une sorte de déloyauté à employer les fonds de la Société à faire concurrence aux efforts honorables d'un savant isolé, a abandonné la publication de Mawerdi. Il ne doute pas que cette décision n'ait votre entière approbation.

Il me reste le douloureux devoir de vous parler de la perte inattendue et irréparable que la Société asiatique et les lettres orientales ont faite par la mort de M. Burnouf, votre secrétaire. J'ai peu à dire de sa vie; elle est tout entière dans ses ouvrages; car jamais il n'y eut un savant plus entièrement dévoué à ses travaux, moins avide d'influence, de fortune, de réputation, enfin de tout ce qui tente l'ambition des hommes. Je ne crois pas même qu'il ait jamais connu toute l'étendue de sa gloire en Europe et en Asie, ni su combien son nom avait grandi graduellement et spontanément, sans le moindre effort ni de lui-même, ni de ses amis, par le seul et irrésistible effet de ses découvertes scientifiques.

Il était né le 8 avril 1801 ; fils unique du célèbre auteur de la Grammaire grecque, il fut élevé sous les yeux de son père, se destina à la carrière du droit, subit son examen à la faculté de Paris, fut inscrit au tableau des avocats, et travailla pendant quelque temps dans le cabinet d'un homme de loi. Mais les études classiques et grammaticales n'avaient point perdu leur charme pour lui; il avait suivi le cours de sanscrit de Chézy et les cours de l'École des chartes, en même temps qu'il étudiait le droit; et il a souvent dépeint à ses amis l'étonnement et l'horreur de son vieil avocat quand il découvrait sur la table du jeune homme le Nalus de Bopp et la Grammaire sanscrite, qui avaient usurpé la place qu'aurait dû occuper le Code civil. Bref, le droit fut abandonné, et M. Burnouf se livra entièrement aux études orientales. Il devint un des membres fondateurs de votre Société, fut nommé maître de conférences à l'École normale en 1829, secrétaire de la Société asiatique en 1830, membre de l'Académie des inscriptions en 1832, bientôt après professeur de sanscrit au Collége de France à la place de Chézy; en 1838, inspecteur de la typographie orientale à l'Imprimerie royale, à la place de M. de Sacy, et il ne dévia plus un instant de sa vocation jusqu'au jour de sa mort.

Jamais vocation n'a été plus vraie que celle de M. Burnouf pour la philologie et surtout pour l'étude du sanscrit. Doué d'un esprit éminemment analytique, il aimait à approfondir l'organisation philosophique de cette langue, et à suivre grammaticalement et historiquement ses mots, qui ont exercé une si grande influence sur les idées des hommes. Une racine sanscrite était pour lui comme le germe d'une plante, qui contient dans ses replis tous les éléments de la croissance future et rien n'égalait la sagacité avec laquelle il suivait le développement de ce germe, ses transformations, les nuances qu'il prenait, soit à différentes époques, soit dans les langues dérivées, et leur influence sur la formation des idées.

A l'époque où M. Burnouf commença à s'occuper du sanscrit, on connaissait cette langue, on en possédait des grammaires, des dictionnaires et quelques textes; mais on ne faisait qu'entrevoir toutes ses ramifications et les grandes lumières qui allaient jaillir sur toute l'histoire du genre humain, par la preuve de la parenté de tant de peuples avec la race hindoue, preuve que le sanscrit devait fournir. Quelques esprits aventureux avaient pressenti ces résultats, et M. Bopp, qui venait de démontrer l'identité de la grammaire sanscrite avec celle du grec et du latin, ouvrit ainsi cette série brillante de découvertes par lesquelles la grammaire comparée a agrandi, précisé et enrichi l'histoire.

M. Burnouf entra dans cette carrière avec toute l'ardeur d'un esprit jeune et curieux. On s'était beaucoup occupé en France de ce qu'on appelait la grammaire générale, étude assez stérile, pendant qu'on avait presque entièrement négligé la grammaire comparée, science merveilleuse par sa méthode et ses résultats historiques et philologiques. M. Burnouf l'introduisit en France par son cours à l'École normale. Ce cours fut supprimé quelques années après; mais l'École, qui avait été enthousiasmée de ces vues nouvelles sur les rapports des langues entre elles, sur les lois de leur développement, sur la parenté d'idiomes en apparence tout différents, sur les règles de la véritable étymologie, qui faisaient une science de ce qui avait été le hochet des esprits faux et la honte de la philologie, l'École a gardé précieusement les cahiers de M. Burnouf, qui circulent encore aujourd'hui parmi cette jeunesse intelligente.

M. Burnouf n'a rien imprimé de ce cours; mais il ne tarda pas à donner une preuve de la puissance des méthodes qu'il y avait enseignées. Abel Rémusat, qui s'occupait déjà du bouddhisme, appela son attention sur les livres sacrés des bouddhistes au delà du Gange et de Ceylan, écrits en pali, langue entièrement inconnue alors et de laquelle on ne possédait qu'un alphabet inexact, rapporté par Laloubère il y a deux siècles. M. Burnouf s'adjoignit M. Lassen, et les deux amis présentèrent, en 1825, à la Société asiatique, leur *Essai sur le pali*[1], dans lequel ils expliquaient les différentes écritures usitées pour cette langue, reconstituaient sa grammaire, prouvaient sa dérivation du sanscrit, fixaient les différences principales entre les deux dialectes, et analysaient les ouvrages palis qu'ils avaient à leur disposition. Cette découverte devait fournir plus tard à M. Burnouf des matériaux importants pour l'histoire et les doctrines du bouddhisme; mais pour le moment il se tourna vers la solution d'un autre et plus grand problème.

1. *Essai sur le pali*, ou la langue sacrée de la presqu'île au delà du Gange, par E. Burnouf et Chr. Lassen. Paris, 1826, in-8° (224 pages et 6 pl.).

Anquetil avait apporté de l'Inde ce qui restait des livres de Zoroastre ; il en avait publié une traduction, qui pendant soixante ans était restée la base de toutes les recherches sur l'ancienne Perse. Ce livre, produit d'une persévérance et d'une bonne foi qu'on ne peut assez admirer, était aussi parfait que possible dans l'état de la science d'alors. Mais cette traduction n'était pas faite sur l'original zend, c'était l'interprétation d'une ancienne traduction en pehlewi, telle que les Guèbres de Bombai pouvaient la donner à Anquetil ; car eux-mêmes n'entendaient plus l'original et ne comprenaient même la traduction en pehlewi que difficilement et imparfaitement. On commença à s'occuper de ces questions ; quelques savants se mirent à nier l'authenticité des livres de Zoroastre et à déclarer que le zend était un dialecte factice ; d'autres espéraient remonter, par le moyen du persan moderne, à la connaissance du dialecte ancien ; mais ce procédé ne donne jamais de résultats satisfaisants, quand l'intervalle de temps entre les deux dialectes est très-considérable. Aussi la question était-elle restée à peu près intacte, et M. Burnouf se trouva devant une langue inconnue, sans autres secours qu'un mince vocabulaire, un alphabet assez mal déterminé et une traduction suspecte. Il avait, il est vrai, à sa disposition un secours dont Anquetil n'avait pas pu se servir, une traduction sanscrite d'une partie des livres de Zoroastre ; mais au lieu d'être faite sur l'original, elle n'était qu'une traduction de cette même traduction dont les Guèbres d'Anquetil s'étaient servis, et par conséquent plus propre à contrôler leurs connaissances en pehlewi qu'à aider à l'intelligence de l'original. Néanmoins ce secours, si précaire qu'il parût, fut d'une grande utilité à M. Burnouf, qui s'assura bientôt que l'ancien persan était un dialecte du sanscrit, et dès ce moment il tint pour certain qu'il parviendrait à reconstruire la langue de Zoroastre[1]. Il

---

1. *Vendidad Sadé*, l'un des livres de Zoroastre, lithographié d'après un manuscrit zend de la Bibliothèque du roi, et publié par M. E. Burnouf. Paris, 1829-1843, in-fol. (561 pages).

faut voir dans son Commentaire sur le Yaçna[1] quel art et quelle merveilleuse sagacité il a déployés dans cette recherche; comment il a réussi à retrouver la grammaire, à refaire le dictionnaire de cette langue, et à rendre son véritable sens à ce livre antique et obscur, qui avait été obscurci encore davantage par les gloses et les interprétations des Guèbres. M. Burnouf n'a pas achevé ce Commentaire, mais il a publié plus tard, dans votre Journal, une suite de Mémoires[2] sur des mots importants et difficiles, dans lesquels il s'est appliqué à éclaircir une partie des dogmes de Zoroastre, à marquer leurs points de ressemblance avec les doctrines énoncées dans les Védas, et à fixer les rapports exacts de l'ancienne langue persane avec le sanscrit le plus antique. Sa mort a interrompu la continuation de cette belle série de Mémoires, pleins d'aperçus nouveaux, et touchant aux points les plus obscurs de l'antiquité, de même qu'elle ne lui a pas permis de mettre la dernière main à son Dictionnaire zend, dont il laisse le manuscrit en trois volumes in-folio, que le Gouvernement devrait imprimer pour l'honneur des lettres françaises.

Cette grande découverte du persan ancien est loin d'avoir encore donné tous les fruits qu'elle promet. Elle ouvre l'accès à une infinité de recherches sur les points les plus curieux de l'histoire des religions, de la législation, de la géographie et des langues de l'antiquité, et l'on ne connaîtra toute sa valeur que quand on en aura tiré toutes les conséquences et fait toutes les applications dont elle contient le germe.

M. Burnouf lui-même a tiré de sa découverte une des conséquences les plus belles et les plus inattendues qu'elle contenait. On avait trouvé en Perse, sur des rochers, sur des

1. *Commentaire sur le Yaçna*, l'un des livres religieux des Parses, ouvrage contenant le texte zend expliqué pour la première fois, les variantes des quatre manuscrits de la Bibliothèque royale, et la version sanscrite inédite de Nériosengh, par E. Burnouf. T. I. Paris, 1833, in-4° (CLIII, 592, et CXCVI pages).
2. *Études sur la langue et les textes zends*, par E. Burnouf, T. I. Paris, 1840-1850, in-8° (429 pages).

tombeaux et sur les restes des palais de Persépolis, des inscriptions magnifiques dans un caractère inconnu, auquel on donnait le nom de cunéiforme. Elles paraissaient offrir un problème insoluble ; on n'en possédait aucune traduction ; on n'avait aucune indication sur leur sens, aucune connaissance de la langue dans laquelle elles étaient écrites, aucun moyen de lire une écriture qui n'avait d'analogie avec nulle autre. A la fin, M. Grotefend, admettant l'exactitude d'une indication des auteurs anciens sur la localité des tombeaux de Darius et de Xerxès, désigna, par un procédé très-ingénieux, la place que les noms de ces deux rois et leur titre de roi des rois devaient occuper sur deux de ces inscriptions, et forma un alphabet, par l'analyse de ces noms. Comme on ignorait la langue des inscriptions, on ne pouvait pas aller plus loin, et l'on ne pouvait même pas prouver ou réfuter les résultats de la tentative de M. Grotefend, qui resta ainsi pendant trente ans à l'état de conjecture plausible. Des hommes d'un grand mérite, M. Rask et M. Saint-Martin, s'occupèrent de ce grand problème, sans faire faire des progrès sensibles à sa solution, et sans parvenir à lui ôter son caractère conjectural. Ce fut la découverte du zend qui donna à M. Burnouf la clef de cette énigme ; car si les inscriptions étaient réellement de Darius, elles devaient être écrites dans la même langue que les livres de Zoroastre, qui était presque contemporain de ce roi, et l'intelligence des mots et des formes grammaticales devait le mettre en état d'en fixer avec certitude l'alphabet et le sens. Ayant donc appliqué sa connaissance du zend à deux inscriptions de Darius et de Xerxès trouvées près de Hamadan, il parvint à les lire ; prouva que la conjecture de Grotefend était fondée, que l'alphabet qu'il avait découvert était partiellement vrai, que la langue des inscriptions était un dialecte voisin du zend, et donna une traduction complète des deux inscriptions et un alphabet presque complet[1]. C'était la première fois qu'on lisait réellement une de ces inscriptions

---

1. *Mémoire sur deux inscriptions cunéiformes trouvées près de Hamadan*, par M. E. Burnouf. Paris, 1836, in-4° (196 pages).

depuis le temps d'Alexandre le Grand, et un problème qui paraissait devoir défier tous les efforts de la sagacité humaine se trouva résolu, comme une conséquence naturelle de la découverte du zend. La question était mûre, et M. Lassen, en s'appuyant sur les travaux de M. Burnouf sur le zend, découvrit de son côté et presque en même temps que lui, la lecture des inscriptions cunéiformes persanes.

Cette étude a fait depuis ce moment des progrès immenses; toutes les inscriptions persanes ont été déchiffrées, l'alphabet a été complété et rectifié en quelques points au moyen de nouvelles inscriptions; le sens des mots a été précisé, les rapports du dialecte des inscriptions avec le zend et le sanscrit ont été établis avec la plus grande netteté. L'histoire de la Perse ancienne repose aujourd'hui sur l'interprétation certaine des monuments les plus authentiques, et nous pouvons contrôler Hérodote et Ctésias par les auto-biographies des grands rois et les descriptions de leur empire, qu'ils avaient fait graver sur leurs monuments.

Cette glorieuse découverte des inscriptions persanes est devenue à son tour le point de départ d'une série de recherches encore plus considérables. La lecture des inscriptions persanes a donné la seule clef possible pour la lecture des inscriptions assyriennes et babyloniennes. Il n'y a personne qui ne sache aujourd'hui que les rois de la dynastie de Cyrus avaient l'habitude de faire graver, par une heureuse vanité, toutes les inscriptions en trois langues et en trois caractères, persan, médique et assyrien ou babylonien. Le déchiffrement de la colonne persane fournit naturellement le moyen de reconstruire, par la comparaison des noms propres, les alphabets de ces langues, et permet d'espérer que l'on retrouvera ces langues mêmes et que l'on parviendra à lire cette masse énorme d'inscriptions assyriennes et babyloniennes que nous devons aux fouilles de M. Botta et de ses successeurs, et que chaque jour voit augmenter.

L'histoire entière des grandes monarchies de la Mésopotamie doit sortir de ces monuments, et les difficultés innombrables de cette étude commencent déjà à céder devant les efforts des savants. M. Burnouf voulut prendre sa part dans cette récolte que ses propres découvertes avaient préparée et rendue possible, et il laisse un volume de traductions d'inscriptions assyriennes; mais ce travail restera malheureusement inédit.

Toutes ces découvertes étaient des applications qu'il faisait de ses études sanscrites, qui n'ont pas cessé d'être la grande occupation de sa vie. Il a préparé plusieurs ouvrages considérables sur la littérature sanscrite, dont un seul a été publié, le Bhagavata Pourana [1]. C'est le Pourana le plus populaire de l'Inde; il contient la vie mythologique de Krichna, mêlée, selon l'habitude du pays, de spéculations métaphysiques et morales. M. Burnouf ne comptait que pour peu dans sa vie de savant cette vaste entreprise, qui aurait suffi à faire la réputation d'un autre. Son penchant naturel le reportait sans cesse vers les Védas, dont l'étude exerçait un attrait irrésistible sur cet esprit avide de remonter toujours à l'origine et à la première expression des idées. Il s'était nourri des Védas; il aimait à percer cette dure enveloppe, dans laquelle les Hindous avaient enfermé leurs premières pensées, à en suivre le développement, et pour ainsi dire l'assouplissement, qui était la suite naturelle des progrès du temps et de la transmission des idées à d'autres peuples. Quiconque l'a entendu parler de ces sujets, a dû être frappé de la netteté et de la perspicacité de son esprit, du soin avec lequel il creusait jusqu'au fond la question la plus minime en apparence, et de sa hardiesse à s'élancer, de ce sol si solidement préparé, au milieu des questions les plus difficiles de l'histoire des idées de la race indo-européenne; et je ne m'étonne point de l'expression dont un de ses élèves les plus distingués s'est servi en parlant de son cours sur le Rig-

---

1. *Le Bhagavata Pourana*, ou histoire poétique de Krichna, publiée et traduite par M. E. Burnouf. Paris, vol. I-III, in-f°. 1840-1847.

véda, que c'était un enchantement. Il a préparé des travaux considérables sur les Védas ; il n'en a rien publié, mais tous ses ouvrages sont pénétrés de ses études incessantes sur ce sujet, et eussent été impossibles sans elles, surtout le dernier, dont il me reste à parler, son Introduction à l'histoire du bouddhisme. Nous avons vu que M. Burnouf avait débuté dans sa carrière par une grammaire de la langue sacrée des bouddhistes de la presqu'île au delà du Gange et de Ceylan. Il continua d'explorer la mine qu'il avait ouverte, et s'occupa surtout avec beaucoup de suite des livres palis et cingalais. Pendant ce temps l'étude du bouddhisme faisait des progrès considérables ; on puisait dans les sources de toute espèce ; M. Rémusat prenait le bouddhisme en Chine, M. Hodgson dans le Népal, M. Turnour à Ceylan, M. Schmidt chez les Mongols, Csoma de Körös chez les Tibétains. Chacun croyait tenir la seule et unique doctrine bouddhiste, et la confusion devint extrême entre des théories basées sur des sources d'époques différentes et tirées de tant de littératures diverses. Dans cet état de choses, M. Hodgson découvrit dans les monastères du Népal les originaux sanscrits des principaux ouvrages bouddhistes, que l'on ne possédait jusqu'alors que dans les traductions chinoises, mongoles ou tibétaines. Il en tira lui-même de très-beaux résultats, et eut la pensée généreuse d'envoyer à la Société asiatique de Paris une collection presque complète de ces livres, consistant en quatre-vingt-six volumes. M. Burnouf sentit vivement l'importance de ces nouveaux matériaux. Il traduisit un de ces livres, le *Lotus de la bonne loi*, qu'il se proposa de publier, accompagné d'un commentaire et d'une introduction dans laquelle il voulait examiner sommairement les idées fondamentales du bouddhisme et ce qu'étaient les livres népalais par rapport aux autres littératures bouddhistes. Mais pendant l'impression de sa traduction, il sentit bientôt que l'introduction devenait la partie principale de l'ouvrage, et il se décida à en faire un livre embrassant toute l'histoire du bouddhisme indien, et où, en exposant ses doctrines fondamentales, il rendait compte des changements qu'elles avaient subis dans les différentes sectes, et des rapports des deux grandes divisions du bouddhisme indien : de l'école du nord et de l'école du midi. Il publia en 1844 le premier volume de cette Introduction[1], dans lequel il traite de l'école bouddhiste du nord. Il y analyse les ouvrages de cette école, en discute l'âge et l'authenticité, les classe d'après les époques auxquelles ils appartiennent et les conciles dont ils émanent, expose les idées principales de la religion, les changements qu'elles ont subis, leurs rapports avec les idées brahmaniques et les conséquences qu'on peut en tirer pour l'histoire de l'Inde. Il m'est impossible d'indiquer en peu de mots tout ce que ce beau travail contient de nouveau ; c'est un flot de lumières qui tombe sur le chaos des doctrines bouddhistes et y rétablit l'ordre. On connaît maintenant les époques et les écoles auxquelles appartiennent les livres de chacun des peuples qui ont adopté le bouddhisme ; tous ces éléments de conflit se trouvent réduits à leur véritable rôle, avec leur importance réelle, et l'on sait ce qu'on peut en espérer et en obtenir. Aussi ce livre fut-il l'objet des applaudissements unanimes de ceux qui s'étaient occupés de ce sujet, ou qui s'intéressaient à l'histoire des religions. M. Burnouf devait terminer son ouvrage par un second volume, consacré à l'école bouddhiste du midi. Ses anciennes études sur les livres palis et cingalais rentraient dans ce sujet, et il les compléta par des études faites surtout sur les livres birmans. Pour donner une idée de l'étendue de ces travaux préliminaires, je me bornerai à citer ce seul fait, que, trouvant les dictionnaires birmans insuffisants, il en a composé un nouveau infiniment plus complet, qui devait uniquement servir aux travaux préparatoires de ce second volume.

Mais à mesure qu'il avançait, il sentait qu'il y avait des points qui devaient être traités avec plus de détails qu'il n'a-

---

1. *Introduction à l'histoire du Buddhisme indien*, par M. E. Burnouf, Paris, 1844, t. I, in-4 (647 p.).

vait pu leur en consacrer dans le premier volume ; il se détermina donc à reprendre la publication du Lotus, en l'accompagnant de vingt mémoires, où sont éclaircies quelques parties obscures du dogme bouddhiste et où il s'occupe de certains points historiques d'une grande importance, comme par exemple des inscriptions monumentales des rois bouddhistes du temps des Séleucides, que M. Prinsep a déchiffrées le premier, et dont M. Burnouf donne de nouvelles traductions. Ce volume, qui comprend plus de neuf cents pages grand in-4, est entièrement imprimé ; il sera publié prochainement, et ajoutera à l'admiration de l'Europe savante et à ses regrets pour la perte de cette puissante intelligence.

Car malheureusement un travail incessant avait miné les forces de M. Burnouf ; il n'avait jamais voulu avoir égard à la délicatesse naturelle de sa santé ; il croyait que la parfaite régularité de la vie suffisait pour la protéger ; son amour ardent de la science lui cachait le dépérissement de ses forces, et il en est mort véritablement martyr.

Il y a quelques mois le Gouvernement lui offrit une place dans le Conseil de l'instruction publique où il aurait pu rendre de grands services ; mais il ne pouvait déjà plus assister aux séances ; et quand quelques semaines plus tard l'Académie des inscriptions le nomma son secrétaire perpétuel, la main de la mort était sur lui. Il avait le véritable génie des découvertes, une sagacité merveilleuse, un amour inaltérable du vrai, une conception hardie et une méthode d'une sagesse et d'une sûreté presque infaillibles. Il ne lui a pas été donné de terminer ses ouvrages, de tirer lui-même toutes les conséquences de ses grandes découvertes; mais leur effet n'en sera pas moins durable. Il a rehaussé la gloire littéraire de la France, et son nom ne cessera pas de grandir avec les études qu'il a créées.

Je devrais maintenant, Messieurs, vous parler des ouvrages orientaux qui ont paru depuis notre dernière séance générale ;

mais, permettez-moi de vous l'avouer, la mort de M. Burnouf a été pour moi une si grande perte, que je n'aurais pas eu le courage de m'occuper de ces livres, quand même les devoirs sacrés qu'elle m'a imposés m'en eussent laissé le temps. Veuillez donc m'excuser, si je vous demande la permission de renvoyer cette partie de ma tâche à l'année prochaine.

XIII

ANNÉE 1852-1853

RAPPORT LU LE 13 JUIN 1853

Messieurs,

C'est aujourd'hui le trente et unième anniversaire de la fondation de la Société. L'année qui vient de s'écouler a été une de ces années de prospérité et de progrès réguliers qui donnent lieu à peu de remarques, mais qui sont les plus heureuses pour une institution comme la nôtre, parce que nous avons le droit de voir dans ce soutien constant du monde savant un signe d'approbation qui nous permet d'espérer que nous ne faisons pas fausse route, que nous contribuons en quelque chose à la reconstruction de l'histoire du monde oriental, qui est l'objet de toutes nos études.

La Société a terminé à la fin de l'année dernière la quatrième série de son Journal. Nous aimons à croire que le Journal est en progrès, et que cette dernière série contient un plus grand nombre de travaux importants qu'aucune des précédentes ; mais il n'appartient pas à la Société d'énoncer une opinion sur un sujet qui la touche de si près. Il y a pourtant une observation à faire qui ne peut échapper à personne en parcourant les soixante et un volumes dont se composent les quatre séries, c'est que le caractère de votre Journal a peu à peu changé ; il était au commencement plus littéraire, et il est devenu exclusivement historique. Ce changement s'est produit graduellement, sans aucune intention et par aucune influence exercée systématiquement. Nous n'avons fait que suivre la tendance générale qui domine aujourd'hui toutes les études du même genre. L'histoire même de notre Société, dans le temps relativement court qu'elle a parcouru, nous donne le moyen de juger de l'étendue de cette espèce de révolution qui s'est produite dans l'esprit de nos études. Quelques-uns de vous se souviennent sans doute d'une discussion qui s'est élevée au sein du Conseil, dans les premières années de l'existence de la Société ; d'une discussion sur le mérite relatif des études historiques et des études littéraires. Nous avons aujourd'hui quelque difficulté à comprendre qu'un débat sur ce sujet ait pu être assez passionné pour ébranler un instant la Société et mettre en danger son existence même. Nous ne le comprenons plus, parce que notre point de vue a changé ; nous ne poserions plus ainsi la question, parce que nous n'entendons plus mettre en opposition ces deux choses ; parce que nous ne repoussons aucun produit de l'esprit humain, quel que soit son sujet ou sa forme, et que nous croyons qu'ils doivent tous contribuer à nous faire connaître des faits qui nous aident à acquérir l'intelligence des temps reculés et des nations qu'une civilisation différente sépare de nous. L'histoire a élargi son cercle ; elle ne s'attache plus de préférence aux faits matériels, aux successions des règnes, aux conquêtes et aux faits d'armes, à l'organisation des pouvoirs publics ; elle ne se contente plus des faits politiques ; elle cherche à pénétrer plus profondément dans la vie des peuples, et à reconstituer leur état moral et social sous tous les aspects. Pour accomplir cette nouvelle et immense tâche, elle a besoin de toutes les traces que les nations ont laissées de leur existence dans leurs religions, leurs lois, leur poésie, leurs arts, et jusque dans leur grammaire ; tout est devenu pour nous document historique et souvent document d'autant plus important qu'il a été, à l'origine, moins destiné à retracer un fait.

Il y a peu de temps, un homme d'une illustration littéraire méritée et incontestée, qui venait de lire le premier volume de la traduction du Rigvéda, disait devant moi : « Mais que peut-on tirer d'un livre qui ne contient pas un seul fait? » J'ai été très-frappé de cette parole d'un homme d'esprit et de savoir, qui me faisait sentir si nettement le changement profond qui s'est produit insensiblement dans la direction des études historiques, et combien ce qu'on appelait autrefois un fait était plus restreint que ce que nous comprenons aujourd'hui sous ce terme; car je n'ai point besoin de dire dans cette assemblée qu'il n'y a aucun de nous qui ne regarde les Védas comme un des documents historiques les plus riches et les plus importants qui existent.

Autrefois, quand on s'occupait de la comparaison des grammaires de différentes langues, c'était pour étudier les procédés philosophiques par lesquels les peuples parviennent à exprimer leurs pensées, et pour établir sous le titre de grammaire générale les règles logiques du langage français. Le dernier grand représentant de cette tendance était M. Guillaume de Humboldt[1]; il aimait à prendre une forme grammaticale comme un problème philosophique, comme une des faces de l'esprit humain, à l'analyser comme telle, à lui assigner sa valeur absolue, et à l'étudier comme un physiologiste étudie la forme et les fonctions des cellules d'une plante ou des organes d'un animal. Il a laissé en Allemagne une école qui suit cette route; mais le courant général des études d'aujourd'hui fait de la grammaire un auxiliaire de l'histoire, dont on tire les faits les plus anciens, les plus certains et les plus précis sur

---

1. Je sais bien que M. de Humboldt ne se bornait point à la philosophie du langage: c'était un esprit vaste qui embrassait une quantité d'études différentes, et je ne parle ici que d'un côté de ses travaux.

des temps antérieurs à toute chronique et même à toute écriture; faits relatifs à l'origine et aux migrations des peuples, à leur mélange et à leurs influences réciproques. Quand M. Hodgson[1] ou M. Stevenson[2] étudient les dialectes des tribus aborigènes de l'Inde, ce n'est pas pour découvrir quelle aptitude leurs formes grammaticales peuvent avoir pour exprimer des idées, mais pour y trouver l'identité ou la diversité des races qui ont occupé l'Inde avant l'arrivée des Brahmanes; et lorsque M. Castrén a parcouru toutes les tribus finnoises et nous a rapporté leurs grammaires, ce n'est pas la philosophie du langage qui l'a préoccupé, mais l'origine et la migration de ces tribus dispersées et les faits historiques qui ont laissé des traces dans leur langue.

Il en est de même de la poésie. Lorsque sir W. Jones et Herder écrivaient sur la poésie orientale, ils en discutaient les beautés, ils cherchaient à savoir quels genres les Orientaux avaient cultivés et quels autres ils négligeaient; ils considéraient la poésie comme une chose qui a de la valeur en elle-même, indépendamment de toute aide qu'elle peut fournir à d'autres études. Certainement, quand Sacountala fut traduite pour la première fois, elle fut lue et admirée pour sa beauté poétique, pendant qu'aujourd'hui la plupart de ceux qui la lisent sont probablement plus attentifs au tableau de mœurs que la pièce nous présente et aux indices qu'elle fournit sur l'état de la civilisation indienne du temps de Kalidasa, que frappés de la grâce singulière de ce chef-d'œuvre.

Je pourrais parcourir toutes les branches de la littérature orientale et montrer partout la même tendance. L'histoire, en agrandissant son cadre, en élargissant son point de vue, s'est emparée de tout et fait contribuer tout à son but. Il est

---

1. *On the Aborigines of India. Essay the first, on the Kocch, Bodo and Dhimal tribes,* by Hodgson; Calcutta, 1847, in-8 (200 p.).
2. Voyez ses Mémoires dans le Journal de la Société asiatique de Bombay.

possible que l'orgueil d'une civilisation plus avancée nous porte à ne voir dans les produits de l'esprit oriental que des matériaux pour réédifier l'histoire et nous rendre compte du passé de ces peuples. Il n'en sera certainement pas toujours ainsi, car ces religions, ces poésies, ces langues, ces systèmes de morale et de politique ont leur valeur absolue, et quand on les connaîtra mieux, on voudra les juger en eux-mêmes et leur assigner leur place relative dans la série des efforts de l'esprit humain ; mais dans l'état actuel de nos connaissances sur l'Orient, il est naturel que le point de vue historique prédomine dans nos études, car avant de juger il faut savoir, et nous ne sommes qu'à l'entrée de cette étude presque infinie, où tant de formes de civilisation, tant de langues, tant de religions, tant d'événements politiques, tant et de si diverses manifestations de la pensée humaine, nous sollicitent, et où un matériel déjà immense s'accroît tous les jours par la découverte de monuments, de livres et d'inscriptions. C'est un monde à débrouiller et une histoire à refaire, plus ancienne, plus grande, plus variée et infiniment plus difficile que celle de l'Occident.

Cette tâche ne peut être accomplie que par le travail de générations successives de savants et à l'aide de tous les secours que l'intelligence du public peut leur prêter et qui, jusqu'à présent, restent bien au-dessous des besoins croissants de la science. C'est le sentiment de ces besoins qui a amené la Société à entreprendre, à côté de son Journal, une nouvelle série d'ouvrages sous le titre de *Collection d'auteurs orientaux*. Vous savez que votre Conseil a décidé que la collection commencerait par les *Voyages d'Ibn Batoutah*, les *Prairies d'or de Masoudi* et la *Biographie de Mahomet par Ibn Hischam*. Les Voyages d'Ibn Batoutah, publiés et traduits par MM. Defrémery et Sanguinetti, sont sous presse ; vous en trouverez sur la table dix-huit feuilles imprimées, de sorte que le premier volume sera prochainement entre vos mains. L'ouvrage complet d'Ibn Batoutah formera quatre volumes, dont l'impression sera continuée sans interruption. Le premier volume de Masoudi pourra être mis sous presse vers la fin de l'année et le premier volume d'Ibn Hischam dans le courant de l'année prochaine. Vous savez tous que le but de la Société, en entreprenant cette collection, est de contribuer pour sa part, et autant que le permettent ses ressources, à rendre accessibles des ouvrages importants et inédits; d'en publier le texte et la traduction dans la forme la plus modeste, de façon à en faciliter l'acquisition à tous ceux qui s'intéressent aux langues, aux littératures et à l'histoire de l'Orient, à tous ceux à qui des études historiques quelconques rendent désirable la connaissance des faits qui sont relatés dans ces auteurs, et en même temps de fournir aux populations orientales des moyens d'apprendre le français dans la traduction d'ouvrages tirés de leur propre littérature.

La Société est en mesure de continuer cette collection dans tous les cas, mais il est à désirer que les volumes se succèdent rapidement, et cela ne dépend qu'en partie de nous. Les matériaux abondent; on offre à la Société des ouvrages en grand nombre; elle emploiera toutes ses ressources disponibles à accélérer ses publications; mais le nombre des volumes qu'elle fera paraître tous les ans ne peut être qu'en proportion de l'intérêt que le public y prendra et de l'accueil qu'il fera à ces ouvrages. Nous en appelons donc à tous les savants, à toutes les bibliothèques, à toutes les sociétés orientales et à toutes les écoles, en les priant de nous aider à leur tour, comme nous voulons les aider en leur fournissant des matériaux pour leurs travaux. La plus grande récompense que la Société pourrait obtenir de la réussite de son plan, serait de voir son exemple imité, quand elle aura prouvé qu'il n'est pas nécessaire d'exiger pour des ouvrages orientaux ces prix insensés qu'on demande aujourd'hui, et qui forment un des plus grands obstacles que rencontrent nos études.

Les autres sociétés asiatiques paraissent avoir suivi, pendant les deux dernières années, le cours de leurs travaux avec beaucoup de zèle, et la plupart d'entre elles nous ont fait parvenir des preuves de leur activité.

La Société asiatique de Calcutta continue à publier ses deux recueils, son Journal et sa *Bibliotheca indica*. Son Journal [1] est une preuve très-honorable du zèle scientifique des employés civils et militaires de la Compagnie des Indes, qui, au milieu de devoirs accablants et sans être encouragés par leur gouvernement ou par l'opinion publique en Angleterre, ne cessent de remplir cet excellent recueil de recherches sur les antiquités, la littérature, l'histoire, la géographie et l'histoire naturelle de l'Inde. La *Bibliotheca indica* [2], publiée par la Société aux frais de la Compagnie des Indes et rédigée avec beaucoup de zèle et d'habileté par M. Roer, élargit graduellement son cadre. Elle paraissait, au commencement, ne devoir contenir que des textes sanscrits, mais depuis quelque temps elle commence à nous donner aussi des ouvrages arabes et persans, et la plupart des nouveaux volumes sont accompagnés de traductions ou d'analyses détaillées, ce qui est une innovation excellente. Sept volumes de cette collection sont achevés et huit autres sont commencés et publiés en partie. J'aurai plus tard à dire quelques mots sur leur contenu.

La Société asiatique de Bombay continue lentement, mais régulièrement, son Journal [3], qui s'occupe des antiquités du côté occidental de l'Inde, des langues des tribus aborigènes de ces provinces, de la géographie et de l'histoire de l'Arabie et de la Mésopotamie.

---

1. *Journal of the asiatic Society of Bengal;* Calcutta, in-8. Le dernier numéro qui est arrivé à Paris est le n° ccxxxiii (cahier II de 1853).
2. *Bibliotheca indica,* a collection of oriental works, published under the patronage of the Hon. Court of Directors of the E. I. C. and the superintendance of the asiatic Society of Bengal. Edited by Dr Roer; Calcutta, in-8. (Le prix de chaque cahier a été réduit récemment par la Société à 1 fr. 60 et chaque ouvrage se vend à part.)
3. *The journal of the Bombay branch of the royal asiatic Society;* Bom-

Nous avons reçu de la Société géographique de Bombay le volume X de ses Transactions[1], qui contient une description de Peschawer, un mémoire très-curieux sur le Tigre, par le commandeur Jones; un mémoire sur les volcans de l'Inde, par M. Buist; une description géologique de Bombay, et un rapport sur les pluies dans le Sindh.

Nous n'avons reçu de la Société chinoise à Hong-kong que quelques fragments[2] du troisième volume de ses Transactions, qui sont relatifs à la date des flacons de porcelaine chinois qu'on trouve quelquefois dans des tombeaux égyptiens, et qui avaient donné lieu à d'extravagantes conjectures historiques. M. Medhurst confirme entièrement et met hors de doute le résultat auquel M. Stanislas Julien était arrivé de son côté, que ces flacons sont modernes et ne prouvent absolument rien sur les anciennes communications entre la Chine et l'Égypte. On ne comprend pas qu'une Société comme celle de Hong-kong, qui pourrait nous instruire sur tant de points, et dont les travaux trouveraient tant de sympathie, néglige à ce degré de se mettre en communication avec l'Europe et de rendre accessibles ses publications. Il est pourtant certain que tout travail littéraire ne peut exercer son influence réelle et recevoir sa consécration et sa récompense qu'en Europe. Autrefois on sentait cela bien plus vivement, et la Société de Bombay est allée si loin, qu'elle a fait imprimer à Londres la première série de ses Transactions. C'est plus qu'il n'en faut et qu'il ne serait aujourd'hui nécessaire ni même utile; mais est-ce trop demander que de désirer qu'une société savante en Orient ait un dépôt de ses ouvrages en Angleterre?

---

bay, in-8. (Le dernier numéro qui est arrivé à Paris est le numéro XVI, juillet 1852.)
1. *Transactions of the Bombay geographical Society;* Bombay, in-8, vol. X, 1852 (CXI et 291 p.).
2. Au moment de mettre sous presse, je suis parvenu à voir un cahier de ce journal : *Transactions of the China branch of the royal asiatic Society,* part. III, 1852-1853; Hong-kong, 1853, in-8 (116 p.).

La Société asiatique de Londres a publié le treizième volume de son Journal [1], rempli de mémoires sur différents sujets; elle a commencé la publication du volume XIV, qui contient le texte de la partie babylonienne de l'inscription de Bisitoun et la première partie de l'interprétation par M. Rawlinson; enfin, elle a fait paraître la première partie du volume XV, qui contient le texte médique de cette inscription avec un commentaire par M. Norris, de sorte que le monde savant possède à la fin ce magnifique monument dans toutes ses parties. J'aurai à revenir sur tous ces travaux publiés par la Société de Londres.

La Société orientale de Leipzig a fait paraître les volumes V et VI de son Journal [2], qui se distingue par la variété et l'intérêt des matières, et par la richesse de la correspondance littéraire qu'il donne. Cet organe des lettres orientales en Allemagne fournit la preuve incontestable des progrès que nos études ont faits dans ce pays, progrès plus généraux et plus rapides que nulle autre part. Le nombre et l'organisation des universités allemandes et l'éducation savante que le clergé y reçoit, parviennent à balancer les avantages que donnent à la France les ressources de Paris [3] et les encouragements du gouvernement, et à l'Angleterre ses grandes possessions en Asie. La publication d'un journal comme celui de la Société orientale de Leipzig eût été impossible en Allemagne il y a trente ans.

1. *The Journal of the royal asiatic Society;* Londres, in-8, vol. XIII, part. I et II, 1853; vol. XIV, part. I. 1851; vol. XV, part. I, 1853.
2. *Zeitschrift der Deutschen morgenlændischen Gesellschaft;* Leipzig, in-8° vol. V, 1851; vol VI, 1852.
3. Une voix éloquente et savante vient de faire récemment, en France, un appel à l'opinion publique, pour demander que l'enseignement des langues et des littératures orientales soit joint, dans les facultés de province, à l'étude des lettres occidentales, et que des chaires d'arabe et de sanscrit soient créées auprès de ces facultés. (Voy. *l'Orientalisme rendu classique*, par P. G. de Dumast; Nancy, 1853, in-8.) Je ne puis ici que signaler cette proposition importante, et en recommander l'examen aux lecteurs du Journal asiatique.

La Société orientale américaine a fait paraître le second et le troisième volume de ses Transactions [1]. La plus grande partie des mémoires dont ils se composent est due au zèle des nombreux missionnaires que l'Amérique entretient sur les côtes de l'Orient et qui, plus peut-être que ceux des autres nations, s'appliquent à l'étude des langues et des religions des peuples avec lesquels ils sont en contact; mais le goût pour les lettres asiatiques dans les États-Unis ne se borne plus aux missionnaires, et des hommes comme MM. Robinson, Salisbury, Brown, Whitney et autres promettent à la littérature orientale des promoteurs ardents en Amérique.

La dernière Société asiatique dont nous ayons reçu les publications est la Société de Syrie, qui siége à Beyrouth et qui est la seule qui fasse paraître ses actes dans une langue asiatique. Elle en a publié la première partie [2], qui contient la liste des membres, ses statuts, un discours du président, M. Éli Smith, et une série de notices sur la littérature, l'histoire et la géographie des pays arabes. Ce recueil est entièrement écrit en arabe.

Enfin, il a été fondé une nouvelle Société asiatique, celle de Constantinople. Elle s'est constituée sous la présidence de M. Mordtmann, le savant chargé d'affaires des villes anséatiques en Turquie, et il est probable qu'elle continuera le Journal asiatique que M. Cayol avait commencé à Constantinople, mais dont il ne paraît avoir publié qu'un premier numéro.

J'arrive à l'énumération des ouvrages orientaux qui ont paru depuis deux ans, puisque des circonstances douloureuses ne m'ont pas permis l'année dernière de remplir cette partie de

---

1. *Journal of the American oriental Society;* New-York, in-8, vol. II, 1851, vol. III, 1852.

2. اعمال الجمعية السورية, Beyrouth, 1852, in-8 (99 p.).

mes devoirs envers la Société. Mais ce long intervalle a produit un si grand nombre d'ouvrages, que je demande d'avance votre indulgence, si vous trouviez que ma liste est encore plus incomplète qu'à l'ordinaire.

Je commence par les Arabes et par un ouvrage qui frappe le lecteur d'étonnement par la grandeur du plan et par les difficultés de l'exécution ; c'est l'*Histoire de la littérature arabe*, par M. de Hammer[1]. L'auteur s'était proposé de terminer sa longue et laborieuse carrière littéraire par où il l'avait commencée il y a cinquante ans, par une encyclopédie des sciences des Arabes. Mais, pendant qu'il se livrait à ce grand travail, il sentait de plus en plus la nécessité de le faire précéder par une histoire des lettres arabes ; il ajourna donc l'achèvement de son histoire des sciences, et entreprit l'histoire littéraire des Arabes. Quand on pense à la variété et à l'étendue d'une littérature qui a régné près de mille ans sur une grande partie du monde, à la manière dont les ouvrages de ces milliers d'auteurs sont dispersés dans les bibliothèques de l'Europe, de l'Asie et de l'Afrique, à la difficulté de savoir quels manuscrits existent encore, et à l'impossibilité de lire dans une vie d'homme même ceux qui sont facilement accessibles ; quand on réfléchit sur le petit nombre d'auteurs arabes dont les Européens se sont occupés jusqu'ici et sur lesquels ils ont fait des travaux critiques propres à faciliter la besogne de l'historien, on s'explique parfaitement que jusqu'ici on n'ait tenté en Europe que de faibles essais d'histoire littéraire des Arabes. M. de Hammer ne s'est pas laissé décourager ; quand les ouvrages des auteurs lui font défaut, il s'adresse aux bibliographies, aux collections de biographies, aux anthologies, aux histoires des villes savantes, aux collections de pièces, enfin à cette quantité de travaux que les Arabes eux-mêmes ont

---

1. *Literaturgeschichte der Araber, von ihrem Beginne bis zu Ende des zwölften Jahrhunderts der Hidschret*, von Hammer-Purgstall ; Vienne, in-4, vol. I, 1850 (CCXXIV et 631 p.) ; vol. II, 1851 (750 p.) ; vol. III, 1852 (985 p.) ; vol. IV, 1853 (914 p.).

faits sur l'histoire de leur littérature ; et là encore la masse des matériaux devient presque un obstacle, car M. de Hammer énumère sept cent cinquante-huit ouvrages de ce genre, dont quelques-uns sont d'une étendue très-considérable ; ainsi, une seule histoire littéraire de la ville de Bagdad se compose, si ma mémoire ne me trompe pas, de cent quatorze volumes.

La première section de l'ouvrage est devant vous, en quatre volumes in-quarto ; elle traite des origines de la littérature arabe et de son développement jusqu'à l'an 333 de l'hégire, et contient des notices sur près de quatre mille auteurs. M. de Hammer commence par diviser toute la durée de la littérature arabe en trois grandes époques; il subdivise celles-ci de nouveau et distribue ensuite les auteurs qui rentrent dans chacune de ces divisions chronologiques dans un assez grand nombre de chapitres, selon les matières dont ils traitent, ou selon le rang qu'ils occupaient pendant leur vie. Chacune de ces divisions et la plupart des chapitres sont précédés d'introductions plus ou moins considérables, qui donnent un aperçu des tendances littéraires d'une époque ou d'une classe d'auteurs ; ensuite viennent les biographies des auteurs, qui sont toujours suivies d'un choix de traductions quand il s'agit d'un poëte, de sorte que l'ouvrage contient une histoire littéraire proprement dite, une biographie générale des auteurs et une anthologie poétique. C'est à peu près la même méthode que l'auteur avait déjà suivie dans ses histoires de la poésie persane et de la poésie turque; elle porte un peu la trace des habitudes d'esprit des Orientaux et de l'influence des matériaux qui ont servi à l'auteur ; mais, dans l'état actuel des choses, il était difficile de procéder autrement. On fera probablement d'autres critiques de ce livre ; car il est impossible que dans une œuvre aussi difficile et aussi étendue, il ne se soit glissé des erreurs et des omissions, et qu'il ne s'y trouve des traductions qui seront refaites un jour à l'aide d'autres manuscrits ou d'autres secours; il est certain que bien des parties de ce cadre immense seront remplies plus tard avec plus de détails, quand la critique européenne aura eu le temps de s'occuper des principaux auteurs arabes ; mais il ne peut y avoir qu'une opinion sur le mérite général d'un livre qui remplit aussi hardiment une lacune que l'on ne pouvait espérer voir comblée si tôt, qui ajoute tant à nos connaissances sur la littérature, l'histoire et les mœurs des Arabes, et qui certainement contribuera puissamment à sauver de la destruction beaucoup d'ouvrages aujourd'hui inconnus ou négligés parce qu'on ne se rendait pas compte du rang qu'ils occupent dans les lettres arabes. Puisse le temps ne pas manquer à l'auteur pour conduire à sa fin une entreprise aussi belle, commencée dans un âge si avancé et continuée si courageusement !

M. de Hammer a publié, de plus, trois mémoires sur la démonologie des Arabes, sur les noms chez les Arabes, et sur les arcs et les flèches des peuples musulmans. Le premier [1] est une mythologie musulmane, traitant de l'origine des croyances démonologiques et des noms, qualités et subdivisions des anges, des divs, des djins et des ghouls. Le second [2] traite de l'origine et de la composition des noms des personnes et des noms symboliques d'objets naturels, sujet compliqué qui fait naître des difficultés perpétuelles dans l'étude des auteurs arabes. Enfin le dernier [3] traite de la forme, de la fabrication et des noms des arcs et des flèches, avec une nomenclature très étendue des nombreux termes techniques qui se rattachent à ce sujet, et qui fait de ce mémoire un supplément important pour les dictionnaires arabes.

MM. Reinaud et Derenbourg ont terminé la nouvelle édi-

---

1. *Die Geisterlehre der Moslimen*, von Dr Freiherrn Hammer-Purgstall, Vienne, 1852, in-4 (42 p. et 1 pl.).
2. *Ueber die Namen der Araber*, von Dr Freiherrn Hammer-Purgstall ; Vienne, 1852, in-4 (72 p.).
3. *Ueber Bogen und Pfeil, den Gebrauch und die Verfertigung derselben bei den Arabern und Türken*, von Dr Freiherrn Hammer-Purgstall ; Vienne, 1852, in-4 (36 p. et 3 pl.).

tion des *Séances de Hariri*[1], accompagnée du commentaire arabe de M. de Sacy. C'est la cinquième édition complète des Makamats, et elle témoigne de la faveur constante dont jouit ce livre remarquable. Hariri est le dernier poëte d'une originalité réelle que les Arabes aient produit ; il a vécu dans un temps de décadence politique et littéraire, qui a donné à son style et à sa pensée cette tournure raffinée et factice qui marque toujours des époques pareilles ; mais son esprit vif et charmant a su mettre de la grâce jusque dans la pédanterie grammaticale et une sorte de vigueur jusque dans les futilités que lui imposait le goût pervers de son siècle. Pour nous, ce livre est un sujet d'études morales, littéraires et grammaticales, mais, pour les Arabes, c'est une source intarissable de jouissances qui prouvent autant la vivacité naturelle de leur esprit que le vide de leur éducation actuelle. Les nouveaux éditeurs ont naturellement reproduit en entier l'édition de M. de Sacy, en introduisant seulement quelques variantes dans les passages cités dans le commentaire, quand ils ont pu remonter aux sources d'où étaient tirés ces passages, généralement des vers isolés, dont tous les commentateurs arabes se servent comme de preuves de la nuance d'un mot ou de l'emploi d'une forme grammaticale. Ensuite ils ont ajouté, dans le deuxième volume, des notes concises sur les difficultés principales que le lecteur peut trouver, soit dans le texte, soit dans le commentaire arabe, et une longue et curieuse introduction sur la vie de Hariri. Les éditeurs ont découvert, à la Bibliothèque impériale, des documents nouveaux et authentiques qui leur ont permis de donner une vie détaillée de Hariri, et de constater avec beaucoup de précision les circonstances qui lui ont fourni l'idée de ses Séances et le caractère du personnage principal.

L'histoire politique des Arabes a été l'objet de travaux très-

---

[1]. *Les Séances de Hariri*, publiées en arabe, avec un commentaire choisi par Silvestre de Sacy ; deuxième édition, revue sur les manuscrits et augmentée de notes historiques et explicatives par MM. Reinaud et Derenbourg. Tome II ; Paris, 1853, in-4 (780 et 216 p.).

importants. M. Tornberg a fait paraître, à Upsal, un volume de la grande chronique d'Ibn al Athir [1], connue sous le titre de *Kamil al Tewarikh*. Abul Hassan Azzeddin Ibn al Athir était un homme d'État et un savant de Mossoul, dans le XIII° siècle de notre ère. Il s'occupa jusqu'à la fin de sa vie de sa grande chronique, dont le treizième et dernier volume ne s'arrête que deux ans avant sa mort, et qui est restée, depuis ce temps, une des sources principales dans lesquelles les chroniqueurs postérieurs ont puisé leurs renseignements, et qu'ils ont pillée avec l'étrange naïveté avec laquelle les historiens musulmans ont l'habitude de se copier les uns les autres. Il est vrai qu'Ibn al Athir lui-même n'en a pas usé autrement envers ses prédécesseurs. La simplicité avec laquelle se font ces plagiats a quelque chose d'irritant et presque de ridicule ; mais, après tout, cela vaut encore mieux que si l'étiquette littéraire avait obligé les auteurs à déguiser les emprunts qu'ils se faisaient, ce qui aurait conduit à la falsification graduelle des faits et aurait exigé une critique historique bien autrement laborieuse et souvent sans résultat possible. Mais je reviens à Ibn al Athir. La grande étendue de sa chronique en a rendu les manuscrits fort rares, et je ne sais s'il s'en trouve en Europe un autre exemplaire complet que celui que M. de Slane a acquis à Constantinople pour la Bibliothèque impériale. M. Tornberg a fait imprimer le onzième volume de l'ouvrage, qui comprend les années 527-583, mais sans l'accompagner d'une préface ou d'une traduction, ou d'éclaircissements d'aucun genre, si ce n'est de quelques variantes. Il est vrai que le style de l'auteur est très-simple ; mais il me paraît, néanmoins, que l'édition de tout texte oriental qui n'est pas destinée exclusivement aux écoles devrait être accompagnée d'une traduction. En agissant autrement, les éditeurs restreignent par trop le nombre des personnes qui peuvent profiter de leur

---

1. *Ibn al Athiri Chronicon*, quod perfectissimum inscribitur. Volumen undecimum. Annos H. 527-583 continens, ad fidem codicis Upsaliensis, collatis passim Parisinis edidit C. J. Tornberg ; Upsal. 1851, in-8 (373 p.).

travail, et contribuent à perpétuer cette espèce de mur chinois qui sépare, aux yeux du public lettré, l'Orient du reste de l'humanité. La littérature orientale n'a pas d'intérêt plus pressant que de détruire ce préjugé, de solliciter l'attention de tous ceux qui ont besoin de faits historiques de quelque nature qu'ils soient, et de les accoutumer à accorder à l'Asie la place qu'elle doit occuper dans la pensée humaine. Je suis entraîné à faire cette remarque en voyant que le nombre de textes orientaux publiés sans traductions s'accroît de plus en plus, pendant que tous nos efforts devraient tendre à en faciliter l'usage à tout le monde, d'autant plus qu'un sacrifice de temps, comparativement léger, suffit pour traduire un ouvrage dont on a assez étudié le texte pour en donner une édition.

L'attention des orientalistes se tourne, avec raison, depuis quelques années, vers les voyageurs arabes qui nous ont laissé des récits de leurs pérégrinations. Malheureusement leur nombre n'est pas aussi grand qu'on devrait le croire, quand on pense à la facilité que les savants et les marchands musulmans avaient de parcourir une grande partie du monde, facilité dont ils ont usé et abusé au dernier degré. Leurs récits nous conservent une foule de renseignements que les chroniqueurs négligent et qui sont extrêmement précieux pour nous.

M. Wright a publié, à Leyde, le texte des Voyages d'Ibn Djobeir[1], Arabe-Espagnol du XIIe siècle de notre ère, d'après le manuscrit unique de la bibliothèque de Leyde. M. Dozy est je crois, le premier qui ait appelé l'attention sur cet auteur, qu'il avait l'intention de comprendre dans sa collection d'*Auteurs arabes*. Les circonstances l'ayant fait renoncer à ce projet, M. Wright s'est chargé de l'ouvrage et a exécuté cette tâche, qui était pleine de difficultés, d'une manière très-satisfaisante.

1. *The Travels of Ibn Djobeir*, edited by William Wright; Leyde, 1852, in-8 (38 et 360 p.).

Ibn Djobeir est un bel esprit qui aime la prose rimée, ce qui ne contribue ni à la clarté, ni à la précision de son récit; mais c'est un homme sincère, qui a fait son pèlerinage à une époque très-intéressante, et pendant que la lutte entre les croisés et les musulmans était dans sa plus grande ardeur. Les lecteurs du Journal asiatique ont pu juger de l'intérêt de l'ouvrage par le fragment que M. Amari en a publié il y a quelques années, et qui se rapporte au séjour qu'Ibn Djobeir a fait en Sicile. M. Wright nous promet la traduction de l'ouvrage.

M. Alphonse Rousseau, à Tunis, a trouvé deux manuscrits du Voyage du scheïkh al Tidjani dans la partie de l'Afrique qui forme aujourd'hui les régences de Tunis et de Tripoli, et en a publié une traduction dans votre Journal [1]. Le scheïkh al Tidjani était secrétaire du prince hafside Abou'Abdallah Moh'ammed, qu'il accompagna, au commencement du XIIIe siècle de notre ère, dans un voyage qui dura deux ans et dont il nous a laissé un récit fort intéressant, grâce aux nombreux détails historiques qui s'y trouvent. Enfin, M. Cherbonneau a fait paraître la traduction de la partie des Voyages d'Ibn Batoutah qui se rapportent à l'Afrique septentrionale et à l'Égypte [2].

M. de Slane a fait paraître, à Alger, le premier volume de sa

1. *Voyage du scheïkh el-Tidjani dans la régence de Tunis*, traduit par M. Alphonse Rousseau. (*Journal asiatique*, 1852, vol. XX, p. 57-203, et 1853, vol. I, p. 354-425.)
2. *Voyage du scheïkh Ibn Batoutah à travers l'Afrique septentrionale et l'Égypte au commencement du* XIVe *siècle*, tiré de l'original arabe, traduit en français et accompagné de notes, par M. A. Cherbonneau; Paris, 1852 (88 pages), tiré des *Nouvelles annales des voyages*.
Je profite de cette occasion pour mentionner ici les titres de quelques ouvrages publiés récemment par le même auteur, dans l'intention de faciliter l'enseignement du français aux Arabes et de l'arabe aux Français.
Éléments de la phraséologie française, avec une traduction en arabe vulgaire (idiome africain), à l'usage des indigènes; Constantine, 1851, in-12.
Exercices pour la lecture des manuscrits arabes, comprenant des actes, des circulaires, des lettres et des historiettes; Paris, 1851, in-8 (autographié).

traduction de l'*Histoire des Berbères*, par Ibn Khaldoun, dont le texte avait paru il y a quelques années [1]. C'est une entreprise hérissée de difficultés, et il est heureux qu'elle ait été confiée à un homme aussi profondément versé dans la langue, et à qui sa position à Alger permît de s'éclairer dans le pays même sur tout ce que le texte, souvent obscur, de son auteur, pouvait laisser de douteux; car Ibn Khaldoun, changeant perpétuellement de place, privé quelquefois de ses livres, pressé par l'impatience du sultan Aboul-Abbas, ne paraît pas avoir eu le temps de revoir cette dernière partie de son grand ouvrage historique, et livra ainsi à ses lecteurs un écrit plein d'inégalités et d'un style tantôt très-travaillé et très-recherché, tantôt plein de négligence. Ces défauts ne pouvaient guère arrêter des lecteurs contemporains, auxquels les complications infinies de leurs tribus et de leurs dynasties étaient familières; mais un éditeur européen, et à cette distance de temps, avait à lutter contre des difficultés incessantes et que rien ne pouvait le mettre en état de vaincre, que la connaissance intime du pays et de toutes les ramifications de cette histoire confuse. M. de Slane a eu soin de fournir au lecteur les renseignements dont il a besoin, dans une introduction qui contient une analyse de l'ouvrage entier, une liste généalogique des dynasties arabes maghrébines, la vie d'Ibn Khaldoun et une table alphabétique de noms géographiques, et il se propose d'adjoindre aux volumes suivants des excursions semblables sur les tribus berbères et sur d'autres matières générales. Il termine le vo-

Le même ouvrage, avec une traduction française, la transcription du texte en lettres françaises et l'explication de plusieurs mots usités dans le dialecte d'Algérie; Paris, 1852, in-8.
Leçons de lecture arabe, comprenant l'alphabet, la lecture courante, les noms de nombre et les chiffres arabes; Paris, 1852, in-12.
Histoire de Nour-ed-dine et Schems-ed-dine, tirée des Mille et une Nuits; le texte arabe, ponctué à la manière française, et suivi d'un appendice où l'on a expliqué les difficultés grammaticales, les arabismes et les étymologies; Paris, 1852, in-12.
1. *Histoire des Berbères et des dynasties musulmanes de l'Afrique septentrionale*, par Ibn Khaldoun, traduit de l'arabe, par M. le baron de Slane. Tome I; Alger, 1852, in-8 (CXII et 480 p.).

lume par un appendice contenant deux pièces relatives à la conquête de l'Afrique par les Arabes, l'une tirée de l'Histoire d'Égypte par'Abderrahman ibn'Abd el-Hakim, l'autre du grand ouvrage de Noweiri.

Un travail qui se rattache par le sujet au précédent, est la traduction de l'Histoire des rois de Tlemcen, par M. l'abbé Bargès[1]. Les Beni Zeian sont une de ces nombreuses familles d'origine berbère qui se sont élevées sur les ruines du khalifat d'occident; ils s'emparèrent de Tlemcen et se maintinrent avec une fortune variée, du XIIIe au XVIe siècle de notre ère. L'auteur, que M. Bargès nous fait connaître, est un courtisan de la famille des Zeian, très-homme de lettres, mais très-médiocre historien. Il nous donne une idée imparfaite et incomplète, mais assez curieuse, de cette cour de princes berbères, demi-barbares et demi-lettrés, qui s'entr'assassinent et puis fondent des colléges, assistent aux débats scolastiques de leurs savants, et font eux-mêmes des livres en prose et en vers. On ne saurait avoir trop de ces histoires locales, car, si médiocres qu'elles soient, elles fournissent toujours quelques traits qui aident à donner de la vie aux personnages innombrables qui remplissent ce grand drame de l'histoire musulmane, et qui, en grande partie, sont si mal peints par les historiens, qu'ils ont l'air plutôt de figures de marionnettes que d'acteurs vivants, ayant leur caractère propre et leurs passions individuelles.

Aucune partie de l'histoire des Arabes n'a été, de notre temps, l'objet de plus de recherches que celle des origines de l'Islam, et les excellents travaux qui ont paru dans les dernières années en ont à leur tour provoqué de nouveaux dont il faut tenir compte. M. Sprenger a fait imprimer à Allahabad

---

1. *Histoire des Beni Zeiyan, rois de Tlemcen*, par l'imam Cidi Abou Abdallah Moh'ammed Ibn Abd el-Djelyl et-Tenessy, ouvrage traduit de l'arabe par l'abbé J -J.-L. Bargès; Paris, 1852, in-12 (LXXXVI et 172 p.).

la première partie d'une biographie de Mahomet[1], pour laquelle il s'est servi de sources nouvelles et importantes, surtout d'un ouvrage considérable de Wakidi, auquel il attribue une haute autorité, et qu'il ne faut pas confondre avec les romans historiques qui ont cours sous ce nom. On ne peut encore bien juger de l'ouvrage de M. Sprenger; mais ce qui en a paru annonce une fort belle étude, faite avec une critique sévère et dans un véritable sentiment historique, et qui ajoute plusieurs faits nouveaux ou rectifiés à ce que nous savions de la vie du prophète arabe. M. Sprenger est l'homme qui connaît le mieux les bibliothèques musulmanes de l'Inde, et la discussion des sources de l'histoire de Mahomet à laquelle il se livre, nous fait entrevoir des trésors de manuscrits arabes et persans qui se sont encore conservés dans l'Inde, et qui nous font espérer des additions considérables à ce que nous possédons en Europe.

Il est naturel que je mentionne ici un ouvrage sur le même sujet, quoiqu'il ne soit pas tiré de sources arabes; c'est la vie et la religion de Mahomet, d'après le *Heyat al Koloub*, par le révérend James Merrick[2].

L'auteur est un de ces laborieux missionnaires qui croient que leur premier devoir est de connaître les croyances qu'ils viennent combattre, et ne craignent pas de se livrer à de longues et savantes recherches sur les langues et les religions des pays qu'ils veulent convertir. Ayant trouvé, pendant un séjour en Perse, que la forme schiite de l'Islam n'était qu'imparfaitement connue, il entreprit d'en donner une représentation impartiale d'après le *Heyat al Koloub* de Mohammed Baker, fils de Mohammed Taky. Cet auteur est un des écrivains les plus

---

2. *The life of Mohammed*, from original sources by A. Sprenger; Allahabad, 1851, in-8, t. I (210 p.).
1. *The Life and Religion of Mohammed* as contained in the Sheeah tradition of the Hyat ul Kuloob, translated from the persian by the Rev. J. L. Merrick; Boston, 1850, in-8 (ix et 483 p.).

estimés en Perse; il mourut à un âge très-avancé à Isfahan, l'an 1697 de notre ère, et son tombeau est encore respecté comme asile. Ses ouvrages sont extrêmement volumineux ; ils forment à peu près une centaine de volumes, dont moitié en arabe, moitié en persan, et traitent presque sans exception de la religion et de la législation schiite. Les plus populaires de ses ouvrages sont le *Hakk al Yakin*, qui est un exposé des dogmes et de la législation des schiites et dont il a paru une édition imprimée à Teheran [1], et le *Heyat al Koloub*, qui contient, en trois volumes, l'histoire des prophètes antérieurs, celle de Mahomet et celle des imams ; il en a paru une édition lithographiée à Tebriz [2]. M. Merrick nous donne une traduction abrégée du second volume, qu'il réduit à peu près de moitié, en élaguant des répétitions et des traditions trop peu importantes pour un lecteur chrétien. Il n'essaye pas de donner une histoire critique de Mahomet, comme M. Sprenger, mais un exposé fidèle de la tradition schiite, selon les *Hadits* reconnus par cette secte. C'est la première fois qu'on nous fait connaître ces *Hadits*, qui sont fort curieux, mais qui paraissent avoir besoin d'une critique au moins aussi sévère que ceux des sunnites. Ces traditions orales sur Mahomet, qui se sont transmises avec la généalogie régulière de tous ceux qui les ont successivement enseignées, et qui ont été fixées par l'écriture à des époques très-différentes, forment un fait unique dans l'histoire littéraire du monde. La grande importance qu'on a attachée à ces souvenirs dès le commencement, et l'influence considérable qu'ils ont exercée, depuis le moment de la mort du prophète, sur la formation du dogme et de la législation musulmane, ont forcé les Arabes, dès les premiers temps du khalifat, à prendre des précautions pour en garantir l'exactitude. Comme il y avait cent vingt mille hommes qui avaient le droit de répéter ce qu'ils avaient entendu de la bouche de Mahomet, il a fallu mettre un certain ordre, et appliquer

---

1. حَقّ اليقين Teheran, 1241 de l'hégire (2 et 273 feuillets).
2. حيات القلوب Tebriz, 3 vol. in-4.

une certaine sévérité dans la classification de ces témoins trop nombreux et de valeur très-différente, pour ne pas tomber dans une confusion inextricable. Mais ces précautions ne peuvent rassurer entièrement l'historien, et le moment paraît être venu où la critique européenne aura à contrôler à son tour, et, autant que les siècles en ont laissé les moyens, à rectifier les résultats de la critique des Arabes. Jusqu'à présent la traduction du *Mischkat al Masabih*, par Matthews, était la seule collection de traditions sunnites accessible au public savant, mais je vois, par des communications de M. Sprenger, que les six principales collections de *Hadits* [1] sunnites ont été recemment lithograpiées à Lucknau, Dehli et Calcutta ; et M. Chanikoff, à Tiflis, m'informe qu'il a paru à Tebriz une édition lithographiée d'une des collections de *Hadits* schiites, de sorte qu'on peut espérer que peu à peu ces importants documents seront à la disposition des savants de l'Europe.

M. Juynboll, à Leyde, a continué la publication du Dictionnaire de géographie [2] qu'il avait commencé il y a quelques années, et a entrepris une édition des volumineuses Annales d'Égypte par Aboul Mahasen [3]. L'auteur vivait au Caire au XVe siècle de notre ère, disciple et émule de Makrisi. On sait peu de sa vie, mais on connaît un assez grand nombre d'ouvrages de lui qui traitent surtout de l'histoire politique et littéraire de l'Égypte sous les musulmans. Aboul Mahasen était évidemment un homme qui avait passé sa vie dans le mouve-

---

1. Ce sont : le *Sahih* d'Abou Abdallah Muhammed ben Ismaïl, de Bokhara ; le *Sahih* d'Aboul Hoseïn Moslim, de Nisçhapour ; les *Sunan* d'Abou Abdallah Mohammed ben Yezid ben Madjah, de Kazwin ; le *Sunan* d'Abou Daoud Soleiman, du Seistan ; le *Djama'* d'Abou Isa Muhammed, de Tirmid ; et le *Djama'* d'Abou Abdurrahman Ahmed, de Nasa.

2. *Lexicon geographicum* cui titulus est مراصد الاطلاع e duobus codicibus arabice editum. Fasc. V. Edidit Juynboll; Leyde, 1853 (5 et 224 p.), in-8.

3. *Abul Mahasin Ibn Tagri Bardii Annales* e codicibus nunc primum arabice editi. Tom. I, partem priorem, ediderunt T. G. J. Juynboll et B. F. Matthews ; Leyde, 1852, in-8 (54 et 360 p.).

ment savant du Caire, qui de son temps était très-considérable, et il développe la partie biographique et littéraire de son sujet avec beaucoup de prédilection. L'ouvrage complet doit former douze volumes de texte arabe, et M. Juynboll annonce qu'il s'occupe de l'accompagner d'une traduction.

M. Dozy a continué à accumuler des matériaux pour une Histoire future des Arabes d'Espagne. Il a terminé son histoire des Abbadides par un second volume[1], contenant des extraits de divers auteurs arabes qui se rapportent à l'histoire de cette dynastie. Chaque extrait est précédé d'une notice sur l'ouvrage et les manuscrits dont il est tiré et accompagné de notes historiques, critiques et philologiques.

M. Dozy a terminé aussi les deux volumes de ses *Auteurs arabes*, qui contiennent des portions de deux chroniques relatives aux Arabes d'Espagne et d'Afrique [2]. La plus ancienne des deux se trouve dans un manuscrit de Gotha qui avait été attribué à Masoudi et qui contient l'histoire de l'Espagne, des khalifes abbasides et de l'Afrique, entre les années 290-320 de l'hégire. M. Dozy prouve qu'elle est composée par Arib ibn Sad, de Cordoue, secrétaire de Hakem II. Ce volume ne contient qu'une partie de l'ouvrage entier, dont on ne connaît pas d'exemplaire plus complet. L'autre ouvrage que M. Dozy publie est le *Bayano'l-Moghrib*, par Ibn Adhari al Marekoschi, auteur de la fin du VIIe siècle de l'hégire et compilateur laborieux. M. Dozy indique, dans l'introduction de ces deux volumes, les moyens qu'il a employés pour découvrir la date et les noms des auteurs des deux chroniques; mais cette introduction est de plus un charmant morceau d'histoire littéraire dans lequel l'au-

---

[1]. *Scriptorum arabum loci de Abbadidis*, nunc primum editi à R. P. A. Dozy. Vol. alterum; Leyde, 1852, in-4 (6 et 288 p.).
[2]. *Histoire de l'Afrique et de l'Espagne*, intitulée *Al bayan ol-Moghrib*, par Ibn Adhari de Maroc, et Fragments de la Chronique d'Arib de Cordoue, par R. P. A. Dozy. 2 vol. Leyde, 1848-1851, in-8 (117, 327; 48 et 321 p.).

teur caractérise les historiens arabes-espagnols, expose leurs tendances et leurs défauts, et indique les ouvrages qu'il importerait de retrouver. Rien ne saurait donner d'avance une meilleure idée de l'Histoire des Arabes d'Espagne, que M. Dozy nous fait espérer dans sa préface des Abbadides, que cet échantillon de sa critique incisive et spirituelle.

M. Kosegarten a fait paraître le troisième volume de Tabari. Vous savez que ce chroniqueur a suivi dans son ouvrage, autant qu'il a pu, le plan des collections de traditions sur Mahomet, et lui a donné la forme d'une succession d'anecdotes, dont chacune commence par la liste de ceux qui l'ont transmise et remonte jusqu'au témoin oculaire. Cette disposition rend naturellement l'ouvrage très-diffus, et la conséquence a été que la traduction abrégée persane a peu à peu usurpé la place de l'original, qui a longtemps passé pour perdu, jusqu'à ce que M. Kosegarten en eût découvert des parties considérables, qu'il a entrepris de publier. Le volume qui vient d'être achevé [1] se compose entièrement d'anecdotes relatives à la bataille de Kadesia, qui a livré la Perse aux Arabes. On a trouvé, depuis la première découverte de M. Kosegarten, quelques autres parties de l'original de Tabari, mais tout ce que l'on en connaît jusqu'ici est loin de faire un ouvrage complet, et il est extrêmement désirable que de nouvelles recherches nous mettent en possession des Annales entières de Tabari.

M. Haarbrücker [2], à Halle, a achevé la traduction du livre des religions et des actes de Scharistani. Le premier volume contenait l'exposé des doctrines des *peuples du livre*, ou des

1. *Taberistanensis, sive Abu Dschaferi Mohammed ben Dscherir Annales regum et legatorum Dei*, arabice edidit et in latinum transtulit J. G. L. Kosegarten. Vol. III; Greifswald, 1853, in-4 (IV, 164 et 87 p.). Ce très-mince volume coûte 22 francs!
2. *Abu-l-Fath Muhammed asch-Scharastanis Religionspartheien und Philosophenschulen* zum ersten Male vollständig aus dem Arabischen übersetzt und mit erklärenden Anmerkungen versehen, von Dr Theodor Haarbrücker; Halle, vol. II (x et 464 p.).

nations qui croient à une révélation ; le second traite des philosophes et des idolâtres ; c'est-à-dire des Sabéens, des Grecs, des philosophes arabes, des anciens Arabes et des Indiens. Les chapitres sur les Grecs et les Indiens n'ont pas une grande importance pour nous, mais les chapitres sur les Sabéens et les Arabes contiennent des renseignements d'une grande valeur pour une histoire future des religions. Le chapitre sur les philosophes arabes consiste presque uniquement dans un exposé détaillé du système d'Avicenne, qui présente de l'intérêt, parce qu'il embrasse le système complet d'un des grands scolastiques arabes. Au premier abord, il y a peu de plaisir à s'occuper de la philosophie arabe; elle est la contre-partie exacte de notre philosophie au moyen âge; on y voit l'esprit humain enchaîné par un système de formules et s'épuisant dans une lutte séculaire contre des subtilités qu'il avait créées lui-même. L'Europe est parvenue à rompre ces chaînes, le monde musulman y est resté, et c'est là ce qui a décidé la supériorité de l'un et la décadence de l'autre. La grandeur de ces conséquences donne de l'intérêt à l'étude de la scolastique arabe, et, quand on y pénètre plus profondément, on retrouve, comme dans la scolastique chrétienne, sous cette couche stérile de formules, l'individualité et la force du talent de quelques grands esprits, qui ont posé et discuté, sous la seule forme que leur temps admettait, toutes les questions philosophiques.

On ne pouvait donner une meilleure preuve de cet intérêt que ne l'a fait M. Renan, dans le savant travail qu'il a publié sur Averroës et sa philosophie [1]. Averroës est le dernier grand scolastique arabe; il précède la décadence des études philosophiques chez les musulmans, et ses ouvrages ont eu un retentissement infiniment plus grand en Occident qu'en Orient. Ses œuvres furent traduites en hébreu et en latin et ont été, jusqu'au moment de la renaissance, l'objet d'études et de dis-

1. *Averroës et l'Averroïsme*, essai historique par E. Renan ; Paris, 1852, in-8 (7 et 361 p.).

cussions ardentes dans toute l'Europe, discussions qui ne furent pas facilitées par l'obscurité de ces traductions presque inintelligibles. Mais il faut suivre, dans l'ouvrage même de M. Renan, toutes les vicissitudes des doctrines d'Averroës; le rôle étrange que son nom a joué et tout ce qui s'y est rattaché, depuis que l'empereur Frédéric II l'a fait connaître aux chrétiens. C'est une belle étude, pleine d'esprit et de saine érudition, que personne ne lira sans un vif intérêt.

Il a paru encore quelques autres matériaux pour la philosophie des Arabes. M. Poper a publié deux écrits métaphysiques de Bahmanyar ben el Marzaban [1], aristotélien de l'école d'Avicenne, dans lesquels il traite de l'existence et des degrés des êtres existants. C'est un ouvrage de pure scolastique, pendant qu'un extrait du *Khilaset* de Farabi, rédigé par l'imam Ali de Badakschan, dont le texte arabe a été publié à Kazan [2], paraît être plutôt un manuel de morale et de piété. Je ne connais ces deux livres que par leurs titres.

M. Perron a terminé sa traduction du Précis de jurisprudence par Khalil ibn Ishak [3]. C'est le travail le plus étendu et le plus complet qu'on ait fait sur la législation arabe. Khalil ibn Ishak est un jurisconsulte du rite malékite et son autorité est immense dans tous les pays où ce rite prédomine. Son livre forme un système complet de jurisprudence religieuse et civile ; il est écrit dans un style bref et concis, presque comme

---

1. *Behmenjar ben el Marzuban, der persische Aristoteliker aus Avicenna's Schule*. Zwei metaphysische Abhandlungen von ihm, arabisch und deutsch herausgegeben von Dr Salomon Poper; Leipzig, 1851, in-8.

2. كتاب خلاصة الخلاصة للامام العلامة على بن حمود الرائض البدخشاني
Kasan, 1851 (64 p.).

3. *Précis de jurisprudence musulmane ou principes de législation musulmane civile et religieuse, selon le rite malékite, par Khalil ibn Ishak*, traduit de l'arabe par M. Perron. Vol. IV-VI; Paris, 1851-1852, in-4 (686, 581 et 507 p.). Cet ouvrage fait partie de *l'Exploration scientifique de l'Algérie*, dont il forme les vol. X-XV.

un ouvrage d'algèbre. Il est destiné à être appris par cœur pour servir de point de départ à l'enseignement et pour fournir les principes et les formules du droit aux juges. La difficulté de traduire ce livre était excessive, tant à cause de ce style d'une concision presque oraculaire, qu'à cause de la foule de termes techniques auxquels rien ne répond dans nos langues et qui n'admettent pourtant pas de traduction vague, parce qu'ils ont été définis par les légistes arabes avec la précision la plus grande et sont employés dans le sens le plus strict. M. Perron a surmonté ces difficultés avec beaucoup de talent et de bonheur, en insérant dans des crochets, au milieu de chaque phrase, tout ce qu'il fallait pour compléter l'expression de l'auteur, et en renvoyant les définitions à une série de notes qui terminent les volumes. Ce travail est de la plus haute importance, non-seulement pour les légistes et particulièrement pour les tribunaux d'Algérie pour lesquels il a été entrepris, mais pour tous ceux qui s'occupent de l'histoire et de l'état social des musulmans. Cette législation si complète et si conséquente avec elle-même, que l'effort d'une série de grands jurisconsultes a fait sortir d'un code religieux aussi informe et aussi incomplet que le Coran, est une chose belle en elle-même. Leur législation est peut-être le meilleur résultat que les Arabes aient tiré de l'étude incessante d'Aristote et de la discipline mentale, assez stérile d'ailleurs, à laquelle ils se sont soumis pendant des siècles et avec tant de patience dans leurs écoles de philosophie.

La législation musulmane selon le rite des Hanifites a été, jusqu'à présent, à peu près la seule connue en Europe. Mouradja d'Ohsson, dans son *Tableau de l'Empire ottoman*, et Hamilton dans sa traduction de l'*Hedaya*, en ont exposé les principes et la pratique, et elle continue à être l'objet des recherches des savants. Vous avez trouvé, dans le *Journal asiatique*, une série d'articles intéressants sur ce sujet, par M. Ducaurroy, et M. Baillie vient de publier deux ouvrages sur des parties importantes de la législation musulmane, dont l'un traite des lois sur les rentes [1], l'autre de l'impôt foncier, selon la loi hanifite [2]. Ce sont deux sujets de beaucoup d'importance pour l'administration anglaise dans l'Inde, où la superposition de la loi musulmane sur la loi indienne a produit la plus grande confusion dans le droit et donné lieu à une grande oppression dans la pratique. Dans les cas où la contestation ne peut, d'après la nature des choses, naître que parmi des membres de la famille ou des coreligionnaires, il y a peu de difficulté à appliquer la loi musulmane ou la loi indienne, selon la religion des parties; mais quand il s'agit de rapports qui peuvent avoir lieu entre des hommes de religion différente, comme les ventes ou l'impôt, il s'élève des obstacles presque insurmontables pour l'administration équitable de la justice. C'est surtout la loi musulmane sur les impôts, qui n'est pas le côté brillant de cette législation, qui a été funeste à l'Inde, en minant la constitution municipale indigène, qui était d'une grande perfection, et en ébranlant graduellement la propriété foncière. M. Baillie rend un véritable service par ses deux ouvrages, parce que la première condition dans une réforme est de connaître exactement l'état des choses, et il est probable que l'effet de son travail sera de confirmer la tendance actuelle des Anglais dans l'Inde pour le rétablissement des institutions indiennes, partout où elles ont conservé encore quelque vitalité.

On peut voir, dans un ouvrage de M. Morley [3], combien les embarras de la justice sont grands dans l'Inde, par suite de ce mélange de races et de lois. Ce livre forme une collection de cas jugés dans les cours suprêmes dans l'Inde, ou par voie

---

1. *The Moohummudan law of sale*, according to the Huneefeea code, from the Futawa Alumgeeree, by Neil B. E. Baillie; Londres, 1850, in-8°.
2. *The land-tax of India*, according to the Moohummudan law, translated from the Futawa Alumgeeree, by Neil Baillie; Londres, 1853, in-8°.
3. *An analytical Digest of all the reported cases decided in the supreme courts of judicature in India*, etc., with illustrative and explanatory notes, by William Morley. New series, vol. I; Londres, in-8°, 1852 (XVIII et 465 p.).

d'appel en Angleterre. Le but de l'auteur est tout pratique, mais quelques parties de son travail, surtout la bibliographie des ouvrages de loi musulmans et indiens, et les glossaires de termes techniques arabes et sanscrits, ont de l'intérêt pour la science.

M. Flügel a publié le sixième volume du *Dictionnaire bibliographique* de Hadji Khalfa[1], qui paraît aux frais du Comité de traductions de Londres. C'est un livre si connu et si apprécié de tous ceux qui ont à faire des recherches sur la littérature arabe, qu'il est peut-être inutile de parler ici de sa grande importance. On ne peut que féliciter M. Flügel et le Comité d'avoir mené à fin avec tant de persévérance cette difficile et utile entreprise, qui n'attend plus qu'un appendice, par lequel M. Flügel se propose de compléter Hadji Khalfa en y ajoutant des notices sur des ouvrages arabes plus modernes.

M. Freytag a terminé les éditions de deux ouvrages de littérature arabe, dont l'un appartient aux origines et l'autre à la décadence des lettres arabes. Le premier est le *Hamasa* d'Abou Teman, dont M. Freytag a commencé, il y a bien des années, la publication du texte et de la traduction, et qu'il vient d'achever[2]. Abou Teman Habib ben Aous était un poëte du commencement du iiie siècle de l'hégire. Les hommes de lettres de ce temps qui n'étaient pas théologiens et légistes, n'avaient point de position reconnue, ni de public pour acheter leurs ouvrages, et étaient réduits à vendre leurs louanges aux grands personnages, ce qui fit naître une classe de poëtes qui flattaient leurs patrons aussi longtemps qu'ils recevaient des largesses, et leur lançaient des satires quand ils cessaient d'en

---

1. *Haji Khalfæ Lexicon bibliographicum et encyclopædicum*, primum a latino vertit et commentario indicibusque instruxit G. Flügel. T. VI; London, 1852, in-4° (viii et 679 p.).
2. *Hamasæ Carmina* cum Tebrisii scholiis integris edita, versione latina commentarioque illustravit et indicibus instruxit G. G. Freytag; Bonn, in-4°, vol. I, 1828 (932 p.); vol. II, 1847-1852 (651 et 746 p.).

obtenir de l'argent. Abou Teman appartenait à cette classe; mais au milieu de sa vie errante il eut le bonheur d'être arrêté par les neiges à Hamadân, où il passa l'hiver chez Aboul Wefa et occupa ses loisirs à faire, dans la bibliothèque de ce personnage, cinq collections de poésies, dont une, le *Hamasa*, à survécu et a sauvé de l'oubli le nom d'Abou Teman. C'était l'époque la plus brillante des Arabes; la nation était jeune, prospère, pleine d'espérance et capable d'un développement mental que le fanatisme a éteint plus tard. On cultivait son esprit par l'étude des sciences grecques et indiennes, et son goût et son langage par celle des poésies anciennes du désert, dans lesquelles les sentiments nationaux étaient exprimés dans la langue la plus pure et la plus idiomatique. On recherchait pour cela avec le plus grand soin les poésies des différentes tribus, et l'on s'explique parfaitement le succès que devaient avoir des collections comme celle d'Abou Teman, qui est composée en grande partie de poëmes et de fragments de poëmes antérieurs à Mahomet ou contemporains. Ces anthologies ont eu l'inconvénient de faire tomber en oubli et disparaître la plus grande partie des collections originales auxquelles elles sont empruntées; mais elles forment pour nous les sources les plus précieuses pour l'étude de la langue et de l'état social des Arabes avant l'Islam. M. Freytag a eu soin d'accompagner le texte du commentaire entier de Tebrizi et la traduction de notes savantes, dont un livre de ce genre ne peut se passer.

Le second ouvrage de M. Freytag est une édition du *Fakihet el Kholafa* d'Ibn Arabschah, auteur du XVe siècle de notre ère et très-connu par sa *Vie de Timour*, qui a été publiée plusieurs fois. Il écrit en prose rimée, dans le goût de son temps et de façon à faire disparaître le sens sous les allusions, les allitérations, les métaphores et le bruit des phrases brillantées. L'histoire de Timour a de l'importance historique, mais le Fakihet n'est qu'un moyen d'étude pour la langue; c'est un ouvrage de morale politique sous forme de fables d'animaux, qui sont liées entre elles par l'histoire fictive d'un prince qui désire échapper aux soupçons de son frère. M. Freytag en avait publié le texte il y a longtemps, et il termine maintenant l'ouvrage par un petit volume de notes indispensables [1].

M. Amari a publié la traduction d'un livre sur un sujet analogue, le *Solwan* [2] d'Ibn Zafer, musulman sicilien du XIIe siècle de notre ère. Ibn Zafer paraît avoir joui d'une grande considération parmi les savants et les beaux esprits de son temps, ce qui donne de l'intérêt à la biographie que M. Amari est parvenu à tirer de différentes sources. Nous trouvons en lui encore un de ces savants musulmans que les besoins de leurs études, les malheurs de leur temps, le caprice ou l'espoir de trouver un protecteur généreux poussaient à travers le monde, et que nous voyons tantôt hommes d'État, tantôt professeurs, tantôt flatteurs des princes, écrivant en vers et en prose sur toutes les sciences, et dont l'existence est un phénomène si curieux de cette époque, mais presque incompréhensible pour nous, accoutumés à une existence plus stable et à des études plus spéciales. Le peu qui nous reste de la vie d'Ibn Zafer le montre presque toujours malheureux; quittant la Sicile pour fuir les maîtres chrétiens du pays, errant en Afrique et en Orient, établi tantôt à Alep, tantôt à Hamah; persécuté par le fanatisme des sectes religieuses, se réfugiant de nouveau en Sicile, quêtant des pensions par ses dédicaces, abandonné de ses patrons et terminant sa vie dans la misère et dans les plus grands malheurs domestiques. Le *Solwan* est une collection d'anecdotes plus ou moins authentiques et de fables d'animaux, dont le but est d'exhorter le lecteur à l'exercice de différentes vertus. La valeur de ces recueils, dont il existe un grand nombre,

---

1. *Fructus imperatorum et jocatio ingeniosorum*, auctore Ahmede filio Mohammedis, cognominato Ebn-Arabschah, edidit et annotationibus instruxit G. G. Freytag; Bonn, in-4°, vol. I, 1832 (XXXVIII, 69 et 252 p.); vol. II, 1852 (183 p.).

2. *Solwan or Waters of comfort* by Ibn Zafer, a Sicilian Arab of the twelfth century, from the original manuscript, by Michel Amari; London, 1852, in-8°, 2 vol. (342 et 350 p.).

dépend pour nous avant tout de l'exactitude historique des faits cités, qui sont souvent empruntés à des ouvrages perdus. Sous ce rapport l'intérêt qu'offre le *Solwan* est peu considérable, car l'auteur ne paraît pas scrupuleux sur les sources auxquelles il puise; son but n'est en aucune façon de fournir au lecteur des matériaux historiques, mais de lui inculquer des leçons de morale sous une forme élégante et frappante. Cette classe de livres a, du reste, en Orient une importance réelle, non-seulement comme enseignement moral, mais comme une des formes les plus faciles et les plus sûres de protestations contre les vices de ces princes absolus, auxquels on ne pourrait sans danger en adresser d'autres. On en voit un exemple frappant dans un ouvrage de cette espèce que M. Brown, interprète de la légation américaine à Constantinople, a fait paraître récemment à New-York. Ce sont les *Merveilles des accidents remarquables*, par Ahmed Hamdan Soheili[1], écrivain turc du XVIIe siècle. L'auteur distribue, selon l'habitude, les anecdotes qu'il raconte dans des chapitres destinés à mettre en lumière les différentes vertus qu'il veut recommander. Il se sert d'une de ces anecdotes pour exposer l'origine de la vente des places en Turquie et pour combattre avec beaucoup de force cet abus. Nous savons tous que cette remontrance n'a produit aucun effet; mais l'histoire moderne de la Turquie prouve combien elle était sage. Probablement bien des anecdotes qui sont insérées dans ces recueils, avec un air de parfaite innocence, sont au fond des remontrances et peut-être des satires adressées aux princes auxquels ces livres étaient dédiés ou destinés. Le travail de M. Brown a subi à New-York une révision qui ne paraît pas avoir été heureuse, et dont on trouve les traces dans de nombreuses erreurs de transcription des noms propres, erreurs que le savant auteur n'a certainement pas commises.

---

1. *Turkish evening entertainments, the wonders of remarkable incidents and the rarities of anecdotes,* by Ahmed Ibn Hemdem the Ketkhoda called Sohaylee, translated from the turkish by John P. Brown; New-York, 1850, in-8° (378 p.).

M. Dieterici, à Berlin, a publié une traduction allemande du commentaire d'Ibn Akil sur la grammaire d'Ibn Malik[1], dont il avait fait imprimer le texte il y a quelques années. Il ne viendra, je pense, dans l'esprit de personne, de vouloir apprendre l'arabe dans la traduction d'une grammaire indigène, si grande qu'en soit l'autorité et si parfaite qu'en puisse être la méthode. Ce serait du temps et de la peine perdus ; mais un ouvrage comme celui de M. Dieterici n'est pas pour cela sans une utilité fort réelle, car il sert à acquérir la langue technique des grammairiens, dont la connaissance est indispensable, non-seulement pour l'intelligence de classes entières d'ouvrages, comme les commentaires du Coran et des poëtes, les collections de proverbes, etc., mais encore pour le sens d'une foule de passages qui se trouvent, souvent quand on s'y attend le moins, au milieu d'ouvrages historiques et de tout genre. L'étude des grammairiens arabes offre même un intérêt plus général encore. Aucun peuple n'a attaché plus d'importance à l'étude de la grammaire que les Arabes, qui lui ont probablement sacrifié plus de temps qu'à aucune autre science. Le résultat de ces travaux a été une théorie grammaticale fondée sur une analyse profonde de la langue, à côté de laquelle on ne peut citer que la grammaire sanscrite, qui a été formée de la même manière, mais en partant d'un autre point de vue. Ceux qui s'occupent de la philosophie des langues ne peuvent se passer de l'étude de ces deux systèmes grammaticaux, les plus beaux, les plus philosophiques et les plus précis qu'il y ait eu dans le monde. Le livre de M. Dieterici sera pour eux d'un grand secours.

C'est à la même classe d'ouvrages qu'appartient l'édition et la traduction de l'*Adjroumieh*, que M. Perowne a fait imprimer à Cambridge[2]. L'Adjroumieh est un très-court abrégé de

---

1. *Ibn Akil's Commentar zur Alfijja des Ibn Malik* aus dem arabischen zum ersten Male übersetzt von F. Dieterici ; Berlin, 1852, in-8° (xxvii et 408 p.).
2. *Al Adjrumieh*, the arabic text with the vowels and an english

la syntaxe, que les élèves, dans presque toutes les écoles en Orient, apprennent par cœur. M. Perowne le publie avec les voyelles et le traduit aussi intelligiblement que la matière le permet ; fournissant ainsi au lecteur le moyen d'acquérir la connaissance des principaux termes techniques des grammairiens arabes.

Enfin, il me reste à annoncer la publication très-prochaine d'un nouveau travail de M. Woepcke sur les mathématiques arabes. On sait que les Arabes se sont occupés avec beaucoup d'ardeur des mathématiques ; qu'ils ont adopté d'abord les sciences des Indiens, plus tard celles des Grecs ; qu'ils ont fait des voyages en Grèce pour se procurer des manuscrits, et que quelques œuvres capitales des mathématiciens grecs n'ont été conservées que dans des traductions arabes ; mais on n'apprend que graduellement quels ont été les progrès réels des Arabes dans ces sciences. M. Woepcke est du petit nombre d'hommes qui réunissent les connaissances nécessaires pour ces études ardues. Il avait déjà découvert et publié dans le Journal asiatique la traduction arabe d'un traité perdu d'Euclide et fait imprimer l'algèbre d'Alkhayyami, et le Comité des traductions de Londres annonce que ce savant lui a offert la traduction arabe d'un commentaire grec sur le dixième livre d'Euclide, qu'il a découvert récemment, et dont l'original est perdu. Dans ce moment, il publie à Paris une analyse d'un traité d'Alkarkhi[1], mathématicien arabe du XIe siècle de notre ère, par laquelle il se propose de prouver que les Arabes ont connu l'algèbre indéterminée, que leurs travaux sur ce sujet sont basés sur Diophante, qu'ils ont ajouté aux travaux de Diophante de nouvelles méthodes et des problèmes plus élevés, enfin que les progrès de l'algèbre, qu'on avait attribués à Fibo-

---

translation by the Rev. J. J. S. Perowne ; Cambridge, 1852, in-8° (10 et 12 p.).

1. *Extrait du Fakhri*, traité d'algèbre par Abou Bekr Mohammed ben Alhaçan Alkarkhi ; précédé d'un mémoire sur l'algèbre indéterminée chez les Arabes, par M. F. Woepcke ; Paris, 1853, in-8°.

nacci, sont empruntés à Alkarkhi. Ce dernier point, bien établi, fera disparaître une lacune considérable dans l'histoire des mathématiques et fixera la véritable position des Arabes entre les Grecs et les Italiens de la Renaissance, position qui a été longtemps incertaine et discutée.

En nous tournant vers la Mésopotamie, nous trouvons que, depuis deux ans, les découvertes en Assyrie et en Babylonie ont fait les plus grands progrès. Le gouvernement français a chargé M. Place, consul à Mossul, de la continuation des fouilles de Ninive, et a envoyé une expédition, composée de MM. Fresnel, Oppert et Thomas, dans la basse Mésopotamie. Malheureusement, cette expédition n'a pas pu aller faire des fouilles à Warka, Senkerah et Niffar, parce que les tribus arabes étaient en guerre avec le pacha de Bagdad. Elle a dû se contenter d'explorer les ruines de Babylone, qui ont été tant dévastées depuis deux mille ans, qu'il faudrait des excavations immenses pour atteindre les parties intactes de ces ruines, qui, sans aucun doute, recèlent encore de grandes richesses archéologiques. Au reste, je puis m'abstenir de parler en détail des recherches de M. Fresnel et de ses collaborateurs, parce que vous trouverez dans le Journal asiatique une relation détaillée de leurs travaux topographiques à Babylone. M. Place a été plus heureux à Ninive ; il a trouvé que M. Botta n'avait pas épuisé les trésors de Khorsabad ; il a découvert de nouvelles salles, des souterrains voûtés, des corridors en briques émaillées, des statues assyriennes, la cave du château, encore garnie de cruches, dans lesquelles le vin était desséché ; des bas-reliefs, des inscriptions, des objets en ivoire et en métal, et, tout récemment, un dépôt d'instruments de fer et d'acier, et une porte de la ville ou du palais, entièrement conservée, fermée en haut par une voûte reposant sur deux taureaux, et construite en briques émaillées et figurées. Ces deux dernières découvertes sont particulièrement intéressantes ; le dépôt de fer et d'acier, non-seulement parce qu'il nous fournit des instruments de toute sorte, des socs de charrue, des pics, des chaînes, des marteaux et autres, mais parce qu'il nous montre l'emploi de l'acier dans un temps où l'on ne devait pas croire que cette matière fût connue hors de l'Inde. La découverte de la porte voûtée nous éclaire sur une partie très-curieuse de l'architecture assyrienne; car on n'avait jusqu'ici aucune idée exacte sur la manière dont ces grands et profonds portails étaient recouverts; et l'on peut voir, dans l'ouvrage récent de M. Layard, que lui-même n'a pas su deviner la vérité sur ce point[1]. Au reste, je ne puis rendre compte que très-imparfaitement des découvertes de M. Place; car ses envois d'antiquités ne sont pas encore arrivés, et je n'ai qu'une connaissance très-partielle des rapports qu'il a faits ; mais ce que j'en connais suffit pour prouver qu'il a rempli sa mission avec autant de zèle que de bonheur, et que ses envois rétabliront un peu plus d'égalité entre nos collections du Louvre et celles du British Museum. On prétend que le Gouvernement a ordonné l'abandon de ces fouilles; mais je ne puis croire qu'il renonce à faire suivre jusqu'au bout la plus belle découverte archéologique de ce siècle ; une découverte que la France a faite, et qui sera pour elle un honneur éternel. L'Angleterre n'abandonne pas si facilement ses entreprises, et il se forme en ce moment à Londres une société sous le titre de *Assyrian fund Society*, dont le but est de poursuivre la recherche des antiquités de la Mésopotamie.

M. Loftus n'a pas encore publié ses découvertes. Il a envoyé à Londres les antiquités qu'il a trouvées à Warka et qui consistent en sarcophages chaldéens en terre cuite, colorée en bleu, dont la forme est à peu près celle d'un soulier colossal dans lequel on aurait placé un corps embaumé et dont on au-

---

1. J'avoue que je suis étonné que M. Layard ait placé à la tête de ses ouvrages récents la restauration d'un palais assyrien que lui a fournie M. Ferguson, et qui me paraît incompatible avec ce qui nous reste de ces palais et avec les matériaux dont ils étaient construits. Nous ne savons pas encore comment ils étaient recouverts; mais on peut être à peu près sûr que ce n'était pas comme l'a imaginé M. Ferguson.

rait fermé l'entrée par un couvercle, aussi en terre cuite. Ces étranges sarcophages portent des ornements, mais pas d'inscriptions. Malheureusement les Arabes y trouvent quelquefois des objets d'or, de sorte que les nécropoles de Warka et de Niffar sont devenues un champ régulier d'exploitations pendant le peu de mois durant lesquels l'inondation et les fièvres ne rendent pas inabordables ces contrées marécageuses. Plus tard, M. Loftus est allé à Suse, où il a trouvé les restes d'un palais achéménide semblable à ceux de Persépolis, et des inscriptions du système persépolitain, datées d'Artaxerce. Je ne crois pas qu'on ait encore rien publié sur ces découvertes.

M. Layard, au contraire, a fait paraître les résultats de sa seconde exploration[1], qui avait pour but principal d'achever les fouilles commencées à Nimroud et dans le Koyoundjik, l'un des deux grands palais de l'enceinte intérieure de Ninive. Ces fouilles ont mis au jour des monuments aussi variés que curieux; des bas-reliefs, des inscriptions; un dépôt de vases en bronze; des ustensiles en ivoire, en verre, en différents métaux, en poterie, en pierre; des armes, des cloches, des trônes, enfin une quantité infinie d'antiquités, qui toutes contribueront à compléter le tableau surprenant de l'ancienne Assyrie, que nous voyons renaître de nos jours par suite des découvertes de M. Botta et de ceux qui ont suivi son exemple. Pendant que ces fouilles s'exécutaient à Mossul, M. Layard alla explorer une grande partie de la Mésopotamie, les bords du Khabour, les ruines d'Arban, de Wan, de Babylone, de Niffar, et à son retour celles de Kala Scherghat, et recueillit partout des restes de l'antiquité. Mais s'il est impossible d'indiquer dans une page

---

1. *Discoveries in the ruins of Nineveh and Babylon*, being the result of a second expedition, undertaken for the trustees of the British Museum, by Austen H. Layard, with maps, plans and illustrations; Londres, 1853, in-8° (686 p.).

The palace of Sennacherib, being a second series of the monuments of Nineveh, including bas-reliefs and bronzes from the ruins of Nimroud, by Austen H. Layard; London, 1853, in-fol. (70 pl.).

les résultats d'une pareille exploration, il est heureusement facile de consulter les ouvrages de M. Layard. Les Anglais nous ont donné à cette occasion un exemple qui doit nous faire réfléchir sur la manière dont on procède en France en pareil cas. La France et l'Angleterre ont, je crois, dépensé depuis dix ans des sommes à peu près égales pour les antiquités assyriennes. La France avait le grand avantage d'avoir fait la découverte ; mais on a tardé ; on a accordé avec parcimonie les encouragements pour les fouilles, et puis on a prodigué l'argent pour la publication des résultats dans des volumes d'un format et d'un prix également formidables, pendant que les Anglais ont fouillé hardiment et avec persévérance et ont publié dans une forme qui permettait aux libraires d'entreprendre les ouvrages et au public de les acheter. Le résultat est que leur collection d'antiquités est infiniment plus riche que la nôtre et que les ouvrages de M. Layard sont dans les mains de tout le monde, dans tous les pays, tandis que celui de M. Botta est resté une curiosité qu'on montre aux voyageurs dans les grandes bibliothèques, mais qui est à peu près inaccessible aux hommes qui en feraient usage. Permettez-moi de prouver cette assertion par un seul fait. S'il y a deux hommes qui doivent désirer d'avoir à leur disposition l'ouvrage de M. Botta, ce sont certainement M. Rawlinson et M. Layard ; mais ni l'un ni l'autre ne le possèdent. En vérité, ce n'est pas là de la publicité.

Le déchiffrement des inscriptions assyriennes paraît avoir marché bien moins rapidement que la découverte des antiquités, comme on devait s'y attendre ; car, non-seulement il est plus aisé de faire des fouilles que de découvrir un alphabet et une langue, mais la quantité même des monuments découverts est un obstacle, non pas à l'étude, mais à la publication des résultats. Il n'est pas facile d'indiquer le point exact auquel se trouve aujourd'hui cette étude. M. Rawlinson a publié le texte assyrien de la grande inscription de Bisoutoun[1] ; il y a joint une

1. *Memoir on the babylonian and assyrian inscriptions*, by lieutenant-

transcription et une traduction du monument, une liste de caractères et le commmencement d'un mémoire explicatif. C'est un grand service rendu à tous ceux qui s'occupent de cette matière, car cette inscription, quoique très-fruste, est encore le monument trilingue le plus considérable que nous ayons, et donne, par le nombre de noms propres qu'il contient, plus de secours qu'aucun autre pour la fixation de l'alphabet assyrien, qui est un si grand et si difficile problème.

Personne n'a encore osé proposer un alphabet assyrien complet; mais on a fait des progrès incontestables dans la découverte de la valeur des lettres et des groupes, et un certain nombre de noms propres est à peu près hors de contestation, ce qui permet de fixer la date de bien des monuments et le nom de beaucoup de localités. M. Rawlinson a fait lui-même l'application de ces résultats dans un mémoire[1] contenant une esquisse de l'histoire assyrienne d'après les inscriptions; c'est un essai écrit à la hâte et de mémoire sous une tente, mais rempli de données neuves et curieuses, et conçu avec cette admirable faculté de combinaison qui est en même temps l'instrument et l'écueil des inventeurs, et que M. Rawlinson possède à un haut degré. Ce petit écrit n'est pas présenté comme le résultat définitif de l'auteur; c'est l'expression de son opinion d'alors et l'indication du point où il était arrivé, et qui, probablement, depuis ce temps, aura changé dans beaucoup de détails par de nouvelles découvertes et de nouvelles combinaisons; mais rien n'est plus propre que cet aperçu rapide pour faire entrevoir ce que toute l'histoire de l'Asie antique peut attendre de la lecture des inscriptions assyriennes.

M. Rawlinson a trouvé récemment un de ces grands cylindres en terre cuite qui paraissent avoir été destinés à la publication

---

colonel H. C. Rawlinson. Ce mémoire formera le vol. XIV du Journal de la Société asiatique de Londres; la première moitié en a paru.

1. Ce mémoire est imprimé dans le *Twenty ninth annual report of the royal asiatic Society*; Londres, 1852, in-8° (43 p.).

officielle des annales des rois. Ce nouveau cylindre contient huit cents lignes d'écriture et date de Tiglatpilesar, le cinquième roi de la dynastie assyrienne dont il donne la généalogie ascendante jusqu'au premier roi. M. Hincks paraît avoir publié l'interprétation d'un cylindre semblable du même roi, mais je n'ai pas réussi à voir son mémoire. M. Rawlinson annonce encore la découverte de deux nouveaux obélisques, différents de celui que M. Layard avait trouvé à Nimroud, et sur lequel M. Grotefend vient de publier deux mémoires[1], dont l'un a été lu par lui à la Société royale de Göttingen, au cinquantième anniversaire de la séance où il avait lu son mémoire sur l'alphabet persépolitain, mémoire qui a été le point de départ de tous les progrès qui ont été faits depuis ce temps dans l'interprétation des inscriptions cunéiformes de toute espèce.

Il se prépare en Europe de nombreux travaux sur les inscriptions assyriennes, depuis que la publication de la grande inscription de Bisoutoun a fourni aux savants de nouveaux matériaux, et les a délivrés de la crainte de cet inconnu qui pesait sur eux. Vous trouverez, dans un des prochains cahiers du Journal asiatique, une interprétation de la colonne assyrienne de cette inscription par M. de Saulcy.

La seule partie de la grande inscription de Bisoutoun qui n'était pas encore publiée vient de paraître. M. Norris l'a fait lithographier avec beaucoup de soin d'après les empreintes sur papier prises par M. Rawlinson[2]. Cette partie est écrite dans le caractère qu'on était accoutumé à appeler médique, et que

---

1. *Erläuterung der Keilinschriften babylonischer Backsteine*, von Dr G. F. Grotefend; Hanovre 1852, in-4° (31 p.).
Die Tributverzeichnisse des Obelisken aus Nimrud, nebst Vorbemerkungen über den verschiedenen Ursprung und Charakter der persischen und assyrischen Keilschrift, von G. F. Grotefend; Göttingen, 1852, in-4° (106 p. et 2 pl.).
2. *Memoir on the scythic version of the Behistun inscription*, by E. Norris. Ce mémoire forme la première partie du vol. XV du Journal de la Société asiatique de Londres, 1853.

M. Rawlinson et après lui M. Norris appellent scythique, parce qu'ils croient qu'il représente la langue des tribus pastorales de la Perse d'alors. Cette supposition n'a pas l'air très-vraisemblable, car les tribus errantes sont en général peu lettrées, et l'on ne voit pas *a priori* pourquoi les rois de Perse, en voulant reproduire leurs inscriptions dans les langues principales de l'empire, auraient préféré un dialecte de tribus pastorales à la langue des Mèdes, à moins que celle-ci ne se trouve suffisamment identique avec l'assyrien ou le persan pour n'avoir pas besoin d'être représentée séparément. Mais il serait assez inutile de discuter un pareil point, puisque nous ne savons pas quelle langue parlaient les Mèdes, que nous n'avons qu'une idée vague de ce que pouvait être la langue des Scythes, et que nous ne comprenons pas la langue des inscriptions en question, malgré tous les efforts qu'on a faits jusqu'ici. La description que donne M. Norris de la famille de langues à laquelle il rattache le scythique me fait croire qu'il suppose que c'était une langue finnoise plutôt qu'une langue tartare, mais je puis être dans l'erreur là-dessus. Ce difficile problème n'acquerra une importance réelle que quand nous posséderons un certain nombre d'inscriptions dans cette écriture, qui ne se seraient pas conservées dans d'autres langues et d'autres caractères, pendant que jusqu'ici il n'y en a qu'une seule qui se trouve dans ce cas.

Les inscriptions persanes n'ont été l'objet d'aucun travail récent, et les nouveaux matériaux que les inscriptions de Suse nous promettent ne sont pas encore accessibles; mais la publication des textes zends a fait des progrès considérables. M. Westergaard, à Copenhague, et M. Spiegel, à Erlangen, ont tous les deux commencé leurs éditions de ce qui nous reste des livres de Zoroastre. Les deux parties du premier volume du *Zend-Avesta* de M. Westergaard[1] comprennent le texte du

---

1. *Zend-Avesta, or the religious books of the Zoroastrians*, edited and interpreted by N. L. Westergaard. Vol. I. The zend texts; part. 1 et 2; Copenhague, 1852, in-4° (216 p.).

Yasna, du *Vispered* et de onze *Ieschts*, accompagné de variantes de tous les manuscrits de ces textes, accessibles en Europe. La fin du premier volume doit contenir le reste des livres sacrés des Zoroastriens; le second volume, un dictionnaire et une grammaire de la langue; le troisième une traduction des livres et une histoire de la Perse jusqu'au renversement de la monarchie par les Arabes. M. Westergaard a publié une édition autographiée du *Bundehesch*[1], d'après un manuscrit de Copenhague. Il n'est entré dans cette occasion dans aucun détail, ni sur ce livre curieux, ni sur le pehlewi, langue sur laquelle il se propose de revenir dans son appréciation des traductions anciennes du Zend-Ayesta, en se contentant de nous donner maintenant un *fac-simile* du manuscrit, pour faciliter l'étude de ce dialecte, dans lequel jusqu'alors on n'avait publié que des fragments insuffisants.

M. Spiegel, de son côté, a commencé l'édition du Zend-Avesta par le *Vendidad*, dont le texte est suivi d'une très-abondante collection de variantes et de la traduction en pehlewi[2]. M. Spiegel a fait paraître en même temps le premier volume de sa traduction[3], qui est précédée d'une introduction et suivie d'*excursus* très-curieux sur l'ensemble de l'histoire religieuse de la Perse et sur quelques points spéciaux de ce grand sujet. Le principe adopté par M. Spiegel pour son interprétation des textes, et qu'il avait déjà énoncé il y a plusieurs années, est de suivre, autant que possible, la tradition persane, telle que les traductions en pehlewi et en pazend la donnent, sauf à pénétrer plus tard davantage dans le sens antique de ces livres par

---

1. *Bundehesh liber pehlvicus*, e vetustissimo codice Havniensi descripsit, duas inscriptiones regis Saporis primi adjecit N. L. Westergaard; Copenhague, 1851, in-4° (84 p.).
2. *Avesta, die heiligen Schriften der Parsen*, zum ersten Male im Grundtext sammt der Huzvaresch Uebersetzung herausgegeben von Spiegel, vol. I der Vendidad; Vienne, 1853, in-8° (323 et 227 p.).
3. *Avesta; die heiligen Schriften der Parsen*, aus dem Grundtexte übersetzt mit steter Rücksicht auf die Tradition, von Dr F. Spiegel; Leipzig, 1852, in-8° (295 p.).

les moyens que l'étude des Védas et la grammaire comparée nous fourniront. Je crois que c'est une manière sage de procéder ; on a fait ainsi dans le cas analogue des Védas, et M. Burnouf, qui a rendu le premier le Zend-Avesta intelligible, n'a pas procédé autrement, car il a partout pris pour guide la traduction de Nerioseng, sans s'interdire de la soumettre à une critique sévère. M. Spiegel a acquis la conviction que la traduction de Nerioseng est basée sur la traduction pehlewie et par conséquent il s'attache de préférence à celle-ci, malgré les difficultés additionnelles que lui opposent l'obscurité de cette version et la nature du dialecte dans lequel elle est écrite, et quoiqu'il reconnaisse parfaitement que le sens antique du Zend-Avesta était déjà obscurci en maints points lorsque cette traduction fut faite. Il ne s'est écarté de la tradition guèbre que lorsqu'il ne pouvait avoir un doute sur son inexactitude, ou lorsqu'il ne parvenait pas à la comprendre. On obtient ainsi un fond homogène, qui a pour lui une certaine présomption d'exactitude, et sur lequel on pourra s'appuyer pour remonter ensuite plus haut dans l'intelligence de ces textes obscurs ; car il est certain que plus l'étude des Védas avancera, plus on parviendra à préciser le point où les deux races ariennes, leurs langues et leurs croyances se sont séparées. C'est en descendant de ce point plus élevé, qu'on obtiendra le vrai sens de beaucoup de parties du Zend-Avesta, et déjà nous l'entendons sur quelques points mieux que ne pouvaient l'entendre les traducteurs du temps des Sassanides[1]. Il s'ouvre là, pour le savoir moderne, une série de travaux aussi curieux qu'attrayants, mais qu'il eût été impossible d'entreprendre il y a trente ans, car c'est depuis cette époque que la grammaire comparée a été perfectionnée au point où nous la trouvons aujourd'hui.

---

1. L'étude du zend a fait assez de progrès en Allemagne pour qu'il soit devenu utile de faire imprimer des textes pour servir aux cours publics dans les Universités. C'est ainsi que M. Lassen a publié : *Vendidadi capita quinque priora* emendavit Ch. Lassen ; Bonn, 1852 in-8°, (vi et 62 p.).

Ceci me rappelle que j'ai à annoncer la publication de la sixième et dernière livraison de la Grammaire comparée des langues anciennes, par M. Bopp[1], oùvage commencé il y a vingt ans. Je ne crois pas qu'il y ait jamais eu de livre qui ait contribué autant à l'avancement des sciences historiques que celui-ci. M. Bopp n'est pas l'inventeur de la méthode dont il a su faire un si bel usage; il faut en laisser l'honneur à M. Grimm, qui, le premier, a fixé les lois d'après lesquelles les langues de cette famille se changent et se transforment; mais, entre les mains de M. Bopp, et par l'application ingénieuse qu'il en a faite à toutes les langues de cette race, par la délicatesse des procédés qu'il a employés, par la sagesse avec laquelle il a évité le grand écueil de son sujet, un trop grand raffinement, cette méthode est devenue un instrument d'une puissance et d'une précision incomparables. Au reste, la science a marché pendant que l'ouvrage s'achevait, sous l'impulsion même qu'il communiquait, et M. Bopp s'occupe maintenant de revoir les premières parties de sa Grammaire comparée; les lois qu'il a établies n'ont pas été ébranlées, seulement le cercle qu'elles embrassent a gagné en surface et en profondeur.

La littérature persane ne paraît pas avoir été cultivée en Europe avec beaucoup de zèle. La plus considérable, et probablement la plus utile des additions qu'elle a reçues, est la nouvelle édition du Dictionnaire qui portait autrefois le nom de Richardson[2], mais qui avait subi, sous la main de différents éditeurs, des changements tels, qu'il était réellement devenu

---

1. *Vergleichende Grammatik des Sanskrit, Zend, Griechischen, Lateinis chen, Litthauischen, Altslawischen, Gothischen und Deutschen*, von Franz Bopp; Berlin, 1852, in-4° (1511 p.).
2. *A Dictionary persian, arabic and english*, by Francis Johnson; London, 1852, in-4° (1420 p.). Il faut savoir gré à la Compagnie des Indes, aux frais de laquelle ce Dictionnaire a paru, d'avoir réduit le prix du livre, de 260 francs, prix de la troisième édition, à 100 francs, prix de la nouvelle.

un autre ouvrage. M. Johnson, qui en avait déjà donné, en 1829, une troisième édition considérablement augmentée, assume aujourd'hui, avec toute raison, la responsabilité entière de l'œuvre en la republiant sous son nom seul, et se justifie, dans la préface, en annonçant que la nouvelle édition contient trente mille mots de plus que la précédente, qui ellemême était déjà beaucoup plus complète que les éditions antérieures. Il faut pourtant dire, à l'honneur de M. Johnson lui-même que son édition précédente n'était pas assez mauvaise pour qu'on eût trouvé trente mille mots persans à y ajouter. La plus grande partie de ces mots nouveaux consiste en mots arabes qui, disposés alphabétiquement selon leurs nombreuses formes grammaticales, permettent d'ajouter à un dictionnaire, même raisonnablement ample, un nombre presque illimité de mots. Je suis loin de blâmer ces additions; mais le véritable mérite du livre consiste dans le soin plus grand avec lequel M. Johnson s'est servi des dictionnaires persans originaux, qui forment la véritable base de son ouvrage. On commence l'étude de toutes les littératures par la traduction des dictionnaires que les nationaux ont composés pour eux-mêmes; ils renferment les matériaux les plus exacts, et l'on n'est jamais en danger de se tromper de plus d'une nuance en faisant passer la signification d'un mot d'une langue dans une autre. D'un autre côté, ces erreurs, en apparence minimes, sont presque inévitables, parce que l'auteur du dictionnaire original est obligé de se servir de synonymes qui ne peuvent pas rendre l'emploi précis du mot qu'ils sont destinés à expliquer. Ce n'est donc que dans un *thesaurus*, où le mot se trouve cité avec des passages qui en indiquent les différentes significations, qu'on peut le suivre avec exactitude dans toutes ses nuances, en définir toute l'étendue et l'usage précis, et se rendre compte des changements qu'il peut avoir éprouvés dans le cours des temps. Je ne crois donc pas que le Dictionnaire de M. Johnson, si utile et si bien fait qu'il soit réellement, suffise dans l'état actuel de la science, et je fais des vœux pour que le *Thesaurus* de M. Quatremère, cette œuvre de quarante ans de travail, puisse à la fin voir le jour.

M. Chodzko, que son long séjour en Perse a parfaitement familiarisé avec la langue parlée, nous a donné une Grammaire persane[1], dans laquelle il tire un grand parti de sa connaissance de la langue moderne, et c'est là ce qui distingue cette nouvelle Grammaire. Elle rendra service, non-seulement aux personnes qui ont besoin de savoir la langue actuelle de la Perse, mais encore aux savants qui désirent suivre les procédés de la décomposition grammaticale des langues; ils y trouveront des formes de langage très-curieuses et ample matière à observations sur les changements délicats et en partie presque insensibles, mais continuels et caractéristiques, que le persan a subis depuis quelques siècles.

M. Chodzko a encore publié la première livraison d'un ouvrage qu'il intitule *Répertoire du théâtre persan*[2]. C'est le commencement d'une collection de *taziehs*, ou représentations dramatiques de la mort d'Ali, qui se jouent pendant le mois de moharrem dans tous les pays où la secte des schiites est au pouvoir. Tout le monde connaît les descriptions que les voyageurs donnent de ces fêtes, des émotions frénétiques dans lesquelles elles jettent la population, et des désordres sanglants qu'elles occasionnent dans les villes où la population est mêlée de schiites et de sunnites. M. Chodzko nous apprend que le manuscrit qu'il possède vient de la bibliothèque de Feth Ali-Schah et contient trente-deux drames ; lui-même a publié autrefois un mémoire sur les *taziehs* et la traduction de quelques-unes de ces pièces, mais je crois que jamais le texte

---

1. *Grammaire persane*, ou Principes de l'iranien moderne, accompagnés de *fac-simile* pour servir de modèles d'écritures et de style; par Alex. Chodzko; Paris, 1852, in-8° (VI, 212 et 5 planches).
2. *Djungui Chehadet, le Cantique des martyrs*, ou Recueil des drames religieux que les Persans du rite *cheia* font annuellement représenter dans le mois de moharrem, publié pour la première fois par A. Chodzko; Paris, 1852, in-8° (VIII et 30 p.).

d'aucune d'elles n'avait été publié. C'est peut-être la meilleure chrestomathie que M. Chodzko puisse ajouter à sa Grammaire, car le style de ces pièces est naturellement tenu dans un ton assez populaire pour que la multitude rassemblée puisse comprendre, ou à peu près, ce qui se dit, quoiqu'il soit un peu plus littéraire et plus pur que quelques-unes des formes citées dans la grammaire. On comprend que le tragique du sujet et la solennité de la représentation détournent les auteurs de l'emploi d'expressions entièrement vulgaires. L'ouvrage est publié par voie d'autographie ; la première livraison contient deux drames dans une écriture peu élégante, mais parfaitement lisible. M. Chodzko annonce une traduction de la collection entière.

M. de Schlechta, à Constantinople, a fait paraître la traduction, en vers allemands, de deux ouvrages de poésie persane, dont l'un est le *Bostan* de Sadi, l'autre les *Makathaat*, ou fragments, d'Ibn Iemin. La traduction du Bostan[1] n'est pas complète; c'est un abrégé un peu librement, mais fort élégamment rendu. M. de Schlechta a un talent de style très-remarquable et paraît chercher à rendre populaire la poésie persane, en choisissant ce qu'il trouve de plus gracieux et en lui donnant une forme très-agréable. Les *Fragments* d'Ibn Iemin[2] sont l'œuvre d'un poëte persan du XIVe siècle à peu rès inconnu jusqu'ici, l'émir Mahmoud, fils d'un premier ministre du sultan Khodabendeh. Son frère Alaeddin périt en voulant fonder une souveraineté pour lui-même; mais l'émir Mahmoud paraît s'être contenté de vivre sur ses terres, de jouir de la vie et de rire de l'ambition des autres. M. de Schlechta a traduit à peu près la moitié de ses Fragments en éliminant les panégyriques. Ce qui reste sont les poésies agréables d'un

---

1. *Der Fruchtgarten von Saadi*, aus dem persischen auszugsweise überragen durch Ottokar Maria Freiherrn von Schlechta Wssehrd; Vienne, 52 (234 p.).
2. *Ibn Jemin's Bruchstücke*, aus dem persischen von Ottokar Maria Freiherrn von Schlechta; Vienne, 1852, in-8º (191 p.).

homme insouciant, dont la gaieté naturelle est tempérée par ce sentiment de la brièveté de la vie, qui ne paraît jamais quitter un Persan.

M. de Schack a publié à Berlin trois volumes d'épisodes tirés de Firdousi et traduits en vers allemands [1]. Il fait précéder ses traductions d'une longue introduction sur l'épopée persane, dans laquelle il adopte l'opinion que Firdousi a puisé les matériaux de son poëme dans la tradition populaire, telle qu'elle a été fixée par l'écriture sous les Sassanides, avec quelques additions tirées des traditions encore vivantes de son temps, opinion qui, je crois, n'est plus contestée. Il a essayé d'éclaircir la partie la plus ancienne de cette tradition par les résultats des recherches modernes sur le Zend-Avesta, et il n'y a aucun doute que l'étude plus approfondie des livres de Zoroastre ne mette de plus en plus en évidence le véritable caractère de ces souvenirs antiques, qui ont pris en Perse, d'une façon si curieuse, la place de l'histoire. Ce sujet est entouré d'obscurités, comme l'est nécessairement l'origine de toute poésie épique réellement nationale ; mais la plus grande partie de ces difficultés cédera devant les efforts de la critique européenne, aidée d'un côté par l'étude des antiquités persanes, de l'autre par la comparaison des épopées des autres nations. M. Schack a choisi pour ses traductions les épisodes les plus poétiques du Livre des Rois, jusqu'à la mort d'Isfendiar, avec laquelle se termine, selon lui, la partie vraiment épique du poëme. Il s'adresse moins aux savants qu'au grand public ; sa versification est facile, sa traduction presque aussi littérale que le comporte une version en vers, et le succès de son livre montre qu'il y a, dans le public allemand, un intérêt pour la littérature orientale qui manque en France et en Angleterre.

1. *Heldensagen von Firdusi*, zum erstenmale metrisch aus dem persischen übersetzt, von A. F. von Schack; Berlin, 1851, in-8º (537 p.).
Epische Dichtungen aus dem persischen des Firdusi, von A. F. von Schack; Berlin, 1853, in-12, 2 vol. (xxv, 563, et 448 p.).

M. Nathanaël Bland a eu la modestie de faire imprimer anonymement un petit volume destiné à nous faire connaître quelques autres poëtes persans, dont jusqu'à présent rien n'avait été publié en Europe. Il a choisi, dans les diwans de dix poëtes, dix ghazels dans chacun, et il fait précéder ces pièces de courtes biographies de leurs auteurs [1]. On sait que M. Bland s'est voué, depuis nombre d'années, à la composition d'une histoire de la poésie persane, la plus complète possible; il s'est entouré, dans ce but, d'une magnifique bibliothèque de manuscrits, dont il nous donne ici un échantillon très-bien choisi.

Le Gulistan de Saadi a reçu son complément ordinaire de traductions et d'éditions. M. Eastwick, qui avait publié, il y a deux ans, une édition de ce livre pour l'usage du collége de Haileybury, nous en donne maintenant une traduction nouvelle [2], faite avec beaucoup de soin et d'exactitude. Il a traduit en vers les morceaux de poésie dont l'ouvrage est parsemé, ajouté les notes nécessaires à l'intelligence des allusions, et donné dans sa préface une vie de Saadi, qui, au reste, ne contient rien de nouveau.

M. Sprenger, à Calcutta, a fait imprimer, pour les cours du collége de Fort-William, une nouvelle édition du Gulistan [3] qui se distingue en deux points des nombreuses impressions précédentes de ce livre. D'abord, l'éditeur s'est servi, pour base de son édition, d'un manuscrit copié sur l'autographe de Saadi pour l'empereur de Dehli, Alemguir, et le résultat de

---

1. *A century of persian Ghazals*, from unpublished diwans; Londres, 1851, in-4º (xvi et 41 p.).
2. *The Gulistan or Rose-garden of shekh Muslihuddin Sadi of Shiraz*, translated for the first time into prose and verses by E. Eastwick; Hertford, 1852, in-8º (xxxii et 312 p.).
3. *The Gulistan of Sady*, edited in persian vith punctuation and the accessory vowel marks, by A. Sprenger; Calcutta, 1851, in-8º (ix et 241 p.).

son travail a été un texte meilleur que tous ceux que nous possédons; ensuite, il a introduit la ponctuation européenne dans l'impression de son ouvrage. Il est incontestable que l'absence de ponctuation est une source perpétuelle de difficultés dans la lecture des ouvrages orientaux, et l'on a plusieurs fois essayé d'y remédier. On a imprimé à Paris des livres arabes ponctués comme les nôtres, et M. Sprenger se sert de signes encore plus nombreux pour marquer et distinguer les phrases et leurs différentes parties. Je ne pense pas qu'il faille rejeter en entier cette idée, parce que toute aide mécanique par laquelle on épargne au lecteur du temps et de la peine, ou des chances d'erreur, est évidemment chose bonne en soi, et on s'en est servi pour les langues classiques, au grand avantage de la science ; mais je crois que, pour introduire la ponctuation dans des littératures de peuples vivants qui ne s'en servent pas, il faut en user avec beaucoup de sobriété et se contenter de ce qui est indispensable ; il faut choisir des formes qui s'allient facilement avec l'écriture, et, autant qu'on peut, employer les moyens auxquels les nationaux eux-mêmes sont accoutumés. Ainsi, en persan, je suis convaincu que la marque de l'*izafet* et l'emploi du point à la fin des phrases suffiraient dans la plupart des cas, pendant que la ponctuation surabondante de M. Sprenger blesse l'œil du lecteur et le gêne plutôt qu'elle ne l'aide. Au reste, c'est une question qui sera probablement encore souvent discutée, avant qu'elle ait trouvé une solution qui satisfasse le besoin et ne contrarie pas trop les habitudes.

Il ne me reste plus à mentionner, en fait d'ouvrages persans publiés par des Européens, que la nouvelle édition de l'*Anwari Soheili*, publiée par le colonel Ouseley, pour l'usage des classes à Haileybury[1]. L'ouvrage lui-même est si bien connu, qu'il est inutile de s'y arrêter ; c'est un excellent livre

---

1. *Anvari Suheili, or Lights of the Canopus*, being the persian of the Fables of Bidpai by Husain Vaiz Kashifi, edited by lieutenant-colonel J. W. D. Ouseley; Hertford, 1851, in 4° (545 p.).

pour l'enseignement de la langue, et M. Ouseley a rendu un véritable service en publiant un bon texte d'un ouvrage pour lequel on en était réduit à des éditions imprimées ou lithographiées dans l'Inde, dont une partie est à peine lisible, et qui toutes étaient rares et difficiles à obtenir.

Si l'Europe n'a pas produit un grand nombre d'ouvrages sur la littérature persane, il en a paru d'autant plus en Perse et dans l'Inde. Depuis que les Orientaux ont appris à connaître la lithographie, ils ont presque entièrement abandonné l'imprimerie, qui ne leur a été jamais agréable, parce qu'elle n'admet pas la liberté dans la liaison et la combinaison des lettres, à laquelle leur calligraphie les a accoutumés. C'est un véritable malheur pour la littérature ; car la lithographie tend à perpétuer les défauts des manuscrits et à les exagérer encore. La nécessité de préparer la copie pour le compositeur et de corriger les épreuves, est un obstacle à ce qu'on emploie pour éditeurs des hommes peu lettrés, pendant que rien n'est plus simple et n'exige moins de connaissances que de remettre un manuscrit à un lithographe et de le faire reproduire. Aussi voyons-nous que les livres lithographiés, qui nous viennent aujourd'hui de l'Orient, sont en général moins corrects que les anciennes éditions imprimées dans l'Inde et en Perse, ou les ouvrages lithographiés autrefois à Bombai, sous la direction d'éditeurs européens. La lithographie paraît être devenue dans l'Inde, et même en Perse, un métier très-lucratif, ce qui, dans tous les cas, a le bon côté de faire produire un nombre très-considérable d'ouvrages, et souvent des ouvrages d'une grande étendue ; il est vrai que nous en profitons encore peu en Europe ; car rien n'est plus difficile que de se procurer ces éditions indigènes.

Je dois à M. de Khanikof, à Tiflis, une série complète des annonces de librairie de Tebriz et de Teheran ; mais je me contenterai d'indiquer le petit nombre de livres récemment publiés en Perse, que j'ai pu voir et examiner. Il a paru à

Teheran une édition de Firdousi[1], qui est la reproduction exacte de l'édition de Macan, et même de l'appendice, qui ne fait pas partie du *Livre des Rois*. Il est vrai que l'éditeur dit, dans sa préface, qu'il a collationné d'anciens manuscrits pour améliorer le texte ; mais c'est apparemment un mythe, et il n'a réellement ajouté à l'édition de Calcutta que des dessins fort mal faits. L'exécution lithographique est bonne et généralement correcte. On a publié aussi à Teheran une traduction persane des merveilles de la création, par Kazwini [2]. Le texte est accompagné de nombreuses figures, comme dans les manuscrits, et l'impression est inégale, mais lisible.

J'ai devant moi trois différentes éditions du *Mesnewi* de Djelaleddin Roumi, toutes lithographiées à Tebriz dans la même année et dans le même établissement [3], ce qui indique une grande imperfection dans les procédés. L'écriture en est médiocre et le tirage inégal et généralement mauvais. La grande sécheresse du climat, la médiocrité de l'outillage et la nature des pierres dont on se sert, et qui viennent, si je suis bien informé, des environs de Maragha, forment de grands obstacles au perfectionnement de la lithographie en Perse. Néanmoins elle a fait des progrès assez rapides. Un Manuel de généalogie et de chronologie, lithographié à Tebriz en 1846 [4], est presque illisible ; une édition des œuvres de Saadi, de la même ville, publiée en 1848 [5], est déjà beaucoup meilleure, de même qu'une édition des œuvres d'Anweri, de 1849 [6]. Enfin, une petite édition de Hafiz, de 1850 [7], laisse,

1. شاهنامهٔ حکیم ابو القاسم فردوسی طوسی ; Teheran, in-f°, 1267 de l'hégire.
2. L'ouvrage ne porte pas de titre ; il a paru en 1264 de l'hégire, à Teheran, in-fol.
3. Ces trois éditions sont grand in-4°, mais de dimensions un peu différentes. Elles n'ont ni titre, ni préface, et ont paru l'an 1264 de l'hégire. Quelques-unes des pierres ont servi à deux de ces éditions.
4. Tebriz, 1262, in-4. خلاصة التواریخ.
5. Sans titre, petit in-folio ; Tebriz, 1264 (643 p.).
6. Sans titre, petit in-folio ; Tebriz, 1266 (381 p.).
7. Sans titre, in-12 ; Tebriz, 1267.

sous le rapport du tirage, peu à désirer ; elle est écrite d'une main très-élégante, mais presque cursive, et est ornée de dessins qui passent pour des chefs-d'œuvre en Perse. Je ne saurais rien dire en leur faveur, si ce n'est qu'ils sont meilleurs que ceux qui défigurent le *Livre des Rois* de Teheran. Dans ces éditions récentes, on ne trouve plus les irrégularités et les négligences qui déparaient les premières, où l'on remarque quelquefois des pages entièrement blanches, ou des feuilles dont le *verso* est imposé à rebours du *recto*. La lithographie s'est aussi introduite depuis quelques années en Turquie, et paraît y prospérer, malgré la longue habitude que les Turcs ont acquise de se servir des ouvrages imprimés à l'Imprimerie impériale de Constantinople. Je possède une édition du Mesnewi de Djelaleddin Roumi [1], lithographiée l'année dernière à Constantinople, et assez bien exécutée. Enfin, j'ai à mentionner une édition lithographiée du *Dabistan*, qui a paru à Bombai [2]. On n'en possédait auparavant qu'une édition de Calcutta, 1809, fort mal imprimée. La nouvelle édition est exécutée avec beaucoup de soin, et porte sur les marges quelques gloses marginales, qui ne sont pas d'une grande importance, mais qui prouvent néanmoins un certain savoir de la part de l'éditeur.

Vous trouverez peut-être que j'ai tort de ne parler que de l'exécution matérielle de tant de nouvelles éditions ; mais on n'aperçoit dans presque aucune d'elles des traces d'un travail critique quelconque ; ce n'est évidemment qu'une multiplication de manuscrits par un moyen mécanique, où le mérite de l'édition dépend du choix accidentel du manuscrit qu'on a suivi et de l'exactitude du copiste. Au reste, si l'on ne nous donne pas un travail savant, on nous fournit au moins des moyens d'étude, ce qui sera un grand avantage quand il se

---

1. Sans titre, petit in-8°; Constantinople, 1268 de l'hégire, 2 vol. (119 et 602 p.).
2. كتاب دبستان المذاهب ; Bombay, 1264, in-fol. (334 p.).

trouvera un libraire européen assez intelligent et assez actif pour nous servir d'intermédiaire.

Les études sur l'Inde sont dirigées de plus en plus vers l'exploration de la littérature védique, et ce n'est ni sans raison ni sans nécessité. Au commencement de l'étude du sanscrit, on s'est adressé aux fleurs et aux fruits de l'arbre, à la poésie et la législation, mais peu à peu on a vu que toute cette civilisation n'était intelligible qu'en remontant jusqu'à ses origines. Heureusement c'est une chose possible dans l'Inde, parce que non-seulement les plus anciens hymnes, les produits les plus primitifs de l'esprit indien sont parvenus jusqu'à nous, mais encore tous les degrés que la nation avait à parcourir pour arriver au développement des idées philosophiques et législatives qui ont donné une forme définitive à la civilisation indienne, tous ces degrés sont marqués par des ouvrages, heureusement conservés, relatifs au culte, aux premiers essais de raisonnement théologique et philosophique, et aux premiers travaux sur la langue.

L'histoire de ce développement de l'esprit indien, qui remplit ce qu'on appelle l'époque védique, est encore très-obscure on entrevoit à peine comment, en partant des hymnes si simples des *Védas*, on a abouti à des systèmes philosophiques comme ceux que nous voyons formulés dans l'époque suivante. C'est en analysant les parties plus récentes des Védas, et les ouvrages qui s'y rattachent, les Brahmanas, les Sutras, les Upanischads, et en recueillant tous les indices que les premiers travaux des grammairiens nous transmettent, que l'on se rendra compte comment le culte multiple des phénomènes naturels a fini par être absorbé dans le panthéisme des Upanischads, et comment celui-ci a donné naissance aux systèmes philosophiques, qui, à leur tour, ont exercé une si grande influence directe et indirecte sur l'esprit de tous les peuples de cette famille. La littérature indienne est la seule qui nous permette de remonter jusque dans l'enfance de la pensée humaine, et d'en suivre la croissance jusqu'à ce qu'elle soit arrivée à sa maturité, et c'est là ce qui lui donne une valeur si haute dans l'histoire de l'humanité.

Toute la série des ouvrages védiques trouve aujourd'hui des éditeurs et des traducteurs. M. Langlois a terminé sa traduction du *Rigvéda* [1], la première complète qui ait été faite du premier et du plus considérable des Védas. Il y a suivi la tradition indienne, telle que les meilleurs commentateurs, surtout Sayana, la donnent. C'était la marche naturelle ; il faut d'abord savoir comment les Indiens eux-mêmes entendent ces hymnes, et puis la critique européenne examinera si cette tradition a substitué des idées et des tendances modernes au sens antique.

Le quatrième Véda, l'*Atharva*, le seul dont on ne se fût pas encore occupé, a trouvé des éditeurs excellents en MM. Roth et Whitney. Ce Véda, le plus moderne de tous, n'a jamais été mis parmi les Brahmanes sur la même ligne que les trois premiers, et n'a même jamais été commenté. Il diffère des autres sensiblement par sa composition, qui, outre des hymnes empruntés aux autres Védas, comprend, d'un côté, une quantité de formules de magie, de l'autre des hymnes qui trahissent déjà une pensée philosophique. Il appartient évidemment à une époque de transition où le sentiment religieux se décomposait, allant d'un côté vers les superstitions du vulgaire, de l'autre vers les spéculations philosophiques des penseurs. Ce caractère intermédiaire rend l'Atharva Véda infiniment curieux. Les éditeurs se proposent de l'accompagner d'un commentaire.

M. Weber, à Berlin, continue sa publication du Yadjur Véda blanc [2], et M. Roer, à Calcutta, s'est chargé de faire imprimer le Yadjur noir, aussitôt qu'il aura réuni des manuscrits suffi-

---

1. *Le Rigvéda*, ou le livre des hymnes, traduit du sanscrit, par M. Langlois ; vol. IV, Paris, 1851, in-8° (544 p.).
2. *The white Yajurveda*, edited by A. Weber. Vol. II, cah. 2, 3 ; Berlin, 1853, in-4° (p. 135-433).

sants, ce qui complétera entièrement la série des Védas proprement dits, c'est-à-dire des hymnes. Mais il se rattache à ce noyau un nombre considérable de traités de diverses espèces dont une des principales consiste en Upanischads, qui sont le résultat et l'expression du travail théologique que les Brahmanes ont fait sur les hymnes pendant toute la durée de l'époque védique, et peut-être encore plus tard. Ils traitent en partie du culte et des devoirs des Brahmanes, mais surtout de la nature de Dieu et de ses rapports avec le monde. Ils forment le passage des hymnes aux systèmes philosophiques, et sont peut-être en partie déjà l'effet d'une réaction philosophique contre les croyances primitives. Il s'est conservé à peu près cent de ces traités, qui forment pour les Brahmanes la règle de leur foi, et pour la critique européenne le moyen principal d'analyser et de suivre la formation graduelle des idées indiennes. Pour les Européens dans l'Inde, la connaissance des Upanischads a une importance toute particulière, parce qu'elle leur permet de pénétrer jusqu'au fond et à la véritable source de la manière de penser et sentir de ceux qui ont une éducation savante, et elle est devenue une véritable nécessité dans le contact plus intime de ces deux races. Le premier qui ait fait connaître les Upanischads est Anquetil du Perron, dont l'*Oupnekhat* est tiré d'une traduction persane de cinquante-deux de ces traités. L'obscurité presque impénétrable de cet ouvrage n'était pas faite pour attirer l'attention sur un sujet qui d'ailleurs ne se rattachait à presque rien de ce qu'on savait alors de l'Inde. Plus tard on a publié plusieurs fois dans l'Inde et en Europe cinq de ces traités, les plus courts et les plus populaires. Maintenant M. Roer a entrepris d'insérer dans la *Bibliotheca indica* la série complète des Upanischads, accompagnés de commentaires indiens et suivis d'une traduction anglaise. Jusqu'à présent il en a fait paraître onze, dont sept avec une traduction[1].

---

1. *Bibliotheca indica;* Calcutta, in-8°. Les volumes II, III, VII, VIII et XV de la collection contiennent des Upanischads.

Il serait impossible de donner en peu de mots une idée nette de l'ardeur avec laquelle les savants remuent aujourd'hui toutes les questions qui s'attachent aux Védas; mais le journal que M. Weber publie, et qui est entièrement consacré à l'Inde[1], et surtout un volume qu'il vient de faire paraître sur l'histoire de la littérature indienne [2], et dont la plus grande partie est consacrée à l'époque védique, sont des ouvrages qui contiennent un tableau très-intéressant de l'importance, de la méthode et de l'état actuel de ces études. L'Essai sur la littérature indienne est écrit avec l'entraînante vivacité d'un homme qui se voit à l'entrée d'une nouvelle science et tâche d'en mesurer les profondeurs. Il expose les résultats obtenus, discute les points douteux, indique les lacunes à remplir, les secours qui manquent encore, et cherche à s'orienter dans une époque littéraire à laquelle l'absence de toute date historique donne au premier abord l'apparence d'un chaos. Probablement bien des points qui paraissent aujourd'hui décidés seront modifiés plus tard; mais quand on se rappelle l'état de la science il y a trente ans, où le spécimen de la traduction du *Rigvéda* de Rosen était un véritable événement littéraire, on ne peut qu'admirer les progrès qui ont été faits et rester convaincu que les grands problèmes historiques dont il s'agit seront résolus.

De toutes les parties de la littérature sanscrite postérieure à l'époque védique, c'est la partie philosophique qui a attiré récemment le plus d'attention. Les Mémoires de Colebrooke, qui donnent un résumé très-exact, quoiqu'un peu sec, des doctrines des grandes écoles, avaient longtemps suffi à la curiosité de l'Europe; mais, dans ces dernières années, il s'est élevé, de la façon la plus inattendue, un conflit très-vif entre ces vieilles philosophies et les doctrines européennes, et aujourd'hui Aristote et Bacon sont l'objet de discussions presque passionnées

---

1. *Indische Studien*. Beitræge für die Kunde des indischen Alterthums, von Dr A. Weber, vol. II; Berlin, 1852, in-8° (484 p.).
2. *Akademische Vorlesungen über indische Literaturgeschichte*, von Dr A. Weber; Berlin, 1852, in-8° (VI et 284 p.).

dans la sainte ville de Bénarès, d'où était sorti autrefois le germe de toutes ces spéculations, qui y reviennent aujourd'hui développées, dépouillées de leur vieille écorce indienne, qu'il est si difficile de percer, et rendues plus claires par le génie européen. La Compagnie des Indes avait fondé en 1791 à Bénarès, un collége de hautes études indiennes où toutes les sciences furent enseignées par des Brahmanes, d'après leurs propres méthodes et entièrement à leur ancienne manière; on alla si loin que l'astrologie y a été enseignée officiellement presque jusqu'à notre temps. Plus tard, on établit des classes anglaises à côté des classes brahmaniques, et récemment le savant directeur de l'école, M. Ballantyne résolut de faire l'essai de greffer sur le fonds brahmanique les progrès que les sciences avaient faits en Europe. Il prit pour base le système du Nyaya, qui offre le plus de terrain commun aux deux partis, parce qu'il consiste essentiellement dans la logique et ne traite que subsidiairement des matières métaphysiques. Il publia[1] les Aphorismes du Nyaya avec une traduction anglaise et en fit le thème de sa discussion.

1. Voici la liste des publications de M. Ballantyne qui se rapportent à ce sujet, autant que j'ai pu me les procurer :
Lectures on the Nyaya philosophy, embracing the text of the Tarka Sangraha; Allahabad, 1849, in-8° (63 p.).
The Aphorisms of the Nyaya philosophy by Gautama, with illustrative extracts from the commentary of Wiswanatha. In sanskrit and english; Allahabad, 1850, in-8° (56 p.).
A lecture on the Sankhya philosophy, embracing the text of the Tattwa Samasa; Mirzapore, 1850, in-8° (65 p).
The Aphorisms of the Mimansa philosophy by Jaimini, with extracts from the commentaries in sanskrit and english; Allahabad, 1851, in-8° (36 p.).
The Aphorisms of the Vedanta philosophy by Badarayana, with illustrative extracts from the commentary. In sanskrit and english; Mirzapore, 1851, in-8° (51 p.).
A lecture on the Vedanta, embracing the text of the Vedanta Sara; Allahabad, 1851, in-8° (84 p.).
The Aphorisms of the Vaiseshika philosophy of Kanda, with illustrative extracts from the commentary by Sankara Misra; Mirzapore, 1851, in-8° (34 p.).
The Tarka Sangraha or Annam Bhatta, with a hindi paraphrase and english version; Allahabad. 1851, in-8° (24 et 48 p.).
A Dialogue in sanskrit, with an english version on the new Nyaya of

Bientôt il se vit entraîné à étendre sa controverse au cercle entier de la philosophie indiennne, et j'ai devant moi les Aphorismes des cinq écoles principales, du Sankhya, du Nyaya, du Mimansa, du Védanta et du Vaiseschika, publiés par lui avec une traduction anglaise et accompagnés de leçons sur quelques-uns de ces systèmes. M. Ballantyne dit qu'il ne les a fait imprimer que pour les soumettre à ses antagonistes brahmanes et faire critiquer par eux sa manière de les interpréter ; plus tard, et quand la discussion ardente que soulève le conflit aura bien fixé le sens des termes, il se propose de publier un ouvrage complet sur tous les systèmes de la philosophie indienne, et je vois, par une annonce, qu'il est sur le point de faire paraître la traduction d'un exposé du Sankhya.

Ce même système du Sankhya a été, à Paris, l'objet d'un mémoire étendu de M. Barthélemy Saint-Hilaire [1], qui avait déjà publié, il y a quelques années, une étude semblable sur le Nyaya. Il s'est servi des vers mnémoniques du fondateur de l'école, Kapila, dont il donne une nouvelle traduction, et se livre à l'examen le plus détaillé du système. Ensuite il discute l'époque de Kapila et les conséquences historiques de son enseignement ; il croit que Bouddha Sakiamouni lui a emprunté la base philosophique de son enseignement religieux ; s'il en était ainsi, Kapila serait de tous les philosophes certainement celui qui aurait exercé la plus grande influence sur le monde.

the sage Pratnavidyalayiya, published for the edification of the Benares pandits; Benares, 1849, in-8° (5 et 8 p.).

Concerning criticism on oriental matters in general and the Nyaya in particular; Mirzapore, in-8°, 1849 (15 p.), tiré du *Benares Magazine.*

On the argumentative portion of the Nyaya philosophy (9 p.), sans date ni lieu d'impression.

On the Nyaya system of philosophy, and the correspondence of its divisions with those of modern science (18 p.), sans lieu d'impression ni date.

1. *Premier Mémoire sur le Sankhya*, par M. Barthélemy Saint-Hilaire ; Paris, 1852, in-4° (456 p.), tiré des *Mémoires de l'Académie des sciences morales et politiques.*

Notre connaissance de la poésie épique des Hindous a gagné par le progrès qu'ont fait les traductions du *Ramayana*. M. Gorresio a publié le second volume de sa belle traduction italienne de ce poëme[1], et M. Parisot a fait paraître le premier volume de sa traduction française, contenant le premier livre du Ramayana[2]. M. Parisot a adopté le texte de M. Gorresio, qui, comme vous savez, représente la rédaction bengali du poëme. M. Parisot accompagne son travail de notes courtes, mais nombreuses, dans lesquelles il indique ses raisons quand il s'écarte de la traduction de M. Gorresio, et donne d'autres éclaircissements quand ils peuvent se résumer en peu de mots; il renvoie l'examen des grandes questions qui se rattachent à ce poëme à des dissertations qui doivent précéder chaque volume. Cette traduction commence d'une façon assez bizarre par un poëme sanscrit du traducteur à la mémoire de M. Burnouf.

J'arrive aux travaux sur les *Pouranas*, ces derniers monuments de la littérature sanscrite, pour me servir d'une expression empruntée à une brochure récente de M. Nève[3], expression qu'il ne faut au reste accepter qu'avec certaines restrictions. Ce sont dix-huit recueils immenses dont l'objet principal est la mythologie, surtout la vie de Krischna, mais dans lesquels on a trouvé moyen d'encadrer des traditions de tout genre; de l'histoire, des généalogies, des dogmes, de la métaphysique, des descriptions poétiques de toute espèce; ce sont des livres qui n'ont d'analogie avec aucun autre dans aucune littérature, et où tout se tient, parce que tout est sorti du mouvement unique d'une civilisation qui n'avait jamais subi d'influence étrangère.

1. *Ramayana*, poema sanscrito di Valmici, traduzione italiana con note dal testo della scuola Gaudana, per Gaspare Gorresio, vol. II; Paris, 1851, in-8 (LXXV et 364 p.).
2. *Le Ramayana de Valmiki*, traduit pour la première fois du sanscrit en français, avec des études sur les questions les plus graves relatives à ce poëme, par Val. Parisot, t. I; Paris, 1853, in-8 (XLIII et 332 p.).
3. *Les Pouranas*, étude sur les derniers monuments de la littérature sanscrite, par M. Nève; Paris, 1852, in-8 (55 p.).

Une grande partie des matériaux des Pouranas est ancienne, mais la forme dans laquelle nous les avons paraît être l'expression du brahmanisme après sa lutte avec le bouddhisme, de sorte qu'on y trouve des débris de toutes les époques de la civilisation indienne et des réminiscences de tous les temps. Ces livres n'ont pas l'autorité sacrée des Védas et des Upanischads; mais la religion du peuple est entièrement basée sur eux, et leur influence sur les croyances, les sentiments et la morale des Hindous est immense. M. Wilson a publié la traduction du *Vischnou Pourana;* M. Bernouf a fait paraître une grande partie du texte et de la traduction du *Bhagavata Pourana*, et, en attendant qu'on se décide à faire achever cette grande entreprise, M. Pavie a donné la traduction du dixième livre de ce Pourana, d'après la rédaction populaire faite en hindi par Lalatch Kab[1]. Il a voulu offrir aux lecteurs européens l'histoire mythologique de Krischna, dans une forme plus concise que ne le sont les récits des Pouranas. La grande étendue de ces poëmes est le véritable obstacle qui s'est opposé jusqu'ici à leur publication; M. Wilson avait entrepris le travail énorme d'en faire une traduction, partiellement abrégée, qui est restée en manuscrit, le traducteur ayant reculé devant l'impression d'un ouvrage aussi considérable; mais aujourd'hui l'avidité de la science européenne de tout connaître et le besoin des Anglais dans l'Inde d'approfondir les croyances de leurs sujets, vont triompher de cette difficulté. La Société asiatique de Calcutta a décidé qu'elle publierait la collection entière des Pouranas, texte et traduction, dans sa *Bibliotheca indica*. Elle en a chargé un brahmane converti, le révérend K. M. Banerjea, qui a commencé par le Markandeya[2], le plus ancien des Pouranas. Il n'est arrivé en Europe, jusqu'à présent, que

---

1. *Krichna et sa doctrine*, Bhagavat dasam askand, dixième livre du Bhagavat Pourana, traduit sur le manuscrit hindoui de Lalatch Kab, par Th. Pavie; Paris, 1852, in-8 (LX et 420 p.).
2. *Purana Sangraha*, or a collection of the Puranas, in the original sanscrit, with an english translation, edited by rev. R. M. Banerjea N° 1, Markandeya Purana; Calcuta, 1851, in-8 (XI et 88 p.).

le premier cahier de cette immense publication. Le texte et la traduction se trouvent sur la même page et entre les deux son placées un petit nombre de variantes.

Les moyens d'études se multiplient, pour le sanscrit, en proportion de l'activité des indianistes, et il est rare qu'une année se passe sans produire de nouvelles grammaires. M. Ballantyne a fait paraître une édition et une traduction du *Laghou Kamoudi*, de Vahadaradja[1], grammaire indigène très en usage dans les écoles brahmaniques, et qui a été composée dans le but de rendre plus systématique l'arrangement de Panini, afin de soulager ainsi la mémoire de l'élève, que la complication des règles et des exceptions chez Panini surcharge. M. Ballantyne, pour donner de nouvelles facilités aux étudiants, a ajouté à chaque règle des exemples, un commentaire concis et des renvois aux règles précédentes. Son intention a probablement été bien plus d'abréger, pour les élèves indiens qui sauraient l'anglais, le temps très-considérable qu'ils étaient obligés de dévouer à la grammaire sanscrite, que d'inviter les Européens à se servir du Laghou Kamoudi. M. Benfey, à Gœttingue, a publié une nouvelle grammaire sanscrite en allemand[2], où il s'efforce de réunir, dans un ordre et sous une forme qui ne répugnent pas aux habitudes du lecteur européen, toutes les règles indiquées par les grammairiens indiens (à l'exception de celles qu'il croit inventées pour des cas imaginaires), et celles que la lecture des Védas et des poëmes épiques lui a suggérées.

La difficulté de se procurer des dictionnaires sanscrits, qui depuis quelques années est devenue un véritable obstacle

---

1. *The Laghu Kaumudi*, a sanscrit grammar by Varadaraja, with an english version, commentary and references; Mirzapore, 1849, in-8 (480 p.).
2. *Vollstaendige Grammatik der Sanskritsprache*, zum Gebrauch bei Vorlesungen und zum Selbststudium. von Th. Benfey; Leipzig, 1852 in-8 (XII et 449 p.).

pour l'étude de cette langue, va disparaître ; non-seulement M. Wilson prépare la troisième édition de son dictionnaire, mais MM. Bœthlingk et Roth vont commencer la publication d'un *Thesaurus* sanscrit, dans lequel chaque signification sera accompagnée de phrases et de preuves empruntées aux Védas et à la littérature classique des Hindous. Cet ouvrage paraîtra aux frais de l'Académie de Saint-Pétersbourg. M. Monier Williams a publié à Londres un dictionnaire anglais-sanscrit[1], ouvrage auquel certainement bien peu de personnes se seront attendues. Le but immédiat de l'auteur est de fournir aux élèves de Haileybury un aide pour leurs thèmes sanscrits ; mais ce livre sera en outre utile à beaucoup de personnes dans l'Inde, surtout aux missionnaires pour leurs discussions avec les brahmanes, et il servira en Europe aux savants qui s'occupent de grammaire comparée et d'étymologie ; car aujourd'hui que la connaissance du sanscrit a donné une base scientifique aux étymologies, on remplace partout les fantaisies qui avaient fait le bonheur des anciens étymologistes, en établissant les véritables rapports des langues européennes avec le sanscrit. C'est dans cette intention que M. Holmboë a publié une excellente comparaison grammaticale et lexicographique des dialectes scandinaves avec le sanscrit[2], travail qui s'étend aux étymologies des autres langues de la même souche, et M. Delâtre a commencé à rendre le même service à la langue française[3].

Le résultat le plus frappant de ces études si variées et si profondes de la littérature sanscrite est le rétablissement gra-

---

1. *A Dictionary english and sanskrit*, by Monier Williams ; Londres, 1851, in-4 (XII et 859 p.).
2. *Det norske Sprogs wæsentligste Ordforraad*, sammenlignet med Sanskrit og andre Sprog af samme Æt, af Chr. And Holmboe ; Vienne, 1852, in-4 (XX et 496 p.). Cet ouvrage sort des presses de l'Imprimerie impériale de Vienne.
3. *La langue française dans ses rapports avec le sanscrit et les autres langues européennes*, par M. Louis Delâtre ; Paris, 1853, in-8 (livraisons 1 et 2).

duel de l'histoire de l'Inde ancienne, ou plutôt la création de
cette histoire, car les Indiens eux-mêmes n'ont jamais eu
l'idée de l'écrire ni d'aider en rien à ce qu'elle se conserve.
Autant ils ont tenu à préserver de l'oubli ce que leurs ancêtres
avaient pensé, autant ils ont traité avec une sorte de mépris ce
qu'ils avaient fait. Il a donc fallu essayer de reconstruire leur
passé avec les traces que chaque siècle laisse nécessairement
sur les œuvres de tout genre qu'il produit; il a fallu refaire
une histoire approximative et souvent par époques plutôt que
par règnes et par années, avec les indications que l'on peut tirer de la langue et des formes grammaticales, avec l'histoire
des idées, avec les données que contiennent les ouvrages de
législation, avec des généalogies vagues et confuses, avec les
faibles échos que les événements ont laissés dans la mythologie et dans les poëmes épiques des temps postérieurs, avec
des inscriptions, avec des allusions dramatiques, avec des actes
de ventes ou de donations qu'on a trouvés sous terre, avec les
ndices que fournissent des médailles, avec les récits que nous
ont laissé des conquérants ou des voyageurs étrangers, avec
les dates que nous fournissent les bouddhistes qui heureusement, ont toujours été moins insouciants de chronologie que
les brahmanes. Il faut lire les Antiquités de l'Inde[1] par M. Lassen, pour se convaincre de ce que le savoir et la critique européenne ont jusqu'ici pu tirer de ces éléments; on y voit avec
étonnement une histoire de l'Inde sortir de tous ces matériaux
hétérogènes; on voit renaître un tableau intelligible de ces
temps anciens; comme une sorte de mosaïque où les circonstances les plus minimes en apparence, les indications les plus
isolées trouvent leur place et se groupent autour d'un petit
nombre de points de repère. Le sujet n'est pas épuisé; chaque
année apporte un nouveau tribut de faits pour remplir les lacunes de cette histoire, mais il est surprenant qu'on ait pu
créer ce cadre, réunir tout ce qui est déjà réuni et circonscrire

1. *Indische Alterthumskunde*, von Christian Lassen, vol. II; Bonn, 1853,
in-8 (1182 et LII p.).

l'inconnu comme on l'a circonscrit. Certainement l'histoire politique de l'Inde restera toujours fort incomplète et pleine de lacunes ; mais il est probable que son histoire morale et sociale sera un jour mieux connue que celle d'aucun peuple de la haute antiquité, et l'on ne peut trop savoir gré à M. Lassen de n'avoir pas désespéré d'un pareil sujet et d'avoir, le premier, osé refaire l'histoire de l'Inde.

Je n'ai parlé jusqu'ici que d'ouvrages appartenant à la littérature brahmanique ; il me reste à dire quelques mots sur ceux qui traitent du bouddhisme. Le seul parmi eux qui soit tiré du sanscrit est l'ouvrage posthume du grand savant que nous avons perdu si prématurément et qui a laissé un si grand vide parmi nous ; c'est le *Lotus de la bonne loi*, par M. Burnouf[1]. L'auteur s'était proposé de publier une traduction complète d'un des ouvrages népalais que la Société doit à M. Hodgson ; il devait la faire précéder d'un essai sur l'histoire du bouddhisme et traiter dans les notes des questions de détail. Mais l'introduction dépassa bientôt les proportions que l'auteur lui avait assignées, et il se détermina à la publier à part en deux volumes, qui devaient contenir l'histoire du bouddhisme du nord et du midi. C'est ainsi que parut le premier volume de l'*Introduction à l'histoire du buddhisme indien*, qui fut accueilli avec tant de joie par tout ce qu'il y a de savants en Europe et dans l'Inde. Avant de publier le second volume, qui devait traiter de l'histoire du bouddhisme du midi, M. Burnouf reprit le Lotus, qui était imprimé depuis longtemps, et qu'il voulut accompagner de quelques mémoires sur des sujets qui exigeaient trop de développement pour qu'ils eussent pu entrer dans l'Introduction, mais auxquels il avait besoin de renvoyer dans le second volume. Cet ouvrage s'accrut sous ses mains comme la première fois, et l'auteur n'eut pas le temps de le terminer entièrement. La fatigue de ce travail,

---

1. Le *Lotus de la bonne loi*, traduit du sanscrit, accompagné d'un commentaire et de vingt et un mémoires relatifs au buddhisme, par M. E. Burnouf Paris, 1852, in-4 (897 p.).

dont il poussait l'achèvement avec une ardeur fiévreuse, tut trop pour lui, et il mourut de l'épuisement produit par une application trop continue. Il faudrait avoir bien plus d'espace que je n'en ai ici pour donner une idée exacte de ce volume, qui contient, outre la traduction et le commentaire du Lotus, vingt et un mémoires sur des sujets très-variés et, en partie, d'une étendue très-considérable. C'est une mine de renseignements historiques et philologiques sur le bouddhisme indien, dans laquelle on trouvera l'explication d'un grand nombre de points obscurs, éclaircis avec cette netteté qui était un des premiers besoins de l'esprit de M. Burnouf et la véritable source des grandes découvertes qui l'ont illustré. Quand il était arrêté par une difficulté, si petit que fût en apparence le point dont il s'agissait, il n'avait de repos qu'il ne s'en fût rendu compte, ne se contentant jamais d'un à peu près, mais creusant la question jusqu'à ce que le sujet fût épuisé. Aussi ne doit-on pas s'étonner de trouver dans ce volume les dissertations les plus importantes pour l'histoire ou l'intelligence du bouddhisme, amenées par la nécessité d'expliquer un mot, comme, par exemple, cette grande et belle discussion sur les édits d'Asoka. L'auteur a laissé des matériaux immenses préparés pour le second volume de l'Introduction, et consistant principalement dans des traductions d'ouvrages en pali, en singalais et en birman. Il est probable qu'on en publiera une partie; mais ils ne pourront jamais tenir lieu de l'histoire du bouddhisme du midi, à laquelle ils étaient destinés.

Il a paru récemment un travail sur le bouddhisme de l'Inde méridionale, qui ne remplit pas non plus cette lacune, parce qu'il est pris d'un tout autre point de vue, mais qui n'en est pas moins un ouvrage fort remarquable. Ce sont les deux volumes que M. Spence Hardy a publiés, et dont l'un porte le titre de *Monachisme oriental*[1] et l'autre de *Manuel du boud-*

---

1. *Eastern Monachism*, an account of the origin, laws, discipline, sacred writings, mysterious rites, religious ceremonies and present circumstances

dhisme. M. Spence Hardy a été vingt ans missionnaire à Ceylan, où il apprit le singalais et réunit une bibliothèque très-nombreuse de manuscrits relatifs au bouddhisme. Il étudia les doctrines bouddhistes à l'aide des prêtres singalais, et prépara ainsi des matériaux nombreux dont il a tiré ces deux volumes à son retour en Angleterre. Le volume qu'il intitule Monachisme traite de l'organisation extérieure du bouddhisme, des prêtres, de leur ordination, de leurs vœux, de leur manière de ivre, des livres sacrés et du culte, pendant que le *Manuel du bouddhisme* est consacré exclusivement à la doctrine, telle qu'elle est aujourd'hui acceptée et enseignée à Ceylan. M. Hardy se sert des traductions singalaises des livres écrits en pali; mais comme elles sont toujours très-littérales et généralement accompagnées de commentaires, il n'y a là que peu de danger d'erreurs, d'autant plus que des recherches historiques ou philosophiques, qui pourraient exiger la connaissance de la langue des livres originaux, n'entrent pas dans le plan de M. Hardy. Son exposition des doctrines bouddhistes consiste presque entièrement dans des traductions, dont il indique chaque fois la source, de sorte que son Manuel représente à peu près une chrestomathie méthodique du bouddhisme singalais, et forme l'ouvrage le plus complet et le plus instructif que nous ayons sur ce sujet.

M. Latter, l'auteur de la meilleure grammaire birmane qui existe, a fait imprimer à Maulmein trois ouvrages bouddhistes en birman [1], dont le premier contient une collection d'anecdotes pieuses, le second, la vie et les discours de Sakiamouni, et le troisième l'explication des termes techniques de la théologie. Cet ouvrage est destiné aux écoles birmanes du gou-

of the order of mendicants founded by Gotama Budha, by R. Spence Hardy; London, 1850, in-8 (443 p.).
A Manual of Budhism in its modern development, translated from singhalese mss., by R. Spence Hardy; London, 1853, in-8 (xvi et 533 p.).
[1]. *Selections from the vernacular boodhist literature of Burmah*, by T. Latter; Maulmein, 1850, in-4 (viii et 199 p.).

vernement anglais, et ne peut, dans son état actuel, servir guère au delà de leurs murs, car les textes qu'il donne ne sont pas accompagnés de traduction.

M. Chester Bennet, missionnaire américain, a traduit du birman une vie de Bouddha[1]. Cette biographie est, comme toutes celles que nous connaissons jusqu'à présent, noyée dans des flots de légendes et de mythologie, dans lesquels le personnage naturel de Bouddha disparaît en grande partie. On y trouve de temps en temps des traits et des discours évidemment vrais, tels qu'on en attend de la part d'un grand homme qui a su se mettre au-dessus des habitudes d'esprit de son temps et de sa race, et qui a exercé une influence si humaine, si durable, et je crois en somme si favorable sur une partie considérable du genre humain. Il faut espérer qu'on recomposera un jour sa vie véritable à l'aide des récits que contiennent les ouvrages de ses premiers disciples, car plus on s'éloigne de son époque, plus on trouve les souvenirs de l'homme défigurés par l'amour du merveilleux et les progrès d'une mythologie monstrueuse.

Enfin nous arrivons à la littérature chinoise, où nous retrouvons le bouddhisme dans un travail très-remarquable, publié par M. Stanislas Julien, sous le titre d'*Histoire de la vie de Hiouen-thsang*[2]. On sait combien M. Rémusat attachait de prix aux relations écrites par les pèlerins bouddhistes chinois de leurs voyages dans l'Inde. Il annonça, quelques mois avant

---

1. *Life of Gaudama*, a translation from the burmese book entitled *Mala-len-ga-ra Wottoo*, by the rev. Chester Bennet (dans le *Journal of the American oriental Society*, vol. III, p. 1-164).
2. *Histoire de la vie de Hiouen-thsang et de ses voyages dans l'Inde*, depuis l'an 620 jusqu'en 645, par Hoeï-li et Yen-thsong, suivie de documents et d'éclaircissements géographiques tirés de la relation originale de Hiouen-thsang, traduite du chinois, par Stanislas Julien; Paris, 1853, in-8 (LXXXIV et 472 p.).

sa mort, qu'il mettrait prochainement sous presse un ouvrage sur les voyages des Samanéens dans l'Inde. Malheureusement il mourut avant d'avoir achevé la traduction et le commentaires du Foë kouei ki, qui devait former le premier volume de cette publication. Le dévouement de ses amis pourvut à l'achèvement et à l'impression du Foë kouei ki, que les indianistes reçurent comme une véritable conquête pour l'histoire de l'Inde, malgré des défauts inévitables dans tout ouvrage posthume. Le second volume devait contenir la discussion de la partie géographique du voyage de Hiouen-thsang, dont M. Rémusat ne paraît pas avoir possédé la relation entière. C'est dans cet état que ces études passèrent entre les mains de M. Julien, qui ne tarda pas à se procurer, non-seulement la relation complète de Hiouen-thsang lui-même, mais encore sa biographie, écrite après sa mort par deux de ses disciples. Mais il trouva de grandes difficultés dans ces ouvrages, difficultés qui venaient avant tout de la transcription chinoise des noms propres, des noms de lieux et des titres de livres sanscrits. Le son des mots chinois était un indice incertain et souvent trompeur; le système de transcription avait été changé plusieurs fois, de sorte qu'un résultat obtenu pour un livre récent ne servait à rien pour un plus ancien, et pour ajouter à la confusion, très-souvent des mots chinois, qui paraissaient une transcription du son, étaient, au contraire, la traduction d'un nom indien significatif. M. Rémusat n'avait réussi qu'imparfaitement à vaincre cette difficulté, et M. Julien se livra avec une ardeur et une constance admirables à des travaux longs et ardus pour découvrir une règle sûre qui pût le guider à travers ce dédale. Je ne puis le suivre dans l'exposé de tous les efforts qu'il fit pour surmonter ce formidable obstacle; qu'il me suffise de dire qu'il put, en 1849, imprimer dans le Journal asiatique la transcription de neuf cents titres de livres bouddhistes sanscrits, qu'il avait tirés du chinois. Il reprit alors la publication du voyage de Hiouen-thsang; mais il le possédait sous deux formes : dans la rédaction du voyageur même, et dans celle de ses biographes. On se serait attendu à ce qu'il eût choisi la première, et se fût servi de la seconde comme supplément et pour en tirer des éclaircissements, car il s'agissait d'un document historique de la plus grande importance, qu'on devait désirer posséder dans sa forme la plus ancienne et la plus authentique. M. Julien choisit comme texte à traduire la biographie, en réservant la relation du voyageur même pour les éclaircissements et les suppléments. Les raisons qui l'auront déterminé à cette déviation de la marche que la nature des choses paraissait prescrire, doivent être très-fortes; mais je regrette qu'il n'ait pas cru devoir les indiquer. Quoi qu'il en soit, l'ouvrage que publie M. Julien est du plus haut intérêt. Hiouen-thsang quitta la Chine l'an 629, et y revint après dix-sept ans de voyages en Tartarie, dans la Bactriane et dans la plus grande partie de l'Inde. Une grande réputation de savoir et de sainteté l'avait précédé; il fut reçu par l'empereur comme un père spirituel, comblé de plus d'honneurs qu'il n'en voulait accepter, et employé à traduire et à faire traduire les ouvrages bouddhistes sanscrits. Ces rapports entre l'empereur et le vénérable pèlerin sont un épisode très-curieux et très-caractéristique des mœurs de ce temps; mais le grand intérêt du livre consiste dans ce qu'il nous apprend sur l'Inde. Il y a, il est vrai, un inconvénient dans tous ces voyageurs bouddhistes : ils ne s'occupent que de leurs coreligionnaires, et l'on croirait, en lisant Hiouen-thsang, qu'au VIIe siècle l'Inde était entièrement bouddhiste, ce qui est loin d'être la vérité. Il en est d'eux comme des voyageurs juifs du moyen âge, qui font tellement abstraction des chrétiens, qu'on dirait, d'après leurs livres, que l'Europe n'était alors peuplée que par des Israélites. Cette tendance d'esprit nous a privés sans doute de beaucoup de renseignements que Hiouen-thsang aurait pu nous donner sur l'Inde brahmanique; mais elle ne nuit en rien à l'exactitude de ce qu'il dit sur l'Inde bouddhique, et à l'importance des faits et des dates qu'il nous fournit pour l'histoire d'un pays qui nous en donne si peu lui-même. Chaque nom d'homme ou de livre dans l'Inde, qui acquiert une date fixe, est un jalon de plus pour l'histoire de ce pays, et l'on comprend aisément de quelle importance est le travail ingénieux de M. Julien, qui nous permet de les retrouver. Dans tous les cas où l'auteur chinois indique le son et le sens d'un mot sanscrit, on peut être à peu près sûr de la restitution de M. Julien; quand l'auteur n'indique que le son, les règles de transcription que M. Julien a trouvées déterminent encore presque avec certitude le mot sanscrit; mais quand il n'indique que le sens, il peut rester des doutes sur les noms formés par le traducteur d'après cette donnée nécessairement un peu vague. Mais ce qui est positivement acquis à l'histoire est un gain énorme, et des renseignements venus d'autres côtés contribueront probablement à mettre hors de contestation les points qui aujourd'hui ne peuvent pas encore être fixés avec certitude, et que M. Julien a eu soin de marquer lui-même. Il termine son volume par un appendice géographique arrangé alphabétiquement et tiré du grand ouvrage de Hiouen-thsang lui-même. Il nous fait espérer un second volume, qui contiendra une analyse détaillée de l'ouvrage original, une traduction complète de la description du Maghada, les voyages et les vies des autres pèlerins chinois dans l'Inde, des renseignements bibliographiques sur les ouvrages sanscrits qu'ils citent, une chronologie bouddhiste, la vie des patriarches et deux cartes chinoises de l'Inde, de sorte que le lecteur aura sous les yeux tous les renseignements sur l'Inde que peuvent fournir les bouddhistes chinois. Je ne puis terminer mes remarques sur ce livre sans un mot de regret sur la manière dont l'auteur parle de M. Rémusat. Je crois que beaucoup de lecteurs de l'ouvrage auront trouvé, comme moi, que le nom du restaurateur des lettres chinoises en Europe a droit à être prononcé avec plus de respect.

Sur la littérature chinoise proprement dite, il n'a paru, à ma connaissance, que le *Siècle des Youên* de M. Bazin[1]. C'est la

1. *Le Siècle des Youên*, ou tableau historique de la littérature chinoise depuis l'avénement des empereurs mogols jusqu'à la restauration des

réunion d'une série d'articles que vous aurez remarqués dans le Journal asiatique, et dans lesquels M. Bazin nous a retracé le tableau de la littérature savante et populaire des Chinois sous la dynastie mongole. Les notices sur les ouvrages savants sont pour la plupart empruntées au catalogue raisonné de la bibliothèque impériale de Pékin, et elles réunissent naturellement un degré d'exactitude et de connaissance de la bibliographie chinoise qu'il eût été impossible d'acquérir dans une bibliothèque en Europe; elles nous donnent en même temps un spécimen favorable de la critique littéraire de ce peuple lettré; les notices sur les ouvrages populaires sont le résultat des lectures personnelles de M. Bazin, car la bibliothèque impériale de Pékin dédaigne, à ce qu'il paraît, les romans et les pièces de théâtre, et cela nous a valu des extraits et des notices faites dans le sens européen, et infiniment plus curieuses pour nous que si elles avaient été empruntées aux meilleurs critiques chinois. C'est la première fois qu'on met devant les yeux de l'Europe le tableau complet d'une époque littéraire de la Chine.

J'ignore quels travaux les Européens en Chine ont pu faire paraître récemment: nos communications sont si imparfaites et si lentes que e ne puis annoncer qu'un ouvrage qui a été imprimé il y a déjà six ans, c'est le Dictionnaire anglais-chinois de M. Medhurst[1], qui forme la contre-partie du dictionnaire chinois-anglais que le même auteur avait publié quelque temps auparavant. Ce livre est tiré en grande partie du Dictionnaire de Kang-hi, mais non pas exclusivement; il est très-riche en phrases, et sera sans doute d'un grand secours aux Européens en Chine.

Je dois m'arrêter ici, quoique je sache que cette énumération

---

Ming, par M. Bazin; Paris, 1852, in-8 (514 p.). Extrait du Journal asiatique. Le titre porte par erreur la date de 1850.
1. *English and chinese dictionary*, by W. H. Medhurst; deux vol. in-8; Shanghaï, 1847 (v et 1436 p).

est encore plus incomplète que dans les années passées, car, non-seulement la connaissance de beaucoup d'ouvrages m'aura manqué, mais j'ai été obligé de passer sous silence des parties entières de la littérature orientale pour ne pas augmenter encore l'étendue de ce Rapport, déjà trop long. J'espère que vous me permettrez de réparer l'année prochaine ces omissions involontaires.

XIV

ANNÉE 1853-1854

RAPPORT LU LE 12 JUIN 1854

Messieurs,

En vous rendant compte de l'état de vos affaires au trente-deuxième anniversaire de la fondation de la Société asiatique, le Conseil n'a qu'à vous féliciter du maintien de la prospérité de la Société malgré les circonstances, qui, dans toute l'Europe, ont été peu favorables à la culture des lettres. La plus grave de ces circonstances, la guerre d'Orient, finira même, sans aucun doute, par exercer une influence puissante sur le développement des études orientales en Europe, et, par conséquent, des institutions qui sont, comme la nôtre, fondées pour faciliter et propager ces études.

La Société a fait quelques pertes sensibles pendant cette année; M. Marcel, qui était du nombre des fondateurs de la Société qui nous restent, a succombé à des infirmités accumulées, qui l'avaient affligé depuis longtemps sans pouvoir éteindre en lui une ardeur de travail qu'il a conservée jusqu'au dernier moment, et dont témoignent les nombreux ouvrages qu'il a publiés sur la langue et l'histoire des Arabes.

Il a été longtemps membre du conseil et de la commission des censeurs. Je ne m'étendrai pas sur sa vie littéraire, parce que le Journal asiatique vous donne un travail détaillé d'une main amie, qui sait infiniment mieux que moi rendre justice aux travaux de M. Marcel.

Si l'âge avancé et l'état de la santé de M. Marcel faisaient de sa mort un événement auquel nous devions nous attendre, il n'en était pas ainsi de la perte que nous avons faite en M. Cor, premier interprète aux affaires étrangères. Il était revenu depuis peu de Constantinople, où il avait passé de longues années, d'abord comme secrétaire de Reschid Pacha et ensuite comme drogman de l'ambassade de France, fonctions dans lesquelles il avait coopéré de tous ses efforts aux tentatives de régénération de l'empire turc par l'introduction d'idées et d'institutions modernes. Il venait d'être appelé à la chaire de turc au Collége de France et se préparait à reprendre ses travaux littéraires, que ses occupations avaient interrompus, lorsqu'il fut emporté en peu de jours par le choléra, avant d'avoir pu ouvrir son cours. C'était un homme instruit, intelligent, d'une bonté de cœur peu commune et du commerce le plus sûr ; sera longtemps regretté par tous ceux qui l'ont connu.

Nous avons perdu un associé étranger, le Dr Samuel Lee, longtemps professeur à Cambridge, et, pendant les dernières années de sa vie, chanoine à Bristol. M. Lee offre un des exemples les plus remarquables de ce que peut faire la volonté d'un homme malgré les circonstances les plus décourageantes. Il était né de parents pauvres et devint ouvrier charpentier ; à l'âge de vingt ans, et étant, si je ne me trompe, déjà marié, sa piété lui inspira le désir de lire la Bible dans l'original. Il acheta une vieille grammaire latine, et dérobant à son sommeil le temps nécessaire, il apprit bientôt assez de latin pour se servi des ouvrages écrits en cette langue ; puis, élargissant graduellement le cercle de ses travaux, il étudia le grec, l'hébreu, le syriaque, l'arabe et le persan, avec tant de succès, qu'il fut nommé, à l'âge de vingt-cinq ans, professeur à Cambridge. Sa Grammaire hébraïque, sa traduction d'un Abrégé d'Ibn Batoutah, son édition de la Grammaire persane de Jones, et bien d'autres publications, ont justifié la réputation qu'il avait acquise de bonne heure par la singularité de sa carrière. Mais la plus grande partie de son activité littéraire était consacrée à la révision des traductions de la Bible que la Société biblique publiait en différentes langues orientales. Il avait, pendant longtemps, voulu aller lui-même, comme missionnaire, en Orient, et les représentations de ses amis, lui démontrant qu'il pouvait rendre à la cause des missions des services plus grands en restant en Angleterre, n'ont vaincu que lentement sa résolution de partir pour l'Asie. C'était un homme plein de dévouement pour la science et très bon, malgré un reste de rudesse qu'une jeunesse passée si durement avait dû laisser en lui, et que les discussions littéraires, cette cruelle pierre de touche des savants, réveillaient quelquefois. Je ne veux pas dire par là que M. Lee supportait les critiques avec plus d'impatience que beaucoup d'autres savants; mais on est plus frappé de cette infirmité dans un homme si doux d'ailleurs et d'une piété si sincère.

La littérature orientale a encore à déplorer la perte d'un homme qui n'a pas appartenu à la Société et qui aurait dû se trouver sur la liste de ses associés étrangers. Permettez-moi de réparer cet oubli, bien involontaire, par quelques mots d'hommage posthume adressés à la mémoire de M. Grotefend. Il était né à Munster le 9 juin 1775 et il est mort à Hanovre, le 15 décembre 1853. Il y a peu à dire sur une vie passée dans l'enseignement et dans une activité littéraire incessante. M. Grotefend a publié des ouvrages remarquables sur la grammaire latine, sur les langues et les inscriptions italiques, et sur l'ancien allemand, dont l'étude savante a trouvé en lui un de ses premiers promoteurs. Mais sa véritable gloire repose sur un mémoire de quelques pages qu'il a lu, en 1802, dans une séance de l'Académie des sciences, à Göttingue, et qui traite du déchiffrement des inscriptions cunéiformes de Persépolis[1]. Ces inscriptions étaient restées illisibles depuis le temps d'Alexandre le Grand et semblaient défier la pénétration humaine. Quelques-uns les prenaient pour les traces de coquilles fossiles dans les pierres ; d'autres, pour des arabesques arbitraires ; les savants ne s'en occupaient pas, parce qu'ils regardaient la réussite comme impossible. Lorsque Niebuhr en eut rapporté des copies faites avec l'exactitude que ce grand voyageur mettait à tous ses travaux, et qu'Anquetil eut découvert le Zend-Avesta, on reprit courage, et plusieurs savants d'un grand mérite, comme Tychsen, Münter et M. de Sacy, s'occupèrent sérieusement de ces monuments, mais sans réussir à les interpréter; et M. Lichtenstein venait de publier un mémoire dans lequel il voulait prouver que ces inscriptions étaient en écriture cufique, quand le travail de M. Grotefend parut. Les inscriptions pehlewies, déchiffrées par M. de Sacy, lui avaient indiqué, par analogie, la place où il devait trouver, sur les inscriptions persépolitaines, le titre de roi des rois, et les faibles ressources qu'Anquetil du Perron lui fournissait sur le zend lui permirent de reconnaître approximativement la prononciation de ces mots ; la place où se trouvaient les titres lui donnait avec certitude celle que devaient occuper les noms du roi et de son père, et il sut faire de ces indications un usage si intelligent, qu'il réussit à lire les noms d'Hystaspes, de Darius et de Xerxès, et à produire un alphabet persépolitain, ainsi que la traduction de deux inscriptions. Il nous est facile, aujourd'hui, de juger de sa découverte ; nous savons qu'elle est imparfaite ; mais nous savons aussi qu'il a fait tout ce qu'il était possible de faire dans son temps ; qu'aucun degré de sagacité ne pouvait le conduire plus loin qu'il n'est allé, et qu'il a fallu que l'étude du sanscrit eût amené la connaissance réelle du zend avant qu'on pût reprendre les travaux de M. Grotefend, les apprécier,

1. Ce mémoire devint célèbre avant d'avoir été imprimé, les journaux littéraires et les correspondances du temps en ayant fait connaître la substance. Il fut publié pour la première fois dans la seconde édition des *Idées* de Heeren ; Gœttingue, 1805 ; t. I, p. 931-960.

les rectifier et les compléter. Sa découverte était tellement en avance de son temps, qu'elle est restée pendant trente-deux ans dans l'état d'un problème que personne n'avait les moyens de résoudre ou de réfuter. J'ai eu l'honneur de voir M. Grotefend en 1847, et il m'a exprimé, dans les termes les plus touchants, le plaisir que lui avaient fait éprouver les découvertes de M. Burnouf et de M. Lassen, et la satisfaction avec laquelle il avait alors compris pourquoi tous ses efforts postérieurs pour perfectionner son premier travail, étaient restés infructueux. Il m'a dit qu'il n'avait jamais douté de la réalité de sa découverte, mais qu'il avait presque désespéré de voir le jour où elle serait jugée avec connaissance de cause ; qu'il voyait cette étude maintenant dans des mains plus habiles que les siennes, qu'il ne s'occupait plus des cunéiformes persans, mais qu'il croyait avoir autant de chance que tout autre pour résoudre le problème des cunéiformes assyriens. Effectivement, j'ai trouvé sa table couverte d'inscriptions de cette classe, qu'il avait reçues autrefois de Bellino, le compagnon de Rich. Il me confia l'idée qui le guidait dans ces nouvelles recherches et que je puis maintenant publier sans indiscrétion ; il pensait que les inscriptions de Wan devaient être écrites en langue arménienne. Il a publié, depuis ce temps, tous les ans, un mémoire sur les inscriptions assyriennes ; mais je crois qu'il n'est jamais arrivé à des résultats capables de le déterminer à appliquer ou à abandonner cette idée.

Les autres Sociétés asiatiques nous ont envoyé, cette année, moins de preuves de leur activité qu'à l'ordinaire, soit qu'elles préparent des ouvrages qui exigent plus de temps, soit que les préoccupations politiques aient ralenti leur travail. La Société de Calcutta a publié le volume XXIIe de son *Journal*[1], et terminé deux nouveaux volumes de sa *Bibliotheca indica*[2] ; elle

---

1. *Journal of the asiatic Society of Bengal*. Le dernier numéro arrivé à Paris est le n° CCXXXVII, t. VI, n° 6. Calcutta, 1853.
2. *Bibliotheca indica*, published by the Asiatic Society of Bengal. Le dernier numéro arrivé à Paris est le n° LXX. Calcutta, 1853.

a, en outre, commencé plusieurs ouvrages qui doivent prendre place dans cette belle collection. Le conseil de la Société s'applique constamment à développer et à améliorer le plan de la Bibliothèque indienne ; il exige maintenant, sinon une traduction, au moins une analyse en anglais de chaque ouvrage qui doit y entrer; il a réduit d'un tiers le prix des volumes, et en a établi un dépôt à Londres. On ne saurait trop louer ces améliorations ; mais me sera-t-il permis de faire une observation qui a dû frapper tous ceux qui se servent de cette collection, sur la variété des formats qui s'y introduit graduellement? Quelle peut être la raison de changements en apparence si peu motivés et si incommodes dans une collection [1] ?

La Société orientale allemande a publié régulièrement son Journal, dont le contenu est toujours également varié et instructif [2] ; et la Société asiatique de Londres nous a envoyé un excellent catalogue des manuscrits historiques arabes et persans qui se trouvent dans sa bibliothèque [3]. Ce catalogue est l'œuvre de M. W. Morley, et peut servir de modèle pour cette classe importante de publications. M. Morley donne le titre de l'ouvrage, le format, le nombre des feuilles du volume et celui des lignes de la page, le nombre et le contenu des chapitres; il ajoute quelques indications sur l'auteur, quand il est connu, et mentionne les parties de l'ouvrage qui ont déjà été publiées.

La Société archéologique de Dehli nous a fait parvenir le

---

1. Le format de la plupart des cahiers est un in-8 ordinaire ; mais les numéros XLIII, LX, LXI et LXIX sont grand in-8, et les numéros LVIII et LXV sont in-4.
2. *Zeitschrift der deutschen morgenländischen Gesellschaft.* T. VIII, cahier 2. Leipzig, 1854, in-8.
3. *A descriptive catalogue of the historical manuscripts in the arabic and persian languages*, preserved in the library of the royal asiatic Society of Great Britain and Ireland, by W. H. Morley. Londres, 1854, in-8 (159 p.).

premier cahier de son Journal[1], qui contient des mémoires sur les antiquités de Dehli, des *fac-simile* d'inscriptions et de médailles et des extraits de manuscrits historiques. Cette publication répond bien à ce qu'on est en droit d'attendre d'une association placée dans la position la plus favorable pour des recherches historiques, et composée de l'élite des hommes que M. Thomason avait formée, et avec le concours desquels ce grand homme d'État avait fondé, dans les provinces supérieures de l'Inde, l'administration la plus éclairée qu'on ait jamais eue dans ces pays.

La Société asiatique de Bombay a fait paraître un numéro de son Journal[2], et la Société des sciences, à Batavia[3], un nouveau volume de ses Transactions, contenant le texte d'un poëme kawi et d'un ouvrage javanais. Elle a aussi publié une seconde édition du Catalogue de sa bibliothèque[4].

A côté des Sociétés asiatiques anciennes, se sont formées en Angleterre, depuis un an, deux nouvelles associations qui se proposent de faire explorer, l'une la Mésopotamie, et l'autre la Palestine, avec des fonds provenant de souscriptions, et qui ont l'intention de déposer au Musée britannique les résultats de leurs fouilles et de leurs découvertes. Ces associations ont été provoquées par l'intérêt qu'ont excité les découvertes d'antiquités assyriennes commencées par M. Botta, et celles que M. de Saulcy a annoncées dans son Voyage en Palestine. En France, nous nous bornons à demander au gouvernement de faire ce que nous désirons voir exécuter; et quand il ne veut ou

---

1. *Journal of the archeological Society of Delhi.* Janvier 1853, in-8, Dehli.
2. *Journal of the Bombay Branch of the royal asiatic Society.* Bombay, 1853, in-8, n° XVIII.
3. *Verhandelingen van het Bataviaas Genootschap van Kunsten en Wetenschapen*, t. XXIV, in-4. Batavia, 1852.
4. *Bibliotheca Societatis artium scientiarumque quæ Bataviæ floret Catalogus systematicus*, curante P. Bleeker, 1846. Editio altera curante Munnich. Batavia, 1853, in-8 (42 et 156 p).

ne peut pas le faire, nous nous plaignons et nous nous résignons. En Angleterre, où l'on est d'avis que la fortune impose des devoirs publics, on sait se substituer à l'action du gouvernement et accomplir, par des sacrifices individuels, ce que le gouvernement n'entreprend pas. M. Loftus, le chef des explorations en Mésopotamie, est arrivé au moment où l'expédition française dans le même pays se dispersait, et où le gouvernement suspendait les fouilles de M. Place à Mossoul ; il a commencé ses travaux dans la basse Mésopotamie, d'où il a déjà fourni à M. Rawlinson des monuments tirés des ruines de Warka et de Senkerah, qui paraissent très curieux, et M. Rassam est occupé à explorer un palais dans le Koyoundjik, que M. Place avait entamé, mais qu'il a été obligé d'abandonner faute de fonds, et qui paraît être le plus complètement conservé de tous les palais assyriens découverts jusqu'aujourd'hui. L'activité de M. Loftus, que nous connaissons par ses découvertes antérieures à Warka et ses fouilles à Suse, et les fonds très amples mis à sa disposition par l'association, donnent l'espoir presque certain que sa mission produira des résultats considérables.

J'ai peu à vous dire de votre propre Journal ; vous le connaissez tous, et c'est à vous à juger si le Conseil remplit vos intentions par la manière dont il s'acquitte du plus important de ses devoirs : la publication du *Journal asiatique*. Il ne paraît pas toujours avec la régularité que l'on a le droit d'exiger d'un recueil périodique ; mais, malgré toutes les précautions que peut prendre votre Commission, elle est obligée de se soumettre à des retards inévitables, qui proviennent le plus souvent des auteurs eux-mêmes. Nous luttons en vain contre ces retards ; et tout ce que nous pouvons obtenir est de les circonscrire dans des limites telles, qu'ils ne puissent pas nuire aux intérêts sérieux de la Société. La Commission s'efforce de donner au Journal le plus de variété qu'elle peut, et d'y comprendre des travaux qui embrassent toutes les parties de nos études. La composition des deux volumes qui ont paru depuis notre dernière réunion prouve que les auteurs l'ont bien secondée. Ces volumes contiennent des lettres de M. Fresnel sur les antiquités babyloniennes ; le texte assyrien de l'inscription de Darius à Behistoun, avec la traduction de M. de Saulcy ; les recherches de M. Defrémery sur le sultan Barkiarok ; des études de M. Sédillot sur l'algèbre arabe ; des documents sur l'hérétique Abou Yezid, traduits de la Chronique d'Ibn Hammad, par M. Cherbonneau ; des travaux de MM. Dugat et Sanguinetti sur la médecine des Arabes ; la suite du tableau de la littérature du Khorasan, par M. Barbier de Meynard ; l'histoire de Bodja, roi de Malva, par M. Pavie ; le curieux travail de M. Bazin sur l'organisation municipale des Chinois ; un mémoire de M. Renan sur un livre gnostique en syriaque, et un grand nombre de notices de moindre étendue, que je ne puis énumérer toutes.

Le *Journal asiatique* restera nécessairement notre publication principale, le premier objet de nos soins ; car une société littéraire ne vit que par son journal ; c'est par lui qu'elle est en rapport avec le monde savant. La rapidité avec laquelle il sert à répandre une idée nouvelle, la facilité avec laquelle il se prête à des travaux d'une étendue fort variée, le peu de solennité de sa forme, qui admet des études fragmentaires encore insuffisantes pour un livre, qui permet la discussion et la réplique, en font comme une conversation en public. Mais vous avez pensé que les forces de votre association vous permettaient de faire davantage, et parmi les nombreux services qu'une étude nouvelle et immense comme la nôtre attend de l'avenir, vous avez jugé que le plus pressé était de contribuer à la publication d'une partie des richesses infinies que contiennent les manuscrits des bibliothèques, qui, dans leur forme actuelle, ne servent qu'à un petit nombre de savants favorisés par leur position, et que même les plus privilégiés ne mettent en œuvre qu'avec une perte de temps extrêmement regrettable. Vous vous êtes donc décidés à publier une *Collection d'auteurs orientaux*, et l'année qui vient de se terminer sera mémorable dans nos annales par l'achèvement des deux premiers volumes de cette œuvre. Ce sont les deux premiers volumes des *Voyages d'Ibn Batoutah* [1], publiés et traduits par MM. Defrémery et Sanguinetti. Ces deux volumes contiennent la route de l'auteur à travers l'Afrique du nord, la Syrie, la Mecque, la Mésopotamie, où il visite Bagdad et Mossoul ; son retour à la Mecque, ses voyages à la côte orientale de l'Afrique, dans le midi de l'Arabie, en Asie-Mineure, sur les bords de la mer Caspienne et à Constantinople ; de là il part pour la Transoxiane, où nous le retrouverons dans le troisième volume. Il me serait impossible de mettre en évidence ce qu'il y a de nouveau et d'important dans un pareil ouvrage. Certainement un voyageur du xive siècle n'observe pas de la même manière qu'on observe aujourd'hui, et un voyageur musulman insiste sur des points qui seraient indifférents à un chrétien, et néglige souvent ce qui importerait à celui-ci ; mais tout cela accordé, nous n'en avons pas moins le récit détaillé d'un voyageur sincère, homme de sens et de savoir, poussé, à travers le monde entier alors connu aux musulmans, par une curiosité insatiable. Nous avons une description souvent détaillée des villes les plus célèbres du monde, des pays les plus curieux, avec des renseignements historiques sans nombre et, plus que tout cela, ces mille indications qui échappent à la plume d'un voyageur à son insu, et qui sont souvent plus précieuses que ce qu'il nous raconte avec intention. Je crois que vous rendez à l'histoire un grand service par cette publication, et quand les cinq volumes qui contiendront tout l'ouvrage d'Ibn Batoutah seront terminés, vous n'aurez point à vous repentir des sacrifices qu'ils auront pu vous imposer.

Le second ouvrage dont vous avez décidé l'impression dans la Collection, sont les *Prairies d'or de Masoudi* que M. Derenbourg publie et traduit. Vous savez que c'est une sorte

---

1. Collection d'ouvrages orientaux : *Voyages d'Ibn Batoutah*, texte arabe, accompagné d'une traduction par MM. C. Defrémery et le Dr B. R. Sanguinetti. Paris, 1853, in-8, t. I (xlvi et 443 p) ; t. II (xvi et 465 p.).

d'histoire universelle, écrite au xe siècle de notre ère par un des plus grands voyageurs arabes, et composée en partie d'après des ouvrages historiques aujourd'hui perdus. Masoudi a toujours été regardé par les musulmans comme une autorité de première importance, et Ibn Khaldoun lui-même le traite comme le premier des historiens. Nous le connaissons en Europe par une notice de de Guignes, par quelques chapitres publiés par divers savants, et par le premier volume d'une traduction anglaise que M. Sprenger avait commencée et qui a été abandonnée après son départ pour l'Inde. C'était évidemment un ouvrage qui s'offrait à nous comme un des premiers à faire paraître dans la *Collection*, et j'ai la satisfaction de vous annoncer que c'est aujourd'hui même que l'on en commence l'impression.

L'idée de réunir en collection les principaux ouvrages d'une littérature est si naturelle, qu'elle s'est souvent présentée, même pour des littératures orientales, où la difficulté est pourtant fort grande, parce que, dans l'état actuel des choses, la dépense en temps et en argent est telle, qu'un seul homme ne peut guère s'y aventurer. Aussi voyons-nous que ce sont presque sans exception des gouvernements ou des sociétés savantes qui ont exécuté ces grandes entreprises, et ce sont les gouvernements orientaux eux-mêmes qui en ont donné l'exemple, à mesure que l'art de l'imprimerie s'est répandu. Les plus anciennes de ces collections sont, je crois, celles des Chinois, qui en ont exécuté à différentes reprises et de différentes espèces. Les empereurs de la dynastie tartare surtout en ont fait imprimer plusieurs dans des proportions énormes, telles que l'exigeaient une littérature immense et la dignité d'un empire fondé essentiellement sur la culture des lettres. La collection que Kien-long fit exécuter par une armée de savants et sous la direction de deux princes impériaux consiste, à ce que l'on assure, en cent soixante mille cahiers, qui représenteraient environ trente mille volumes européens par exemplaire. Les Thibétains ont formé deux grandes collections d'ouvrages bouddhiques qui ont été reproduites au Thibet, en Chine et dans le Boutan. Le gouvernement turc a fait imprimer à Constantinople une série des principaux historiens ottomans, en neuf volumes in-folio. Les Arméniens de Venise publient une collection des auteurs de leur nation dans une série de volumes déjà très considérable et qui s'augmente tous les ans. Les missionnaires allemands dans l'Inde méridionale ont commencé une collection des auteurs qui ont écrit en langue canara, sous le titre de *Bibliotheca canarensis*, dont il a paru trois volumes in-folio. Sir Henry Elliot, dont la mort récente est la plus grande perte que les lettres orientales aient faite dans l'Inde, avait préparé une collection des historiens persans de l'Inde; entreprise colossale, que son énergie et les encouragements de la Compagnie des Indes auraient probablement menée à bonne fin.

Toutes les collections entreprises en Orient, ou par des Orientaux, se bornent naturellement aux ouvrages dans une seule langue, et ne comportent pas de traductions, puisqu'elles sont destinées aux savants des pays mêmes qui les exécutent; néanmoins elles sont d'une grande valeur pour l'Europe, non seulement parce qu'elles rendent accessibles une foule d'ouvrages qu'il serait impossible de réunir, mais encore parce que le travail critique des éditeurs donne une sécurité et, pour l'usage, une facilité que les manuscrits ne fournissent presque jamais. La belle *Bibliotheca indica* de la Société asiatique de Calcutta est encore un peu sous cette influence orientale, ce qui est parfaitement naturel dans sa position. Le but de cette collection est avant tout de faciliter, aux lettrés du pays, l'acquisition du savoir oriental dont ils ont besoin, de diminuer la perte de temps qu'entraînent les études poursuivies à l'aide de manuscrits, de restreindre de cette manière le nombre des années qu'exige aujourd'hui l'éducation d'un musulman ou d'un brahmane, de leur rendre ainsi possible de sortir de la routine de leurs études, où leur esprit était renfermé dans un cercle de fer, et de s'approprier les sciences des Européens.

C'est dans ce but que la Compagnie des Indes a alloué la somme consacrée annuellement à cette collection, et c'est pour cela que la Société n'exige pas de traductions des ouvrages à publier, quoiqu'elle les admette.

Les collections entreprises en Europe suivent nécessairement une impulsion un peu différente, leur but étant, d'un côté, de faciliter l'étude des langues asiatiques, et, de l'autre, de répandre la connaissance de l'Orient en dehors de l'étroite enceinte des écoles, où elle est circonscrite aujourd'hui. Le Comité des traductions de Londres n'a admis que par exception les textes originaux et en a laissé le soin au Comité des textes, qui a été fondé pour le compléter. Le gouvernement français, en commençant sa Collection orientale, s'est proposé de réunir les deux points de vue, et a fait publier les textes accompagnés de traductions. Ce plan semble, dans l'état actuel des choses, le meilleur, et s'il avait été exécuté aussi simplement que le voulait M. Saint-Martin, quand il proposa cette entreprise au gouvernement de la Restauration, il est probable que la Société asiatique n'aurait pas eu l'idée de fonder une collection nouvelle. Mais après la mort de M. Saint-Martin, d'autres idées ont prévalu et d'autres besoins se sont fait sentir, et la conséquence a été l'exécution trop magnifique d'ouvrages qui, originairement, avaient été destinés à être placés dans les mains des étudiants et de tous ceux qui s'intéressent aux langues et à l'histoire de l'Orient.

Vous avez repris le plan primitif, vous l'avez encore simplifié pour l'approprier aux besoins actuels, vous voulez faire connaître le plus d'ouvrages importants possible dans des textes corrects, accompagnés de traductions exactes, publiés dans la forme la plus modeste et à des prix qui les rendent accessibles à tous. Vous voulez fournir aux philologues des textes inédits, aux historiens de nouvelles sources, à tous les moyens d'étudier l'Asie, et jamais il n'y a eu de temps où des services pareils devraient être reçus par le public avec plus de reconnaissance que dans le nôtre; car il est évident que nous touchons au moment où les intérêts de l'Occident et de l'Orient vont se confondre plus intimement que jamais, et où l'influence de l'Europe va pénétrer et dominer tout ce qui, jusqu'ici, s'en est défendu en Asie. Cette influence est dorénavant irrésistible; mais elle ne peut être bienfaisante que quand elle est éclairée ; on ne peut réformer que ce que l'on connaît et comprend, et le grand danger pour l'Orient consiste bien moins dans sa faiblesse que dans l'ignorance de ceux qui entreprennent de le régénérer. Pour comprendre l'Orient, il faut l'étudier dans son passé; mais quand on le voit dans sa décadence actuelle, l'orgueil européen n'est que trop tenté de faire table rase de ses institutions, et de détruire les germes et les débris précieux d'une civilisation qui demande des mains plus tendres et plus savantes pour l'aider à revivre. L'Europe a jusqu'ici beaucoup trop négligé l'étude de l'Orient, et a passé avec indifférence auprès des travaux immenses qu'un petit nombre de savants ont eu le courage d'entreprendre. Les langues orientales ne peuvent jamais occuper en Europe la place que les langues de l'antiquité classique ont prise; mais elles méritent une place plus grande que celle qu'on leur a faite, et tout ce qui peut contribuer à les répandre a droit à l'intérêt des gouvernements, et surtout à la sympathie du public, laquelle est le seul encouragement assez puissant et assez vivifiant pour produire un effet durable, et pour donner les moyens et le courage de faire ce que nous tous savons devoir être fait. Continuons donc dans la mesure de nos forces à contribuer, pour notre part, au développement de ces études, et appelons-en à la sympathie et à l'aide de tous ceux qui ont l'esprit assez élevé pour comprendre l'importance de ces efforts.

FIN DU TOME PREMIER.

TABLE DES MATIÈRES

Pages.

AVANT-PROPOS, PAR M. ERNEST RENAN............................ ɪ

NOTICE SUR JULES MOHL, PAR M. MAX MÜLLER.................. ɪᴠ

VINGT-SEPT ANS D'HISTOIRE DES ÉTUDES ORIENTALES

I. — Année 1840-1841...................................... 1

II. — Année 1841-1842..................................... 37

III. — Année 1842-1843.................................... 77

IV. — Année 1843-1844..................................... 117

V. — Année 1844-1845...................................... 161

VI. — Année 1845-1846..................................... 203

VII. — Année 1846-1847.................................... 245

VIII. — Année 1847-1848................................... 269

IX. — Année 1848-1849..................................... 329

TABLE DES MATIÈRES.

	Pages.
X. — Année 1849-1850	371
XI. — Année 1850-1851	387
XII. — Année 1851-1852	450
XIII. — Année 1852-1853	470
XIV. — Année 1853-1854	543

FIN DE LA TABLE DU TOME PREMIER

PARIS. — IMPRIMERIE ÉMILE MARTINET, RUE MIGNON, 2